U0216098

吉林人民出版社

简体字本二十六史

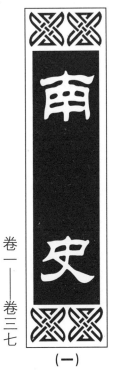

# 南史

卷一——卷三七

（一）

［唐］ 李延寿 撰

陈苏镇等 标点

# 目　　录

南史卷一
宋本纪上第一

# 武帝　少帝

宋高祖武皇帝讳裕,字德舆,小字寄奴,彭城县绥舆里人,姓刘氏,汉楚元王交之二十一世孙也。彭城楚都,故苗裔家焉。晋氏东迁,刘氏移居晋陵丹徒之京口里。皇祖靖,晋东安太守。皇考翘,字显宗,郡功曹。

帝以晋哀帝兴宁元年岁在癸亥三月壬寅夜生,神光照室尽明,是夕甘露降于墓树。及长,雄杰有大度,身长七尺六寸,风骨奇伟,不事廉隅小节,奉继母以孝闻。尝游京口竹林寺,独卧讲堂前,上有五色龙章,众僧见之,惊以白帝,帝独喜曰:“上人无妄言。”皇考墓在丹徒之候山,其地秦史所谓曲阿、丹徒间有天子气者也。时有孔恭者,妙善占墓,帝尝与经墓,欺之曰:“此墓何如?”孔恭曰:“非常地也。”帝由是益自负。行止,时见二小龙附翼,樵渔山泽,同侣或亦睹焉。及贵,龙形更大。帝素贫,时人莫能知,唯琅邪王谧独深敬焉。帝尝负刁逵社钱三万,经时无以还,被逵执,谧密以己钱代偿,由是得释。后伐获新洲,见大蛇长数丈,射之,伤。明日复至,洲里闻有杵臼声,往觇之,见童子数人,皆青衣,于榛中捣药。问其故,答曰:“我王为刘寄奴所射,合散傅之。”帝曰:“王神何不杀之。”答曰:“寄奴王者不死,不可杀。”帝叱之,皆散,仍收药而反。又经客下邳逆旅,会一沙门谓帝曰:“江表当乱,安之者,其在君乎。”帝先患手创,积年不愈,沙门有一黄药,因留与帝,既而忽亡,帝以黄散傅之,其创一傅而愈。宝其余及所得童子药,每遇金创,傅之并验。

初为冠军孙无终司马,晋隆安三年十一月,妖贼孙恩作乱于会稽,朝廷遣卫将军谢琰、前将军刘牢之东讨,牢之请帝参府军事,命与数十人觇贼,遇贼众数千,帝便与战,所将人多死,而帝奋长刀,所杀伤甚众。牢之子敬宣疑帝为贼所困,乃轻骑寻之,既而众骑并至,遂平山阴,恩遁入海。四年五月,恩复入会稽,杀谢琰。十一月,牢之复东征,使帝伐句章。句章城小人少,帝每战陷阵,贼乃退还浃口。时东伐诸将,士卒暴掠,百姓皆苦之,惟帝独无所犯。五年春,恩频攻句章,帝屡破之,恩复入海。三月,恩北出海盐,帝筑城于故海盐,贼日来攻城,城内兵少,帝乃选敢死士,击走之。时虽连胜,帝深虑众寡不敌,乃一夜偃旗,示以羸弱,观其懈,乃奋击,大破之。恩知城不可下,进向沪渎,帝弃城追之。海盐令鲍陋遣子嗣之以吴兵一千为前驱,帝以吴人不习战,命之在后,不从。是夜,帝多设奇兵,兼置旗鼓,明日战,伏发,贼退。嗣之追奔,陷没,帝且退且战,麾下死伤将尽,乃至向处止,令左右解取死人衣以示暇。贼疑尚有伏,乃引去。六月,恩浮海至丹徒,帝兼行,与俱至,奔击,大破之。恩至建邺,知朝廷有备,遂走郁洲。八月,晋帝以帝为下邳太守。帝又追恩至郁洲及海盐,频破之。恩自是饥馑,奔临海。

元兴元年,荆州刺史桓玄举兵东下,骠骑将军司马元显遣牢之拒之,帝又参其军事。玄至,帝请击之,牢之不许,乃遣子敬宣诣玄请和。帝与东海何无忌并固谏,不从。玄克建邺,以牢之为会稽内史,牢之惧,招帝于广陵举兵。帝曰:"人情去矣,广陵亦岂可得之?"牢之竟缢于新洲。何无忌谓帝曰:"我将何之?"帝曰:"可随我还京口。玄必守臣节,当与卿事之;不然,与卿图之。"玄从兄脩以抚军将军镇丹徒,以帝为中兵参军。

孙恩自败后,惧见获,乃投水死于临海,余众推恩妹夫卢循为主。玄复遣帝东征。二年,循奔永嘉,帝追破之。六月,加帝彭城内史。十二月,桓玄篡位,迁晋帝于寻阳。桓脩入朝,帝从至建邺。玄见帝,谓司徒王谧曰:"昨见刘裕,风骨不恒,盖人杰也。"每游集,赠赐甚厚。玄妻刘氏,尚书令耽之女也,聪明有智鉴,尝见帝,因谓玄曰:"刘裕龙行虎步,视瞻不凡,恐必不为人下,宜早为其所。"玄曰:"我方平荡中原,非裕莫可,待关、陇平定,然后议之。"脩寻还京口,帝托以金创疾动,不堪步从,乃与无忌同船共还,建兴复计,及弟道规、沛国刘毅、平昌孟昶、任城魏咏之、高平檀凭之、琅邪诸葛长人、太原王元德、陇西辛扈兴、东莞童厚之,并同义谋。时桓脩弟弘为青州刺史,镇广陵,道规为弘中兵参军,昶为州主簿,乃令毅就昶谋共袭弘。长人为豫州刺史刁逵左军府参军,谋据历阳相应,元德、厚之谋于建邺攻玄,克期齐发。三年二月乙卯,帝托游猎,与无忌、咏之、凭之,毅从弟藩,凭之从子韶、祇、隆、道济,昶族弟怀玉等,集义徒凡二十七人,愿从者百余人。丙辰,候城门开,无忌等义徒,服传诏服,称诏居前,义众驰入齐叫,吏士惊散,即斩脩以徇。帝哭之甚恸,厚加敛恤。昶劝弘其日出猎,未明,开门出猎人,昶、道规、毅等率壮士五六十人,因开门直入。弘方啖粥,即斩之,因收众济江。

　　义军初克京城,脩司马刁弘率文武佐吏来赴,帝登城谓曰:"郭江州已奉乘舆反正于寻阳,我等并被密诏诛逆党,今日贼玄之首已当枭于大航。诸君非大晋之臣乎?"弘等信之而退。毅既至,帝命诛弘等。毅兄迈先在建邺,事未发数日,帝遣同谋周安穆报之,使为内应。迈甚惧,安穆虑事发,驰归。时玄以迈为竟陵太守,迈便下船,欲之郡。是夜,玄与迈书曰:"北府人情云何?卿近见刘裕何所道?"迈谓玄已知其谋,晨起白之。玄惊,封迈为重安侯,又以不执安穆故杀之,诛元德、扈兴、厚之等,乃遣顿丘太守吴甫之、右卫将军皇甫敷北拒义军。先是,帝造游击将军何澹之,左右见帝光曜满室,以告澹。澹之以白玄,玄不以为意。至是,闻义兵起,甚惧。或曰:"裕等甚弱,陛下何虑之深?"玄曰:"刘裕足为一世之雄;刘毅家无儋石之储,樗蒲一掷百万;何无忌,刘牢之外甥,酷似其舅;共举大事,何谓无成?"时众推帝为盟主,以孟昶为长史,总后事,檀凭之为司马,百姓愿从者千余人。军次竹里,移檄都下曰:

　　夫成败相因,理不常泰,狡焉肆虐,或遇圣明。自我大晋,屡遘阳九，隆安以来，皇家多故。贞良毙于豺狼，忠臣碎于虎口。逆臣桓玄，敢肆陵慢，阻兵荆、郢，肆暴都邑，天未忘难，凶力实繁，逾年之间，遂倾皇祚。主上播越，流幸非所，神器沉辱，七庙毁坠，虽夏后之离浞、豷，有汉之遭莽、卓，方之于兹，未足为喻。自玄篡逆，于今历载，弥年亢旱，人不聊生，士庶疲于转输，文武困于板筑，室家分析，父子乖离，岂惟《大东》有杼轴之悲，《摽梅》有顷筐之怨而已哉！仰观天文，俯察人事，此而可存，孰有可亡！凡在有心，谁不扼腕。裕等所以叩心泣血，不遑启处者也。

是故夕寐宵兴，搜奖忠烈，潜构崎岖，过于履虎，乘机奋发，义不图全。辅国将军刘毅、广武将军何无忌、镇北主簿孟昶、兖州主簿魏咏之、宁远将军刘道规、龙骧参军刘藩、振威将军檀凭之等，忠烈断金，精贯白日，荷戈俟奋，志在毕命；益州刺史毛璩，万里齐契，扫定荆楚；江州刺史郭昶之奉迎主上，宫于寻阳；镇北参军王元德等，并率部曲保据石头；扬武将军诸葛长人收集义士，已据历阳；征虏参军庾赜之等，潜相连结，以为内应。同力协契，所在蜂起，即日斩伪徐州刺史安成王脩、青州刺史弘。义众既集，文武争先，咸谓不有一统，则事无以缉。裕辞不获命，遂总军要，庶上凭祖宗之灵，下罄义夫之节，翦馘逋逆，荡清京华。公侯诸君，或世树忠贞，或身荷爵宠，而并俯眉猾竖，无由自效，顾瞻周道，宁不吊乎！今日之举，良其会也。裕以虚薄，才非古人，受任于既颓之运，契接于已替之机，丹诚未宣，感慨愤激。望霄汉以永怀，眄山川以增伫，投檄之日，神驰贼庭。

三月戊午，遇吴甫之于江乘，帝躬执长刀，大呼，既斩甫之。进至罗落桥，遇皇甫敷，檀凭之战败，死之，众退，帝进战弥厉，又斩敷首。初，帝建大谋，有工相者相帝与无忌等近当大贵，惟云凭之无相，至是，凭之战死，帝知其事必捷。玄闻敷等没，使桓谦屯东陵口，卞范之屯覆舟山西。己未，义军进至覆舟东，张疑兵，以油帔冠诸树,布满山谷。帝先驰之,将士皆殊死战,无不一当百,呼声动天地,因风纵火,烟焰张天,谦等大败。玄始虽遣军,而走意已决,别遣领军殷仲文具舟石头,闻谦败,轻船南逸。

庚申,帝镇石头城,立留台,总百官,焚桓温主于宣阳门外,造晋新主于太庙。遣诸将追玄,命尚书王嘏率百官奉迎乘舆。司徒王谧与众议,推帝领扬州,帝固辞,乃以谧为录尚书事,领扬州刺史,帝为镇军将军、都督八州诸军事、徐州刺史、领军将军。

初,晋陵人韦叟善相术,桓脩令相帝当得州不,叟曰:“当得边州刺史。”退而私于帝曰:“君相贵不可言。”帝笑曰:“若中,当相用为司马。”至是,叟诣帝曰:“成王不及桐叶之信,公亦应不忘司马之言。今不敢希镇军司马,愿得领军佐。”于是用焉。

时诸葛长人失期,为刁逵执送,未至而玄败。玄经寻阳,江州刺史郭昶之为具乘舆法物。初,荆州刺史王绥以江左冠族,又桓氏之甥,素甚陵帝,至是,及其父尚书左仆射愉有自疑志,并及诛。

四月戊子,奉武陵王遵为大将军,承制,大赦,惟桓氏一祖后不免。桓玄之篡,王谧佐命,手解安帝玺绂。及义旗建,众谓谧宜诛,惟帝素德谧,保持之。刘毅尝因朝会,问谧玺绂所在,谧益惧。及王愉父子诛,谧从弟谌谓谧曰:“王驹无罪而诛,此是翦除胜己,兄既桓氏党附,求免得乎?”驹,愉小字也。谧惧,奔曲阿。帝笺白大将军迎还,复其位。玄挟天子走江陵,又浮江东下,与刘毅、何无忌、刘道规等遇于峥嵘洲,众军大破之。玄党殷仲文奉晋二皇后还建邺,玄复挟天子至江陵,因走南郡,太守王腾之、荆州别驾王康产,奉天子入南郡府。初,益州刺史毛璩遣从孙祐之与参军费恬送弟丧下州,璩弟子脩之,时为玄屯骑校尉,诱玄入蜀至枚回洲,恬与祐之迎射之,益州督护冯迁斩玄,传首建邺。玄从子振逃于华容之涌中,招集逆党,袭江陵城,腾之、康产皆被杀。桓谦先匿沮川,亦聚众应振,为玄举哀,立丧庭。谦率众官奉玺绂于安帝。刘毅、何无忌进及桓振战,败绩于灵谿。十月,帝领青州刺史,甲仗百人入殿。

义熙元年正月,毅等至江津,破桓谦、桓振,江陵平。三月甲子,晋帝至自江陵。庚子，诏进帝侍中、车骑将军、都督中外诸军、录尚书事。帝固让，旋镇丹徒。九月乙巳，加帝领兖州刺史。卢循浮海破广州，获刺史吴隐之，即以循为广州刺史，以其党徐道覆为始兴相。

二年三月，进帝督交、广二州。十月，论匡复勋，封帝豫章郡公，邑万户，赐绢三万疋，其余封赏各有差。

三年十二月，司徒、录尚书、扬州刺史王谧薨。

四年正月，征帝入辅，授侍中、车骑将军、开府仪同三司、扬州刺史、录尚书事，徐兖二州刺史如故。表解兖州。先是，帝遣冠军刘敬宣伐蜀贼谯纵，无功而还。九月，帝以敬宣挫退逊位，不许。十月，乃降为中军将军，开府如故。

五年二月，伪燕主慕容超大掠淮北。三月，帝抗表北讨，以丹阳尹孟昶监中军留府事，乃浮淮入泗。五月，至下邳，留船，步军进琅邪，所过筑城留守。超大将公孙五楼请断大岘，坚壁清野以待。超不从。初谋是役，议者以为："贼若严守大岘，军无所资，何能自反？"帝曰："不然。鲜卑性贪，略不及远，既幸其胜，且爱其谷，必将引我，且亦轻战。师一入岘，吾何患焉！"及入岘，帝举手指天曰："吾事济矣。"众问其故，帝曰："师既过险，士有必死之志，余粮栖亩，军无匮乏之忧，胜可必矣。"六月，超留羸老守广固，使其广宁王贺刺卢及公孙五楼悉力据临朐。去城四十里有巨蔑水，超告五楼急据之。比至，为龙骧将军孟龙符所保，五楼乃退。大军分车四千两为二翼，方轨徐行，车张幰，御者执稍，以骑为游军，军令严肃。比及临朐，贼骑交至，帝命兖州刺史刘藩、并州刺史刘道怜等陷其阵。日向昃，战犹酣，帝用参军胡藩策，袭克临朐，贼乃大奔。超遁还广固，获其玉玺、豹尾、辇等，送于都。丙子，克广固大城，超固其小城，乃设长围以守之，馆谷于青土，停江、淮转输。七月，超尚书郎张纲乞师于姚兴，自长安反，太山太守申宣执送之。纲有巧思，先是，帝修攻具，城上人曰："汝不得张纲，何能为也。"及至，升诸楼车以示之，城内莫不失色。超既求救不获，纲反见虏，乃求称藩，割大岘为界，献马千匹，不听。时姚兴遣使,声言将涉淮左,帝谓曰:"尔报姚兴,我定青州,将过函谷,虏能自送,今其时矣。"录事参军刘穆之遽入曰:"此言不足威敌,容能怒彼。若鲜卑未拔,西羌又至,公何以待之?"帝乃笑曰:"此兵机也,非子所及。羌若能救,不有先声,是自强也。"十月,张纲修攻具成,设飞楼县梯,木幔板屋,冠以牛皮,弓矢无所用之。刘毅遣上党太守赵恢以千余人来援,帝夜潜遣军会之。明旦,恢众五千,方道而进,每晋使将到,辄复如之。

　六年二月丁亥,屠广固,超逾城走,追获之,斩于建康市。杀其王公以下,纳生口万余,马二千匹。初,帝之北也,徐道覆劝卢循乘虚而出,循不从,道覆乃至番禺说循曰:"今日之机,万不可失。若克京都,刘公虽还,无能为也。"循从之,是月,寇南康、庐陵、豫章诸郡,郡守皆奔走。时帝将镇下邳,进兵河、洛,及征使至,即日班师。镇南将军何无忌与道覆战,败死于豫章,内外震骇,朝议欲奉乘舆北走。帝次山阳,闻败,卷甲与数十人造江上征问,知贼尚未至。四月癸未,帝至都。刘毅自表南征,帝以贼新捷锋锐,须严军偕进,使刘藩止之,毅不从。五月壬午,卢循败毅于桑落洲,及审帝凯入,相视失色,欲还寻阳,平江陵,据二州以抗朝廷。道覆请乘胜遂下,争之旬日,乃从。于时北师始还,伤痍未复,战士才数千,贼众十余万,舳舻亘千里。孟昶、诸葛长人惧,欲拥天子过江,帝曰:"今兵士虽少,犹足一战,若其克济,臣主同休。如其不然,不复能草间求活,吾计决矣。"初,帝征慕容超,惟孟昶劝行,丙辰,昶乃表天子,引罪仰药而死。时议者欲分兵屯守诸津,帝曰:"贼众我寡,分其兵则测人虚实,一处失利,则沮三军之心。若聚众石头,则众力不分。"戊午,帝移镇石城。乙丑,贼大至,帝曰:"贼若新亭直上,且将避之,若回泊蔡洲,成擒耳。"徐道覆欲自新亭焚舟而战,循多疑少决,每求万全,乃泊蔡洲以待军溃。帝登石头以望,见之,悦。庚辰,贼设伏于南岸,疑兵向白石。帝率刘毅、诸葛长人北拒焉,留参军徐赤特戍查浦,戒令勿战。帝既北,贼焚查浦而至张侯桥,赤特与战,大败,贼进屯丹阳郡。帝驰还石头,斩徐赤特。解甲久之,乃出阵于南塘。七月庚申,循自蔡洲退,将还归寻阳,帝遣辅国将军王仲德等追之,使建威将军孙处自海道袭番禺,戒之曰:"我十二月必破妖寇,卿亦足至番禺,先倾其巢窟也。"

十月,帝率舟师南伐,使刘毅监太尉留府。是月,徐道覆寇江陵,荆州刺史刘道规大破之,道覆走还盆口。十一月,孙处至番禺,克其城,卢循父暇奔始兴,处抚其人以守。十二月己卯,大军次大雷。庚辰,贼方江而下,帝躬提幡鼓,命众军齐力击之,军中多万钧神弩,所至莫不摧陷。帝自于中流蹙之,因风水之势,贼舰悉薄西岸,岸上军先备火具,焚之,大败。循还寻阳,遂走豫章,悉力栅左里。丙申,大军次左里,将战,帝麾之,麾竿折,幡沉于水,众咸惧,帝笑曰:"昔覆舟之役亦如此,今胜必矣。"攻其栅,循单舸走,众皆降。师旋,晋帝遣侍中、黄门劳师于行所。

七年正月己未,振旅而归,改授大将军、扬州牧,给班剑二十人,本官并如故。固辞。凡南北征伐战亡者,并列上赙赠,尸丧未反者,遣主帅迎接,致还本土。二月,卢循至番禺,为孙处所破,收余众南走。刘藩、孟怀玉斩徐道覆于始兴。自晋中兴以来,朝纲弛紊,权门兼并,百姓流离,不得保其产业。桓玄颇欲厘改,竟不能行。帝既作辅,大示轨则,豪强肃然,远近禁止。至是,会稽余姚唐亮复藏匿亡命千余人,帝诛亮,免会稽内史司马休之。晋帝又申前诏,帝固辞。于是改授太尉、中书监,乃受命,奉送黄钺。交州刺史杜惠度斩卢循父子,函七首送都。先是,诸州郡所遣秀才、孝廉多非其人,帝乃表申明旧例,策试之。

荆州刺史刘道规疾患求归,八年四月,改授豫州刺史,以豫州刺史刘毅代之。毅既有雄才大志,与帝俱兴复晋室,自谓京城、广陵功足相抗,虽权事推帝,而心不服也。厚自矜许,朝士素望者并多归之,与尚书仆射谢混、丹阳尹郗僧施并深相结。及镇江陵,豫州旧府多割以自随,请僧施为南蛮校尉,帝知毅终为异端,心密图之。毅至西,疾笃,表求从弟兖州刺史藩以为副贰,帝伪许焉。九月,藩入朝,帝命收藩及谢混,并赐死。自表讨毅,又假黄钺,率诸军西征。以前镇军将军司马休之为平西将军、荆州刺史，兖州刺史道怜镇丹徒，豫州刺史诸葛长人监太尉留府事，加太尉司马，丹阳尹刘穆之建威将军，配以实力。壬午，发建邺，遣参军王镇恶、龙骧将军蒯恩，前袭江陵，克之，毅及党与皆伏诛。十一月，帝至江陵，分荆州十郡为湘州，帝仍进督焉。以西陵太守朱龄石为益州刺史，使伐蜀。晋帝进帝太傅、扬州牧，加羽葆、鼓吹，班剑二十人。

九年二月乙丑，帝至自江陵。初，诸葛长人贪淫骄横，帝每优容之。刘毅既诛，长人谓所亲曰：“昔年醢彭越，今年杀韩信，祸其至矣。”将谋作乱。帝克期至都，而每淹留不进。公卿以下，频日奉候于新亭，长人亦骤出。既而帝轻舟密至，已还东府矣。长人到门，引前，却人闲语，凡平生言所不尽者，皆与之，长人甚悦。帝已密命左右丁旿自幔后出，于坐拉焉，死于床侧。舆尸付廷尉，并诛其弟黎人。旿骁勇有力，时人语曰：“勿跋扈，付丁旿。”

先是，山湖川泽皆为豪强所夺，百姓薪采渔钓，皆责税直。至是禁断之。时人居未一，帝上表定制，于是依界土断，惟徐、兖、青三州居晋陵者不在断例。诸流寓郡县，多所并省。

以帝领镇西将军、豫州刺史。帝固让太傅、扬州牧及班剑，奉还黄钺。七月，朱龄石平蜀，斩谯纵，传首建邺。九月，晋帝以帝平齐、定卢循功，封帝次子义真为桂阳县公，并重申前命，授帝太傅、扬州牧，加羽葆、鼓吹，班剑二十人。将遣百僚敦劝，乃受羽葆、彭吹、班剑，余固辞。

十年，息人简役，筑东府城，起府舍。帝以荆州刺史司马休之宗室之重，又得江、汉人心，疑其有异志，而休之子谯王文思在都，招聚轻侠，帝执送休之，令自为其所。休之表废文思，并与帝书陈谢。

十一年正月，帝收休之子文宝、兄子文祖，并赐死。率众西讨，复加黄钺，领荆州刺史。以中军将军道怜监留府事。休之上表自陈，并罪状帝。休之府录事参军韩延之有干用才，帝未至江陵，密书招之。延之报书曰：“承亲率戎马，远履西偏，阖境士庶，莫不惶骇。辱疏，知以谯王前事，良增叹息。司马平西体国忠贞，款怀待物，以公有匡复之勋，家国蒙赖，推德委诚，每事询仰。谯王往以微事见劾，犹自表逊位，况以大过而当默邪！来示云'处怀期物，自有由来'。今伐人之君，啖人以利，真可谓'处怀期物'者矣。刘藩死于阊阖之门，诸葛毙于左右之手，甘言诧方伯，袭之以轻兵，遂使席上靡款怀之士，阃外无自信诸侯，以为得算，良所耻也。吾虽鄙劣，尝闻道于君子，以平西之至德，宁可无授命之臣乎？假天长丧乱，九流浑浊，当与臧洪游于地下。不复多云。"帝视书叹息，以示将佐，曰："事人当如此。"

三月，军次江陵。初，雍州刺史鲁宗之负力好乱，且虑不为帝容，常为谶曰："鱼登日，辅帝室。"与休之相结。至是，率其子竟陵太守轨会于江陵。帝济江，休之众溃，与轨等奔襄阳。江陵平，加领南蛮校尉。将拜南蛮，遇四废日，佐史郑鲜之等白迁日，不许，下书开宽大之恩。四月，进军襄阳，休之等奔姚兴。晋帝复申前令，授太傅、扬州牧，剑履上殿，入朝不趋，赞拜不名，加前部羽葆、鼓吹，置左右长史、司马、从事中郎四人，封第三子义隆为北彭城县公。八月甲子，帝至自江陵，奉还黄钺，固辞太傅、州牧、前部羽葆、鼓吹，其余受命。

十二年正月，晋帝诏帝依旧辟士，加领平北将军、兖州刺史，增督南秦，凡二十二州。帝以平北文武寡少，不宜别置，于是罢平北府，以并大府。三月，加帝中外大都督。

初，帝平齐，仍有定关、洛意，遇卢循侵逼，故寝。及荆、雍平，乃谋外略。会姚兴死，子泓新立，兄弟相杀，关中扰乱。四月乙丑，帝表伐关、洛，乃戒严北讨，加领征西将军、司豫二州刺史，以世子为徐兖二州刺史。帝欲以义声怀远，奉琅邪王北伐。五月，卢江霍山崩，获六钟，献之天子。癸巳，加领北雍州刺史、前后部羽葆、鼓吹，增班剑为四十人。八月乙巳，率大众进发，以世子为中军将军，监太尉留府事，尚书右仆射刘穆之为左仆射，领监军、中军二府军司，入居东府，总摄内外。九月，帝至彭城，加领北徐州刺史。十月，众军至洛，围金墉，降之。修复晋五陵，置守卫。

十二月壬申,晋帝加帝位相国、总百揆、扬州牧,封十郡为宋公,备九锡之礼,加玺绂、远游冠、绿綟绶,位在诸侯王上。策曰:

朕以寡昧,仰缵洪基,夷羿乘衅,荡覆王室,越在南鄙,迁于九江。宗祀绝飨,人神无位,提挈群凶,寄命江浦,则我祖宗之烈,奄坠于地,七百之祚,翦焉既倾,若涉巨海,罔知攸济。天未绝晋,诞育英辅,振厥弛维,再造区寓,兴亡继绝,俾昏作明,元勋至德,朕实攸赖。今将授公典策,其敬听朕命:

乃者桓玄肆僭,滔天泯夏,拔本塞源,颠蹶六位,庶僚俯眉,四方莫恤。公精贯朝日,气陵虹霓,奋其灵武,大歼群憝,克复皇邑,奉歆神祇。此公之大节始于勤王者也。授律群后,顺流长骛,薄伐峥嵘,献捷南郢,大憝折首,群逆毕夷,三光旋采,旧物反正。此又公之功也。出藩入辅,弘兹保弼,阜财利用,繁殖黎元,编户岁滋,疆宇日启,导德明刑,四境有截。此又公之功也。鲜卑负众,僭盗三齐,介恃遐阻,仍为边害,公搜乘秣马,复入远疆,冲橹四临,万雉俱溃,拓土三千,申威龙漠。此又公之功也。卢循妖凶,伺隙五岭,侵覆江、豫,矢及王城,国议迁都之规,家献徙卜之计,公乘辕南济,义形于色,运奇摅略,英谟不世,狡寇穷蹙,丧旗宵遁,俾我畿甸,拯于将坠。此又公之功也。追奔逐北,扬旌江濆,偏旅浮海,指日遄至,番禺之功,俘级万数,左里之捷,鸟散鱼溃,元凶远窜,传首万里。此又公之功也。刘毅叛换,负衅西夏,陵上罔主,志肆奸暴,公御轨以刑,消之不日,罪人斯得,荆、衡宁晏。此又公之功也。谯纵怙乱,寇窃一隅,王化阻阂,三巴沦溺,公指命偏帅,授以良图,陵波凭湍,致届井络,僭竖伏锧,梁、岷草偃。此又公之功也。马休、鲁宗,阻兵内侮,驱率二方,连旗称乱,公投袂星言,研其上略,江津之师,势逾风电,回旆沔川,实繁震摄,二叛奔进,荆、雍来苏。此又公之功也。永嘉不竞,四夷擅华,五都倾荡,山陵幽辱,祖宗怀没世之愤,遗甿有《匪风》之思,公远齐阿衡纳隍之仁,近同小白灭亡之耻,鞠旅陈师,赫然大号,分命群帅,北徇司、兖、许、郑风靡,巩、洛载清,百年榛秽,一朝扫涤。此又公之功也。公有康宇内之勋,重之以明德。爰初发迹,则奇谟冠古,电击强妖,则锋无前对,聿宁东畿,大造黔首。若乃草昧经纶,化融于岁计,扶危静乱,道固于包桑。蠲削烦苛,较若画一,淳风美化,盈塞区寓。是以绝域献琛,遐夷纳赆,王略所亘,九服率从。虽文命之东渐西被,咎繇之迈于种德,何以尚兹!

朕闻先王之宰世也,庸勋尊贤,建侯胙土,褒以宠章,崇其徽物,所以协辅皇室,永隆藩屏。故曲阜光启,遂荒徐宅,营丘表海,四履有闻。其在襄王,亦赖匡霸,又命晋文,备物光赐。惟公道冠前烈,勋高振古,而殊典未饰,朕甚懵焉。今进授相国,以徐州之彭城沛兰陵下邳淮阳山阳广陵、兖州之高平鲁泰山十郡,封公为宋公,锡兹玄土,苴以白茅,爰定尔居,用建家社。昔晋、郑启藩,入作卿士,周、召保傅,出总二南,内外之任,公实兼之。今命使持节、兼太尉、尚书左仆射晋宁县五等男湛,授相国印绶,宋公玺绂,使持节、兼司空、散骑常侍、尚书阳遂乡侯泰,授宋公茅土,金虎符第一至第五左,竹使符第一至第十左。相国位无不总,礼绝朝班,居常之名,宜与事革。其以相国总百揆,去录尚书之号,上送所假节、侍中貂蝉、中外都督太傅太尉印绶、豫章公印策。进扬州刺史为牧,领征西将军、司豫北徐雍四州刺史如故。

公纪纲礼度,万国是式,乘介蹈方,罔有迁志,是用锡公大路、戎路各一,玄牡二驷。公抑末敦本,务农重积,采蘩实殷,稼穑惟阜,是用锡公衮冕之服,赤舄副焉。公闲邪纳正,移风改俗,陶钧品物,如乐之和,是用锡公轩县之乐、六佾之舞。公宣美王化,导扬休风,华夷企踵,远人胥萃,是用锡公朱户以居。公官方任能,网罗幽滞,九皋辞野,髦士盈朝,是用锡公纳陛以登。公当轴处中,率下以义,式遏寇仇,涤除奇慝,是用锡公虎贲之士三百人。公明罚恤刑,庶狱详允,放命干纪,罔有攸纵,是用锡公铁钺各一。公龙骧凤矫,咫尺八纮,括囊四海,折冲无

外,是用锡公彤弓一、彤矢百、旅弓十、旅矢千。公温恭孝思,致
虔禋祀,忠肃之志,仪刑四方,是用锡公秬鬯一卣,圭瓒副焉。
宋国置丞相以下,一遵旧仪。钦哉! 其祗服往命,茂对天休,简
恤庶邦,敬敷显德,以终我高祖之嘉命。
置宋国侍中、黄门侍郎、尚书左丞,相大使奉迎。

　　柭罕虏乞伏炽 盘遣使谒帝,求效力讨姚泓,拜为平西将军、河
南公。

　　十三年正月,帝以舟师进讨,留彭城公义隆镇彭城。军次陈留
城,经张良庙,下令以时修饰栋宇致荐焉。晋帝追赠帝祖为太常,父
为特进、左光禄大夫,让不受。二月,冠军将军檀道济等军次潼关。
三月庚辰,帝率大军入河。五月,帝至洛阳,谒晋五陵。七月,至陕,
龙骧将军王镇恶舟师自河浮渭。八月,扶风太守沈田子大破姚泓军
于蓝田,王镇恶克长安,擒姚泓。始义熙九年,岁、镇、荧惑、太白聚
东井,至是而关中平。九月,帝至长安。长安丰稔,帑藏盈积,帝先
收其彝器、浑仪、土圭、记里鼓、指南车及秦始皇玉玺,送之都,其余
珍宝珠玉,悉以班赐将帅。迁姚宗于江南,送泓斩于建康市。谒汉
长陵,大会文武于未央殿。十月,晋帝诏进宋公爵为王,加十郡益宋
国,并前为二十郡。其相国、扬州牧、领征西将军、司豫北徐雍四州
刺史如故。帝欲息驾长安,经略赵、魏。十一月,前将军刘穆之卒,
乃归。十二月庚子,发自长安,以桂阳公义真为雍州刺史,镇长安,
留腹心将佐以辅之。

　　十四年正月壬戌,帝至彭城,解严息甲。以辅国将军刘遵考为
并州刺史,领河东太守,镇蒲坂。帝解司州,领徐冀二州刺史,固让
进爵。时汉中成固县汉水崖际,有异声如雷,俄顷岸崩,有铜钟十
二,出自潜壤。巩县人宗曜于其田所获嘉禾,九穗同茎。帝以献,晋
帝以归于我。帝冲让,乃止。六月丁亥,受相国、宋公、九锡之命,下
令赦国内殊死以下。诏崇豫章太夫人为宋公太妃,世子为中军将
军,副贰相国,府百官悉依天朝之制。又诏宋国所封十郡之外,悉得
除用。

先是,安西中兵参军沈田子杀安西司马王镇恶,诸将杀安西长史王脩,关中乱。十月,帝遣右将军朱龄石,代安西将军桂阳公义真为雍州刺史。义真还,为赫连勃勃所追,大败,仅以身免,诸将帅及龄石并没。

十二月,晋安帝崩,大司马琅邪王即帝位。

元熙元年正月,晋帝诏征帝入辅,又申前令,进公爵为王,以徐州之海陵北东海北谯北梁、豫州之新蔡、兖州之北陈留、司州之陈郡、汝南、颍川、荥阳十郡增宋国。七月,乃受命,赦国内五岁刑以下,迁都寿阳。九月,解扬州。十二月,晋帝命帝冕十有二旒,建天子旌旗,出警入跸,乘金根车,驾六马,备五时副车,置旄头云罕,乐舞八佾,设钟虡宫县,进王太妃为太后,王妃为王后,世子为太子,王子、王孙爵命之号,一如旧仪。

二年正月,帝表让殊礼,竟陵郡江滨自开,出古铜礼器十余枚,帝献之,晋帝让不受,于是归诸瑞物,藏于相府。四月,诏遣敦劝,兼征帝入辅。六月壬戌,帝至都。甲寅,晋帝禅位于宋。有司草诏既成,请书之,天子即便操笔,谓左右曰:"桓玄之时,天命已改,重为刘公所延将二十载。今日之事,本所甘心。"甲子,遣使奉策曰:

咨尔宋王,夫玄古权舆,悠哉邈矣,其详靡得而闻。爰自书契,降逮三、五,莫不以上圣君四海,止戈定大业。然则帝王者,宰物之通器,君道者,天下之至公也。昔在上叶,深鉴兹道,是以天禄既终,唐、虞弗得传其嗣,符命来格,舜、禹不获全其谦。所以经纬三才,澄序彝化,作范振古,垂风万叶,莫尚于兹。自是厥后,历代弥劭。汉既嗣德于放勋,魏亦方轨于重华,谅以协谋乎人鬼,而以百姓为心者也。

昔我祖宗钦明,辰居其极,而明晦代序,盈亏有期,鞠商兆祸,非惟一世,曾是弗克,矧伊在今,天之所废,有自来矣。惟王体上圣之姿,包二仪之德,明齐日月,道合四时。乃者社稷倾覆,王拯而存之,中原芜梗,又济而复之。自负固不宾,干纪放命,肆逆滔天,窃据万里,靡不润之以风雨,震之以雷霆。九伐之道既敷，八法之化自理，岂伊博施于人，济斯黔庶，固已义洽四海，道盛八荒者矣。至于上天垂象，四灵效征，图谶之文既明，人神之望已改，百工歌于朝，庶人颂乎野，亿兆抃踊，倾伫惟新。自非百姓乐推，天命攸集，岂伊在予所得独专？是用仰祗皇灵，俯顺群议，敬禅神器，授帝位于尔躬。大祚其穷，天禄永终。於戏！王其久执其中，敬遵典训，副率土之嘉愿，恢洪业于无穷，时膺休祐，以答三灵之眷望。

又遣使持节、兼太保、散骑常侍、光禄大夫谢澹，兼太尉、尚书刘宣范奉玺书，归皇帝玺绶，受终之礼，一如唐虞、汉魏故事。帝奉表陈让，晋帝已逊于琅邪王第，表不获通。于是陈留王虔嗣等二百七十人及宋台群臣并上表劝进，犹不许。太史令骆达陈天文符应曰：“案晋义熙元年至元熙元年，太白昼见经天凡七，占曰：‘太白经天，人更主，异姓兴。’义熙七年，五虹见于东方，占曰：‘五虹见，天子黜，圣人出。’九年，镇星、岁星、太白、荧惑聚于东井。十三年，镇星入太微。占曰‘镇星守太微，有立王，有徙王。’元熙元年冬，黑龙四登于天，《易传》曰：‘冬，龙见，天子亡社稷，大人受命。’冀州道人释法称告其弟子曰：‘嵩神言，江东有刘将军，汉家苗裔，当受天命，吾以璧三十二、镇金一饼与之，刘氏卜世之数也。’汉建武至建安末，一百九十六年而禅魏，魏自黄初至咸熙末，四十六年而禅晋，晋自泰始至今，百五十六年，三代揖让，咸穷于六。又汉光武社于南阳，汉末而其树死，刘备有蜀，乃应之而兴，及晋季年，旧根始萌，至是而盛矣。”若此者有数十条。群臣又固请，乃从之。

永初元年夏六月丁卯，皇帝即位于南郊，设坛，柴燎告天曰：

　　皇帝臣裕，敢用玄牡，昭告于皇皇后帝：晋以卜世告终，历数有归，钦若景运，以命于裕。夫树君宰世，天下为公，德充帝王，乐推攸集。越傺唐虞，降暨汉魏，靡不以为上哲格文祖，元勋陟帝位，故能大拯黔首，垂训无穷。晋自东迁，四维不振，宰辅焉依，为日已久。难棘隆安，祸成元兴，遂至帝主迁播，宗祀埋灭。裕虽地非齐、晋，众无一旅，仰愤时难，俯悼横流，投袂一起，则皇祀克复。及危而能持，颠而能扶，奸宄具殄，僭伪亦灭，诚兴废有期，否终有数。至于大造晋室，拨乱济时，因藉时来，实尸其重。加以殊俗慕义，重译来庭，正朔所暨，咸服声教。至乃三灵垂象，山川告祥，人神协祉，岁月滋著。是以群公卿士，亿兆夷人，佥曰：“皇灵降鉴于上，晋朝款诚于下，天命不可以久淹，宸极不可以暂旷。”遂逼群议，恭兹大礼，猥以寡德，托于兆人之上。虽仰畏天威，略是小节，顾探永怀，祗惧若陨。敬简元日，升坛受禅，告类上帝，用酬万国之情，克隆天保，永祚于有宋。惟明灵是飨。

礼毕，备法驾，幸建康宫，临太极前殿。大赦，改元；赐人爵二级，鳏寡孤独不能自存者，人谷五斛，逋租宿责勿收；其犯乡论清议，赃污淫盗，一皆荡涤；长徒之身，特皆原遣；亡官失爵，禁锢夺劳，一依旧准。封晋帝为零陵王，全食一郡，载天子旌旗，乘五时副车，行晋正朔，郊祀天地，礼乐制度，皆用晋典，上书不为表，答表不称诏，宫于故秣陵。追尊皇考为孝穆皇帝，妣为穆皇后，尊王太后为皇太后。诏曰：“夫微禹之感，叹深后昆，爱人怀树，犹或勿翦。虽在异代，义无废绝，降杀之仪，一依前典。可降始兴公为县公，卢陵公为柴桑县公，始安公为荔浦县侯，长沙公为醴陵县侯，康乐公即降为县侯，奉王导、谢安、温峤、陶侃、谢玄之祀，其宣力义熙者，一仍本秩。”庚午，以司空道怜为太尉，封长沙王，立南郡公义庆为临川王。又诏论战亡追赠及酬赏除复之科。乙亥，封皇子桂阳公义真为卢陵王，彭城公义隆为宜都王，义康为彭城王。丁丑，使使巡行四方，旌贤举善，问人疾苦，狱讼亏滥、政刑乖愆、伤化扰俗、未久人听者，皆具以闻。戊寅，诏增百官奉。己卯，改晋泰始历为永初历，社以子，腊以辰。

秋七月丁亥，原放劫贼余口没在台府者，诸流徙之家，并听还本。又以市税繁苦，优量减降。从征关、洛，殒身不及者，赡赐其家。己丑，陈留王曹虔嗣薨。辛卯，复置五校、三将官，增殿中将军员二十人,余在员外。戊戌,征西大将军、开府仪同三司杨盛进号车骑大将军。甲辰,镇西将军李歆进号征西大将军,平西将军乞伏炽盘进号安西大将军,征东将军高句丽王高琏进号征东大将军,镇东将军百济王扶余映进号镇东大将军。置东宫冗从仆射、旅贲中郎将官。戊申,迁神主于太庙,车驾亲奉。壬子,诏改权制,率从宽简。

八月辛酉,诏旧郡县以北为名者悉除之,寓立于南者听以南为号。戊辰,诏曰:"彭城桑梓,敦本斯隆,宜同丰、沛,其沛郡、下邳各复租布三十年。"辛未,追谥妃臧氏为敬皇后,陵曰永宁。癸酉,立王太子义符为皇太子。乙亥,赦见罪人。

闰月壬午,置晋帝诸陵守卫,其名贤先哲,详加洒扫。丁酉,林邑国遣使朝贡。

九月壬子,置东宫殿中将军十人,员外二十人。壬申,置都官尚书。

是岁,魏明元皇帝太常五年,西凉亡。


二年春正月辛酉,祀南郊,大赦。丙寅,断金银涂。以扬州刺史卢陵王义真为司徒,以尚书仆射徐羡之为尚书令、扬州刺史。己卯,禁丧事用铜钉。罢会稽郡府。

二月乙丑,策试州郡秀、孝于延贤堂。倭国遣使朝贡。

三月乙丑,初限荆州府置将不得过二千人,吏不得过一万人。州置将不得过五百人,吏不得过五千人,兵士不在此限。

夏四月己卯,初禁淫祀,除诸房庙。其先贤以勋德立祠者,不在此例。戊辰,听讼于华林园。

五月己酉,置东宫屯骑、步兵、翊军三校尉官。

秋七月己巳,地震。

九月己丑,零陵王殂,宋志也。车驾率百僚临于朝堂三日,如魏明帝服山阳公故事。使兼太尉持节护丧事,葬以晋礼。

冬十月己亥,以凉州胡帅大且渠蒙逊为镇军大将军、开府仪同三司、凉州刺史。

十一月辛亥，葬晋恭皇帝于冲平陵，车驾率百官瞻送。

三年春正月甲辰朔，诏刑罪无轻重，悉原之。癸丑，以尚书令、扬州刺史徐羡之为司空、录尚书事，刺史如故。进江州刺史王弘卫将军、开府仪同三司。以太子詹事傅亮为尚书仆射。

二月丙戌，有星孛于虚危。

三月，上不豫，太尉长沙王道怜、司空徐羡之、尚书仆射傅亮、领军将军谢晦、护军将军檀道济，并入侍医药。群臣请祈祷神祇，上不许，惟使侍中谢方明以疾告庙而已。丁未，以卢陵王义真为侍中、车骑将军、开府仪同三司、南豫州刺史。己未，上疾瘳，大赦。

夏四月乙亥，封仇池公杨盛为武都郡王。

五月，上疾甚，召太子戒之曰："檀道济虽有干略，而无远志，非如兄韶有难御之气。徐羡之、傅亮当无异图。谢晦屡从征伐，颇识机变，若有异，必此人也。小却，可以会稽、江州处之。"又为手诏："朝廷不须复有别府，宰相带扬州，可置甲士千人。若大臣中任要，宜有爪牙以备不祥人者，可以台见留队给之。有征讨，悉配以台见军队，行还复旧。后世若有幼主，朝事一委任宰相，母后不烦临朝。仗既不许入台殿门，要重人可详给班剑。"癸亥，上崩于西殿，时年六十。

七月己酉，葬丹阳建康县蒋山初宁陵。群臣上谥曰武皇帝，庙号高祖。

上清简寡欲，严整有法度，未尝视朱玉舆马之饰，后庭无纨绮丝竹之音。初，朝廷未备音乐，长史殷仲文以为言，帝曰："日不暇给，且所不解。"仲文曰："屡听自然解之。"帝曰："政以解则好之，故不习耳。"宁州尝献虎魄枕，光色甚丽，价盈百金。时将北伐，在虎魄疗金创，上大悦，命碎分赐诸将。平关中，得姚兴从女，有盛宠，以之废事，谢晦谏，即时遣出。财帛皆在外府，内无私藏。宋台建，有司奏东、西堂施局脚床，金涂钉，上不许，使用直脚床，钉用铁。广州尝献入简细布，一端八丈，帝恶其精丽劳人，即付有司弹太守，以布还之,并制岭南禁作此布。帝素有热病,并患金创,末年尤剧,坐卧常须冷物。后有人献石床,寝之,极以为佳,乃叹曰:"木床且费,而况石邪!"即令毁之。制诸主出适,遣送不过二十万,无锦绣金玉。内外奉禁,莫不节俭。性尤简易,尝著连齿木屐,好出神武门内左右逍遥,从者不过十余人。时徐羡之住西州,尝思羡之,便步出西掖门,羽仪络驿追随,已出西明门矣。诸子旦问起居,入阁脱公服,止著裙帽,如家人之礼焉。

微时躬耕于丹徒,及受命,耨耕之具颇有存者,皆命藏之,以留于后。及文帝幸旧宫,见而问焉,左右以实对,文帝色惭。有近侍进曰:"大舜躬耕历山,伯禹亲事土木,陛下不睹列圣之遗物,何以知稼穑之艰难?何以知先帝之至德乎?"及孝武大明中,坏上所居阴室,于其处起玉烛殿,与群臣观之,床头有土障,壁上挂葛灯笼,麻绳拂,侍中袁颛盛称上俭素之德,孝武不答,独曰:"田舍公得此,以为过矣。"故能光有天下,克成大业,盛矣哉!

少帝讳义符,小字车兵,武帝长子也。母曰张夫人,晋义熙二年,生帝于京口。时武帝年逾不惑,尚未有男,及帝生,甚悦。年十岁,拜豫章公世子。帝膂力绝人,善骑射,解音律。宋台建,拜宋世子。元熙元年,进为宋太子。武帝受禅,立为皇太子。

永初三年五月癸亥,武帝崩,是日,太子即皇帝位,大赦,制服三年,尊皇太后曰太皇太后。

六月壬申,以尚书仆射傅亮为中书监、尚书令,司空徐羡之、领军将军谢晦及亮辅政。戊子,太尉长沙王道怜薨。

秋九月丁未,有司奏武皇帝配南郊,武敬皇后配北郊。

冬十一月戊午,有星孛于营室。

十二月庚戌,魏军克滑台。

景平元年春正月己亥朔,大赦,改元,文武赐位二等。辛丑,祀南郊。魏军攻金墉城。癸卯,河南郡失守。乙卯,有星孛于东壁。

二月丁丑，太皇太后崩。镇军大将军大且渠蒙逊、河南鲜卑吐谷浑阿豺，并遣使朝贡。庚辰，进蒙逊骠骑大将军，封河西王；以阿豺为安西将军、沙州刺史，封浇河公。

三月壬寅，孝懿皇后祔葬于兴宁陵。是月，高丽国遣使朝贡。

夏闰四月己未，魏军克虎牢。

秋七月癸酉，尊所生张夫人为皇太后。丁丑，赦五岁刑以下。

冬十月己未，有星孛于氐。

是岁，魏明元皇帝崩。

二年春二月己卯朔，日有蚀之。废南豫州刺史庐陵王义真为庶人，徙新安郡。乙巳，大风，天有云五色，占者以为有兵。执政使使者诛皇弟义真于新安。高丽国遣使朝贡。时帝居处所为多乖失。

夏五月乙酉，皇太后令暴帝过恶，废为营阳王。一依汉昌邑、晋海西故事。奉迎镇西将军宜都王义隆入纂皇统。始徐羡之、傅亮将废帝，讽王弘、檀道济求赴国许，弘等来朝，使中书舍人邢安泰、潘盛为内应。是旦，道济、谢晦领兵居前，羡之等随后，因东掖门开，入自云龙门，盛等先戒宿卫，莫有御者。时帝于华林园为列肆，亲自酤卖，又开渎聚土，以象破冈埭，与左右引船唱呼，以为欢乐。夕游天泉池，即龙舟而寝。其朝未兴，兵士进，杀二侍者于帝侧，伤帝指，扶出东阁就收玺绶。群臣拜辞，送于东宫，遂幽于吴郡。是日，赦死罪以下。太后令奉还玺绶，檀道济入守朝堂。

六月癸丑，徐羡之等使中书舍人邢安泰弑帝于金昌亭。帝有勇力，不即受制，突走出昌门，追以门关踣之致殒，时年十九。

论曰：晋自社稷南迁，王纲弛紊，朝权国命，递归台辅，君道虽存，主威久谢。桓温雄才盖世，勋高一时，移鼎之业已成，天人之望将改。自斯以后，帝道弥昏，道子开其祸端，元显成其衅末。桓玄乘时藉运，加以先资，革命受终，人无异望。宋武地非齐、晋，众无一旅，曾不浃旬，夷凶翦暴，诛内清外，功格上下。若夫乐推所归，讴歌所集,校之魏、晋,可谓收其实矣。然武皇将涉知命,弱嗣方育,顾有慈颜,前无严训。少帝体易染之质,禀可下之姿,外物莫犯其心,所欲必从其志,嵚纵非学而能,危亡不期而集,其至颠沛,非不幸也。悲哉!

南史卷二
宋本纪中第二

# 文帝　孝武帝　前废帝

　　太祖文皇帝讳义隆,小字车儿,武帝第三子也。晋义熙三年,生于京口。十一年,封彭城县公。永初元年,封宜都郡王,位镇西将军、荆州刺史,加都督。时年十四。长七尺五寸,博涉经史,善隶书。是岁来朝,会武帝当听讼,仍遣上讯建康狱囚,辩断称旨,武帝甚悦。

　　景平初,有黑龙见西方,五色云随之。二年,江陵城上有紫云。望气者皆以为帝王之符,当在西方。其年,少帝废,百官议所立,徐羡之、傅亮等以祯符所集,备法驾奉迎,入奉皇统。行台至江陵,尚书令傅亮奉表进玺绂,州府佐吏并称臣,请题榜诸门,一依宫省,上皆不许。教州、府、国纲纪,宥所统内见刑。是时,司空徐羡之等新有弑害,及銮驾西迎,人怀疑惧,惟长史王昙首、司马王华、南蛮校尉到彦之,共期朝臣未有异志。帝曰:“诸公受遗,不容背贰,且劳臣旧将,内外充满,今兵力又足以制物,夫何所疑!”甲戌,乃发江陵,命王华知州府,留镇陕西,令到彦之监襄阳。车驾在道,有黑龙跃负上所乘舟,左右莫不失色,上谓王昙首曰:“此乃夏禹所以受天命,我何德以堪之。”及至都,群臣迎拜于新亭。先谒初宁陵,还次中堂,百官奉玺绂,冲让未受,劝请数四,乃从之。

　　元嘉元年秋八月丁酉,皇帝即位于中堂,备法驾入宫,御太极前殿。大赦,改元,文武赐位二等。戊戌,拜太庙,诏追复庐陵王先封，奉迎灵柩。辛丑，谒临川烈武王陵。癸卯，进司空徐羡之位司徒，江州刺史王弘位司空，尚书令傅亮左光禄大夫、开府仪同三司。甲辰，追尊所生胡婕好为章皇太后，封皇弟义恭为江夏王，义宣为竟陵王，义季为衡阳王。己酉，减荆、湘二州今年税布之半。

九月丙子，立妃袁氏为皇后。

是岁，魏太武皇帝始光元年。

二年春正月丙寅，司徒徐羡之、尚书令傅亮奉表归政，上始亲览万机。辛未，祀南郊，大赦。

秋八月乙酉，骠骑将军、南徐州刺史彭城王义康以本号开府仪同三司，改授司空王弘车骑大将军、开府仪同三司。

冬十一月庚午，以武都王世子杨玄为北秦州刺史，袭封武都王。

是岁，赫连屈丐死。

三年春正月丙寅，司徒徐羡之、尚书令傅亮有罪伏诛。遣中领军到彦之、征北将军檀道济讨荆州刺史谢晦，上亲率六师西征。大赦。丁卯，以江州刺史王弘为司徒、录尚书事。

二月戊午，以金紫光禄大夫王敬弘为尚书左仆射，豫章太守郑鲜之为右仆射。戊辰，到彦之、檀道济大破谢晦于隐矶。丙子，车驾自芜湖反旆。己卯，擒晦于延头，送都伏诛。

夏五月乙未，以征北将军、南兖州刺史檀道济为征南大将军、开府仪同三司、江州刺史。乙巳，骠骑大将军、凉州牧且渠蒙逊改为车骑大将军。诏大使巡行四方，观省风俗。丙午，临延贤堂听讼。自是每岁三讯。

秋，旱且蝗。

冬十二月，前吴郡太守徐佩之谋反，伏诛。

四年春正月乙亥朔，曲赦建邺百里内。辛巳，祀南郊。

二月乙卯,行幸丹徒,谒京陵。

三月丙子,宴丹徒宫,帝乡父老咸与焉。蠲丹徒今年租布,原五岁刑以下。丁亥,车驾还宫。戊子,尚书右仆射郑鲜之卒。壬寅,采富阳令诸葛阐议,禁断夏至日五丝命缕之属。

夏五月,都下疾疫,遣使存问,给医药,死无家属者,赐以棺器。

六月癸卯朔,日有蚀之。

五年春正月乙亥,诏以阴阳愆序,求谠言。甲申,临玄武馆阅武。戊子,都下大火,遣使巡慰振恤。

夏六月庚戌,司徒王弘降为卫将军、开府仪同三司。都下大水,乙卯,遣使检行振赡。

十二月,天竺国遣使朝贡。

是岁,魏神麚元年,大武皇帝伐赫连昌,灭之。乞伏炽盘死。

六年春正月辛丑,祀南郊。癸丑,以荆州刺史彭城王义康为司徒、录尚书事。

三月丁巳,立皇子劭为皇太子。戊午,大赦,赐文武位一等。

夏四月癸亥,以尚书左仆射王敬弘为尚书令,丹阳尹临川王义庆为尚书左仆射,吏部尚书江夷为右仆射。

五月壬辰朔,日有蚀之。

秋七月,百济国遣使朝贡。

冬十一月己丑朔,日有蚀之,星昼见。

十二月,西河、河南国并遣使朝贡。

七年春二月壬戌,雪且雷。

三月戊子,遣左将军到彦之侵魏。

夏六月己卯,封氐杨难当为武都王。

冬十月戊午,立钱署,铸四铢钱。戊寅,魏克金墉城。

十一月癸未,又克武牢。壬辰,遣征南大将军檀道济拒魏。右将军到彦之自滑台奔退。

十二月,都下火,延烧于太社北墙。

是岁,冯跋死。倭、百济、呵罗单、林邑、呵罗他、师子等国,并遣使朝贡。吴兴、晋陵、义兴大水,遣使巡行振恤。

八年春二月辛酉,魏克滑台。癸酉,檀道济引军还,自是河南复亡。

三月,大雪。

夏六月乙丑,大赦,旱故。又大雪。

闰六月乙巳,遣使省行狱讼,简息徭役。

九年春二月辛卯,诏曰:"故太傅长沙景王、故大司马临川烈武王、故司徒南康文宣公穆之、卫将军华容公弘、征南大将军永脩公道济、故左将军龙阳侯镇恶,或履道广深、执德冲邈,或雅量高劭,风鉴明远,或识准弘正,才略开迈,咸文德以弘帝载,武功以隆景业。而太常未铭,从祀阙享,寤寐属虑,永言兴怀。便宜配祭庙庭,勒功天府。"

三月庚戌,进卫将军王弘为太保。丁巳,加江州刺史檀道济为司空。

夏五月壬申,新除太保王弘薨。

六月癸未,置积射、强弩将军官。乙未,以征西将军、沙州刺史吐谷浑慕瑰为征西大将军、西秦河二州刺史、陇西王。壬寅,以抚军将军江夏王义恭为征北将军、开府仪同三司、南兖州刺史。

秋七月庚午,以领军将军殷景仁为尚书仆射。

冬十二月庚寅,立皇子绍为卢陵王,奉孝献王祀;江夏王义恭子朗为南丰王,奉营阳王祀。

是岁,魏延和元年。

十年春正月甲寅,改封竟陵王义宣为南谯王。己未,大赦。

夏,林邑、阇婆娑州、诃罗单国,并遣使朝贡。

秋七月戊戌,曲赦益梁秦三州。

冬十一月,氐杨难当据有梁州。是月,且渠蒙逊死。

十一年夏四月,梁秦二州刺史萧思话破氐,梁州平。

五月丁卯,曲赦梁南秦二州剑阁以北。戊寅,以大且渠茂虔为征西大将军、梁州刺史,封西河王。

是岁,林邑、扶南、诃罗单国并遣使朝贡。

十二年春正月辛酉,大赦。辛未,祀南郊。癸酉,封冯弘为燕王。

夏四月丙辰,诏内外举士。都下地震。

六月,禁酒。师子国遣使朝贡。丹阳、淮南、吴、吴兴、义兴大水,都下乘船。己酉,以徐豫南兖三州、会稽宣城二郡米谷百万斛,赐五郡遭水人。

秋七月辛酉,阇婆娑达、扶南国并遣使朝贡。

八月乙亥,原除遭水郡诸逋负。

九月,蜀贼张寻为寇。

是岁,魏太延元年。

十三年春正月癸丑朔,上有疾,不朝会。

三月己未,诛司空、江州刺史檀道济。庚申,大赦。

夏六月,高丽、武都等国并遣使朝贡。

秋七月己未,零陵王太妃殂,追崇为晋皇后,葬以晋祀。

九月癸丑,立皇子浚为始兴王,骏为武陵王。

是岁,冯弘奔高丽。

十四年春正月辛卯,祀南郊,大赦。戊戌,凤凰二见于都下,众鸟随之。改其地曰凤凰里。

夏四月,蜀贼张寻、赵广降,迁之建邺。

冬十二月辛酉,初停贺雪。河南、西河诃罗单国并遣使朝贺。

十五年春正月,以平东将军吐谷浑慕延为镇西将军、秦河二州刺史,封陇西王。

秋七月辛未,地震。新作东宫。

是岁,武都、河南、高丽、倭、扶南、林邑等国,并遣使朝贡。立儒学馆于北郊,命雷次宗居之。

十六年春正月戊寅,阅武于北郊。庚寅,进彭城王义康为大将军,领司徒,以开府仪同三司江夏王义恭为司空。

夏六月己酉,改封陇西王吐谷浑慕延为河南王。

秋八月庚子,立皇子铄为南平王。

九月,魏灭且渠茂虔。

冬十二月乙亥,皇太子冠,大赦。

是岁,武都、河南、林邑、高丽等国并遣使朝贡。上好儒雅,又命丹阳尹何尚之立玄素学,著作佐郎何承天立史学,司徒参军谢元立文学,各聚门徒,多就业者。江左风俗,于斯为美,后言政化,称元嘉焉。

十七年夏四月戊午朔,日有蚀之。

秋七月壬子,皇后袁氏崩。

八月,徐、兖、青、冀四州大水,遣使振恤。

九月壬子,葬元皇后于长宁陵。

冬十月戊午,前丹阳尹刘湛有罪伏诛。大赦,文武赐爵一级。以大将军、领司徒、录尚书事彭城王义康为江州刺史,大将军如故。甲戌,以司空江夏王义恭为司徒、录尚书事。

十一月,尚书仆射、扬州刺史殷景仁卒。

十二月癸亥,以光禄大夫王球为尚书仆射。戊辰,武都、河南、百济等国并遣使朝贡。

是岁,魏太平真君元年。

十八年春三月庚子,雨雹。戊申,置尚书删定郎官。

夏五月壬午,卫将军、南兖州刺史临川王义庆,征北将军、南徐州刺史南谯王义宣并开府仪同三司。甲申,河水泛溢,害居人。

六月戊辰,遣使巡行赈赡。

冬十一月戊子,尚书仆射王球卒。己亥,以丹阳尹孟顗为尚书仆射。氐杨难当寇汉川。

十二月,晋宁太守爨松子举兵反,宁州刺史徐循讨平之。

是岁,河南、肃特、高丽、苏摩黎、林邑等国,并遣使来朝贡。

十九年夏四月甲戌,上以久疾愈,始奉初祠,大赦。

五月庚寅,梁、秦二州刺史刘真道、龙骧将军裴方明破杨难当,仇池平。

闰月,都下水,遣使巡行赈恤。

六月,以大且渠无讳为征西大将军、凉州刺史,封西河王。

秋七月甲戌晦,日有蚀之。

九月丙辰,有客星在北斗,因为彗,入文昌,贯五车,扫毕,拂天节,经天苑,季冬乃灭。

冬十二月丙申,诏奉圣之胤,速议承袭,及令修庙,四时飨祀,并命蠲近墓五家,供洒扫,栽松柏六百株。

是岁,蠕蠕、河南、扶南、婆皇国并遣使朝贡。西凉武昭王孙李宝始归于魏。

二十年春正月辛亥,祀南郊。

二月甲申,阅武于白下。魏军克仇池。

夏四月甲午,立皇子诞为广陵王。

秋七月癸丑,以杨文德为征西将军、北秦州刺史,封武都王。

冬十月,雷。

十二月壬午，置藉田。

是岁，河西、高丽、百济、倭国并遣使朝贡。自去岁至是，诸州郡水旱伤稼，人大饥，遣使开仓赈恤。

二十一年春正月己亥，南徐、南兖、南豫州、扬州之浙江西，并禁酒。辛酉，亲耕藉田，大赦。

二月己丑，司徒、录尚书事、江夏王义恭进位太尉，领司徒。辛卯，立皇子宏为建平王。

秋八月戊辰，以荆州刺史衡阳王义季为征北大将军、开府仪同三司、南兖州刺史。

九月甲辰，以大且渠安周为征西将军、凉州刺史，封河西王。

冬十月己亥，命刺史、郡守修东耕。丙子，雷且电。

二十二年春正月辛卯朔，改用御史中丞何承天元嘉新历。

二月甲戌，立皇子祎为东海王，昶为义阳王。

秋七月己未，以尚书仆射孟颛为左仆射，中护军何尚之为右仆射。

九月己未，开酒禁。癸酉，宴于武帐堂，上将行，敕诸子且勿食，至会所赐馔。日旰，食不至，有饥色。上诫之曰："汝曹少长丰佚，不见百姓艰难，今使尔识有饥苦，知以节俭期物。"

冬十二月乙未，太子詹事范晔谋反，及党与皆伏诛。丁酉，免大将军彭城王义康为庶人，绝属籍。

是冬，浚淮，起湖熟废田千余顷。

二十三年夏四月丁未，大赦。

六月癸未朔，日有蚀之。交州刺史檀和之伐林邑国，克之。

是岁，大有年。筑北堤，立玄武湖于乐游苑北，兴景阳山于华林园，役重人怨。

二十四年春正月甲戌,大赦,赐文武位一等。

夏 四月,河、济俱清。

六月,都下疫疠,使巡省给医药。以货贵,制大钱,一当两。

秋八月乙未,徐州刺史衡阳王义季薨。

冬十一月甲寅,立皇子浑为汝阳王。

是岁,徐、兖、青、冀四州大水。

二十五年春闰二月己酉,大搜于宣武场。

三月庚辰,校猎。

夏四月乙巳,新作阊阖、广莫二门,改先广莫门曰承明,开阳门曰津阳。

五月乙卯,罢当两大钱。

六月庚戌,零陵王司马元瑜薨。丙寅,加荆州刺史南谯王义宣位司空。

八月甲子,立皇子彧为淮阳王。

九月辛未,以尚书右仆射何尚之为左仆射。

冬,青州城南远望,见地中如水,有影,谓之“地镜”。

二十六年春正月辛巳,祀南郊。

二月己亥,幸丹徒,谒京陵。

三月丁巳,宴于丹徒宫,大赦,复丹徒县侨旧今岁租布之半,行所经过,蠲田租之半。癸亥,使祭晋故司空忠肃公何无忌墓。壬午,至自丹徒。丙戌,婆皇国,壬辰,婆达国并遣使朝贡。

冬十月庚子,改封广陵王诞为随郡王。癸卯,彗星见于太微。甲辰,以扬州刺史始兴王浚为征北将军、开府仪同三司、徐兖二州刺史。

二十七年春正月辛卯,百济国遣使朝贡。

二月,魏军攻县瓠。以军兴,减百官奉禄三分之一。

三月乙丑，淮南太守诸葛阐求减奉禄，同内百官，于是诸州郡县丞尉并悉同减。戊寅，罢国子学。

秋七月庚午，遣宁朔将军王玄谟拒魏，太尉江夏王义恭出次彭城，总统诸军。

冬十一月丁未，大赦。

十二月庚午，魏太武帝率大众至瓜步，声欲度江。都下震惧，咸荷担而立。壬午，内外戒严，缘江六七百里，舳舻相接。始议北侵，朝士多有不同，至是，帝登烽火楼极望，不悦，谓江湛曰："北伐之计，同议者少，今日士庶劳怨，不得无惭。贻大夫之忧，在予过矣。"甲申，使馈百牢于魏。

二十八年春正月丁亥，魏太武帝自瓜步退归，俘广陵居人万余家以北，徐、豫、青、冀、二兖六州，杀略不可胜算，所过州郡，赤地无余。

二月甲戌，降太尉、领司徒江夏王义恭为骠骑将军、开府仪同三司。壬午，幸瓜步。是日解严。

三月乙酉，车驾还宫。丙申，拜初宁陵。大旱。

夏四月癸酉，婆达国遣使朝贡。己卯，彗星见于昴。是月，都下疾疫，使巡省给医药。

五月乙酉，亡命司马顺则自号齐王，据梁邹城。丁巳，婆皇国，戊戌，河南国并遣使朝贡。戊申，以尚书左仆射何尚之为尚书令，太子詹事徐湛之为左仆射、护军将军。壬子，彗星见太微中，对帝坐。

秋七月甲辰，进安东将军倭王绥济为安东大将军。

八月癸亥，梁邹平，斩司马顺则。

是秋，猛兽入郭内为灾。

冬十月癸亥，高丽国遣使朝贡。

十一月壬寅，曲赦二兖、徐、豫、青、冀六州，徙彭城流人于瓜步，淮西流人于姑熟，合万许家。

是岁，魏正平元年。

二十九年春正月甲午，诏经寇六州，仍逢灾潦，可量加赦赡。

二月乙卯，雷且雪。戊午，立皇子休仁为建安王。

三月壬午，大风拔木，都下火。

夏四月戊午，诃罗单国遣使朝贡。

秋七月壬辰，改封汝阴王浑为武昌王，淮阳王或为湘东王。丁酉，省大司农、太子仆、廷尉监官。

九月乙亥，以平西将军吐谷浑拾寅为安西将军、秦河二州刺史，封河南王。

冬十一月壬寅，扬州刺史卢陵王绍薨。

十二月戊辰，黄雾四塞。辛未，以南兖州刺史江夏王义恭为大将军、南徐州刺史，录尚书如故。

是岁，魏中常侍宗爱构逆，太武皇帝崩，乃奉南安王余为帝，改元为承平。后又贼余。于是殿中尚书长孙渴侯、尚书陆丽奉皇孙，是为文成皇帝，改元曰兴安。


三十年春正月乙亥朔，会群臣于太极前殿，有青黑气从东南来，覆映宫上。戊寅，以司空、荆州刺史南谯王义宣为司徒、中军将军、扬州刺史。壬午，以南徐州刺史始兴王浚为卫将军、开府仪同三司、荆州刺史。戊子，使江州刺史武陵王骏统众军，伐西阳蛮。

二月甲子，元凶劭构逆，帝崩于合殿。时年四十七。谥景皇帝，庙号中宗。

三月癸巳，葬长宁陵。孝武帝践祚，追改谥曰文帝，庙号太祖。

帝聪明仁厚，雅重文儒，躬勤政事，孜孜无息，加以在位日久，惟简靖为心。于时政平讼理，朝野悦睦，自江左之政，所未有也。又性存俭约，不好奢侈，车府令尝以辇篷故，请改易之，又辇席旧以乌皮缘故，欲代以紫皮，上以竹篷未至于坏，紫色贵，并不听改。其率素如此云。

世祖孝武皇帝讳骏,字休龙,小字道人,文帝第三子也。元嘉七年八月庚午夜生,有光照室。少机颖,神明爽发,读书七行俱下,才藻甚美。雄决爱武,长于骑射。

十二年,立为武陵王。二十二年,累迁雍州刺史。自晋江左以来,襄阳未有皇子重镇,时文帝欲经略关、河,故有此授。及魏太武大举至淮南,时帝镇彭城,魏使尚书李孝伯至,帝遣长史张畅与语,而帝改服观之。孝伯目帝不辍,及出谓人曰:"张侯侧有人风骨视瞻,非常士也。"二十八年,为都督、江州刺史。时缘江蛮为寇,文帝遣太子步兵校尉沈庆之等伐之,使上总统众军。

三十年正月,出次西阳之五洲,会元凶弑逆,上率众入讨。荆州刺史南谯王义宣、雍州刺史臧质并举义兵。三月乙未,建牙于军门。是时多不悉旧仪,有一翁斑白,自称少从武帝征伐,颇悉其事,因使指麾,事毕,忽失所在。自冬至春,常东北风,连阴不霁,其日牙立之后,风转而西南,景色开霁,有紫云二,荫于牙上。

四月辛酉,上次溧洲。丙寅,次江宁。丁卯,大将军江夏王义恭来奔,奉表上尊号。戊辰,上至新亭。己巳,即皇帝位,大赦,改文帝号谥。以大将军江夏王义恭为太尉、南徐州刺史。庚午,以荆州刺史南谯王义宣为中书监、丞相、扬州刺史,并录尚书六条事。以安东将军随王诞为卫将军、荆州刺史,加雍州刺史臧质车骑将军,并开府仪同三司。以江州刺史、抚军将军萧思话为尚书左仆射。壬申,以征虏将军王僧达为右仆射。改新亭为中兴亭。

夏五月乙亥,辅国将军朱脩之克东府。丙申,克建邺,二凶及同逆并伏诛。庚辰,诏分遣大使巡省方俗。是日,解严。辛巳,幸东府城。甲申,尊所生路淑媛为皇太后。乙酉,立妃王氏为皇后。壬辰,以太尉江夏王义恭为太傅,领大司马。甲午,谒初宁陵,曲赦建邺二百里内,并蠲今年租税。戊戌,以抚军将军南平王铄为司空,建平王宏为尚书左仆射。

六月丙午,车驾还宫。初置殿门及上阁门屯兵。庚午,以丹阳尹褚湛之为尚书右仆射。庚申,诏有司论功班赏各有差。辛酉,安西将军、西秦河二州刺史吐谷浑拾寅进号镇西大将军、开府仪同三司。辛未，改封南谯王义宣为南郡王，随王诞为竟陵王。

闰月丙子，遣兼散骑常侍乐询等十五人巡行风俗。庚申，加太傅江夏王义恭录尚书事，以荆州刺史竟陵王诞为侍中、骠骑大将军、开府仪同三司、扬州刺史。甲申，蠲寻阳、西阳郡租布三年。是月，置卫尉官。

秋七月辛丑朔，日有蚀之。辛酉，诏崇俭约，禁淫侈。己巳，司空南平王铄薨。以侍中南郡王世子恢为尚书右仆射。

冬十月癸未，听讼于阅武堂。

十一月丙辰，停台省众官朔望问讯。丙寅，高丽国遣使朝贡。

十二月甲戌，省都水使者官，置水衡令官。癸未，以将置东宫，省太子率更令、步兵、翊军校尉、旅贲中郎 将、冗从仆射、左右积弩将军官。中庶子、中舍人、庶子、舍人、洗马，各减旧员之半。

孝建元年春正月己亥朔，祀南郊，大赦，改元。壬戌，更铸四铢钱。丙寅，立皇子子业为皇太子，赐天下为父后者爵一级。是月，起正光殿。

二月庚子，豫州刺史鲁爽，车骑将军、江州刺史臧质，丞相、荆州刺史南郡王义宣，兖州刺史徐道宝举兵反。壬午，曲赦豫州。

三月癸亥，内外戒严。

夏五月甲寅，义宣等攻梁山，左卫将军王玄谟大破之。己未，解严。癸亥，以吴兴太守刘延孙为尚书右仆射。

六月戊辰，臧质走至武昌，为人所斩，传首建邺。甲戌，抚军将军柳元景进号抚军大将军，及镇北大将军沈庆之并开府仪同三司。癸未，罢南蛮校尉官。戊子，省录尚书官。庚寅，义宣于江陵赐死。

秋七月丙申朔，日有蚀之，既。丙辰，大赦，赐文武爵一级。

冬十月戊寅，诏开建仲尼庙，制同诸侯之礼，详择爽垲，厚给祭秩。

十一月癸卯，复置都水使者官。始课南徐州侨人租。

是岁,魏兴光元年。

二年春二月己丑,婆皇国遣使朝贡。丙寅,以南兖州刺史沈庆之为左光禄大夫,开府仪同三司。

夏四月壬申,河南国遣使朝贡。

五月乙未,荧惑入南斗。戊戌,以湘州刺史刘遵考为尚书右仆射。

六月甲子,以国哀除释,大赦。

秋七月癸巳,立皇弟休祐为山阳王,休茂为海陵王,休业为鄱阳王。己酉,檠槃国遣使朝贡。

八月庚申,雍州刺史武昌王浑有罪,废为庶人,自杀。辛酉,斤陀利国遣使朝贡。三吴饥,诏所在振贷。

九月丁亥,阅武于宣武场。

冬十月壬午,以扬州刺史竟陵王诞为司空、南徐州刺史,以尚书左仆射建平王宏为尚书令。

十一月辛亥,高丽国遣使朝贡。

是岁,魏太安元年。

三年春正月庚寅,立皇弟休范为顺阳郡王,休若为巴陵郡王。戊戌,立皇子子尚为西阳郡王。辛丑,祀南郊。以骠骑将军建昌忠公到彦之,卫将军、左光禄大夫新建文宣侯王华,豫宁文侯王昙首,配飨文帝庙庭。壬子,皇太子纳妃。甲寅,大赦。群臣上礼。

二月丁丑,制朔望临西堂,接群下,受奏事。

闰三月癸酉,鄱阳王休业薨。

夏四月甲子,初禁人车及酒肆器用铜。

五月辛酉,制荆、徐、兖、豫、雍、青、冀七州统内,家有马一匹者,蠲复一丁。

秋九月壬戌,以丹阳尹刘遵考为尚书左仆射。

冬十月丙午,太傅江夏王义恭进位太宰,领司徒。

大明元年春正月辛亥朔,大赦,改元。庚午,都下雨水。辛未,遣使检行,赐以樵米。

三月壬戌,制大臣加班剑者,不得入宫城门。

夏四月,都下疾疫。丙申,遣使巡,赐给医药。死而无收敛者,官为敛埋。

五月,吴兴、义兴大水,人饥。乙卯,遣使开仓振恤。癸酉,听讼于华林园。自是,非巡狩军役,则车驾岁三临讯。丙寅,芳香琴堂东西有双橘连理,景阳楼上层西南梁栱间有紫气,清景殿西甍鸱尾中央生嘉禾,一株五茎。改景阳楼为庆云楼,清景殿为嘉禾殿,芳香琴堂为连理堂。乙亥,以辅国将军梁瑾葱为河州刺史,封宕昌王。

秋七月辛未,土断雍州诸侨郡县。

九月,建康、秣陵二县各置都官从事一人,司水火劫盗。

冬十月甲辰,以百济王余庆为镇东大将军。

十二月丁亥,改封顺阳王休范为桂阳王。

二年春正月辛亥,祀南郊。丙辰,复郡县田秩,并九亲禄奉。壬戌,拜初宁陵。

二月丙戌,卫将军、尚书令建平王宏以本号开府仪同三司,以丹阳尹褚湛之为尚书左仆射。

三月丁未,尚书令建平王宏薨。乙卯,以田农要月,命太官停杀牛。

夏四月甲申,立皇子子绥为安陆王。辛丑,地震。

六月戊寅,增置吏部尚书一人,省五兵尚书官。丁亥,加左光禄大夫何尚之开府仪同三司。

秋八月丙戌,中书令王僧达下狱死。

九月壬戌,襄阳大水,遣使巡行振恤。庚午,置武卫将军、武骑常侍官。

冬十二月己亥,制诸王及妃、主、庶姓位从公者,丧事听设凶门,余悉断。

是岁,河南、高丽、林邑等国并遣使朝贡。

三年春正月己丑,以领军将军柳元景为尚书令。

二月乙卯,以扬州所统六郡为王畿,以东扬州为扬州。甲子,复置廷尉监官。

夏四月乙卯,司空、南兖州刺史竟陵王诞有罪贬爵,诞不受命,据广陵反。以沈庆之为车骑大将军、开府仪同三司、南兖州刺史,讨诞。

秋八月己巳,克广陵城,斩诞,悉诛城内男丁,以女口为军赏。是日,解严。辛未,大赦。丙子,以丹阳尹刘秀之为尚书右仆射。丙戌,加南兖州刺史沈庆之位司空。

九月壬辰,于玄武湖北立上林苑。甲午,移南郊坛于牛头山,以正阳位。

冬十一月甲子,立皇后蚕宫于西郊。

十二月辛酉,置谒者仆射官。

是岁,婆皇、河西、高丽、肃慎等国,各各遣使朝贡。西域献舞马。

四年春正月辛未,祀南郊。甲戌,宕昌国遣使朝贡。乙亥,亲耕藉田,大赦。庚寅,立皇子子勋为晋安王,子房为寻阳王,子顼为历阳王,子鸾为襄阳王。

三月甲申,皇后亲桑于西郊。

夏四月丙午,诏四时供限,详减太半。辛亥,太宰江夏王义恭等表请封岱宗,诏不从。辛酉,诏以都下疾疫,遣使存问,并给医药,其亡者随宜赈恤。

五月丙戌,尚书左仆射褚湛之卒。

秋七月甲戌,光禄大夫、开府仪同三司何尚之薨。

八月,雍州大水。甲寅,遣加赈恤。

九月丁亥,改封襄阳王子鸾为新安王。

冬十月庚寅,遣新除司空沈庆之讨缘江蛮。

十一月戊辰,改细作署令为左右御府令。丙戌,复置大司农官。

十二月辛丑,幸廷尉寺,宥系囚。魏遣使通和。丁未,幸建康县,原放狱囚。倭国遣使朝贡。

是岁,魏和平元年。

五年春正月戊午朔,华雪降,散为六出,上悦,以为瑞。

二月癸巳,阅武,军幢以下,普加班锡,多所原宥。

三月甲戌,行幸江乘,遣祭故太保王弘、光禄大夫王昙首墓。

夏四月癸巳,改封西阳王子尚为豫章王。丙申,加尚书令柳元景左光禄大夫、开府仪同三司。丙午,雍州刺史海陵王休茂杀司马庾深之,举兵反。参军尹玄庆起义,斩之,传首建邺。

五月,起明堂于国学南丙巳之地。癸亥,制帝室期亲,官非禄官者,月给钱十万。

秋七月丁卯,高丽国遣使朝贡。庚午,曲赦雍州。

八月戊子,立皇子子仁为永嘉王,子真为始安王。己丑,诏以来岁修葺庠序,旌延国胄。庚寅,制方镇所假白板郡县,年限依台除,食禄三分之一,不给送故。卫将军东海王祎以本号开府仪同三司。

九月甲寅,日有蚀之。丁卯,行幸琅邪郡,原遣囚系。庚午,河、济清。

闰月丙申,初立驰道,自阊阖门至于朱雀门,又自承明门至于玄武湖。壬寅,改封历阳王子顼为临海王。

冬十月甲寅,以南徐州刺史刘延孙为尚书左仆射。

十二月壬申,以领军将军刘遵考为尚书右仆射。甲戌,制天下人户岁输布四匹。

六年春正月辛卯,祀南郊。是日,又宗祀文皇帝于明堂,以配上帝。大赦。乙未,置五官中郎将、左右中郎将官。

二月乙卯,复百官禄。

三月庚寅,立皇子子元为邵陵王。壬寅,以倭世子兴为安东将军、倭国王。

夏四月庚申,新作大航门。

五月丙戌,置凌室于覆舟山,修藏冰之礼。

六月辛酉,尚书左仆射刘延孙卒。

秋七月甲申,地震,有声如雷,兖州尤甚,于是鲁郡山摇者二。乙未,立皇子子云为晋陵王。

八月乙丑,置清台令官。

九月,制沙门致敬人主。乙未,以尚书右仆射刘遵考为左仆射,以丹阳尹王僧朗为右仆射。

冬十月丁卯,诏上林苑内士庶丘墓欲还合葬者,勿禁。

十一月己卯,陈留王曹虔秀薨。


七年春正月癸未,诏克日于玄武湖大阅水师,并巡江右,讲武校猎。丁亥,以右卫将军颜师伯为尚书左仆射。

二月甲寅,车驾巡南豫、南兖二州。丁巳,校猎乌江。己未,癸乌江县六合山。壬戌,大赦,行幸所经,无出今年租布,赐人爵一级,女子百户牛酒,郡守邑宰及人夫从搜者,普加沾赉。又诏蠲历阳郡租输三年,遣使巡慰,问人疾苦。癸亥,行幸尉氏,观温泉。壬申,车驾至都,拜二庙,乃还宫。

夏四月甲子,诏自今非临军战阵,一不得专杀,其罪人重辟者,皆依旧先上须报,有司严加听察,犯者以杀人罪论。

五月丙子,诏自今刺史守宰动人兴军,皆须守诏施行。惟边隅外警及奸衅内发、变起仓卒者,不从此例。

六月戊申,蠕蠕、高丽等国并遣使朝贡。

秋七月乙亥,进高丽王高琏位车骑大将军、开府仪同三司。

八月乙丑,立皇子子孟为淮南王,子产为临贺王。车驾幸建康、秣陵县,讯狱囚。

九月庚寅,以南徐州刺史新安王子鸾为兼司徒。乙未,幸廷尉讯狱囚。丙申,立皇子子嗣为东平王。

冬十月壬寅,皇太子冠,赐王公以下帛各有差。戊申,车驾巡南豫州,奉太后以行。癸丑,行幸江宁县,讯狱囚。加车骑将军、扬州刺史豫章王子尚开府仪同三司。癸亥,以开府仪同三司东海王祎为司空,加中军将军义阳王昶开府仪同三司。己巳,校猎于姑熟。

十一月丙子,曲赦南豫州殊死以下。巡幸所经,详减今岁田租。乙酉,诏祭晋大司马桓温、征西将军毛璩墓。上于行所讯溧阳、永世、丹阳县囚。癸巳,祀梁山,大阅水师于中江,有白雀二集华盖,有司奏改元为神雀,诏不许。乙未,原放行狱徒系。浙江东诸郡大旱。

十二月壬寅,遣使开仓赈恤,听受杂物当租。丙午,行幸历阳。甲寅,大赦,赐历阳郡女子百户牛酒,蠲郡租十年。己未,加太宰江夏王义恭尚书令。于博望梁山立双阙。癸未,至自历阳。

八年春正月辛巳,祀南郊。是日,还宗祀文帝于明堂。甲戌,诏曰:"东境去岁不稔,宜广商货,远近贩鬻米粟者,可停道中杂税。其以仗自防,悉勿禁。"

夏闰五月壬寅,以太宰江夏王义恭领太尉。庚申,帝崩于玉烛殿,时年三十五。七月丙午,葬于丹阳秣陵县岩山景宁陵。

帝末年为长夜之饮,每旦寝兴,盥漱毕,仍复命饮,俄顷数斗,凭几昏睡,若大醉者。或外有奏事,便肃然整容,无复酒色。外内服其神明,莫敢驰惰。

前废帝讳子业,小字法师,孝武帝长子也。元嘉二十六年正月甲申生。孝武镇寻阳,帝留都下。三十年,孝武入伐,元凶囚帝于侍中下省,将加害者数矣,卒得无恙。及孝武践阼,立为皇太子。始未之东宫,中庶子、二率并入直永福省。大明二年,出东宫。七年,加元服。

八年闰五月庚午,孝武崩。其日,太子即皇帝位,大赦。加骠骑大将军柳元景尚书令。甲子,置录尚书官,以太宰江夏王义恭录尚书事。加骠骑大将军柳元景开府仪同三司。

秋七月庚戌,婆皇国遣使朝贡。崇皇太后为太皇太后,皇后曰皇太后。乙卯,罢南北二驰道,改孝建以来所变制度,还依元嘉。丙辰,追崇献妃为献皇后。

八月乙丑,皇太后崩。

九月乙卯,文穆皇后祔葬景宁陵。

冬十二月乙酉,以尚书右仆射颜师伯为尚书仆射。壬辰,以王畿诸郡为扬州,以扬州为东扬州。癸巳,加车骑将军、扬州刺史豫章王子尚位司徒。去岁及是岁,东诸郡大旱,甚者米一斗数百,都下亦至百余,饿死者十六七。孝建以来,又立钱署铸钱,百姓因此盗铸,钱转伪小,商货不行。

景和元年春正月乙未朔,大赦,改元为永光。乙巳,省诸州台传。

二月乙丑,减州郡县田禄之半。庚寅,铸二铢钱。

夏五月,魏文成皇帝崩。

秋八月庚午,以尚书仆射颜师伯为左仆射,吏部尚书王景文为右仆射。癸酉,帝自率宿卫兵诛太宰江夏王义恭、尚书令柳元景、左仆射颜师伯、廷尉刘德愿。改元为景和。甲戌,以司徒、扬州刺史豫章王子尚领尚书令。乙亥,帝释素服,御锦衣。以始兴公沈庆之为太尉。庚辰,以石头城为长乐宫,东府城为未央宫。甲申,以北邸为建章宫,南第为长杨宫。已丑,复立南北二驰道。

九月癸巳,幸湖熟,奏鼓吹。戊戌,还宫。帝自以为,昔在东宫,不为孝武所爱,及即位,将掘景宁陵,太史言于帝不利而止。乃纵粪于陵,肆骂孝武帝为“齇奴”,又遣发殷贵嫔墓,忿其为孝武所宠。初,贵嫔薨,武帝为造新安寺,乃遣坏之。又欲诛诸远近僧尼。辛丑,免南徐州刺史新安王子鸾为庶人,赐死。丁未,加卫将军湘东王彧开府仪同三司。已酉,车驾讨徐州刺史义阳王昶,内外戒严,昶奔魏。戊午,解严。开百姓铸钱。

冬十月癸亥,曲赦徐州。丁卯,东阳太守王藻下狱死。以文帝第十女新蔡公主为贵嫔夫人,改姓谢氏。加武贲鈇戟,鸾辂龙旂,出警入跸。矫言公主薨,空设丧事焉。乙酉,以豫州刺史山阳王休祐为镇军大将军、开府仪同三司。

十一月壬辰,宁朔将军何迈下狱死。癸巳,杀新除太尉沈庆之。壬寅,立皇后路氏,四厢奏乐,曲赦扬、南徐二州。丁未,皇子生,少府刘矇之子也。大赦,脏污淫盗,悉皆原荡,赐为父后者爵一级。壬子,以护军将军建安王休仁为骠骑大将军、开府仪同三司。戊午,南平王敬猷、卢陵王敬先、安南侯敬深并赐死。

时帝凶悖日甚,诛杀相继,内外百官,不保首领。先是,讹言湘中出天子,帝将南巡荆、湘以厌之,期旦诛除四叔,然后发引。是夜,湘东王彧与左右阮佃夫、王道隆、李道儿密结帝左右寿寂之、姜产之等十一人,谋共废帝。先是,帝好游华林园竹林堂,使妇人裸身相逐,有一妇人不从,命斩之。经少时,夜梦游后堂,有一女子骂曰:“帝悖虐不道,明年不及熟矣。”帝怒,于宫中求得似所梦者一人戮之。其夕,复梦所戮女骂曰:“汝枉杀我,已诉上帝。”至是,巫觋云“此堂有鬼”。帝与山阴公主及六宫采女数百人,随群巫捕鬼,屏除侍卫,帝亲自射之。事毕,将奏靡靡之声,寿寂之怀刀直入,姜产之为副,诸姬迸逸,废帝亦走。追及之,大呼“寂!寂!”如此者三。手不能举,乃崩于华光殿,时年十七。太皇太后令奉湘东王彧纂承皇统。于是葬帝于丹阳秣陵县南郊坛西。

帝蜂目鸟喙,长颈锐下,幼而狷急,在东宫每为孝武所责。孝武西巡,帝启参承起居,书迹不谨,上诘让之曰:“书不长进,此是一条耳。闻汝比素业都懈,狷戾日甚,何以顽固乃尔?”初践阼,受玺绂,傲然无哀容。蔡兴宗退而叹曰:“昔鲁昭不戚,叔孙请死,国家之祸,其在此乎!”帝始犹难诸大臣及戴法兴等,既杀法兴,诸大臣莫不震慑,于是又诛群公。元、凯以下,皆被殴捶牵曳,内外危惧,殿省骚然。太后疾笃,遣呼帝,帝曰:“病人间多鬼,可畏,那可往!”太后怒,语侍者曰:"将刀来破我腹,那得生宁馨儿!"及太后崩后数日,帝梦太后谓曰:"汝不仁不孝,本无人君之相,子尚愚悖如此,亦非运祚所及。孝武险虐灭道,怨结人神,儿子虽多,并无天命。大命所归,应还文帝之子。"故帝聚诸叔都下,虑在外为患。

山阴主淫恣过度,谓帝曰:"妾与陛下虽男女有殊,俱托体先帝,陛下后宫数百,妾惟驸马一人,事不均平,一何至此!"帝乃为立面首左右三十人,进爵会稽郡长公主,秩同郡王,汤沐邑二千户,给鼓吹一部,加班剑二十人。帝每出,公主与朝臣常共陪辇。

帝少好读书,颇识古事,粗有文才,自造《孝武帝诔》及杂篇章,往往有辞采。以魏武有发丘中郎将、摸金校尉,乃置此二官,以建安王休仁、山阳王休祐领之。其余事迹,分见诸《列传》。

论曰:文帝幼年特秀,自禀君德。及正位南面,历年长久,纲维备举,条禁明密,罚有恒科,爵无滥品,故能内清外晏,四海谧如。而授将遣师,事乖分阃,才谢光武,而遥制兵略,至于攻战日时,咸听成旨,虽覆师丧旅,将非韩、白,而延寇蹙境,抑此之由。及至言泄衾衽,难结凶竖,虽祸生非虑,盖亦有以而然。夫尽人命以自养,盖惟桀、纣之行,观夫大明之世,其将尽人命乎!虽周公之才之美,亦当终之以乱。由此言之,得殁亦为幸矣。至如废帝之事,行著于篇,假以中才之君,有一于此,足以致陨,况乎兼斯众恶,不亡其可得乎?

# 南史卷三
## 宋本纪下第三

# 明帝　后废帝　顺帝

太宗明皇帝讳彧,字休景,小字荣期,文帝第十一子也。元嘉十六年十月生。二十五年,封淮阳王,二十九年,改封湘东王。孝武践祚,累迁镇军将军、雍州刺史。

是岁入朝。时废帝疑畏诸父,以上付廷尉,明日将加祸害。上乃与腹心阮佃夫、李道儿等密谋。时废帝左右直阁将军宋越、谭金、童太一等是夜并外宿,佃夫、道儿因结寿寂之等,十一月十九日,弑废帝于后堂。建安王休仁便称臣,奉引升西堂,登御坐。事出仓卒,上失履,跣,犹著乌纱帽,休仁呼主衣以白纱代之。未即位,凡众事悉称令书。己未,司徒豫章王子尚、山阴公主并赐死,宋越、谭金、童太一伏诛。十二月庚申朔,令书以东海王祎为中书监、太尉,以晋安王子勋为车骑将军、开府仪同三司。癸亥,以建安王休仁为司徒、尚书令、扬州刺史。乙丑,改封安陆王子绥为江夏王。

泰始元年,即大明九年也,魏和平六年,冬十二月丙寅,皇帝即位于太极前殿,大赦,改元。辛未,改封临贺王子产为南平王,晋熙王子舆为庐陵王。壬申,以王景文为尚书仆射。乙亥,追尊所生沈婕妤曰宣皇太后。戊寅,改太皇太后为崇宪皇后,立皇后王氏。罢二铢钱。江州刺史晋安王子勋举兵反,镇军长史袁颛赴之,邓琬为其谋主。壬午,谒太庙。甲申,郢州刺史安陆王子绥、会稽太守寻阳王子房、临海王子顼并举兵同逆。

二年春正月乙未,晋安王子勋僭即伪位于寻阳,年号义嘉。壬辰,徐州刺史薛安都举兵反。甲午,内外戒严,司徒建安王休仁都督诸军南讨。丙戌,徐州刺史申令孙、司州刺史庞孟虬、豫州刺史殷琰、青州刺史沈文秀、冀州刺史崔道固、湘州行事何慧文、广州刺史袁昙、益州刺史萧惠开、梁州刺史柳元怡并同逆。丙午,车驾亲御六军,顿中兴堂。辛亥,南豫州刺史山阳王休祐改为豫州刺史,西讨。吴郡太守顾琛、吴兴太守王昙生、义兴太守刘延熙、晋陵太守袁标、山阳太守程天祚并举兵反。镇东将军巴陵王休若统军东讨。壬子,崇宪皇太后崩。

二月乙丑,以蔡兴宗为尚书右仆射。壬申,吴兴太守张永、右将军萧道成东讨,平晋陵。丁亥,建武将军吴喜公率诸军破贼于吴兴会稽,平定三郡,同逆皆伏诛。辅国将军萧道成前锋北讨,辅国将军刘勔前锋西讨。刘胡众四万据赭圻。

三月庚寅,抚军将军殷孝祖攻赭圻,死之。以辅国将军沈攸之代为南讨前锋。贼众稍盛,袁顗顿鹊尾,连营至浓湖,众十余万。丙申,南徐州刺史桂阳王休范总统北讨诸军事。戊戌,贬寻阳王子房爵为松滋县侯。癸卯,令人入米七百石者除郡,减此各有差。壬子,断新钱,专用古钱。

夏五月甲寅,葬崇宪皇太后于脩宁陵。

秋七月丁酉,以仇池太守杨僧嗣为北秦州刺史,封武都王。

八月己卯,司徒建安王休仁率众军大破贼,斩伪尚书仆射袁顗,进讨江、郢、荆、湘、雍五州,平之。晋安王子勋、安陆王子绥、临海王子顼、邵陵王子元并赐死,同党皆伏诛。诸将帅封赏各有差。

九月癸巳,六军解严。戊戌,以王玄谟为左光禄大夫、开府仪同三司,领护军将军。

冬十月乙卯,永嘉王子仁、始安王子真、淮南王子孟、南平王子产、庐陵王子舆、松滋侯子房并赐死。丁卯,以沈攸之为中领军,与张永俱北讨。戊寅,立皇子昱为皇太子。

十一月壬辰,立建平王景素子延年为新安王。

十二月,薛安都要引魏军,张永、沈攸之大败,于是遂失淮北四州及豫州淮西地。

是岁,魏天安元年。

三年春正月庚子,以农役将兴,诏太官停宰牛。癸卯,曲赦豫、南豫二州。

闰正月庚午,都下大雨雪,遣使巡行,振贷各有差。

二月甲申,为战亡将士举哀。丙申,曲赦青、冀二州。

夏四月丙戌,诏以故丞相江夏文献王、故太尉巴东忠烈公柳元景、故司空始兴襄公沈庆之、故征西将军洮阳肃侯宗悫陪祭孝武庙庭。庚子,立桂阳王休范第三子德嗣为庐陵王,立侍中刘韬第三子铣为南丰王,以奉庐江昭王、南丰哀王祀。

五月丙辰,诏宣太后崇宁陵禁内坟瘗迁徙者给葬直,蠲复其家。壬戌,以太子詹事袁粲为尚书仆射。

秋八月壬寅,以中领军沈攸之行南兖州刺史,率众北伐。

九月戊午,以皇后六宫以下杂衣千领、金钗千枚,赐北伐将士。

冬十月壬午,改封新安王延年为始平王。辛丑,以镇西大将军、西秦、河二州刺史吐谷浑拾寅为征西大将军。

十一月,立建安王休仁第二子伯猷为江夏王。

是岁,魏皇兴元年。

四年春正月丙辰朔,雨草于宫。乙亥,零陵王司马勖薨。

二月乙巳,左当禄大夫、开府仪同三司王玄谟薨。

三月,交州人李长仁据州叛。妖贼攻广州,杀刺史羊希,龙骧将军陈伯绍讨平之。

夏四月丙申,改封东海王祎为庐江王,山阳王休祐为晋平王。

秋九月戊辰,诏定黥刖之制。有司奏:“自今凡劫窃执官仗、拒战逻司、攻剽亭寺及伤害吏人,并监司将吏自为劫,皆不限人数,悉依旧制斩刑。若遇赦,黥及两颊‘劫’字,断去两脚筋,徙付交、梁、宁州。五人以下止相逼夺者,亦依黥作'劫'字,断去两脚筋,徙付远州。若遇赦,原断、徒,黥黥面,依旧补冶士。家口应及坐,悉依旧结谪。”及上崩,其例乃寝。庚午,上备法驾幸东宫。

冬十月癸酉朔,日有蚀之,发诸州兵北伐。

五年春正月癸亥,亲耕藉田。乙丑,魏克青州,执刺史沈文秀以归。

二月丙申,以庐江王祎为车骑将军、开府仪同三司、南豫州刺史。

夏六月辛未,立晋平王休祐子宣曜为南平王。

秋七月壬戌,改辅国将军为辅师将军。

九月甲寅,立长沙王纂子延之为始平王。

冬十月丁卯朔,日有蚀之。

十一月丁未,魏人来聘。

十二月庚申,分荆、益之五郡置三巴校尉。

六年春正月乙亥,初制间二年一祭南郊,间一年一祭明堂。

夏四月癸亥,立皇子燮为晋熙王。

六月癸卯,以王景文为尚书左仆射、扬州刺史,以袁粲为右仆射。己未,改临贺郡为临庆郡。

秋七月丙戌,临庆王智井薨。

九月戊寅,立总明观,征学士以充之。置东观祭酒、访举各一人,举士二十人,分为儒、道、文、史、阴阳五部学,言阴阳者遂无其人。

冬十月辛卯,立皇子赞为武陵王。

十二月癸巳,以边难未息,制父母隔在异域者,悉使婚宦。

七年春正月甲戌,置散骑奏举郎。

二月癸丑,征西将军、荆州刺史巴陵王休若进号征西大将军,

及征南大将军、江州刺史桂阳王休范并开府仪同三司。甲寅,南徐
州刺史晋平王休祐薨。

三月辛酉,魏人来聘。

夏五月戊午,鸩司徒建安王休仁。庚午,以袁粲为尚书令,褚彦
回为右仆射。丙戌,追免晋平王休祐为庶人。

秋七月丁巳,罢散骑奏举郎。乙丑,江州刺史巴陵王休若赐死。

八月戊子,以皇子跻继江夏文献王义恭。庚寅,帝疾间。戊戌,
立皇子准为安成王。

是岁,魏孝文帝延兴元年。

泰豫元年春正月甲寅朔,上以疾未瘳,故改元。丁巳,巨人迹见
西池冰上。

夏四月己亥,上疾大渐。加江州刺史桂阳王休范位司空,以刘
勔为尚书右仆射,蔡兴宗为征西将军、开府仪同三司、荆州刺史,沈
攸之进号安西将军。袁粲、褚彦回、刘勔、蔡兴宗、沈攸之入阁被顾
命。是日,上崩于景福殿,时年三十四。五月戊寅,葬临沂县莫府山
高宁陵。

帝好读书,爱文义,在藩时撰《江左以来文章志》,又续卫瓘所
注《论语》二卷。及即大位,旧臣才学之士,多蒙引进。末年好鬼神,
多忌讳,言语文书有祸败凶丧疑似之言应回避者,犯即加戮。改
“骊”马字为“马”边“瓜”,以“骊”字似“祸”故也。尝以南苑借张永,
云:“且给三百年,期尽更请。”宣阳门谓之白门,上以白门不详,讳
之。尚书右丞江谧尝误犯,上变色曰:“白汝家门。”路太后停尸漆床
移出东宫,上幸宫见之,怒,免中庶子,以之坐死者数十人。内外常
虑犯触,人不自保。移床修壁,先祭土神,使文士为祝策,如大祭飨。
阮佃夫、杨运长、王道隆皆擅威权,言为诏敕,郡守令长一缺十除,
内外混然。官以贿命,王、阮家富于公室。中书舍人胡母颢专权,奏
无不可。时人语曰:“禾绢闭眼诺,胡母大张橐。”“禾绢”谓上也。及
泰始、泰豫之际,左右失旨,往往有刳剐断截,禁中懔懔若践刀剑。

夜梦豫章太守刘愔反，遣就郡杀之。军旅不息，府藏空虚，内外百官并断禄奉。在朝造官者皆市井佣贩之子，而又令小黄门于殿内埋钱以为私藏。以密渍鲅鱼，一食数升，啖腊肉常至二百脔。奢费过度，每所造制，必为正御三十，副御、次副三十。须一物，辄造九十枚。天下骚然，民不堪命。宋氏之业，自此衰矣。

后废帝讳昱，字德融，明帝长子也。大明七年正月辛丑，生于卫尉府。帝母陈氏，李道儿妾，明帝纳之，故人呼帝为李氏子，帝亦自称李将军。明帝诸子在孕，皆以《周易》筮之，即以所得卦为小字，故帝小字慧震。泰始二年，立为皇太子。六年，出东宫。又制太子元正朝贺，服衮冕九章衣。明帝崩，庚子，太子即皇帝位，大赦。尚书令袁粲、护军将军褚彦回共辅朝政，班剑依旧入殿。

六月乙巳，尊皇后曰皇太后，立皇后江氏。

秋七月戊辰，拜帝所生陈贵妃为皇太妃。

八月戊午，中书监、左光禄大夫、开府仪同三司蔡兴宗薨。

冬十一月己亥，新除郢州刺史刘彦节为尚书左仆射。

元徽元年春正月戊寅，大赦，改元。诏自元年以前徙放者，并听还本。魏人来聘。

夏六月乙卯，寿阳大水。

秋八月，都下旱。庚午，陈留王曹铣薨。

九月丁亥，立衡阳王嶷子伯玉为南平王。

冬十二月癸卯朔，日有蚀之。乙巳，进桂阳王休范位太尉。癸亥，立前建安王世子伯融为始安县王。

二年夏五月壬午，江州刺史桂阳王休范举兵反。庚寅，内外戒严，中领军刘勔、右卫将军萧道成前锋南讨，出屯新亭，征北将军张永屯白下，前南兖州刺史沈怀明戍石头，卫将军袁粲、中军将军褚彦回入卫殿省。壬辰，贼奄至，攻新亭垒。道成拒击，大破之，越骑校尉张苟儿斩休范。贼党杜黑螺、丁文豪分军向朱雀航,刘勔拒贼,败绩,死之。右将军王道隆奔走,遇害。张永溃于白下。沈怀明自石头奔散。甲午,车骑典签茅恬开东府纳贼,贼入屯中堂,羽林监陈显达击,大破之。丙申,张苟儿等又破贼,进平东府城,枭擒群贼。丁酉,大赦,解严。荆州刺史沈攸之、南徐州刺史建平王景素、郢州刺史晋熙王燮、湘州刺史张兴世,并举义兵赴建邺。

六月癸卯,晋熙王燮遣军克寻阳,江州平。壬戌,改辅师将军还为辅国。

秋七月庚辰,立皇弟友为邵陵王。乙酉,徐州刺史建平王景素进号征北将军、开府仪同三司。

九月丁酉,以袁粲为中书监,领司徒。加护军将军褚彦回为尚书令。

冬十一月丙戌,帝加元服。

十二月癸亥,立皇弟跻为江夏王,赞为武陵王。

三年春三月己巳,都下大水。

夏六月,魏人来聘。

秋七月庚戌,以袁粲为尚书令。

九月丙辰,征西大将军河南王吐谷浑拾寅进号车骑征西大将军。

四年夏六月乙亥,加萧道成尚书左仆射。

秋七月戊子,建平王景素据京城反。己丑,内外纂严。遣骁骑将军任农夫、冠军将军黄回北讨,萧道成总统众军。始安王伯融、都乡侯伯猷并赐死。乙未,克京城,斩景素,同逆皆伏诛。

八月丁卯,立皇弟翔为南阳王,嵩为新兴王,禧为始建王。

九月戊子,骁骑将军高道庆有罪赐死。己丑,车骑将军、扬州刺史安成王准进号骠骑大将军、开府仪同三司。

冬十月辛酉,以王僧虔为尚书右仆射。

五年夏四月甲戌,豫州刺史阮佃夫、步兵校尉申伯宗、朱幼谋废立,皆伏诛。

五月,地震。

六月甲戌,诛司徒左长史沈勃、散骑常侍杜幼文、游击将军孙超之、长水校尉杜叔文。

七月戊子夜,帝遇弑于仁寿殿,时年十五。己丑,皇太后令贬帝为苍梧郡王,葬丹阳秣陵县郊坛西。

初,帝之生夕,明帝梦人乘马,马无头及后足,有人曰:"太子也。"及在东宫,五六岁能缘漆帐竿,去地丈余,如此者半食。渐长,喜怒乖节,左右失旨者,手加扑打,徒路蹲踞。及嗣位,内畏太后,外畏大臣,犹未得肆志。自加元服,三年,好出入,单将左右,或十里二十里,或入市里,遇慢骂则悦而受焉。四年,无日不出,与左右解僧智、张五儿恒夜出,开承明门,夕去晨反,晨出暮归。从者并执铤矛,行人男女及犬马牛驴,逢无免者。人间扰惧,昼日不开门,道无行人。尝着小裤,不服衣冠。有白棒数十,各有名号,钳凿锥锯,不离左右,为击脑、椎阴、剖心之诛,日有数十。常见卧尸流血,然后为乐。左右人见有颦眉者,帝令其正立,以矛刺洞之。曜灵殿上养驴数十头,所自乘马,养于御床侧与右卫翼辇营女子私通,每从之游,持数千钱为酒肉之费。出逢婚姻葬送,辄与挽车小儿群聚饮酒,以为叹适。阮佃夫腹心人张羊为佃夫委信,佃夫败,叛走,复捕得,自于承明门以车轹杀之。杀杜延载、杜幼文,躬运矛铤,手自脔割。察孙超有蒜气,剖腹视之。执盾驰马,自往刺杜叔文于玄武北湖。孝武帝二十八子,明帝杀其十六,余皆帝杀之。吴兴沈勃多宝货,往劫之,挥刀独前,左右未至,勃时居丧在庐,帝望见之,便投铤,不中。勃知不免,手搏帝耳,唾骂之曰:"汝罪逾桀、纣,屠戮无日!"遂见害,帝自脔割。制露车一乘,施篷,乘以出入,从数十人,羽仪追之,恒不相及。又各虑祸,亦不敢追,但整部伍,别在一处瞻望而已。凡诸鄙事,过目则能,锻银、裁衣、作帽,莫不精绝。未尝吹箎,执管便韵。天性好杀，一日无事，辄惨惨不乐。内外忧惶，夕不及旦。领军将军萧道成与直阁将军王敬则谋之。七月戊子，帝微行出北湖，单马先走，羽仪不及，左右张五儿马坠湖，帝怒，自驰骑刺马，屠割之。与左右作羌胡伎为乐。又于蛮冈赌跳，因乘露车，无复卤簿。往青园尼寺、新安寺偷狗，就县度道人煮之饮酒。杨玉夫常得意，忽然见憎，遇辄切齿，曰："明日当杀小子，取肝肺。"是夜七夕，令玉夫伺织女度，报己，因与内人穿针讫，大醉，卧于仁寿殿东阿毡幄中。帝出入无禁，王敬则先结玉夫、陈奉伯、杨万年等合二十五人。其夕，玉夫候帝眠熟，至乙夜，与万年同入毡幄内，取千牛刀杀之。

顺皇帝讳准，字仲谟，小字知观，明帝第三子也。泰始五年七月癸丑生。七年，封安成王。帝姿貌端华，眉目如画，见者以为神人。废帝即位，加扬州刺史。元徽二年，加都督扬、南豫二州诸军事。四年，进号骠骑大将军。及废帝殂，萧道成奉太后令，迎王入居朝堂。

升明元年秋七月壬辰，皇帝即位，大赦，改元徽五年为升明元年。甲午，萧道成出镇东城，辅政。荆州刺史沈攸之进号车骑大将军，萧道成司空、录尚书事。以袁粲为中书监、司徒，以褚彦回为卫将军，刘彦节为尚书令，加中军将军。辛丑，以王僧虔为尚书仆射。癸卯，车驾谒太庙。

八月癸亥，司徒袁粲镇石头。戊辰，崇拜帝所生陈昭华为皇太妃。庚午，以萧道成为骠骑大将军、开府仪同三司，录尚书如故。

九月己酉，庐陵王皓薨。

十二月丁巳，荆州刺史沈攸之举兵，不从执政。丁卯，萧道成入守朝堂，侍中萧嶷镇东府。戊辰，中外纂严。壬申，司徒袁粲据石头，谋诛道成不果，旋见覆灭。乙亥，以王僧虔为左仆射，王延之为右仆射。吴郡太守刘遐据郡不从执政，令张瑰攻斩之。

闰月辛亥，屯骑校尉王宜兴贰于执政，见诛。癸巳，沈攸之攻郢城，前军长史柳世隆固守。己亥，中外戒严，假萧道成黄钺。乙巳，道成出顿新亭。

是岁，魏太和元年。

二年春正月丁卯，沈攸之败。己巳，华容县人斩攸之首送之。辛未，雍州刺史张敬儿克江陵，荆州平。丙子，解严，以柳世隆为尚书右仆射。萧道成旋镇东府。

二月庚辰，以王僧虔为尚书令，王延之为左仆射。癸未，萧道成加授太尉，以褚彦回为中书监、司空。丙戌，抚军将军、扬州刺史晋熙王燮进号中军将军。

三月己酉朔，日有蚀之。

夏四月，南兖州刺史黄回贰于执政，赐死。

五月戊午，以倭国王武为安东大将军。

六月丁酉，以辅国将军杨文弘为北秦州刺史，封武都王。

秋九月乙巳朔，日有蚀之。丙午，加太尉萧道成黄钺、都督中外诸军事、太傅，领扬州牧，赐殊礼。以扬州刺史晋熙王变为司徒。

冬十月壬寅，立皇后谢氏。

十一月，立故武昌太守刘琨息颁为南丰县王。癸亥，诛临沣侯刘晃。甲子，改封南阳王翙为随郡王。

十二月丙戌，皇后见于太庙。

三年春正月辛亥，领军将军萧赜加尚书右仆射，进号中军大将军、开府仪同三司。

二月丙子，南豫州刺史邵陵王友薨。丙申，地震建阳门。

三月癸卯朔，日有蚀之。甲辰，加萧道成相国，俾百揆，封十郡为齐公，备九锡之礼。庚戌，诛临川王绰。

夏四月壬申，进齐公萧道成爵为王。壬午，安西将军武陵王赞薨。辛卯，帝禅位于齐。壬辰，逊于东邸。是日，王敬则以兵陈于殿庭，帝犹居内，闻之，逃于佛盖下。太后惧，自帅阉竖索，扶幸板舆，黄门或促之，帝怒，抽刀投之，中项而殒。帝既出，宫人行哭，俱迁。

备羽仪,乘画轮车,出东掖门。封帝为汝阴王,居丹徒宫,齐兵卫之。建元元年五月己未,帝闻外有驰马者,惧乱作,监人杀王而以疾赴,齐人德之,赏之以邑。六月乙酉,葬于遂宁陵,谥曰顺帝。宋之王侯,无少长,皆幽死矣。

论曰:文帝负扆南面,实有人君之美,经国之义虽弘,而隆家之道不足。彭城照不窥古,本无卓尔之资,徒见昆弟之义深,未识君臣之礼异。以此家情,行之国道,主忌而犹犯,恩离而未悟。致以陵逼之愆,遂成灭亲之祸。开端树隙,垂之后人。明帝猜忍之情,据已行之典,翦落洪支,愿不待虑。既而本根莫庇,幼主孤立,下无磐石之托,上有累卵之危。方复藏玺怀绂,鱼服忘反,危冠短制,匹马孤征,以至覆亡,理固然矣。神器以势弱倾移,灵命随乐推回改。斯盖履霜有渐,夫岂一夕,何止区区汝阴揖让而已!

南史卷四
齐本纪上第四

# 高帝　武帝

　　齐太祖高皇帝讳道成,字绍伯,小字斗将,姓萧氏。其先本居东海兰陵县中都乡中都里,晋元康元年,惠帝分东海郡为兰陵,故复为兰陵郡人。中朝丧乱,皇高祖淮阴令整,字公齐,过江居晋陵武进县之东城里,寓居江左者皆侨置本土加以"南"名,更为南兰陵人也。皇曾祖俊,字子武,位即丘令。皇祖乐子,字闰子,位辅国参军,宋升明中,赠太常。皇考承之,字嗣伯,少有大志,才力过人,仕宋为汉中太守。梁州之平,以功加龙骧将军。后为南太山太守,封晋兴县五等男,迁右军将军。元嘉二十四年,殂。梁土思之,于峨公山立庙祭祀。升明二年,赠散骑常侍、金紫光禄大夫。

　　高帝以宋元嘉四年丁卯岁生,姿表英异,龙颡钟声,长七尺五寸,鳞文遍体。旧宅在武进县,宅南有一桑树,擢本三丈,横生四枝,状似华盖。帝年数岁,好戏其下,从兄敬宗曰:"此树为汝生也。"儒生雷次宗立学于鸡笼山,帝年十三,就受《礼》及《左氏春秋》。

　　十七年,宋大将军彭城王义康被黜,徙豫章,皇考领兵防宁,帝舍业南行。十九年,竟陵蛮动,宋文帝遣帝领偏军讨沔北蛮。二十三年,雍州刺史萧思话镇襄阳,启帝自随,初为左军中兵参军。二十九年,领偏军征仇池,破其武兴、兰皋二垒,遂从谷口入关。未至长安八十里,梁州刺史刘秀之遣司马马汪助帝,攻拔谈提城。魏救兵至,帝军力疲少,又闻文帝崩,乃烧城还南郑。后袭爵晋兴县五等男。为建康令,有能名。少府萧惠开雅有知人鉴,谓人曰:"昔魏武为洛阳北部,时人服其英,今看萧建康,但当过之耳。"

宋明帝即位,为右军将军。时四方叛,会稽太守寻阳王子房及在东诸郡皆起兵。明帝加帝辅国将军,东讨至晋陵。一日破贼十二垒,分军定诸县。及徐州刺史薛安都据彭城归魏,遣从子索儿攻淮阴,又征帝讨破之。索儿走钟离,帝追至黯黮而还。除骁骑将军,封西阳县侯。迁巴陵王卫军司马,随镇会稽。江州刺史晋安王子勋遣临川内史张淹自鄱阳峤道入三吴,明帝遣帝讨之。时朝廷器甲皆充南讨,帝军容寡阙,乃编棫皮为马具装,折竹为寄生,夜举火进军。贼望见恐惧,未战而走。还,除桂阳王征北司马、南东海太守,行南徐州事。及张永等败于彭城,淮兵孤弱,以帝为假冠军将军、持节、都督北讨前锋诸军事,镇淮阴。迁南兖州刺史,加督五州,督北讨如故。明帝嫌帝非人臣相,而人间流言帝当为天子,明帝愈以为疑,遣冠军将军吴喜留军破釜,自持银壶酒,封以赐帝。帝戎服出门迎,惧鸩不敢饮,将出奔,喜告以诚,先饮之,帝即酌饮之。喜还,明帝意乃悦。泰始七年,征还都,部下劝勿就征。帝曰:"主上自诛诸弟,为太子幼弱,作万岁后计,何关他族。惟应速发,事缓当见疑。今骨肉相害,自非灵长之运,祸难将兴,方与卿等戮力耳。"至,拜散骑常侍、太子左卫率。

明帝崩,遗诏为右卫将军,领卫尉,加兵五百人,与尚书令袁粲、护军褚彦回、领军刘勔共掌机事。寻解卫尉,加侍中,领石头戍军事。元徽二年五月,江州刺史桂阳王休范举兵于寻阳,朝廷惶骇,帝与褚彦回等集中书省计议,莫有言者。帝曰:"昔上流谋逆,皆因淹缓以败,休范必远惩前失,轻兵急下,乘我无备。请顿新亭,以当其锋。"因索笔下议,余并注同。中书舍人孙千龄与休范有密契,独曰:"宜依旧遣军据梁山。"帝正色曰:"贼今已近,梁山岂可得至!新亭既是兵冲,所欲以死报国耳。"乃单车白服出新亭。加帝使持节、都督征讨诸军事、平南将军,加鼓吹一部。筑新亭城垒未毕,贼前军已至,帝方解衣高卧,以安众心。乃索白虎幡,登西垣,使宁朔将军高道庆、羽林监陈显达、员外郎王敬则浮舸与贼水战,大破之。未时,张敬儿斩休范首,台军及贼众俱不知。其别率杜黑蠡急攻东垒,帝挺身上马,帅数百人出战,与黑蠡拒战,自晡达明旦,矢石不息。其夜大雨,鼓叫不复相闻。将士积日不得寝食,军中马夜惊,城内乱走。帝执烛正坐,厉声呵止之,如是者数四。贼帅丁文豪设伏,破台军于皂荚桥,直至朱雀航,王道隆、刘勔并战没。初,勔高尚其意,托造园宅,名为“东山”,颇忽时务。帝谓曰:“将军以顾命之重,此是艰难之日,而深尚从容,废省羽翼,一朝事至,悔可追乎?”勔不纳,竟败。及贼进至杜姥宅,车骑典签茅恬开东府纳贼。冠军将军沈怀明于石头奔散,张永溃于白下,宫内传新亭亦陷,太后执苍梧王手泣曰:“天下事败矣!”帝遣军主陈显达、任农夫、张敬儿、周盘龙等,从石头济淮,间道自承明门入卫宫阙。时休范典签许公与诈称休范在新亭,士庶惶惑,诣垒期赴休范,投名者千数,及至,乃是帝。随得辄烧之,登城北谓曰:“刘休范父子先昨皆已死,戮尸在南冈下,身是萧平南,诸君善见观。汝等名皆已焚除,勿惧也。”台分遣众军击平贼。帝振旅凯入。百姓缘道聚观,曰:“全国家者,此公也。”帝与袁粲、褚彦回、刘彦节引咎解职,不许。迁散骑常侍、中领军、都督、南兖州刺史、镇军将军,进爵为公,与袁粲、褚彦回、刘彦节等更日入直决事,号为“四贵”。

休范平后,苍梧王渐行凶暴,屡欲害帝,尝率数十人直入镇军府,时暑热,帝昼卧裸袒,苍梧立帝于室内,画腹为射的,自引满,将射之。帝神色不变,敛板曰:“老臣无罪。”苑梧左右王天恩谏曰:“领军腹大,是佳射埲,而一箭便死,后无复射,不如以罂箭射之。”乃取罂箭,一发即中帝齐。苑梧投弓于地,大笑曰:“此手何如?”时建平王景素为朝野归心,潜为自全计,布诚于帝,帝拒而不纳。景素寻举兵,帝出屯玄武湖,事平乃还。帝威名既重,苍梧深相猜忌,刻木为帝形,画腹为射埲,自射之,又命左右射中者加赏,皆莫能中。时帝在领军府,苍梧自来烧之,冀帝出,因作难,帝坚卧不动。苍梧益怀忿患,所见之物,呼之为帝。加以手自磨锃,曰:“明日当以刃萧道成。"陈太妃骂之曰:"萧道成有大功于国,今害之,谁为汝尽力?"故止。

　　高帝谋与袁、褚废立,皆不见从。五年七月戊子,杨玉夫等与直阁将军王敬则通谋弑苍梧,赍首,使左右陈奉伯藏衣袖中,依常行法称敕开承明门出,囊贮之,以与敬则。敬则驰至领军府,叩门大自言报帝,门犹不开,敬则自门洼中以首见帝,帝犹不信,乃于墙上投进其首,帝索水洗视,敬则乃逾垣入。帝跣出,敬则叫曰:"事平矣!"帝乃戎服,乘常所骑赤马,夜入殿中。殿中惊怖,及知苍梧死,咸称万岁。至帝践祚,号此马为"龙骧赤"。明旦,召袁粲、褚彦回、刘彦节入会西钟槐树下计议。帝以事让彦节,彦节未答。帝须髯尽张,眼光如电。次让袁粲,又不受。敬则乃拔刀,在床侧跃麾众曰:"天下之事,皆应关萧公,敢有开一言者,血染敬则刀!"仍呼虎贲剑戟羽仪,手自取白纱帽加帝首,令帝即位,曰:"今日谁敢复动,事须及热。"帝正色呵之曰:"卿都不自解。"粲欲有言,敬则又叱之,乃止。帝乃下议,备法驾,诣东城,迎立顺帝。于是长刀遮粲、彦节等,失色而去。甲午,帝移镇东府,与袁粲、褚彦回、刘彦节各甲仗五十人入殿。丙申,加侍中、司空、录尚书事、骠骑大将军,封竟陵郡公,给油幢车,班剑三十人。帝固辞上台,即授以骠骑大将军、开府仪同三司。

　　十二月,荆州刺史沈攸之反,称太后诏已下都。乙卯,帝入居朝堂,命诸将西讨,平西将军黄回为都督前驱。先是,太后兄子前湘州刺史王蕴,遭母丧罢任,还至巴陵,停舟与攸之密谋,乃下达郢州。武帝时为郢州长史,蕴伺武帝出吊,因作乱,据郢城。武帝知之,不出。蕴还至东府前,又期见高帝,帝又不出吊。再计不行,外谋愈固。司徒袁粲、尚书令刘彦节见帝威权稍盛,虑不自安,与蕴及黄回等相结举事,殿内宿卫主帅无不协同。及攸之反问初至,帝往石头诣粲谋,粲称疾不相见,克壬申夜起兵据石头。其夜,丹阳丞王逊告变,彦节从弟领军韫及直阁将军卜伯兴等严兵为内应,帝命王敬则于宫内诛之。遣诸将攻石头,王蕴将数百精手,带甲赴粲,城门已闭,官军又至,乃散。众军攻石头,斩粲,彦节走额担湖,蕴逃斗场,并禽斩之。粲典签莫嗣祖同粲谋,蕴婴人张承伯藏匿蕴,高帝亦并赦而用之。时黄回顿新亭,闻石头已下,因称救援,高帝知而不言,抚之愈厚,遣回西上,流涕告别。

二年正月,沈攸之平。二月,宋帝进高帝太尉,都督十六州诸军事,高帝表送黄钺。三月己酉,增班剑四十人,甲仗百人入殿。丙子,加羽葆、鼓吹。大明、泰始以来,相承奢侈,百姓成俗。及高帝辅政,奏罢御府,省二尚方诸饰玩,至是,又上表禁人间华伪杂物,凡十七条。其中宫及诸王服用,虽依旧例,亦请详制。九月丙午,加帝假黄钺、都督中外诸军事、太傅,领扬州牧,剑履上殿,入朝不趋,奏拜不名,置左右长史、司马、从事中郎、掾、属各四人。固辞,诏遣敦劝,乃受黄钺,辞殊礼。甲寅,给三望车。

三年正月乙丑,高帝表蠲百姓逋责。丙辰,加前部羽葆、鼓吹。丁巳,命太傅府依旧辟召。丁卯,给高帝甲仗五百人,出入殿省。甲午,重申前命,剑履上殿,入朝不趋,奏拜不名。三月甲辰,宋帝诏进帝位相国,总百揆,封十郡为齐公,备九锡礼,加远游冠,位在诸侯王上,加相国绿綟绶。甲寅,使以备物典礼进,策曰:

朕以不造,夙罹闵凶,嗣君失德,书契未纪,威武五行,虔刘九县,神歇灵绎,海水群飞,缀旒之殆,未足为譬,岂直《小宛》兴刺,《黍离》作歌而已哉!天赞皇宋,实启明宰,爰登寡昧,纂承大业,高勋至德,振古绝伦,虽保衡翼殷,博陆匡汉,方斯蔑如也。今将授公典礼,其敬听朕命:

乃者袁、邓构祸,实繁有徒,子房不臣,称兵协乱,顾瞻宫掖,将成茂草,言念邦国,霭为仇雠。当此之时,人无固志,公投袂徇难,超然奋发,登寅车而戒路,执金板而先驱,麾钺一临,凶党冰泮,此则霸业之基,勤王之始也。安都背叛,窃据徐方,敢率犬羊,陵虐淮浦,索儿愚悖,同恶相济,天祚无象,背顺归逆,北鄙黔黎,奄坠涂炭。公受命宗祊,精贯朝日,拥节和门,气逾霄汉,破釜之捷,斩馘蔽野,石梁之战,禽其渠帅,保境全人,江阳即序,此又公之功也。张淹迷昧,弗顾本朝,爰自南区,志图东夏,潜军间入,窃觊不虞。于时江服未夷,皇涂荐沮,公忠诚慷慨,在险弥亮,以寡制众,所向风偃,朝廷无东顾之忧,闽、越有来苏之庆,此又公之功也。匈奴野心,侵掠疆场,丑羯俶张,势振彭、泗。公奉辞伐罪,戒旦晨征,兵车始交,氛寝时荡,吊死扶伤,弘宣皇泽,俾我淮、肥,复沾盛化,此又公之功也。自兹厥后,猃狁孔炽,封豕长蛇,重窥上国。而世故相仍,师出已老,角城高垒,指日沦陷。公眷言王事,发愤忘食,躬擐甲胄,视险若夷,分疆画界,开创青、兖,此又公之功也。桂阳负众,轻问九鼎,裂冠毁冕,拔本塞源,烈火焚于王城,飞矢集乎君屋,群后忧惶,元戎无主。公按剑凝神,则奇谟冠世,把旄指麾,则懦夫成勇,信宿之间,宣阳底定,此又公之功也。皇室多难,衅起戚藩,建平失图,兴兵内侮。公指授六师,义形于色,役未逾旬,朱方宁晏,此又公之功也。苍梧肆虐,诸夏糜沸,淫刑以逞,谁则无辜,黔首相悲,朝不谋夕,高祖之业已沦,文、明之轨谁嗣。公远稽殷、汉之义,近遵魏、晋之典,猥以眇身,入奉宗祐,七庙清谧,九区反政,此又公之功也。袁、刘携贰,成此乱阶,丑图潜构,危机窃发,据有石头,志犯应、路。公神谋内运,霜锋外举,妖氛载澄,国涂悦穆,此又公之功也。沈攸苞祸,岁月滋彰,蜂目豺声,阻兵安忍,乃眷西顾,缅同异域,而经纶惟始,九伐未申,长恶不悛,遂逞凶逆。公把钺出关,凝威江甸,正情与曒日同亮,明略与秋云竞爽,至义所感,人百其心,积年逋诛,一朝显戮,沮浦安流,章台顺轨,此又公之功也。公有济天下之勋,重之以明哲,道庇生灵,志匡宇宙,戮力肆心,勤劳王室,险阻艰难,备尝之矣。若乃缔构宗稷之勤,造物资始之泽,云布雾散,光被六幽,弼予一人,永清四海。是以和草腾芳于郊园,景星垂晖于清汉,遐方款关而慕义,荒服重译而来庭,汪哉邈乎!无得而名也。

　　朕闻畴庸表德,前王盛典,崇树侯伯,有国攸同,所以文命成功,玄圭显锡,姬旦宣哲,曲阜启藩。或改玉以弘风,或胙土以宣化,礼绝常班,宠冠群辟。爰逮桓、文,车服异数。惟公勋业超于先烈,而褒赏阙于旧章,古今之道,何其爽欤!静言钦叹,良有缺然。今进授相国,以青州之齐郡,徐州之梁郡,南徐州之兰陵、鲁郡、琅邪、东海、晋陵、义兴,扬州之吴郡、会稽,凡十郡,封公为齐公。锡兹玄土,苴以白茅,定尔邦家,用建冢社。斯实尚父故藩,世作盟主,纪纲侯甸,率由旧则。往者周、召建国,师保兼任,毛、毕执圭,入作卿士,内外之宠,同规在昔。今命使持节、兼太尉、侍中、中书监、司空、卫将军零都县开国侯彦回,授公相国印绶、齐公玺绂。持节、兼司空、守尚书令僧虔授齐公茅土,金虎符第一至第五左,竹使符第一至第十左。相国位总百辟,秩逾三事,职以礼移,号随事革,其以相国总百揆,去录尚书之称,送所假节,侍中貂蝉,中外都督、太傅、太尉印绶,竟陵公印策,其骠骑大将军、扬州牧、南徐州刺史如故。

又加公九锡,其敬听后命:

以公执礼弘律、仪刑区宇,遐迩一体,人无异业,是用锡公大辂、戎辂各一,玄牡二驷。公崇修南亩,所宝惟谷,王府充实,百姓繁衍,是用锡公衮冕之服,赤舄副焉。公居身以谦,导物以义,熔钧庶品,罔不和悦,是用锡公轩县之乐,八佾之舞。公翼赞王猷,声教远洽,蛮夷竭欢,回首内附,是用锡公朱户以居。公明鉴人伦,澄辨泾、渭,官方与能,英乂克举,是用锡公纳陛以登。公保佑皇朝,历身化下,杜渐防萌,含生寅式,是用锡公虎贲之士三百人。公御充以刑,御奸以德,君亲无将,将而必诛,是用锡公铁钺各一。公风举四维,龙腾八表,威灵所振,异类同义。是用锡公彤弓一、彤矢百、卢弓十、卢矢千。公明发载怀,肃恭禋祀,孝敬之重,义感灵祇。是用锡公秬鬯一卣,圭瓒副焉。齐国置丞相以下,敬遵旧式。往钦哉!其祗服朕命,经纬乾坤,宏亮洪业,茂昭尔大德,阐扬我高祖之休命。

高帝三让,公卿敦劝固请,乃受之。丁巳,下令赦国内殊死以下。宋帝诏齐公十郡之外随宜除用。以齐国初建，给钱五百万，布五千疋，绢五千疋。以太尉左长史王俭为尚书右仆射，领吏部。

四月癸酉，宋帝又诏进齐公为王，以徐州之南梁、陈、颍川、陈留，南兖州之盱台、山阳、秦、广陵、海陵南沛，增王封为二十郡。使司空褚彦回奉策授玺绂，改立王社，余如故。丙戌，命齐王冕十有二旒，建天子旌旗，出警入跸，乘金根车，驾六马，备五时副车，置旄头、云罕，乐舞八佾，设钟虡宫县，王世子为太子，王女、王孙爵命，一如旧仪。辛卯，宋帝以历数在齐，乃下诏禅位，是日逊于东邸。壬辰，遣使奉策曰：

咨尔齐王：伊太古初陈，万化纷纶，开曜灵以鉴品物，立元后以驭黎元。若夫容成、大庭之世，伏羲、五龙之辰，靡得而详焉。自轩黄以降，坟索所纪，略可言者，莫崇乎尧、舜。披金绳而握天镜，开玉匣而总地维，德之休明，宸居灵极，期运有终，归禅与能。所以大唐逊位，谞然兴歌，有虞揖让，卿云发采，遗风余烈，光被无垠。汉、魏因循，不敢失坠，爰逮有晋，亦遵前典。昔我祖宗英睿，旁格幽明，末叶不造，仍世多故。惟王圣哲钦明，荣镜区宇，仁育群生，义征不惠，声化远泊，荒服无虞，殊类同规，华戎一族。是以五色来仪于轩庭，九穗含芳于郊牧。象纬昭彻，布新之符已显，图谶彪焕，受终之义既彰，灵祇乃眷，兆庶引领。朕闻至道深微，惟人是弘，天命无常，惟德是与。所以仰鉴玄情，俯察群议，敬禅神器，授帝位于尔躬。四海困穷，天禄永终。於戏！王其允执厥中，仪刑前式，以副率土之欣望。命司丧而谒苍昊，奏《云门》而升圆丘，时膺大礼，永保洪业，岂不盛欤！并命玺书，遣兼太保、司空褚彦回，兼太尉、守尚书令王僧虔奉皇帝玺绂。受终之礼，一依唐、虞故事。

高帝固让，宋朝王公以下陈留王粲等，诣门陈请，帝犹未许。齐世子卿士以下固请，兼太史令、将作匠文建陈天符瑞，因言："汉自建武至建安二十五年，一百九十六年而禅魏；魏自黄初至咸熙二年，四十六年而禅晋；晋自泰始至元熙二年，一百五十六年而禅宋；宋自永初元年至升明三年，凡六十年；咸以六终六受。六，亢位也。验往挨今，若斯昭著，敢以职任，备陈管穴，伏愿顺天时，膺符瑞。"二朝百辟又固请，尚书右仆射王俭奏："被宋诏逊位，臣等参议，宜克日受禅。"高帝乃许焉。

建元元年夏四月甲午，皇帝即位于南郊，柴燎告天曰：

　　皇帝臣道成，敢用玄牡，昭告于皇皇后帝：夫肇自生灵，树以司牧，所以阐极立则，开元创物，肆兹大道。天下惟公，命不于常。昔在虞、夏，受终上代，粤自汉、魏，揖让中叶，咸焕诸方策，载在典谟。水德既微，仍世多故，实赖道成匡救之功，以弘济乎厥难。大造颠坠，再构区宇，诞惟天人，罔弗和会。乃仰协归运，景属与能，用集大命于兹。辞德匪嗣，至于累仍，而群公卿士，庶尹御事，爰及黎献，暨乎百蛮，金曰皇天眷命，不可以固违，人神无统，不可以旷主。畏天之威，敢不祇顺鸿历。敬简元辰，虔奉皇符，升坛受禅，告类上帝，以答人衷，式敷万国。惟明灵是飨。

礼毕，备大驾，幸建康宫，临太极前殿。大赦，改元。赐人爵二级，文武位二等，鳏寡孤独不能自存者谷，人五斛。逋租宿责勿收。犯乡论清议、赃污淫盗者，一皆荡涤，洗除先注，与之更始。长徒敕系者，特加原遣。亡官失爵，禁锢夺劳，一依旧典。封宋帝为汝阴王，筑宫于丹阳故县，行宋正朔，车旗服色，一如晋、宋故事，上书不为表，答表不称诏。宋诸王皆降为公，郡公主为县君，县公主为乡君。诏降宋南康郡公为县公，华容公为侯，萍乡侯为伯，减户有差，以奉刘穆之、王弘、何无忌之祀。追尊皇考曰宣皇帝，皇妣曰孝皇后，陵曰永安。妃曰昭皇后，陵曰泰安。诏劫贼余口没在台府者，悉原赦。诸负衅流徙者，皆听还本土。戊戌，以荆州刺史嶷为尚书令、骠骑大将军、开府仪同三司。断四方上庆礼。己亥，诏二宫诸王，悉不得营立屯邸，封略山湖。乃停太官池籞税。庚子，诏宋帝后藩王诸陵，量置守卫。

五月丙午,以河南王吐谷浑拾寅为骠骑大将军。诏宋氏第秩,量所废置。有司奏留襄阳郡公张敬儿等六十二人,除广兴郡公沈昙亮等一百二十二人。改《元嘉历》为《建元历》,祖以正月卯,腊以十二月未。丁未,诏曰:"设募取将,县赏购士,盖出权宜,自今可断众募。"乙卯,河南国遣使朝贡。丙辰,诏遣兼散骑常侍十二人,巡行四方。已未,汝阴王殂,齐志也,追谥为宋顺帝。辛酉,诛阴安公刘燮等。

六月乙亥,诏宋末以来,枯骸毁椟,宣下埋藏。庚辰,备法驾,奉七庙主于太庙。甲申,立齐太子赜为皇太子,断诸州郡礼庆,降死罪以下刑,并申前赦恩百日。立皇子嶷为豫章王,映为临川王,晃为长沙王,晔为武陵王,皓为安成王,锵为鄱阳王,铄为桂阳王,鉴为广兴王,皇孙长懋为南郡王。乙酉,葬宋顺帝于遂宁陵。

秋七月丁未,曲赦交州部内。丁巳,诏南兰陵桑梓本乡,长蠲租布;武进王业所基,给复十年。

八月癸巳,省陈留国。丁巳,立皇子钧为衡阳王。

九月辛丑,诏以二吴、义兴三郡遭水,减今年田租。乙巳,复置南蛮校尉官。丙午,加司空褚彦回尚书令。

冬十月丙子,立彭城刘胤为汝阴王,奉宋后。己卯,享太庙。辛巳,汝阴王太妃王氏薨,追赠宋恭皇后。已丑,荆州天井湖出绵,人用与常绵不异。

二年春正月戊戌朔,大赦。以司空褚彦回为司徒,以尚书右仆射王俭为左仆射。辛丑,祀南郊。

二月丁卯,魏军攻寿阳,豫州刺史垣崇祖破走之。癸巳,遣大使巡慰淮、肥、徐、豫边人尤贫遭难者。

三月,百济国遣使朝贡,以其王牟都为镇东大将军。

夏四月丙寅,进高丽王乐浪公高琏号骠骑大将军。

五月,立六门都墙。

秋九月甲午朔,日有蚀之。丙子,蠕蠕国遣使朝贡。

冬十二月戊戌,以司空褚彦回为司徒。壬子,以骠骑豫章王嶷为司空。

三年春正月壬戌朔,诏王公卿士荐谠言。丙子,立皇子锋为江夏王。

二月癸丑,罢南蛮校尉官。

夏四月辛亥,始制东宫臣僚用下官礼敬闻喜公子良等。

六月壬子,大赦。

秋七月己未朔,日有蚀之。

九月辛未,蠕蠕国王遣使,欲俱攻魏,献师子皮裤褶。乌程令吴郡顾昌玄,坐父法秀宋泰始中北征死亡,尸骸不反,而昌玄宴乐嬉游,与常人无异,有司请加以清议。丙戌,置会稽山阴县狱丞。

冬十月戊子,以河南王世子吐谷浑度易侯为西秦河二州刺史、河南王。

十二月丁亥,高丽国遣使朝贡。命散骑常侍虞炎等十二人,巡行诸州郡,观省风俗。

四年春二月乙未,上不豫。庚戌,诏原都下囚系有差,免元年以前逋责。

三月庚申,召司徒褚彦回、左仆射王俭受顾托。壬戌,皇帝崩于临光殿,年五十六。群臣上谥曰高皇帝,庙号太祖。梓宫于东府前渚升龙舟。四月丙午,葬于武进泰安陵,于龙舟卒哭,内外反吉。

上少有大量,喜怒不形于色,深沉静默,常有四海之心。博学,善属文,工草隶书,弈棋第二品。虽经纶夷险,不废素业。及即位后,身不御精细之物,主衣中有玉介导,以长侈奢之源,命打破之。凡异物皆令随例毁弃。后宫器物栏槛,以铜为饰者,皆改用铁。内殿施黄纱帐,宫人著紫皮履。华盖除金华爪,用铁回钉。每曰:“使我临天下十年,当使黄金与土同价。”欲以身率下,移风易俗。性宽,尝与直阁将军周覆、给事中褚思庄共棋,累局不倦,覆乃抑上手,不许易行。其弘厚如此。所著文,诏中书侍郎江淹撰次之。又诏东观学士撰《史林》三十篇,魏文帝《皇览》之流也。

　　始帝年十七时,尝梦乘青龙上天,西行逐日。帝旧茔在武进彭山,冈阜相属,数百里不绝,其上常有五色云,又有龙出焉。上时已贵矣,宋明帝甚恶之,遣善占墓者高灵文往墓所占相。灵文先给事太祖,还,诡答曰:“不过出方伯耳。”密白太祖曰:“贵不可言。”明帝意犹不已,遣人践藉,以左道厌之。上后于所树华表柱忽龙鸣,震响山谷。明帝寝疾,为身后之虑,多翦功臣,上亦见疑,每云:“萧道成有不臣相。”进镇淮阴,每怀忧惧,忽见神人谓上曰:“无所忧,子孙当昌盛。”泰始三年,宋明帝遣前淮南太守孙奉伯往淮阴监元会。奉伯旧与帝款,是行也,帝与奉伯同室卧,奉伯梦上乘龙上天,于下捉龙脚,不得。及觉,叙梦,因谓曰:“兖州当大庇生灵,而弟不得与也。”奉伯竟卒于宋世。又参军崔灵建梦天谓己:“萧道成是我第十九子,我去年已使授其天子位。”考自三皇、五帝以降,受命之次,至帝为十九也。及为领军,望气者陈安宝见上身上恒有紫黄气,安宝谓王洪范曰:“此人贵不可言。”所居武进县有一道,相传云“天子路”,或谓秦皇所游,或云孙氏旧迹。时讹言东城天子出,其后建安王休仁镇东府,宋明帝惧,杀休仁,而常闭东府不居。明帝又屡幸,改“代”作“伐”,以厌王气。又使子安成王代之。及苍梧王败,安成王代立,时咸方为验。术数者推之,上旧居武进东城村,“东城”之言,其在此也。升明二年冬,延陵县季子庙沸井之北,忽闻金石声,疑其异,凿深三尺,得沸井,奔涌若浪。其地又响,即复凿之,复得一井,涌沸亦然。井中得一木简,长一尺,广二分,上有隐起字曰:“庐山道人张陵再拜,诣阙起居。”简大坚白,字色乃黄。《瑞应图》云“浪井不凿自成,王者清静,则仙人主之”。会稽剡县有山,名刻石。父老相传云,“山虽名刻石,而不知文字所在”。升明末,县人儿袭祖行猎,忽见石上有文字,凡三处,苔生其上,字不可识,乃去苔视之,其大石文曰:“此齐者,黄石公之化气也。”立石文曰:“黄天星,姓萧,字道成,得贤帅,天下太平。”小石文曰:“刻石者谁?会稽南山李斯刻秦望之封也。"《孝经钩命决》曰："谁者起，视名将。"将，帝小字也。《河洛谶》曰："历年七十水灭绪，风云俱起龙鳞举。"又曰："肃肃草成，道德尽备。"案宋水德也，义熙元年，宋武王帝业之始，至齐受命，七十年。又《谶》曰："萧为二士天下乐。"案二士，"主"字也。郭文举《金雄记》曰："当复有作，肃入草。"《易》曰："圣人作，万物睹。""当复有作"，言圣人作也。王子年歌曰："欲知其姓草肃肃，谷中最细低头熟，鳞身甲体永兴福。"谷中精细者，稻也，即"道"也，熟犹"成"也。又歌曰："金刀利刃齐刘之。"金刀"刘"字，刘犹翦也。孔子《河洛谶》曰："堰河梁，塞龙泉，消除水灾泄山川。"水即宋也，宋氏为灾害，故曰水灾。梁亦水也，堰河梁，则行路成矣。路犹"道"也，消除水灾，除宋水氏之灾害也。《河图谶》又曰："上参南斗第一星，下立草屋为紫庭，神龙之冈梧桐生，凤鸟戢翼朔旦鸣。"南斗，吴分野，草屋者居上，"萧"字象也。先是，益州有山，古老相传曰"齐后山"。升明三年四月二十三日，有沙门玄畅者，于此山立精舍，其日上登尊位。其月二十四日，荥阳郡人尹千，于嵩山东南隅见天雨石，坠地石开，有玉玺在其中，玺方三寸，文曰："戊丁之人与道俱，肃然入草应天符，扫平河、洛清魏都。"又曰："皇帝运兴。"千奉玺诣雍州刺史萧赤斧，赤斧以献。案宋武帝于嵩高山得玉璧三十二枚，神人云："此是宋卜世之数。"三十二者，二"三十"也，宋自受命至禅齐，凡六十年。然则帝之符应也若是，今备之云。

世祖武皇帝讳赜，字宣远，高帝长子也。以宋元嘉二十七年六月己未，生于建康县之青溪宫。将产之夕，孝皇后、昭皇后并梦龙据屋，故小字上为龙儿。年十三，梦人以笔画身左右为两翅，又著孔雀羽衣裳空中飞，举体生毛，发长至足。有人指上所践地曰"周文王之田"。又于所住堂内得玺一枚，文曰"皇帝行玺"。又得异钱，文为"北斗星"，双刀、双贝及有人形带剑焉。

仕宋为赣令。江州刺史晋安王子勋反，上不从命。南康相沈肃之絷上郡狱，族人萧欣祖、门客桓康等，破郡迎出上，上遂率部曲百余人起义。避难揭阳山,有白雀来集,闻山中有清声传漏响。又于山累石为佛图,其侧忽生一树,状若华盖,青翠扶疏,有殊群木。上将讨戴凯之,大飨士卒,是日大热,上各令折荆枝自蔽,言未终而有云垂荫,正当会所,会罢乃散。及为广兴相,岭南积旱,连水阻涸,商旅不通。上部伍既至,无雨而川流暴起,遂得利涉。

元徽四年,累迁晋熙王镇西长史、江夏内史,行郢州事。顺帝立,征晋熙王燮为抚军、扬州刺史,以上为左卫将军,辅燮俱下。沈攸之事起,未得朝廷处分,上以中流可以待敌,即据盆口城为战守备。高帝闻之曰:"此真我子也。"于盆城掘堑,得一大钱,文曰"太平百岁"。于时城内乏水,欲引水入城,始凿城内,遇伏泉涌出,如此者九处,用之不竭。上表求西讨,不许,乃遣偏军援郢,平西将军黄回等皆受上节度。升明二年,事平,迁江州刺史,封闻喜县侯。其年,征侍中、领军将军。寻加督京畿诸军事。三年,又加尚书仆射、中军大将军、开府仪同三司,进爵为公,给班剑二十人。齐国建,为齐公世子,改加侍中、南豫州刺史,给油络车、羽葆、鼓吹,增班剑为三十人。以石头为世子宫,官置二率以下,坊省服章,一如东宫。进为王太子。高帝即位,为皇太子。

建元四年三月壬戌,高帝崩。是日,皇太子即皇帝位,大赦。征镇州郡令长、军屯营部,各行丧三日,不得擅离任。都邑城守,防备幢队,一不得还。乙丑,称先帝遗诏,以司徒褚彦回录尚书事,尚书左仆射王俭为尚书令,车骑将军张敬儿开府仪同三司。诏曰:"丧礼虽有定制,先旨每存简约,内官可三日一还临,外官间日一还临,后有大丧皆如之。"丁卯,以前将军王奂为尚书左仆射。庚午,以司空豫章王嶷为太尉。

癸酉,诏免逋城钱,自今以后,申明旧制。初,晋、宋旧制,受官二十日,辄送修城钱二千。宋泰始初,军役大起,受官者万计,兵戎机急,事有未遑,自是,令仆以下并不输送。二十年中,大限不可胜计,文符督切,扰乱在所,至是除荡,百姓悦焉。

夏四月辛卯,追尊穆妃为皇后。

五月庚申，以高皇帝配南郊，高昭皇后配北郊。

六月甲申朔，立河南王长懋为皇太子，诏申壬戌赦恩百日。丙申，立皇太子妃王氏。进封闻喜公子良为竟陵王，临汝公子卿为庐陵王，应城公子敬为安陆王，江陵公子懋为晋安王，枝江公子隆为随王，皇子子真为建安王，皇孙昭业为河南郡王。戊戌，以水潦为患，星纬乖序，克日讯都下囚，诸远狱委刺史以时察判，建康、秣陵二县贫人加振赐，必令周悉；吴兴、义兴遭水县，蠲除租调。以司徒褚彦回为司空。

秋八月癸卯，司空褚彦回薨。

九月丁巳，以国哀故，罢国子学。辛未，以征南将军王僧虔为左光禄大夫、开府仪同三司。

冬十月乙未，以中书令王延之为尚书左仆射。

十二月己丑，诏曰："缘淮戍将，久处边劳，三元行始，宜沾恩庆，可遣中书舍人宣旨临会。后每岁如之。"

永明元年春正月辛亥，祀南郊，大赦，改元。壬子，诏内外群僚各进谠言，王公卿士各举所知。又诏："守宰禄奉，盖有恒准，往以边虏告警，故沿时损益。今区宇宁晏，宜加优奖，郡县丞尉，可还田秩。"壬戌，立皇弟锐为南平王，铿为宜都王，皇子子明为武昌王，子罕为南海王。望气者云：新林、娄湖、东府西有气甲子。筑青溪旧宫，作新娄湖苑以厌之。

二月庚寅，以征虏将军杨炅为沙州刺史，封阴平王。

三月丙辰，诏以星纬失序，阴阳愆度，申辛亥赦恩五十日，以期讫为始。戊寅，诏四方见囚，罪无轻重，及劫贼余口，长徒敕系，悉皆原赦。

夏五月丁酉，车骑将军张敬儿有罪伏诛。

秋八月壬申，魏人来聘。

冬十月丙寅，使骁骑将军刘缵聘于魏。

十一月己卯，雷。

十二月乙巳朔,日有蚀之。

二年春正月乙亥,以护军将军柳世隆为尚书右仆射,以南兖州刺史竟陵王子良为护军将军,兼司徒。壬寅,以新除尚书右仆射柳世隆为左仆射,以丹阳尹李安人为右仆射。

秋七月甲申,立皇子子伦为巴陵王。

八月丙午,幸旧宫,申都下狱及三署见徒,量所降宥。戊申,幸玄武湖讲武。壬子,扶南国遣使朝贡,并献颂章云。甲子,诏都下二县,坟墓毁发,随宜掩埋,遗骸未梓者,并加敛瘗;疾困不能存者,详国沾赉。

冬十二月庚申,魏人来聘。

三年春正月辛卯,祀南郊,赦三百里内罪应入重者降一等,余依赦制。

三月甲寅,使辅国将军刘缵聘于魏。

夏五月,省总明观。

秋七月甲戌,左光禄大夫、开府仪同三司王僧虔薨。辛卯,于益州置平蛮校尉官。

八月乙未,幸中堂听讼。乙巳,以行宕昌王梁弥颉为河、凉二州刺史,封陇西公、宕昌王。

冬十一月丙辰,魏人来聘。

十二月,以江州刺史王奂为尚书右仆射。改封武昌王子明为西阳王。

四年春闰正月癸巳,立皇子子贞为邵陵王。丁未,以武都王杨集始为北秦州刺史。辛亥,耕藉田,诏宥殊死以下。甲寅,幸阅武堂,劳酒小会,赐王公以下在位者帛有差。戊午,幸宣武堂讲武。

二月丙寅,大风,吴兴偏甚,树叶皆赤。己未,立皇弟铄为晋熙王,铉为河东王。壬午,使通直郎裴昭明聘于魏。

五年春正月戊子,以太尉豫章王嶷为大司马,车骑将军竟陵王子良为司徒,骠骑将军临川王映、卫将军王俭、中军将军王敬则并以本号开府仪同三司。以尚书右仆射王奂为尚书左仆射。辛卯,赐孤寡老疾各有差。

夏四月庚午,殷祀太庙,降诸囚徒。先是,立商飚馆于孙陵冈,世呼为九日台。

秋九月辛卯,车驾幸焉。

冬十月,初起新林苑。

六年春三月甲申,诏皇太子于东宫玄圃园宣猷堂临讯及三署徒隶。己亥,封皇子子响为巴东王。

夏五月庚辰,左卫殿中将军邯郸超表陈射雉,书奏赐死。又颍川荀丕亦以谏诤,托他事及诛。

六月辛未,诏省州郡县送故输钱者。

秋七月,齐兴太守刘元宝于郡城堑得钱三十七万,皆轮厚径一寸半,以献,上以为瑞,班赐公卿。

九月壬寅,于琅邪城讲武,习水步军。

冬十月庚申,立冬,初临太极殿读时令。

十一月丙戌,土雾竟天,如烟,入人眼鼻,二日乃止。

七年春正月丙午,以镇南将军柳世隆为尚书左仆射,以豫州刺史西昌侯鸾为右仆射。辛亥,祀南郊,大赦。申明不举子之科,若有产子者,复其父。壬戌,骠骑将军、开府仪同三司临川王映薨。戊辰,诏以诸大夫年秩隆重,增俸,给见役。

三月甲寅,立皇子子岳为临贺王,子峻为广汉王,子琳为宣成王,子珉为义安王。

夏五月乙巳,尚书令、卫将军、开府仪同三司王俭薨。甲子,以新除尚书左仆射柳世隆为尚书令。

秋九月壬寅,魏人来聘。

冬十一月戊申,诏平南参军颜幼明聘于魏。

八年春正月庚子,以领军王奂为尚书左仆射。丁巳,以行百济王泰为镇东大将军、百济王。

二月辛卯,零陵王司马药师薨。

夏四月戊辰朔,诏公卿以下各举所知。

六月己巳,魏人来聘。庚午,长沙王晃薨。丙申,大雷雨,有黄光竟天,照地状如金。乙酉,都下大风发屋。

秋七月癸卯,诏以阴阳舛和,纬象愆度,储胤婴患,淹历旬晷,可大赦。

八月壬辰,荆州刺史巴东王子响反,遣丹阳尹萧顺这讨之,子响伏诛。乙酉,以河南王世子休留代为西秦、河二州刺史,封河南王。

冬十一月戊寅,诏量增尚书丞郎赐禄。己卯,改封宣城王子琳为南康王,立皇子子建为湘东王。

九年春正月甲午,省平蛮府。辛丑,祀南郊,降都下见囚。戊午,诏射声校尉裴昭明聘于魏。

三月癸巳,明堂灾。

夏五月丙申,林邑国献金簟。丁未,魏人来聘。安成王皓薨。己未,乐游正阳堂灾。

秋八月己亥,使司徒参军萧琛聘于魏。吴兴、义兴大水。乙卯,蠲二郡租。

九月戊辰,幸琅邪城讲武,观者倾都,普颁酒肉。

冬十月甲寅,魏人来聘。

十年春正月戊午,以司徒竟陵王子良领尚书令,以尚书右仆射西昌侯鸾为左仆射。诏增内外有务众官禄奉。丙戌,诏故太宰褚彦

回、故太尉王俭、故司空柳世隆、骠骑大将军王敬则、镇军大将军陈
显达、故镇东将军李安人配飨太祖庙庭。

二月乙巳,使司徒参军萧琛聘于魏。

十一年春正月戊午,以骠骑大将军豫州刺史王敬则为司空。乙
亥,皇太子长懋薨。

二月,雍州刺史王奂有罪伏诛。

三月丙寅,以金紫光禄大夫王晏为尚书右仆射。

夏四月癸未,魏人来聘。甲午,立皇孙昭业为皇太孙,赐天下为
人后者爵一级。

五月戊辰,以旱故,都下二县、朱方、姑熟权断酒。

秋七月丁巳,曲赦南兖兖豫司徐五州、南豫州之历阳谯临江庐
江四郡三调,众逋宿责,并同原除。其缘淮及青、冀新附侨人,复除
已讫,更申五年。

先是,魏地谣言,“赤火南流丧南国”。是岁,有沙门从北赍此火
而至,色赤于常火而微,云以疗疾。贵贱争取之,多得其验。二十余
日,都下大盛,咸云“圣火”,诏禁之不止。火灸至七炷而疾愈。吴兴
丘国宾密以还乡,邑人庆虚疾二十年,依法灸,即差。

是月,上不豫,徙御延昌殿,始登阶而殿屋鸣吒,上恶之。魏军
将至,上虑朝野忧惶,力疾召乐府奏正声伎。戊寅,大渐,诏曰:“始
终大期,圣贤不免,吾行年六十,亦复何恨。但皇业艰难,万机自重,
不能无遗虑耳。太孙进德日茂,社稷有寄,子良善相毗辅,思弘正
道。内外众事无大小,悉与鸾参怀。尚书是职务根本,悉委王晏、徐
孝嗣。军旅捍边之略,委王敬则、陈显达、王广之、王玄邈、沈文季、
张瓌、薛深等。百辟庶僚,各奉尔职,谨事太孙,勿有懈怠。”又诏曰:
“我识灭后,身上著夏衣画天衣,纯乌犀导,挂诸器服,悉不得用宝
物及织成等,唯装复夹衣各一通。常所服刀长短二口,铁环者,随入
梓宫。祭敬之典,本在因心,灵上慎勿以牲为祭。祭惟设饼、茶饮、
干饭、酒脯而已。天下贵贱,咸同此制。未山陵前,朔望设菜食。陵

墓万世所宅,意常恨休安陵未称,今可用东三处地最东边以葬我,名为景安陵。丧礼每存省约,不须烦人,百官停六时入临,朔望祖日可依旧。诸主六宫,并不须从山陵。内殿凤华、寿昌、曜灵三处,是吾所改制。夫贵有天下,富兼四海,宴处寝息,不容乃陋。谓此为奢俭之中,慎勿坏去。显阳殿玉像诸佛及供养,具如别牒,可尽心礼拜供养之。挂有功德事,可专在中。自今公私皆不得出家为道,及起立塔寺,以宅为精舍,并严断之。惟年六十,必有道心,听朝贤选序,已有别诏。诸小小赐乞,及阁内处分,亦有别牒。内外禁卫劳旧、主帅左右,悉令萧谌优量驱使之。”是日,上崩于延昌殿,年五十四。群臣上谥曰武皇帝,庙号世祖。九月丙寅,葬景安陵。

上刚毅有断,政总大体,以富国为先,颇喜游宴、雕绮之事,言常恨之,未能顿遣。临崩,又诏:“凡诸游费,宜从休息。自今远近荐献,务存节俭,不得出界营求,相高奢丽。金粟缯纩,敝人已甚,珠玉玩好,伤俗尤重,严加禁绝。”

论曰:齐高帝基命之初,武功潜用,泰始开运,大拯时艰。及苍梧暴虐,衅结朝野,而百姓懔懔,命县朝夕。权道既行,兼济天下。元功振主,利器难以假人,群方戮力,实怀尺寸之望,岂惟天厌水行,固已人希木德,归功与能,事极乎此。武帝云雷伊始,功参佐命,虽为继体,事实艰难。御衮重旒,深存政典,文武授任,不革旧章,明罚厚恩,皆由己出。外表无尘,内朝多豫,机事平理,职贡有恒,府藏内充,鲜人劳役。宫室苑囿,未足以伤财,安乐延年,众庶所同幸,亦有齐之良主也。据齐、梁纪录,并云出自萧何,又编御史大夫望之以为先祖之次。案何及望之于汉俱为勋德,而望之本传不有此陈,齐典所书,便乖实录。近秘书监颜师古博考经籍,注解《汉书》,已正其非,今随而改削云。

南史卷五
齐本纪下第五

# 废帝郁林王　废帝海陵王
# 明帝　废帝东昏侯　和帝

废帝郁林王讳昭业,字元尚,小字法身,文惠太子长子也。高帝
为相王,镇东府,时年五岁,床前戏。高帝方令左右拔白发,问之曰:
"儿言我谁耶?"答曰:"太翁。"高帝笑谓左右曰:"岂有为人作曾祖
而拔白发者乎!"即掷镜、镊。其后问讯,高帝指示宾客曰:"我基于
此四世矣。"及武帝即位,封为南郡王,时年十岁。永明五年十一月
戊子,冠于东宫崇正殿。其日小会,赐王公以下帛各有差,给南郡王
扶二人。

七年,有司奏给班剑二十人,鼓吹一部。高选友、学,礼绝群王。
十一年,给皂轮三望车。文惠太子薨,立南郡王为皇太孙,居东宫。
其年七月戊寅,武帝崩,皇太孙即帝位,大赦。

八月壬午,诏称遗诏,以护军将军武陵王晔为卫将军,征南大
将军陈显达即本号并开府仪同三司,以尚书左仆射西昌侯鸾为尚
书令,右仆射王晏为左仆射,吏部尚书徐孝嗣为右仆射。癸未,加司
徒竟陵王子良位太傅,增班剑三十人。蠲除三调及众逋在今年七月
三十日以前者,省御府及无用池田邸冶,减关市征税。先是,每有蠲
原之诏,多无事实,督责如故。是时西昌侯鸾任知朝政,天下咸望风
来苏,至此恩信两行,海内莫不欣然。

九月辛酉,追尊文惠皇太子为世宗文皇帝。

冬十月壬寅，尊皇太孙太妃为皇太后，立皇后何氏。

十一月庚戌，魏人来聘。辛亥，立临汝公昭文为新安王，曲江公昭秀为临海王，皇弟昭粲为永嘉王。

隆昌元年春正月丁未，大赦，改元。加太傅竟陵王子良殊礼。镇军将军西昌侯鸾即本号为大将军，给鼓吹一部，亲兵五百人。以领军鄱阳王锵为尚书右仆射。诏百僚极陈得失。又诏王公以下各举所知。辛亥，祀南郊，宥隆昌元年以来流人。戊午，拜崇安陵。甲戌，使司徒参军刘敩聘于魏。

二月辛卯，祀明堂。

夏四月辛巳，卫将军、开府仪同三司武陵王晔薨。戊子，太傅竟陵王子良薨。丁酉，以骠骑将军庐陵王子卿为卫将军，尚书右仆射鄱阳王锵为骠骑将军，并开府仪同三司。

闰月丁卯，以镇军大将军西昌侯鸾即本号开府仪同三司。

五月甲戌朔，日有蚀之。

秋七月癸巳，皇太后令废帝为郁林王。

帝少美容止，好隶书，武帝特所钟爱，敕皇孙手书不得妄出，以贵之。进退音吐，甚有令誉。生而为竟陵文宣王所摄养，常在袁妃间。竟陵王移住西州，帝亦随住焉。性甚辩慧，哀乐过人。接对宾客，皆款曲周至。矫情饰诈，阴怀鄙慝。与左右无赖群小二十许人，共衣食，同卧起。妃何氏择其中美貌者，皆与交欢。密就富市人求钱，无敢不与。及竟陵王移西邸，帝独在西州，每夜辄开后堂阁，与诸不逞小人，至诸营署中淫宴。凡诸小人，并逆加爵位，皆疏官名号于黄纸，使各囊盛以带之，许南面之日，即便施行。又别作衜钩，兼善效人书，每私出还，辄扃衜，封题如故，故人无知者。师史仁祖、侍书胡天翼闻之，相与谋曰："若言之二宫，则其事未易，若于营署为异人所殴打，及犬物所伤，岂直罪止一身，亦当尽室及祸。年各已七十，余生宁足吝邪！"数日中，二人相系自杀，二宫不知也。武帝以暨阳县寒人给事中綦母珍之代仁祖，剡县寒人马澄代天翼。

文惠太子每禁其起居,节其用度。帝谓豫章王妃庾氏曰:"阿婆,佛法言有福生帝王家,今见作天王,便是大罪,左右主帅,动见拘执,不如市边屠酤富儿百倍。"

文惠太子自疾及薨,帝侍疾及居丧,哀容号毁,旁人见者,莫不鸣咽。裁还私室,即欢笑醑饮,备食甘滋。葬毕,立为皇太孙,问讯太妃,截壁为阁,于太妃房内往何氏间,每入辄弥时不出。武帝往东宫,帝迎拜号恸,绝而得苏,武帝自下舆抱持之,宠爱日隆。又在西州令女巫杨氏祷祀,速求天位。及文惠薨,谓由杨氏之力,倍加敬信,呼杨婆。宋氏以来,人间有《杨婆儿哥》,盖此征也。武帝有疾,又令杨氏日夜祷祈,令宫车早晏驾。时何妃在西州,武帝未崩数日,疾稍危,与何氏书,纸中央作一大"喜"字,而作三十六小"喜"字绕之。侍武帝疾,忧容惨戚,言发泪下。武帝每言及存亡,帝辄哽咽不自胜。武帝以此谓为必能负荷大业,谓曰:"五年中一委宰相,汝勿厝意。五年以后,勿复委人。若自作无成,无所多恨。"临崩,执帝手曰:"阿奴,若忆翁,当好作。"如此再而崩。大敛始毕,乃悉呼武帝诸伎,备奏众乐,诸伎虽畏威从事,莫不哽咽流涕。

素好狗马,即位未逾旬,便毁武帝所起招婉殿,以材赐阉人徐龙驹,于其处为马埒。驰骑坠马,面额并伤,称疾不出者数日。多聚名鹰快犬,以粱肉奉之。及武帝梓宫下渚,帝于端门内奉辞,辒辌车未出端门,便称疾还内。裁入阁,即于内奏胡伎,鞞铎之声,震响内外。时司空王敬则问新除射声校尉萧坦之曰:"便如此,不当匆匆邪?"坦之曰:"此政是内人哭响彻耳。"自山陵之后,便于阁内乘内人车问讯,往皇后所生母宋氏间,因微服游走市里。又多往文帝崇安陵隧中,与群小共作诸鄙亵掷涂赌跳、放鹰走狗杂狡狯。帝既失道,朝事大小,皆决之西昌侯鸾,鸾有谏,多不见从。极意赏赐左右,动至百数十万。每见钱曰:"我昔思汝一个不得,今日得用汝未?"武帝聚钱上库五亿万,斋库亦出三亿万,金银布帛不可称计。即位未期岁,所用已过半,皆赐与诸不逞群小。诸宝器以相击剖破碎之,以为笑乐。及至废黜,府库悉空。其在内,常裸袒,著红紫锦绣新衣、

锦帽、红縠裈,杂采袒服。好斗鸡,密买鸡至数千价。武帝御物甘草
杖,宫人寸断用之。徐龙驹为后宫舍人,日夜在六宫房内。帝与文
帝幸姬霍氏淫通,改姓徐氏,龙驹劝长留宫内,声云度霍氏为尼,以
余人代之。皇后亦淫乱,斋閤通夜洞开,内外淆杂,无复分别。中书
舍人綦母珍之、朱隆之,直閤将军曹道刚、周奉叔并为之羽翼。

西昌侯鸾屡谏不纳,既而尼媪外入,颇传异语,乃疑鸾有异志。
中书令何胤以皇后从叔见亲,使直殿省。常随后呼胤为三父。与胤
谋诛鸾,令胤受事,胤不敢当,依违杜谏,乃止。又谋出鸾于西州,中
敕用事,不复关谘。鸾虑变,先使萧谌、坦之等于省诛曹道刚、朱隆
之等,率兵自尚书省入云龙门,戎服加朱衣于上。比入门,三失履,
王晏、徐孝嗣、萧坦之、陈显达、王广之、沈文季系进。帝在寿昌殿,
裸身与霍氏相对,闻外有变,使闭内殿诸房閤,令閹人登兴光楼望,
还报云:“见一人戎服,从数百人,急装,在西钟楼下。”须臾,萧谌领
兵先入宫,帝走向爱姬徐氏房,拔剑自刺不入,以帛缠颈,舆接出延
德殿。谌初入殿,宿卫将士皆卫执弓盾欲战,谌曰:“所取自有人,卿
等不须动。”宿卫信之。及帝出,各欲自奋,帝竟无一言。出西弄,遇
弑,年二十二。舁尸出徐龙驹宅,殡葬以王礼。霍氏及广昌君宋并
赐死,余党亦见诛。

先是,文惠太子立楼馆于钟山下,号曰“东田”,太子屡游幸之,
“东田”反语为“颠童”也。武帝又于青溪立宫,号曰“旧宫”,反之“穷
厩”也。果以轻狷而至于穷。又武帝时有小史姓皇名太子,武帝曰:
“皇太子非名之谓”,于是移点于外,易名为“犬子”。处士何点曰:
“太子者,天地之所悬,三才之所系,今化而为犬,不得立矣。”既而
文惠太子薨,郁林、海陵相继废黜,此其验也。永明中,百姓忽着破
后帽,始自建业,流于四远,贵贱翕然服之,此服妖也。帽自萧谌之
家,其流遂远,天意若曰:武穆、文昭皆当灭,而谌亦诛死之效焉。

废帝海陵恭王讳昭文,字季尚,文惠太子第二子也。永明四年,
封临汝公,郁林王即位,改封新安王。及郁林废,西昌侯鸾奉帝篡

统。延兴元年秋七月丁酉,皇帝即位,大赦,改元,赐文武位二等。以镇军大将军西昌侯鸾为骠骑大将军、开府仪同三司、录尚书事、都督、扬州刺史,加班剑为三十人,封宣城郡公,出镇东城。以尚书左仆射王晏为尚书令,以丹阳尹徐孝嗣为左仆射,以领军将军沈文季为右仆射,以车骑大将军陈显达为司空,以骠骑大将军鄱阳王锵为司徒。命宣城公鸾甲仗百人入殿,陈显达、王晏、徐孝嗣、萧谌各五十人入殿。

八月壬辰,魏人来聘。甲午,以前司空王敬则为太尉。辛丑,复置南蛮校尉官。甲辰,诏使者观省风俗。

九月癸未,诛新除司徒鄱阳王锵、中军大将军随王子隆。遣平西将军王广之诛南兖州刺史安陆王子敬,于是江州刺史晋安王子懋起兵,遣中护军王玄邈讨诛之。乙酉,又诛湘州刺史南平王锐、郢州刺史晋熙王铼、南豫州刺史宜都王铿。丁亥,以卫将军庐陵王子卿为司徒,以抚军将军桂阳王铄为中军将军、开府仪同三司。

冬十月丁酉,加宣城公鸾黄钺,进授都督中外诸军事、太傅,领大将军、扬州刺史,加殊礼,进爵为王。戊戌,诛新除中军将军桂阳王铄、抚军将军衡阳王钧、侍中、秘书监江夏王锋、镇军将军建安王子真、左将军巴陵王子伦。是时,宣城王鸾辅政,帝起居皆谘而后行,思食蒸鱼菜,太官令答“无录公命”,竟不与。辛亥,皇太后令废帝为海陵王,使宣城王入纂皇统。建武元年,诏海陵王依汉东海王强故事,给虎贲、旄头、画轮车,设钟虡宫县。

十一月,称王有疾,数遣御师往视,乃殒之。给温明秘器,敛以衮冕之服,大鸿胪监护丧事。葬给辒辌车,九旒大辂,黄屋左纛,前后部羽葆、鼓吹,挽歌二部,依东海王强故事,谥曰恭。

先是武帝立禅灵寺于都下,当世以为壮观,天意若曰:“禅者,禅也;灵者,神明之目也;武帝晏驾,而鼎业倾移也。”永明世,市里小儿以铁相击于地,谓之“斗凿”。“凿”之为言“族”也,至是宗室族灭矣。又武帝时以燕支为朱衣,朝士皆服之,及明帝以宗子入纂,此又夺朱之效也。时又多以生纱为帽,半其裙而析之,号曰“倚劝”。先是人间语好云“扰攘建武”,至是朝士劝进,实为忽遽,“倚劝”“扰攘”之言,于是验矣。

高宗明皇帝讳鸾,字景栖,始安贞王道生之子也,小字玄度。少孤,高帝抚育过诸子。

宋泰豫元年,为安吉令,有严能之名。升明中,累迁淮南、宣城二郡太守,进号辅国将军。高帝践祚,封西昌侯,位郢州刺史。永明元年,为侍中,领骁骑将军。王子侯旧乘缠帷车,帝独乘下帷,仪从如素士。公事混挠,贩食人担火误烧牛鼻,豫章王以白武帝,帝笑焉。转为散骑常侍、左卫将军,清道而行。十年,累迁尚书左仆射,领右卫将军。武帝遗诏为侍中、尚书令,寻加镇军将军,给班剑二十人。隆昌元年,即本号为大将军,给鼓吹一部,亲兵五百人。寻加中书监、开府仪同三司。海陵王立,为骠骑大将军、录尚书事、扬州刺史,加都督,增班剑为三十人,封宣城郡公,镇东府城,给兵五千人,钱二百万,布千匹。九江事难,假黄钺,事宁,表送之。寻加黄钺、都督中外诸军事、太傅,领大将军、扬州牧,增班剑为四十人,给幢络三望车,前后部羽葆、鼓吹,剑履上殿,入朝不趋,赞拜不名,置左右长史、司马、从事中郎、掾、属各四人,封宣城王。未拜,太后令废海陵王,以上入纂高帝为第三子,群臣三请,乃受命。

建武元年冬十月癸亥,皇帝即位,大赦,改元,文武赐位二等。以太尉王敬则为大司马,以司空陈显达为太尉。乙丑,诏断远近上礼。丁卯,诏:“自今雕文篆刻,岁时光新,可悉停省。藩牧守宰,或有荐献,事非任土,严加禁断。”

十一月壬申,日有蚀之。帝宿沐浴,不御内,其日,洁斋蔬食,断朝务,屏人,单衣帢危坐,以至事毕。追尊始安贞王为景皇,妃江氏为懿后,别立寝庙,号陵曰脩安。封桂阳王铄等诸王子皆为列侯。凡诸王侯得罪者,诸子皆复属籍。又诏遣大使观省四方,癸酉,革永明之制,依晋宋旧典,太子以师礼敬少傅。甲戌,进大司马寻阳公王敬则等十三人爵邑各有差。省新林苑,先是百姓地者,悉以还主。废南蛮校尉官。己卯,追崇妃刘氏为敬皇后,号陵曰兴安。庚辰,立皇子宝义为晋安王,宝玄为江夏王,宝源为卢陵王,宝夤为建安王,宝融为随郡王,宝攸为南平王。甲申,断官长贡献及私饷遗。以安陆昭王缅第二子宝晊袭封安陆王。丁亥,诏细作、中署、材官、车府,凡诸工可悉开番假,递令休息。戊子,立皇子宝卷为皇太子,赐天下为父后者爵一级。己丑,诏东宫肇建,远近或有庆礼,可悉断之。永明中,御史中丞沈深表:"百官年登七十者,皆令致仕,并穷困私门。"庚子,诏"自缙绅年及,可一遵永明七年以前铨叙之科"。

十二月庚戌,宣德太仆刘朗之、游击将军刘璩之子,坐不赡给兄子,致使随母他嫁,免官,禁锢终身,付之乡论。是岁,魏孝文皇帝迁都洛阳。

二年春正月辛未,降都下系囚殊死以下。诏王公以下各举所知,内外群僚各进忠言,无有所讳。魏攻豫、司、梁徐四州。壬申,遣镇军王广之督司州,右卫将军萧坦之督徐州,尚书右仆射沈文季督豫州,以拒魏。己卯,诏都下二县,有毁发坟垅,随宜修理。乙未,魏军攻钟离,徐州刺史萧惠休破之。丙申,加太尉陈显达使持节、都督西北道诸军事。丁酉,内外纂严。

三月己未,司州刺史萧诞与众军攻败魏军。诏雍、豫、司、南兖、徐五州遭遇兵戎之家,悉停今年税调。丙寅,停青州麦租。魏军自寿春退。甲申,解严。

夏四月己亥朔,亲录三百里内狱讼,自外委州郡讯察,三署徒隶,原遣有差。魏军围汉中,梁州刺史萧懿拒退之。

五月甲午,寝庙成,诏监作长帅赐位一等。

六月壬戌,诛领军萧谌、西阳王子明、南海王子罕、邵陵王子贞。

秋九月己丑,改封南平王宝攸为邵陵王,蜀郡王子文为西阳王,广汉王子峻为衡阳王,临海王昭秀为巴陵王,永嘉王昭粲为桂阳王。

冬十月癸卯,诏罢东田,毁光兴楼,并诏水衡量省御乘。乙卯,纳皇太子妃褚氏,大赦,王公以下班赐各有差,断四方上礼。

十二月丁酉,诏晋帝诸陵,悉皆修理,并增守卫。吴、晋陵失稔之乡,蠲三调有差。

三年春正月丁酉,以阴平王杨炅子崇祖为沙州刺史,封阴平王。

二月己巳,诏申明守长六周之制,事竟不行。乙酉,诏以去岁魏攻缘边诸州郡,将士有临阵及病死者,并送还本土。

三月壬午,诏车府乘舆有金银饰者,皆剔除之。

夏四月,魏军攻司州,栎城戍主魏僧嶍击破之。

冬闰十二月戊寅,皇太子冠,赐王公以下帛各有差,为父后者赐爵一级,断远近上礼。

四年春正月庚午,大赦。庚辰,诏人产子者,蠲其父母调役一年,又赐米十斛;新婚者,蠲夫役一年。壬辰,诛尚书令王晏。

二月,以尚书左仆射徐孝嗣为尚书令。

秋八月甲午,追尊景皇所生王氏为恭太后。魏军攻沔北。

冬十月,又逼司、雍二州。甲戌,遣太子中庶子萧衍、右军司马张稷御之。

十一月丙辰,以氐杨灵珍为北秦刺史,封仇池公、武都王。

十二月丁丑,遣度支尚书崔慧景率众救雍州。

永泰元年春正月癸未朔,大赦。中军大将军徐孝嗣即本号开府仪同三司。沔北诸郡为魏所攻,相继亡败,新野太守刘忌随宜应接,食尽,煮土为粥,而救兵不至,城被克,死之。乙巳,遣太尉陈显达持节救雍州。丁未,诛河东王铉、临贺王子岳、西阳王子文、衡阳王子峻、南康王子琳、永阳王子珉、湘东王子建、南郡王子夏、巴陵王昭秀、桂阳王昭粲。

二月癸丑，遣左卫将军萧惠休假节，援寿阳。辛未，豫州刺史裴叔业败魏军于淮北。

三月丙午，斸雍州遇魏军之县租布。戊申，诏增仲尼祭秩。上以疾患不瘳，望气者云宜改元，

夏四月甲寅，大赦，改元，文武赐位二等。己未，立武陵昭王子子坦为衡阳王。丁丑，大司马会稽太守王敬则举兵反。

五月壬午，遣辅国将军刘山阳率军东讨。乙酉，斩敬则，传首建邺，曲赦浙东吴、晋陵等七郡。

秋七月己酉，帝崩于正福殿，年四十七。遗诏："徐孝嗣可重申入命，中书监、本官悉如故。沈文季可尚书左仆射，常侍、护军如故。江祏可右仆射，江祀可侍中，刘暄可卫尉卿。军政大事委陈太尉，内外众哥无大小委徐孝嗣、遥光、坦之、江祏，其大事与沈文季、江祀、刘暄参怀。心腹之任可委刘悛、萧惠休、崔慧景。"群臣上谥曰明皇帝，庙号高宗，葬兴安陵。

帝明审有吏才，持法无所借。制御亲幸，臣下肃清。驱使寒人，不得用四幅伞。大存俭约，罢武帝所起新林苑，以地还百姓。废文惠太子所起东田，斥卖之。永明中，舆辇舟乘，悉剔取金银，还主衣库，以牙角代之。尝用皂荚讫，授余添与左右，曰："此犹堪明日用。"太官进御食，有裹蒸，帝十字画之，曰："可四片破之，余充晚食。"而武帝掖庭中宫殿服御，一无所改。其俭约如此。性猜忌，亟行诛戮。信道术，用计数。每出行幸，先占利害。简于出入，将南则诡言之西，将东则诡言之北，皆不以实，竟不南郊。初有疾，无辍听览，群臣莫知。及疾笃，敕台省府署文簿求白鱼以为药，外始知之。身衣绛衣，服饰皆赤，以为厌胜。巫觋云："后湖水头经过宫内，致帝有疾。"帝乃自至太官行水沟，左右启："太官无此水则不立。"决意塞之，欲南引淮流，会崩，事寝。


废帝东昏侯讳宝卷，字智藏，明帝第二子也。本名明贤，明帝辅

政后改焉。建武元年，立为皇太子。永泰元年七月己酉，明帝崩，太子即皇帝位。

八月庚申，镇北将军晋安王宝义进号征北大将军、开府仪同三司。

冬十月己未，诏删省律科。癸亥，诏萧坦之、江祏更直殿省，总监宿卫。辛未，诏刘暄、江祏更直延明殿省。

十一月戊子，立皇后褚氏。庚寅，尚书令徐孝嗣议：“王侯贵人昏，连卺以真银杯，盖出近俗，又牢烛侈缛，亦亏暴制。今除金银连锁，自余新器，悉用埏陶，牢烛华侈，亦宜停之。”奏可。

永元元年春正月戊寅朔，大赦，改元。辛卯，祀南郊。丁酉，改封随王宝融为南康王，安陆王宝晊为湘东王，竟陵王昭胄为巴陵王。

二月，太尉陈显达败绩于马圈。

夏四月丙午朔，魏孝文皇帝崩。己巳，立皇子诵为皇太子，大赦，赐为父后者爵一级。

五月癸亥，加抚军大将军始安王遥光开府仪同三司。

六月甲子，诏原雍州今年三调。

秋七月辛未，淮水变赤如血。丙戌，杀尚书右仆射江祏、侍中江祀。地震自此至来岁，昼夜不止，小屋多坏。丁亥，都下大水，死者甚众。赐死者材器，并加振恤。

八月乙巳，蠲遇水资财漂荡者今年调税。又诏为马圈战亡将士举哀。丙辰，扬州刺史始安王遥光据东府反，诏曲赦都下，中外戒严，遣领军将军萧坦之致讨。戊午，斩遥光，传首。己巳，以尚书令徐孝嗣为司空，以领军萧坦之为尚书左仆射。闰月丙子，以江陵公宝览为始安王。

九月甲辰，杀尚书左仆射萧坦之，右卫将军曹武。戊午，杀领军将军刘暄。壬戌，以频杀大臣，大赦。

冬十月乙未，诛尚书令、新除司空徐孝嗣、右仆射、新除镇军将军沈文季。庚子，以吴兴太守萧惠休为尚书右仆射。辛丑，以侍中王亮为左仆射。

十一月丙辰，太尉、江州刺史陈显达举兵反于寻阳。乙丑，加护军将军崔慧景平南将军，督众军南讨。

十二月甲申，陈显达至都，宫城严警。乙酉，斩显达，传其首。余党尽平。

二年春正月庚午，诏讨豫州刺史裴叔业。

二月己丑，叔业病死，兄子植以寿春降魏。

三月乙卯，命平西将军崔慧景攻寿春。

夏四月丙午，尚书右仆射萧惠休卒。丁未，崔慧景于广陵反，举兵内向。壬子，命右卫将军左兴盛督都下水步众军御之。南徐州刺史江夏王宝玄以京城纳慧景。乙卯，遣中领军王莹率众军屯北篱门。壬戌，慧景至，莹等败绩。甲子，慧景入建邺，台城内闭门拒守。豫州刺史萧懿兴兵入援。己巳，以懿为尚书右仆射。癸酉，慧景弃众走，斩之。诏曲赦都下及南徐、南兖二州。乙亥，以新除尚书右仆射萧懿为尚书令。丙子，以中领军王莹为尚书右仆射。

五月己酉，江夏王宝玄伏诛。壬子，赦。乙丑，曲赦都下及南徐、兖二州。

六月庚寅，车驾于乐游苑内会，如三元，都下放女人观。

秋七月甲申夜，宫内火，唯东阁内明帝旧殿数区及太极以南得存，余皆荡尽。

冬十月己亥，杀尚书令萧懿。

十一月甲寅，西中郎长史萧颖胄起兵于荆州。

十二月，雍州刺史萧衍起兵于襄阳。

是岁，魏宣武皇帝景明元年。

三年春正月丙申朔，日有蚀之。帝与宫人于阅武堂元会，皇后正位，阉人行仪，帝戎服临视。丁酉，以骠骑大将军晋安王宝义为司徒,以新除抚军将军建安王宝寅为车骑将军、开府仪同三司。乙巳,长星见,竟天。辛亥,祀南郊,大赦,诏百官陈谠言。

二月丙寅,乾和殿西厢火。壬午,诏遣羽林兵征雍州,中外纂严。始内横吹五部于殿内,昼夜奏之。壬戌,蚩尤旗见。

三月乙巳,南康王宝融即皇帝位于江陵。癸丑,遣平西将军陈伯之西征。

六月,萧颖胄弟颖孚起兵卢陵。戊子,赦江州安成、卢陵二郡。

秋七月癸巳,曲赦荆、雍二州。雍州刺史张欣泰、前南谯太守王灵秀率石头文武奉建安王宝寅向台,至杜姥宅,宫门闭,乃散走。丙辰,龙斗于建康淮,激水五里。

八月辛卯,以太子左率李居士总督西讨诸军事,屯新亭。

九月甲辰,萧衍至南豫州,辅国将军、监南豫州事申胄军二万人,于姑孰奔归。丙辰,李居士与衍军战于新亭,见败。

冬十月甲戌,王珍国又战败于朱雀航。戊寅,宁朔将军徐元瑜以东府城降。青、冀二州刺史桓和入卫,屯东宫,寻亦降衍。于是,闭宫城门自守。

十二月丙寅,新除雍州刺史王珍国、侍中张稷率兵入殿杀帝,时年十九。

帝在东宫,便好弄,不喜书学,明帝亦不以为非,但勖以家人之行,令太子求一日再入朝,发诏不许,使三日一朝。在宫尝夜捕鼠达旦,以为笑乐。明帝临崩,属后事,以隆昌为戒,曰:“作事不可在人后。”故委任群小,诛诸宰臣,无不如意。性讷涩少言,不与朝士接。欲速葬,恶灵在太极殿,徐孝嗣固争,得逾月。每当哭,辄云喉痛。太中大夫羊阐入临,无发,号恸俯仰,帻遂脱地,帝辍哭大笑,谓宦者王宝孙曰:“此谓秃秋啼来乎。”自江祏、始安王遥光等诛后,无所忌惮,日夜于后堂戏马,鼓噪为乐。合夕,便击金鼓吹角,令左右数百人叫,杂以羌胡横吹诸伎。常以五更就卧,至晡乃起,王侯以下节朔朝见,晡后方前,或际暗遣出。台阁案奏,月数十日乃报,或不知所在。阉竖以纸包裹鱼肉还家,并是五省黄案。二年元会,食后方出,朝贺裁竟,便还殿西序寝,自巳至申,百僚陪位,皆僵仆菜色。比起就会,匆遽而罢。

太子所生母黄贵嫔早亡,令潘妃母养之。拜潘氏为贵妃,乘卧舆,帝骑马从后,著织成裤褶,金薄帽,执七宝缚槊。又有金银校具,锦绣诸帽数十种,各有名字。戎服急装缚裤,上著绛衫,以为常服,不变寒暑。陵冒雨雪,不避坑阱。驰骋渴乏,辄下马解取腰边蠡器,酌水饮之,复上驰去。马乘具用锦绣处,患为雨所湿,织杂采珠为覆蒙,备诸雕巧。教黄门五六十人为骑客,又选营署无赖小人善走者为逐马鹰犬,左右数百人,常以自随,奔走往来,略不暇息。置射雉场二百九十六处,翳中帷帐及步障,皆袷以绿红锦,金银镂弩牙,玳瑁帖箭。每出,辄与鹰犬队主徐令孙、媒翳队主俞灵韵齐马而走,左右争逐之。又甚有筋力,牵弓至三斛五斗。能担幢,初学担幢,每倾倒在幢杪者,必致跛伤。其后,白虎幢七丈五尺,齿上担之,折齿不倦。担幢诸校具服饰,皆自制之,缀以金华玉镜众宝。舍人、主书及至左右主帅,并皆侍侧,遑诸变态,曾无愧颜。始欲骑马,未习其事,俞灵韵为作木马,人在其中,行动进退,随意所适,其后遂为善骑。

陈显达卒,渐出游走,不欲令人见之,驱斥百姓,唯置空宅而已。是时率一月二十余出,既往无定处,尉司常虑得罪,东行驱西,南行驱北,应旦出,夜便驱逐,吏司奔驱,叫呼盈路。打鼓蹋围,鼓声所闻,便应奔走,临时驱迫,衣不暇披,乃至徒跣走出。犯禁者应手格杀,百姓无复作业,终日路隅。从万春门由东宫以东至郊外,数十里,皆空家尽室。巷陌县幔为高障,置人防守,谓之"屏除"。高障之内,设部伍羽仪,复有数部,皆奏鼓吹羌胡伎,鼓角横吹。夜反,火光照天。每三四更中,鼓声四出,幡戟横路,百姓喧走,士庶莫辨。或于市肆左侧过亲幸家,环绕宛转,周遍都下。老小震惊,啼号塞道。处处禁断,不知所过。疾患困笃者,悉扛移之,无人扛者,扶匐道侧。吏司又加捶打,绝命者相系。从骑及左右因之入富家取物,无不荡尽。工商莫不废业,樵苏由之路断。至于乳妇昏姻之家,移产寄室,或舆病弃尸,不得殡葬。有弃病人于青溪边者,吏惧为监司所问,推置水中，泥覆其面，须臾便死，遂失骸骨。前魏兴太守王敬宾新死未敛，家人被驱，不得留视。及家人还，鼠食两眼都尽。如此非一。又尝至沈公城，有一妇人当产不去，帝入其家，问：“何独在？”答曰：“临产不得去。”因剖腹看男女。又长秋卿王儇病笃，不听停家，死于路边。丹阳尹王志被驱急，狼狈步走，惟将二门生自随，藏朱雀航南酒垆中，夜方得羽仪而归。喜游猎，不避危险。至蒋山定林寺，一沙门病不能去，藏于草间，为军人所得，应时杀之。左右韩晖光曰：“老道人可念。”帝曰：“汝见獐鹿亦不射邪？”仍百箭俱发。故贵人富室者，皆数处立宅，以为避围之舍。每还宫，常至三更，百姓然后得反。禁断又不即通，处处屯咽，或泥涂灌注，或冰冻严结，老幼啼号，不可闻见。时人以其所围处号为“长围”。及建康城见围，亦名“长围”，识者以为谶焉。

　　三年，殿内火，合夕便发，其时帝犹未还，宫内诸房闼已闭，内人不得出，外人又不敢辄开，比及开，死者相枕。领军将军王莹率众救火，太极殿得全。内外叫唤，声动天地。帝三更中方还，先至东宫，虑有乱，不敢便入，参觇审无异，乃归。其后出游，火又烧璇仪、曜灵等十余殿及柏寝，北至华林，西至秘阁，三千余间皆尽。左右赵鬼能读《西京赋》，云：“柏梁既灾，建章是营。”于是大起诸殿，芳乐、芳德、仙华、大兴、含德、清曜、安寿等殿，又别为潘妃起神仙、永寿、玉寿三殿，皆匝饰以金璧。其玉寿中作飞仙帐，四面绣绮，窗间尽画神仙。又作七贤，皆以美女侍侧。凿金银为书字，灵兽、神禽、风云、华炬，为之玩饰。橡桷之端，悉垂铃佩。江左旧物，有古玉律数枚，悉裁以钿笛。庄严寺有玉九子铃，外国寺佛面有光相，禅灵寺塔诸宝珥，毕剥取以施潘妃殿饰。性急暴，所作便欲速成，造殿未施梁桷，便于地画之，唯须宏丽，不知精密。酷不别画，但取绚曜而已，故诸匠赖此得不用情。又凿金为莲华，以帖地，令潘妃行其上，曰：“此步步生莲华也。”涂壁皆以麝香，锦幔珠帘，穷极绮丽。絷役工匠，自夜达晓，犹不副速，乃剥取诸寺佛刹殿藻井、仙人、骑兽，以充足之。武帝兴光楼上施青漆，世人谓之“青楼”。帝曰：“武帝不巧，何不纯用琉璃。"潘氏服御,极选珍宝,主衣库旧物,不复周用,贵市人间金银宝物,价皆数倍,虎珀钏一只,直百七十万。都下酒租,皆折输金,以供杂用。犹不能足,下扬、南徐二州桥桁塘埭丁计功为直,敛取见钱,供太乐、主衣杂费。由是,所在塘渎,悉皆隳废。又订出雄雉头、鹤氅、白鹭缞,百品千条,无复穷已。亲幸小人,因缘为奸,科一输十。又各就州县求为人输,准取见直,不为输送。守宰惧威,口不得道,须物之处,以复重求。如此相仍,前后不息,百姓困尽,号泣道路。少府大官,凡诸市买,事皆急速,催求相系。吏司奔驰,遇便房夺,市廛离散,商旅靡依。又以阅武堂为芳乐苑,穷奇极丽。当暑种树,朝种夕死,死而复种,率无一生。于是征求人家,望树便取,毁彻墙屋,以移置之。大树合抱,亦皆移掘,插叶系华,取玩俄顷。划取细草,来植阶庭,烈日之中,至便焦燥。纷纭往还,无复已极。山石皆涂以采色,跨池水立紫阁诸楼,壁上画男女私亵之像。明帝时多聚金宝,至是金以为泥,不足周用,令富室买金,不问多少,限以贱价,又不还直。张欣泰尝谓舍人裴长穆曰:"宫殿何事顿尔!夫以秦之富,起一阿房而灭。今不及秦一郡,而顿起数十阿房,其危殆矣。"答曰:"非不悦子之道,顾言不用耳。"

　　潘妃放恣,威行远近。父宝庆与诸小共逞奸毒,富人悉诬为罪,田宅赀财,莫不启乞。或云寄附隐藏,复加收没,计一家见陷,祸及亲邻。又虑后患,男口必杀。明帝之崩,竟不一日蔬食,居处衣服,无改平常。潘妃生女,百日而亡,制斩衰绖杖,衣悉粗布。群小来吊,盘旋地坐,举手受执蔬膳,积旬不听音伎。左右直长阉竖王宝孙诸人,共营肴羞,云为天子解菜。又于苑中立店肆,模大市,日游市中,杂所货物,与宫人阉竖共为裨贩。以潘妃为市令,自为市吏录事,将斗者就潘妃罚之。帝小有得失,潘则与杖,乃敕虎贲威仪不得进大荆子,阁内不得进实中获。虽畏潘氏,而窃与诸姊妹淫通。每游走,潘氏乘小舆,宫人皆露裈,著绿丝屏,帝自戎服骑马从后。又开渠立埭,躬自引船,埭上设店,坐而屠肉。于时百姓歌云:"阅武堂,种杨柳,至尊屠肉,潘妃酤酒。"

又偏信蒋侯神，迎来入宫，昼夜祈祷。左右朱光尚诈云见神，动
辄谄启，并云降福。始安之平，遂加位相国，末又号为"灵帝"，车服
羽仪，一依王者。又曲信小祠，日有十数，师巫魔媪，迎送纷纭。光
尚辄托云神意。范云谓光尚曰："君是天子要人，当思百全计。"光尚
曰："至尊不可谏，正当托鬼神以达意耳。"后东入乐游，人马忽惊，
以问光尚，光尚曰："向见先帝大瞋，不许数出。"帝大怒，拔刀与光
尚等寻觅，既不见处，乃缚菰为明帝形，北向斩之，县首苑门。

上自永元以后，魏每来伐，继以内难，扬、南徐二州人丁，三人
取两，以此为率。远郡悉令上米准行，一人五十斛，输米既毕，就役
如故。又先是诸郡役人，多依人士为附隶，谓之"属名"。又东境役
苦，百姓多注籍诈病，遣外医巫，在所检占诸"属名"，并取病身。凡
"属名"多不合役，止避小小假，并是役荫之家。凡注病者，或已积
年，皆摄充将役。又追责病者租布，随其年岁多少。衔命之人，皆给
货赂，随意纵舍。又横调征求，皆出百姓。

群小以陈显达下数日便败，崔慧景围城正得十日，及萧衍师
至，亦谓为然。裹粮食、樵刍，凡所须物，为百日备。帝谓茹法珍曰：
"须来至白门前，当一决。"及至近郊，乃聚兵为固守计，召王侯分置
尚书都坐及殿省。尚书旧事，悉充纸铠。使冠军将军王珍国领三万
人据大桁莫有斗志，遣王宝孙督战，呼为"王伥子"。宝孙切骂诸将
帅，直阁将军席豪发愤突阵死。豪，骁将也，既毙，众军于是土崩。军
人从朱雀观上自投及赴淮水死者无数。于是闭城自守，城内军事委
王珍国。兖州刺史张稷入卫，以稷为副，实甲犹七万人。帝著乌帽
裤褶，备羽仪，登南掖门临望。又虚设铠马斋仗千人，皆张弓拔白，
出东掖门，称蒋王出荡。又受刀敕等教著五音儿衣，登城望战。还
与御刀左右及六宫于华光殿立军垒，以金玉为铠仗，亲自临阵，诈
被创势，以板扛将去，以此厌胜。又于阅武堂设牙门军顿，每夜严
警。帝于殿内骑马，从凤庄门入徽明门，马被银莲叶具装铠，杂羽孔
翠寄生，逐马左右卫从，昼眠夜起如平常。闻外鼓吹叫声，被大红
袍，登景阳楼望，弩几中之。众皆怠怨，不为致力，募兵出战，至城门

数十步,皆坐甲而归。虑城外有伏兵,乃烧城傍诸府署,六门之内皆尽。城中阁道、西掖门内,相聚为市,贩死牛马肉。萧衍长围既立,堑栅严固,然后出荡,屡战不捷。

帝尤惜金钱,不肯赏赐,茹法珍叩头请之,帝曰:"贼来独取我邪,何为就我求物?"后堂储数百具榜,启为城防,帝曰:"拟作殿。"竟不与。城防巧手,而悉令作殿,昼夜不休。又催御府细作三百人精仗,须围解以拟屏除。金银雕镂杂物,倍急于常。法珍、虫儿又说帝曰:"大臣不留意,使围不解,宜悉诛之。"珍国、张稷惧祸,乃谋应萧衍,以计告后阁舍人钱强。强许之,密令游荡主崔叔夜开云龙门,稷及珍国勒兵入殿,分军又从西上阁入后宫,御刀丰勇之为内应。是夜,帝在含德殿吹笙歌,作《女儿子》,卧未熟,闻兵入,趋出北户,欲还后宫。清曜阁已闭,阉人禁防黄泰平刀伤其膝,仆地,顾曰:"奴反邪!"直后张齐斩首,送萧衍。宣德太后令依汉海昏侯故事,追封东昏侯。

和帝讳宝融,字智昭,明帝第八子也。建武元年,封随郡王。永元元年,改封南康王,出为西中郎将、荆州刺史,督九州军事。二年十一月甲寅,长史萧颖胄奉王举兵。其日,太白及辰星俱见西方。乙卯,教纂严。丙辰,以雍州刺史萧衍为使持节、都督前锋诸军事。戊午,衍表劝进。十二月乙亥,群僚劝进,并不许。壬辰,骁骑将军夏侯亶自建邺至江陵,称宣德太后令:"西中郎将南康王宜纂承皇祚,光临亿兆,可且封宣城王、相国、荆州牧,加黄钺,置僚属。"三年正月乙巳,王受命,大赦,唯梅虫儿、茹法珍等不在例。是日,长星见,竟天。甲寅,建牙于城南。二月己巳,群僚上尊号,立宗庙及南北郊。

中兴元年春三月乙巳,皇帝即位,大赦,改永元三年为中兴,文武赐位二等。是夜,彗星竟天。以相国左长史萧颖胄为尚书令,加雍州刺史萧衍尚书左仆射、都督征讨诸军。以晋安王宝义为司空,卢陵王宝源为车骑将军、开府仪同三司。丙午,有司奏封庶人宝卷为零陵侯,诏不许。又奏为涪陵王,诏可。

夏四月戊辰,诏凡东讨众军及诸向义之众,普复除五年。

秋七月丁卯,鲁山城主孙乐祖以城降。己未,郢城主薛元嗣降。

八月丙子,平西将军陈伯之降。

九月己未,诏假黄钺萧衍,若定京邑,得以便宜从事。

冬十一月壬寅,尚书令、镇军将军萧颖胄卒。

十二月丙寅,建康城平。己巳,宣德皇太后令以征东大将军萧衍为大司马、录尚书、骠骑大将军、扬州刺史,封建安郡公,依晋武陵王遵承制故事。壬申,改封建安王宝寅为鄱阳王。癸酉,以司徒、扬州刺史晋安王宝义为太尉,领司徒。乙酉,以尚书右仆射王莹为左仆射。

二年春正月戊戌,宣德皇太后临朝,入居内殿。壬寅,大司马萧衍都督中外诸军事,加殊礼。己酉,以大司马长史王亮为守尚书令。甲寅,加大司马萧衍位相国、梁公,备九锡礼。

二月壬戌,诛湘东王宝晊。丙戌,进梁公萧衍爵为王。

三月辛丑,鄱阳王宝寅奔魏。诛邵陵王宝攸、晋熙王宝嵩。庚戌,车驾东归,至姑孰。丙辰,逊位于梁。丁巳,卢陵王宝源薨。

四月辛酉,禅诏至,皇太后逊居外宫。梁受命,奉帝为巴陵王,宫于姑孰。戊辰,巴陵王殂,年十五。追尊为齐和帝,葬恭安陵。

初,梁武帝欲以南海郡为巴陵国邑,而迁帝焉,以问范云,云俯眉未对。沈约曰:“今古殊事,魏武所云,‘不可慕虚名而受实祸’。”梁武颔之。于是遣郑伯禽进以生金,帝曰:“我死不须金,醇酒足矣。”乃引饮一升,伯禽就加摺焉。先是,文惠太子与才人共赋七言诗,句后辄云“愁和帝”,至是其言方验。又永明中,望气者云“新林、娄湖、青溪并有天子气”。于其处大起楼苑宫观,武帝屡游幸以应之。又起旧宫于青溪,以弭其气而明帝旧居东府城西,延兴末,明帝龙飞,至是梁武帝众军城于新林,而武帝旧宅亦在征虏。百姓皆著下屋白纱帽,而反裙覆顶。东昏曰:“裙应在下,今更在上,不祥。”命断之。于是百姓皆反裙向下，此服妖也。帽者，首之所寄，今而向下，天意若曰："元首方为猥贱乎！东昏又令左右作逐鹿帽，形甚窄狭，后果有逐鹿之事。东昏宫里又作散叛发反，髻根向后，百姓争学之，及东昏狂惑，天下散叛矣。东昏又与群小别立帽，骞其口而舒两翅，名曰"凤度三桥"。群向后，总而结之，名曰"反缚黄丽"。东昏与刀敕之徒亲自著之，皆用金宝，凿以璧珰。又作著调帽，镂以金玉，间以孔翠，此皆天意。梁武帝旧宅在三桥，而"凤度"之名，凤翔之验也。"黄丽"者，"皇离"，为日而反缚之，东昏戮死之应也。"调"者，梁武帝至都，而风俗和调。先是，百姓及朝士皆以方帛填胸，名曰"假两"，此又服妖。"假"非正名也，储"两"而"假"之，明不得真也。东昏诛，其子废为庶人，"假两"之意也。

论曰：郁林地居长嫡，瑕衅未彰，而武皇之心，不变周道，故得保兹守器，正位尊极。既而愆鄙内作，兆自宫闱，虽为害未还，而足倾社稷。郭璞称永昌之名，有二日之象，隆昌之号，实亦同焉。明帝越自支庶，任当负荷，乘机而作，大致歼夷，流涕行诛，非云义举，事苟非安，能无内愧。既而自树本枝，根胤孤弱，贻厥所授，属在凶愚，用覆宗祊，亦其理也。夫名以行义，往贤垂范，备而之禅，术士诫之，东昏以"卷"矣，"藏"以终之，其兆先征，盖亦天所命矣。

# 南史卷六
## 梁本纪上第六

# 武帝上

　　梁高祖武皇帝讳衍，字叔达，小字练儿，南兰陵中都里人，姓萧氏，与齐同承淮阴令整。整生皇高祖辖，位济阴太守。辖生皇曾祖副子，位州治中从事。副子生皇祖道赐，位南台治书侍御史。道赐生皇考讳顺之，字文纬，于齐高帝为始族弟。

　　皇考外甚清和，而内怀英气，与齐高少而款狎。尝共登金牛山，路侧有枯骨纵横，齐高谓皇考曰：“周文王以来几年，当复有掩此枯骨者乎？”言之憭然动色。皇考由此知齐高有大志，常相随逐。齐高每外讨，皇考常为军副。及北讨，薛索儿夜遣人入营，提刀径至齐高眠床，皇考手刃之。频为齐高镇军司马、长史。时宋帝昏虐，齐高谋出外。皇考以为，一旦奔亡，则危几不测，不如因人之欲，行伊、霍之事。齐高深然之。历黄门郎、安西长史、吴郡内史，所经皆著名。吴郡张绪常称：“文武兼资，有德有行，吾敬萧顺之。”袁粲之据石头，黄回与之通谋，皇考闻难作，率家兵据朱雀桥，回觇人还告曰：“朱雀桥南一长者，英威毅然，坐胡床南向。”回曰：“萧顺之也。”遂不敢出。时微皇考，石头几不据矣。及齐高创造皇业，推锋决胜，莫不垂拱仰成焉。齐建元末，齐高从容谓皇考曰：“当令阿玉解扬州相授。”玉，豫章王嶷小名也。齐武帝在东宫，皇考尝问讯，及退，齐武指皇考谓嶷曰：“非此翁，吾徒无以致今日。”及即位，深相忌惮，故不居台辅。以参豫佐命，封临湘县侯。历位侍中、卫尉、太子詹事、领军将军、丹阳尹，赠镇北将军，谥曰懿。

帝以宋孝武大明无年岁次甲辰生于秣陵县同夏里三桥宅。初，皇妣张氏尝梦抱日，已而有娠，遂产帝。帝生而有异光，状貌殊特，日角龙颜，重岳虎顾，舌文八字，项有浮光，身映日无景，两骻骈骨，项上隆起，有文在右手曰"武"。帝为儿时，能蹈空而行。及长，博学多通，好筹略，有文武才干。所居室中，常若云气，人或遇者，体辄肃然。

初为卫军王俭东阁祭酒，俭一见深相器异，请为户曹属。谓庐江何宪曰："此萧郎三十内当作侍中，出此则贵不可言。"竟陵王子良开西邸，招文学，帝与沈约、谢朓、王融、萧琛、范云、任昉、陆倕等并游焉，号曰"八友"。融俊爽，识鉴过人，尤敬异帝，每谓所亲曰："宰制天下，必在此人。"累迁随王镇西谘议参军。行经牛渚，逢风，入泊龙渎，有一老人谓帝曰："君龙行虎步，相不可言，天下方乱，安之者其在君乎！"问其名氏，忽然不见。寻以皇考艰去职，归建邺。及齐武帝不豫，竟陵王子良以帝及兄懿、王融、刘绘、王思远、顾皓之、范云等为帐内军主。融欲因帝晏驾立子良，帝曰："夫立非常之事，必待非常之人，融才非负图，视其败也。"范云曰："忧国家者，惟有王中书。"帝曰："忧国欲为周、召？欲为竖、刁邪？"懿曰："直哉史鱼，何其木强也！"

初，皇考之薨，不得志，事见齐鱼复侯传。至是，郁林失德，齐明帝作辅，将为废立计，帝欲助齐明，倾齐武之嗣，以雪心耻，齐明亦知之，每与帝谋。时齐明将追随王，恐不从，又以王敬则在会稽，恐为变，以问帝。帝曰："随王虽有美名，其实庸劣，既无智谋之士，爪牙惟仗司马垣历生、武陵太守卞白龙耳。此并惟利是与，若啖以显职，无不载驰。随王止须折简耳。敬则志安江东，穷其富贵，宜选美女，以娱其心。"齐明曰："亦吾意也。"即征历生为太子左卫率，白龙游击将军，并至。续召随王至都，赐自尽。

豫州刺史崔慧景既齐武旧臣，不自安。齐明忧之，乃起帝镇寿阳，外声备魏，实防慧景。师次长濑，慧景惧罪，白服来迎，帝抚而宥之。将军房伯玉、徐玄庆并曰："慧景反迹既彰,实是见贼,我曹武将,譬如韝上鹰,将军一言见命,便即制之。"帝笑曰:"其如掌中婴儿,杀之不武。"于是曲意和释之,慧景遂安。隆昌元年,拜中书侍郎,迁黄门侍郎。

建武二年,魏将王肃、刘昶攻司州,刺史萧诞甚急。齐明遣左卫将军王广之赴救,帝为偏帅隶广之。行次熨斗洲,有人长八尺余,容貌衣冠,皓然皆白,缘江呼曰:"萧王大贵。"帝既屡有征祥,心益自负。时去诞百里,众军以魏军盛,莫敢前。帝欲大振威略,谓诸将曰:"今屯下梁之城,塞凿岘之险,守雉脚之路,据贤首之山,以通西关,以临贼垒,三方掎角,出其不备,破贼必矣。"广之等不从。后遣徐玄庆进据贤首山,魏绝其粮道,众惧,莫敢援之,惟帝独奋请先进。于是,广之益帝精甲,衔枚夜前。失道,望见如持两炬者,随之果得道,径上贤首山,广之军因得前。魏军来胁,帝坚壁不进。时王肃自攻城,一鼓而退,刘昶有疑心,帝因与书,间成其隙。一旦,有风从西北起,阵云随之来,当肃营,寻而风回云转,还向西北。帝曰:"此所谓归气,魏师遁矣。"令军中曰:"望麾而进,听鼓而动。"肃乃倾壁十万,阵于水北,帝扬麾鼓噪,响振山谷,敢死之士,执短兵先登,长戟翼之。城中见援至,因出军攻魏栅,魏军表里受敌,因大崩。肃、昶单骑走,斩获千计,流血绛野。得肃、昶巾箱中魏帝敕曰:"闻萧衍善用兵,勿与争锋,待吾至,若能禽此人,则江东吾有也。"以功封建阳县男。

寻为司州刺史。有沙门自称僧恽,谓帝曰:"君项有伏龙,非人臣也。"复求,莫知所之。帝在州甚有威名。尝有人饷马,帝不受,饷者密以马系斋柱而去。帝出见马,答书殷勤,缚之马首,令人驱出城外,马自还。都为太子中庶子,领四厢直,出镇石头。齐明性猜忌,帝避时嫌,解遣部曲,常乘折角小牛车。齐明每称帝清俭,勖励朝臣。

四年,魏孝文帝自率大众逼雍州,刺史曹武度沔守樊城,武旧齐武腹心,齐明忌之,欲使后弟刘暄为雍州,暄不愿出外,因江祐得留。齐明帝拟帝雍州，受密旨出顿，声为军事发遣。又命五兵尚书崔慧景、征南将军陈显达相续援襄阳。慧景与帝进行邓城，魏孝文帅十余万骑奄至，慧景引退，帝止之，不从，于是大败。帝帅众拒战，独得全军。及魏军退，以帝为辅国将军，监雍州事。先是，雍州相传樊城有王气，至是谣言更甚。及齐明崩，遗诏以帝为都督、雍州刺史。时扬州刺史始安王遥光、尚书令徐孝嗣、右仆射江祏、右将军萧坦之、侍中江祀、卫尉刘暄更直内省，分日帖敕，世所谓"六贵"。又有御刀茹法珍、梅虫儿、丰勇之等八人，号为"八要"，及舍人王咺之等四十余人，皆口擅王言，权行国宪。帝谓张弘策曰："政出多门，乱其阶矣。当今避祸，惟有此地，勤行仁义，可坐作西伯。但诸弟在都，恐离时患，须与益州图之耳。"时上长兄懿罢益州还，仍行郢州事，乃使弘策诣郢，陈计于懿，语在懿传。言既不从，弘策还，帝乃召弟伟及憺。是岁，至襄阳，乃潜造器械，多伐竹木，沉于檀溪，密为舟装之备。时帝所在住斋常有气，五色回转，状若蟠龙。季秋出九日台，忽暴风起，烟尘四合，帝所居独白日清朗，其上紫云腾起，形如伞盖，望者莫不异焉。

　　寻而大臣相次诛戮。永元二年冬，懿又被害，信至，帝密召长史王茂、中兵吕僧珍、别驾柳庆远、功曹史吉士瞻等谋之。既定，以十一月乙巳召僚佐集于听事，告以举兵。是日，建牙，出檀溪竹木装舸舰，旬日大办。百姓愿从者，得铁马五千匹，甲士三万人。先是，东昏以刘山阳为巴西太守，使过荆州，就行事萧颖胄以袭襄阳。帝知其谋，乃遣参军王天武、庞庆国诣江陵，遍与州府人书论军事。天武既发，帝谓谘议参军张弘策曰："今日天武坐收天下矣，荆州得天武至，必回遑无计，若不见同，取之如拾地芥耳。断三峡，据巴、蜀，分兵定湘中，便全有上流。以此威声，临九流，断彭蠡，传檄江南，风之靡草，不足比也，政小引日月耳。江陵本惮襄阳人，加唇亡齿寒，必不孤立，宁得不暗见同邪？挟荆、雍之兵，扫定东夏，韩、白重出，不能为计，况以无算之昏主，役御刀应敕之徒哉！"及山阳至巴陵，帝复令天武赍书与颖胄兄弟。去后，帝谓张弘策曰："用兵之道，攻心为上,攻城次之;心战为上,兵战次之。今日是也。近遣天武往州府,人皆有书,今段止有两封,与行事兄弟,云'一二天武口具'。及问天武,口无所说。天武是行事心膂,彼闻必谓行事与天武共隐其事,则人人生疑。山阳惑于众口,判相嫌贰,则行事进退无以自明,是驰两空函定一州矣。"山阳至江安,闻之,果疑不上。柳忱劝斩天武,送道山阳,颍胄乃谓天武曰:"天下之事,县之在卿,今就卿借头,以诈山阳。昔樊于期亦以头借荆轲。"于是斩之,送首山阳。山阳信之,驰入城,将逾阈,县门发,折其车辕,投车而走,中兵参军陈秀拔戟逐之,斩于门外,传首于帝。仍以南康王尊号之议来告,且曰:"时有未利,当须来年二月。遽便进兵,恐非庙算。"帝答曰:"今坐甲十万,粮用自竭,若顿兵十旬,必生悔吝。且太白出西方,仗义而动,天时人谋,有何不利?昔武王伐纣,行逆太岁,复须待年月乎?"竟陵太守曹景宗遣杜思冲劝帝迎南康都襄阳,待正尊号,帝不从。王茂又私于张策曰:"今以南康置人手中,彼挟天子以令诸侯,节下前去为人所使,此岂岁寒之计?"弘策言之于帝,帝曰:"若前途大事不捷,故自兰艾同焚。若功业克建,谁敢不从?岂是碌碌受人处分!"于沔南立新野郡,以集新附。

三年二月,南康王为相国,以帝为征东将军。戊申,帝发襄阳。自冬积霰,至是开霁,士卒咸悦。帝遂留弟伟守襄阳城,谓曰:"当置心于襄阳人腹中,推诚信之,勿有疑也。天下一家,乃当相见。"遂移檄建邺,阐扬威武。及至竟陵,命长史王茂与太守曹景宗为前军,中兵参军张法安守竟陵城。茂、景宗帅众济岸,进顿九里。其日,郢州刺史张冲迎战,茂等大破之。荆州遣冠军将军邓元起、军主王世兴、田安等会大军于夏口。帝筑汉口城以守鲁山,命水军主张惠绍、朱思远等游遏中江,绝郢、鲁二城信使。时张冲死,其众推军主薛元嗣及冲长史程茂为主。

三月乙巳,南康王即帝位于江陵,遥废东昏为涪陵王,以帝为尚书左仆射,加征东将军、都督征讨诸军,假黄钺。西台又遣冠军将军萧颖达领兵来会。四月,帝出沔,命王茂、萧颖达等逼郢城。五月己酉，帝移屯汉南。是日，有紫云如盖，荫于垒幕。甲寅，东昏遣宁朔将军吴子阳、光子衿等十三军救郢州，进据巴口。七月，帝命王茂帅军主曹仲宗、康绚、武会超等潜师袭加湖，将逼子阳。水潦不通舰，子衿喜。其夜，流星坠其城，四更中无雨而水暴长，众军乘流齐进，鼓噪攻之，俄而大溃，子阳等窜走，众尽溺于江，王茂虏其余而旋。郢、鲁二城，相视夺气。

先是，东昏遣冠军将军陈伯之镇江州，为子阳等声援。帝谓诸将曰："夫征讨未必须实力，所听威声耳。今加湖之败，谁不詟服。陈武牙即伯之之子，狼狈奔归，彼间人情，理当凶惧。我谓九江传檄可定也。"因命搜所获俘囚，得伯之幢主苏隆之，厚加赏赐，使致命焉。戊午，鲁山城主孙乐祖降。己未夜，郢城有数百毛人逾堞且泣，因投黄鹄矶，盖城之精也。及旦，其城主程茂、薛元嗣遣参军朱晓求降。帝谓曰："城中自可不识天命，何意恒骂？"晓曰："明公未之思耳，桀犬何尝不吠尧。"初，郢城之闭，将佐文武男女口十余万人，疾疫流肿死者十七八。及城开，帝并加隐恤，其死者命给棺槥。

东昏闻郢城没，乃为城守计，简二尚方，二冶囚徒以配军。其不可活者，于朱雀门内日斩百余人。尚书令王亮苦谏，不从。陈伯之遣苏隆之反命，求未便进军。帝曰："伯之此言，意怀首鼠，可及其犹豫逼之。"乃命邓元起即日沿流。八月，天子遣兼黄门郎苏回劳军。帝登舟，命诸军以进路，留上庸太守韦睿守郢城，行州事。邓元起将至寻阳，陈伯之犹惧，乃收兵退保湖口，留其子武牙守盆城。及帝至，乃束甲请罪。

九月，天子诏帝平定东夏，以便宜从事。前军之次芜湖，南豫州刺史申胄弃姑熟走，至是大军进据之。自发雍州，帝所乘舰恒有两龙导引，左右莫不见者。缘道奉迎百姓，皆如挟纩。仍遣曹景宗、萧颖达领马步进顿江宁。东昏遣征房将军李居士迎战，景宗击走之。于是王茂、邓元起、吕僧珍进据赤鼻逻，曹景宗、陈伯之为游兵。是日，新亭城主江道林率兵出战，众军禽之于阵。大军次新林，建康士庶倾都而至，送款或以血为书。命王茂进据越城，曹景宗据皂荚桥，邓元起据道士墩,陈伯之据篱门。道林余众退屯航南,迫之,因复散走,退保朱雀,凭淮自固。时李居士犹据新亭垒,请东昏烧南岸邑屋,以开战场。自大航以西,新亭以北,荡然矣。

十月,东昏石头军主朱僧勇归降。东昏又遣征虏将军王珍国列阵于航南大路,悉配精手利器,尚十余万,阉人王侟子持白虎幡督诸军。王茂、曹景宗等捣角奔之,珍国之众,一时土崩。众军追至宣阳门,李居士以新亭垒,徐元瑜以东府城降,石头、白下诸军并宵溃。壬午,帝镇石头,命众军围六门。东昏悉焚门内,驱逼营署官府并入城,有众二十万。青州刺史桓和给东昏出战,因降。先是,俗语谓密相欺变者为"和欺"。于是虫儿、法珍等曰:"今日几于桓和,可谓和欺矣。"帝命诸军筑长围。初,众军既逼,东昏遣军主左僧庆镇京口,常僧景镇广陵,李叔献屯瓜步。及申胄自姑孰奔归,又使屯破墩,以为东北声援。至是,帝遣晓喻,并降。帝乃遣弟辅国将军秀镇京口,辅国将军恢屯破墩,从弟宁朔将军景镇广陵。吴郡太守蔡夤弃郡赴降。

十二月丙寅,兼卫尉张稷、北徐州刺史王珍国斩东昏,其夜以黄油裹首送军。帝命吕僧珍、张弥勒兵封府库及图籍。帝乃入,收嬖妾潘妃诛之,及凶党王咺之以下四十八人属吏,以宫女二千人分赉将士。宣德皇后令追废涪陵王为东昏侯,授帝中书监、大司马、录尚书、骠骑大将军、都督、扬州刺史,封建安郡公,食邑万户,给班剑四十人,黄钺、侍中、征讨诸军事并如故。依晋武陵王遵承制故事,百僚致敬。己卯,帝入于屯阅武堂,下令大赦。丙戌,入镇殿内。是日,凤皇集建邺。又下令:"凡昏制谬赋、淫刑滥役,外可详检前源,悉皆除荡。其主守散失,诸所损耗,精立科条,咸从原例。"丁亥,遣豫州刺史李元履以兵五千慰劳东方十二郡。

二年正月辛卯,下令:"通检尚书众曹东昏时诸诤讼失理及主者淹停不时施行者,精加讯辩,依事议奏。其义师临阵致命,疾病死亡者,并加葬敛,收恤遗孤。"甲午,天子遣兼侍中席阐文、兼黄门侍郎乐法才慰劳都下。追赠皇祖散骑常侍、左光禄大夫,皇考侍中、丞相。乙未，下令：“朱雀之捷，逆徒送死者，特许家人殡葬。若无亲属，或有贫苦，二县长尉即为埋掩。建康城内不达天命，自取沦灭，亦同此科。”又下令减损浮费，自非奉粢盛，修绂冕，习礼乐之容，缮甲兵之备，此外一皆禁绝。御府中署，量宜罢省，命外详为条格。

戊戌，宣德皇后临朝，入居内殿，拜帝大司马，解承制，百僚致敬如前。丁亥，诏进帝都督中外军事，剑履上殿，入朝不趋，赞拜不名，加前后部羽葆、鼓吹，置左右长史、司马、从事中郎、掾、属各四人，并依旧辟士，余并如故。甲寅，齐帝进帝位相国，总百揆，封十郡为梁公，备九锡之礼，加远游冠，绿綟绶，位在诸王上。策曰：

上天不造，难钟皇室，世祖以休明早崩，世宗以仁德不嗣。高宗袭统，宸居弗永，虽凤夜劬劳，而隆平不洽。嗣君昏暴，书契弗睹，朝权国柄，委之群孽，剿戮忠贤，诛残台辅，含冤抱痛，噍类靡余。公藉昏明之期，因兆庶之愿，爰率群后，翊成中兴，宗社之危已固，天人之望允塞，此实公纽我绝纲，大造皇家者也。永明季年，边隙大启，荆河连率，招引戎荒。公受言本朝，轻兵赴袭，排危冒险，刚柔递用，坦然一方，还成藩服，此又公之功也。在昔隆昌，洪基已谢，高宗虑深社稷，将行权道。公定策帷帐，激扬大节，废帝立王，谋猷深著，此又公之功也。建武阐业，厥犹虽远，戎狄内侵，凭陵关塞，司部危逼，沦陷指期。公总兵外讨，卷甲长骛，焚庐毁帐，胡哭言归。此又公之功也。樊、汉陟切，羽书续至。公星言鞠旅，禀命徂征，拯我边危，重获安堵。此又公之功也。汉南迥弱，咫尺勍寇。公作藩爰始，因资靡托，练兵训卒，搜狩有序，俾我危城，翻为强镇。此又公之功也。永元纪号，瞻乌已及，虽废昏有典，而伊、霍难行。公首建大策，爰立明圣，义逾邑纶，勋高代入。此又公之功也。文王之风，虽被江、汉，京邑蠢蠢，湮为洪流。公投袂万里，事惟拯溺，义声所覃，无思不毙。此又公之功也。鲁城、夏汭，梗据中流，乘山置垒，萦川自固。公御此乌集，陵兹地险，费无遗矢，战未穷兵，践华之固，相望俱拔。此又公之功也。惟此群凶，同恶相济，缘江资险，蚁聚淮湖。桴旝一临，应时褫溃。此又公之功也。奸孽震皇，复怀举斧，畜兵九流，用拟勤王。公棱威直指，势逾风电，旌旆小临，全州稽服。此又公之功也。姑熟冲要，密迩京畿，凶徒炽聚，断塞津路。公兵威所震，望旗自骇。此又公之功也。群竖猖狂，志在借一，豕突淮涘，武骑如云。公爰命英勇，因机骋锐，气冠阪泉，势逾洹水。此又公之功也。琅邪、石首，襟带砠固，新垒、东墉，金汤是埒。凭险作守，兵食兼资，风激电骇，莫不震叠，城复于隍，于是乎在。此又公之功也。独夫昏很，凭城靡惧，鼓钟鞺鞳，傲若有余，狎是邪孽，忌斯冠冕，凶狡因之，将逞孥戮。公奇谋密运，威略潜回，忠勇之徒，得申厥效，白旗宣室，未之或比。此又公之功也。公有拯亿兆之勋，重之以明德，爰初历志，服道儒门，濯缨来仕，清猷映世。时运艰难，宗社危殆，昆冈已燎，玉石同焚，驱率貔貅，抑扬霆电，义等南巢，功齐牧野。若夫禹功寂寞，微管谁嗣，拯其将鱼，驱其袒发，解兹乱纲，理此棼丝，复礼衽席，反乐河海。永平故事，闻之者叹息，司隶旧章，见之者陨涕，请我人命，还之斗极。悯悯缙绅，重符戴天之庆，哀哀黔首，复蒙履地之恩。德逾于嵩、岱，功邻于造物，超哉邈矣，越无得而言焉。

朕又闻之，畴庸命德，建侯作屏，咸用克固四维，永隆万叶。是以二南流化，九伯斯征，王道淳洽，刑厝罔用。惟公经纶天地，宁济区夏，道冠乎伊、稷，赏薄于桓、文，岂所以宪章齐、鲁，长辔宇宙？敬惟前烈，朕甚惧焉。今进授相国，改扬州刺史为牧，以豫州之梁郡、历阳，南徐州之义兴，扬州之淮南、宣城、吴、吴兴、会稽、新安、东阳十郡，封公为梁公，锡兹白土，苴以白茅，爰定尔邦，用建冢社。在昔旦、奭，入居保佑，逮于毕、毛，亦作卿士，任兼内外，礼实宜之。今命使持节、兼太尉王亮授相国、扬州牧印绶、梁公玺绂；使持节、兼司空王志授梁公茅土，金虎符第一至第五左，竹使符第一至第十左。相国位冠群后，任总百司，恒典彝数，宜与事革。其以相国总百揆，去录尚书之号，上所假节、侍中貂蝉、中书监印、中外都督、大司马印绶、建安公印策，骠骑大将军如故。又加公九锡，其敬听后命：

以公礼律兼修，刑德备举，哀矜折狱，罔不用情。是用锡公大辂、戎辂各一，玄牡二驷。公劳心稼穑，念在人天，丕崇务本，惟谷是宝。是用锡公衮冕之服，赤舄副焉。公熔钧所被，变《风》以《雅》，易俗陶人，载和邦国。是用锡公轩县之乐，六佾之舞。公文德广覃，义声远洽，椎髻凿首，夷歌请吏。是用锡公朱户以居。公扬清抑浊，官方有序，多士丰兴，《棫朴》流咏。是用锡公纳陛以登。公正色御下，以身范物，式遏不虞，折冲惟远。是用锡公虎贲之士三百人。公威同夏日，志清奸宄，放命圮族，刑兹罔赦。是用锡公铁、钺各一。公跨蹑嵩溟，陵厉区宇，譬诸日月，容光必至。是用锡公彤弓十、彤矢百、卢弓百、卢矢千。公永言惟孝，至感通神，恭严祀典，祭有余敬。是用锡公秬鬯一卣，圭瓒副焉。梁国置丞相以下，一遵旧式。钦哉！其敬循往策，祗服大礼，对扬天眷，以膺多福，以弘我太祖之休命。

帝固辞，府僚劝进，不许。

二月辛酉，府僚重请曰："近以朝命蕴策，冒奏丹诚，奉被还令，未蒙虚受，缙绅颙颙，深所未达。盖闻受金于府，通人之弘致，高蹈海隅，迁夫之小节，是以履乘石而周公不以为疑，赠玉璜而太公不以为让。况世哲继轨，先德在人，经纶草昧，欢深微管，加以朱方之役，荆河是依，班师振旅，大造王室，虽复累茧救宋，重胝存楚，居今观古，曾何足云。而惑其盗钟，功疑不赏，皇天后土，不胜其酷。是以玉马骏奔，表微子之去，金板出地，告龙逄之冤。明公据鞍号哭，厉三军之志，独居掩涕，激义士之心，故能使海若登祗，馨图效祉，山戎、孤竹，束马景从，伐罪吊人，一匡静乱，匪叨天功，实勤濡足。龟玉不毁，谁之功欤？独为君子，将使伊、周何地？"于是始受相国、梁公之命。命焚东昏淫奢异服六十二种于都街。齐帝追赠梁公夫人为梁国妃。

乙丑，南兖州队主陈文兴于宣武城内凿井，得玉镂骐麟、金镂玉璧、水精环各二。又凤凰见建康县桐下里。宣德皇后称美符瑞，归于相国府。丙寅，诏梁国依旧选诸要职，悉依天朝之制。帝上表，以"前代选官，皆立选簿，请自今选曹，精加隐括，依旧立簿，使冠履无爽，名实不违，庶人识涯涘，造请自息。且闻中间立格，甲族以二十登仕，后门以过立试吏，岂所以弘奖风流，希向后进？此实巨蠹，尤宜刊革"。诏依表施行。丙戌，诏进梁公爵为王，以豫州之南谯、庐江，江州之寻阳、郢州之武昌、西阳，南徐州之南琅邪、南东海、晋陵，扬州之临海、永嘉十郡，益梁国，并前为二十郡，其相国、扬州牧、骠骑大将军如故。帝固辞，有诏断表。相国左长史王莹等率百僚敦请。三月癸巳，受梁王之命，下令赦国内殊死以下，鳏寡孤独不能自存者，赐谷五斛，府州所统，亦同蠲荡。丙午，齐帝命帝冕十有二旒，建天子旌旗，出警入跸，乘金根车，驾六马，备五时副车，置旄头、云罕，乐舞八佾，设钟虡宫县，王妃、王子、王女爵命之号，一如旧仪。丙辰，齐帝下诏禅位，即安姑熟。

四月辛酉，宣德皇后令曰："西诏至，帝宪章前代，敬禅神器于梁，明可临轩，遣使恭授玺绂，未亡人便归于别宫。"壬戌，策曰：

> 咨尔梁王，惟昔邃古之载，肇有生灵，皇雄、大庭之辟，赫胥、尊卢之后，斯并龙图鸟迹以前，慌惚杳冥之世，固无得而详焉。洎乎农、轩、炎、皞之代，放勋、重华之主，莫不以大道君万姓，□器御八纮，居之如执朽索，去之若释重负，一驾汾阳，便有窅然之志，暂适箕岭，即动让王之心。故知戴黄屋、服玉玺，非所以示贵称尊，乘大辂、建旂旗，盖欲令归趣有地。是故忘己而字兆庶，徇物而君四海。及于菁华内竭，畚锸外劳，则抚兹归运，惟能是与。四百告终，有汉所以高揖，黄德既谢，魏氏所以乐推。爰及晋、宋，亦弘斯典。我太祖《握河》受历，应符启运，二叶重光，三圣系轨。嗣君丧德，昏弃纪度，毁彝天纲，雕绝地纽。是以谷满川枯，山飞鬼哭，七庙已危，人神无主。惟王体兹上哲，明圣在躬，端冕而协邕熙，推锋而拯涂炭，武功与日车并运，文教与鹏翼齐举。固以幽显宅心，讴讼斯属，岂徒桴鼓播

地，卿云丛天而已哉！至于昼睹争明，夜飞枉矢，除旧之征必
显，更姓之符允集。今便仰祗乾象，俯从人愿，敬禅神器，授帝
位于尔躬。大祚告穷，天禄永终。於戏！王允执其中，式遵前
典，以副昊天之望，禋上帝而临亿兆，格文祖而膺大业，以传无
强之祚，岂不盛与！并命玺书，遣兼太保、中书监、兼尚书令王
亮，兼太尉、中书令王志奉皇帝玺绂，受终之礼，一依唐、虞故
事。

帝抗表陈让，表不获通。于是齐百官豫章王元琳等八百一十九人，
及梁台侍中范云等一百一十七人，并上表劝进，帝谦让不受。是日，
太史令蒋道秀陈天文符谶六十四条，事并明著，群臣重表固请，乃
从之。


天监元年夏四月丙寅，皇帝即位于南郊，设坛柴燎告天曰：

　　皇帝臣衍，敢用玄牡，昭告于皇皇后帝：齐氏以历运斯既，
否终则亨，钦若天应，以命于衍。夫任是司牧，惟能是授，天命
不于常，帝王非一族。唐谢虞受，汉替魏升，爰及晋、宋，宪章在
昔，咸以君德驭四海，元功子万姓，故能大庇氓黎，光宅区宇。
齐代云季，世主昏凶，狡焉群慝，是崇是长，肆厥奸回暴乱，以
播虐于我有邦，俾九服八荒之内，连率岳牧之君，蹶角顿颡，匡
救无术。衍投袂星言，推锋万里，厉其挂冠之情，用拯兆庶之
切。遂因时来，宰司邦国，济物康世，实有厥劳。而昬纬呈祥，
川岳效祉，代终之符既显，革运之期已萃，殊俗百蛮，重译献
款，人神远迩，罔不和会。于是群公卿士，咸致厥诚，并以皇乾
降命，难以谦拒。衍自惟匪德，辞不获遂，仰迫上玄之眷，俯惟
亿兆之心，宸极不可久旷，人神不可乏主，遂藉乐推，膺此嘉
祚。以兹寡薄，临驭万方，顾求夙志，永言祗惕。敬简元辰，恭
兹大礼，升坛受禅，告类上帝，克播休祉，以弘盛烈，式传厥后，
用永保于我有梁。惟明灵是飨。

礼毕，有诏放观。乃备法驾，还建康宫，临太极前殿，大赦，改元，赐

人爵二级,文武位二等,鳏寡孤独不能自存者,人谷五斛,逋布、口钱、宿责,勿复收;其犯乡论清议、赃污淫盗,一皆荡涤,洗除前注,与之更始。封齐帝为巴陵王,全食一郡,载天子旌旗,乘五时副车,行齐正朔,郊祀天地,礼乐制度,皆用齐典。以齐宣德皇后为齐文帝妃,齐帝后王氏为巴陵王妃,齐代王侯封爵,悉皆降省,其效著艰难者,别有后命。惟宋汝阴王不在除例。劫贼余口没在台府者,悉皆蠲放,诸流徙之家,并听还本。以兼尚书令王亮为尚书令,兼尚书右仆射沈约为尚书仆射。封皇弟中护军宏为临川王,南徐州刺史秀为安成王,雍州刺史伟为建安王,右卫将军恢为鄱阳王,荆州刺史憺为始兴王。自郡王以下,列爵为县六等。皇弟、皇子封郡王,二千户;王之庶子县侯,五百户,谓之诸侯;功臣爵邑无定科。凤凰集南兰陵。

丁卯,诏凡后宫乐府、西解、暴室,诸如此例被幽逼者,一皆放遣。若衰老不能自存者,官给廪食。戊辰,遗巴陵王钱二百万,绢、布各千匹,绵二千斤。车骑将军高丽王高云进号车骑大将军,镇东大将军百济王馀太进号征东大将军,镇东大将军倭王武进号征东将军。己巳,巴陵王殂于姑熟,追谥为齐和帝,终礼一依故事。庚午,诏:"分遣内侍周省四方,观政听谣,访贤举滞。其有田野不辟,狱讼无章,忘公徇私,侵渔是务者,悉随事以闻。若怀宝迷邦,蕴奇待价,蓄响藏真,不求闻达,各依名腾奏,罔或遗隐。"又诏曰:"金作赎刑,有闻自昔,入缣以免,施于中代。永言叔季,偷薄成风,婴愆入罪,厥涂匪一。死者不可复生,刑者无因自反,由此而望滋实,庸可致乎!可依周、汉旧典,有罪入赎。外详为条格,以时奏闻。"辛未,以新除谢沐公萧宝义为巴陵王,以奉齐祀。复南兰陵武进县,依前代之科。征新除相国军谘祭酒谢朏为侍中、左光禄大夫、开府仪同三司。改南东海为兰陵郡,土断南徐州诸侨郡县。癸酉,诏:"于公车府谤木、肺石傍,各置一函。若肉食莫言,山阿欲有横议,投谤木函。若从我江、汉,功在河策,犀兕徒弊,龙蛇方县;次身才高妙,摈压莫通,怀傅、吕之术,抱屈、贾之欢,其理有曒然,受困包匦;夫大政侵小,豪门陵贱,百姓已穷,九重莫达,若欲自申,并可投肺石函"。甲戌,诏断远近上庆礼。

闰月丁酉,以行宕昌王梁弥邕为安西将军、河凉二州刺史,正封宕昌王。壬寅,诏以宪纲日弛,渐以为俗,令端右以风闻奏事,依元熙旧制。有司奏,追尊皇考为文皇帝,庙号太祖;皇妣张氏为献皇后,陵曰建陵,郗氏为德皇后,陵曰脩陵。

五月乙亥夜,盗入南、北掖,烧神武门、总章观,害卫尉卿张弘策。戊子,江州刺史陈伯之举兵反,以领军将军王茂为征南将军、江州刺史,率众讨之。

六月庚戌,封北秦州刺史杨绍先为武都王。是月,陈伯之奔魏,江州平。前益州刺史刘季连据成都反。

秋七月丁巳朔,日有蚀之。

八月戊戌,置建康三官。癸卯,鸾鸟见乐游苑。乙巳,平北将军、西凉州刺史象舒彭进号安西将军,封邓至王。丁未,命中书监王莹等八人参定律令。诏尚书郎依昔奏事。交州献能歌鹦鹉,诏不纳。林邑、干陁利国各遣使朝贡。

冬十一月己未,立小庙。甲子,立皇子统为皇太子,赐天下为父后者爵一级。

十二月,大雪,深三尺。

是岁,大旱,米斗五千,人多饿死。

二年春正月乙卯,以尚书仆射沈约为左仆射,吏部尚书范云为右仆射。辛酉,祀南郊,降死罪以下囚。庚辰,以仇池公杨灵珍为北梁州刺史,封仇池王。

夏四月癸卯,尚书删定郎蔡法度上《梁律》二十卷,《令》三十卷,《科》四十卷。

五月,尚书右仆射范云卒。乙巳,益州刺史邓元起克成都,曲赦益州。

六月丁亥,以新除左光禄大夫谢朏为司徒、尚书令。甲午,以中书监王莹为尚书右仆射。

是夏，多疠疫。

秋七月，扶南、龟兹、中天竺国各遣使朝贡。

冬十月，皇子纲生，降都下死罪以下囚。

十一月乙卯，雷电，大雨，晦。

三年春正月癸丑，以尚书右王莹为左仆射，太子詹事柳恽为右仆射。

二月，魏克梁州。

三月，陨霜杀草。

夏五月丁巳，以扶南王憍陈如阇耶跋摩为安南将军。

六月丙子，诏分遣使巡察州部，视人冤酷。癸未，大赦。

秋七月甲子，立皇子综为豫章王。

八月，魏克司州。

九月壬子，以河南王世子伏连筹为镇西将军、西秦河二州刺史，封河南王。北天竺国遣使朝贡。

冬十一月甲子，诏除赎罪科。

是岁，魏正始元年。

四年春正月癸卯，诏："自今九流常选，年未三十，不通一经，不得解褐。若有才同甘、颜，勿限年次"。置五经博士各一人。有司奏："吴令唐佣铸盘龙火炉、翔凤砚盖"。诏禁锢终身。丙午，省《凤凰衔书伎》。戊申，诏"往代多命宫人帷宫观禋郊之礼，非所以仰虔苍昊，自今停止"。辛亥，祀南郊，大赦。

二月，初置胄子律博士。壬午，遣卫尉卿杨公则率宿卫兵塞洛口。壬辰，交州刺史李凯据州反，长史李畟讨平之，曲赦交州。是月，立建兴苑于秣陵建兴里。

夏四月丁巳，以行宕昌王梁弥博为安西将军、河凉二州刺史，正封宕昌王。

六月庚戌，立孔子庙。

冬十月,使中军将军、扬州刺史临川王宏都督北讨诸军事,侵魏。以兴师费用,王公以下各上国租及田谷以助军资。

是岁,大穰,米斛三十。

五年春正月丁卯朔,诏:"凡诸郡国旧族,邦内无在朝位者,选官搜括,使郡有一人。"乙亥,起前司徒谢朏为中书监、司徒。甲申,立皇子纲为晋安王。

三月丙寅朔,日有蚀之。

夏四月甲寅,初立诏狱,诏建康县置三官,与廷尉三官分掌狱事,号建康为南狱,廷尉为北狱。

五月,置集雅馆,以招远学。

秋七月乙丑,邓至国遣使朝贡。

八月辛酉,作东宫。

九月,临川王宏军至洛口,大溃,所亡万计,宏单骑而归。

冬十一月甲子,都下地震,生白毛。乙丑,以师出淹时,大赦。魏人乘胜攻钟离。

十二月癸卯,司徒谢朏薨。

六年春三月庚申,陨霜杀草。是月,有三象入建邺。

夏四月壬辰,置左右骁骑、左右游击将军官。癸巳,曹景宗、韦睿等破魏师于邵阳洲,斩获万计。己酉,以江州刺史王茂为尚书右仆射。丁巳,以扬州刺史临川王宏为骠骑大将军、开府仪同三司,以右光禄大夫沈约为尚书左仆射。

五月己巳,置中卫、中权将军,改骁骑为云骑、游击为游骑。

秋八月戊子,赦。戊戌,都下大水。

九月乙亥,改阅武堂为德阳堂,听讼堂为仪贤堂。

冬闰十月乙丑,以开府临川王宏为司徒,以行太子太傅、尚书左仆射沈约为尚书令,以行太子少傅、吏部尚书袁昂为兼尚书右仆射。甲申,以左光禄大夫夏侯详为左仆射。

十二月丙辰,左仆射夏侯详卒。

七年春正月戊子,以元树为恒、朔二州都督,封魏郡王。戊戌,诏作神龙、仁兽阙于端门、大司马门外。

二月乙卯,新作国门于越城南。乙丑,增置镇卫将军以下为十品,以法日数;凡二十四班,以法气序;不登十品,别有八班,以象八风,又置施外国将军二十四班,合一百九号。庚午,诏于州、郡、县置州望、郡宗、乡豪各一人,专掌搜荐。乙亥,以车骑大将军高丽王高云为抚东大将军、开府仪同三司。

夏四月乙卯,以皇太子纳妃故,赦大辟以下,颁赐朝臣及近侍各有差。

五月,都下大水。戊子,诏兰陵县建修二陵周回五里内居人,赐复终身。己亥,诏复置宗正、太仆、大匠、鸿胪,又增太府、太舟,仍先为十二卿,及置朱衣直阁将军官。

六月辛酉,改陵监为令。

秋八月丁巳,皇子绎生,赦大辟以下未结正者。

九月壬辰,置童子奉车郎。癸巳,立皇子绩为南康王。

冬十月丙寅,以吴兴太守张稷为尚书左仆射。丙子,诏大举北侵。丁丑,魏县瓠镇主白皁生、豫州刺史胡逊以城内属。

是岁,魏永平元年。

八年春正月辛巳,祀南郊,大赦。壬辰,魏镇东参军成景隽以宿预城内属。

夏四月戊申,以司徒临川王宏为司空、扬州刺史,以车骑将军、领太子詹事王茂即本号开府仪同三司。

秋七月癸巳,巴陵王萧宝义薨。

冬十一月壬寅,立皇子续为卢陵王。

九年春正月乙亥,以左光禄大夫王莹为尚书令。庚寅,新作缘淮塘。

三月己丑，幸国子学，亲临讲肄，赐祭酒以下各有差。乙未，诏皇太子及王侯之子，年在从师者，皆入学。

夏四月丁巳，选尚书五都令史，革用士流。

六月癸丑，盗杀宣城太守朱僧勇。

闰六月己丑，宣城盗转寇吴兴，在守蔡撙讨平之。

冬十二月癸未，幸国子学，策试胄子，赐训授之司各有差。

是岁，于阗、林邑国并遣使朝贡。

十年春正月辛丑，祀南郊，大赦。戊子，荆州言驺虞见。

三月，盗杀东莞、琅邪二郡太守刘晰，以朐山引魏徐州刺史卢昶。

夏六月，以国子祭酒张充为尚书右仆射。

冬十二月，山车见临城县。振远将军马仙琕大破魏军，斩馘十余万，复朐山城。

是岁，初作宫城门三重楼，及开二道。宕昌国遣使朝贡，婆利国贡金席。

十一年春正月壬辰，诏：“自今遭谪之家，及罪应质作，若年有老小，可停将送。”加镇南将军、江州刺史建安王伟开府仪同三司，司空、扬州刺史临川王宏进位太尉，以骠骑将军王茂为司空。

二月戊辰，新昌、济阳二郡野蚕成茧。

三月丁巳，为旱故，曲赦扬、徐二州。庚申，高丽国遣使朝贡。

夏四月，百济、扶南、林邑等国各遣使朝贡。

秋九月，宕昌国遣使朝贡。

冬十月乙未，以吴郡太守袁昂为兼尚书右仆射。己酉，降太尉、扬州刺史临川王宏为骠骑将军、开府仪同三司之仪。癸丑，齐宣德太妃王氏薨。

是岁，魏延昌元年。

十二年春正月辛卯,祀南郊,赦大辟罪以下。辛酉,兼尚书右仆射袁昂即正。丙寅,诏:"明下远近,若委骸不葬,或篘衣莫改,量给棺具收敛。"辛巳,新作太极殿,改为十三间,以从闰数。

闰三月乙丑,特进、中军将军沈约卒。

夏四月,都下大水。

六月癸巳,新作太庙,增基九尺。

秋九月,加扬州刺史临川王宏位司空,以司空王茂为骠骑将军、开府同三司之仪,位江州刺史。

冬十月丁亥,诏曰:"明堂地居卑湿,可量就埤起,以尽诚敬。"

十三年春二月庚辰朔,震于西南,天如裂。丁亥,耕藉田,大赦,赐孝悌力田爵一级。

夏六月,都下讹言有枨枨,取人肝肺及血,以饴天狗。百姓大惧,二旬而止。

秋七月乙亥,立皇子纶为邵陵王,绎为东湘王,纪为武陵王。

是岁,林邑、扶南、于阗国各遣使朝贡。作浮山堰。

十四年春正月乙巳朔,皇太子冠,大赦,赐为父后者爵一级,王公以下班赉各有差。停远近上庆礼。辛亥,祀南郊,诏班下远近,博采英异。又前以墨刑用代重辟者,除其条。丙寅,汝阴王刘胤薨。丁巳,魏宣武皇帝崩。

夏四月丁丑,骠骑将军、开府同三司之仪、江州刺史王茂薨。

冬十月,浮山堰坏。

是岁,蠕蠕、狼牙脩国各遣使来朝贡。

十五年春三月戊辰朔,日有蚀之,既。

夏四月,高丽国遣使朝贡。

六月庚子,以尚书令王莹为左光禄大夫、开府仪同三司,尚书右仆射袁昂为左仆射，吏部尚书王暕为右仆射。

秋八月，蠕蠕、河南国各遣使朝贡。

九月辛巳，左光禄大夫、开府仪同三司王莹薨。壬辰，大赦。

冬十一月，交州刺史李畟斩反者阮宗孝，传首建邺，曲赦交州。

是岁，魏孝明皇帝熙平元年。

十六年春正月辛未，祀南郊。诏尤贫家勿收今年三调，无田业者，所在量宜赋给；及优癃产子之家，恤理冤狱，并赈孤老鳏寡不能自存者。

二月辛亥，耕藉田。甲寅，赦罪人。

三月丙子，敕太医不得以生类为药，公家织官纹锦饰，并断仙人鸟兽之形，以为亵衣，裁翦有乖仁恕。于是祈告天地宗庙，以去杀之理，欲被之含识。郊庙牲牷，皆代以面，其山川诸祀则否。时以宗庙去牲，则为不复血食，虽公卿异议，朝野喧嚣，竟不从。

冬十月，宗庙荐羞，始用蔬果。

是岁，河南、扶南、婆利等国各遣使朝贡。

十七年春二月癸巳，雍州刺史安成王秀薨。甲辰，大赦。

三月丙申，改封建安郡王伟为南平王。

夏六月乙酉，中军将军、中书监临川王宏以本号行司徒。

秋八月壬寅，诏兵驺奴婢，男年六十六，女年六十，免为编户。

闰八月，干陁利国遣使朝贡。

冬十月乙亥，以行司徒临川王宏即正。

十一月辛亥，以南平王伟为左光禄大夫、开府仪同三司。

是岁，魏神龟元年。

十八年春正月甲申，以领军将军鄱阳王恢为征西将军、荆州刺史，以荆州刺史始兴王憺为中抚将军，并开府仪同三司。以尚书左仆射袁昂为尚书令，以右仆射王暕为左仆射，以太子詹事徐勉为右仆射。辛卯,祀南郊,孝悌力田赐爵一级。

夏四月丁巳,帝于无碍殿受佛戒,赦罪人。

秋七月,于阗、扶南国各遣使朝贡。

**南史卷七**
**梁本纪中第七**

# 武帝下

普通元年春正月乙亥朔，大赦，改元。丙子，日有蚀之。己卯，以司徒临川王宏为太尉、扬州刺史，以金紫光禄大夫王份为尚书左仆射。庚子，扶南、高丽等国并遣使朝贡。

二月癸丑，以高丽王嗣子安为宁东将军、高丽王。

三月，滑国遣使朝贡。

夏四月，河南国遣使朝贡。

秋七月己卯，江、淮、海并溢。

九月乙亥，有星晨见东方，光烂如火。

是岁，魏正光元年。

二年春正月辛巳，祀南郊，诏置孤独园以恤孤幼。戊子，大赦。

二月辛丑，祀明堂。

三月庚寅，大雪，平地三尺。

夏四月乙卯，改作南北郊。丙辰，诏曰："平秩东作，义不在南，前代因袭，有乖礼制。可于震方，具兹千亩。"于是，徙藉田于东郊外十五里。

五月癸卯，琬琰殿火，延烧后宫屋三千间。

闰月丁巳，诏自今可停贺瑞。

六月丁卯，义州刺史文僧明以州归魏。

秋七月丁酉,假大匠卿裴邃节,督众军侵魏。甲寅,魏荆州刺史桓叔兴帅众降。

八月丁亥,始平郡石鼓村地自开成井,方六尺六寸,深三十二丈。

冬十一月,百济、新罗国各遣使朝贡。

十二月戊辰,以镇东大将军百济王余隆为宁东大将军。

三年春正月庚子,以吴郡太守王暕为尚书左仆射。庚戌,都下地震。

三月乙卯,巴陵王萧屏薨。

夏四月丁卯,汝阴王刘端薨。

五月壬辰朔,日有蚀之,既。癸巳,大赦。诏公卿百僚各上封事,连率郡国举贤良方正直言之士。

秋八月甲子,婆利、白题国各遣使朝贡。

冬十一月甲申,开府仪同三司始兴王憺薨。

四年春正月辛卯,祀南郊,大赦,辛亥,祀明堂。

二月乙亥,耕籍田,孝弟力田赐爵一级,豫耕之司克日劳酒。

冬十月庚午,以中卫将军袁昂为尚书令,即本号开府仪同三司。

十一月癸未朔,日有蚀之。甲辰,尚书左仆射王暕卒。

十二月戊午,用给事中王子云议,始铸铁钱。狼牙脩国遣使朝贡。

五年夏六月乙酉,龙斗于曲阿王陂,因西行至建陵城,所经树木倒折,开数十丈。庚子,以员外散骑常侍元树为平北将军、北青兖二州刺史,率众侵魏。

六年春正月辛亥,祀南郊,大赦。庚申,魏徐州刺史元法僧以彭城来降。自去岁以来,北侵诸军,所在克获。甲戌,以元法僧为司空,封始安郡王。

二月辛巳,改封法僧为宋王。

三月丙午,赐新附人长复除,违误罪失,一无所问。

夏五月己酉,修宿豫堰,又修曹公堰于济阴。壬子,遣中护军夏侯宣督寿阳诸军侵魏。

六月庚辰,豫章王综奔魏,魏复据彭城。

秋七月壬戌,大赦。

冬十二月壬辰,都下地震。

是岁,魏孝昌元年。

七年春正月辛丑朔,赦死罪以下。

夏四月乙酉,太尉临川王宏薨。南州津改置校尉,增加奉秩。诏在位群臣,各举所知,凡是清吏,咸使荐闻。

秋九月己酉,荆州刺史鄱阳王恢薨。

冬十一月庚辰,丁贵嫔薨,大赦。

是岁,河南、高丽、林邑、滑国并遣使朝贡。

大通元年春正月乙丑,以尚书右仆射徐勉为尚书左仆射。诏百官奉禄,自今可长给见钱。辛未,祀南郊。诏流亡者听复宅业,蠲役五年,尤贫家勿收今年三调,孝弟力田赐爵一级。是月,司州刺史夏侯夔进军三关,所至皆克。初,帝创同泰寺,至是开大通门以对寺之南门,取反语以协同泰。自是晨夕讲义,多由此门。

三月辛未,幸寺舍身。甲戌,还宫,大赦,改元大通,以符寺及门名。

夏五月丙寅,成景俊克魏临潼、竹邑。

冬十月庚戌,魏东豫州刺史元庆和以涡阳内属。甲寅,曲赦东豫州。

十一月丁卯,以中护军萧藻为都督,侵魏,镇于涡阳。

是岁，林邑、师子、高丽等国各遣使朝贡。

二年春正月乙酉，蠕蠕国遣使朝贡。

二月，筑寒山堰。癸丑，魏孝明皇帝崩。

夏四月戊戌，魏尔朱荣推奉孝庄帝。庚子，荣杀幼主及太后胡氏。辛丑，魏郢州刺史元愿达以义阳降，封愿达为乐平王。是时，魏大乱，其北海王颢、临淮王彧、汝南王悦并来奔。北青州刺史元俊、南荆州刺史李志皆以地降。

冬十月丁亥，以魏北海王颢主魏，遣东宫直阁将军陈庆之卫送还北。魏卫州刺史邓献以地降。是岁，魏武泰元年，寻改为建义，又改曰永安。

中大通元年春正月辛酉，祀南郊，大赦，赐孝悌力田爵一级。辛巳，祀明堂。

夏四月癸巳，陈庆之攻拔魏梁城，进屠考城，禽魏济阴王晖业。

五月癸酉，进克虎牢，魏孝庄帝出居河北。乙亥，元颢入京师，僭号建武。

六月壬午，以永兴公主疾笃故，大赦，公主志也。是月，都下疫甚，帝于重云殿为百姓设救苦斋，以身为祷。

闰月，护军将军南康王绩薨。己卯，魏将尔朱荣攻杀元颢，京师反正。

秋九月辛巳，朱雀航华表灾。癸巳，幸同泰寺，设四部无遮大会。上释御服，披法衣，行清净大舍，以便省为房，素床瓦器，乘小车，私人执役。甲午，升讲堂法坐，为四部大众开涅磐经题。癸卯，群臣以钱一亿万奉赎皇帝菩萨大舍，僧众默许。乙巳，百辟诣寺东门奉表，请还临宸极，三请乃许。帝三答书，前后并称顿首。

冬十月己酉，又设四部无遮大会，道俗五万余人。会毕，帝御金辂还宫，御太极殿，大赦，改元。

十一月戊子，魏巴州刺史严始欣以城降。

是岁,盘盘、蠕蠕国并遣使朝贡。

二年夏四月癸丑,幸同泰寺,设平等会。庚申,大雨雹。

六月丁巳,遣魏汝南王悦还北主魏。庚申,以魏尚书左仆射范遵为司州牧,随悦北侵。是月,林邑、扶南国遣使朝贡。

秋八月庚戌,幸德阳堂,祖魏主元悦。山贼寇会稽郡县。

九月壬午,假超武将军湛海珍节以讨之。

是岁,魏庄帝杀其权臣尔朱荣,其党奉魏□广王晔为主而杀孝庄帝,年号建明。

三年春正月辛巳,祀南郊,大赦。丙申,以魏尚书仆射郑元护为征北大将军。

二月辛丑,祀明堂。

夏四月己巳,皇太子统薨。

六月癸丑,立昭明太子子华容公欢为豫章郡王,枝江公誉为河东郡王,曲江公督为岳阳郡王。是月,丹丹国遣使朝贡。

秋七月乙亥,立晋安王纲为皇太子,大赦。赐为父后者,及出处忠孝、文武清勤,并爵一级。庚寅,诏宗戚有服属者,并赐汤沐食,乡亭侯各随远近以为差次。壬辰,以吏部尚书何敬容为尚书右仆射。

九月,狼牙脩国遣使朝贡。

是秋,吴兴生野稻,饥者赖焉。

冬十月己酉,上幸同泰寺,升法坐,为四部众说涅磐经,迄于乙卯。前乐山县侯萧正则有罪流徙,至是招诱亡命,欲寇广州,在所讨平之。

十一月乙未,上幸同泰寺,升法座,为四部众说般若经,迄于十二月辛丑。

是岁,魏尔朱兆又废其主晔而奉节闵皇帝,改建明二年为普泰元年。又魏勃海王高欢举兵信都,别奉勃海太守朗为主,改普泰元年为中兴。

四年春正月丙寅,以开府仪同三司南平王伟为大司马,以司空宋王元法僧为太尉,以尚书令开府仪同三司袁昂为司空。立临川靖惠王宏子正德为临贺郡王。庚午,立嫡皇孙大器为宣城郡王,位列诸王上。癸未,魏南兖州刺史刘世明以城降。

二月壬寅,以太尉元法僧还北主魏,以侍中元景隆为徐州刺史,封彭城郡王,通直常侍元景宗为青州刺史,封平昌郡王随法僧北侵。庚戌,新除扬州刺史邵陵王纶有罪,免为庶人。

三月庚午,侍中、领国子博士萧子显表置制旨《孝经》助教一人,生十人,专通帝所释《孝经》义。

夏四月,盘盘国遣使朝贡。

秋七月甲辰,星陨如雨。

九月乙巳,加司空袁昂尚书令。

冬十一月,高丽国遣使朝贡。

十二月丙子,魏彭城王尔朱仲远来奔,以为定洛将军,封河南王,北侵。随所克土,使自封建。庚辰,以太尉元法僧为郢州刺史、骠骑大将军、开府同三司之仪。

是岁,魏相勃海王高欢平尔朱氏,废节闵皇帝及自所奉勃海故王朗,而奉平阳王脩,是为孝武皇帝。改中兴二年为太昌,寻又改为永熙元年。

五年春正月辛卯,祀南郊,大赦。赐孝悌力田爵一级。先是一日丙夜,南郊令解涤之等到郊所履行,忽闻异香三随风至。及将行事,奏乐迎神毕,有神光圆满坛上,朱紫黄白杂色,食顷乃灭。戊申,都下地震。己酉,长星见。辛亥,祀明堂。

二月癸未,幸同泰寺,设四部大会,升法坐,发《金字般若经》题,讫于己丑。

三月丙辰,大司马南平王伟薨。

夏五月戊子,都下大水,御道通船。

六月己卯,魏建义城主兰保杀东徐州刺史崔祥,以下邳降。

冬十月庚申,以尚书右仆射何敬容为左仆射,以吏部尚书谢举为右仆射。

是岁,河南、波斯、盘盘等国并遣使朝贡。

六年春二月癸亥,耕藉田,大赦,赐孝悌力田爵一级。

三月己亥,以行河南王可沓振为西秦、河二州刺史,正封河南王。甲辰,百济国遣使朝贡。

夏四月丁卯,荧惑在南斗。

秋七月甲辰,林邑国遣使朝贡。

冬十月丁卯,以信武将军元庆和为镇北将军,封魏王,率众北侵。

闰十二月丙午,西南有雷声二。

是岁,魏孝武帝迫于其相高欢,出居关中。欢又别奉清河王世子善见为主,是为孝静帝,改永熙三年为天平元年。魏于是始分为两。孝武既至关中,又与丞相宇文泰不平,未几遇鸩而崩。

大同元年春正月戊申朔,大赦,改元。

二月辛巳,祀明堂。丁亥,耕藉田。辛丑,高丽、丹丹国并遣使朝贡。

三月丙寅,幸同泰寺,设无遮大会。辛未,滑国遣使朝贡。

夏四月庚子,波斯国遣使朝贡。壬戌,幸同泰寺,铸十方银像,并设无碍会。

秋七月辛卯,扶南国遣使朝贡。

冬十月,雨黄尘如雪。

十一月壬戌,北梁州刺史兰钦攻汉中,魏梁州刺史元罗降。癸亥,复梁州。

是岁,西魏文皇帝大统元年。

二年春二月乙亥,耕藉田。

三月庚申,诏求谠言,及令文武在位举士。戊寅,帝幸同泰寺,设平等法会。

夏四月乙未,以开府同三司之仪元法僧为太尉。

五月癸卯,以魏梁州刺史元罗为青、冀二州刺史,封东郡王。

六月丁亥,诏郊、明堂、陵庙等令,改视散骑侍郎。

秋九月辛亥,幸同泰寺,设四部无碍法会。

冬十月乙亥,诏大举北侵。壬午,幸同泰寺,设无碍大会。

十一月,雨黄尘如雪,揽之盈掬。己亥,诏北侵众军班师。辛亥,都下地震,生白毛,长二尺。

十二月壬申,与东魏通和。

三年春正月辛丑,祀南郊,大赦,赐孝悌力田爵一级。是夜,朱雀门灾。壬寅,雨灰,黄色。

二月丁亥,耕藉田。癸巳,以护军将军萧藻为尚书左仆射。

三月戊戌,立昭明太子子督为武昌郡王,詧为义阳郡王。

夏五月癸未,幸同泰寺,铸十方金铜像,设无碍法会。

六月,青州朐山陨霜。

秋七月,青州雪,害苗稼。癸卯,东魏人来聘。己酉,义阳王詧薨。

八月辛卯,幸阿育王寺,设无碍法喜食,大赦。

九月,使兼散骑常侍张皋聘于东魏。

闰九月甲子,侍中、太尉元法僧薨。

冬十月丙辰,都下地震。

是岁,饥。

四年春二月己亥,耕藉田。

三月,河南、蠕蠕国并遣使朝贡。

夏五月甲戌,东魏人来聘。

六月辛丑，日有蚀之。

秋七月癸亥，诏以东冶徒李胤之降象牙如来真形，大赦。戊辰，使兼散骑常侍刘孝仪聘于东魏。

八月甲辰，诏南兖等十二州既经饥馑，曲赦逋租宿责，勿收今年三调。

九月，阅武于乐游苑。

五年春正月乙卯，以护军将军卢陵王续为骠骑将军，安右将军、尚书左仆射萧藻为中卫将军，并开府仪同三司。中权将军、丹杨尹何敬容以本号为尚书令，吏部尚书张缵为尚书左仆射。丁巳，御史中丞、参礼仪事贺琛奏：“今南、北二郊及藉田往还，并宜御辇，不复乘路。三郊请用素辇，藉田往还乘常辇，皆以侍中陪乘。停大将军及太仆。”诏付尚书博议施行。改素辇名大同辇。郊祀宗庙乘佩辇。辛未，祀南郊，诏孝悌力田及州间乡党称为善人者，各赐爵一级。

秋八月乙酉，扶南国献生犀。

冬十一月乙亥，东魏人来聘。

十二月，使兼散骑常侍柳豹聘于东魏。

是岁，都下讹言天子取人肝以饲天狗，大小相警，日晚便闭门持仗，数月乃止。

六年春正月庚戌朔，曲赦司、豫、徐、兖四州。

二月己亥，耕藉田。

夏四月癸未，诏晋、宋、齐三代诸陵有职司者，勤加守护。

五月己卯，河南王遣使朝，献马及方物，求释迦像并经论十四条。敕付像并《制旨涅槃》、《般若》、《金光明讲疏》一百三卷。

秋七月丁亥，东魏人来聘，遣散骑常侍陆晏子报聘。

八月戊午，大赦。辛未，盘盘国遣使朝贡。

九月戊戌，司空袁昂薨。

冬十一月己卯，曲赦都下。

十二月壬子，江州刺史豫章王欢薨。

七年春正月辛巳，祀南郊，大赦。辛丑，祀明堂。

二月乙巳，以行宕昌王梁弥泰为平西将军、河凉二州刺史，正封宕昌王。辛亥，耕藉田。乙卯，都下地震。

夏四月戊申，东魏人来聘，遣兼散骑常侍明少遐报聘。

冬十一月丙子，诏停所在使役女丁。

十二月壬寅，东魏人来聘，遣兼散骑常侍袁狎报聘。丙辰，于宫城西立士林馆，延集学者。

是岁，宕昌、蠕蠕、高丽、百济、滑国各遣使朝贡。百济求《涅槃》等经疏及医工、画师、《毛诗》博士，并许之。交州人李贲攻刺史萧谘。

八年春正月，安成郡人刘敬躬挟左道以反。

二月戊戌，江州刺史湘东王绎遣中兵曹子郢讨禽之，送于都，斩之建康市。

三月，于江州新蔡高塘立颂平屯，垦作蛮田。

九年春闰正月丙申，地震，生毛。

三月，以太子詹事谢举为尚书仆射。

夏四月，林邑王破德州，攻李贲，贲将范脩又破林邑王于九德，败走之。

冬十一月，益州刺史武陵王纪进号征西将军、开府仪同三司。

十年春正月，李贲窃号于交址，年号天德。

三月甲午，幸兰陵。庚子，谒建陵，有紫云荫陵上，食顷乃散。帝望陵流涕，所沾草皆变色。陵傍者枯泉，至是而流水香洁。辛丑，哭于脩陵。壬寅，于皇基寺设法会，诏赐兰陵老少位一阶，并加颁赉。

所经县邑,无出今年租赋。因赋《还旧乡诗》。癸卯,诏园陵职司,恭事勤劳,并锡位一阶,并加赐赉。己酉,幸京口城北固楼,因改名北顾。庚戌,幸回宾亭,宴帝乡故老及所经近县奉迎候者,少长数千人,各赉钱二千。

夏四月乙卯,至自兰陵,诏鳏寡孤独尤贫者,赡恤各有差。

五月,广州人卢子略反,刺史新渝侯映讨平之。诏曲赦广州。

秋九月己丑,赦。

冬十一月,大雪,平地三尺。

十一年春正月,震华林园光严殿、重云阁,帝自贬拜谢上天,累刻乃止。

夏四月,东魏人来聘。

冬十月己未,诏复开赎罪典。

中大同元年春正月丁未,曲阿县建陵隧口石辟邪起舞,有大蛇斗隧中,其一被伤奔走。青虫食陵树叶略尽。癸丑,交州刺史杨瞟克交阯嘉宁城,李贲窜入屈獠洞,交州平。

三月乙巳,大赦。庚戌,幸同泰寺,讲《金字三慧经》,仍施身。

夏四月丙戌,皇太子以下奉赎,仍于同泰寺解设法会,大赦,改元。是夜,同泰寺灾。

六月辛巳,竟天有声,如风水相薄。

秋七月甲子,诏自今有犯罪者,非大逆,父母、祖父母勿坐。丙寅,诏曰:"朝四暮三,众狙皆喜,名实未亏,而喜怒为用。顷闻外间多用九佰钱,佰减则物贵,佰足则物贱,非物有贵贱,是心有颠倒。至于远方,日更滋甚。自今可通用足佰钱。"

八月丁丑,东扬州刺史武昌王鞶薨。甲午,渴槃陁国遣使献方物。

冬十月癸酉,汝阴王刘哲薨。

太清元年春正月己亥朔,日有蚀之。壬寅,荆州刺史卢陵王续薨。辛酉,礼南郊,大赦。甲子,祀明堂。是月,东魏相勃海王高欢薨。

二月己卯,白虹贯日。庚辰,东魏司徒侯景求以河南十三州内属。壬午,以景为大将军,封河南王,大行台,承制,如邓禹故事。丁亥,耕藉田。

三月庚子,幸同泰寺,设无遮大会。上释御服,服法衣,行清净大舍,名曰"羯磨"。以五明殿为房,设素木床、葛帐、土瓦器,乘小舆,私人执役。乘舆法服,一皆屏除。甲辰,遣司州刺史羊鸦仁率土州刺史桓和、仁州刺史湛海珍等应接侯景。兵未至,而东魏遣兵攻景,景又割地求救于西魏,方解围。乙巳,帝升光严殿讲堂,坐师子,讲金字三慧经,舍身。

夏四月庚寅,群臣以钱一亿万奉赎皇帝菩萨,僧众默许。戊寅,百辟诣凤庄门奉表,三请三答,顿首,并如中大通元年故事。丁亥,服衮冕,御辇还宫。幸太极殿,如即位礼,大赦,改元。是月,神马出,皇太子献《宝马颂》。

六月戊辰,以前雍州刺史鄱阳王范为征北将军,总督汉北征讨诸军事。

秋七月庚申,羊鸦仁入县瓠城。

八月乙丑,诸军北征,以南豫州刺史萧明为大都督。赦缘边初附诸州。戊子,以大将军侯景录行台尚书事。

九月癸卯,王游苑成,舆驾幸苑。

冬十一月,东魏将慕容绍宗大败萧明于寒山,明被俘执,绍宗进围潼州。

十二月戊辰,命太子舍人元贞还北为东魏主。

二年春正月癸巳朔,两月相承如钩,见于西方。戊戌,诏在位各举所知。己亥,东魏克涡阳。辛丑,以尚书仆射谢举为尚书令,以守吏部尚书王克为尚书仆射。甲辰,东魏克殷、豫二州。

三月甲辰，抚东将军高丽王高延卒，以其子成为宁东将军、高丽王、乐浪公。已未，屈獠洞斩李贲，传首建邺。

夏四月丙子，诏在朝及州郡各举士。

五月辛丑，以新除中书令邵陵王纶为安前将军、开府仪同三司。辛亥，曲赦交、爱、德三州。

六月，天裂于西北，长十丈，阔二丈，光出如电，其声若雷。

秋七月，使兼散骑常侍谢班聘于东魏结和。

八月戊戌，侯景举兵反。甲辰，使开府仪同三司邵陵王纶都督众军讨景，曲赦南豫州。

九月戊戌，地震，江左尤甚，坏屋杀人，地生白毛，长二尺。益州市有飞蜂万群，螫人死。

冬十月，侯景袭谯州，进攻陷历阳。戊申，以临贺王正德为平北将军，都督诸军屯丹阳郡。已酉，景自横江济采石。辛亥，至建邺，临贺王正德率众附贼。

十一月戊午朔，设坛，刑白马，祀蚩尤于太极殿前。已未，景立萧正德为天子于南阙前。辛酉，贼攻陷东府城。庚辰，邵陵王纶帅武州刺史萧弄璋、前谯州刺史赵伯超等入援。乙酉，进军湖头，与贼战，贼败绩。丙戌，安北将军鄱阳王范遣世子嗣、雄信将军裴之高等率众入援，次张公洲。

十二月戊申，天西北裂，有光如火。尚书令谢举卒。丙辰，司州刺史柳仲礼、前衡州刺史韦粲、高州刺史李迁仕、前司州刺史羊鸦仁等率军入援。

三年春正月丁巳，大都督柳仲礼率众军分据南岸，贼济军于青塘，袭杀韦粲。庚申，白虹贯日三重。邵陵王纶、临城公大连等率兵集南岸。戊戌，有流星长三十丈，堕武库。李迁仕及天门太守樊文皎进军青溪东，为贼所破，文皎死之。壬午，荧惑守心。

二月，侯景遣使求和，皇太子固请，帝乃许之，盟于西华门下。景既运东城米归于石头，亦不解围，启求遣诸军退。丁未，皇太子又命南兖州刺史南康王会理、前青冀二州刺史湘潭侯退，率江北之众，顿于兰亭苑。甲子，以开府仪同三司、丹阳尹邵陵王纶为司空，以合州刺史鄱阳王范为征北大将军、开府仪同三司，以司州刺史柳仲礼为侍中、尚书仆射。时景奸计既成，乃表陈帝失，复举兵向阙。

三月，城内以景违盟，设坛告天地神祇。戊午，前司州刺史羊鸦仁等进军东府北，与贼战，大败。时西方征镇入援者三十余万，莫有斗志，自相抄夺而已。丁卯，贼攻陷宫城，纵兵大掠。己巳，贼矫诏遣石城公大款解外援军。庚午，侯景自为都督中外诸军事、大丞相、录尚书事。辛未，援军各退散。丙子，荧惑守心。

夏四月己丑，都下地震。丙申，又震。己酉，帝以所求不供，忧愤寝疾。是月，青冀二州刺史明少遐、东徐州刺史湛海珍、北青州刺史王奉伯，各举州附东魏。

五月丙辰，帝崩于净居殿，时年八十六。辛亥，迁梓宫于太极前殿。十一月乙卯，葬于脩陵，追尊为武皇帝，庙号高祖。

帝性淳孝，六岁，献皇太后崩，水浆不入口三日，哭泣有过成人。及丁文帝忧，时为齐随王谘议，随府在荆镇，以病闻，便投劾星驰，不复寝食，倍道就路。愤风惊浪，不暂停止。帝形容本壮，及至都，销毁骨立，亲表士友，皆不复识。望宅奉讳，气绝久之，每哭，辄欧血数升。服内，日惟食麦二溢。拜扫山陵，涕泪所洒，松草变色。及居帝位，即于钟山造大爱敬寺，青溪边造智度寺，于台内立至敬等殿，又立七庙堂。月中再设净馔，每至展拜，涕泗滂沱，哀动左右。

少而笃学，能事毕究。虽万机多务，犹卷不辍手，然烛侧光，常至戊夜。撰《通史》六百卷，《金海》三十卷，《制旨孝经义》、《周易讲疏》及《六十四卦》、二《系》、《文言》、《序卦》等义，《乐社义》、《毛诗》、《春秋答问》、《尚书大义》、《中庸讲疏》、《孔子正言》、《孝经讲疏》，凡二百余卷。王侯朝臣，皆奉表质疑，帝皆为解释。修饰国学，增广生员，立五馆，置五经博士。天监初，何佟之、贺玚、严植之、明山宾等覆述制旨，并撰吉、凶、宾、军、嘉五礼，一千余卷，帝称制断疑焉。大同中，于台西立士林馆，领军朱异、太府卿贺琛、舍人孔子祛等递互讲述。皇太子、宣城王亦于东宫宣猷堂及杨州解开讲。于是四方郡国，莫不向风。爰自在田，及登宝位，躬制赞、序、诏、诰、铭、说、箴、颂、笺、奏诸文，又百二十卷。六艺备闲，棋登逸品，阴阳、纬候、卜筮、占决、草隶、尺牍、骑射，莫不称妙。晚乃溺信佛道，日止一食，膳无鲜腴，惟豆羹粝饭而已。或遇事拥，日晷移中，便漱口以过。制《涅槃》、《大品》、《净名》、《三慧》诸经义记数百卷。听览余闲，即于重云殿及同泰寺讲说，名僧硕学，四部听众，常万余人。

身衣布衣，木绵皂帐，一冠三载，一被二年。自五十外便断房室，后宫职司贵妃以下，六宫袆褕三翟之外，皆衣曳地，傍无锦绮。不饮酒，不听音声，非宗庙祭祀，大会飨宴及诸法事，未尝作乐。勤于政务，孜孜无怠。每冬月四更竟，即敕把烛看事，执笔触寒，手为皴裂。然仁爱不断，亲亲及所爱愆犯。多有纵舍，故政刑弛紊。每决死罪，常有哀矜涕泣，然后可奏。性方正，虽居小殿暗室，恒理衣冠小坐，暑月未尝褰袒。虽见内竖小臣，亦如遇大宾也。

初，齐高帝梦屐而登殿，顾见武、明二帝后一人手张天地图而不识，问之，答曰："顺子后。"及崔慧景之逼，长沙宣武王入援，至越城，梦乘马飞半天而坠，帝所驭化为赤龙，腾虚独上。时台内有宿卫士为觋，常见太极殿有六龙各守一柱，末忽失其二，后见在宣武王宅。时宣武为益州，觋乃往蜀伏事。及宣武在郢，此觋还都，乃见六龙俱在帝所寝斋，遂去郢之雍。中途遇疾且死，谓同侣曰："萧雍州必作天子。"具以前事语之。推此而言，盖天命也。

虽在蒙尘，斋戒不废，及疾不能进膳，盥漱如初。皇太子日中再朝，每问安否，涕泗交面，贼臣侍者，莫不掩泣。疾久口苦，索蜜不得，再曰："荷，荷！"遂崩。贼秘之，太子问起居不得见，恸于阁下。始天监中，沙门释宝志为诗曰："昔年三十八，今年八十三，四中复有四，城北火酣酣。"帝使周舍封记之。及中大同元年，同泰寺灾，帝启封见舍手迹，为之流涕。帝生于甲辰，三十八，克建邺之年也，遇灾岁实丙寅，八十三矣。四月十四日而火起之始，自浮屠第三层。三者，帝之昆季次也。帝恶之，召太史令虞劚筮之，遇《巛》。劚曰："无害。其《繇》云：‘西南得朋，东北丧朋，安贞吉。’《文言》云：‘东北丧朋，乃终有庆。’”帝曰：“斯魔鬼也。酉应见卯，金来克木，卯为阴贼。鬼而带贼，非魔何也！孰为致之？酉为口舌，当乎说位。说言乎《兑》，故知善言之口，宜前为法事。”于是人人赞善，莫不从风。或刺血洒地，或刺血书经，穿心然灯，坐禅不食。及太清元年，帝躬身光严、重云殿，游仙化生皆震动，三日乃止。当时谓之祥瑞，识者以非动而动，在《鸿范》为妖。以比石季龙之败，殿壁画人颈皆缩入头之类。时海中浮鹄山，去余姚岸可千余里，上有女人年三百岁，有女官道士四五百人，年并出百，但在山学道，遣使献红席。帝方舍身时，其使适至，云此草常有红鸟居下，故以为名。观其图状，则鸾鸟也。时有男子不知何许人，于大众中自割身以饴饥鸟，血流遍体，而颜色不变。又沙门智泉铁钩挂体，以然千灯，一日一夜，端坐不动。开讲日，有三足鸟集殿之东户，自户适于西南县楣，三飞三集。白雀一，见于重云阁前连理树。又有五色云浮于华林园昆明池上。帝既流遁益甚，境内化之，遂至丧亡云。

论曰：梁武帝时逢昏虐，家遭冤祸，既地居势胜，乘机而作，以斯文德，有此武功。始用汤武之师，终济唐虞之业，岂曰人谋，亦惟天命。及据图箓，多历岁年，制造礼乐，敦崇儒雅，自江左以来，年逾二百，文物之盛，独美于兹。然先王文武递用，德刑备举，方之水火，取法阴阳，为国之道，不可独任。而帝留心俎豆，忘情干戚，溺于释教，弛于刑典。既而帝纪不立，悖逆萌生，反噬弯弧，皆自子弟，履霜弗戒，卒至乱亡。自古拨乱之君，固已多矣，其或树置失所，而以后嗣失之，未有自己而得，自己而丧。追踪徐偃之仁，以致穷门之酷，可为深痛，可为至戒者乎！

# 南史卷八
# 梁本纪下第八

# 简文帝　元帝　敬帝

太宗简文皇帝讳纲,字世赞,小字六通,武帝第三子,昭明太子母弟也。天监二年十月丁未,生于显阳殿。五年,封晋安王。普通四年,累迁都督、雍州刺史。中大通三年,被征入朝,未至,而昭明太子谓左右曰:"我梦与晋安王对奕扰道,我以班剑授之,王还,当有此加乎。"四月,昭明太子薨。五月丙申,立晋安王为皇太子。七月乙亥,临轩策拜。以修缮东宫,权居东府。四年九月,移还东宫。太清三年,台城陷,太子坐永福省,见侯景,神色自若,无惧容。五月丙辰,帝崩。辛巳,太子即皇帝位,大赦。癸未,追尊穆贵嫔为皇太后,追谥妃王氏为简皇后。

六月丙戌,以南康王会理为司空。丁亥,立宣城王大器为皇太子。壬辰,立当阳公大心为寻阳郡王,石城公大款为江夏郡王,宁国公大临为南海郡王,临城公大连为南郡王,西丰公大春为安陆郡王,新涂公大成为山阳郡王,临湘公大封为宜都郡王,高唐公大庄为新兴郡王。

秋七月甲寅,广州刺史元景仲谋应侯景,西江督护陈霸先攻之,景仲自杀。霸先迎定州刺史萧勃为刺史。庚午,以司空南康王会理为兼尚书令。是月,九江大饥,人相食者十四五。

八月癸卯,征东大将军、开府仪同三司、南徐州刺史萧藻薨。丙午,侯景矫诏:"仪同三司,位比正公,自今悉不加将军,以为定准。"

冬十月丁未，地震。是月，百济国遣使朝贡，见城寺荒芜，哭于阙下。

大宝元年春正月辛亥朔，大赦，改元。丁巳，天雨黄沙。己未，西魏克安陆，执司州刺史柳仲礼，尽有汉东地。丙寅，月昼见于东方。癸酉，前江都令祖皓起义兵于广陵。

二月癸未，侯景攻下广陵，皓见害。乙巳，以尚书仆射王克为左仆射。丙午，侯景逼帝幸西州。

夏五月丙辰，东魏静帝逊位于齐。庚午，开府仪同三司鄱阳王范薨。自春迄夏，大旱，人相食，都下尤甚。

六月庚子，前司州刺史羊鸦仁自尚书省出奔江陵。

秋七月戊辰，贼行台任约寇江州，刺史寻阳王大心以州降之。

八月甲午，湘东王绎遣领军将军王僧辩逼郢州，邵陵王纶弃郢州走。

九月乙亥，侯景自进位相国，封二十郡为汉王。

冬十月乙未，景又逼帝幸西州曲宴，自加宇宙大将军、都督六合诸军事。立皇子大钧为西阳郡主，大威为武宁郡王，大球为建安郡王，大昕为义安郡王，大挚为绥建郡王，大园为乐梁郡王。壬寅，侯景害司空南康王会理。

十一月，任约进据西阳，分兵寇齐昌，执衡阳王献，送都下，害之。湘东王绎遣前宁州刺史徐文盛拒约，南郡王前中兵参军张彪起义于会稽若邪山，攻破浙东诸县。

二年春二月，邵陵王纶走至安陆董城，为魏所攻，见杀。

三月庚戌，魏文帝崩。

夏闰四月，侯景围巴陵。

六月乙巳，解围宵遁。

秋七月，景还至建邺。

八月戊午，景遣伪卫尉卿彭隽、厢公王僧贵入殿，废帝为晋安王。害皇太子大器、寻阳王大心、西阳王大钧、武宁王大威、建安王大球、义安王大昕及寻阳王诸子二十余人。矫为帝诏,以为次当支庶,宜归正嫡,禅位于豫章王栋。使吕季略送诏,令帝写之。帝书至"先皇念神器之重,思社稷之固,越升之非次,遂主震方",呜咽不能自止,贼众皆为掩泣。乃幽帝于永福省。栋即位,改元天正。使害南海王大临于吴郡、南郡王大连于姑孰、安陆王大春于会稽、新兴王大庄于京口。

冬十月壬寅,帝崩于永福省,时年四十九。贼伪谥曰明皇帝,庙称高宗。明年三月己丑,王僧辩平侯景,率百官奉梓宫升朝堂,元帝追崇为简文皇帝,庙号太宗。四月乙丑,葬庄陵。

帝幼而聪睿,六岁便能属文,武帝弗之信,于前面试,帝揽笔立成文。武帝叹曰:"常以东阿为虚,今则信矣。"及长,器宇宽弘,未尝见喜愠色,尊严若神。方颐丰下,须鬓如画,直发委地,双眉翠色。项毛左旋,连钱入背。手执玉如意,不相分辨。眄睐则目光烛人,读书十行俱下,辞藻艳发,博综群言,善谈玄理。自十一便能亲庶务,历试藩政,所在称美。性恭孝,居穆贵嫔忧,哀毁骨立,所坐席沾湿尽烂。在襄阳拜表侵魏,遣长史柳津、司马董当门、庄武将军杜怀宝、振远将军曹义宗等进军克南阳、新野等郡,拓地千余里。及居监抚,多所弘宥,文案簿领,纤豪必察。弘纳文学之士,赏接无倦。尝于玄圃述武帝所制《五经讲疏》,听者倾朝野。雅好赋诗,其自序云:"七岁有诗癖,长而不倦。"然帝文伤于轻靡,时号"宫体"。所著《昭明太子传》五卷,《诸王传》三十卷,《礼大义》二十卷,《长春义记》一百卷,《法宝连璧》三百卷,《谢客文泾渭》三卷,《玉简》五十卷,《光明符》十二卷,《易林》十七卷,《灶经》二卷,《沐浴经》三卷,《马槊谱》一卷,《棋品》五卷,《弹棋谱》一卷,《新增白泽图》五卷,《如意方》十卷,文集一百卷,并行于世。

初即位,制年号将曰"文明",以外制强臣,取《周易》"内文明而外柔顺"之义,恐贼觉,乃改为大宝。虽在蒙尘,尚引诸儒论道说义,披寻坟史,未尝暂释。及见南康王会理诛,知不久,指所居殿谓舍人殷不害曰:"庞涓死此下。"又曰:"吾昨梦吞土,试思之。"不害曰:"昔重耳馈块,卒反晋国。陛下所梦,将符是乎?"帝曰:"傥幽冥有徵,冀斯言不妄。"

初,景纳帝女溧阳公主,公主有美色,景惑之,妨于政事,王伟每以为言,景以告主,主出恶言。伟知之,惧见谗,乃谋废帝而后间主。苦劝行杀,以绝众心。废后,王伟乃与彭俊、王脩纂进觞于帝,曰:"丞相以陛下幽忧既久,使臣上寿。"帝笑曰:"已禅帝位,何得言陛下? 此寿酒将不尽此乎。"于是俊等并赍酒肴、曲项琵琶,与帝极饮。帝知将见杀,乃尽酣,谓曰:"不图为乐,一至于斯。"既醉而寝,伟乃出,俊进土囊,王脩纂坐上,乃崩。竟协于梦。伟撤户扉为棺,迁殡于城北酒库中。帝自幽絷之后,贼乃撤内外侍卫,使突骑围守,墙垣悉有枳棘。无复纸,乃书旧壁及板鄣为文,自序云:"有梁正士兰陵萧世赞,立身行道,终始若一,风雨如晦,鸡鸣不已。弗欺暗室,岂况三光! 数至于此,命也如何!"又为文数百篇。崩后,王伟观之,恶其辞切,即使刮去。有随伟入者,诵其连珠三首,诗四篇,绝句五篇,文并凄怆云。


世祖孝元皇帝讳绎,字世诚,小字七符,武帝第七子也。初,武帝梦眇目僧执香炉,称托生王宫。既而帝母在采女次侍,始赛户幔,有风回裾,武帝意感幸之。采女梦月堕怀中,遂孕。天监七年八月丁巳,生帝,举室中非常香,有紫胞之异。武帝奇之,因赐采女姓阮,进为脩容。

十三年,封湘东王。太清元年,累迁为镇西将军、都督、荆州刺史。三年三月,侯景陷建邺。四月,世子方等至自建邺,知台城不守。帝命栅江陵城,周回七十里。镇西长史王冲等拜笺,请为太尉、都督中外诸军事,承制主盟。帝不许,曰:"吾于天下不贱,宁俟都督之名,帝子之尊,何藉上台之位。议者可斩。"投笔流泪。冲等重请,不从。又请为司空,以主诸侯,亦弗听。乃开镇西府,辟天下士。是月,帝征兵于湘州刺史河东王誉,誉拒命。寻上甲侯韶自建邺至,宣三月十五日密诏,授帝位假黄钺、大都督中外诸军事、司徒、承制。于是立行台于南郡,而置官司焉。七月,遣世子方等讨河东王誉,军败,死之。又遣镇兵将军鲍泉讨誉。九月乙卯,雍州刺史岳阳王詧举兵寇江陵,其将杜崱兄弟来降,詧遁走。鲍泉攻湘州,未克,又遣左卫将军王僧辩代将。

及简文帝即位,改元为大宝元年。帝以简文制于贼臣,卒不遵用。正月,使少子方晷质于魏,魏不受质而结为兄弟。四月,克湘州,斩誉,湘州平。雍州刺史岳阳王詧自称梁王,蕃于魏,魏遣兵助伐襄阳。先是,邵陵王纶书已言凶事,秘之,以待湘州之捷。是月壬寅,始命陈莹报武帝崩问,帝哭于正寝。六月,江夏王大款、山阳王大成、宜都王大封,自信安来奔。九月辛酉,以前郢州刺史南平王恪为中卫将军、尚书令、开府仪同三司。改封大款为临川郡王,大成为桂阳郡王,大封为汝南郡王。十一月甲子,南平王恪等奉笺,进位相国,总百揆,帝不从。

二年三月,侯景悉兵西上。闰四月,景遣其将宋子仙、任约袭郢州,执刺史方诸。庚戌,领军王僧辩屯师巴陵。五月癸未,帝遣将胡僧祐、陆法和援巴陵。六月,僧祐等击破景将任约军,禽约,景解围宵遁。以王僧辩为征东将军、开府仪同三司、尚书令,帅众追景,所至皆捷。进围郢州,获贼将宋子仙等。九月,盘盘国献驯象。十月辛丑朔,紫云如盖,临江陵城。是月,简文帝崩。开府仪同三司王僧辩等奉表劝进,帝奉讳,大临三日,百官缟素,答表不许。司空南平王恪率宗室,领军将军胡僧祐率群僚,江州别驾张俟率吏人,并奉笺劝进,帝固让。十一月乙亥,僧辩又奉表劝进,又不从。时巨寇尚存,帝未欲即位,而四方表劝,前后相属,乃下令断表。

承圣元年二月,王僧辩众军发自寻阳,帝驰檄四方,购获景及逆者,封万户开国公,绢布五万定。三月,僧辩等平景,传首江陵。戊子,以贼平告明堂、太社。已丑,僧辩等又表劝进曰:

　　众军以今月戊子总集建康,贼景鸟伏兽穷,频击频挫,奸竭诈尽,深沟自固。臣等分勒武旅,百道同趋,突骑短兵,犀函铁盾，结队千群，持戟百万，止纣七步，围项三重，轰然大溃，群凶四灭。京师少长，俱称万岁，长安酒食，于此价高。九县云开，六合清朗，矧伊黔首，谁不载跃。

伏惟陛下咀痛茹哀，婴愤忍酷。自紫庭绛阙，胡尘四起，堧垣好時，冀马云屯，泣血临兵，尝胆誓众。而吴、楚一家，方与七国俱反，管、蔡流言，又以三监作乱。西凉义众，阻秦塞而不通，并州遗黎，跨飞狐而见绝。豺狼当路，非止一人，鲸鲵不枭，倏焉五载。英武克振，怨耻并雪，永寻霜露，伊何可胜。臣等辄依故实，奉修社庙，使者持节，分告园陵。嗣后升遐，龙遁未殡，承华掩曜，梓宫莫测。并即随由备办，礼具凶荒，四海同哀，六军祖哭。圣情孝友，理当感恸。

日者，百司岳牧，仰祈宸鉴，以锡圭之功，既归有道，当璧之礼，允属圣明。而优诏谦冲，杳然凝邈，飞龙可跻，而《乾》爻在四，帝闻云叫，而阊阖未开。讴歌再驰，是用翘首。所以越人固执，熏丹穴以求君，周人乐推，逾岐山而事主。汉王不即位，无以贵功臣，光武止萧王，岂谓绍宗庙。黄帝迷于襄城，尚访御人之道，放勋寂于姑射，犹使铸俎有归。伊此傝来，岂圣人所欲，帝王所应，不获已而然。伏读玺书，寻讽制旨，领怀物外，未奉慈衷。陛下日角龙颜之姿，表于徇齐之日，彤云素灵之瑞，基于应物之初。博学则大哉无所与名，深言则晔乎文章之观。忠为令德，孝实动天。加以英威茂略，雄图武算，指麾则丹浦不战，顾眄则阪泉自荡。地维绝而重纽，天柱倾而更植。凿河津于孟门，百川复启；补穹仪以五石，万物再生。纵陛下拂衣而游广城，登峤山而去东土，群臣安得仰诉，兆庶何所归仁？况郊祀配天，罍匪礼旷，斋宫清庙，匏竹不陈。仰望鸾舆，匪朝伊夕，瞻言法驾，载渴且饥。岂可久稽众议，有旷彝则。旧邦凯复，函、洛已平，高奴、栎阳，宫馆虽毁，浊河清渭，佳气犹存。皋门有伉，甘泉四敞，土圭测景，仙人承露。斯盖九州之赤县，六合之枢机。博士捧图书而稍还，太常定礼仪其已立，岂得不扬清警

而赴名都,具玉銮而旋正寝。昔东周既迁,镐京遂其不复,长安
一乱,郏、洛永以为居。夏后以万国朝诸侯,文王以六州匡天
下,方之迹基百里,剑杖三尺,以残楚之地,抗拒六戎,一旅之
卒,翦夷三叛,坦然大定,御辩东归。解五牛于冀州,秣六马于
谯郡,缅求前古,其可得欤?对扬天命,无所让德,有理存焉,敢
重祈奏。

帝尚未从。辛卯,宣猛将军朱买臣奉帝密旨,害豫章王栋及其二弟
桥、樛。四月乙巳,益州刺史、新除假黄钺、太尉武陵王纪僭位于蜀,
年号天正。帝遣兼司空萧泰、祠部尚书乐子云拜谒茔陵,修复社庙。
丁巳,下令解严。五月庚午,司空南平王恪及宗室王侯、大都督王僧
辩等复拜表上尊号,帝犹固让。甲申,以开府仪同三司、江州刺史王
僧辩为司徒。乙酉,斩贼左仆射王伟、尚书吕季略、少府卿周石珍、
舍人严亶于江陵市,乃下令赦境内。齐将潘乐、辛术等攻秦郡,王僧
辩遣将杜崱帅众拒之。以陈霸先为征北大将军、开府仪同三司、徐
州刺史。齐人贺平侯景。八月,武陵王纪率巴、蜀之众东下,遣护军
将军陆法和屯巴峡以拒之。九月甲戌,司空南平王恪薨。十月乙未,
前梁州刺史萧循自魏至江陵,以为平北将军、开府仪同三司。戊申,
执湘州刺史王琳于殿内。庚戌,琳长史陆纳及其将潘乌累等举兵
反,攻陷湘州。是月,四方征镇、王公卿士复劝进,表三上,乃许之。

　　冬十一月丙子,皇帝即位于江陵,改太清六年为承圣元年。逋
租、宿责,并许弘宥,孝子顺孙,悉皆赐爵。长徒锁士,特加原宥。禁
锢夺劳,一皆旷荡。是日,帝不升正殿,公卿陪列而已。时有两日俱
见。己卯,立王太子方矩为皇太子,改名元良。立皇子方智为晋安
郡王,方略为始安郡王。追尊所生妣阮脩容为文宣太后,改谥忠壮
太子为武烈太子,封武烈子庄为永嘉王。是月,陆纳遣将军潘乌累
等破衡州刺史丁道贵于禄口,道贵走零陵。

　　十二月,陆纳分兵袭巴陵,湘州刺史萧循击走之。天门山获野
人,出山三日而死。星陨吴郡。淮南有野象数百,坏人室庐。宣城
郡猛兽暴食人。是岁,魏废帝元年。

二年春正月乙丑,诏王僧辩讨陆纳。戊寅,以吏部尚书王褒为尚书仆射。己卯,江夏宫南门篇牡飞。

三月庚寅,有两龙见湘州西江。

夏五月甲申,魏大将尉迟迥进兵逼巴西,潼州刺史杨乾运以城纳迥。己丑,武陵王纪军至西陵。

六月乙卯,王僧辩平湘州。

秋七月,武陵王纪众大溃,见杀。

八月戊戌,尉迟迥平蜀。

九月,齐遣郭元建及将邢景远、步大汗萨、东方老帅众顿合肥。

冬十一月辛酉,僧辩留镇姑熟,豫州刺史侯瑱据东关垒,征吴兴太守裴之横帅众继之。戊戌,以尚书仆射王褒为左仆射,湘东太守张缵为右仆射。

十二月,宿豫土人东方光据城归北,齐江西州郡皆起兵应之。

三年春正月,魏帝为相安定公所废,而立齐王廓,是为恭帝元年。

三月,主衣库见黑蛇,长丈许,数十小蛇随之,举头高丈余南望,俄失所在。帝又与宫人幸玄洲苑,复见大蛇盘屈于前,群小蛇绕之,并黑色。帝恶之,宫人曰:"此非怪也,恐是钱龙。"帝敕所司,即日取数千万钱,镇于蛇处,以厌之。因设法会,赦囚徒,振穷乏,退居栖心省。又有蛇从屋堕落帝帽上,忽然便失。又龙光殿上所御肩舆,复见小蛇萦屈舆中,以头驾夹膝前金龙头上,见人走去,逐之不及。城濠中龙腾出,焕烂五色,竦跃入云,六七小龙相随飞去。群鱼腾跃,坠死于陆道。龙处为窟,若数百斛圌。旧大城上常有紫气,至是稍复消歇。甲辰,以司徒王僧辩为太尉、东骑大将军。戊申,以护军将军、郢州刺史陆法和为司徒。

夏四月癸酉,以征北大将军、开府仪同三司陈霸先为司空。

六月癸未,有黑气如龙,见于殿内。

秋九月辛卯,帝于龙光殿述《老子》义。先是,魏使宇文仁恕来聘,齐使又至江陵,帝接仁恕有阙,魏相安定公憾焉。乙巳,使柱国万纽于谨来攻。

冬十月丙寅,魏军至襄阳梁王萧詧率众会之。丁卯,停讲,内外戒严,舆驾出行城栅,大风拔木。丙子,续讲,百寮戎服以听。诏征王僧辩。

十一月甲申,幸津阳门讲武,置南北两城主。帝亲观阅,风雨总集,部分未交,旗帜飘乱,帝趣驾而回,无复次序。风雨随息,众窃惊焉。乙酉,以领军胡僧祐为都督城东、城北诸军事,右仆射张绾为副,左仆射王褒都督城西、城南诸军事,直殿省元景亮为副。丁亥,魏军至栅下。丙申,征广州刺史王琳入援。丁酉,大风,城内火烧居人数千家,以为失在妇人,斩首尸之。是日,帝犹赋诗无废。以胡僧祐为开府仪同三司。庚子,信州刺史徐世谱、晋安王司马任约军次马头岸。是夜,有流星坠城中,帝援蓍筮之,卦成,取龟式验之,因抵于地曰:"吾若死此下,岂非命乎?"因裂帛为书,催僧辩曰:"吾忍死待公,可以至矣。"戊申,胡僧祐、朱买臣等出战,买臣败绩。辛亥,魏军大攻,帝出枇杷门亲临阵督战。僧祐中流矢薨,军败,反者斩西门守卒以纳魏军。帝见执,如梁王萧詧营,甚见诘辱。他日,乃见魏仆射长孙俭,谲俭云:"埋金千斤于城内,欲以相赠。"俭乃将帝入城,帝因述詧相辱状,谓俭曰:"向聊相谲,欲言耳,岂有天子自埋金乎?"俭乃留帝于主衣库。

十二月丙辰,徐世谱、任约退戍巴陵。辛未,魏人戕帝。明年四月,梁王方智承制,追尊为元皇帝,庙号世祖。

帝聪悟俊朗,天才英发,出言为论,音响若钟。年五六岁,武帝尝问所读书,对曰:"能诵《曲礼》。"武帝使诵之,即诵上篇。左右莫不惊叹。初生患眼,医疗必增,武帝自下意疗之,遂盲一目。乃忆先梦,弥加慈爱。及长,好学,博极群书。武帝尝问曰:"孙策在江东,于时年几?"答曰:"十七。"武帝曰:"正是汝年。"

帝性不好声色,颇慕高名,为荆州刺史,起州学宣尼庙。尝置儒

林参军一人，劝学从事二人，生三十人，加稟饩。帝工书善画，自图
宣尼像，为之赞而书之，时人谓之三绝。与裴子野、刘显、萧子云、张
缵及当时才秀为布衣交。常自比诸葛亮、桓温，惟缵许焉。性好矫
饰，多狙忌，于名无所假人。微有胜己者，必加毁害。帝姑义兴昭长
公主子王铨兄弟八九人，有盛名，帝妒害其美，遂改宠姬王氏兄王
珩名琳，以其父名。忌刘之遴学，使人鸩之。如此者甚众，虽骨肉
亦遍被其祸。始居文宣太后忧，依丁兰作木母。及武帝崩，秘丧逾
年，乃发凶问，方刻檀为像，置于百福殿内，事之甚谨。朝夕进蔬食，
动静必启闻，迹其虚矫如此。

　　性爱书籍，既患目，多不自执卷，置读书左右，番次上直，昼夜
为常，略无休已。虽睡，卷犹不释。五人各伺一更，恒致达晓。常眠
熟大鼾，左右有睡，读失次第，或偷卷度纸，帝必惊觉，更令追读，加
以榎楚。虽戎略殷凑，机务繁多，军书羽檄，文章诏诰，点毫便就，殆
不游手。常曰："我韬于文士，愧于武夫。"论者以为得言。

　　始在寻阳，梦人曰："天下将乱，王必维之。"又背生黑子，巫媪
见曰："此大贵不可言。"初，武帝敕贺革为帝府谘议，使讲三《礼》。
革西上，意甚不悦，过别御史中丞江革。江革告之曰："吾尝梦主上
遍见诸子，至湘东王，脱帽授之。此人后必当璧，卿其行乎。"革领
之。及太清之祸，遂膺归运。

　　自侯景之难，州郡太半入魏，自巴陵以下至建康，缘以长江为
限。荆州界北尽武宁，西拒峡口，自岭以南，复为萧勃所据。文轨所
同，千里而近，人户著籍，不盈三万。中兴之盛，尽于是矣。

　　武陵之平，议者欲因其舟舰迁都建邺，宗懔、黄罗汉皆楚人，不
愿移，帝及胡僧祐亦俱未欲动。仆射王褒、左户尚书周弘正骤言即
楚非便。宗懔及御史大夫刘懿以为建邺王气已尽，且诸宫洲已满
百，于是乃留。寻而岁星在井，荧惑守心，帝观之，慨然而谓朝臣文
武曰："吾观玄象，将恐有贼。但吉凶在我，运数由天，避之何益？"及
魏军逼，阉人朱买臣按剑进曰："惟有斩宗懔、黄罗汉，可以谢天
下。"帝曰："曩实吾意，宗、黄何罪。"二人退于人中。及魏人烧栅，

买臣、谢答仁劝帝乘暗溃围,出就任约。帝素不便驰马,曰:"事必无成,徒增辱耳。"答仁又求自扶,帝以问仆射王褒,褒曰:"答仁,侯景之党,岂是可信?成彼之勋,不如降也。"乃聚图书十余万卷尽烧之。答仁又请守子城,收兵可得五千人,帝然之,即授城内大都督,以帝鼓吹给之,配以公主。既而又召王褒谋之,答仁请入不得,欧血而去。遂使皇太子、王褒出质请降。有顷,黄门郎裴政犯门而出。帝乘白马素衣出东门,抽剑击阖曰:"萧世诚一至此乎!"魏师至,凡二十八日,征兵四方,未至而城见克。

在幽逼,求酒饮之,制诗四绝。其一曰:"南风且绝唱,西陵最可悲,今日还蒿里,终非封禅时。"其二曰:"人世逢百六,天道异贞恒,何言异蝼蚁,一旦损鹍鹏。"其三曰:"松风侵晓哀,霜氛当夜来,寂寥千载后,谁畏轩辕台。"其四曰:"夜长无岁月,安知秋与春?原陵五树杏,空得动耕人。"梁王詧遣尚书傅准监行刑,帝谓之曰:"卿幸为我宣行。"准捧诗,流泪不能禁,进土囊而殒之。梁王詧使以布帊缠尸,敛以蒲席,束以白茅,以车一乘,葬于津阳门外。愍怀太子元良及始安王方略等皆见害。徐世谱、任约自马头走巴陵。约后降于齐。将军裴畿、畿弟机并被害。谢答仁三人相抱,俱见屠。汝南王大封、尚书左仆射王褒以下并为俘,以归长安。乃选百姓男女数万口,分为奴婢,小弱者皆杀之。

帝于伎术无所不该,尝不得南信,筮之,遇《剥》之《艮》。曰"南信已至,今当遣左右季心往看"。果如所说,宾客咸惊其妙。凡所占决皆然。初从刘景受相术,因讯以年,答曰:"未至五十,当有小厄,禳之可免。"帝自勉曰:"苟有期会,禳之何益?"及是,四十七矣。特多禁忌,墙壁崩倒,屋宇倾颓,年月不便,终不修改。庭草芜没,令鞭去之,其慎护如此。

著《孝德传》、《忠臣传》各三十卷,《丹阳尹传》十卷,注《汉书》一百十五卷,《周易讲疏》十卷,《内典博要》百卷,《连山》三十卷、《词林》三卷,《玉韬》、《金楼子》、《补阙子》各十卷,《老子讲疏》四卷,《怀旧传》二卷,《古今全德志》、《荆南地记》、《贡职图》、《古今同姓名录》一卷,《筮经》十二卷,《式赞》三卷,文集五十卷。

初,承圣二年三月,有二龙自南郡城西升天,百姓聚观,五采分明。江陵故老窃相泣曰:"昔年龙出建康淮,而天下大乱,今复有焉,祸至无日矣。"帝闻而恶之,逾年而遘祸。又江陵先有九十九洲,古老相承云:"洲满百,当出天子。"桓玄之为荆州刺史,内怀篡逆之心,乃遣凿破一洲,以应百数。随而崩散,竟无所成。宋文帝为宜都王,在藩,一洲自立,俄而文帝篡统。后遇元凶之祸,此洲还没。太清末,枝江杨之阁浦复生一洲,群公上疏称庆,明年而帝即位。承圣末,其洲与大岸相通,惟九十九云。

敬皇帝讳方智,字慧相,小字法真,元帝第九子也。太清三年,封兴梁侯。承圣元年,封晋安郡王。二年,出为江州刺史。三年十一月,魏克江陵,太尉王僧辩、司空陈霸先定议以帝为梁王、太宰、承制。四年二月癸丑,于江州奉迎至建邺,入居朝堂。以太尉王僧辩为中书监、录尚书、骠骑大将军、都督中外诸军事,加司空陈霸先班剑二十人。以湘州刺史萧循为太尉,广州刺史萧勃为司徒。三月,齐遣其上党王高涣送贞阳侯萧明来主梁嗣,至东关,遣吴兴太守裴之横拒之。与战,败绩,死之。四月,司徒陆法和以郢州附齐,遣江州刺史侯瑱讨之。七月辛丑,僧辩纳贞阳侯萧明,自采石济江。甲辰,入建邺。丙午,即伪位。年号天成,以帝为皇太子。司空陈霸先袭杀王僧辩,黜萧明而奉帝焉。

绍泰元年秋九月丙午,皇帝即位。

冬十月己巳,大赦,改元。以贞阳侯萧明为司徒,封建安郡公。壬子,加司空陈霸先尚书令、都督中外诸军事。震州刺史杜龛举兵,攻信武将军陈茜于长城,义兴太守韦载应之。癸丑,以太尉萧循为太保,以司徒萧明为太傅,司徒萧勃为太尉,以镇南将军王琳为车骑将军、开府仪同三司。戊午,尊所生夏贵妃为皇太后,立妃王氏为皇后。辛未,司空陈霸先东讨韦载,降之。丙子,南豫州刺史任约、谯秦二州刺史徐嗣徽举兵据石头反。

十一月庚辰,齐安州刺史翟子崇、楚州刺史柳达摩率众赴任约,入石头。

十二月庚戌,任约、徐嗣徽等至采石,迎齐援。丙辰,遣猛烈将军侯安都于江宁邀击,败之,约、嗣徽等奔江西。庚申,翟子崇等降,并放还北。

太平元年春正月戊寅,大赦。追赠谥简文帝诸子。封故永安侯确子后为邵陵王,奉携王后。癸未,震州刺史杜龛降,诏赐死,赦吴兴郡。己亥,以太保宜丰侯萧循袭封鄱阳王。东扬州刺史张彪围临海太守王怀振于剡岩。

二月庚戌,遣周文育、陈茜袭会稽讨彪,败走。以中卫将军临川王大款即本号开府仪同三司。丙辰,若邪村人斩张彪,传首建邺,赦东扬州。甲子,以东土经杜龛、张彪之乱,遣大使巡省。是月,齐人来聘,使侍中王廓报聘。

三月壬午,班下远近,并杂用今古钱。戊戌,齐将萧轨出栅口,向梁山,陈霸先大败之。

夏四月壬申,侯安都轻兵袭齐行台司马恭于历阳,大破之。

五月癸未,太傅建安公萧明薨。庚寅,齐军水步入丹阳县,内外纂严。

六月壬子,齐军至玄武湖西北。乙卯,陈霸先大破齐军。戊午,大赦。辛酉,解严。

秋七月丙子,司空陈霸先进位司徒。丁亥,以开府仪同三司侯瑱为司空。

八月己酉,太保鄱阳王循薨。

九月壬寅,大赦,改元。司徒陈霸先进位丞相、录尚书事,改封义兴郡公。加中权将军王冲开府仪同三司,以吏部尚书王通为尚书右仆射。

冬十月乙亥,魏相安定公薨。

十一月,起云龙、神武门。

十二月壬申，进太尉萧勃为太保。甲午，封前寿昌令刘睿为汝阴王，前镇西法曹行参军萧沇为巴陵王，奉宋、齐二代后。庚子，魏恭帝逊位于周。

二年春正月壬寅，诏求鲁国孔氏族为奉圣侯，并缮庙堂，供备祀典。又诏："诸州各置中正。旧放举选，不得辄承单状，序官皆须中正押上，然后量授。其选中正，每求耆德该悉，以他官领之。"以开府仪同三司王琳为司空，以尚书右仆射王通为左仆射。

二月庚午，遣领军将军徐度入东关。太保、广州刺史萧勃举兵反。诏平西将军周文育、平南将军侯安都等南讨。戊子，徐度至合肥，烧齐船舶三千艘。癸巳，周文育军于巴山，获萧勃伪帅欧阳颁。

三月甲寅，德州刺史陈法武、前衡州刺史谭远于始兴攻杀萧勃。

夏四月癸酉，曲赦江、广、衡三州，并督内为贼所拘逼者。己卯，铸四柱钱，一当二十。齐遣使通和。壬辰，改四柱钱，一当十。丙申，复用细钱。

五月乙巳，平西将军周文育进号镇南将军，平南将军侯安都进号镇北将军，并开府仪同三司。戊辰，余孝顷遣使诣丞相府求降。

秋八月，加丞相陈霸先殊礼。

九月，周冢宰宇文护杀闵帝。丞相陈霸先改授相国，封陈国公。

冬十月戊辰，进陈国公爵为王。辛未，帝逊位于陈。陈受命，奉帝为江阴王，薨于外邸，时年十六，追谥敬皇帝。

论曰：帝王之位，天下之重职，文武之道，守聘所常遵。其于行用，义均水火，相资则可，专任成乱。观夫有梁诸帝，皆一之而已。简文文明之姿，禀乎天授，粤自支庶，入居明两，经国之算，其道弗闻。《宫体》所传，且变朝野，虽主虚号，何救灭亡。元帝居势胜之地，启中兴之业，既雪仇耻，且应天人。而内积猜忍，外崇矫饰，攀号之节，忍酷于逾年，定省之制，申情于木偶。竟而雍州引寇，衅起河东之

戮,益部亲寻,事习邵陵之窘。悖辞屈于僧辩,残虐极于圆正,不义
不昵,若斯之甚。而复谋无经远,心劳志大,近舍宗国,远迫强邻,外
驰藩篱,内崇讲肆,卒于溘至戕殒。方追始皇之迹,虽复文籍满腹,
何救社庙之墟?历观书契以来,盖亦废兴代有,未见三叶遘愍,顿若
萧宗之酷。敬皇以此冲年,当斯颓运,将不高揖,其可得乎!初,武
帝末年,都下用钱,每百皆除其九,谓为"九佰"。竟而有侯景之乱。
及江陵将覆,每百复除六文,称为"六佰"。识者以为九者阳九,六者
百六,盖符历数,非人事也。

善乎!郑文贞公论之曰:高祖固天攸纵,聪明稽古,道亚生知,
学为博物,允文允武,多艺多才。爰自诸生,有不羁之度,属昏凶肆
虐,天伦及祸,纠合义旅,将雪家冤。曰纣可伐,不期而会,龙跃樊、
汉,电击湘、郢。翦离德如振槁,取独夫如拾遗,其雄才大略,固无得
而称矣。既县白旗之首,方应皇天之眷,布德施惠,悦近来远。开荡
荡之王道,革靡靡之商俗。大修文教,盛饰礼容,鼓扇玄风,阐扬儒
业。介胄仁义,折冲尊俎,声振寰宇,泽流遐裔,干戈载戢,凡数十
年。济济焉,洋洋焉,魏晋以来,未有若斯之盛也。然不能息末敦本,
斫雕为朴,慕名好事,崇尚浮华,抑扬孔、墨,流连释、老。或终夜不
寝,或日昃不食,非弘道以利物,惟饰智以惊愚。且心未遗荣,虚厕
苍头之位,高谈脱屣,终恋黄屋之尊。夫人之大欲,在乎饮食男女,
至于轩冕殿堂,非有切身之急。高祖屏除嗜欲,眷恋轩冕,得其所
难,而滞于所易,可谓神有所不达,智有所不通矣。逮夫精华稍竭,
凤德已衰,惑于听受,权在奸佞,储后百辟,莫能尽言。险躁之心,暮
年逾甚,见利而动,愎谏违卜。开门揖盗,弃好即仇,衅起萧墙,祸成
戎羯,身殒非命,灾被亿兆。衣冠毙锋镝之下,老幼粉戎马之足,瞻
彼《黍离》,痛深周庙,永言《麦秀》,悲甚殷墟。自古以安为危,既成
而败,颠覆之速,书契所未闻也。《易》曰:"天之所助者顺,人之所助
者信。"高祖之遇斯屯剥,不得其死,盖动而之险,不由信顺,失天人
之助,其能免于此乎?太宗敏睿过人,神采秀发,多闻博达,富赡词
藻。然文艳用寡,华而不实,体穷淫丽,义罕疏通,哀思之音,遂移风

俗，以此而贞万国，异乎周诵、汉庄矣。我生不辰，载离多难，桀逆构扇，巨猾滔天，始同牖里之拘，终类望夷之祸，悠悠苍昊，其可问哉！昔国步初屯，兵缠魏阙，群后释位，投袂勤王。元帝以盘石之宗，受分陕之任，属君亲之难，居连率之长，不能抚剑尝胆，枕戈泣血，躬先士卒，致命前驱，遂乃拥众逡巡，内怀觖望，坐观国变，以为身幸。不急莽、卓之诛，先行昆弟之戮。又沉猜忍酷，多行无礼，骋智辩以饰非，肆忿戾以害物，爪牙重将，心膂谋臣，或顾眄以就拘囚，或一言而及菹醢，朝之君子，相顾懔然。自谓安若泰山，算无遗策，怵于邪说，即安荆楚。虽元恶克剪，社稷未宁，而西邻责言，祸败旋及。斯乃上灵降鉴，此焉假手，天道人事，其可诬乎！其笃志艺文，采浮华而弃忠信，戎昭果毅，先骨肉而后寇仇。口诵六经，心通百氏，有仲尼之学，有公旦之才，适足以益其骄矜，增其祸患，何补金陵之覆没，救江陵之灭亡哉！敬帝遭家不造，绍兹屯运，征伐有所自出，政刑不由于己。时无伊、霍之辅，焉得不为高让欤。

# 南史卷九
## 陈本纪上第九

# 武帝　文帝　废帝

　　陈高祖武皇帝讳霸先，字兴国，小字法生，吴兴长城下若里人。姓陈氏。其本甚微，自云汉太丘长实之后也。实玄孙晋太尉准。准生匡，匡生达。永嘉中南迁，为丞相掾，太子洗马，出为长城令。悦其山水，遂家焉。尝谓所亲曰："此地山川秀丽，当有王者兴焉。二百年后，我子孙必钟斯运。"达生康，复为丞相掾，咸和中土断，故为长城人。康生盱台太守英，英生尚书郎公弼，公弼生步兵校尉鼎，鼎生散骑侍郎高，高生怀安令咏，咏生安成太守猛，猛生太常卿道巨，道巨生皇考文赞。

　　帝以梁天监二年癸未岁生。少倜傥有大志，长于谋略，意气雄杰，不事生产。及长，涉猎史籍，好读兵书，明纬候、孤虚、遁甲之术，多武艺，明达果断，为当时推服。身长七尺五寸，日角龙颜，垂手过膝。尝游义兴，馆于许氏，梦天开数丈，有四人朱衣捧日而至，纳之帝口，及觉，腹内犹热，帝心独喜。初，仕乡为里司，后至建邺为油库吏，徙为新喻侯萧映传教，勤于其事，为映所赏。及映为吴兴太守，甚重帝，谓僚佐曰："此人将来远大，必胜于我。"及映为广州，帝为中直兵参军，随之镇，映令帝招集士马。

　　先是，武林侯萧谘为交州刺史，以严刻失和，土人李贲连结数州豪杰同时反，台遣高州刺史孙冏，新州刺史卢子雄将兵击贲。冏等不时进，皆于广州伏诛。子雄弟子略与冏子佰及其主帅杜天合、杜僧明共举兵,执南江督护沈颙,进寇广州,昼夜苦攻,州中震恐。帝率精兵救之,贼众大溃。僧明后有功业,遂降。梁武帝深叹异焉,授直阁将军,封新枌县子,仍遣图帝貌而观之。

其年冬,萧映卒。明年,帝送丧,还至大庾岭,会有诏以帝为交州司马,与刺史杨瞟南讨。帝益招勇敢,器械精利,瞟委帝经略。时萧勃为定州刺史,于西江相会,勃知军士惮远役,因诡说留瞟。瞟集诸将问计,帝曰:"交址叛换,罪由宗室,节下奉辞伐罪,故当死生以之。"于是鼓行而进。军至交州,瞟推帝为前锋,所向摧陷。贲窜入屈獠洞中,屈獠斩贲,传首建邺。是岁,太清元年也。贲兄天宝遁入九真,与劫帅李绍隆收余兵,杀德州刺史陈文戒,进围爱州,帝讨平之。除西江督护、高要太守、督七郡诸军事。

二年冬,侯景寇逼,帝将赴援,广州刺史元景仲阴将图帝。帝知之,与成州刺史王怀明等集兵于南海,驰檄以讨景仲。景仲缢于阁下,帝迎萧勃镇广州。时临贺内史欧阳颁监衡州,兰裕、兰京礼扇诱始兴等十郡共攻颁,颁请援于勃,勃令帝救之,悉禽裕等。仍监始兴郡事。帝遣杜僧明、胡颖将二千人顿于岭上,并厚结始兴豪杰,同谋义举,侯安都、张偲等率众来附。萧勃闻之,遣钟休悦说停帝,帝泣谓休悦曰:"君辱臣死,谁敢爱命,仆行计决矣。"时蔡路养起兵据南康,勃遣腹心谭世远为曲江令,与路养相结,同遏义军。大宝元年正月,帝发始兴,次大庾岭,大破路养军,进顿南康。湘东王绎承制,授帝交州刺史,改封南野县伯,于是修理崎头古城,徙居之。刘惠骞等望见恒有紫气冒城上,远近惊异,故惠骞等深自结于帝。寻改封长城县侯,南江州刺史。

时宁都人刘蔼等资高州刺史李迁仕舟舰兵仗,将袭南康,帝遣杜僧明等据白口御之。二年,僧明禽迁仕,送南康斩之。承制授帝江州刺史。帝发南康。赣石旧有二十四滩,滩多巨石,行旅以为难。帝之发,水暴起数丈,三百里间,巨石皆没。进军顿西昌,有龙见水滨,高五丈,五采鲜曜,军人观者数万人。帝又尝独坐胡床于阁下,忽有神光满阁,廊庑之间,并得相见。赵知礼侍侧,怪而问帝,帝笑不答。时承制遣征东将军王僧辩督众军讨侯景，次盆城，帝率杜僧明等合三万，将会焉。时西军乏食，帝先计军粮五十万石，至是分三十万石以资之。仍顿巴丘。会侯景废简文，立豫章嗣王栋，帝遣兼长史沈衮奉表于江陵劝进。承制授帝东扬州刺史，领会稽太守。三年，帝帅师发自豫章。二月，次桑落洲。时僧辩已发盆城，会帝于白茅湾，乃登岸结坛，刑牲盟约。进次大雷，军人杜棱梦雷池君、周、何神，自称征讨大将军，乘朱航，陈甲仗，称下征侯景，须臾便还，云已杀景竟。

三月，帝与诸军进克姑孰，仍次蔡洲。侯景登石头城，望官军之盛，不悦，曰："一把子人，何足可打。"密谓左右曰："此军上有紫气，不易可当。"乃以舫艒贮石，沉塞淮口，缘淮作城，自石头迄青溪十余里中，楼雉相接。僧辩遣杜崱问计于帝，帝以诸将不敢当锋，请先往立栅。即于石头西横垄筑栅。众军次连八城，直出东北。贼恐西州路断，亦于东北果林作五城，以遏大路。帝曰："善用兵者，如常山之蛇，使救首救尾，困而无暇。今我师既众，贼徒甚寡，应分贼兵力，以弱制强。"乃命诸将分处置兵，帝与王琳、杜龛等悉力乘之，景众大溃。僧辩启命帝镇京口。五月，齐遣将辛术围严超达摩秦郡，帝命徐度领兵助其固守。齐众起土山，穿地道，攻之甚急，帝乃自率万人解其围，振旅南归。承制授帝征北大将军、开府仪同三司、南徐州刺史，进封长城县公。及王僧辩征陆纳于湘州，承制命帝代镇扬州。承圣二年，湘州平，帝旋镇京口。三年三月，进帝位司空。及魏平江陵，帝与王僧辩等进启，请晋安王以太宰承制。十二月，晋安王至自寻阳，入居朝堂，给帝班剑二十人。

四年五月，齐送贞阳侯明还主社稷，王僧辩纳之，明即位，改元天成，以晋安王为皇太子。初，齐之纳贞阳也，帝固争之，以为不可，不见从。帝居常愤叹曰："嗣主高祖之孙，元皇之子，竟有何辜，坐致废黜？假立非次，此情可知。"乃密具袍数千领，及锦彩金银，以为赏赐之资。九月壬寅，帝召徐度、侯安都、周文育，仍部列将士，水陆俱进，夜发南徐州，讨王僧辩。甲辰，帝至石头，前遣勇士自城北逾入。

时僧辩方视事,闻外白有兵,遽走。帝大兵寻至,因风纵火,僧辩就擒。是夜,缢之,及其子颓。于是废贞阳侯,而奉晋安王即位,改承圣四年为绍泰元年。壬子,诏授帝侍中、大都督中外诸军事、车骑将军、扬南徐二州刺史,持节、司空、班剑、鼓吹并如故。仍诏甲仗百人出入殿省。

　　震州刺史杜龛据吴兴,与义兴太守韦载举兵逆命。辛未,帝表自东讨,留高州刺史侯安都、右州刺史杜棱宿卫台省。甲戌,军至义兴。秦州刺史徐嗣徽,据城入齐,又要南豫州刺史任约举兵应龛,齐人资其兵食。嗣徽乘虚奄至阙下,侯安都出战,嗣徽等退据石头。丁丑,载及龛从弟北叟来降,帝抚而释之,仍以载兄鼎知郡事。以嗣徽寇逼,卷甲还都,命周文育进讨杜龛。十一月己卯,齐遣兵五千,度据姑熟,又遣安州刺史翟子崇、楚州刺史刘士荣、淮州刺史柳达摩,领兵万人,于胡墅度米粟三万石、马千匹入石头。帝乃遣侯安都领水军夜袭胡墅,烧齐船,周铁武率舟师断齐运输,帝领铁骑自西明门袭之。齐人大溃,嗣徽留达摩等守城,自率亲属腹心,往南州采石,以迎齐援。先是,太白自十一月丙戌不见,十二月乙卯出于东方。丙辰,帝尽命众军分部甲卒,对冶城日立航,度兵攻其水南二栅。柳达摩等度淮置阵,帝督兵疾战,纵火烧栅,烟尘涨天,齐人大溃,尽收其船舰。是日,嗣徽、约等领齐兵还据石头,帝遣侯安都领水军袭破之,嗣徽等单舸脱走。丁巳,拔石头南岸栅,移度北岸起栅,以绝其汲路。又埋塞东门故城中诸井,齐所据城中无水,水一合贸米一升,一升米贸绢一匹,或炒米食之。达摩谓其众曰:"顷在北,童谣云:'石头捣两裆,捣青复捣黄'。侯景服青,已倒于此,今吾徒衣黄,岂谣言验邪!"庚申,达摩遣侯子钦、刘士荣等请和,帝许之,乃于城外监约,其将士恣其南北。辛酉,帝出石头南门,陈兵送齐人归北者。及至,齐人杀之。壬戌,齐和州长史乌丸远自南州奔还历阳,江宁令陈嗣、黄门侍郎曹朗据姑孰,不从。帝命侯安都、徐度等讨平之,聚其首为京观。是月,杜龛以城降。二年正月癸未,诛龛,其弟翕、从弟北叟、司马沈孝敦并赐死。

　　三月戊戌，齐遣水军仪同萧轨、库狄伏连、尧难宗、东方老、侍中裴英起、东广州刺史独狐辟恶、洛州刺史李希光并任约、徐嗣徽、王僧愔等众十万，出栅口，向梁山。帐内荡主黄丛逆击，败之，烧其前军船舰，齐顿军保芜湖。五月丙申，齐兵至秣陵故城。已亥，帝率宗室王侯及朝臣，于大司马门外白虎阙下，刑牲告天以齐人背约，发言慷慨，涕泗交流，士观者益奋。辛丑，齐军于秣陵故城跨淮立桥栅，引度兵马。癸卯，自方山进及儿塘，游骑至台，都下震骇。帝潜以精卒三千配沈泰，度江袭齐行台赵彦深于瓜步，获其舟粟。六月甲辰，齐兵潜至钟山龙尾。丁未，进至莫府山。帝遣钱明领水军出江乘，要击齐人粮运，尽获之。齐军大馁，杀马驴而食之。壬子，齐军至玄武湖西北莫府山南，将据北郊坛。众军自覆舟东移，顿郊坛北，与齐人相对。其夜，大雨震电，暴风拔木，平地水丈余。齐军昼夜坐立泥中，县圌以爨，足指皆烂。而台中及潮沟北，水退路燥，官军每得番易。甲寅，少霁。是时食尽，调市人馈军，皆是麦屑为饭，以荷叶裹而分给，间以麦饼，兵士皆困。会文帝遣送米三千石，鸭千头，帝即炊米煮鸭，誓申一战。士及防身，计粮数裹，人人裹饭，媲以鸭肉。帝命众军蓐食，攻之，齐军大溃。执嗣徽及其弟嗣宗，斩之以徇。虏萧轨、东方老、王敬宝、李希光、裴英起、王僧智等将帅四十六人。其军士得窜至江者，缚筏以济，中江而溺，流尸至京口者弥岸。惟任约、王僧愔获免。先是，童谣云：“虏万夫，入五湖，城南酒家使虏奴。”自晋宋以后，经纬在魏境江淮以北，南人皆谓为“虏”，众时以赏俘贸酒者，一人裁得一醉。丁巳，众军出南州，烧贼舟。已未，斩刘归义、徐嗣产、傅野猪于建康市。是日，解严。庚申，诛萧轨、东方老、王敬宝、李希光、裴英起等。

　　太平元年九月壬寅，帝进位丞相、录尚书事、镇卫大将军、扬州牧，进封义兴郡公。庚申，追赠皇考侍中、光禄大夫，封义兴郡公，谥曰恭。十月甲戌，梁帝敕丞相自今问讯，可施别榻，以近扆坐。二年正月壬寅，诏加帝班剑十人，并前为三十。丁未，诏赠皇兄道谈南兖州刺史、长城县公，谥曰昭烈。皇弟休光侍中、南徐州刺史、武康县

侯,谥曰忠壮。甲寅,遣兼侍中、谒者仆射陆缮策拜长城县夫人章氏
为义兴国夫人。丁卯,诏赠皇祖侍中、太常卿,谥曰孝;追封皇祖妣
许氏吴郡嘉兴县君,谥曰敬;皇妣张氏义兴国太夫人,谥曰宣。二月
庚午,萧勃举兵,自广州度岭,顿南康,遣其将欧阳颁、傅泰及其子
孜为前军,至豫章,分屯要险,南江州刺史余孝顷起兵应勃,帝命周
文育、侯安都率众讨平之。八月甲午,帝进位太傅,加黄钺,剑履上
殿,入朝不趋,赞拜不名。丙申,加前后部羽葆、鼓吹。是时,湘州刺
史王琳拥兵不应命,遣周文育、侯安都率众讨之。

九月辛丑,梁帝进帝位相国,总百揆,封十郡为陈公,备九锡之
礼,加玺绂,远游冠、绿绶绶,位在诸侯王上。策曰:

大哉乾元,资日月以贞观,至哉坤元,凭山川以载物。故惟
天为大,陟配者钦明,惟王建国,翼辅者齐圣。是以文、武之佐,
磻溪蕴其玉璜,尧、舜之臣,荣河镂其金板。况乎体得一之鸿
姿,宁阳九之危厄,援横流于碣石,扑燎火于昆冈,驱驰于韦、
彭,跨碾于齐、晋,神功行而靡用,圣道运而无名者乎! 今将授
公典策,其敬听朕命:

日者,昊天不吊,钟乱于我国家,网漏吞舟,强胡内骇,茫
茫宇宙,慄慄黎元,方趾圆颅,万不遗一。太清否亢,桥山之痛
以深,大宝屯如,平阳之祸相继。上宰膺运,康救黔黎,鞠旅于
滇池之南,扬旌于桂岭之北,县三光于已坠,谧四海于群飞,光
启中兴。此则公之大造于皇家者也。既而天未悔祸,夷丑荐臻,
南夏崩腾,西京荡覆。冢司昏挠,旁引寇仇,既见贬于桐宫,方
谋危于汉阁,皇运已殆,何殊赘旒,中国摇然,非徒如线。公赫
然投袂,匡救本朝,复营齐都,平戎王室。朕所以还膺宝历,重
履宸居,挹建武之风猷,歌宣王之《雅》《颂》。此又公之再造于
皇家者也。公应务之初,登庸惟始,孙、卢肇衅,越貊为灾,番部
陆危,势将沦殄。公赤旗所指,妖垒洞开,白羽才挥,凶徒纷溃。
此又公之功也。大同之末,边政不修,李贲狂迷,窃我交、爱。公
英谟雅算,电扫风行,驰御楼船,直跨沧海,三山獠洞,八角蛮

陬，逖矣水寓之乡，悠哉火山之国，马援之所不届，陶璜之所未开，莫不惧我王灵，争朝边候，归琛天府，献状鸿胪。此又公之功也。自寇虏陵江，宫闱幽辱，而番禺连率，本自诸夷，言得其朋，是怀同恶。公仗此忠诚，乘机剿定，执沛令而衅鼓，平新野而据鞍。此又公之功也。世道初艰，方隅多难，公以国盗边警，知无不为，恤是同盟，诛其丑类，南土黔黎，重保苏息。此又公之功也。长驱岭峤，梦想京畿，缘道酋豪，递为榛梗，路养渠帅，全据大都，蓄聚逋逃，方谋阻乱。公龙骧虎步，啸吒风云，山靡坚城，野无强阵，清妖氛于赣石，灭沴气于雩都。此又公之功也。迁仕凶慝，屯据大皋，乞活类马腾之军，流人多杜弢之众。公坐挥三略，遥制六奇，义勇同心，貔貅骋力，雷奔电击，谷静山空，列郡无犬吠之惊，丛祠罢狐鸣之盗。此又公之功也。王师讨虏，次届沧波，兵乏兼储，士有饥色。公回麾彭蠡，积谷巴丘，亿庾之咏斯丰，壶浆之盰是众。故使三军勇锐，百战无前，承此兵粮，遂殓凶逆。此又公之功也。盆垒猜携，用淹戎略。公志惟同奖，师克在和，屈礼交盟，神祇感咽，故能使舟师并路，远迩崩心。此又公之功也。姑熟襟要，崤、函所凭，寇虏据其关梁，大盗负其扃镭。公一校才执，三雄并奋，左贤右角，沙溃土崩，鄂坂之隘斯开，夷庚之道无塞。此又公之功也。度军大众，俱集帝京，逆竖凶徒，犹屯皇邑。公回兹地轴，抗此天罗，曾不崇朝，俾无遗噍。此又公之功也。内难初静，诸侯出关，外郡传烽，鲜卑犯塞。公舟师步甲，亘野横江，歼厥群氐，遂殚封豕。此又公之功也。公克黜祸难，劬劳皇室，而孙、甯之党，翻启狄人，伊、洛之间，咸为虏戍，朝暗戎尘，夜喧胡鼓。公三筹既画，八阵斯张，裁举灵钺，亦抽金仆，咸俘丑类，悉反高墉。此又公之功也。任约叛涣，枭声不悛，戎羯贪婪，狼心无改。公左甄右落，箕张翼舒，扫是搀枪，驱其猃狁，投秦坑而尽沸，噎滍水而不流。此又公之功也。一相居中，自折彝鼎，五湖小守，妄怀同恶。公夙驾兼道，衣制杖戎，玉斧将挥，金钲且戒，妖酋震慑，遽请灰钉。此又公之功也。贼氛凶横，陵虐具区，阻兵安忍，凭灾怙乱。公虽宗居汝、颍，世寓东南，眷言桑梓，公私愤切，戮此大憝，如烹小鲜。此又公之功也。同姓有扈，顽凶不宾，凭藉宗盟，图危社稷。公论兵于庙堂之上，决胜于尊俎之间，寇、贾、樊、滕，浮江下濑，一朝翦扑，无待旬师。此又公之功也。豫章妖寇，依凭山泽，缮甲完聚，多历岁时，结从连横，爰洎交、广，嘉既获，吴濞已锹，命我还师，征其不恪，连营尽拔，伪党斯禽。此又公之功也。自八纮九野，瓜剖豆分，窃帝偷王，连州比县。公武灵已畅，文德又宣，折简驰书，风猋斯远。此又公之功也。京师祸乱，亟积寒暄，双阙低昂，九门寥豁。公求衣昧旦，仄食高舂，兴构宫闱，具瞻遐迩。郊庠宗祊之典，六符十等之章，还闻泰始之风流，重睹永平之遗事。此又公之功也。公有济天下之勋，重之以明德，凝神体道，合德符天。周百姓以为心，随万机而成务，上德不德，无为以为。夏长春生，显仁藏用，功成化洽，乐奏《咸》《云》，安上御人，礼兼文质。是以天无蕴宝，地有呈祥，既景焕于图书，方葳蕤于史牒，高勋逾于象纬，积德冠于嵩、华，固无得而称者矣。

朕又闻之，前王宰世，茂赏尊贤，式树藩长，总征群伯。二南崇绝，四履遐旷，泱泱表海，祚土维齐，岩岩泰山，俾侯于鲁。况复经营宇宙，宁惟断鳌足之功，弘济苍生，非直凿龙门之险。而畴庸报德，寂尔无闻，朕所以垂拱当宁，载怀惭悸者也。今授公相国，以南豫州之陈留、南丹阳、宣城、扬州之吴兴、东阳、新安、新宁、南徐州之义兴、江州之鄱阳、临川十郡，封公为陈公。锡兹青土，苴以白茅，爰定尔邦，用建冢社。昔旦、奭分陕，俱为保师，晋、郑诸侯，咸作卿士，兼其内外，礼实攸宜。今命使持节、兼太尉王通授相国印绶，陈公玺绂，使持节、兼司空王玚授陈公茅土，金武符第一至第五左，竹使符第一至第十左。相国秩逾三铉，任总百司，位绝朝班。礼由事革，以相国总百揆，除录尚书之号，上所假节、侍中貂蝉、中书监印章、中外都督太傅印绶、义兴公印策,其镇卫大将军,扬州牧如故。

又加公九锡,其敬听后命:以公礼为桢干,律等衔策,四维皆举,八柄有章。是用锡以大辂、戎辂各一,玄牡二驷。以公贱宝崇谷,疏爵待农,室富京坻,人知荣辱。是用锡公衮冕之服,赤舄副焉。以公调理阴阳,变谐风雅,三灵允降,万国同和。是用锡公轩县之乐,六佾之舞。以公宣导王猷,弘阐风教,光景所照,鞮象必通。是用锡公朱户以居。以公抑扬清浊,褒德进贤,髦士盈朝,幽人虚谷。是用锡公纳陛以登。以公巍然廊庙,为世熔范,折冲四表,临御八荒。是用锡公虎贲之士三百人。以公轨兹明罚,期在刑厝,象恭无赦,干纪必诛。是用锡公斧、钺各一。以公英猷远量,跨厉嵩、滇,包一车书,括囊寰宇。是用锡公彤弓一、彤矢百,卢弓十、卢矢千。以公天经地义,贯彻幽明,春露秋霜,允供粢盛。是用锡公秬鬯一卣,圭瓒副焉。陈国置丞相以下,一遵旧式。往钦哉! 其恭循朕命,克相皇天,弘建邦家,允兴鸿业,以光我高祖之休命。

十月戊辰,又进帝爵为王。以扬州之会稽、临海、永嘉、建安、南徐州之晋陵、信安、江州之寻阳、豫章、安成、卢陵,并前为二十郡,益封陈国,其相国、扬州牧、镇卫大将军并如故。又命陈王冕十有二旒,建天子旌旗,出警入跸,乘金根车,驾六马,备五时副车,置旄头、云罕,乐舞八佾,设钟虡宫县。王妃、王子、王女爵命之号,陈台百官,一依旧典。

辛未,梁帝禅位于陈,策曰:

咨尔陈王,惟昔上古,厥初生人,骊连、栗陆之前,容成、大庭之世,杳冥慌忽,故靡得而详焉。自义、农、轩、昊之君,陶唐、有虞之主,或垂衣而御四海,或无为而子万姓,居之如驭朽索,去之如脱弊屣,裁遇许由,便能舍帝,暂逢善卷,即以让王。故知玄扈璇玑,非关尊贵,金根玉辂,示表君临。及南观河渚,东沉刻璧,菁华既竭,毫勤已倦,则抗首而笑,惟贤是与,謻然作歌,简能斯授。遗风余烈,昭晰图书,汉、魏因循,是为故实,宋、齐授受,又弘斯义。我高祖应期抚运,握枢御宇,三后重光,祖宗齐圣。及时属阳九,封豕荐食,西都失驭,夷狄交侵。乃暨天成,轻算龟鼎,慄慄黔首,若崩厥角,徽徽皇极,将甚缀旒。惟王乃圣乃神,钦明文思,二仪并运,四时合序,天锡智勇,人挺雄杰,珠庭日角,龙行虎步。爰初投袂,日乃勤王,电扫番禺,云撤彭蠡,翦其元恶,定我京畿。及王贺帝弘,贸兹冠履,既行伊、霍,用保冲人。震泽、稽涂,并怀叛逆,獂、羯丑虏,三乱皇都,裁命偏师,二邦自殄,薄伐猃狁,六戎尽殪。岭南叛换,湘、郢连结,贼帅既禽,凶渠传首。用能百揆时序,四门允穆,无思不服,无远不届,上达穹昊,下漏深泉,蛟鱼并见,讴歌攸属。况乎长彗横天,已徵布新之兆,璧日斯既,实表更姓之符。七百无常期,皇王非一族。昔木德既季,而传祚于我有梁。天之历数,允集明哲。式遵前典,广询群议,王公卿尹,莫不攸属。敬从人祇之愿,授帝位于尔躬。四海困穷,天禄永终,王其允执厥中,轨仪前式,以副溥天之望。禋郊祀帝,时膺大礼,永固洪业,岂不盛与!

又命玺书,遣兼太保、尚书左仆射王通,兼太尉、司徒左长史王场,奉皇帝玺绂,受终之礼,一依唐、虞故事。是日,梁帝逊于别宫。帝谦让再三,群臣固请,乃许之。

永定元年冬十月乙亥,皇帝即位于南郊,柴燎告天曰:

皇帝臣霸先,敢用玄牡昭告于皇皇后帝:梁氏以妃剥荐臻,历运有极,钦若天应,以命于霸先。夫肇有黎蒸,乃树司牧,选贤与能,未常厥姓。有梁末运,仍叶遘屯,獯丑凭陵,久移神器。承圣在外,非能祀夏,天未悔祸,复罹寇逆。嫡嗣废黜,宗枝僭诈,天地板荡,纪纲泯绝。霸先爰初投袂,大拯横流,重举义兵,实属多难。废王立帝,实有厥功,安国定社,用尽其力。是谓小康,方期大道,既而烟云表色,日月呈祥,除旧布新,既彰玄象,迁虞事夏,且协讴歌,九域八荒,同布衷款,百神群祀,皆有诚愿，梁帝高谢万邦，授以大宝。霸先自惟菲薄，让德不嗣，至于再三，辞弗获许。金以百姓须王，万机难旷，皇灵眷命，非可谦拒。畏天之威，用膺嘉祚，永言夙志，能无惭德。敬简元辰，升坛受禅，告类上帝，用答丕心，永保于我有陈，惟明灵尚飨。

先是，氛雾雨雪，昼夜晦冥，至是日，景气清晏。礼毕，舆驾还宫，临太极前殿，大赦，改元。赐百姓爵二级，文武二等。鳏寡孤独不能自存者，人谷五斛。逋租宿责，皆勿复收。有犯乡论清议、赃污淫盗者，皆洗除先注，与之更始。其长徒敕系，特皆原之。亡官失爵，禁锢夺劳，一依旧典。又诏以江阴郡　奉梁主为江阴王，行梁正朔，车旗服色，一依前准。梁皇太后为江阴国太妃，皇后为江阴国妃。又诏百司，各依位摄职。丙子，幸钟山，祭蒋帝庙。戊寅，幸华林园览辞讼，临赦囚徒。己卯，分遣大使宣劳四方。庚辰，诏出佛牙于杜姥宅，集四部设无遮大会。辛巳，追尊皇考曰景皇帝，庙号太祖，皇妣董太夫人曰安皇后，前夫人钱氏为昭皇后，世子克为孝怀太子。立夫人章氏为皇后。癸未，尊景帝陵曰瑞陵，昭皇后陵曰嘉陵，依梁初园陵故事。立删定郎，刊定律令。戊子，迁景皇帝神主祔于太庙。是月，西讨都督周文育、侯安都于郢州败绩，没于王琳。

十一月丙申，封皇兄子长城县侯茜为临川郡王，顼袭封始兴郡王，皇弟子昙朗袭封南康郡王。庚申，都下火。

十二月庚辰，皇后谒太庙。

是岁，周闵帝元年。及九月，冢宰宇文护废闵帝而奉明帝，又为明帝元年。


二年春正月乙未，以车骑将军、开府仪同三司侯瑱为司空。辛丑，祀南郊，大赦。甲寅，遣中书舍人韦鼎策吴兴楚王神为帝。戊午，祀明堂。

二月壬申，南豫州刺史沈泰奔齐。辛卯，诏司空侯瑱总督水陆众军以御齐。

三月，王琳立梁永嘉王萧庄，以奉梁后，即位于郢州。

夏四月甲子，祀太庙。乙丑，江阴王殂，陈志也。追谥梁敬帝。诏太宰吊祭，司空监护丧事。以梁武林侯萧谘子季卿嗣为江阴王。戊辰，重云殿东鸱尾有紫烟属天。

五月乙未，都下地震。壬寅，立梁邵陵携王庙室，祭以太牢。辛酉，帝幸大庄严寺，舍身。壬戌，群臣表请还宫。

六月己巳，诏司空侯瑱、领军将军徐度讨王琳。初，侯景之平也，太极殿被焚，承圣中议欲营之，独阙一柱。

秋七月，有樟木大十八围，长四丈五尺，流泊陶家后渚，监军邹子度以闻。诏中书令沈众兼起部尚书，构太极殿。

八月，周文育、侯安都等于王琳所逃归，自劾廷尉，即日引见，宥之，并复本官。丁亥，加江州刺史周迪平南将军、开府仪同三司。

冬十月庚午，遣镇南将军周文育都督众军出豫章，讨余孝劢。乙亥，幸庄严寺，发《金光明经》题。丁酉，加高州刺史黄法氍平南将军、开府仪同三司。

十二月甲子，幸大庄严寺，设无碍大会，舍乘舆法物，群臣备法驾奉迎，即日还宫。丙戌，加北江州刺史熊昙朗平西将军、开府仪同三司。

三年春正月丁酉，镇南将军、广州刺史欧阳頠即本号开府仪同三司。是夜，大雪。及旦，太极殿前有龙迹见。甲子，广州言仙人见于罗浮山寺小石楼。

二月辛酉，加平西将军、桂州刺史淳于量镇西大将军、开府仪同三司。

夏闰四月甲午，诏依前代置西省学士，兼取伎术士。是时，久不雨。丙午，幸钟山祭蒋帝庙。是日降雨，迄于月晦。

五月丙辰朔，日有蚀之。有司奏：旧仪帝御前殿，服朱纱袍、通天冠。诏曰：“此乃前代承用，意有未同，合朔仰助太阳，宜备衮冕之服，自今永可为准。”丙子，扶南国遣使朝贡。乙酉，北江州刺史熊昙朗杀都督周文育，举兵反。王琳遣其将常众爱、曹庆率兵援余孝劢。

六月戊子，仪同侯安都败众爱等于左里，获琳从弟袭、主帅羊暕等四十余人，众爱遁走。庚寅，卢山人斩之，传首建邺。甲午，众军凯归。丁酉，帝不豫，遣兼太宰、尚书右仆射王通以疾告太庙，兼太宰、中书令谢哲告太社、南北郊。辛丑，帝小瘳。故司空周文育之枢至自建昌。壬寅，帝素服哭于朝堂，哀甚。癸卯，上临讯狱讼。是夜，荧惑在天尊，上疾甚。丙午，帝崩于璇玑殿，时年五十七。遗诏追临川王蒨入缵大业。甲寅，殡于太极殿西阶。八月甲午，群臣上谥曰武皇帝，庙号高祖。丙申，葬万安陵。

帝雄武多英略，性甚仁爱。及居阿衡，恒崇宽简。雅尚俭素，常膳不过数品。私飨曲宴，皆瓦器蚌盘，肴核庶羞，裁令充足，不为虚费。初平侯景及立敬帝，子女玉帛，皆班将士。其充闺房者，衣不重采，饰无金翠，声乐不列于前。践阼之后，弥厉恭俭。故能隆功茂德，光于江左云。

世祖文皇帝讳蒨，字子华，始兴昭烈王之长子也。少沉敏，有识量，美容仪，留意经史。武帝甚爱之，常称吾家英秀。梁太清初，帝梦两日斗，一大一小，大者光灭坠地，色正黄，其大如斗，帝三分取一怀之。侯景之乱，避地临安县郭文举旧宅。及武帝举兵南下，景遣吴兴太守信都邃收帝及衡阳献王出都。帝乃密袖小刀，候见景欲图之。及至，以付郎中王翻幽守，故其事不遂。武帝围石头，景欲加害者数矣。会景败，乃得出。

起家吴兴太守。武帝之讨王僧辩也，先召帝与谋。时僧辩婿杜龛据吴兴，兵众甚盛。武帝密令帝还长城，立栅备之。龛遣将杜泰乘虚掩至，将士相视失色，帝言笑自若，部分益明，于是众心乃定。及武帝遣周文育讨龛，帝遣将军刘澄、蒋元举攻下龛。拜会稽太守。武帝受禅，立为临川王。梦梁武帝以宝刀授己。周文育、侯安都之败于沌口，武帝诏帝入总军政，寻命率兵城南皖。

永定三年六月丙午，武帝崩，皇后称遗诏征帝入纂皇统。甲寅，至自南皖，入居中书省。皇后令帝嗣膺宝箓，帝辞让至于再三，公卿固请,其日即皇帝位于太极前殿,大赦,诏州郡悉停奔赴。

秋七月丙辰,尊皇后为皇太后。辛酉,以司空侯瑱为太尉,以南豫州刺史侯安都为司空,以南徐州刺史徐度为侍中、中抚军将军、开府仪同三司。乙丑,重云殿灾。

八月庚戌,立皇子伯茂为始兴王,奉昭烈王后。徙封始兴嗣王顼为安成王。

九月辛酉,立皇子伯宗为皇太子,王公以下赐帛各有差。乙亥,立妃沈氏为皇后。

冬十月甲子,齐文宣帝殂。

十一月乙卯,王琳寇大雷,诏太尉侯瑱、司空侯安都、仪同徐度御之。

是岁,周明帝改天王称皇帝,复建年号曰武成元年。

天嘉元年春正月癸丑,大赦,改元。诏赐鳏寡孤独不能自存者,人粟五斛。孝悌力田,殊行异等,加爵一级。甲寅,分遣使者宣劳四方。辛酉,祀南郊,诏赐人爵一级。

二月丙申,太尉侯瑱败王琳于梁山,败齐兵于博望,禽齐将刘伯球。王琳及其主萧庄奔齐。庚子,分遣使者赍玺书宣劳四方。乙巳,遣太尉侯瑱镇盆城。庚戌,立武帝第六子昌为衡阳王。

三月丙辰,萧庄所署郢州刺史孙玚举州内附。丁巳,江州刺史周迪平南中,斩贼帅熊昙朗,传首建邺。戊午,齐军弃鲁山城走,诏南豫州刺史程灵洗守之。丙子,衡阳王昌沉于江。

夏四月丁亥,立皇子伯信为衡阳王,奉献王后。辛丑,周明帝崩。

六月辛巳,改谥皇祖妣景安皇后曰景文皇后。壬辰,诏改葬梁元帝于江宁旧茔,车骑礼章,悉同梁典,仍依魏葬汉献帝故事。甲午,追策故始兴昭烈王妃曰孝妃。辛丑,国哀周忌,上临于太极前殿,百僚陪哭。赦建邺殊死以下。

秋七月丙辰,立皇子伯山为鄱阳王。

八月壬午,齐孝昭帝废太子殷而自立。戊子,诏非兵器及国容所须,金银珠玉衣服杂玩,悉皆禁断。丁酉,幸正阳堂阅武。

九月癸丑,彗星见。乙卯,周将独孤盛领水军趣巴、湘,与贺若敦水陆俱进,太尉侯瑱自寻阳御之。

冬十月癸巳,侯瑱袭破独孤盛于杨叶洲,盛登岸筑城自保。丁酉,诏司空侯安都率众会侯瑱南拒周军。

十二月己亥,周巴陵城主尉迟宪降。庚子,独孤盛潜遁走。

二年春正月庚戌,大赦。辛未,周湘州城主殷亮降,湘州平。

二月庚寅,曲赦湘州诸郡。

三月乙卯,太尉、湘州刺史侯瑱薨。

夏六月己亥,齐人通好。

秋七月丙午,周将贺若敦遁归,武陵、天门、南平、义阳、河东、宜都郡悉平。

九月甲寅,诏以故太尉侯瑱、故司空周文育、故开府仪同三司杜僧明、故中护军胡颖、故领军陈拟配食武帝庙庭。

冬十月癸丑,霍州西山蛮率部内属。乙卯,高丽国遣使朝贡。

十一月甲辰,齐孝昭帝殂。

十二月甲申,立始兴国庙于都下,用王者礼。以国用不足,立煮海盐传及榷酤科。先是缙州刺史留异应王琳,丙戌,诏司空侯安都讨之。

是岁,周武帝保定元年。

三年春正月庚戌,设帷宫于南郊,币告胡公以配天。辛亥,祀南郊;诏赐人爵一级,孝悌力田加一等。

二月,梁宣帝殂。

闰月己酉,以百济王馀明为抚东大将军,高丽王高汤为宁东将军。江州刺史周迪举兵应留异。甲子,改铸五铢钱。

三月丙子,安成王顼至自周。丁丑,以安右将军吴明彻为安南将军、江州刺史,督众军南讨。甲申,大赦。庚寅,司空侯安都破留异于姚支岭,异奔晋安,东阳郡平。

夏四月癸卯,曲赦东阳郡。乙巳,齐人来聘。

秋七月己丑,皇太子纳妃王氏,在位文武,赐帛各有差,孝悌力田为父后者,赐爵二级。

九月戊辰朔,日有蚀之。以侍中到仲举为尚书右仆射。丁亥,周迪请降。

四年春正月丙子,干陁利国遣使朝贡。甲申,周迪走投闽州,刺史陈宝应纳之。

夏四月辛丑,设无碍大会,舍身于太极前殿。乙卯,加骠骑将军、扬州刺史安成王顼开府仪同三司。

六月癸巳,司空侯安都赐死。

秋九月壬戌,开府仪同三司、广州刺史欧阳颁薨。癸亥,曲赦都下。辛未,周迪复寇临川,诏护军将军章昭达讨平之。

冬十二月丙申,大赦。诏昭达进军建安,讨陈宝应。

五年春三月壬午,诏以故护军将军周铁武配食武帝庙庭。

夏五月,周、齐并遣使来聘。

秋七月丁丑,曲赦都下。

九月,城西城。

冬十一月己丑,章昭达禽陈宝应、留异,送建邺,晋安郡平。甲辰,以护军将军章昭达为镇军将军、开府仪同三司。

十二月甲子,曲赦建安、晋安二郡。讨陈宝应将士死王事者,并给棺槽,送还本乡,并复其家。癸未,齐人来聘。

六年春正月甲午,皇太子加元服,王公以下,赐帛各有差,孝悌力田为父后者,赐爵一级,鳏寡孤独不能自存者,谷人五斛。

夏四月甲寅,以开府仪同三司、扬州刺史安成王顼为司空。

五月,齐武成帝传位于太子纬,自号太上皇帝。

六月辛酉,彗星见于上台。北周人来聘。

秋七月癸未,有大风自西南至,广百余步,激坏灵台候楼。甲申,仪贤堂无故自坏。丙戌,临川太守骆牙斩周迪,传首建邺,枭于朱雀航。

八月己卯,立皇子伯固为新安王,伯恭为晋安王,伯仁为卢陵王,伯义为江夏王。

九月,新作大航。

冬十月辛亥,齐人来聘。

十二月乙卯,立皇子伯礼为武陵王。癸亥,曲赦都下。


天康元年春二月丙子,大赦,改元。

三月己卯,以司空安成王顼为尚书令。

夏四月乙卯,皇孙至泽生,赐在位文武帛各有差,为父后者赐爵一级。癸酉,皇帝崩于有觉殿。遗诏皇太子可即君临,山陵务存俭速,大敛竟,群臣三日一临,公除之制,率依旧典。六月甲子,群臣上谥曰文皇帝,庙号世祖。丙寅,葬永宁陵。

文帝起自布衣,知百姓疾苦,国家资用,务从俭约。妙识真伪,下不容奸。一夜内刺闺取外事分判者,前后相续。每鸡人伺漏传签于殿中者,令投签于阶石上,锵然有声,云:“吾虽得眠,亦令惊觉。”其自强若此云。


废帝讳伯宗,字奉业,小字药王,文帝嫡长子也。梁承圣三年五月庚寅生。永定二年二月戊辰,拜临川王世子。三年,文帝嗣位。八月庚戌,立为皇太子。自梁室乱离,东宫焚烬,太子居于永福省。

天康元年四月癸酉,文帝崩,是日太子即皇帝位于太极前殿,大赦。诏内外文武各复其职,远方悉停奔赴。

五月己卯,尊皇太后曰太皇太后,皇后曰皇太后。庚寅,以司空、扬州刺史、新除尚书令安成王顼为司徒、录尚书、都督中外诸军事。丁酉，以中军大将军、开府仪同三司徐度为司空，以镇东将军、东扬州刺史始兴王伯茂为征东将军、开府仪同三司，以吏部尚书袁枢为尚书左仆射，以吴兴太守沈钦为右仆射。

秋七月丁酉，立妃王氏为皇后。

冬十月庚申，享太庙。

十一月乙亥，周人来吊。

十二月甲子，高丽国遣使朝贡。

是岁，周天和元年。

光大元年春正月癸酉，尚书左仆射袁枢卒。乙亥，大赦，改元，赐孝悌力田爵一级。辛卯，祀南郊。

二月辛亥，南豫州刺史余孝顷谋反，伏诛。

三月甲午，以尚书右仆射沈钦为侍中、尚书仆射。

夏五月乙未，湘州刺史华皎不从执政。丙申，以中抚军大将军淳于量为征南大将军，总舟师讨之。

六月壬寅，以中军大将军、司空徐度为车骑将军，总督都下众军，自步道袭湘州。

秋七月戊申，立皇子至泽为皇太子，赐天下为父后者爵一级，王公以下赉帛各有差。

九月丙辰，百济国遣使朝贡。是月，周将拓拔定入郢州，与华皎水陆俱进，都督淳于量、吴明彻等大破之，皎单舸奔江陵，禽定送建邺。

冬十月辛巳，曲赦湘、巴二州为皎所诖误者。

十一月甲子，中权将军、开府仪同三司王冲薨。

十二月庚寅，以仪同三司、兼从事中郎孔英哲为奉圣亭侯，奉孔子祀。

二年春正月己亥，司徒安成王顼进位太傅，领司徒，加殊礼。以新除征南大将军淳于量为中军大将军，及安南将军、湘州刺史吴明彻，即本号并开府仪同三司。庚子，诏讨华皎军人死王事者，并给棺椁，送还本乡，仍复其家。甲子，司空徐度薨。

夏五月丙辰，太傅安成五项献玉玺一。

六月丁亥，彗星见。

秋七月戊申，新罗国遣使朝贡。壬戌，立皇弟伯智为永阳王，伯谋为桂阳王。

九月，林邑、狼牙脩国并遣使朝贡。

冬十一月甲寅，慈训太后令曰："伯宗昔在储宫，本无令问，及居崇极，遂骋凶淫。太傅亲承顾托，义深垣屏，而攒涂未御，翌日无淹，仍遣刘师知、殷不佞等显言排斥，阴谋祸乱，赖元相维持，但除君侧。又以余孝顷密迩京师，便相征召，宗社之灵，妖氛是灭。于是密诏华皎，称兵上流，国祚忧惶，几移丑类。又别敕欧阳纥等攻逼衡州，岭表纷纭，殊淹弦望。但贼竖皆亡，日望惩改，而悖礼忘德，情性不悛。荡主侯法喜等，太傅麾下，恒游府内，啖以深利，谋兴肘腋。又荡主孙泰等潜相连结，大有交通，天诱其衷，自然开发。此诸文迹，今以相示。岂可复肃恭禋祀，临御生灵？今可特降为临海郡王，送还藩邸。太傅安成王，固天生德，齐圣广深，二后钟心，三灵仁眷。自前朝不豫，任总邦家，威惠相宣，刑礼兼设。且地彰灵玺，天表长彗，布新除旧，祯祥咸显。文皇知子之鉴，事甚帝尧，传弟之怀，久符太伯。今可还申旧志，崇立贤君，外宜依旧典，奉迎舆驾。"是日，帝出居别第。太建二年四月乙卯，薨，时年十九。

帝性仁弱，无人君之器，及即尊位，政刑皆归冢宰，故宣太后称文帝遗志而废焉。

论曰：陈武帝以雄毅之姿，属殷忧之运，功存拯溺，道济横流，应变无方，盖惟人杰。及乎西都荡覆，江表贴危，僧辩任同伊尹，空结桐宫之恨，贞阳入假秦兵，不息穆嬴之泣。帝乘隙以举，乃蹈玄机，王业所基，始自于此，柴天改物，盖有凭云。文帝以宗枝承统，情存兢惕，加以崇尚儒术，爱悦文义，恭俭行己，勤劳济物，志度弘远，有前哲之风,至于临下明察,得永平之政矣。临海懦弱,有同于帝挚,文后虽欲不鉴殷道,盖亦其可得邪。

南史卷一〇

陈本纪下第一〇

# 宣帝　后主

　　高宗孝宣皇帝讳顼，字绍世，小字师利，始兴昭烈王第二子也。梁中大通二年七月辛酉生，有赤光满室。少宽容，多智略。及长，美容仪，身长八尺三寸，垂手过膝，有勇力，善骑射。

　　武帝平侯景，镇京口，梁元帝征武帝子侄入侍，武帝遣帝赴江陵，累官为中书侍郎。时有军主李总与帝有旧，每同游处，帝尝夜被酒，张灯而寐，总适出，寻反，乃见帝是大龙，便惊走他室。魏平江陵，迁于长安。帝貌若不慧，魏将杨忠门客张子煦见而奇之，曰："此人虎头，当大贵也。"

　　永定元年，遥袭封始兴郡王。文帝嗣位，改封安成王。天嘉三年，自周还，授侍中、中书监、中卫将军，置佐史。历位司空、尚书令。废帝即位，拜司徒、录尚书、都督中外诸军事。光大二年正月，进位太傅，领司徒，加殊礼，剑履上殿。十一月甲寅，慈训太后黜废帝为临海王，以帝入缵皇统。是月，齐武成帝殂。

　　太建元年春正月甲午，皇帝即位于太极前殿，大赦，改元。文武赐位一阶，孝悌力田及为父后者，赐爵一级，鳏寡不能自存者，人赐谷五斛。复太皇太后尊号曰皇太后，立妃柳氏为皇后，世子叔宝为皇太子。封皇子江州刺史康乐侯叔陵为始兴王，奉昭烈王祀。乙未，谒太庙。丁酉，分命大使观省四方风俗。以尚书仆射沈钦为左仆射，度支尚书王劢为右仆射。辛丑,祀南郊。壬寅,封皇子建安侯叔英为豫章王,丰城侯叔坚为长沙王。

二月乙亥,耕藉田。

夏五月甲午,齐人来聘。丁巳,以吏部尚书徐陵为尚书右仆射。

秋七月辛卯,皇太子纳妃沈氏,王公以下赐帛各有差。

冬十月,新除左卫将军欧阳纥据广州反。辛未,遣开府仪同三司章昭达讨之。

二年春二月癸未,章昭达禽欧阳纥,送都,斩于建康市,广州平。

三月丙申,皇太后崩。丙午,曲赦广、衡二州。丁未,大赦。又诏自讨周迪、华皎以来,兵所有死亡者,并令收敛,并给棺槽,送还本乡。

夏四月乙卯,临海王伯宗薨。戊寅,皇太后祔葬于万安陵。

五月壬午,齐人来吊。

六月戊子,新罗国遣使朝贡。辛卯,大雨雹。乙巳,分遣大使巡州郡,省冤屈。

冬十一月辛酉,高丽国遣使朝贡。

十二月癸巳,雷。

三年春正月癸丑,以尚书右仆射徐陵为尚书仆射。辛酉,祀南郊。

二月辛巳,祀明堂。丁酉,耕藉田。

三月丁丑,大赦。

夏四月壬辰,齐人来聘。

五月辛亥,高丽、新罗、丹丹、天竺、盘盘等国并遣使朝贡。

六月丁亥,江阴王萧季卿以罪免。甲辰,封东中郎长沙王府谘议参军萧彝为江阴王。

冬十月乙酉,周人来聘。

十二月壬辰,司空章昭达薨。

四年春正月丙午,以尚书仆射徐陵为左仆射,中书监王劢为右仆射。

二月乙酉,立皇子叔卿为建安王。

三月乙丑,扶南、林邑国并遣使朝贡。

夏五月癸卯,尚书右仆射王劢卒。是月,周人诛冢宰宇文护。

秋八月辛未,周人来聘。

九月庚子朔,日有蚀之。辛亥,大赦。丙寅,以故太尉徐度,仪同三司杜棱、程灵洗配食武帝庙庭,故司空章昭达配食文帝庙庭。

冬十一月己亥,地震。

是岁,周建德元年。

五年春正月癸酉,以吏部尚书沈君理为尚书右仆射,领吏部。辛巳,祀南郊。

二月辛丑,祀明堂。乙卯夜,有白气如虹,自北方贯北斗紫宫。

三月壬午,以开府仪同三司吴明彻都督征讨诸军事,略地北边。丙戌,西衡州献马生角。己丑,皇孙胤生,内外文武赐帛各有差,为父后者赐爵一级。

夏六月癸卯,周人来聘。

秋九月癸未,尚书右仆射沈君理卒。壬辰晦,夜明。

冬十月己亥,以特进周弘正为尚书右仆射。乙巳,吴明彻克寿阳城,斩王琳,传首建邺,枭于朱雀航。

十二月壬辰,诏熊昙朗、留异、陈宝应、周迪、邓绪等及王琳首,并还亲属,以弘广宥。乙巳,立皇子叔明为宜都王,叔献为河东王。

是岁,诸军略地,所在克捷。

六年春正月壬戌,赦江右淮北诸州。甲申,周人来聘。高丽国遣使朝贡。

二月壬辰朔,日有蚀之。辛亥,耕藉田。

夏四月庚子,彗星见。

六月壬辰,尚书右仆射周弘正卒。

冬十一月乙亥,诏北边行军之所,并给复十年。

十二月戊戌,以吏部尚书王玚为尚书右仆射。

七年春正月辛未,祀南郊。

三月辛未,诏豫、二兖、谯、徐、合、霍、南司、定九州及南豫、江、郢所部在江北诸郡,置云旗义士,往大军及诸镇备防。

夏四月丙戌,有星孛于大角。庚寅,监豫州陈桃根献青牛,诏以还百姓。乙未,桃根又上织成罗纹锦被表各二,诏于云龙门外焚之。壬子,郢州献瑞钟六。

六月丙戌,诏为北行将士死王事者,克日举哀。壬辰,以尚书右仆射王玚为尚书仆射。己酉,改作云龙、神兽门。

秋八月癸卯,周人来聘。

闰九月壬辰,都督吴明彻大破齐军于吕梁。是月,甘露频降乐游苑。丁未,舆驾幸苑采甘露,宴群臣。诏于苑龙舟山立甘露亭。

冬十月己巳,立皇子叔齐为新蔡王,叔文为晋熙王。

十二月壬戌,以尚书仆射王玚为左仆射,太子詹事陆缮为右仆射。甲子,南康郡献瑞钟一。

八年春二月壬申,以开府仪同三司吴明彻为司空。

夏五月庚寅,尚书左仆射王玚卒。

六月甲寅,以尚书右仆射陆缮为左仆射,新除晋阳太守王克为右仆射。

秋九月戊戌,立皇子叔彪为淮南王。

九年春正月乙亥,齐主传位于其太子恒,自号太上皇。是月,周灭齐。

二月壬子,耕藉田。

秋七月己卯,百济国遣使朝贡。庚辰,大雨,震万安陵华表。己丑,震慧日寺刹及瓦官寺重门,一女子震死。

冬十月戊午,司空吴明彻破周将梁士彦于吕梁。

十二月戊申,东宫成,皇太子移于新宫。

十年春二月甲子,周军救梁士彦,大败司空吴明彻于吕梁,及将卒皆见囚俘不反。

三月辛未,震武库。丙子,分命众军以备周。乙酉,大赦。

夏四月庚戌,诏挂在军者,并赐爵二级。又诏御府堂署所营造,礼乐仪服军器之外,悉皆停息,掖庭常供,王侯妃主诸有奉恤者,并各量减。庚申,大雨雹。

六月丁酉,周武帝崩。

闰六月丁卯,大雨,震大皇寺刹、庄严寺露盘、重阳阁东楼、千秋门内槐树及鸿胪府门。

秋七月戊戌,新罗国遣使朝贡。

八月戊寅,陨霜杀稻菽。

九月乙巳,立方明坛于娄湖。戊申,以扬州刺史始兴王叔陵兼王官伯,临盟。甲寅,幸娄湖,临誓众。乙卯,分遣大使以盟誓班下四方,以上下相警。

冬十月戊子,以尚书左仆射陆缮为尚书仆射。

十二月乙亥,合州卢江蛮田伯兴出寇枞阳,刺史鲁广达讨平之。

是岁,周宣政元年。

十一年春正月丁酉,南兖州言龙见。

二月癸亥,耕藉田。

秋七月辛卯,初用大货六铢钱。

八月丁卯,幸大壮观阅武。

冬十月甲戌，以尚书仆射陆缮为尚书左仆射，以祠部尚书晋安王伯恭为右仆射。

十一月辛卯，大赦。戊戌，周将梁士彦围寿阳，克之。辛亥，又克霍州。癸丑，以扬州刺史始兴王叔陵为大都督，总督水步众军。

十二月乙丑，南、北兖、晋三州及盱台、山阳、阳平、马头、秦、历阳、沛、北谯、南梁等九郡民，并自拔向建邺。周又克谯、北徐二州。自是淮南之地，尽归于周矣。己巳，诏非军国所须，多所减损，归于俭约。

是岁，周宣帝大象元年。

十二年夏四月癸亥，尚书左仆射陆缮卒。己卯，大雪。壬午，雨。

五月癸巳，以尚书右仆射晋安王伯恭为尚书仆射。己酉，周宣帝崩。

六月壬戌，大风，吹坏皋门中阋。

秋八月己未，周郧州总管怀马消难以所统九州八镇之地来降，诏因以消难为大都督，加司空，封随郡公。庚申，诏镇西将军樊毅进督沔、汉诸军事，遣南豫州刺史任忠率众趋历阳，超武将军陈慧纪为前军都督，趋南兖州。戊辰，以司空司马消难为大都督水陆诸军事。庚午，通直散骑常侍淳于陵克临江郡。癸酉，智武将军鲁广达克郭默城。甲戌，大雨霖。丙子，淳于陵克祐州城。

九月癸未，周临江太守刘显光率众来降。是夜，天东南有声，如风水相激，三夜乃止。丁亥，周将王延贵率众援历阳，任忠击破之，禽延贵等。己酉，周广陵义军主曹药率众来降。

冬十月癸丑，大雨，震电。

十二月庚辰，南徐州刺史河东王叔献薨。

十三年春正月壬午，以中权将军、护军将军鄱阳王伯山即本号开府仪同三司，以尚书仆射晋安王伯恭为左仆射，吏部尚书袁宪为右仆射。

二月乙亥，耕藉田。

秋九月癸亥夜，大风从西北来，发屋拔树，大雨雹。

冬十月壬寅，丹丹国遣使朝贡。

十二月辛巳，彗星见西南。

是岁，周静帝大定元年，逊位于隋文帝，改元开皇元年。

十四年春正月己酉，上弗豫。甲寅，崩于宣福殿，时年五十三。遗诏："凡厥终制，事从省约，金银之饰，不以入圹，明器皆用瓦。以日易月，及公除之制，悉依旧准。在位百司，三日一临，四方州镇，五等诸侯，各守所职，并停奔赴。"二月辛卯，群臣上谥曰孝宣皇帝，庙号高宗。癸巳，葬显宁陵。

帝之在田，本有恢弘之度，及居尊位，实允天人之属。于时国步初殚，创痍未复，淮南之地，并入于齐。帝志复旧境，意反侵地，强弱之形，理则县绝，犯斯不韪，适足为禽。及周兵灭齐，乘胜而举，略地还至江际，自此惧矣。既而修饰都城，为捍御之备，获铭云："二百年后，当有痴人修破吾城者。"时莫测所从云。

后主讳叔宝，字元秀，小字黄奴，宣帝嫡长子也。梁承圣二年十一月戊寅，生于江陵。明年，魏平江陵，宣帝迁于长安，留后主于穰城。天嘉三年，归建邺，立为安成王世子。光大二年，累迁侍中。太建元年正月甲午，立为皇太子。

十四年正月甲寅，宣帝崩。乙卯，始兴王叔陵构逆伏诛。丁巳，太子即皇帝位于太极前殿，大赦，在位文武及孝悌力田为父后者，并赐爵一级，孤老鳏寡不能自存者，赐谷人五斛，帛二匹。癸亥，以侍中、丹阳尹长沙王叔坚为骠骑将军、开府仪同三司、扬州刺史。乙丑，尊皇后为皇太后。丁卯，立皇弟叔敦为始兴王，奉昭烈王祀。己巳，立妃沈氏为皇后。辛未，立皇弟叔俨为寻阳王，叔慎为岳阳王，叔达为义阳王，叔熊为巴山王，叔虞为武昌王。甲戌，设无碍大会于太极前殿。

三月癸亥，诏内外众官九品以上，各荐一人。又诏求忠谠，无所隐讳。已巳，以新除翊左将军永阳王伯智为尚书仆射。

夏四月丙申，立皇子永庚公胤为皇太子，赐天下为父后者爵一级，王公以下赉帛各有差。庚子，诏：“镂金银薄、度物化生、土木人、彩华之属，及布帛短狭轻疏者，并伤财废业，尤成蠹患。又僧尼道士，挟邪左道，不依经律，人间淫祀妖书诸珍怪事，详为条制，并皆禁绝。”

秋七月辛未，大赦。是月，自建邺至荆州，江水色赤如血。

八月癸未，天有声，如风水相激。乙酉夜，又如之。

九月丙午，设无碍大会于太极前殿，舍身及乘舆御服，大赦。辛亥夜，天东北有声，如虫飞，渐移西北。丙寅，以骠骑将军、开府仪同三司、扬州刺史长沙王叔坚为司空，征南将军、江州刺史豫章王叔英即本号开府仪同三司。

至德元年春正月壬寅，大赦，改元。以江州刺史豫章王叔英为骠骑将军、开府仪同三司，以司空、扬州刺史长沙王叔坚为江州刺史、征东将军、开府仪同三司。癸卯，立皇子深为始安王。

秋八月丁卯，以骠骑将军、开府仪同三司长沙王叔坚为司空。

九月丁巳，天东南有声，如虫飞。

冬十月丁酉，立皇弟叔平为湘东王，叔敖为临贺王，叔宣为阳山王，叔穆为西阳王，叔俭为南安王，叔澄为南郡王，叔兴为沅陵王，叔韶为乐山王，叔纯为新兴王。

十二月丙辰，头和国遣使朝贡。司空长沙王叔坚有罪，免。戊午夜，天开，自西北至东南，其内有青黄杂色，隆隆若雷声。

二年春正月丁卯，分遣大使巡省风谷。癸巳，大赦。

夏五月戊子，以吏部尚书江总为尚书仆射。

秋七月壬午皇太子加元服，在位文武赐帛各在差，孝悌力田为父后者，赐爵一级，鳏寡癃老不能自存者，人谷五斛。

冬十一月丙寅，大赦。是月，盘盘、百济国并遣使朝贡。

三年春正月戊午朔，日有蚀之。庚午，镇左将军长沙王叔坚即本号开府仪同三司。

三月辛酉，前丰州刺史章大宝举兵反。

夏四月庚戌，丰州义军主陈景详斩大宝，传首建邺。

冬十月己丑，丹丹国遣使朝贡。

十一月己未，诏修复仲尼庙。辛巳，幸长干寺，大赦。

十二月癸卯，高丽国遣使朝贡。

是岁，梁明帝殂。

四年春正月甲寅，诏王公以下各荐所知，无隔舆皂。

二月丙申，立皇弟叔谟为巴东王，叔显为临江王，叔坦为新会王，叔隆为新宁王。

夏五月丁巳，立皇子庄为会稽王。

秋九月甲午，幸玄武湖肆舻舰阅武。丁未，百济国遣使朝贡。

冬十月癸亥，以尚书仆射江总为尚书令，吏部尚书谢伷为尚书仆射。

十一月己卯，大赦。

祯明元年春正月戊寅，大赦，改元。乙未，地震。

秋九月庚寅，梁太傅安平王萧岩、荆州刺史萧瓛，遣其都官尚书沈君公诣荆州刺史陈纪请降。辛卯，岩等帅其文武官男女济江。甲午，大赦。

冬十一月丙子，以萧岩为平东将军、开府仪同三司、东扬州刺史。丁亥，以骠骑大将军、开府仪同三司豫章五叔英为兼司徒。

十二月丙辰，以前镇卫大将军、开府仪同三司、东扬州刺史鄱阳王伯山为镇卫大将军、开府仪同三司。

二年春正月辛巳，立皇子恮为东阳王，恬为钱唐王。

夏四月戊申，有群鼠无数，自蔡洲岸入石头，淮至于青塘两岸，数日自死，随流出江。是月，郢州南浦水黑如墨。五月甲午，东冶铸铁，有物赤色，大如数升，自天坠熔所，有声隆隆如雷，铁飞出墙外，烧人家。

六月戊戌，扶南国遣使朝贡。庚子，废皇太子胤为吴兴王，立扬州刺史始安王深为皇太子。辛丑，以太子詹事袁宪为尚书仆射。丁巳，大风自西北激涛水入石头城，淮渚暴缢，漂没舟乘。

冬十月己亥，立皇子藩为吴王。己酉，幸莫府山，大校猎。

十一月丁卯，诏克日于大政殿讯狱。丙子，立皇弟叔荣为新昌王，叔匡为太原王。

初，隋文帝受周禅，甚敦邻好，宣帝尚不禁侵掠。太建末，隋兵大举，闻宣帝崩，乃命班师，遣使赴吊，修敌国之礼，书称姓名顿首。而后主益骄，书末云：“想彼统内如宜，此宇宙清泰。”隋文帝不说，以示朝臣。清河公杨素以为主辱，再拜请罪，及襄邑公贺若弼并奋求致讨。后副使袁彦聘隋，窃图隋文帝状以归，后主见之，大骇曰：“吾不 欲见此人。”每遣间谍，隋文帝皆给衣马，礼遣以归。

后主愈骄，不虞外难，荒于酒色，不恤政事，左右嬖佞珥貂者五十人，妇人美貌丽服巧态以从者千余人。常使张贵妃、孔贵人等八人夹坐，江总、孔范等十人预宴，号曰“狎客”。先令八妇人襞采笺，制五言诗，十客一时继和，迟则罚酒。君臣酣饮，从夕达旦，以此为常。而盛修宫室，无时休止。税江税市，征取百端。刑罚酷滥，牢狱常满。

覆舟山及蒋山柏林，冬月常多采醴，后主以为甘露之瑞，前后灾异甚多。有神自称老子，游于都下，与人对语而不见形，言吉凶多验，得酒辄醵之，经三四年乃去。船下有声云：“明年乱”。视之，得婴儿，长三尺而无头。蒋山众鸟鼓两翼以拊膺，曰“奈何帝！奈何帝！”又建邺城无故自坏，青龙出建阳门，井涌雾，赤地生黑白毛，大风拔朱雀门，临平湖草旧塞，忽然自通。后主又梦黄衣围城，乃尽去绕城橘树。又见大蛇中分，首尾各走。夜中索饮，忽变为血。有血沾阶至于坐床头而火起。有狐入其床下，捕之不见。以为妖，乃自卖于佛寺为奴，以禳之。于郭内大皇佛寺起七层塔，未毕，火从中起，飞至石头，烧死者甚众。又采木湘州，拟造正寝，筏至牛渚矶，尽没水中，既而渔人见筏浮于海上。起齐云观，国人歌曰："齐云观，寇来无际畔。"始北齐末，诸省官人多称省主，未几而灭。至是举朝亦有此称，识者以为"省主"，主将见省之兆。

隋文帝谓仆射高颎曰："我为百姓父母，岂可限一衣带水不拯之乎？"命大作战船。人请密之，隋文帝曰："吾将显行天诛，何密之有！使投柿于江，若彼能改，吾又何求。"及纳梁萧瓛、萧岩，隋文愈忿，以晋王广为元帅，督八十总管致讨。乃送玺书，暴后主二十恶。又散写诏书，书三十万纸，遍喻江外。诸军既下，江滨镇戍相继奏闻。新除湘州刺史施文庆、中书舍人沈客卿掌机密，并抑而不言。初萧岩、萧瓛之至也，德教学士沈君道梦殿前长人，朱衣武冠，头出栏上，攘臂怒曰："那忽受叛萧误人事！"后主闻之，忌二萧，故远散其众，以岩为东扬州刺史，瓛为吴州刺史，使领军任忠出守吴兴郡，以襟带二州。使南平王嶷镇江州，永嘉王彦镇南徐州。寻召二王赴期明年元会，命缘江诸防船舰，悉从二王还都为威势，以示梁人之来者，由是江中无一斗船。上流诸州兵，皆阻杨素军不得至。都下甲士尚十余万人，及闻隋军临江，后主曰："王气在此，齐兵三度来，周兵再度至，无不摧没。虏今来者必自败。"孔范□□无渡江理。但奏伎纵酒，作诗不辍。

三年春正月乙丑朔，朝会，大雾四塞，入人鼻皆辛酸。后主昏睡，至晡时乃罢。是日，隋将贺若弼自北道广陵济，韩擒趋横江济，分兵晨袭采石，取之。进拔姑孰，次于新林。时弼攻下京口，缘江诸戍望风尽走，弼分兵断曲阿之冲而入。丙寅，采石戍主徐子建至，告变。戊辰，乃下诏曰："犬羊陵纵，侵窃郊畿，蜂虿有毒，宜时扫定，朕当亲御六师，廓清八表，内外并可戒严。"于是以萧摩诃为皇畿大都督,樊猛为上流大都督,樊毅为下流大都督,司马消难、施文庆并为大监军,重立赏格,分兵镇守要害,僧尼、道士,尽皆执役。庚午,贺若弼攻陷南徐州。辛未,韩擒又陷南豫州。隋军南北道并进。辛巳,贺若弼进军钟山,顿白土冈之东南,众军败绩。弼乘胜进军宫城,烧北掖门。是时,韩擒率众自新林至石子冈,镇东大将军任忠出降擒,仍引擒经朱雀航趣宫城,自南掖门入。城内文武百司皆遁出,唯尚书仆射袁宪、后阁舍人夏侯公韵侍侧。宪劝端坐殿上,正色以待之。后主曰:"锋刃之下,未可及当,吾自有计。"乃逃于井。二人苦谏不从,以身蔽井,后主与争,久之方得入。沈后居处如常。太子深年十五,闭阁而坐,舍人孔伯鱼侍焉。戍士叩阁而入,深安坐劳之曰:"戎旅在涂,不至劳也。"既而军人窥井而呼之,后主不应,欲下石,乃闻叫声,以绳引之,惊其太重,及出,乃与张贵妃、孔贵人三人同乘而上。隋文帝闻之大惊。开府鲍宏曰:"东井上于天文为秦,今王都所在,投井,其天意邪!"先是,江东谣多唱王献之《桃叶辞》,云:"桃叶复桃叶,度江不用楫,但度无所苦,我自接迎汝。"及晋王广军于六合镇,其山名桃叶,果乘陈船而度。丙戌,晋王广入据台城,送后主于东宫。

三月己巳,后主与王公百司同发自建邺,之长安。隋文帝权分京城人宅以俟,内外修整,遣使迎劳之,陈人讴咏,忘其亡焉。使还奏言:"自后主以下,大小在路,五百里累累不绝。"隋文帝嗟叹曰:"一至于此!"及至京师,列陈之舆服器物于庭,引后主于前,及前、后二太子,诸父、诸弟、众子之为王者,凡二十八人,司空司马消难、尚书令江总、仆射袁宪、骠骑萧摩诃、护军樊毅、中领军鲁广达、镇军将军任忠、吏部尚书姚察、侍中中书令蔡征、左卫将军樊猛,自尚书郎以上二百余人,文帝使纳言宣诏劳之。次使内史令宣诏让后主,后主伏地,屏息不能对,乃见宥。隋文帝诏陈武、文、宣三帝陵,总给五户分守之。

初,武帝始即位,其夜奉朝请史普直宿省,梦有人自天而下,导从数十,至太极殿前,北面执玉策金字曰:"陈氏五帝三十二年。"及后主在东宫时,有妇人突入,唱曰"毕国主"。有鸟一足,集其殿庭,以嘴画地成文,曰:"独足上高台,盛草变为灰,欲知我家处,朱门当水开。"解者以为"独足"盖指后主独行无众,"盛草"言荒秽,隋承火运,草得火而灰。及至京师,与其家属馆于都水台,所谓"上高台""当水"也。其言皆验。或言后主名叔宝,反语为"少福",亦败亡之征云。

既见宥,隋文帝给赐甚厚,数得引见,班同三品。每预宴,恐致伤心,为不奏吴音。后监守者奏言:"叔宝云:既无秩位,每预朝集,愿得一官号。"隋文帝曰:"叔宝全无心肝。"监者又言:"叔宝常耽醉,罕有醒时。"隋文帝使节其酒,既而曰:"任其性,不尔何以过日。"未几,帝又问监者叔宝所嗜,对曰:"嗜驴肉。"问饮酒多少,对曰:"与其子弟日饮一石。"隋文帝大惊。及从东巡,登芒山,侍饮,赋诗曰:"日月光天德,山川庄帝居,太平无以报,愿上东封书。"并表请封禅,隋文帝优诏谦让不许。后从至仁寿宫,常侍宴,及出,隋文帝目之曰:"此败岂不由酒,将作诗功夫,何如思安时事。当贺若弼度京口,彼人密启告急,叔宝为饮酒,遂不省之。高颍至日,犹见启在床下,未开封。此亦是可笑,盖天亡也。昔苻氏所征得国,皆荣贵其主。苟欲求名,不知违天命,与之官,乃违天也。"隋文帝以陈氏子弟既多,恐京下为过,皆分置诸州县,每岁赐以衣服以安全之。

后主以隋仁寿四年十一月壬子,终于洛阳,时年五十二。赠大将军,封长城县公,谥曰炀。葬河南洛阳之芒山。

论曰:陈宣帝器度弘厚,有人君之量。文帝知冢嗣仁弱,早存太伯之心,及乎弗念,咸已委托矣。至于缵业之后,拓土开疆,盖德不逮文,智不及武,志大不已。晚致吕梁之败,江左日蹙,抑此之由也。后主因削弱之余,钟灭亡之运,刑政不树,加以荒淫。夫以三代之隆,历世数十,及其亡也,皆败于妇人。况以区区之陈,外邻明德,覆车之迹,尚且追踪叔季,其获支数年,亦为幸也。虽忠度感慨,致恸井隅,何救《麦秀》之深悲,适足取笑乎千祀。嗟乎! 始梁末童谣云:

"可怜巴马子,一日行千里。不见马上郎,但见黄尘起。黄尘污人衣,
皂荚相料理。"及僧辩灭,群臣以谣言奏闻,曰:"僧辩本乘巴马以击
侯景,马上郎,王字也,尘谓陈也,而不解皂荚之谓。"既而陈灭于
隋,说者以为:江东谓羖羊角为"皂荚",隋氏姓杨,杨,羊也,言终灭
于隋。然则兴亡之兆,盖有数云。

南史卷一一

列传第一

# 后妃上

宋孝穆赵皇后　　孝懿萧皇后

武敬臧皇后　　武张夫人

文章胡太后　　少帝司马皇后

文元袁皇后　潘淑妃

孝武昭路太后　　明宣沈太后

孝武文穆王皇后　宣贵妃

前废帝何皇后　　明恭王皇后

后废帝陈太妃　　后废帝江皇后

顺陈太妃　　顺谢皇后

齐宣孝陈皇后　　高昭刘皇后

武穆裴皇后　　文安王皇后

郁林王何妃　　海陵王王妃

明敬刘皇后　　东昏褚皇后

和王皇后

六宫位号，前史代有不同。晋武帝采汉魏之制，置贵嫔、夫人、贵人，是为三夫人，位视三公；淑妃、淑媛、淑仪、修华、修容、修仪、婕妤、容华、充华，是为九嫔，位视九卿；其余有美人、才人、中才人，爵视千石以下。

宋武帝省二才人，其余仍用晋制。案贵嫔，魏文帝所制；夫人，魏武初建魏国所制；贵人，汉光武所制；淑妃，魏明帝所制；淑媛，魏文帝所制；淑仪、修华，晋武帝所制；修容，魏文帝所制；修仪，魏明帝所制；婕妤、容华，前汉旧号；充华，晋武帝所制；美人，汉光武所制。及孝武孝建三年，省夫人，置贵妃，位比相国，进贵嫔比丞相，贵人比三司，以为三夫人。又置昭仪、昭容、昭华，以代修华、修仪、修容。又置中才人、充衣，以为散位。案昭仪，汉元帝所制；昭容，孝武所制；昭华，魏明帝所制。中才人，晋武帝所制；充衣，前汉旧制。

及明帝泰始二年，省淑妃、昭华、中才人、充衣，复置修华、修仪、修容、才人、良人。三年，又省贵人，置贵姬，以备三夫人之数。又置昭华，增淑容、承徽、列荣，以淑媛、淑仪、淑容、昭华、昭仪、昭容、修华、修仪、修容为九嫔，婕妤、容华、充华、承徽、列荣凡五职，亚九嫔，美人、才人、良人三职为散役。其后，帝留心后房，拟百官，备置内职焉。

及齐高帝建元元年，有司奏置贵嫔、夫人、贵人为三夫人，修华、修仪、修容、淑妃、淑媛、淑仪、婕妤、容华、充华为九嫔，美人、中才人、才人为散职。三年，太子宫置三内职，良娣比开国侯，保林比五等侯，才人比驸马都尉。及永明元年，有司奏贵妃、淑妃并加金章紫绶，佩于阗玉；淑妃旧拟九棘，以淑为温恭之称，妃为亚后之名，进同贵妃，以比三司；夫人之号，不殊蕃国，降淑媛以比九卿。七年，复置昭容，位在九嫔焉。

梁武拨乱反正，深鉴奢逸，配德早终，长秋旷位。定令制贵妃、贵嫔、贵姬为三夫人，淑媛、淑仪、淑容、昭华、昭仪、昭容、修华、修仪、修容为九嫔，婕妤、容华、充华、承徽、列荣为五职，美人、才人、良人为三职。东宫置良娣、保林为二职。及简文、元帝出自储蕃，或迫在拘縶，或逼于寇乱，且妃并先殂，更不建椒阃。

陈武光膺天历，以朴素自居，故后宫员位，其数多阙。文帝天嘉之后，诏宫职备员。其所制立，无改梁旧。编之令文，以为后法。然帝性恭俭，而嫔嫱不备。宣帝、后主，无所改作。今总缀缉，以立此篇云。

宋孝穆赵皇后讳安宗，下邳僮人也。父裔，平原太守。后以晋穆帝升平四年嫔于孝皇帝，以产武帝殂于丹徒官舍，葬晋陵丹徒县东乡谏壁里雪山。宋初追崇号谥，陵曰兴宁。永初二年，有司奏追赠裔光禄大夫，加金章紫绶；裔命妇孙氏封豫章郡建昌县君。其年，又追封裔临贺县侯。裔子伦之，自有传。

孝懿萧皇后讳文寿，兰陵人也。父卓，字子略，洮阳令。后为孝皇帝继室，生长沙景王道怜、临川烈武王道规。义熙七年，拜豫章公太夫人，武帝为宋公、宋王，又加太妃、太后之号。帝践祚，尊曰皇太后，居宣训宫。上以恭孝为行，奉太后素谨，及即大位，春秋已高，每旦朝太后，未尝失时刻。少帝即位，加崇曰太皇太后。景平元年，崩于显阳殿，年八十一。遗令：“汉世帝后，陵皆异处。今可于茔域之内别为一圹，一遵往式。”乃开别圹，与兴宁合坟。初，武帝微时，贫约过甚，孝皇之殂，葬礼多阙。帝遗旨：“太后百岁后，不须祔葬。”至是，故称后遗令云。

卓初与赵裔俱赠金紫光禄大夫，又追封封阳县侯。妻下邳赵氏，封吴郡寿昌县君。卓子源之袭爵，源之见子思话传。

武敬臧皇后讳爱亲，东莞人也。祖汪，尚书郎。父俊，郡功曹。后适武帝，生会稽宣长公主兴弟。帝以俭正率下，后恭谨不违。义熙四年正月甲子，殂于东城，故赠豫章公夫人，还葬丹徒。帝临崩，遗诏留葬建邺。于是备法驾迎梓宫，祔葬初宁陵。宋初追赠俊金紫光禄大夫，妻高密叔孙氏迁陵永平乡君。俊子焘、熹，并自有传。

武帝张夫人讳阙,不知何许人也。生少帝及义兴恭长公主惠媛。永初元年,拜夫人。少帝即位,有司奏上尊号为皇太后,宫曰永乐。少帝废,太后还玺绂,随居吴郡。文帝元嘉元年,拜营阳国太妃。二年,薨。

文章胡太后讳道安,淮南人也。义熙初,武帝所纳。文帝生五年,被遣赐死,葬丹徒。武帝践阼,追赠婕妤。文帝即位,有司奏上尊号曰章皇太后,陵曰熙宁,立庙建邺。

少帝司马皇后讳茂英,晋恭帝女也。初封海盐公主,少帝以公子尚焉。宋初,拜皇太子妃。少帝即位,为皇后。元嘉元年,降为营阳王妃,又为南丰王太妃。十六年,薨。

文元袁皇后讳齐妫,陈郡阳夏人,左光禄大夫湛之庶女也。母本卑贱,后年五六岁方见举。后适文帝,初拜宜都王妃,生子劭、东阳献公主英娥。上待后恩礼甚笃,袁氏贫薄,后每就上求钱帛以赡之。上性俭,所得不过五三万、五三十匹。后潘淑妃有宠,爱倾后宫,咸言所求无不得。后闻之,未知信否,乃因潘求三十万钱与家,以观上意,宿昔便得。因此恚恨,称疾不复见上,遂愤恚成疾。元嘉十七年,疾笃,上执手流涕,问所欲言。后视上良久,乃引被覆面,崩于显阳殿。上甚悼痛之,诏前永嘉太守颜延之为哀策,文甚丽。及奏,上自益"抚存悼亡,感今怀昔"八字以致意焉。有司奏谥宣皇后,诏谥曰元。

初,后生劭,自详视之,使驰白帝:"此儿形貌异常,必破国亡家,不可举。"便欲杀之。文帝狼狈至后殿户外,手掇幔禁之,乃止。

后亡后,常有小小灵应。明帝所生沈美人尝以非罪见责,应赐死,从后昔所住徽音殿前度。此殿有五间,自后崩后常闭。美人至殿前,流涕大言曰:"今日无罪就死,先后若有灵,当知之。"殿户应声豁然开，职掌者遽白文帝，惊往视之，美人乃得释。大明五年，孝武乃诏追后之所生外祖亲王夫人为豫章郡新淦平乐乡君，又诏赵、萧、臧光禄、袁敬公、平乐乡君墓，先未给茔户，各给蛮户三，以供洒扫。后父湛之自有传。

潘淑妃者，本以貌进，始未见赏。帝好乘羊车经诸房，淑妃每庄饰褰帷以候，并密令左右以咸水洒地。帝每至户，羊辄舐地不去。帝曰：“羊乃为汝徘徊，况于人乎。”于此爱倾后宫。

孝武昭路太后讳惠男，丹阳建康人也。以色貌选入后宫，生孝武帝，拜为淑媛。及年长，无宠，常随孝武出蕃。孝武即位，有司奏奉尊号曰太后，宫曰崇宪。太后居显阳殿，上于闺房之内礼敬甚寡，有所御幸，或留止太后房内，故人间咸有丑声。宫掖事秘，亦莫能辨也。孝建二年，追赠太后父兴之散骑常侍，兴之妻余杭县广昌乡君。大明四年，太后弟子抚军参军琼之上表自陈。有司承旨，奏赠琼之父道庆给事中，琼之及弟休之、茂之并居显职。太后颇豫政事，赐与琼之等财物，家累千金，居处器服与帝子相侔。大明五年，太后随上巡南豫州，妃主以下并从。废帝立，号太皇太后。明帝践祚，号崇宪太后。初，明帝少失所生，为太后所摄养，抚爱甚笃。及即位，供奉礼仪，不异旧日。有司奏宜别居外宫，诏欲亲奉晨昏，尽欢闺禁，不如所奏。及闻义嘉难作，太后心幸之，延上饮酒，置毒以进。侍者引上衣，上寤，起以其卮上寿。是日，太后崩，秘之，丧事如礼。迁殡东宫，题曰崇宪宫。又诏述太后恩慈，特斋衰三月，以申追远。谥曰昭皇太后，葬孝武陵东南，号曰脩宁陵。

先是，晋安王子勋未平，巫者谓宜开昭太后陵，毁去梓宫以厌胜。修复仓卒，不得如礼。上性忌，虑将来致灾，泰始四年夏，诏有司曰：“崇宪昭太后脩宁陵地，大明之世，久所考卜。前岁遭诸蕃之难，礼从权宜，未暇营改，而茔隧之所，山原卑陋，可式遵旧典，以礼改创。”有司奏请“脩宁陵玄宫补葺毁坏，权施油殿，暂出梓宫，事毕即定”。诏可。废帝景和中，又追赠兴之侍中、金紫光禄大夫，谥曰孝侯;道庆光禄大夫、开府仪同三司,谥曰敬侯。道庆女为皇后,认休之为侍中。

明宣沈太后讳容姬,不知何许人也。为文帝美人,生明帝,拜婕妤。元嘉三十年卒,葬建康之莫府山。孝武即位,追赠湘东国太妃。明帝即位,有司奏上尊号为皇太后,谥曰宣陵号崇宁。

孝武文穆王皇后讳宪嫄,琅邪临沂人也。元嘉二十年,拜武陵王妃,生废帝、豫章王子尚、山阴公主楚玉、临淮康哀公主楚佩、皇女楚琇、康乐公主脩明。孝武在蕃,后甚宠异,及即位,为皇后焉。大明四年,后率六宫躬桑于西郊,皇太后观礼,妃主以下并加班锡。废帝即位,尊曰皇太后,宫曰永训。其年崩于含章殿,祔葬景宁陵。父偃别有传。

殷淑仪,南郡王义宣女也。丽色巧笑。义宣败后,帝密取之,宠冠后宫。假姓殷氏,左右宣泄者多死,故当时莫知所出。及薨,帝常思见之,遂为通替棺,欲见辄引替睹尸,如此积日,形色不异。追赠贵妃,谥曰宣。及葬,给辒辌车、虎贲、班剑。銮辂九旒、黄屋左纛、前后部羽葆、鼓吹,上自于南掖门临,过丧车,悲不自胜,左右莫不掩泣。上痛爱不已,精神罔罔,颇废政事。每寝,先于灵床酌奠酒饮之,既而恸哭,不能自反。又讽有司奏曰:"据《春秋》,仲子非鲁惠公元嫡,尚得考别宫,今贵妃盖天秩之崇班,理应创新。"乃立别庙于都下。时有巫者能见鬼,说帝言贵妃可致。帝大喜,令召之。有少顷,果于帷中见形如平生,帝欲与之言,默然不对。将执手,奄然便歇,帝尤哽恨,于是拟《李夫人赋》以寄意焉。谢庄作哀策文奏之,帝卧览读,起坐流涕曰:"不谓当今复有此才。"都下传写,纸墨为之贵。

或云:贵妃是殷琰家人,入义宣家,义宣败,入宫云。

前废帝何皇后讳令婉,庐江灊人也。孝建三年,纳为皇太子妃。

大明五年，薨于东宫徽光殿，谥曰献妃。废帝即位，追崇曰献皇后。明帝践祚，迁后与废帝合葬龙山北。

后父瑀，字幼玉，晋尚书左仆射澄曾孙也。瑀尚武帝少女豫康长公主讳次男。公主先适徐乔，美容色，聪敏有智数。文帝世，礼待特隆。瑀豪竞于时，与平昌孟灵休、东海何勖等并以舆马相尚。公主与瑀情爱隆密，何氏疏戚莫不沾被恩礼。瑀位右卫将军，主薨，瑀墓开，孝武追赠瑀金紫光禄大夫。

子迈，尚文帝第十女新蔡公主讳英媚。迈少以贵戚居显官，好犬马驰逐，多聚才力士，位南济阴太守。废帝纳公主于后宫，伪言薨殒，杀一婢送出迈第，殡葬行丧礼，常疑迈有异图。迈亦招聚同志，欲因行废立，事觉见诛。明帝即位，追封建宁县侯。

瑀兄子衍，性躁动，位黄门郎，拜竟，求司徒司马，得司马，复求太子右率，拜一二日，复求侍中。旬日之间，求进无已。不得侍中，以怨骂赐死。

明恭王皇后讳贞风，琅邪临沂人也。初拜淮阳王妃，明帝改封，又为湘东王妃。生晋陵长公主伯姒、建安长公主伯媛。明帝即位，立为皇后。上尝宫内大集，而裸妇人观之，以为欢笑。后以扇鄣面，独无所言。帝怒曰："外舍家寒乞，今共作笑乐，何独不视？"后曰："为乐之事，其方自多，岂有姑姊妹集聚，而裸妇人形体，以此为乐。外舍为欢，适与此不同。"帝大怒，令后起。后兄扬州刺史景文以此事语从舅陈郡谢绰曰："后在家为仁弱妇人，不知今段遂能刚正如此。"废帝即位，尊为皇太后，宫曰弘训。废帝失德，太后每加勖譬，始犹见顺，后狂慝稍甚。太后尝赐帝玉柄毛扇，帝嫌毛扇不华，因此欲加鸩害，令太医煮药。左右止之曰："若行此事，官便作孝子，岂得出入狡狯？"帝曰："汝语大有理。"乃止。顺帝即位，齐高帝执权，宗室刘晃、刘绰、卜伯舆等有异志，太后颇与相关。顺帝禅位，太后与帝逊于东邸，因迁居丹阳宫，拜汝阴王太妃。顺帝殂于丹阳，更立第都下。建元元年，薨于第，追加谥，葬以宋礼。后父僧朗，别有传。

　　后废帝陈太妃讳妙登，丹阳建康屠家女也。孝武尝使尉司采访人间子女有姿色者，太妃家在建康县，居有草屋两三间。上出行，问尉曰："御道那得此草屋，当由家贫。"赐钱三万，令起瓦屋。尉自送钱与之，家人并行，唯太妃在家，时年十二三。尉见其美，即以白孝武，于是迎入宫，在路太后房内。经二年，再呼不见幸，太后因言于上，以赐明帝。始有宠，一年衰歇，以赐李道儿。寻又迎还，生废帝。先是，人间言明帝不男，故皆呼废帝为李氏子。废帝后每微行，自称李将军，或自谓李统。明帝即位，拜贵妃，秩同皇太子。废帝践祚，有司奏上尊号曰皇太妃，舆服一如晋孝武李太妃故事，宫曰弘化，置家令一人，改诸国太妃曰太姬。升明初，降为苍梧王太妃。

　　后废帝江皇后讳简珪，济阳考城人也。太始五年，明帝访太子妃而雅信小数，名家女多不合。江氏虽为华族，而后父祖并已亡，弟又弱小，以卜筮吉，故为太子纳之。六年，拜皇太子妃，讽朝士州郡皆令献物，多者将直百金。始兴太守孙奉伯止献琴书，其外无余物。上大怒，封药赐死，既而原之。太子即帝位，立为皇后。帝既废，降后为苍梧王妃。祖智深，自有传。

　　顺陈太妃讳法容，丹阳建康人也。明帝素肥，晚年废疾，不能内御，诸弟姬人有怀孕者，辄取以入宫。及生男，皆杀其母，而与六宫所爱者养之。顺帝，桂阳王休范子也，以陈昭华为母。明帝崩，昭华拜安成王太妃。顺帝即位，进为皇太妃。顺帝禅位，去皇，存太妃之号。

　　顺谢皇后讳梵境，陈郡阳夏人。右光禄大夫庄之孙也。父飏，车骑功曹。升明二年，立为皇后。顺帝禅位，降为汝阴王妃。祖庄，自有传。

齐宣孝陈皇后讳道止,临淮东阳人,魏司徒矫之后也。后家贫,少勤织作,家人矜其劳,或止之,后终不改。嫁于宣帝。宣帝庶生子衡阳元王道度、始安贞王道生,后生高帝。高帝年二岁,乳人乏乳,后梦人以两瓯麻粥与之,觉而乳惊,因此丰足。宣帝从任在外,后常留家,有相者谓后曰:"夫人有贵子而不见之。"后叹曰:"我三子,谁当应之?"呼高帝小字曰:"政应是汝耳。"宣帝殂后,后亲执勤,婢使有过,皆恕而不问。高帝虽从宦,而家业本贫,为建康令时,明帝等冬月犹无缣纩,而奉膳甚厚,后每撤去兼肉,曰:"于我过足矣。"殂于县舍。升明二年,追赠竟陵公国太夫人。齐国建,为齐国太妃,并密印、书青绶,祠以太牢。建元元年,追尊孝皇后,赠外祖父肇之金紫光禄大夫,谥敬侯,后母胡氏为永昌县靖君。永明九年,诏太庙四时祭,宣皇帝荐起面饼鸭臛,孝皇后荐笋鸭卵脯酱炙白肉,高皇帝荐肉脍菹羹,昭皇后荐茗粣炙鱼。并生平所嗜也。

高昭刘皇后讳智容,广陵人也。祖玄之,父寿之,并员外郎。后母桓氏,梦吞玉胜生后,时有紫光满室,以告寿之。寿之曰:"恨非是男。"桓笑曰:"虽女亦足兴家矣。"后寝卧,见有羽盖荫其上,家人试察之,常见其上掩霭如有云气。年十七,裴方明为子求婚,酬许已定,后梦见先有迎车至,犹如常家迎法,后不肯去;次有迎至,龙旗豹尾,有异于常,后喜而从之。既而与裴氏不成婚,竟嫔于上。严整有轨度,造次必依礼法。生太子及豫章王嶷。太子初在孕,后尝归宁,遇家奉祠,尔日阴晦失晓,举家狼狈共营祭食。后助炒胡麻,始复内薪,未及索火,火便自然。宋泰豫元年,殂,归葬宣帝墓侧,则泰安陵也。门生王清与墓工始下锸,有白兔跳起,寻之不得。及坟成,兔还栖其上。升明二年,赠竟陵公国夫人。三年,赠齐国妃印绶。齐建元元年,尊谥昭皇后。二年,赠后父寿之金紫光禄大夫,母桓氏上虞都乡君。

武穆裴皇后讳惠昭,河东闻喜人也。祖封之,给事中。父玑之,左军参军。后少与豫章王妃庾氏为娣姒,庾氏勤女工,奉事高昭后,恭谨不倦,后不能及,故不为舅姑所重,武帝亦薄焉。性刚严,竟陵王子良妃袁氏布衣时有过,后加训罚。升明三年,为齐世子妃。建元元年,为皇太子妃。二年,后薨,谥穆妃,葬休安陵。时议欲立石志,王俭曰:“石志不出礼,起宋元嘉中颜延之为王球石志。素族无铭策,故以纪行。自尔以来,共相祖习。储妃之重,礼绝恒例,既有哀策,不烦石志。”从之。武帝即位,追尊皇后。赠父玙之金紫光禄大夫,后母檀氏余杭广昌乡元君。

旧显阳、昭阳二殿,太后、皇后所居也。永明中,无太后、皇后,羊贵嫔居昭阳殿西,范贵妃居昭阳殿东,宠姬荀昭华居凤华柏殿。宫内御所居寿昌画殿南阁,置白鹭鼓吹二部,乾光殿东西头,置钟磬两厢,皆宴乐处也。上数游幸诸苑囿,载宫人从车。置内深隐,不闻端门鼓漏声,置钟于景阳楼上,应五鼓及三鼓。宫人闻钟声,早起庄饰。车驾数幸琅邪城,宫人常从,早发,至湖北埭,鸡始鸣,故呼为鸡鸣埭。

妇人吴郡韩兰英有文辞,宋孝武时献《中兴赋》,被赏入宫。宋明帝时用为宫中职僚。及武帝,以为博士,教六宫书学。以其年老多识,呼为韩公云。


文安王皇后讳宝明,琅邪临沂人也。祖韶之,吴兴太守。父晔之,太宰祭酒。宋世,高帝为文惠太子纳后,建元元年,为南郡王妃。四年,为皇太子妃,无宠。太子宫人制新丽衣裳及首饰,而后床帷陈故,古旧钗镊十余枚。永明十一年,为皇太孙太妃。郁林即位,尊为皇太后,称宣德宫,置男左右三十人,前代所未有也。赠后父晔之金紫光禄大夫,母桓氏丰安县君。其年十二月,备法驾谒太庙。明帝即位,出居鄱阳王故第,为宣德宫。永元三年,梁武帝定建邺,迎入宫,后称制。至禅位,逊居外宫。梁天监十一年薨,葬崇安陵,谥曰安后。祖韶之,自有传。

郁林王何妃讳婧英，庐江灊人，抚军将军戢女也。初将纳为南郡王妃，文惠太子嫌戢无男门孤，不欲与昏。王俭以"南郡王妃，便为将来外戚，唯须高胄，不须强门。今何氏荫华族弱，实允外戚之义。"永明三年，乃成昏。

妃禀性淫乱，南郡王所与无赖人游，妃择其美者，皆与交欢。南郡王侍书人马澄，年少色美，甚为妃悦，常与斗腕较力，南郡王以为欢笑。澄者本剡县寒人，尝与南岸逼略人家女，为秣陵县所录，南郡王语县散遣之。澄又逼求姨女为妾，姨不与，澄诣建康令沈徽孚讼之。徽孚曰："姨女可为妇，不可为妾。"澄曰："仆父为给事中，门户既成，姨家犹是寒贱，政可为妾耳。"徽孚诃而遣之。

十一年，为皇太孙妃。又有女巫杨珉之，亦有美貌，妃尤爱悦之，与同寝处，如伉俪。及太孙即帝位，为皇后，封后嫡母刘为高昌县都乡君，所生母宋为余杭广昌乡君。后将拜，镜在床，无因堕地。其冬，与太后同日谒太庙。杨珉之为帝所幸，常居中侍。明帝为辅，与王晏、徐孝嗣、王广之并面请，不听。又令萧谌、坦之固请，皇后与帝同席坐，流涕覆面，谓坦之曰："杨郎好年少，无罪过，何可枉杀。"坦之耳语于帝曰："此事别有一意，不可令人闻。"帝谓皇后为阿奴，曰"阿奴暂去"。坦之乃曰："外间并云杨珉之与皇后有异情，彰闻遐迩。"帝不得已，乃为敕。坦之驰报明帝，即令建康行刑，而果有敕原之，而珉之已死。

后既淫乱，又与帝相爱亵，故帝恣之。又迎后亲戚入宫，尝赐人百数十万，以武帝曜灵殿处后家属。帝废，后贬为王妃。父戢自有传。

海陵王王妃讳韶明，琅邪临沂人，太常慈之女也。永明八年，纳为临沂公夫人，郁林王即位，为新安王妃。延兴元年，为皇后。其年，降为海陵王妃。妃父慈自有传。

明敬刘皇后讳惠端，彭城人，光禄大夫道弘孙也。高帝为明帝

纳之。建元三年,除西昌侯夫人。永明七年,卒,葬江乘县张山。延
兴元年,赠宣城王妃。明帝即位,追尊敬皇后。赠父通直郎景猷为
金紫光禄大夫,母王氏平阳乡君。明帝崩,改葬,祔于兴安陵。

　　东昏褚皇后讳令璩,河南阳翟人,太常澄之女也。建武二年,纳
为皇太子妃,而无宠。帝谓左右曰:"若得如山阴主,无恨矣。"山阴
主,明帝长女也,后遂与之为乱。明年,妃谒敬后庙。东昏即位,为
皇后。帝宠潘妃,后不被遇,黄淑仪生太子诵而卒。东昏废,后及诵
并为庶人。后父澄自有传。

　　和王皇后讳蕣华,琅邪临沂人,太尉俭之孙也。初为随王妃,中
兴元年,为皇后。帝禅位,后降为妃。妃祖俭自有传。

南史卷一二
列传第二

# 后妃下

**梁文献张皇后　　武德郗皇后**

**武丁贵嫔　　武阮修容　　简文王皇后**

**元帝徐妃　　敬夏太后　　敬王皇后**

**陈武宣章皇后　　文沈皇后**

**废帝王皇后　　宣柳皇后**

**后主沈皇后** 张贵妃

　　梁文献张皇后讳尚柔,范阳方城人也。父穆之,娶文帝从姑而生后。后以宋元嘉中嫔于文帝,生长沙宣武王懿、永阳昭王敷,次生武帝。方孕,忽见庭前昌蒲花,光彩非常,惊报,侍者皆云不见。后曰:“常闻见菖蒲花者当富贵。”因取吞之,是月,生武帝。将产之夕,后见庭内若有衣冠陪列焉。次生衡阳宣王畅、义兴昭长公主令嫕。后宋泰始七年殂于秣陵县同夏里舍,葬晋陵武进县东城里山。天监元年五月甲辰,追上尊号为皇后,谥曰文献。

　　穆之字思静,晋司空华六世孙也。少方雅,有识鉴。初为员外散骑侍郎,深被始兴王浚引纳。穆之鉴其祸萌,求为交址太守,政有异绩。宋文帝将以为交州刺史,会病卒。子弘籍,字真艺,齐初为镇

西参军，卒于官。梁武践阼，追赠穆之光禄大夫，加金章紫绶，赠弘
籍廷尉卿。弘籍无子，从父弟弘策以子缵嗣，别有传。

武德郗皇后讳徽，高平金乡人也。祖绍，宋国子祭酒、领东海王
师。父晔，太子舍人，早卒。后母，宋文帝女寻阳公主也，方娠，梦当
生贵子。及后生，有赤光照室，器物尽明，家人怪之。巫言此女光高，
将有所妨，乃于水滨被除之。

后幼明慧，善隶书，读史传。女工之事，无不闲习。宋后废帝将
纳为后，齐初，安陆王缅又欲结婚，郗氏并辞以女疾，乃止。齐建元
末，嫔于武帝，生永兴公主玉姚、永世公主玉婉、永康公主玉嬛。及
武帝为雍州刺史，殂于襄阳官舍，年三十二。其年归葬南徐州南东
海武进县东城里山。中兴二年，武帝为梁公，齐帝诏赠后为梁公妃。
及武帝践阼，追崇为皇后，谥曰德。陵曰脩陵。后父晔，赠金紫光禄
大夫。

后酷妒忌，及终，化为龙，入于后宫，通梦于帝。或见形，光彩照
灼。帝体将不安，龙辄激水腾涌。于露井上为殿，衣服委积，常置银
鹿卢金瓶灌百味以祀之。故帝卒不置后。

武丁贵嫔讳令光，谯国人也。祖父从官襄阳，因居沔北五女村，
寓于刘惠明庑下。贵嫔生于樊城，初产有神光之异，紫气满室，故以
"光"为名。相者云"当大贵"。少时与邻女月下纺绩，诸女并患蚊蚋，
而贵嫔弗之觉也。乡人魏益德将聘之，未及成，而武帝镇樊城，尝登
楼以望，见汉滨五彩如龙，下有女子擘纩，则贵嫔也。又丁氏因人以
相者言闻之于帝，帝赠以金环，纳之，时年十四。贵嫔生而有赤志在
左臂，疗之不灭，又体多疣子，至是无何，并失所在。德后酷忌，遇贵
嫔无道，使日舂五斛，舂每中程，若有助者，被遇虽严，益小心祇敬。
尝于供养经案侧，仿佛若见神人，心独异之。天监元年五月，有司奏
为贵人，未拜。其年八月，又奏。初，贵嫔，居显阳殿。及太子定位，
有司奏曰："皇太子副贰宸极，率土咸执吏礼。既尽礼皇储，则所生

不容无敬。王侯妃主常得通信问者,及六宫三夫人虽与贵嫔同列,并应以敬皇太子之礼敬贵嫔。宋元嘉中,始兴、武陵国臣并以吏敬敬王所生潘淑妃、路淑媛。贵嫔于宫臣虽非小君,其义不异,与宋泰豫朝议百官以吏敬敬帝所生,事义政同。谓宫僚施敬,宜同吏礼,指神兽门奉笺致谒,年节称庆,亦同如此。且储妃作配,率由盛则,以妇逾姑,弥乖从序,谓贵嫔典章,一与太子不异。"于是贵嫔备典章礼数,同乎太子,言则称令。

贵嫔性仁恕,及居宫接驭,自下皆得其欢心。不好华饰,器服无珍丽。未尝为亲戚私谒。及武帝弘佛教,贵嫔长进蔬膳。受戒日,甘露降于殿前,方一丈五尺。帝所立义,皆得其指归,尤精《净名经》。普通七年十一月庚辰,薨,移殡于东宫临云殿,时年四十二。诏吏部郎张缵为哀册文,有司奏谥曰穆,葬宁陵,祔于小庙。简文即位,追崇曰太后。

贵嫔父道迁,天监初为历阳太守。庐陵威王之生,武帝谓之曰:"贤女复育一男。"答曰:"莫道猪狗子。"世人以为笑。后位兖州刺史、宣城太守。

文宣阮太后讳令嬴,会稽余姚人也,本姓石。初,齐始安王遥光纳焉。遥光败,入东昏宫。建康城平,为武帝采女。在孕,梦龙罩其床。天监六年八月,生元帝于后宫。是日大赦。寻拜为修容,赐姓阮氏。尝随元帝出藩。大同六年六月,薨于江州正寝,时年六十七。其年十一月,归葬江宁县通望山,谥曰宣。元帝即位,有司奏追崇为文宣太后,还祔小庙。承圣二年,追赠太后父齐故奉朝请石灵宝散骑常侍、左卫将军,封武康县侯,母陈氏武康侯夫人。

简文王皇后讳灵宾,琅邪临沂人也。祖俭,齐太尉、南昌文宪公。父骞,金紫光禄大夫、南昌安侯。后幼而柔明,叔父暕见之曰:"吾家女师也。"天监十一年,拜晋安王妃,生哀太子大器、南郡王大连、长山公主妙碧。大通三年十月,拜皇太子妃。太清三年三月,薨于永福省,时年四十五。其年,简文即位,追崇为皇后,谥曰简。大宝元年九月,葬庄陵。

元帝徐妃讳昭佩,东海郯人也。祖孝嗣,齐太尉、枝江文忠公。父绲,侍中、信武将军。妃以天监十六年十二月拜湘东王妃,生世子方等、益昌公主含贞。妃无容质,不见礼,帝三二年一入房。妃以帝眇一目,每知帝将至,必为半面妆以俟,帝见则大怒而出。妃性嗜酒,多洪醉,帝还房,必吐衣中。与荆州后堂瑶光寺智远道人私通。酷妒忌,见无宠之妾,便交杯接坐。才觉有娠者,即手加刀刃。帝左右暨季江有姿容,又与淫通。季江每叹曰:"柏直狗虽老犹能猎,萧漂阳马虽老犹骏,徐娘虽老犹尚多情。"时有贺徽者,美色,妃要之于普贤尼寺,书白角枕为诗相赠答。既而贞惠世子方诸母王氏宠爱,未几而终,元帝归咎于妃,及方等死,愈见疾。太清三年,遂逼令自杀。妃知不免,乃透井死。帝以尸还徐氏,谓之出妻。葬江陵瓦官寺。帝制《金楼子》述其淫行。初,妃嫁夕,车至西州而疾风大起,发屋折木。无何,雪霰交下,帷帐皆白。及长还之日,又大雷震西州听事两柱俱碎。帝以为不祥,后果不终妇道。

敬夏太后,会稽人也。普通中,纳于湘东王宫,生敬帝。承圣元年冬,拜晋安王国太妃。绍泰元年,尊为太后。明年冬,降为江阴国太妃。

敬王皇后,琅邪临沂人也。承圣元年十一月,拜晋安王妃。绍泰元年十月,拜皇后。明年,降为江阴王妃。父金,自有传。

陈武宣章皇后讳要儿,吴兴乌程人。本姓钮,父景明为章氏所养,因改姓焉。后母苏,尝遇道士以小龟遗己,光彩五色,曰"三年有征"。及期,后生,紫光照室,因失龟所在。后少聪慧,美容仪,手爪长五寸,色并红白。每有期功之服,则一爪先折。武帝先娶同郡钱仲方女,早卒,后乃聘后。后善书计,能诵《诗》及《楚辞》。帝为长城县公,后拜夫人。永定元年,立为皇后,追赠后父梁散骑侍郎景明特进、金紫光禄大夫,加金章紫绶。拜后母苏安吉县君。二年,安吉君卒,与后父葬吴兴。明年,追封后父为广德县侯,谥曰温。武帝崩,后与中书舍人蔡景历定计,秘不发丧。时衡阳献王昌未至,召文帝。及即位,尊后为皇太后,宫曰慈训。废帝即位,后为太皇太后。光大二年,后下令黜废帝为临海王,命宣帝嗣立。太建元年,复为皇太后。二年三月丙申,崩于紫极殿,时年六十五。遗令丧事并从俭约,诸馈奠不用牲牢。其年四月,群臣上谥曰宣,祔葬万安陵。后亲属无在朝者,唯本族兄钮洽官至中散大夫。

文沈皇后讳妙容,吴兴武康人也。父法深,梁安前中录事参军。后年十岁余,以梁大同中归于文帝。武帝之讨侯景,文帝时在吴兴,及后并被收。景平,乃获免。武帝践祚,后为临川王妃。文帝即位,为皇后。追赠后父法深光禄大夫,加金章紫绶,封建城县侯,谥曰恭。追赠后母高为绥安县君,谥曰定。废帝即位,尊后为皇太后,宫曰安德。

时宣帝与仆射到仲举、舍人刘师知等并受遗辅政。师知与仲举恒居禁中,参决众事,而宣帝为扬州刺史,与左右三百人入居尚书省。师知忌宣帝权重,矫敕令还东府理州务。宣帝将出,毛喜止帝曰:“今若出外,便受制于人,如曹爽愿作富家公不可得也。”宣帝乃称疾,召师知留与语,使毛喜先入,言之于后。后曰:“今伯宗年幼,政事并委二郎,此非我意。”喜又言于废帝,废帝曰:“此自师知等所为,非朕意也。”喜以报宣帝,帝因囚师知,自入见后及帝,极陈师知之短,仍自草敕请画,以师知付廷尉,其夜,于狱赐死。自是,政归宣帝。后忧闷,计无所出,乃密赂宦者蒋裕,令诱建安人张安国,使据郡反,冀因此图帝。安国事发被诛,时后左右近侍颇知其事,后恐连逮党与,并杀之。

宣帝即位,以后为文皇后。陈亡,入隋。大业初,自长安归于江南。顷之，卒。后兄钦袭爵建城侯，位尚书左仆射。钦素无伎能，奉己而已。卒，谥曰成。子观嗣，颇有学识，官至御史中丞。

废帝王皇后，琅邪临沂人也。天嘉元年，为皇太子妃。废帝即位，立为皇后。废帝为临海王，后废为妃。至德中，薨。后生临海嗣王至泽。至泽，光大元年，为皇太子，太建元年，袭封临海嗣王。陈亡，入长安。后父固，自有传。

宣柳皇后讳敬言，河东解县人也。曾祖世隆，祖恽，父偃，并有传。后九岁，干理家事，有若成人。侯景之乱，后与弟盼往江陵，依梁元帝。帝以长城公主故，待遇甚厚，以配宣帝。承圣二年，后生后主于江陵，及魏克江陵，宣帝迁于关右，后与后主俱留穰城。天嘉二年，与后主还朝，后为安成王妃。宣帝即位，立为皇后。后美姿容，身长七尺二寸，手垂过膝。初，宣帝居乡里，先娶吴兴钱氏，及即位，拜贵妃，甚有宠。后倾心下之，每尚方供奉物，其上者皆推于贵妃，而己御其次焉。宣帝崩，始兴王叔陵为乱，后主赖后与吴媪救而获免。后主即位，尊后为皇太后，宫曰弘范。是时，新失淮南地，隋师临江，又国遭大丧，后主患创不能听政，其诛叔陵、供大行丧事、边境防守及百司众务，虽假后主之敕，实皆决之于后。后主创愈，乃归政焉。后性谦谨，未尝以宗族为请，虽衣食亦无所分遗。陈亡，入长安。隋大业十二年，薨于东都，年八十三。葬于洛阳之芒山。

后主沈皇后讳婺华，吴兴武康人也。父君理，自有传。后母即武帝女会稽穆公主，早亡。时后尚幼，而毁瘠过甚。及服毕，每岁时朔望，恒独坐涕泣，哀动左右，内外敬异焉。太建三年，拜为皇太子妃。后主即位，立为皇后。后性端静，有识量，寡嗜欲，聪敏强记，涉猎经史，工书翰。后主在东宫，而后父君理卒，居忧处别殿，哀毁逾礼。后主遇后既薄，而张贵妃有宠，总后宫之政，后澹然未尝有所忌怨。而身居俭约，衣服无锦绣之饰，左右近侍才百许人，唯寻阅图史及释典为事。尝遇岁旱，自暴而诵佛经，应时雨降。无子，养孙姬子胤为己子。数上书谏争，后主将废之，而立张贵妃，会国亡不果，乃与后主俱入长安。及后主薨，后自为哀辞，文甚酸切。隋炀帝每巡幸，恒令从驾。及炀帝被杀，后自广陵过江，于毗陵天静寺为尼，名观音。贞观初，卒。

张贵妃名丽华，兵家女也，父兄以织席为业。后主为太子，以选入宫。时龚贵嫔为良娣，贵妃年十岁，为之给使。后主见而悦之，因得幸，遂有娠，生太子深。后主即位，拜为贵妃。性聪慧，甚被宠遇。

后主始以始兴王叔陵之乱，被伤，卧于承香殿。时诸姬并不得进，唯贵妃侍焉。而柳太后犹居柏梁殿，即皇后之正殿也。而沈皇后素无宠于后主，不得侍疾，别居求贤殿。至德二年，乃于光昭殿前起临春、结绮、望仙三阁，高数十丈，并数十间。其窗牖、壁带、县楣、栏槛之类，皆以沉檀香为之，又饰以金玉，间以珠翠，外施珠帘。内有宝床、宝帐，其服玩之属，瑰丽皆近古未有。每微风暂至，香闻数里，朝日初照，光映后庭。其下积石为山，引水为池，植以奇树，杂以花药。后主自居临春阁，张贵妃居结绮阁，龚、孔二贵嫔居望仙阁，并复道交相往来。又有王、季二美人，张、薛二淑媛，袁昭仪，何婕妤、江修容等七人，并有宠，递代以游其上。以宫人有文学者袁大舍等为女学士。后主每引宾客对贵妃等游宴，则使诸贵人及女学士与狎客共赋新诗，互相赠答，采其尤艳丽者，以为曲调，被以新声，选宫女有容色者以千百数，令习而歌之，分部迭进，持以相乐。其曲有《玉树后庭花》、《临春乐》等。其略云："璧月夜夜满，琼树朝朝新。"大抵所归，皆美张贵妃、孔贵嫔之容色。

张贵妃发长七尺，鬒黑如漆，其光可鉴。特聪慧，有神采，进止闲华，容色端丽。每瞻视眄睐，光彩溢目，照映左右。尝于阁上靓妆，临于轩槛，宫中遥望，飘若神仙。才辩强记，善候人主颜色。荐诸宫女，后宫咸德之，竞言其善。又工厌魅之术，假鬼道以惑后主。置淫祀于宫中，聚诸女巫使之鼓舞。

时后主怠于政事，百司启奏，并因宦者蔡临儿、李善度进请，后主倚隐囊，置张贵妃于膝上，共决之。李、蔡所不能记者，贵妃并为疏条，无所遗脱。因参访外事，人间有一言一事，贵妃必先知白之，由是益加宠异，冠绝后庭。而后宫之家，不遵法度，有挂于理者，但求恩于贵妃，贵妃则令李、蔡先启其事，而后从容为言之。大臣有不从者，因而潜之，言无不听。于是张、孔之权，熏灼四方，内外宗族，多被引用，大臣执政，亦从风而靡。阉宦便佞之徒，内外交结，转相引进。贿赂公行，赏罚无常，纲纪瞀乱矣。及隋军克台城，贵妃与后主俱入井，隋军出之，晋王广命斩之于青溪中。

　　论曰：饮食男女，人之大欲存焉，故圣人顺于人情而为之度。王宫六列，士室二等，皆随事升降，以立节文。若夫义笃阃闱，政刑邦国，古先哲王有以之致化矣。夫后妃专夕，配以德升，姬嫱并御，进非色幸，欲使情有覃被，爱罔偏流，专贞内表，妖蛊外息，乃可以辅兴君德，变理阴政。

　　宋氏因晋之旧典，聘纳有方，倪天作俪，必四岳之后。自元嘉以降，内职稍繁，所选止于军署，征引极乎厮皂，非若晋氏采择，滥及冠冕者焉。而爱止帷房，权无外授，戚属饩赉，岁时不过肴浆，斯为美矣。及文帝之倾惑潘妪，谋及妇人，大明之沦没殷姬，并后匹嫡，其为丧败，亦已甚矣。

　　齐氏孝、昭二后，并有贤明之训，惜乎早世，不得母临万国。有妇人焉，空慕周典，祯符显瑞，徒萃徽名。高皇受命，宫禁贬约，衣不文绣，色无红彩，永巷贫空，有同素室。武帝嗣位，运藉休平，寿昌前兴，风华晚构，香柏文楗，花梁绣柱，雕金镂宝，照烛房帷，赵瑟《吴趋》，承闲奏曲，事由私蓄，无损国储。明帝统业，矫情俭陋，奉己之制，曾莫云改。东昏丧道，侈风大扇，哲妇倾城，同符殷、夏，可以垂诫，其在斯乎。

　　梁武志在约己，示存宫掖，虽贵嫔之徽华早著，诞育元良，唯见崇重，无闻正位。徐妃无行，其奸灭也宜哉！

　　陈武抚兹归运，奄开帝业。若夫俪天作则，变隆王化，则宣太后其懿焉。文、宣宫壶,无闻于丧德,后主嗣业,实败于椒房,既曰牝晨,亦唯家之索也。

# 南史卷一三
## 列传第三

# 宋宗室及诸王上

### 长沙景王道怜　临川烈武王道规
### 鲍照　营浦侯遵考　从子季连
### 武帝诸子

　　长沙景王道怜,宋武帝中弟也。谢琰为徐州,命为从事史。武帝克京城及平建邺,道怜常留侍太后。后以军功封新渝县男。从武帝征广固,所部获慕容超,以功改封竟陵县公。及讨司马休之,道怜监太尉留府事。江陵平,为骠骑将军、开府仪同三司、荆州刺史,护南蛮校尉,加都督,北府文武悉配之。道怜素无才能,言音甚楚,举止多诸鄙拙,畜聚常若不足。去镇日,府库为空。征拜司空、徐兖二州刺史,加都督,出镇京口。武帝受命,迁太尉,封长沙王。先是,庐陵王义真为扬州刺史,太后谓上曰:"道怜,汝布衣兄弟,宜用为扬州。"上曰:"寄奴于道怜岂有所惜? 扬州根本所寄,事务至重,非道怜所了。"太后曰:"道怜年五十,岂不如十岁儿邪?"上曰:"车士虽为刺史,事无大小,皆由寄奴。道怜年长,不亲其事,于听望不足。"太后乃无言,竟不授。永初三年,薨,加赠太傅,葬礼依晋太宰安平王孚故事,銮路九旒,黄屋左纛,辒辌车、挽歌二部,前后羽葆、鼓吹,虎贲班剑百人。文帝元嘉九年,诏故太傅长沙景王、故大司马临川烈武王、故司徒南康文宣公刘穆之、开府仪同三司华容县公王弘、开府仪同三司永脩县公檀道济、故青州刺史龙阳县王镇恶,并勒功天府,配祭庙庭。

道怜子义欣嗣位豫州刺史,镇寿阳。境内畏服,道不拾遗,遂为盛藩强镇。薨,赠开府仪同三司,谥曰成王。

子悼王瑾嗣,传爵至子,齐受禅,国除。

瑾弟韫,字彦文,位雍州刺史,侍中,领右卫将军,领军将军。升明元年,被齐高帝诛。韫人才凡鄙,特为明帝所宠。在湘州、雍州,使善画者图其出行卤簿羽仪,常自披玩。尝以图示征西将军蔡兴宗,兴宗戏之,阳若不解画者,指韫形问之曰:“此何人而在舆?”韫曰:“政是我。”其庸底类如此。

韫弟述,字彦思,亦甚庸劣。从子俣疾危笃,父彦节、母萧对之泣,述尝候之,便命左右取酒肉,令俣进之,皆莫知其意。或问焉,答曰:“礼云,有疾饮酒食肉。”述又尝新有缌惨,或诣之,问其母安否。述曰:“惟有愁惛。”次访其子,对曰:“年谓父子聚麀。”盖谓麀为忧也。

义欣弟义融,封桂阳县侯,邑千户。凡王子为侯,食邑皆千户。义融位五兵尚书,领军,有质干,善于用短。卒,谥恭侯。子孝侯觊嗣,无子,弟袭以子晃继。袭字茂德,性庸鄙,为郢州刺史,暑月露裈上听事,时纲纪政伏阁,怪之,访问乃知是袭。

义融弟义宗,幼为武帝所爱,字曰伯奴。封新渝县侯,位太子左卫率。坐门生杜德灵放横打人,入义宗第蔽隐,免官。德灵以姿色,故义宗爱宠之。义宗卒于南兖州刺史,谥曰惠侯。子怀珍嗣,无子,弟彦节以子承继。

彦节少以宗室清谨见知,孝武时,其弟遐坐通嫡母殷氏养女云敷,殷宗禁之。及殷亡,口血出,众疑遐行毒害。孝武使彦节从弟祇讽彦节启证其事,彦节曰:“行路之人尚不应尔,今日乃可一门同尽,无容奉敕。”众以此称之。后废帝即位,累迁尚书左仆射,参选。元徽元年,领吏部,加兵五百人。桂阳王休范为逆,中领军刘勔出守石头，彦节权兼领军将军，所给加兵，自随入殿。封当阳侯，与齐高帝、袁粲、褚彦回分日入直，平决机事。迁中书令，加抚军将军。及帝废为苍梧王，彦节出集议，于路逢从弟韫。韫问曰："今日之事，故当归兄邪？"彦节曰："吾等已让领军矣。"韫捶胸曰："兄肉中讵有血邪，今年族矣。"齐高帝闻而恶之。顺帝即位，转尚书令。时齐高帝辅政，彦节知运祚将迁，密怀异图。及沈攸之举兵，齐高帝入屯朝堂，袁粲镇石头，潜与彦节及诸大将黄回等谋夜会石头，诘旦乃发。彦节素怯，骚扰不自安，再晡后，便自丹阳郡车载妇女，尽室奔石头。临去，妇萧氏强劝令食，彦节歠羹写胸中，手振不自禁。其主簿丁灵卫闻难即入，语左右曰："今日之事，难以取济。但我受刘公厚恩，义无二情。"及至，见粲，粲惊曰："何遽便来？事今败矣。"彦节曰："今得见公，万死何恨。"从弟韫直省内，与直阁将军卜伯兴谋，其夜共攻齐高帝，会彦节事觉，秣陵令刘实、建康令刘遐密告齐高帝，高帝夜使骁骑将军王敬则收杀之，伯兴亦遇害。粲败，彦节逾城走，于额檐湖见禽，被杀。彦节子俣尝赋诗云："城上草，植根非不高，所恨风霜早。"时咸云此为妖句。事败，俣与弟陔剃发被法服向京口，于客舍为人识，执于建康狱，尽杀之。彦节既贵，士子自非三署不得上方榻，时人以此少之。其妻萧思话女也，常惧祸败，每谓曰："君富贵已足，故应为儿作计。"彦节不从，故及祸。

彦节弟遐字彦道，为嫡母殷暴亡，有司纠之，徙始安郡。后得还，位吴郡太守，至是亦见诛。遐人才甚凡，自讳名有同至讳，常对客曰："孝武无道，见枉杀母。"其顽呆若此。及彦节当权，遐累求方伯。彦节曰："我在事，而用汝作州，于听望不足。"遐曰："富贵则言不可相关，从坐之日，得免不？"至是果死。

义宗弟义宾，封兴安侯，位徐州刺史。卒，谥曰肃侯。

义宾弟义綦，封营道县侯，凡鄙无识。始兴王濬尝谓曰："陆士衡诗云：'营道无烈心'，其何意苦阿父如此。"义綦曰："下官初不识士衡，何忽见苦。"其庸塞皆然。位湘州刺史，谥僖侯。

临川烈武王道规字道则,武帝少弟也。倜傥有大志,预谋诛桓玄。时桓弘镇广陵,以为征虏中兵参军。武帝克京城,道规亦以其日与刘毅、孟昶斩弘。玄败走,道规与刘毅、何无忌追破之。无忌欲乘胜追玄,直造江陵,道规曰:"诸桓世居西楚,群小皆为竭力,桓振勇冠三军。且可顿兵,以计策縻之。"无忌不从,果为振败。乃退还寻阳,缮舟甲复进,遂平巴陵。江陵之平,道规推毅为元功,无忌为次,自居其末。以起义勋,封华容县公,累迁领护南蛮校尉、荆州刺史,加都督。善于刑政,士庶畏而爱之。

卢循寇逼建邺,道规遣司马王镇之及扬武将军檀道济、广武将军到彦之等赴授朝廷,至寻阳,为循党荀林所破。林乘胜伐江陵,声言徐道覆已克建邺。而桓谦自长安入蜀,谯纵以谦为荆州刺史,与其大将谯道福俱寇江陵。道规乃会将士告之曰:"吾东来文武,足以济事,欲去者不禁。"因夜开城门,众咸惮服,莫有去者。雍州刺史鲁宗之自襄阳来赴,或谓宗之未可测,道规乃单车迎之,众咸感悦。众议欲使檀道济、到彦之共击荀林等,道规曰:"非吾自行不决。"乃使宗之居守,委以心腹,率诸将大败谦,斩之。谘议刘遵追荀林,斩之巴陵。初,谦至枝江,江陵士庶皆与谦书,言城内虚实。道规一皆焚烧,众乃大安。

徐道覆奄至破冢,鲁宗之已还襄阳,人情大震。或传循已克都,遣道覆上为刺史。江、汉士庶,感其焚书之恩,无复二志。道规使刘遵为游军,拒道覆,前驱失利。道规壮气愈厉,遵自外横击,大破之。初使遵为游军,众咸言不宜割见力置无用之地。及破道覆,果得游军之力,众乃服焉。遵字慧明,临淮海西人,道规从母兄也,位淮南太守,追封监利县侯。

道规进号征西大将军、开府仪同三司,改授豫州,以疾不拜。义熙八年薨于都,赠司徒,谥曰烈武,进封南郡公。武帝受命,赠大司马,追封临川王。无子,以长沙景王第二子义庆嗣。初,文帝少为道规所养,武帝命绍焉。咸以礼无二继,文帝还本,而定义庆为后。义庆为荆州,庙主当随往江陵,文帝下诏褒美勋德及慈荫之重,追崇丞相,加殊礼,鸾路九旒,黄屋左纛,给节钺,前后部羽葆、鼓吹,虎贲班剑百人。及长沙太妃檀氏、临川太妃曹氏后薨,葬皆准给。

义庆幼为武帝所知,年十三,袭封南郡公。永初元年,袭封临川王。元嘉中,为丹阳尹。有百姓黄初妻赵杀子妇,遇赦,应避孙仇。义庆议以为"周礼父母之仇,辟之海外,盖以莫大之冤,理不可夺。至于内肉相残,当求之法外。礼有过失之宥,律无仇祖之文。况赵之纵暴,本由于酒,论心即实,事尽荒耄。岂得以荒耄之王母,等行路之深仇?宜共天同域,无亏孝道。"六年,加尚书左仆射。八年,太白犯左执法,义庆惧有灾祸,乞外镇。文帝诏谕之,以为"玄象茫昧,左执法尝有变,王光禄至今平安。日蚀三朝,天下之至忌,晋孝武初有此异。彼庸主耳,犹竟无他。"义庆固求解仆射,乃许之。

九年,出为平西将军、荆州刺史,加都督。荆州居上流之重,资实兵甲,居朝廷之半,故武帝诸子遍居之。义庆以宗室令美,故特有此授。性谦虚,始至及去镇,迎送物并不受。十二年,普使内外群臣举士,义庆表举前临汝令新野庾实、前征奉朝请武陵龚祈、处士南阳师觉授。义庆留心抚物,州统内官长亲老不随在官舍者,一年听三吏饷家。先是,王弘为江州,亦有此制。在州八年,为西土所安。撰《徐州先贤传》十卷,奏上之。又拟班固《典引》为《典叙》,以述皇代之美。

改授江州,又迁南兖州刺史,并带都督。寻即本号加开府仪同三司。性简素,寡嗜欲,爱好文义,文辞虽不多,足为宗室之表。历任无浮淫之过,唯晚节奉沙门颇致费损。少善骑乘,及长,不复跨马。招聚才学之士,远近必至。太尉袁淑文冠当时,义庆在江州请为卫军谘议。其余吴郡陆展、东海何长瑜、鲍照等,并有辞章之美,引为佐吏国臣。所著《世说》十卷,撰《集林》二百卷,并行于世。文帝每与义庆书,常加意斟酌。

鲍照字明远,东海人,文辞赡逸,尝为古乐府,文甚遒丽。元嘉中,河、济俱清,当时以为美瑞。照为《河清颂》,其序甚工。照始尝谒义庆,未见知,欲贡诗言志,人止之曰:"卿位尚卑,不可轻忤大王。"照勃然曰:"千载上有英才异士沉没而不闻者,安可数哉!大丈夫岂可遂蕴智能,使兰艾不辨,终日碌碌,与燕雀相随乎!"于是奏诗,义庆奇之,赐帛二十匹,寻擢为国侍郎,甚见知赏,迁秣陵令。文帝以为中书舍人。上好为文章,自谓人莫能及,照悟其旨,为文章多鄙言累句。咸谓照才尽,实不然也。临海王子顼为荆州,照为前军参军,掌书记之任。子顼败,为乱兵所杀。义庆在广陵有疾,而白虹贯城,野麇入府,心甚恶之,因陈求还。文帝许解州,以本号还朝。二十一年,薨于都下。追赠司空,谥曰康王。子哀王晔嗣,为元凶所杀。晔子绰嗣,升明三年,见杀,国除。

营浦侯遵考,武帝族弟也。曾祖淳,皇曾祖武原令混之弟,位正员郎。祖岩,海西令。父涓子,彭城内史。始武帝诸子并弱,宗室唯有遵考。及北伐平定,以为并州刺史,领河东太守,镇蒲坂。关中失守,南还。再迁冠军将军。晋帝逊位,居秣陵宫,遵考领兵防卫。武帝初即位,封营浦县侯。元嘉中,累迁宁蛮校尉、雍州刺史,加都督。为政严暴,聚敛无节,为有司所纠,上寝不问。孝武大明中,位尚书左仆射,领崇宪太仆。后老疾失明。元徽元年,卒,赠左光禄大夫、开府仪同三司,谥曰元公。

子澄之,升明末贵达。澄之弟琨之,为竟陵王诞司空主簿。诞有宝琴,左右犯其徽,诞罚焉。琨之谏,诞曰:"此余宝也。"琨之曰:"前哲以善人为宝,不以珠玉为宝,故王孙圉称观父为楚国之宝。未闻以琴瑟为宝。"诞怃然不悦。诞之叛,以为中兵参军。辞曰:"忠孝不得并,琨之老父在,将安之乎?"诞杀之。后赠黄门郎,诏谢庄为诔。

遵考从父弟思考,亦官历清显,卒于散骑常侍、金紫光禄大夫。子季连,字惠续,早历清官。齐高帝受禅,将及诛,太宰褚彦回素善之,固请,乃免。建武中,为平西萧遥欣长史、南郡太守。遥欣多招宾客,明帝甚恶之。季连有憾于遥欣,乃密表明帝,言其有异迹。明帝乃以遥欣为雍州刺史,而心德季连,以为益州刺史,敕令据遥欣上流。季连父思考，宋时为益州，虽无政绩，州人犹以义故，故喜得之。季连存问故老，见父时人吏皆泣对之。遂宁人龚惬累世有学行，辟为府主簿。及闻东昏失德，稍自骄矜。性忌褊，遂严愎酷很，士人始怨。永元元年九月，因声讲武，遂遣中兵参军宋买，以兵袭中水穰人李托。买战不利，退还，州郡遂多叛乱。明年十月，巴西人赵续伯反，奉其乡人李弘为圣主。弘乘佛舆，以五彩裹青石，诳百姓云：天与己玉印，当王蜀。季连遣中兵参军李奉伯大破获之。将刑，谓刑人曰："我须臾飞去。"复曰："汝空杀我，我三月三日会更出。"遂斩之。

梁武帝平建邺，遣左右陈建孙送季连二子及弟通直郎子深喻旨，季连受命，修还装。武帝以西台将邓元起为益州刺史。元起，南郡人，季连为南郡时，待之素薄。元起典签朱道琛者，尝为季连府都录，无赖，季连欲杀之，逃免。至是，说元起请先使检校缘路奉迎。及至，言语不恭，又历造府州人士，见器物辄夺之，曰"会属人，何须苦惜。"军府大惧，言于季连，季连以为然。又恶昔之不礼元起，益愤懑。司马朱士略说季连求为巴西郡守，三子为质，季连许之。既而召兵算之，精甲士万。临军叹曰："据天险之地，握此盛兵，进可以匡社稷，退不失作刘备，欲以此安归乎。"遂矫称齐宣德皇后令，复反，收朱道琛杀之。书报朱士略，兼召涪令朱膺，并不受命。天监元年六月，元起至巴西，季连遣其将李奉伯拒战，见败。季连固守，元起围之。城中饿死者相枕，又从而相食。二年，乃肉袒请罪。元起迁季连于外，俄而造焉，待之以礼。季连谢曰："早知如此，岂有前日之事。"元起诛李奉伯，送季连还都。将发，人莫之视，唯龚惬送焉。初，元起在道，惧事不集无以赏，士之至者皆许以辟命，于是受别驾、中从事檄者将二千人。季连既至，诣阙谢罪，自东掖门入，数步一稽首，以至帝前。帝笑谓曰："卿欲慕刘备，而曾不及公孙述，岂无卧龙之臣乎？"赦为庶人。四年，出建阳门，为蜀人蔺相如所杀。季连在蜀，杀其父。变名走建邺，至是报焉。乃面缚归罪，帝庄而赦之。

宋武帝七男：张夫人生少帝，孙修华生庐陵孝献王义真，胡婕好生文帝，王修容生彭城王义康，桓美人生江夏文献王义恭，孙美人生南郡王义宣，吕美人生衡阳文王义季。

庐陵孝献王义真，美仪貌，神情秀彻。初封桂阳县公。年十二，从北征。及关中平，武帝东迁，欲留偏将，恐不足固人心，乃以义真为雍州刺史，加都督，以太尉谘议参军京兆王脩为长史，委以关中任。帝将还，三秦父老泣诉曰："残生不沾王化，于今百年，始睹衣冠，方仰圣泽。长安十陵，是公家坟墓，咸阳宫殿，是公家屋宅，舍此何之？"武帝为之恻然，慰譬曰："受命朝廷，不得擅留。今留第二儿，令文武才贤共镇此境。"临还，自执义真手以授王脩，令脩执其子孝孙手授帝。义真又进都督并、东秦二州，领东秦州刺史。时陇上流户多在关中，望得归本。及置东秦州，父老知无复经略陇右、固关中之意，咸共叹息。而赫连勃勃寇逼交至。

沈田子既杀王镇恶，王脩又杀田子，兼裁减义真赐左右物，左右怨之，因白义真曰："镇恶欲反，故田子杀之。脩杀田子，岂又欲反也。"义真使左右刘乞杀脩。脩字叔，京兆霸城人。初南度见桓玄，玄谓曰："君平世吏部郎才也。"脩既死，人情离异。武帝遣右将军朱龄石代义真镇关中，使义真疾归。诸将竞敛财货，方轨徐行。建威将军傅弘之曰："虏骑若至，何以待之？"贼追兵果至。至青泥，大败，义真独逃草中。中兵参军段宏单骑追寻，义真识其声，曰："君非段中兵邪？身在此。行矣，必不两全，可刜身头以南，使家公望绝。"宏泣曰："死生共之，下官不忍。"乃束义真于背，单马而归。义真谓宏曰："丈夫不经此，何以知艰难。"

初，武帝未得义真审问，怒甚，克日北伐。谢晦谏，不从。及得宏启，知义真免，乃止。义真寻为司州刺史，加都督，以段宏为义真谘议参军。宏，鲜卑人，为慕容超尚书左仆射。武帝伐广固，归降。义真改扬州刺史，镇石头。永初元年，封庐陵王。武帝始践祚，义真色不悦，侍读博士蔡茂之问其故。对曰："安不忘危，何可恃也。"明年,迁司徒。武帝不豫,以为车骑将军、开府仪同三司、南豫州刺史,加都督,镇历阳。未之任,而武帝崩。义真聪敏,爱文义,而轻动无德业,与陈郡谢灵运、琅邪颜延之、慧琳道人,并周旋异常,云:"得志日,以灵运、延之为宰相,慧琳道人为西豫州刺史"。徐羡之等嫌义真与灵运、延之昵狎过甚,故史范晏戒之。义真曰:"灵运空疏,延之隘薄,魏文云'鲜能以名节自立'者。但性情所得,未能忘言于悟赏,故与游耳。"将之镇,列部伍于东府前。既有国哀,义真与灵运、延之、慧琳等坐视部伍,因宴舫里,使左右剔毋舫函道施己船而取其胜者,及至历阳,多所求索,羡之等每不尽与。深怨执政,表求还都。

初,少帝之居东宫,多狎群小。谢晦尝言于武帝曰:"陛下春秋既高,宜思存万代。神器至重,不可使负荷非才。"帝曰:"庐陵何如?"晦曰:"臣请观焉。"晦造义真,义真盛欲与谈,晦不甚答。还曰:"德轻于才,非人主也。"由是出居于外。及羡之等专政,义真愈不悦。时少帝失德,羡之等谋废立,次第应在义真。以义真轻吵,不任主社稷,因其与少帝不协,奏废为庶人,徙新安郡。前吉阳令张约之上疏谏,徙为梁州府参军,寻杀之。景平二年,羡之等遣使杀义真于徙所,时年十八。元嘉元年八月,诏追复先封,迎灵柩,并孙修华、谢妃一时俱还。三年正月,诛徐羡之、傅亮等。是日,诏追崇侍中、大将军,王如故。赠张约以郡。

义真无子,文帝以第五子绍字休胤嗣,袭庐陵王。绍少宽雅,位扬州刺史。薨,无子,以南平王铄子敬先嗣。

彭城王义康,永初元年,封彭城王,历南豫、南徐二州刺史,并加都督。文帝即位,为骠骑将军、开府仪同三司。元嘉三年,改授都督、荆州刺史,给班剑三十人。

义康少而聪察,及居方任,职事修理。六年,司徒王弘表义康宜还入辅,征为侍中、司徒、录尚书事、都督、南徐州刺史,二府置佐领兵,与王弘共辅朝政。弘既多疾,且每事推谦,自是内外众务,一断之义康。太子詹事刘湛有经国才用，义康昔在豫州，湛为长史，既素情款，至是待遇特隆，动皆谘访，故前后在藩多善政。九年，王弘薨，又领扬州刺史。十二年，又领太子太傅。

义康性好吏职，锐意文案，纠剔是非，莫不精尽。既专朝权，事决自己，生杀大事，皆以录命断之。凡所陈奏，入无不可，方伯以下，并委义康授用，由是朝野辐凑，权倾天下。义康亦自强不息，无有懈倦。府门每旦常有数百乘车，虽复位卑人微，皆被接引。又聪识过人，一闻必记，尝所暂遇，终身不忘。稠人广坐，每标题所忆，以示聪明，人物益以此推服之。爱惜官爵，未尝以阶级私人。凡朝士有才用者，皆引入己府，自下乐为竭力，不敢欺负。文帝有虚劳疾，每意有所想，便觉心中痛裂，属纩者相系。义康入侍医药，尽心卫奉，汤药饮食，非口所尝不进。或连夕不寝，弥日不解衣。内外众事，皆专决施行。十六年，进位大将军，领司徒。

义康素无术学，待文义者甚薄。袁淑尝诣义康，义康问其年，答曰："邓仲华拜衮之岁。"义康曰："身不识也。"淑又曰："陆机入洛之年。"义康曰："身不读书，君无为作才语见向。"其浅陋若此。既暗大体，自谓兄弟至亲，不复存君臣形迹。率心而行，曾无猜防。私置僮六千余人，不以言台。时四方献馈，皆以上品荐义康，而以次者供御。上尝冬月啖柑，叹其形味并劣。义康在坐，曰："今年柑殊有佳者。"遣还东府取柑，大供御者三寸。

仆射殷景仁为帝所宠，与刘湛素善，而意好晚乖，湛常欲因宰辅之权倾之。景仁为帝所保持，义康屡言不见用，湛愈愤。南阳刘斌，湛之宗也，有俗才用，为义康所知，自司徒右长史擢为左长史。从事中郎琅邪王履、主簿沛郡刘敬文、祭酒鲁郡孔胤秀，并以倾侧自入，见帝疾笃，皆谓宜立长君。上尝危殆，使义康具顾命诏。义康还省，流涕以告湛及景仁曰："天下艰难，讵是幼主所御。"湛、景仁并不答。而胤秀等辄就尚书仪曹索晋咸康立康帝旧事，义康不知也。及帝疾瘳，微闻之，而斌等既为义康所宠，遂结朋党，若有尽忠奉国不同己者，必构以罪黜。每采景仁短长，或虚造同异以告湛，自是主相之势分矣。

义康欲以斌为丹阳尹，言其家贫。上觉之，曰："以为吴郡。"后会稽太守羊玄保求还，义康又欲以斌代之。上时未有所拟，仓卒曰："我已用王鸿。"上以嫌隙既成，将致大祸，十七年，乃收刘湛，又诛斌及大将军录事参军刘敬文，并贼曹孔劭秀、中兵邢怀明、主簿孔胤秀、丹阳丞孔文秀、司空从事中郎司马亮、乌程令盛昙泰；徙尚书库部郎何默子、余姚令韩景之、永兴令颜遥之、湛弟黄门郎素、斌弟给事中温于广州，王履废于家。青州刺史杜骥勒兵殿内，以备非常。义康时入宿，留止中书省，遣人宣旨，告以湛等罪。义康上表逊位，改授江州刺史，出镇豫章，实幽之也。停省十余日，桂阳侯义融、新渝侯义宗、秘书监徐湛之往来慰视。于省奉辞，便下渚，上唯对之恸哭，遣沙门慧琳视之。义康曰："弟子有还理不？"琳公曰："恨公不读数百卷书。"征虏司马萧斌为义康所昵，刘斌等谮之，被斥，乃以斌为谘议，领豫章太守，事无大小皆委之。司徒主簿谢综素为义康所狎，以为记室。左右爱念者，并听随从至豫章。辞州见许，资奉优厚，朝廷大事，皆报示之。

义康未败时，东府听事前井水忽涌，野雉、江鸥并入所住斋前。龙骧参军巴东令扶育上表申明义康，奏，即收付建康赐死。会稽长公主于兄弟为长，帝所亲敬。上尝就主宴集甚欢，主起再拜顿首，悲不自胜。上不晓其意，起自扶之，主曰："车子岁暮，必不见容，特乞其命。"因恸哭。上亦流涕，指蒋山曰："必无此虑，若违今誓，便是负初宁陵。"即封所饮酒赐义康曰："会稽姊饮忆弟，所饮余，今封送。"车子，义康小字也。

二十二年，太子詹事范晔等谋反，事连义康，诏特宥大辟，并子女并免为庶人，绝属籍，徙安成郡。义康在安成读《汉书》，见淮南厉王长事，废书叹曰："前代乃有此，我得罪为宜也。"二十四年，豫章胡诞世、前吴平令袁恽等谋奉戴义康，太尉江夏王义恭奏徙义康广州，奏可。未行，会魏军至瓜步，天下扰动，上虑有异志者奉义康为乱，孝武时镇彭城及尚书左仆射何尚之并言宜早为之所。二十八年正月，遣中书舍人严麘持药赐死。义康不肯服药，曰："佛教自杀不复人身。"乃以被掩杀之，以侯礼葬安成郡。子允，元凶杀之。孝武大明四年，义康女玉秀等乞反葬旧茔，诏听之。

江夏文献王义恭，幼而明嶷，姿颜端丽，武帝特所钟爱。帝性俭，诸子饮食不过五盏盘。义恭求须果食，日中无算，得未尝啖，悉以与傍人。诸王未尝敢求，求亦不得。

元嘉六年，为都督、荆州刺史。义恭涉猎文义，而骄奢不节。及出藩，文帝与书诫之曰：

礼贤下士，圣人垂训，骄侈矜尚，先哲所去。豁达大度，汉祖之德，猜忌褊急，魏武之累。《汉书》称卫青云："大将军遇士大夫以礼，与小人有恩。"西门、安于，矫性齐美，关羽、张飞，任偏同弊。行己举事，深宜鉴此。汝一月日自用不可过三十万，若能省此，益美。

西楚殷旷，常宜早起，接对宾侣。园池堂观，计无须改作。凡讯狱前一二日，可取讯簿密与刘湛辈粗共详论，慎无以喜怒加人。能择善者从之，美自归己。不可专意自决，以矜独断之明也。刑狱不可壅滞，一月可再讯。

凡事皆应慎密，名器深宜慎惜，不可妄以假人。声乐嬉游，不宜令过。宜数引见佐吏，非惟臣主自应相见，不数则彼我不亲，不亲无因得尽人，人不尽，何由具知众事。

九年，为南兖州刺史，加都督，镇广陵。十六年，进位司空。明年，彭城王义康有罪出藩，征义恭为侍中、都督扬南徐兖三州、司徒、录尚书事，领太子太傅。给班剑二十人，置佐领兵。二十一年，进太尉，领司徒。义恭小心，且戒义康之失，虽为总录，奉行文书而已。文帝安之，年给相府钱二千万，他物称此。而义恭恭性奢，用常不足，文帝又别给钱，年至千万。时有献五百里马者，以赐义恭。二十七年，文帝欲有事河、洛，义恭总统群帅，出镇彭城。及魏军至瓜步，义恭与孝武闭城自守。初，魏军深入，上虑义恭不能固彭城，备加诫勒。义恭答曰："臣虽未能临瀚海，济居延，庶免刘仲奔逃之耻。"及魏军至，义恭果欲走，赖众议得停。降号骠骑将军、开府仪同三司。鲁郡孔子旧庙有柏树二十四株，历汉、晋，其大连抱。有二株先倒折，土人崇敬，莫之敢犯。义恭悉遣伐取，父老莫不叹息。又以本官领南兖州刺史，加都督，移镇盱眙，修馆宇拟东城。

二十九年冬，还朝，上以御所乘苍蛮船上迎之。遭太妃忧，改授大将军、南徐州刺史，还镇东府。元凶肆逆，其日劭急召义恭。先是，诏召太子及诸王，虑有诈妄致害者，召皆有人。至是，义恭求常所遣传诏，劭遣之而后入。义恭凡府内兵仗，并送还台。进位太保。孝武入讨，劭疑义恭有异志，使入尚书下省，分诸子并神兽门外侍中下省。孝武前锋至新亭，劭挟义恭出战，故不得自拔。战败，义恭单马南奔。劭大怒，遣始兴王浚杀义恭十二子。义恭既至，劝孝武即位。授太尉、录尚书六条事、假黄钺。事宁，进位太傅，领大司马，增班剑为三十人，以在藩所服玉环大绶赐之。上不欲致礼太傅，讽有司奏"天子不应加拜"，从之。及立太子，东宫文案，使先经义恭。

及南郡王义宣等反，又加黄钺，白直百人入六门。事平，以臧质七百里马赐义恭。孝武以义宣乱逆，由是强盛，欲削王侯。义恭希旨，请省录尚书，上从之。又与骠骑大将军竟陵王诞奏陈贬损之格九条，诏外详议。于是有司奏"九条之格，犹有未尽"。更加附益，凡二十四条，大抵"听事不得南面坐施帐；国官正冬不得跣登国殿；公主妃传令，不得朱服；舆不得重扛；郶扇不得雉尾；剑不得鹿卢形；檠枙不得孔雀白氅；夹毂队不得绛袄；平乘但马不得过二匹；胡伎不得彩衣；舞伎正冬著袿衣，不得庄面；诸妃主不得著绲带；信幡非台省官悉用绛；郡县内史相及封内长官于其封君，罢官则不复追敬，不称臣；诸镇常行，车前不得过六队；刀不得过银铜饰；诸王女封县主、诸王子孙袭封、王之妃及封侯者夫人行，并不得卤簿；诸王子继体为王者，婚葬吉凶，悉依诸国公侯之礼，不得同皇弟、皇子；车舆非辌车不得油幢；平乘船皆下两头作露平形，不得拟象龙舟。"诏可。孝建二年，为扬州刺史，加入朝不趋，赞拜不名，剑履上殿。固辞殊礼。义恭撰《要记》五卷，起前汉，讫晋太元，表上之，诏付秘阁。时西阳王子尚有盛宠，义恭解扬州以避之，乃进位太宰，领司徒。

义恭常虑为孝武所疑，及海陵王休茂于襄阳为乱，乃上表称："诸王贵重，不应居边。有州不须置府。"其余制度又多所减省。时孝武严暴，义恭虑不见容，乃卑辞曲意附会，皆有容仪，每有祥瑞，辄上赋颂。大明元年，有三脊茅生石头西岸，又劝封禅，上甚悦。及孝武崩，遗诏："义恭解尚书令，加中书监。柳元景领尚书令，入住城内。事无巨细，悉关二公。大事与沈庆之参决。若有军旅，可为总统。尚书中事委颜师伯，外监所统委王玄谟。"

前废帝即位，复录尚书，本官如故。尚书令柳元景即本号开府仪同三司，领兵置佐，一依旧准。又增义恭班剑为四十人，更申殊礼之命。固辞殊礼。

义恭性嗜不恒，与时移变，自始至终，屡迁第宅。与人游款，意好亦多不终。奢侈无度，不爱财宝，左右亲幸，一日乞与，或至一二百万，小有忤意，辄追夺之。大明时，资供丰厚，而用常不足。赊市百姓物，无钱可还，民有通辞求钱者，辄题后作"原"字。善骑马，解音律，游行或二三百里，孝武恣其所之。东至吴郡，登虎丘山，又登无锡县乌山以望太湖。大明中，撰国史，孝武自为义恭作传。及永光中，虽任宰辅，而承事近臣戴法兴等，常若不及。前废帝狂悖无道，义恭、元景谋欲废立，废帝率羽林兵于第害之，并四子。断析义恭支体，分裂腹胃，挑取眼睛以蜜渍之，以为鬼目粽。明帝定乱，令书追崇侍中、都督中外诸军、丞相，领太尉、中书监、录尚书事、王如故。给九旒鸾辂，虎贲班剑百人，前后部羽葆、鼓吹，辒辌车。泰始三年，又诏陪祭庙庭。

南郡王义宣，生而舌涩于言论。元嘉元年，封竟陵王，都督、南兖州刺史，迁中书监，中军将军，给鼓吹。时竟陵群蛮充斥，役刻民散，改封南谯王。十三年，出为江州刺史，加都督。

初，武帝以荆州上流形胜，地广兵强，遗诏诸子次第居之。谢晦平后，以授彭城王义康，义康入相，次江夏王义恭，又以临川王义庆宗室令望，且临川烈武王有大功于社稷，义庆又居之。其后应在义宣，上以义宣人才素短，不堪居上流。十六年，以衡阳王义季代义庆，而义宣为南徐州刺史。而会稽公主每以为言，上迟回久之。二十一年，乃以义宣都督七州诸军事、车骑将军、荆州刺史。先赐中诏曰：“师护以在西久，比表求还，出内左右，自是经国常理，亦何必其应于一往。今欲听许，以汝代之。师护虽无殊绩，洁己节用，通怀期物，不恣群下。此信未易，在彼已有次第，为士庶所安，论者乃谓未议迁之。今之回换，更在欲为汝耳。汝与师护年时一辈，各有其美，方物之义，亦互有少劣，若今向事脱一减之者，既于西夏交有巨碍，迁代之讥，必归责于吾矣。”师护，义季小字也。义宣至镇，勤自课厉，政事修理。白晳，美须眉，长七尺五寸，腰带十围。多畜嫔媵，后房千余，尼媪数百，男女三十人。崇饰绮丽，费用殷广。进位司空，改侍中。二十七年，魏军南侵，义宣虑寇至，欲奔上明。及魏军退，文帝诏之曰：“善修民务，不须营潜逃计也。”迁司徒、扬州刺史，侍中如故。

元凶杀立，以义宣为中书监、太尉，领司徒。义宣闻之，即时起兵，征聚甲卒，传檄近远。会孝武入讨，义宣遣参军徐遗宝率众三千助为先锋。孝武即位，以义宣为中书监、都督扬豫二州、丞相、录尚书六条事、扬州刺史，加羽葆、鼓吹，给班剑四十人，改封南郡王，追谥义宣所生为献太妃，封次子宜阳侯恺为南谯王。义宣固辞内任及恺王爵。于是改授都督八州诸军事、荆湘二州刺史，持节、侍中、丞相如故。降恺为宜阳县王，将佐以下，并加赏秩。

义宣在镇十年，兵强财富。既首创大义，威名著天下，凡所求欲，无不必从。朝廷所下制度，意不同者，一不遵承。尝孝武先自酌饮，封送所余，其不识大体如此。初，臧质阴有异志，以义宣凡弱，易可倾移，欲假手为乱，以成其奸。自襄阳往江陵见义宣，便尽礼；及至江州，每密信说义宣，以为“有大才，负大功，挟震主之威，自古鲜有全者。宜在人前，早有处分，不尔，一旦受祸，悔无所及。”义宣阴纳质言。而孝武闱庭无礼，与义宣诸女淫乱，义宣因此发怒，密治舟甲，克孝建元年秋冬举兵，报豫州刺史鲁爽、兖州刺史徐遗宝使同。爽狂酒失旨，其年正月便反。遣府户曹送版，以义宣补天子，并送天子羽仪。遗宝亦勒兵向彭城。义宣及质狼狈起兵，二月，加都督中外诸军事，置左右长史、司马，使僚佐悉称名。遣传奉表，以奸臣交乱，图倾宗社，辄征召甲卒，戮此凶丑。诏答之。太傅江夏王义恭又与义宣书，谕以祸福。

　　义宣移檄诸州郡，遣参军刘谌之、尹周之等率军下就臧质。雍州刺史朱脩之起兵奉顺。义宣率众十万，发自江津，舳舻数百里。是日大风，船垂覆没，仅得入中夏口。以第八子恺为辅国将军，留镇江陵。遣鲁秀、朱昙韶万余人北讨朱脩之。秀初至江陵见义宣，既出，拊膺曰："阿兄误人事，乃与痴人共作贼，今年败矣。"义宣至寻阳，与质俱下。质为前锋至鹊头，闻徐遗宝败，鲁爽于小岘授首，相视失色。孝武使镇北大将军沈庆之送爽首于义宣，并与书，义宣、质并骇惧。

　　上先遣豫州刺史王玄谟舟师顿梁山洲内，东西两岸为却月城，营栅甚固。抚军柳元景据姑熟为大统，偏师郑琨、武念戍南浦。质径入梁山，去玄谟一里许结营。义宣屯芜湖。五月十九日，西南风猛，质乘风顺流，攻玄谟西垒。冗从仆射胡子友等战失利，弃垒度就玄谟。质又遣将庞法起数千兵趣南浦，仍使自后掩玄谟。与琨、念相遇。法起战，大败，赴水死略尽。义宣至梁山，质上出军东岸攻玄谟。玄谟分遣游击将军垣护之、竟陵太守薛安都等出垒奋击，大败质军，军人一时投水。护之等因风纵火，焚其舟乘，风势猛盛，烟焰覆江。义宣时屯西岸，延火烧营殆尽。诸将乘风火之势，纵兵攻之，众一时奔溃。义宣与质相失，各单舸进走。东人士庶并归顺，西人与义宣相随者，船舸犹有百余。女先适臧质子，过寻阳，入城取女，载以西奔。至江夏，闻巴陵有军被抄断，回入迳口，步向江陵。众散且尽，左右唯有十许人。脚痛不复能行，就民僦露车自载，无复食，缘道求告。至江陵郭外，竺超人具羽仪迎之，时带甲尚万余人。

　　义宣既入城，仍出听事见客。左右翟灵宝诚使抚慰众宾，以"臧质违指授之宜，用致失利，今治兵缮甲，更为后图。昔汉高百败，终成大业。"而义宣误云："项羽千败"。众咸掩口而笑。鲁秀、竺超人等犹为之爪牙，欲收合余烬，更图一决。而义宣惛垫，无复神守，入内不复出，左右腹心相率奔叛。鲁秀北走，义宣不复自立，欲随秀去。乃于内戎服，盛粮糗，带背刀，携息惜及所爱妾五人，皆著男子服相随。城内扰乱，白刃交横，义宣大惧落马，仍便步地。超人送城外，更以马与之。超人还守城。义宣冀及秀，望诸将送北入魏。既失秀所在，未出郭，将士逃尽，唯余惜及五妾、两黄门而已。夜还向城，入南郡空廨，无床，席地至旦。遣黄门报超人，超人遣故车一乘，载送刺奸。义宣止狱户，坐地叹曰："臧质老奴误我。"始与五妾俱入狱，五妾寻被遣出。义宣号泣语狱吏曰："常日非苦，今日分别始是苦。"大司马江夏王义恭、诸公、王、八坐与荆州刺史朱修之书，言"义宣反道叛恩，便宜专行大戮。"书未达，修之已至江陵，于狱尽之。孝武听还葬旧墓。

　　长子恢，年十一，拜南谯王世子。晋氏过江，不置城门校尉及卫尉官。孝武欲重城禁，故复置卫尉卿，以恢为侍中，领卫尉。卫尉之置，自恢始也。义宣反，录付廷尉，自杀。恢弟恺，字景穆，生而养于宫中，宠均皇子。十岁封宜阳侯，孝武时进为王。义宣反问至，恺于尚书寺内著妇人衣，乘问讯车，投临汝公孟诩，诩于妻室内为地窟藏之。事觉，并诩诛。其余并为修之所杀。


　　衡阳文王义季，幼而夷简，无鄙近之累。文帝为荆州，武帝使随往，由是特为文帝所爱。元嘉元年，封衡阳王。十六年，代临川王义庆为都督、荆州刺史。先是，义庆在任，遇巴、蜀扰乱，师旅应接，府库空虚。义季畜财节用，数年还复充实。队主续丰母老家贫，无以充养，遂不食肉。义季哀其志，给丰母月米二斛，钱一千，并制丰啖肉。义季素拙书，上听使人书启事，唯自署名而已。

　　尝大搜于郢，有野老带苦而耕，命左右斥之。老人拥耒对曰：

"昔楚子盘游,受讥令尹,今阳和扇气,播厥之始,一日不作,人失其时。大王驰骋为乐,驱斥老夫,非劝农之意。"义季止马曰:"此贤者也。"命赐之食。老人曰:"吁!愿大王均其赐也。苟不夺人时,则一时皆享王赐,老人不偏其私矣。斯饭也,弗敢当。"问其名,不言而退。义季素嗜酒,自彭城王义康废后,遂为长夜饮,略少醒日。文帝诘责曰:"此非唯伤事业,亦自损性,皆汝所谙。近长沙兄弟皆缘此致故,将军苏徽耽酒成疾,旦夕待尽。一门无此酣法,汝于何得之?"义季虽奉旨,酣纵不改,成疾以至于终。

二十一年,征为征北大将军、开府仪同三司、南兖州刺史,加都督。发州之日,帷帐器服诸应随刺史者,悉留之,荆楚以为美谈。二十二年,迁徐州刺史。明年,魏攻边,北州扰动。义季虑祸,不欲以功勤自业,无他经略,唯饮酒而已。文帝又诏责之。二十四年,薨于彭城。太尉江夏王义恭表解职迎丧,不许。上遣东海王祎迎丧,追赠司空。传国至孙,齐受禅,国除。

论曰:自古帝王之兴,虽系之于历数,至于经启多难,莫不兼藉亲贤。当于余妖内侮,荀、桓交逼,荆楚之势,同于累卵。如使上略未尽,一算或遗,则得丧之机,未可知也。烈武王揽群才,扬盛策,一举而扫勍寇,盖亦人谋之致乎。长沙虽位列台鼎,不受本根之寄,迹其行事,有以知武皇之则哲。庐陵以帝子之重,兼高明之姿,衅迹未彰,祸生忌克,痛矣!夫天伦犹子,分形共气,亲爱之道,人理斯同,富贵之情,其义则舛。善乎!庞公之言:比之周公、管、蔡,若处茅屋之内,宜无放杀之酷。观夫彭城、南郡,其然乎!江夏地居爱子,位当上相,大明之世,亲礼冠朝,屈体降身,归于卑下,得使两朝暴主,永无猜色,历载逾十,以尊戚自保。及在永光,幼主南面,公旦之重,属有所归,自谓践冰之虑已除,太山之安可恃,曾未云几,而磔体分肌。古人以隐微致诚,斯为笃矣。衡阳晚存酒德,何先后之云殊?其将存覆车之鉴。不然,何以致于是也。

南史卷一四
列传第四

# 宋宗室及诸王下

## 宋文帝诸子　孝武诸子　孝明诸子

　　文帝十九男：元皇后生元凶劭，潘淑妃生始兴王浚，路淑媛生孝武帝，吴淑仪生南平穆王铄，高修仪生庐陵昭王绍，殷修华生竟陵王诞，曹婕妤生建平宣简王宏，陈修容生东海王祎，谢容华生晋熙王昶，江修容生武昌王浑，沈婕妤生明帝，杨美人生始安王休仁，邢美人生山阳王休祐，蔡美人生海陵王休茂，董美人生鄱阳哀王休业，颜美人生临庆冲王休倩，陈美人生新野怀王夷父，荀美人生桂阳王休范，罗美人生巴陵哀王休若。绍出继庐陵孝献王义真。

　　元凶劭字休远，文帝长子也。帝即位后，谅暗中生劭，故秘之。元嘉三年闰正月，方云劭生。自前代人君即位后，皇后生太子，唯殷帝乙践祚，正妃生纣，至此又有劭焉。始生三日，帝往视之，簪帽甚坚，无风而坠于劭侧，上不悦。初命之曰劭，在文为"召刀"，后恶焉，改"刀"为"力"。

　　年六岁，拜为皇太子，中庶子、二率入直永福省。为更筑宫，制度严丽。年十二，出居东宫，纳黄门侍郎殷淳女为妃。十三，加元服。好读史传，尤爱弓马。及长，美须眉，大眼方口，长七尺四寸。亲览宫事，延宾客，意之所欲，上必从之。东宫置兵与羽林等。十七年，劭拜京陵,大将军彭城王义康、竟陵王诞、桂阳侯义融并从。

二十七年,上将北侵,劭与萧思话固谏,不从。魏太武帝至瓜步,上登石头城,有忧色。劭曰:"不斩江湛、徐湛之,无以谢天下。"上曰:"北伐自我意,不关二人,但湛等不异耳。"由是与江、徐不平。上时务本业,使宫内皆蚕,欲以讽励天下。有女巫严道育,夫为劫,坐没入奚官。劭姊东阳公主应阁婢王鹦鹉白公主道育通灵,主乃白上,托云善蚕,求召入。道育云:"所奉天神,当赐符应。"时主夕卧,见流光相随,状若萤火,遂入巾箱,化为双珠,圆青可爱。于是主及劭并信惑之。

始兴王浚素佞事劭,并多过失,虑上知,使道育祈请,欲令过不上闻。歌舞咒诅,不舍昼夜。道育辄云:"自上天陈请,必不泄露。"劭等敬事,号曰"天师"。后遂为巫蛊,刻玉为上形像,埋于含章殿前。初,东阳公主有奴陈天兴,鹦鹉养以为子,而与之淫通。鹦鹉、天兴及宁州所献黄门庆国并与巫蛊事,劭以天兴补队主。东阳主薨,鹦鹉应出嫁,劭虑言语泄,与浚谋之,嫁与浚府佐吴兴沈怀远为妾。不启上,虑事泄,因临贺公主微言之。上后知天兴领队,遣阉人奚承祖让劭曰:"汝间用队主、副尽是奴邪?欲嫁者,又嫁何处?"劭答:"南第昔属天兴求将吏驱使,视形容粗健,便兼队副。下人欲嫁者,犹未有处。"时鹦鹉已嫁怀远矣。劭惧,书告浚,并使报临贺主:"上若问嫁处,当言未定。"浚答书曰:"启此事多日,今始来问,当是有感发之者。计临贺故不应翻覆言语,自生寒热也。此姥由来挟两端,难可孤保,正尔自问临贺,冀得审实也。其若见问,当作依违答之。天兴先署佞人府位,不审监上当无此簿领,可急宜挞之。殿下已见王未?宜依此具令严自躬上启闻。彼人若为不已,政可促其余命,或是大庆之渐。"凡劭、浚相与书,类如此。所言皆为名号,谓上为"彼人",或以为"其";谓太尉江夏王义恭为"佞人";东阳主第在西掖门外,故云"南第"。王即鹦鹉姓。"躬上启闻"者,令道育上天白天神也。鹦鹉既适怀远,虑与天兴私通事泄,请劭杀之。劭密使人害天兴。既而庆国谓往来唯有二人，天兴既死，虑将见及，乃以白上。上惊惋，即收鹦鹉家，得劭、浚手书，皆咒诅巫蛊之言。得所埋上形像于宫内。道育叛亡，捕之不得。上诘责劭、浚，劭、浚唯陈谢而已。道育变服为尼，逃匿东宫。浚往京口，又以自随，或出止人张旿家。上谓江夏王义恭曰："常见典籍有此，谓之传空言，不意亲睹。劭南面之日，非复我及汝事。汝儿子多，将来遇此不幸耳。"

　　先是，二十八年，彗星起毕、昴，入太微，扫帝坐端门，灭翼、轸。二十九年，荧惑逆行守氏，自十一月霖雨连雪，阳光罕曜。时道士范材修练形术，是岁自言死期，如期而死。既殡，江夏王疑其仙也，便开棺视之，首如新刿，血流于背，上闻而恶焉。三十年正月，大风飞散且雷，上忧有窃发，辄加劭兵，东宫实甲万人。其年二月，浚自京口入朝，当镇江陵，复载道育还东宫，欲将西上。有告上云："京口人张旿家有一尼服食，出入征北内，似是严道育。"上使掩得二婢，云："道育随征北还都。"上恫怅惋骇，须检覆，废劭赐浚死。初，浚母卒，命潘淑妃养以为子。淑妃爱浚，浚心不附。妃被宠，上以谋告之。妃以告浚，浚报劭，因有异谋。每夜飨将士，或亲自行酒，密与腹心队主陈叔儿、斋帅张超之、任建之谋之。

　　其月二十一日夜，诈作上诏云："鲁秀谋反，汝可平明率众入。"因使超之等集素所养士二千余人，皆被甲，云"有所讨"。宿召前中庶子、右军长史萧斌及左卫率袁淑、中舍人殷仲素、左积弩将军王正见并入，告以大事，自起拜斌等，因流涕。并惊愕。明旦，劭以朱服加戎服上，乘画轮车，与萧斌同载，卫从如常入朝仪，从万春门入。旧制，东宫队不得入城，劭语门卫云："受诏有所收讨。"令后速来，张超之等数十人，驰入云龙、东中华门及斋阁，拔刃径上合殿。上其夜与尚书仆射徐湛之屏人语，至旦烛犹未灭，门、阶、户、席并无侍卫。上以几自鄣，超之行杀，上五指俱落，并杀湛之。劭进至合殿中阁，文帝已崩。出坐东堂，萧斌执刀侍直，呼中书舍人顾瑕。瑕惧，不时出，及至，问曰："欲共见废，何不早启？"未及答，斩之。遣人于崇礼闼杀吏部尚书江湛。文帝左细仗主卜天与攻劭于东堂，见杀。又使人入杀潘淑妃，剖其心观其邪正。使者阿旨，答曰："心邪。"劭曰："邪佞之心，故宜邪也。"又杀文帝亲信左右数十人。急召始兴王浚率众屯中堂。

劭即伪位，百僚至者裁数十人，乃为书曰："徐湛之弑逆，吾勒兵入殿，已无所及。今罪人斯得，元凶克殄，可大赦，改元为太初。"素与道育所定也。萧斌曰："旧逾年改元。"劭以问侍中王僧绰，僧绰曰："晋惠帝即位便改年。"劭喜而从之。初使萧斌作诏，斌以不文，乃使王僧绰。始文帝未崩前一日甲夜，太史奏："东方有急兵，其祸不测，宜列万人兵于太极前殿，可以销灾。"上不从。及劭杀逆，闻而叹曰："几误我事。"乃问太史令曰："我得几年？"对曰"得十年。"退而语人曰："十旬耳。"劭闻而怒，殴杀之。

即位讫，便称疾还入永福省，然后迁大行皇帝升太极殿。以萧斌为尚书仆射，何尚之为司空。大行大敛，劭辞疾不敢出。先给诸处兵仗，悉收还武库。遣人谓鲁秀曰："徐湛之常欲相危，我已为卿除之。"使秀与屯骑校尉庞秀之对掌军队。以侍中王僧达为吏部尚书，司徒左长史何偃为侍中。成服日，劭登殿临灵，号恸不自持。博访公卿，询求政道，遣使分行四方。分浙江以东五郡为会州，省扬州，立司隶校尉，以殷冲补之。以大将军江夏王义恭为太保，司徒南谯王义宣为太尉。荆州刺史始兴王浚进号骠骑将军，王僧绰以先豫废立见诛。长沙王瑾弟楷、临川王烨、桂阳侯觊、新渝侯玠，并以宿恨死。礼官希旨，谥文帝不敢尽美称，谥曰中宗景皇帝。

及闻南谯王义宣、随王诞等起义师，悉聚诸王于城内。移江夏王义恭住尚书下舍，分义恭诸子住侍中下省。四月，立妻殷为皇后。孝武檄至，劭自谓素习武事，谓朝士曰："卿等助我理文书，勿厝意戎阵。若有寇难，吾当自出，唯恐贼虏不敢动耳。"中外戒严。防孝武世子于侍中省，南谯王义宣诸子于太仓空屋。劭使浚与孝武书，言"上亲御六师，太保又执钺临统，吾与乌羊相寻即道。上圣恩每厚法师，令在殿内住，想弟欲知消息，故及"。乌羊者，南平王铄，法师，孝武世子小名也。劭欲杀三镇士庶家口，江夏王义恭、何尚之说曰：

"凡举大事,不顾家口,且多是驱逼。今忽诛其余累,政足坚彼意耳"。劭乃下书,一无所问。

浚及萧斌劝劭勒水军自上决战,江夏王义恭虑义兵仓卒,船舫陋小,不宜水战,乃进策以为"宜以近待之,远出则京师空弱,东军乘虚,容能为患。不如养锐待期。"劭善其议。萧斌厉色曰:"中郎二十年,业不少,能建如此大事,岂复可量。"劭不纳。疑朝廷旧臣不为之用,厚抚王罗汉、鲁秀,悉以兵事委之,多赐珍玩美色,以悦其志。罗汉先为南平王铄右军参军,劭以其有将用,故以心膂委焉。或劝劭保石头城者,劭曰:"昔人所以固石头,俟诸侯勤王耳。我若守此,谁当见救?唯应力战决之。"日日自出行军,慰劳将士。使有司奏立子伟之为皇太子。

及义军至新亭,劭登朱雀门,躬自督战。将士怀劭重赏,皆为之力战。将克,而鲁秀打退鼓,军乃止,为柳元景等所乘,故大败。褚湛之携二子与檀和之同归顺。劭惧,走还台城。其夜,鲁秀又南奔。二十五日,江夏王义恭单马南奔,劭遣浚杀观义恭诸子,以辇迎蒋侯神像于宫内,乞恩,拜为大司马,封钟山郡王,苏侯为骠骑将军。使南平王铄为祝文,罪状孝武。二十七日,临轩,拜子伟之为皇太子,百官皆戎服,劭独衮衣,下书大赦,唯孝武、刘义恭、义宣、诞不在原例。

五月三日,鲁秀等攻大航,钩得一舫。王罗汉昏酣作妓,闻官军已度,惊放仗归降。是夜,劭闭守六门,于门内凿堑立栅,以露车为楼。城内沸乱,将吏并逾城出奔。劭使詹叔儿烧辇及衮冕服。萧斌闻大航不守。惶窘不知所为,宣令所统皆使解甲,寻戴白幡来降,即于军门伏诛。四日,劭腹心白直诸同逆,先屯自阖阖门外,并走还入殿。程天祚与薛安都副谭金因而乘之,即得俱入。臧质从广莫门入,同会太极殿前。即斩太子左卫率王正见,建平、东海等七王,并号哭俱出。劭穿西垣,入武库井中,副队高禽执之。浚率左右数十人,与南平王铄于西明门出,俱南奔,于越城遇江夏王义恭。浚下马,曰:"南中郎今何在?"义恭曰:"已君临万国。"又称字曰:"虎头来,得无晚乎？"义恭曰："恨晚。"又曰："故当不死？"义恭曰："可诣行阙请罪。"又曰："未审犹能得一职自效不？"义恭又曰："此未可量。"勒与俱自归，命于马上斩首。

浚字休明，将产之夕，有鹏鸣于屋上，闻者莫不恶之。元嘉十三年，八岁，封始兴王。浚少好文籍，资质端妍，母潘淑妃有盛宠。时六宫无主，潘专总内政。浚人才既美，母又至爱，文帝甚所留心。与建平王宏、侍中王僧绰、中书郎蔡兴宗等，并以文义往复。

初，元皇后性忌，以潘氏见幸，恚恨致崩。故劭深病潘氏及浚。浚虑将来受祸，乃曲意事劭，劭与之遂善。多有过失，屡为上所让，忧惧，乃与劭共为巫蛊。后出镇京口，乃因员外散骑侍郎徐爰求镇江陵，又求助于尚书仆射徐湛之。而尚书令何尚之等咸谓浚太子次弟，不应远出。上以上流之重，宜有至亲，故以浚为卫将军、开府仪同三司、荆州刺史，加都督，领护南蛮校尉。浚入朝，遣还京口，为行留处分。至京口数日而巫蛊事发，时二十九年七月也。上惋叹弥日，谓潘淑妃曰："太子图富贵，更是一理，虎头复如此，非复思虑所及。汝母子岂可一日无我邪？"明年，荆州事方行。二月，浚还朝。十四日，临轩受拜。其日，藏严道育事发。明旦，浚入谢，上容色非常。其夕，即加诘问。浚唯谢罪。潘淑妃抱浚泣曰："汝始咒诅事发，犹冀刻己思愆，何意忽藏严道育？今日用活何为，可送药来，吾当先自取尽，不忍见汝祸败。"浚奋衣去，曰："天下事寻自判，必不上累。"

劭入杀之旦，浚在西州。府舍人朱法瑜曰："台内叫唤，宫门皆闭，道上传太子反，未测祸变所至。"浚阳惊曰："今当奈何？"浚未得劭信，不知事之济不，骚扰不知所为。将军王庆曰："今宫内有变，未知主上安危，预在臣子，当投袂赴难。"浚不听，俄而劭遣张超之驰马召浚，浚问状讫，即戎服乘马而去。朱法瑜固止浚，浚不从。至中门，王庆又谏不宜从逆。浚曰："皇太子令，敢有复言者斩。"及入见劭，劝杀荀赤松等。劭谓浚曰："潘淑妃遂为乱兵所害。"浚曰："此是下情由来所愿。"其悖逆如此。劭将败，劝劭入海，辇珍宝缯帛下船。

及劭入井，高禽于井出之。劭问："天子何在？"禽曰："至尊近在新亭。"将劭至殿前,臧质见之恸哭。劭曰:"天地所不覆载,丈人何为见哭。"质因辨其逆状,答曰:"先朝当见枉废,不能作狱中囚。问计于萧斌,斌见劝如此。"又语质曰:"可得为乞远徙不?"质曰:"主上近在航南,自当有处分。"缚劭马上,防送军门,及至牙下,据鞍顾望。太尉江夏王义恭与诸王共临视之,义恭曰:"我背逆归顺,有何大罪,顿杀十二儿。"劭曰:"杀诸弟此一事负阿父。"江湛妻庾氏乘车骂之,庞秀之亦加诮让。劭厉声曰:"汝辈复何烦尔!"先杀其四子,语南平王铄曰:"此何有哉!"乃斩于牙下。临刑叹曰:"不图宋室一至于此。"劭、浚及其子并枭首大航,暴尸于市。劭妻殷氏赐死于廷尉,临刑谓狱丞江恪曰:"汝家骨肉相残,何以枉杀天下无罪人?"恪曰:"受拜皇后,非罪而何?"殷氏曰:"此权时耳,当以鹦鹉为后也。"浚妻褚氏,丹阳尹湛之女,湛之南奔之始,即见离绝,故免于诛。其余子女妾媵并于狱赐死。投劭、浚尸首于江,其余同逆及王罗汉等皆伏诛。张超之闻兵入,遂至合殿故基,止于御床之所,为乱兵所杀,剖腹刳心,脔割其肉,诸将生啖之。焚其头骨。时不见传国玺,问劭,云在严道育处,就取得之。道育、鹦鹉并都街鞭杀,于石头四望山焚其尸,扬灰于江。毁劭东宫所住斋,污潴其处。封高禽新阳县男,追赠潘淑妃为长宁国夫人,置守冢。伪司隶校尉殷冲、丹阳尹尹弘并赐死。冲为劭草立符文,又妃叔父;弘为劭简配兵士,尽其心力故也。

南平穆王铄字休玄,文帝第四子也。元嘉十六年,年九岁,封南平王。少好学,有文才,未弱冠,《拟古》三十余首,时人以为亚迹陆机。

二十二年,为南豫州刺史,加都督。时文帝方事外略,罢南豫州并寿阳,以铄为豫州刺史,领安蛮校尉。

二十六年,魏太武围汝南悬瓠城,行汝南太守陈宪保城自固,魏作高楼施弩射城内,城内负户以汲。又毁佛图,取金像以为大钩,施之冲车端,以牵楼堞。城内有一沙门,颇有机思,辄设奇以应之。

魏人以虾蟆车填堑,肉薄攻城,死者与城等,遂登尸以陵城。宪锐气愈奋,战士无不一当百,杀伤万计,汝水为之不流。相拒四十余日,铄遣安蛮司马刘康祖与宁朔将军臧质救之,魏人烧攻具而退。

元凶弑立,以铄为侍中、录尚书事。劭诅蒋侯神于宫内,疏孝武年讳厌咒,祈请假授位号,使铄造策文。及义军入宫,铄与浚俱归孝武。浚即伏法,上迎铄入宫,当时仓卒失国玺,事宁更铸给之。进侍中、司空,领兵置佐。以国哀未阕,让侍中。铄既归义最晚,常怀忧惧,每于眠中蹶起坐,与人语亦多谬僻。语家人云:"我自觉无复魂守。"铄为人负才狡竞,每与兄弟计度艺能,与帝又不能和,食中遇毒,寻薨。赠司徒,加以楚穆之谥。三子:敬猷、敬深、敬先。

敬深封南安县侯,敬先继庐陵王绍。前废帝景和末,召铄妃江氏入宫,使左右于前逼之。江氏不受命,谓曰:"若不从,当杀汝三子。"江氏犹不从,于是遣使于第杀敬猷、敬深、敬先等,鞭江氏一百。其夕,废帝亦殒。明帝即位,追赠敬猷侍中,谥曰怀。改封孝武帝第十八子临贺王子产字孝仁为南平王,继铄后。未拜,被杀。泰始五年,立晋平王休祐第七子宣曜为南平王,继铄。休祐死,宣曜被废还本。后废帝元徽元年,立衡阳恭王嶷第二子伯玉为南平王,继铄后,升明三年,被诛。

竟陵王诞字休文,文帝第六子也。元嘉二十年,年十一,封广陵王。二十六年,为雍州刺史,加都督。以广陵凋弊,改封随郡王。上欲大举侵魏,以襄阳外接关、河,欲广其资力,乃罢江州军府,文武悉配雍州,湘州入台租税杂物,悉给襄阳。及大举北侵,命诸藩并出师,皆奔败,唯诞遣中兵参军柳元景克弘农,关、陕。

元凶立,以扬州浙江西属司隶校尉,浙江东五郡立会州,以诞为刺史。孝武入讨,遣宁朔将军顾彬之受诞节度,诞遣参军刘季之举兵与彬之并。遇劭将华钦、庾遵于曲阿之奔牛塘,大败之。事平,以诞为荆州刺史,加都督、卫将军、开府仪同三司。诞以位号正与浚同,恶之,请求回改,乃进号骠骑将军,加班剑二十人。南谯王义宣不肯就征,以诞为侍中、骠骑大将军、扬州刺史,开府如故,改封竟陵王。诞性恭和,得士庶之心,颇有勇略。

明年义宣反,有荆江兖豫四州之力,势震天下。上即位日浅,朝野大惧。上欲奉乘舆法物以迎义宣,诞固执不可,曰:"奈何持此座与人!"帝加诞节,仗士五十人,出入六门。上流平定,诞之力也。诞初讨元凶,豫同举兵,有奔牛之捷,至是又有殊勋。上性多猜,颇相疑惮。而诞造立第舍,穷极工巧,园池之美,冠于一时。多聚材力之士实之。第内精甲利器,莫非上品。上意愈不平。孝建二年,以司空、太子太傅出为都督、南徐州刺史。上以京口去都密迩,犹疑之。大明元年秋,又出为南兖州刺史,加都督。诞知见猜,亦潜为之备。至广陵,因魏侵边,修城隍,聚粮练甲。嫌隙既著,道路常云诞反。三年,建康人陈文绍诉父饶为诞府史,恒使入山图画道路,不听归家。诞大怒,使人杀饶。吴郡人刘成又诉称息道就伏事诞,见诞在石头城内修乘舆法物,习唱警跸,向伴侣言之。诞知,密捕杀道就。豫章人陈谈之又上书,称弟咏之在诞左右,见诞与左右庄庆、傅元礼等潜图奸逆,常疏陛下年纪姓讳,往巫郑师怜家咒诅。咏之与建康右尉黄达往来,诞疑其宣漏,诬以罪,被杀。其年四月,上使有司奏诞罪恶,宜绝属籍,削爵土,收付法狱。上不许。有司又固请,乃贬爵为侯,遣令之国。

上将谋诞,以义兴太守垣阆为兖州刺史,配以羽林禁兵,遣给事中戴明宝随阆袭诞,使阆以之镇为名。阆至广陵,诞未悟也。明宝夜报诞典签蒋成,使为内应,成以告府舍人许宗之,宗之告诞。诞惊起,召录事参军王玚之曰:"我何罪于天,以至此。"斩蒋成,勒兵自卫。遣腹心率壮士击明宝等,破之。阆即遇害,明宝逃自海陵界还。上遣车骑大将军沈庆之讨诞,诞奉表投之城外,自申于国无负,并言帝宫闱之丑。孝武忿诞深切,凡诞左右腹心同籍期亲并诛之,死者千数。车驾出顿宣武堂,内外纂严。诞见众军大集,欲弃城北走,行十余里,众并不欲去,请诞乃还城。五月十九日夜,有流星长十余丈从西北来城内,是谓天狗。占曰:"天狗所下,有伏尸流血。"

广陵城旧不开南门，云"开南门者其主王"。诞乃开焉。彭城邵领宗在城内，阴结死士，欲袭诞，先欲布诚于庆之，乃说诞求为间构，见许。领宗既出致诚毕，复还城内。事泄，诞鞭二百，考问不伏，遂支解之。上遣送章二纽，其一曰"竟陵县开国侯，食邑千户"，募赏禽诞；其二曰"建兴县开国男，食邑三百户"，募赏先登。若克外城举一烽，克内城举二烽，禽诞举三烽。七月二日，庆之进军，克其外城，乘胜又克小城。诞闻军入，走趣后园，坠水。引出杀之，传首建邺，因葬广陵，贬姓留氏。帝命城中无大小悉斩，庆之执谏，自五尺以下全之，于是同党悉伏诛。城内女口为军赏，男丁杀为京观，死者尚数千人，每风晨雨夜，有号哭之声。诞母殷、妻徐并自杀。追赠殷长宁国淑妃。

初，诞为南徐州刺史，在京口，夜大风飞落屋瓦，城门鹿床倒覆，诞心恶之。及迁镇广陵，将入城，冲风暴起，扬尘，昼晦。又尝中夜闲坐，有赤光照室，见者莫不骇愕。诞左右侍直，眠中梦人告之曰："官须发为稍耗。"既觉已失髻矣。如此者数十人，诞甚怪惧。大明二年，发人筑广陵城。诞循行，有人干舆，扬声大骂曰："大兵寻至，何以辛苦百姓。"诞使执之，问其本末，答曰："姓夷名孙，家在海陵。天公与道佛先议，欲烧除此间人。道佛苦谏，强得至今。大祸将至，何不立六慎门。"诞问六慎门云何，答曰："古有言，祸不过六慎门。"诞以其言狂勃，杀之。又五音士忽狂易见鬼，惊怖啼哭曰："外军围城，城上张白布帆。"诞执录二十余日，乃杀。城陷之日，云雾晦冥，白虹临北门，亘属城内。

八年，前废帝即位，义阳王昶为徐州刺史，道经广陵，至墓尽哀，表请改葬诞。诏葬诞及妻子并以庶人礼。明帝泰始四年，又改葬，祭以少牢。

王玙之，琅邪人，有才局。其五子悉在建邺。玙之尝乘城，庆之缚其五子，示而招之，许以富贵。玙之曰："吾受主王厚恩，不可以二心。三十之年，未获死所耳，安可以私亲诱之！"五子号叫于外，呼其父。及城平，庆之悉扑杀之。

建平宣简王宏字休度，文帝第七子也。早丧母。元嘉二十一年，年十一，封建平王。宏少而闲素，笃好文籍，文帝宠爱殊常，为立第于鸡笼山，尽山水之美。建平国职高他国一阶。历位中护军，中书令。元凶杀立，孝武入讨，劫录宏殿内，自披莫由。孝武先尝以一手板与宏，宏遣左右亲信周法道赍手板诣孝武。事平，以为尚书左仆射，使迎太后。还，加中军将军、中书监。为人谦俭周慎，礼贤接士，明达政事，上甚信仗之。转尚书令。宏少多病，求解尚书令。本号开府仪同三司，未拜，薨。追赠司徒。上痛悼甚至，每朔望出临灵，自为墓志铭并诔。五年，益诸弟国各千户，薨者不在其例，唯宏追益。子景素嗣。

景素少有父风，位南徐州刺史，加都督。桂阳王休范为逆，景素虽纂集兵众以赴朝廷为名，而阴怀两端。及事平，进号镇北将军。

景素好文章书籍，招集才义之士，以收名誉，由是朝野属意。而后废帝狂凶失道，内外皆谓景素宜当神器，唯废帝所生陈氏亲戚疾忌之，而杨运长、阮佃夫并明帝旧隶，贪幼主以久其权，虑景素立，不见容于长主，深相忌惮。元徽三年，景素防阁将军王季符恨景素，因奔告之。运长等便欲遣军讨之，齐高帝及卫将军袁粲以下并保持之，景素亦驰遣世子延龄还都，具自申理。运长等乃徙季符于梁州，又夺景素征北将军、开府仪同三司。自是，废帝狂悖日甚，朝野并属心景素。陈氏及运长等弥相猜疑。景素因此稍为自防之计，多以金帛结材力之士。

时大臣诛夷，孝武诸子孙或杀或废，无复在朝者。且景素在蕃甚得人心，而谤声日积，深怀忧惧。尝与故吏刘璡独处曲台，有鹊集于承尘上，飞鸣相追。景素泫然曰："若斯鸟者，游则参于风烟之上，止则隐于林木之下，饥则啄，渴则饮，形体无累于物，得失不关于心，一何乐哉！"

时废帝单马独出，游走郊野。辅国将军曹欣之等谋：候废帝出行，因聚众作难，事克，奉景素。景素每禁之，未欲匆匆举动。运长密遣伧人周天赐伪投景素,劝为异计,景素知,即斩之,送首还台。四年七月,羽林监桓祗祖奔景素,言台城已溃。景素信之,即举兵。运长等常疑景素有异志,即纂严。景素本乏威略,不知所为,竟为台军破,斩之,即葬京口。

景素性甚仁孝,事献太妃,朝夕不违侍养。太妃有不安,景素傍行蓬发。与人言响响,常恐伤其情。又甚俭素,为荆州时,州有高斋刻楹柏构,景素竟不处。朝廷欲赐以甲第,辞而不当。两宫所遗珍玩,尘于笥箧。食常不过一肉,器用瓦素。时有献镂玉器,景素顾主簿何昌宇曰:"我持此安所用哉?"乃谢而反之。及败后,昌宇与故记室王摛等上书,讼其冤。齐受禅,景素故秀才刘琎又上书,述其德美,陈冤,并不见省。至齐武帝即位,下诏曰:"宋建平王刘景素,名父之子,虽末路失图,而原心有本。可听以礼葬旧茔。"

庐江王祎字休秀,文帝第八子也。元嘉二十二年,年十一,封东海王。大明七年,进位司空。明帝践祚,进太尉,封庐陵王。初,废帝目祎似驴,上以废帝之言类,故改封焉。文帝诸子,祎尤凡劣,诸兄弟并蚩鄙之。南平王铄薨,子敬深婚,祎视之,白孝武借伎。孝武答曰:"婚礼既不举乐,且敬深孤苦,伎非宜也。"至是,明帝与建安王休仁诏曰:"人既不比数西方公,汝便为诸王之长。"时祎住西,故谓之西方公。泰始五年,河东柳欣慰谋反,欲立祎,祎与相酬和。欣慰结征北谘议参军杜幼文,幼文具奏其事。上暴其罪恶,黜为南豫州刺史、车骑将军、开府仪同三司,上遣腹心杨运长领兵防卫。明年,又令有司奏祎怨怼,逼令自杀,葬宣城。

晋熙王昶字休道,文帝第九子也。元嘉二十二年,年十岁,封义阳王。大明中,位中书令、中军将军、开府仪同三司。废帝即位,为徐州刺史,加都督。昶轻吵褊急,不能事孝武。大明中,常被嫌责,人间常言昶当有异志。废帝既诛群公,弥纵狂惑,常语左右曰:"我即大位来,遂未戒严,使人邑邑。"江夏王义恭诛后,昶表求入朝,遣典签蘧法生衔使。帝谓法生："义阳与太宰谋反，我政欲讨之，今知求还，甚善。"又问法生："义阳谋反，何不启？"法生惧，走还彭城，帝因此北讨。法生至，昶即起兵，统内诸郡并不受命。昶知事不捷，乃夜开门奔魏，弃母妻，唯携妾一人，作丈夫服骑马自随。在道慷慨为断句曰："白云满鄣来，黄尘半天起。关山四面绝，故乡几千里。"因把姬手南望恸哭，左右莫不哀哽。每节悲恸，遥拜其母。

昶家还都，二妾各生一子。明帝即位，名长者曰思远，小者曰怀远，寻并卒。帝以金千两赎昶于魏，不获，乃以第六皇子燮字仲绥继昶，封为晋熙王。明帝既以燮继昶，乃诏曰："晋熙国太妃谢氏，沉刻无亲，物理罕比，骨肉至亲，尚相弃蔑，况以义合，免苦为难。可还其本家，削绝蕃秩。"先是，改射氏为射氏。元徽元年，燮年四岁，以为郢州刺史。明年，复昶所生射氏为晋熙国太妃。齐受禅，燮降封阴安县公，谋反赐死。

武昌王浑字休深，文帝第十子也。元嘉二十四年，年九岁，封汝阴王。后徙武昌。浑少而凶戾，尝忿左右，拔防身刀斫之。元凶杀立，以为中书令。山陵夕，裸身露头往散骑省戏，因弯弓射通直郎周朗中枕，以为笑乐。孝建元年，为雍州刺史，监雍梁南北秦四州荆州之竟陵随二郡诸军事、宁蛮校尉。至镇，与左右人作文檄，自称楚王，号年为元光，备置百官以为戏笑。长史王翼之得其手迹，封呈孝武。上使有司奏免为庶人，下太常绝属籍，使付始安郡，逼令自杀。即葬襄阳。大明四年，听还葬母江太妃墓次。明帝即位，追封武昌县侯。

建安王休仁，文帝第十二子也。元嘉二十九年，年十岁，立为建安王。前废帝景和元年，累迁护军将军。时帝狂悖无道，诛害群公，忌惮诸父，并聚之殿内，殴捶陵曳，无复人理。休仁及明帝、山阳王休祐，形体并肥壮，帝乃以笼盛称之，以明帝尤肥，号为"猪王"。号休仁为"杀王"，休祐为"贼王"。以三王年长，尤所畏惮，故常录以自近，不离左右。东海王祎凡劣，号之"驴王"。桂阳王休范、巴陵王休若年少，故并得从容。尝以木槽盛饭，内诸杂食，搅令和合，掘地为坑阱，实之以泥水。裸明帝内坑中，以槽食置前，令以口就槽中食之，用为欢笑。欲害明帝及休仁、休祐，前后以十数。休仁多计数，每以笑调佞谀酬悦之，故得推迁。常于休仁前，使左右淫逼休仁所生杨太妃，左右并不得已，顺命。至右卫将军刘道隆，道隆欢以奉旨，尽诸丑状。时廷尉刘蒙妾孕临月，帝迎入后宫，冀其生男，欲立为太子。明帝尝忤旨，帝怒，乃裸之，缚其手脚，以杖贯手脚内，使担付太官，即日屠猪。休仁笑谓帝曰："未应死。"帝问其故，休仁曰："待皇太子生，杀猪取肝肺。"帝意解，曰："且付廷尉。"一宿出之。

帝将南游荆、湘二州，明旦欲杀诸父便发。其夕，被杀于华林园。休仁即日便执臣礼于明帝。时南平王敬猷、庐陵王敬先兄弟被害，犹未殡敛，休仁、休祐同载临之，开帷欢笑，鼓吹往反，时人咸非焉。明帝以休仁为侍中、司徒、尚书令、扬州刺史，给三望车。时刘道隆为护军，休仁求解职，曰："臣不得与此人同朝。"上乃赐道隆死。寻诸方逆命，休仁都督征讨诸军事，增班剑为三十人，出据兽槛，进赭圻。寻领太子太傅，总统诸军。中流平定，休仁之力也。明帝初与苏侯神结为兄弟，以祈福助。及事平，与休仁书曰："此段殊得苏兄神力。"

休仁年与明帝相亚，俱好文籍，素相爱。及废帝世，同经艰危，明帝又资其权谲之力。泰始初，四方逆命，休仁亲当矢石，大勋克建，任总百揆，亲寄甚隆，四方辐凑。上甚不悦。休仁悟其旨，表解扬州，见许。进位太尉，领司徒，固让。又加漆轮车，剑履升殿。受漆轮车，固辞剑履。

明帝末年多忌，休仁转不自安。及杀晋平王休祐，其年上疾笃，与杨运长为身后计。运长等又虑帝晏驾后，休仁一旦居周公之地，其辈不得执权，弥赞成上使害诸王。及上疾暴甚，内外皆属意休仁。主书以下皆往东府诣休仁所亲信，豫自结纳。其或直不得出者皆惧。上与运长等定谋，召休仁入宿尚书下省，其夜遣人赍药赐休死。休仁对使者骂曰："上有天下,谁之功也? 孝武以诛子孙而至于灭,今复遵覆车,枉杀兄弟,奈何忠臣抱此冤滥,我大宋之业,其能久乎!"上疾久,虑人情同异,自力乘舆出端门,休仁死后乃入。诏称其自杀,宥其二子,并全封爵。有司奏请降休仁为庶人,绝属籍,儿息悉徙远郡。诏休仁特降为始安县王,并停子伯融等流徙,听袭封爵。及帝疾甚,见休仁为祟,叫曰："司徒小宽我。"寻崩。

伯融,妃殷氏所生。殷氏,吴兴太守冲女也。范阳祖翻有医术,姿貌又美,殷氏有疾,翻入视脉,悦之,遂与奸。事泄,遣还家,赐死。

晋平刺王休祐,文帝第十三子也。孝建二年,年十一,封山阳王。明帝即位,以山阳荒弊,改封晋平王,位骠骑大将军、开府仪同三司、荆州刺史。

休祐素无才能,强梁自用。大明之世,不得自专,至是贪淫,好财色,在荆州多营财货。以短钱一百赋人,田登,就求白米一斛,米粒皆令彻白,若碎折者悉不受。人间籴此米,一斗一百。至时又不受米,评米责钱。凡诸求利皆如此。百姓嗷然,不复堪命。征为南徐州刺史,加都督。上以休祐贪虐,不可莅人,留之都下,遣上佐行府州事。

休祐狠戾,前后忤上非一。在荆州时,左右范景达善弹棋,上召之,休祐留不遣。上怒,诘责之,且虑休祐将来难制,方便除之。七年二月,车驾于岩山射雉,有一雉不肯入场,日暮将反,留休祐射之,令不得雉勿归。休祐时从在黄麾内,左右从者并在部伍后。休祐便驰去,上遣左右数人随之。上既还,前驱清道,休祐人从悉散,不复相得。上遣寿寂之等诸壮士追之,日已欲暗,与休祐相及,蹴令坠马。休祐素勇壮,有气力,奋拳左右排击,莫得近。有一人自后引阴,因顿地,即共拉杀之。遣人驰白上,行唱骠骑落马,上闻惊曰："骠骑体大,落马殊不易。"即遣御医上药相系至。顷之,休祐左右人至,久已绝矣。舆以还第,赠司空。时巴陵王休若在江陵,其日即驰信报休若曰："吾与骠骑南山射雉,骠骑马惊,与直阁夏文秀马相蹋,文秀堕地,骠骑失控,马重惊,触松树坠地落硎中,时顿闷,故驰报弟。"

其年五月,追免休祐为庶人,十三子并徙晋平。明帝寻病,见休祐为祟,使使至晋平抚其诸子。帝寻崩。废帝元徽元年,听诸子还都。顺帝升明三年,称谋反,并赐死。

海陵王休茂,文帝第十四子也。孝建二年,年十一,封海陵王。大明二年,为雍州刺史,加都督、北中郎将、宁蛮校尉。时司马庾深之行府州事,休茂性急,欲自专,深之及主帅每禁之。常怀忿,因左右张伯超至所亲爱,多罪过,主帅常加诃责。伯超惧罪,谓休茂曰:"主帅密疏官罪,欲以启闻。"休茂曰:"今为何计?"伯超曰:"唯杀行事及主帅,举兵自卫,纵不成,不失入虏中为王。"休茂从之,夜使伯超等杀司马庾深之,集兵建牙驰檄。休茂出城行营,谘议参军沈畅之等闭门拒之。城陷,斩畅之。其日,参军尹玄度起兵攻休茂,禽之,斩首。母、妻皆自杀,同党悉伏诛。有司奏绝休茂属籍,贬姓为留,不许。即葬襄阳。

鄱阳哀王休业,文帝第十五子也。孝建二年,年十一,封鄱阳王。三年,薨,以山阳王休祐次子士弘嗣,被废国除。

临庆冲王休倩,文帝第十六子也。孝建元年,年九岁,疾笃,封东平王,未拜,薨。大明七年,立第二十七皇子子嗣为东平王,绍休倩。泰始三年,还本,遂绝。六年,以第五皇子智井为东平王,继休倩,未拜,薨。其年,追改休倩为临庆王。休倩为文帝所爱,故前后屡加绍嗣。

新野怀王夷父,文帝第十七子也。元嘉二十九年,薨。明帝泰始五年,追加封谥。

　　桂杨王休范,文帝第十八子也。孝建三年,年九岁,封顺阳王。大明元年,改封桂阳。泰始六年,累迁骠骑大将军、江州刺史,加都督。遗诏进位司空、侍中,加班剑三十人。休范素凡讷,少知解,不为诸兄齿遇。明帝常指左右人谓王景文曰:“休范人才不及此,以我弟故,生便富贵。释氏愿生王家,良有以也。”及明帝晚年,晋平王休祐以狠戾致祸,建安王休仁以权逼不容,巴陵王休若素得人情,以此见害。唯休范谨涩无才,不为物情所向,故得自保,而常忧惧。

　　及明帝晏驾,主幼时艰,休范自谓宗戚莫二,应居宰辅。事既不至,怨愤弥结。招引勇士,缮修器械。行人经过寻阳者,莫不降意折节,于是至者如归。朝廷知之,密相防御。母荀太妃薨,即葬庐山,以示不还之志。时夏口阙镇,朝议以居寻阳上流,欲树置腹心,重其兵力。元徽元年,乃以第五皇弟晋熙王燮为郢州刺史,长史王奂行府州事,配以实力,出镇夏口。虑为休范所拨留,自太子洑去,不过寻阳。休范怒,欲举兵,乃上表修城堞。其年,进位太尉。明年五月,遂反,发自寻阳,昼夜取道。大雷戍主杜道欣驰下告变。道欣至一宿,休范已至新林,朝廷震动。

　　齐高帝出次新亭垒。时事起仓卒,朝廷兵力甚弱,及开武库,随将士意取。休范于新林步上攻新亭垒。屯骑校尉黄回乃伪往降,并宣齐高帝意。休范大悦,置之左右。休范壮士李恒、钟爽进谏不宜亲之,休范曰:“不欺人以信。”时休范日饮醇酒,以二子德宣、德嗣付与齐高帝为质,至即斩之。回与越骑校尉张苟儿直前斩休范首持还,左右并散。

　　初,休范自新林分遣同党杜墨蠡、丁文豪等直向朱雀门。休范虽死,墨蠡等不知。王道隆率羽林兵在朱雀门内,闻贼至,急召刘勔,勔自石头来赴战,死之。墨蠡等乘胜直入朱雀门,道隆为乱兵所杀。墨蠡等唱云:“太尉至。”休范之死也,齐高帝遣队主陈灵宝赍首还台,逢贼,埋首道侧,挺身得达。虽唱云“已平”,而无以为据,众愈疑惑。墨蠡径至杜母宅,宫省恇扰,无复固志。抚军长史褚澄以东府纳贼。贼拥安成王据东府,称休范教曰:“安成王吾子也,勿得侵。"贼势方逼，众莫能振。寻而丁文豪之众知休范已死，稍欲退散。文豪勇气殊壮，厉声曰："我独不能定天下邪！"休范首至，又羽林监陈显达率所领于杜母宅破墨蠡等，诸贼一时奔散。斩墨蠡、文豪等。晋熙王燮自夏口遣军平寻阳。

巴陵哀王休若，文帝第十九子也。孝建三年，年九岁，封巴陵王。明帝即位，出为会稽太守，加都督。二年，迁都督、雍州刺史、宁蛮校尉。

前在会稽录事参军陈郡谢沈以谄侧事休若，多受财赂。时内外戒严并裤褶，沈居母丧被起，声乐酣饮，不异吉人。衣冠既无殊异，并不知沈居丧。沈尝自称孤子，众乃骇愕。休若坐与沈褻黩，降号镇西将军。典签夏宝期事休若无礼，启明帝杀之，虑不许，启未报，于狱行刑。信反令锁送，而宝期已死。上怒，救之曰："孝建之世，汝何敢尔？"使其母罗加杖三百。四年，改行湘州刺史。六年，为荆州刺史，加都督、征西大将军、开府仪同三司。七年，晋平王休祐被杀，建安王休仁见疑。都下讹言休若有至贵之表，明帝以此言报之，休若甚忧。尝众宾满坐，有一异鸟集席隅，哀鸣坠地死。又听事上有二大白蛇长丈余，含含有声。休若甚恶之。会被征为南徐州刺史，加都督、征北大将军，开府如故。休若腹心将佐，咸谓还朝必有大祸，中兵参军京兆王敬先劝割据荆楚。休若执录，驰使白明帝，敬先坐诛。休若至京口，上以休若善能谐缉物情，虑将来倾幼主，欲遣使杀之，虑不奉诏。征入朝，又恐猜骇。乃伪授为江州刺史，至，即于第赐死。赠侍中、司空。子冲始袭封。

孝武帝二十八男：文穆皇后生废帝子业、豫章王子尚，陈淑媛生晋安王子勋，阮容华生安陆王子绥，徐昭容生皇子子深，何淑仪生松滋侯子房，史昭华生临海王子顼，殷贵妃生始平孝敬王子鸾、次永嘉王子仁与皇子子深同生，何婕妤生皇子子凤，谢昭容生始安王子真，江婕妤生皇子子玄，史昭仪生邵陵王子元、次齐敬王子羽与始平孝敬王子鸾同生，江美人生皇子子衡，杨婕好生淮南王子孟、次皇子子泥与皇子子玄同生、次南平王子产与永嘉王子仁同生、次晋陵孝王子云、次皇子子文并与始平孝敬王子鸾同生、次庐陵王子舆与淮南王子孟同生、次南海哀王子师与始平孝敬王子鸾同生、次淮阳思王子霄与皇子子玄同生、次皇子子雍与始安王子真同生、次皇子子趋与皇子子凤同生、次皇子子期与皇子子衡同生、次东平王子嗣与始安王子真同生，张容华生皇子子悦。安陆王子绥、南平王子产、庐陵王子舆并出继。皇子子深、子凤、子玄、子衡、子况、子文、子雍未封早夭。子趋、子期、子悦未封，为明帝所杀。

豫章王子尚字孝师，孝武第二子也。孝建三年，年六岁，封西阳王。大明三年，分浙江西立王畿，以浙江东为扬州，以子尚为刺史，加都督。五年，改封豫章王，领会稽太守。七年，进号车骑大将军、开府仪同三司。时东土大旱，鄞县多畴田，孝武使子尚表至鄞县劝农，又立左学，召生徒，置儒林祭酒一人，学生师敬，位比州中从事；文学祭酒一人，比州西曹；劝学从事二人，比祭酒从事。前废帝即位，罢王畿复旧，征子尚都督扬、南徐二州诸军事，领尚书令。初，孝建中，孝武以子尚太子母弟，甚留心。后新安王子鸾以母幸见爱，子尚宠衰。及长，凶嚚有废帝之风。明帝既殒废帝，乃称太皇太后令曰："子尚顽凶，楚玉淫乱，并于第赐尽。"楚玉，废帝姊山阴公主也。废帝改封会稽郡长公主，给鼓吹一部，加班剑二十人，未拜受而废帝败。

晋安王子勋字孝德，孝武第三子也。眼患风，不为孝武所爱。大明四年，年五岁，封晋安王。七年，为江州刺史，加都督。八年，改授雍州，未拜，而孝武崩。还为江州。时废帝狂凶，多所诛害。前抚军谘议参军何迈，谋因帝出为变，迎立子勋。事泄，帝诛迈，使八坐奏子勋与迈通谋，遣左右朱景送药赐子勋死。景至盆口，遣报长史邓琬。琬等奉子勋起兵，以废立为名。明帝定乱，进子勋车骑将军、开府仪同三司。琬等不受命。泰始二年正月七日,奉子勋为帝,即伪位于寻阳,年号义嘉,备置百官,四方响应。是岁,四方贡计并诣寻阳。及军败,子勋见杀,时年十一。即葬寻阳庐山。

松滋侯子房字孝良,孝武第六子也。大明四年,年五岁,封寻阳王。前废帝景和元年,为会稽太守,加都督。明帝即位,征为抚军,领太常。长史孔觊不受命,举兵应晋安王子勋。上虞令王晏杀觊,送子房还建邺。上宥之,贬为松滋县侯。司徒建安王休仁以子房兄弟终为祸难,劝上除之。废徙远郡,见杀,年十一。

临海王子顼字孝烈,孝武第七子也。初封历阳王,后改封临海。位荆州刺史。明帝即位,进督雍州,长史孔道存不受命,应晋安王子勋。事败,赐死,年十一。

始平孝敬王子鸾字孝羽,孝武第八子也。大明四年,封襄阳王,寻改封新安。五年,为北中郎将、南徐州刺史,领南琅邪太守。母殷淑仪宠倾后宫,子鸾爱冠诸子,凡为上眄遇者,莫不入子鸾府国。为南徐州,又割吴郡属之。六年,丁母忧。前废帝素疾子鸾有宠,及即位,既诛群臣,乃遣使赐子鸾死,时年十岁。子鸾临死谓左右曰:"愿后身不复生王家。"同生弟妹并死。明帝即位,改封始平王,以建平王景素子延年嗣。

永嘉王子仁字孝和,孝武第九子也。大明五年,封永嘉王。明帝即位,以为湘州刺史。帝寻从司徒建安王休仁计,未拜,赐死,时年十岁。

始安王子真字孝贞,孝武第十一子也。

邵陵王子元字孝善,孝武第十三子也。并被明帝赐死。

齐敬王子羽字孝英,孝武第十四子也。生二岁而薨,追加封谥。

淮南王子孟字孝光,孝武第十六子也。初封淮南王。明帝改封安成王,未拜,赐死。

晋陵孝王子云字孝举,孝武第十九子也。大明六年封,未拜而亡。

南海哀王子师字孝友,孝武第二十二子也。大明七年封,未拜,为前废帝所害。明帝即位,追谥。

淮阳思王子霄字孝云,孝武第二十三子也。早薨,追加封谥。

东平王子嗣字孝叔,孝武帝第二十七子也,明帝赐死。

武陵王赞字仲敷,小字智随,明帝第九子也。明帝既诛孝武诸子,诏以智随奉孝武为子,封武陵郡王。顺帝升明二年薨,国除。

明帝十二男:陈贵妃生后废帝,谢修仪生皇子法良,陈昭华生顺帝,徐婕妤生第四皇子,郑修容生皇子智井、次晋熙王燮与皇子法良同生,泉美人生邵陵殇王友、次江夏王跻与第四皇子同生,徐良人生武陵王赞,杜修华生随阳王翙、次新兴王嵩与武陵王赞同生,又泉美人生始建王禧。智井、燮、跻、赞并出继。法良未封。第四皇子未有名,早夭。

邵陵殇王友字仲贤,明帝第七子也。年五岁,出为南中郎将、江州刺史,封邵陵王。后废帝元徽二年,桂阳王休范诛后,王室微弱,友府州文案及臣吏不讳,有无君之心。顺帝升明二年,徙南豫州刺史。薨，无子国除。

随阳王翔字仲仪，明帝第十子也。初封南阳王。升明二年，改封随阳。齐受禅，封舞阴县公。

新兴王嵩字仲岳，明帝第十一子也。齐受禅，降封定襄县公。

始建王禧字仲安，明帝第十二子也。齐受禅，降封荔浦县公。寻并云谋反，赐死。

论曰：甚矣哉！元嘉之遇祸也。杀逆之衅，事起肌肤，因心之童，遂亡天性。虽鸣镝之酷，未极于斯，其不至覆亡，亦为幸也。明皇统运，疑隙内构，寻斧所加，先自王戚。晋刺以犷暴摧躯，巴哀由和良鸩体，保身之路，未知攸适。昔之戒子，慎勿为善，详求其旨，将远有以乎。《诗》云：“不自我先，不自我后。”盖古人之畏乱也。孝武诸子，提挈以成衅乱，遂至宇内沸腾，王室如毁，而帝之诸胤，莫不歼焉。强不如弱，义在于此。明帝负螟之庆，事非己出，枝叶不茂，岂能庇其本乎？

# 南史卷一五
## 列传第五

**刘穆之** 曾孙祥 从子秀之 **徐羡之**
从孙湛之 湛之孙孝嗣 孝嗣孙君茜 **傅亮**
族兄隆 **檀道济** 兄韶 韶孙珪 韶弟祗

刘穆之，字道和，小字道人，东莞莒人也，世居京口。初为琅邪府主簿，尝梦与宋武帝泛海，遇大风，惊，俯视船下，见一白龙挟船。既而至一山，山峰耸秀，意甚悦。

及武帝克京城，从何无忌求府主簿，无忌进穆之，帝曰："吾亦识之。"即驰召焉。时穆之闻京城有叫声，晨出陌头，属与信会，直视不言者久之。反室坏布裳为裤，往见帝，帝谓曰："我始举大义，须一军吏甚急，谁堪其选？"穆之曰："无见逾者。"帝笑曰："卿能自屈，吾事济矣。"即于坐受署，从平建邺。诸大处分，皆仓卒立定，并穆之所建，遂动见谘询。穆之亦竭节尽诚，无所遗隐。

时晋网宽弛，威禁不行，盛族豪家，负势陵纵。重以司马元显政令违舛，桓玄科条繁密。穆之斟酌时宜，随方矫正，不盈旬日，风俗顿改。迁尚书祠部郎，复为府主簿、记室、录事参军，领堂邑太守。以平桓玄功，封西华县五等子。

及扬州刺史王谧薨，帝次应入辅。刘毅等不欲帝入，议以中领军谢混为扬州，或欲令帝于丹徒领州，以内事付仆射孟昶。遣尚书右丞皮沈以二议谘帝。沈先与穆之言，穆之伪如厕，即密疏白帝，言

沈语不可从。帝既见沈，且令出外，呼穆之问焉。穆之曰："公今日
岂得居谦，遂为守蕃将邪？刘、孟诸公俱起布衣，共立大义，事乃一
时相推，非宿定臣主分也。力敌势均，终相吞咀。扬州根本所系，不
可假人。前授王谧，事出权道，今若复他授，便应受制于人。一失于
权，无由可得。公功高勋重，不可直置疑畏，便可入朝共尽同异。公
至京邑，彼必不敢越公更授余人。"帝从其言，由是入辅。

　　从广固还拒卢循，常居幕中画策。刘毅等疾之，每从容言其权
重，帝愈信仗之。穆之外所闻见，大小必白，虽闾里言谑，皆一二以
闻。帝每得人间委密消息以示聪明，皆由穆之。又爱宾游，坐客恒
满，布耳目以为视听，故朝野同异，穆之莫不必知。虽亲昵短长，皆
陈奏无隐。人或讥之，穆之曰："我蒙公恩，义无隐讳，此张辽所以告
关羽欲叛也。"

　　帝举止施为，穆之皆下节度，帝书素拙，穆之曰："此虽小事，然
宣布四远，愿公小复留意。"帝既不能留意，又禀分有在，穆之乃曰：
"公但纵笔为大字，一字径尺无嫌。大既足有所包，其势亦美。"帝从
之，一纸不过六七字便满。

　　穆之凡所荐达，不纳不止。常云："我虽不及荀令君之举善，然
不举不善。"穆之与朱龄石并便尺牍，尝于武帝坐与龄石并答书，自
旦至日中，穆之得百函，龄石得八十函，而穆之应对无废。

　　迁中军、太尉司马，加丹阳尹。帝西讨刘毅，以诸葛长人监留
府，疑其难独任，留穆之辅之。加建威将军，置佐吏，配给实力。长
人果有异谋，而犹豫不能发，屏人谓穆之曰："悠悠之言，云太尉与
我不平，何以至此？"穆之曰："公溯流远伐，以老母弱子委节下，若
一豪不尽，岂容若此。"长人意乃小安，穆之亦厚为之备。谓所亲曰：
"贫贱常思富贵，富贵必践危机。今日思为丹徒布衣，不可得也。"帝
还，长人伏诛。进前将军。

　　帝西伐司马休之，中军将军道怜知留任，而事无大小，一决穆
之。迁尚书右仆射，领选，将军、尹如故。帝北伐，留世子为中军将
军、监太尉留府。转穆之左仆射、领监军、中军二府军司，将军、尹、

领选如故，甲仗五十人入殿，入居东城。穆之内总朝政，外供军旅，决断如流，事无拥滞。宾客辐凑，求诉百端，内外谘禀，盈阶满室。目览词讼，手答笺书，耳行听受，口并酬应，不相参涉，皆悉赡举。又言谈赏笑，弥日亘时，未尝倦苦。裁有闲暇，手自写书，寻览篇章，校定坟籍。性奢豪，食必方丈，旦辄为十人馔，未尝独餐。每至食时，客止十人以还，帐下依常下食，以此为常。尝白帝曰："穆之家本贫贱，赡生多阙，叨忝以来，虽每存约损，而朝夕所须，微为过丰，此外无一豪负公。"

义熙十三年，卒。帝在长安，本欲顿驾关中，经略赵、魏，闻问惊恸，哀惋者数日。以根本虚，乃驰还彭城。以司马徐羡之代管留台，而朝廷大事常决于穆之者，并悉北谘。穆之前军府文武二万人，以三千配羡之建威府，余悉配世子中军府。追赠穆之开府仪同三司。帝又表天子曰："臣闻崇贤旌善，王教所先，念功简劳，义深追远。故司勋执策，在勤必记，德之休明，没而弥著。故尚书左仆射、前将军臣穆之，爰自布衣，协佐义始，内竭谋猷，外勤庶政，密勿军国，心力俱尽。及登庸朝右，尹司京畿，敷赞百揆，翼新大猷。顷戎车远役，居中作捍，抚宁之勋，实洽朝野，识量局致，栋干之器也。方宣赞盛化，缉隆圣世，忠绩未究，远迩悼心。皇恩褒述，班同三事，荣哀既备，宠灵已泰。臣伏思寻，自义熙草创，艰患未弭，外虞既殷，内难亦荐，时屯世故，靡有宁岁。臣以寡乏，负荷国重，实赖穆之匡翼之勋。岂唯谠言嘉谋，溢于人听，若乃忠规密谟，潜虑帷幕，造膝诡辞，莫见其际事隔于皇朝，功隐于视听者，不可胜纪。所以陈力一纪，遂克有成，出征入辅，幸不辱命。微夫人之左右，未有宁济其事者矣。履谦居寡，守之弥固，每议及封爵，辄深自抑绝。所以勋高当年，而茅土弗及，抚事永念，胡宁可昧。谓宜加赠正司，追甄土宇。俾忠贞之烈，不泯于身后，大赍所及，永旌于善人。臣契阔屯夷，旋观终始，金兰之分，义深情感，是以献其乃怀，布之朝听。"于是重赠侍中、司徒，封南昌县侯。

及帝受禅，每叹忆之，曰："穆之不死，当助我理天下。可谓'人之云亡，邦国殄瘁。'"光禄大夫范泰对曰："圣主在上，英彦满朝，穆之虽功著艰难，未容便关兴毁。"帝笑曰："卿不闻骥騄乎？贵日致千里耳。"帝后复曰："穆之死，人轻易我。"其见思如此。以佐命元勋，追封南康郡公，谥曰文宣。

穆之少时，家贫诞节，嗜酒食，不修拘检。好往妻兄家乞食，多见辱，不以为耻。其妻江嗣女，甚明识，每禁不令往江氏。后有庆会，属令勿来。穆之犹往，食毕求槟榔，江氏兄弟戏之曰："槟榔消食，君乃常饥，何忽须此？"妻复截发市肴馔，为其兄弟以饷穆之，自此不对穆之梳沐。及穆之为丹阳尹，将召妻兄弟，妻泣而稽颡以致谢。穆之曰："本不匿怨，无所致忧。"及至醉，穆之乃令厨人以金盘贮槟榔一斛以进之。

元嘉二十五年，车驾幸江宁，经穆之墓，诏致祭墓所。

长子虑之嗣，卒，子邕嗣。先是，郡县为封国者，内史、相并于国主称臣，去任便止。孝建中始革此制，为下官致敬。河东王歆之尝为南康相，素轻邕。后歆之与邕俱豫元会并坐，邕嗜酒，谓歆之曰："卿昔见臣，今能见劝一杯酒不？"歆之因教孙皓歌答曰："昔为汝作臣，今与汝比肩，既不劝汝酒，亦不愿汝年。"邕性嗜食疮痂，以为味似鳆鱼。尝诣孟灵休，灵休先患灸疮，痂落在床，邕取食之。灵休大惊，痂未落者，悉褫取饴邕。邕去，灵休与何勖书曰："刘邕向顾见啖，遂举体流血。"南康国史二百许人，不问有罪无罪，递与鞭，疮痂常以给膳。

邕卒，子肜嗣，坐刀斫妻夺爵，以弟彪绍。齐建元初，降封南康县侯、虎贲中郎将。坐庙墓不修，削爵为羽林监。又坐与亡弟母杨别居，杨死不殡葬，崇圣寺尼慧首剃头为尼，以五百钱为买棺，以泥洹舆送葬，为有司奏，事寝不出。

穆之中子式之，字延叔，为宣城、淮南二郡太守，犯赃货，扬州刺史王弘遣从事检校之。式之召从事谓曰："还白使君，刘式之于国粗有微分，偷数百万钱何有，况不偷邪！"从事还白弘，由此得停。从征关、洛有功，封德阳县五等侯。卒，谥曰恭。

子瑀，字茂琳。始兴王浚为南徐州，以瑀为别驾。瑀性陵物护前，时浚征北府行参军吴郡顾迈轻薄有才能，浚待之厚。瑀乃折节事迈，迈以瑀与之款尽，浚所言密事，悉以语瑀。瑀与迈共进射堂下，忽顾左右索单衣帻，迈问其故，瑀曰："公以家人待卿，言无不尽，卿外宣泄。我是公吏，何得不启白之。"浚大怒，启文帝徙迈广州。

瑀性使气尚人，后为御史中丞，甚得志。弹萧惠开云："非才非望，非勋非德。"弹王僧达云："荫藉高华，人品冗末。"朝士莫不畏其笔端。

转右卫将军。年位本在何偃前，孝武初，偃为吏部尚书，瑀图侍中不得。与偃同从郊祀，时偃乘车在前，瑀策驷居后，相去数十步，瑀蹋马及之，谓偃曰："君髻何疾？"偃曰："牛骏驭精，所以疾耳。"偃曰："君马何迟？"曰："骐骥罗于羁绊，所以居后。"偃曰："何不着鞭使致千里？"答曰："一蹙自造青云，何至与驽马争路。"然甚不得意，谓所亲曰："人仕宦，不出当入，不入当出，安能长居户限上。"因求益州。及行，甚不得意，至江陵，与颜竣书曰："朱脩之三世叛兵，一日居荆州，青油幕下，作谢宣明面目向，使斋帅以长刀引吾下席，于吾何有，政恐匈奴轻汉耳。"坐夺人妻为妾免官。

后为吴兴太守，侍中何偃尝案之云："参伍时望。"瑀大怒曰："我于时望何参伍之有。"遂与偃绝。族叔秀之为丹阳，瑀又与亲故书曰："吾家黑面阿秀遂居刘安众处，朝廷不为多士。"其年，疽发背。何偃亦发背痈。瑀疾已笃，闻偃亡，欢跃叫呼，于是亦卒。谥曰刚。

祥字显征，式之孙也。父骰，太宰从事中郎。祥少好文学，性韵刚疏，轻言肆行，不避高下。齐建元中，为正员郎。司徒褚彦回入朝，以腰扇鄣日，祥从侧过，曰："作如此举止，羞面见人，扇鄣何益。"彦回曰："寒士不逊。"祥曰："不能杀袁、刘，安得免寒士。"

永明初，撰《宋书》，讥斥禅代。尚书令王俭密以启闻，上衔而不问。为临川王骠骑从事中郎。祥兄整为广州，卒官，祥就整妻求还资,事闻朝廷。又于朝士多所贬忽。王奂为尚书仆射,祥与奂子融同载,行至中堂,见路人驱驴,祥曰:"驴,汝好为之,如汝人才,皆已令、仆。"著《连珠》十五首,以寄其怀。其讥议者云:"希世之宝,违时必贱,伟俗之器,无圣则沦。是以明玉黜于楚岫,章甫穷于越人。"有以祥《连珠》启上,上令御史中丞任遐奏其过恶,付廷尉。上别遣敕祥曰:"我当原卿性命,令卿万里思愆。卿若能改革,当令卿得还。"乃徙广州。不得意,终日纵酒,少时卒。

秀之字道宝,穆之从父兄子也。祖爽,山阴令。父仲道,余姚令。秀之少孤贫,十岁时与诸儿戏前渚,忽有大蛇来,势甚猛,莫不颠沛惊呼,秀之独不动,众并异之。东海何承天雅相知器,以女妻之。兄钦之为朱龄石右军参军,随龄石败没,秀之哀戚不欢宴者十年。

宋景平二年,除驸马都尉。元嘉中,再为建康令,政绩有声。孝武镇襄阳,以为抚军录事参军、襄阳令。襄阳有六门堰,良田数千顷,堰久决坏,公私废业。孝武遣秀之修复,雍部由是大丰。后除西戎校尉、梁南秦二州刺史,加都督。汉川饥馑,秀之躬自俭约。先是,汉川悉以绢为货,秀之限令用钱,百姓利之。

二十七年,大举北侵,遣辅国将军杨文德、巴西梓潼二郡太守刘弘宗受秀之节度,震荡汧陇。

元凶弑逆,秀之即日起兵,求赴襄阳,司空南谯王义宣不许。事宁,迁益州刺史,折留奉禄二百八十万付梁州镇库,此外萧然。梁、益丰富,前后刺史莫不大营聚畜,多者致万金。所携宾僚并都下贫子,出为郡县,皆以苟得自资。秀之为政整肃,远近悦焉。

南谯王义宣据荆州为逆,遣征兵于秀之,秀之斩其使。以起义功,封康乐县侯,徙丹阳尹。先是,秀之从叔穆之为丹阳,与子弟听事上宴,听事柱有一穿,穆之谓子弟及秀之:"汝等试以栗遥掷柱,入穿者后必得此郡。"唯秀之独入焉,其言遂验。时赊买百姓物不还钱,秀之以为非宜,陈之甚切。虽纳其言,竟不用。

迁尚书右仆射。时定制令,隶人杀长吏科,议者谓会赦宜以徙论。秀之以为:"律文虽不显人杀官长之旨,若遇赦但止徙论,便与悠悠杀人曾无一异。人敬官长比之父母,行害之身虽遇赦,谓宜长付尚方,穷其天命,家口补兵。"从之。

后为宁蛮校尉、雍州刺史,加都督。将征为左仆射,会卒。赠司空,谥忠成公。

秀之野率无风采,而心力坚正。上以其莅官清洁,家无余财,赐钱二十万,布三百疋。传封至孙,齐受禅,国除。

徐羡之字宗文,东海郯人也。祖宁,尚书吏部郎。父祚之,上虞令。

羡之为桓循抚军中兵参军,与宋武帝同府,深相亲结。武帝北伐,稍迁太尉左司马,掌留任,副贰刘穆之。帝议北伐,朝士多谏,唯羡之默然。或问何独不言,羡之曰:"今二方已平,拓地万里,唯有小羌未定。公寝食不安,何可轻豫其议。"穆之卒,帝欲用王弘代之。谢晦曰:"休元轻易,不若徐羡之。"乃以羡之为丹阳尹,总知留任,甲仗二十人出入,加尚书仆射。

义熙十四年,军人朱兴妻周生子道扶,年三岁,先得痫病,周因其病,发掘地生埋之,为道扶姑双女所告,周弃市。羡之议曰:"自然之爱,豺狼犹仁,周之凶忍,宜加显戮。臣以为法律之外,尚弘通理,母之即刑,由子明法。为子之道,焉有自容之地。愚谓可特申之遐裔。"从之。

及武帝即位,封南昌县公,位司空、录尚书事、扬州刺史。羡之起自布衣,又无术学,直以局度,一旦居廊庙,朝野推服,咸谓有宰臣之望。沉密寡言,不以忧喜见色。颇工弈棋,观戏常若未解,当世倍以此推之。傅亮、蔡廓尝言徐公晓万事,安异同。尝与傅亮、谢晦宴聚,亮、晦才学辩博,羡之风度详整,时然后言。郑鲜之叹曰:"观徐、傅言论,不复以学问为长。"武帝不豫,加班剑三十人。宫车晏驾,与中书令傅亮、领军将军谢晦、镇北将军檀道济同被顾命。少帝诏羡之、亮率众官内月一决狱。

帝后失德,羡之等将谋废立,而庐陵王义真多过,不任四海。乃先废义真,然后废帝。时谢晦为领军,以府舍内屋败应修理,悉移家人出宅,聚将士于府内。檀道济以先朝旧将,威服殿省,且有兵众,召入朝告之谋。既废帝,侍中程道惠劝立皇子义恭,羡之不许。及文帝即位,改封南平郡公,固让加封。有司奏车驾依旧临华林园听讼,诏如先二公权讯。

元嘉二年,羡之与傅亮归政,三奏乃见许。羡之仍逊位,退还私第。兄子佩之及程道惠、吴兴太守王韶之等,并谓非宜,敦劝甚苦。复奉诏摄任。

三年正月,帝以羡之、亮、晦旬月间再肆鸩毒,下诏暴其罪,诛之。尔日,诏召羡之至西门外,时谢晦弟𪩘为黄门郎正直,报亮云:"殿中有异处分。"亮驰报羡之,羡之乘内人问讯车出郭,步走至新林,入陶灶中自缢而死,年六十三。羡之初不应召,上遣领军到彦之、右卫将军王华追讨。及死,野人以告,载尸付廷尉。

初,羡之年少时,尝有一人来谓曰:"我是汝祖。"羡之拜。此人曰:"汝有贵相,而有大厄,宜以钱二十八文埋宅四角,可以免灾。过此可位极人臣。"后羡之随亲之县,住在县内。尝暂出,而贼自后破县,县内人无免者,鸡犬亦尽,唯羡之在外获全。又随从兄履之为临海乐安县,尝行经山中,见黑龙长丈余,头有角,前两足皆具,无后足,曳尾而行。及拜司空,守关将入,彗星辰见危南。又当拜时,双鹤集太极殿东鸱尾鸣唤,竟以凶终。

羡之兄钦之,位秘书监。钦之子佩之,轻薄好利,武帝以其姻戚,累加宠任,为丹阳尹。景平初,以羡之知权,颇豫政事,与王韶之、程道惠、中书舍人邢安泰、潘盛为党。时谢晦久病连灸,不堪见客,佩之等疑其托疾有异图,与韶之、道惠同载诣傅亮,称羡之意,欲令作诏诛之。亮曰己等三人同受顾命,岂可自相残戮。佩之等乃止。羡之既诛,文帝特宥佩之,免官而已。其冬佩之谋反事发,被诛。

佩之弟逮之,尚武帝长女会稽宣公主,为彭城、沛二郡太守。武帝诸子并幼,以逮之姻戚,将大任之,欲先令立功。及讨司马休之,使统军为前锋,待克当即授荆州。于阵见害,追赠中书侍郎。子湛之。

　　湛之字孝源，幼孤，为武帝所爱，常与江夏王义恭寝食不离帝侧。永初三年，诏以公主一门嫡长，且湛之致节之胤，封枝江县侯。数岁，与弟淳之共车行，牛奔车坏，左右人驰来赴之，湛之先令取弟，众咸叹其幼而有识。及长颇涉文义，善自位待，事祖母及母以孝闻。

　　元嘉中，以为黄门侍郎。祖母年老，辞以朝直不拜。后拜秘书监。会稽公主身居长嫡，为文帝所礼，家事大小必谘而后行。西征谢晦，使公主留止台内，总摄六宫，每有不得意，辄号哭，上甚惮之。初，武帝微时，贫陋过甚，尝自往新洲伐荻，有纳布衣袄等，皆是敬皇后手自作。武帝既贵，以此衣付公主曰："后世若有骄奢不节者，可以此衣示之。"湛之之为大将军彭城王义康所爱，与刘湛之等颇相附。及得罪，事连湛之。文帝大怒，将致大辟。湛之忧惧无计，以告公主。公主即日入宫，及见文帝，因号哭下床，不复施臣妾之礼。以锦囊盛武帝纳衣，掷地以示上曰："汝家本贱贫，此是我母为汝父作此纳衣。今日有一顿饱食，便欲残害我儿子。"上亦号哭，湛之由此得全。

　　再迁太子詹事，寻加侍中。湛之善尺牍，音辞流畅。贵戚豪强，产业甚厚，室宇园池，贵游莫及，伎乐之妙，冠绝一时。门生千余，皆三吴富人子，姿质端美，衣服鲜丽。每出入行游，涂巷盈满。泥雨日，悉以后车载之。文帝每嫌其侈纵。时安成公何勖，无忌之子，临汝公孟灵休，昶之子也，并名奢豪，与湛之以肴膳器服车马相尚，都下为之语曰："安成食，临汝饰。湛之美，兼何、孟。"勖官至侍中，追谥荒公。灵休善弹棋，官至秘书监。

　　湛之后迁丹阳尹，加散骑常侍，以公主忧不拜。过葬，复授前职。二十二年，范晔等谋反，湛之始与之同，后发其事，所陈多不尽，为晔等款辞所连。有司以湛之关豫逆党，事起积岁，末乃归闻，多有蔽匿，请免官削爵，付廷尉。上不许。湛之诣阙上疏请罪，以为"初通其谋，为诱引之辞，晔等并见怨咎，规相祸陷。又昔义康南出之始,敕臣入相伴慰,殷勤异意,颇形言旨。遗臣利刃,期以际会。臣苦相谏譬,深加拒塞,以为怨愤所至,不足为虞,便以关启,惧成虚妄。非为纳受,曲相蔽匿。又令申情范晔,释中间之憾,致怀萧思话,恨婚意未申。谓此侥幸,亦不宣达。陛下敦惜天伦,彰于四海,蕃禁优简,亲理咸通。又昔蒙眷顾,不容自绝,音翰信命,时相往来。或言少意多,旨深文浅,辞色之间,往往难测。臣顾惟心无邪悖,故不稍以自嫌,悾悾丹实,具如此启。臣虽驽下,情匪木石,岂不知丑点难婴,伏剑为易,而觍然视息,忍此余生,实非苟吝微命,假延漏刻。诚以负戾灰灭,贻耻方来,贪及视息,少自披诉。乞蒙随放,伏待铁锧。"上优诏不许。

二十四年,服阕,转中书令、太子詹事,出为南兖州刺史。善政俱肃,威惠并行。庆陵旧有高楼,湛之更修整之,南望钟山。城北有陂泽,水物丰盛,湛之更起风亭、月观、吹台、琴室,果竹繁茂,花药成行,招集文士,尽游玩之适。时有沙门释惠休,善属文,湛之与之甚厚。孝武命使还俗,本姓汤,位至扬州从事史。

二十六年,湛之入为丹阳尹,领太子詹事。二十七年,魏太武帝至瓜步,湛之与皇太子分守石头。二十八年,鲁爽兄弟率部曲来奔。爽等,轨子也。湛之以为庙算特所奖纳,不敢苟申私怨,乞屏田里。不许。

转尚书仆射,领护军将军。时尚书令何尚之以湛之国戚,任遇隆重,欲以朝政推之。湛之以令事无不总,又以事归尚之。互相推委,御史中丞袁淑奏并免官,诏乃使湛之与尚之并受辞诉。尚之虽为令,而以朝事悉归湛之。

初,刘湛伏诛,殷景仁卒,文帝任沈演之、庾仲文、范晔等,后又有江湛、何瑀之。自晔诛,仲文免,演之、瑀之并卒,至是江湛为吏部尚书,与湛之并居权要,世谓之江、徐。上每疾,湛之辄侍医药。

二凶巫蛊事发,上欲废劭,赐浚死,而孝武无宠,故累出外藩,不得停都下。南平王铄、建平王宏并被爱,而铄妃即湛之妹,湛之劝上立之,征铄自寿阳入朝。至又失旨,欲立宏,嫌其非次,议又不决。

与湛之议，或连日累夕。每夜，使湛之自执独，绕壁检行，虑有窃听者。劭入杀之旦，其夕上与湛之屏人语，至晓犹未灭独。湛之惊起趣北户，未及开，见害，时年四十四。孝武即位，追赠司空，谥曰忠烈公。子聿之为元凶所杀。聿之子孝嗣。

孝嗣字始昌。父被害，孝嗣在孕，母年少，欲更行，不愿有子，自床投地者无算，又以捣衣杵春其腰，并服堕胎药，胎更坚。及生，故小字遗奴。

幼而挺立。八岁袭爵枝江县公，见宋孝武，升阶流涕，迄于就席。帝甚爱之，尚康乐公主，拜驸马都尉。泰始中，以登殿不著袜，为书侍御史蔡准所奏，罚金二两。

孝嗣姑适东莞刘舍，舍兄藏为尚书左丞，孝嗣往诣之。藏退谓舍曰："徐郎是令仆人，三十余可知，汝宜善自结。"升明中，为齐高帝骠骑从事中郎，带南彭城太守，转太尉谘议参军。齐建元初，累迁长史兼侍中。善趋步，闲容止，与太宰褚彦回相埒。尚书令王俭谓人曰："徐孝嗣将来必为宰相。"转御史中丞。武帝问俭曰："谁可继卿？"俭曰："臣东都之日，其在徐孝嗣乎。"出为吴兴太守，俭赠孝嗣四言诗曰："方轨叔茂，追清彦辅，柔亦不茹，刚亦不吐。"时人以比蔡子尼之行状也。在郡有能名。

王俭亡，上征孝嗣为五兵尚书。其年，敕撰江左以来仪典，令谘受孝嗣。明年，迁太子詹事。从武帝幸方山。上曰："朕经始此山之南，复为离宫，应有迈灵丘。"灵丘山湖，新林苑也。孝嗣答曰："绕黄山，款牛首，乃盛汉之事。今江南未广，愿陛下少垂留神。"上乃止。竟陵王子良甚善之。历吏部尚书，右军将军，领太子左卫率，台阁事多以委之。

武帝崩，遗诏以为尚书右仆射。隆昌元年，为丹阳尹。明帝谋废郁林，遣左右莫智明以告孝嗣，孝嗣奉旨无所厘替，即还家草太后令。明帝入殿，孝嗣戎服随后。郁林既死，明帝须太后令，孝嗣于袖出而奏之，帝大悦。时议悉诛高、武子孙，孝嗣坚保持之，故得无恙。以废立功，封枝江县侯，甲仗五十人入殿，转左仆射。明帝即位，进爵为公,给班剑二十人,加兵百人。旧拜三公乃临轩,至是,帝特诏与陈显达、王晏并临轩拜授。时王晏为令,人情物望不及孝嗣,晏诛,转尚书令。孝嗣爱好文学,器量弘雅,不以权势自居,故见容明帝之世。初在率府,昼卧斋北壁下,梦两童了遽云:"移公床。"孝嗣惊起,闻壁有声,行数步而壁崩压床。建武四年,即本号开府仪同三司,让不受。

时连年魏军动,国用虚乏,孝嗣表立屯田,帝已寝疾,兵事未已,竟不行。及崩,受遗托,重申开府之命,加中书监。永元初辅政,自尚书下省出住宫城南宅,不得还家。帝失德,孝嗣不敢谏,及江祏诛,内怀忧恐,然未尝表色。始安王遥光反,众怀遑惑,见孝嗣入宫乃安。然群小用事,不能制也。

时孝嗣以帝终乱天常,与沈文季俱在南掖门,欲要文季以门为应,四五目之,文季辄乱以他语,孝嗣乃止。进位司空,固让。求解丹阳尹,不许。孝嗣文人,不显同异,名位虽大,故得未及祸。虎贲中郎将许准有胆力,陈说事机,劝行废立。孝嗣迟疑,谓必无用干戈理,须少主出游,闭城门,召百僚集议废之。虽有此怀,终不能决。群小亦稍憎孝嗣,劝帝除之。其冬,孝嗣入华林省,遣茹法珍赐药,孝嗣容色不异,谓沈昭略曰:"始安事,吾欲以门应之,贤叔若同,无今日之恨。"少能饮酒,饮药至斗余方卒,乃下诏言诛之。于时凡被杀者,皆取其蝉冕,剥其衣服,众情素敬孝嗣,得无所侵。

长子演,尚齐武帝女武康公主,位太子中庶子。第三子况,尚明帝女山阴公主。并拜驸马都尉,俱见杀。

孝嗣之诛,众人惧,无敢至者,唯会稽魏温仁奔赴,以私财营丧事,当时称之。

初,孝嗣复故封,使故吏吴兴丘睿筮之,当传几世。睿曰:"恐不终尊身。"孝嗣容色甚恶,徐曰:"缘有此虑,故令卿决之。"中兴元年,和帝赠孝嗣太尉。二年,改葬。宣德太后,诏增班剑四十人,加羽葆、鼓吹,谥曰文忠,改封余干县公。

子缊,仕梁,位侍中、太常、信武将军,谥顷子。

绲子君茜字怀简，幼聪朗好学，尤长丁部书，问无不对，善弦歌。为梁湘东王镇西谘议参军。

颇好声色，侍妾数十，皆佩金翠，曳罗绮，服玩悉以金银。饮酒数升便醉，而闭门尽日酣歌。每遇欢谑，则饮至斗。有时载伎肆意游行，荆楚山川，靡不毕践。朋从游好，莫得见之。时襄阳鱼弘亦以豪侈称。于是府中谣曰："北路鱼，南路徐。"然其服玩次于弘也。

君茜辩于辞令，湘东王尝出军，有人将妇从者。王曰："才愧李陵，未能先诛女子，将非孙武，遂欲驱战妇人。"君茜应声曰："项籍壮士，犹有虞兮之爱，纪信成功，亦资姬人之力。"君茜文冠一府，特有轻艳之才，新声巧变，人多讽习，竟卒于官。

傅亮字季友，北地灵州人，晋司隶校尉咸之玄孙也。父瑗，以学业知名，位至安成太守。瑗与郗超善，超常造瑗，见二子迪及亮。亮年四五岁，超令人解衣使持去，初无吝色。超谓瑗曰："卿小儿才名位宦当远逾于兄，然保家终在大者。"迪字长猷，宋初终五兵尚书，赠太常。

亮博涉经史，尤善文辞。义熙中，累迁中书、黄门侍郎，直西省。宋武帝以其久直之勤劳，欲以为东阳郡。先以语迪，大喜告亮，亮不答，即驰见武帝，陈不乐出。帝笑曰："谓卿须禄耳，能如此，甚协所望也。"以为太尉从事中郎，掌记室。宋国初建，除侍中，领世子中庶子，加中书令。从还寿阳，武帝有受禅意，而难于发言，乃集朝臣宴饮，从容曰："桓玄暴篡，鼎命已移，我首唱大义，兴复皇室。今年时衰暮，欲归老京师。"群臣唯盛称功德，莫晓此意。亮悟旨，日晚宫门已闭，叩扉请见曰："臣暂宜还都。"帝知意，无复他言，直云："须几人自送？"亮曰："须数十人。"于是奉辞。及出，夜见长星竟天，拊髀曰："我常不信天文，今始验矣。"亮至都，即征帝入辅。

永初元年，加太子詹事，封建城县公，入直中书省，专典诏命。以亮任总国权，听于省见客，神兽门外，每旦车常数百辆。武帝登庸之始，文笔皆是参军滕演，北征广固，悉委长史王诞，自此之后至于受命，表策文诰，皆亮辞也。演字彦将，南阳西鄂人，位至秘书监。

二年，加亮尚书仆射。及帝不豫，与徐羡之、谢晦并受顾命，给班剑二十人。少帝即位，进中书监、尚书令，领护军将军。

少帝废，亮奉迎文帝，立行台于江陵城南，题曰大司马门，率行台百僚诣门拜表，威仪甚盛。文帝将下，引见亮，哭泣哀动左右。既而问义真及少帝薨废本末，悲号呜咽，侍侧者莫能仰视，亮流汗沾背不能答。于是布腹心于到彦之、王华等。及至都，徐羡之问："帝可方谁？"亮曰："晋文、景以上人。"羡之曰："必能明我赤心。"亮曰："不然。"及文帝即位，加左光禄大夫、开府仪同三司，司空府文武即为左光禄府，进爵始兴郡公。固让进封。

元嘉三年，帝将诛亮，先呼入见，省内密有报之者。亮辞以嫂病暂还，遣信报徐羡之，因乘车出郭门，骑马奔兄迪墓。屯骑校尉郭泓收之。初至广莫门，上亦使以诏谓曰："以公江陵之诚，当使诸子无恙。"亮读诏讫，曰："亮受先帝布衣之眷，遂蒙顾托。黜昏立明，社稷之计。欲加之罪，其无辞乎？"于是伏诛。妻子流建安。

亮之方贵，兄迪每深诫焉，而不能从。及见世路屯险，著论名曰《演慎》。及少帝失德，内怀忧惧。直宿禁中，睹夜蛾赴烛，作《感物赋》以寄意。初奉大驾，道路赋诗三首，其一篇有悔惧之辞。自知倾覆，求退无由，又作辛有、穆生、董仲道赞，称其见微之美云。

隆字伯祚，亮族兄也。曾祖晞，司徒属。父祖并早卒。隆少孤贫，有学行。义熙初，年四十，为孟昶建威参军，累迁尚书左丞。以族弟亮为仆射，缌服不得相临，徙太子率更令。

元嘉初，为御史中丞，甚得司直之体，转司徒左长史。会稽剡县人黄初妻赵打杀息载妻王，遇赦，王有父母及男称、女叶，依法徙赵二千里外。隆议曰："礼律之兴，本之自然，求之情理，非从天堕，非从地出。父子至亲，分形同气，称之于载，即载之于赵。虽言三世，为体犹一。称虽创钜痛深，固无仇祖之义。向使石厚之子，日磾之孙，砥锋挺锷，不与二祖同戴天日，则石碏、秺侯何得流名百代。旧令言'杀人父母，徙之一千里外'。不施父子孙祖明矣。赵当避王期功千里外耳。令亦云'凡流徙者,同籍亲近欲相随者听之。'此又大通情之体,因亲以教爱也。赵既流移,载为人子,何得不从?载从而称不行,岂名教所许?如此,称、赵竟不可分。赵虽内愧终身,称沉痛没齿,孙祖之义,自不得以永绝,事理然也。"从之。

出为义兴太守,有能名。拜左户尚书,坐正直受节假,对人未至委出,白衣领职。寻转太常。文帝以新撰《礼论》付隆,使更下意。隆表上五十二事。后致仕,拜光禄大夫,归老于家。手不释卷,博学多通,特精三《礼》。年八十三卒。

檀道济,高平金乡人也,世居京口。少孤,居丧备礼,奉兄姊以和谨称。宋武帝建义,道济与兄韶祗等从平京城,俱参武帝建武将军事。累迁太尉参军,封作唐县男。义熙十二年,武帝北伐,道济为前锋,所至望风降服。径进洛阳,议者谓所获俘囚,应悉戮以为京观。道济曰:"伐罪吊人,正在今日。"皆释而遣之。于是中原感悦,归者甚众。长安平,以为琅邪内史。

武帝受命,以佐命功,改封永脩县公,位丹阳尹、护军将军。武帝不豫,给班剑二十人。出为镇北将军、南兖州刺史。徐羡之等谋废立,讽道济入朝,告以将废庐陵王义真,道济屡陈不可,竟不纳。将废帝夜,道济入领军府就谢晦。晦悚息不得眠,道济寝便睡熟,晦以此服之。

文帝即位,给鼓吹一部,进封武陵郡公。固辞进封。道济素与王弘善,时被遇方深,道济弥相结附,每构羡之等,弘亦雅仗之。上将诛徐羡之等,召道济欲使西讨。王华曰:"不可。"上曰:"道济从人者也,曩非创谋,抚而使之,必将无虑。"道济至之明日,上诛羡之、亮。既而使道济与中领军到彦之前驱西伐。上问策于道济,对曰:"臣昔与谢晦同从北征,入关十策,晦有其九。才略明练,殆难与敌;然未尝孤军决胜,戎事恐非其长。臣悉晦智,晦悉臣勇。今奉王命外讨,必未阵而禽。"时晦本谓道济与羡之同诛,忽闻来上,遂不战自溃。事平,迁征南大将军、开府仪同三司、江州刺史。

元嘉八年，到彦之侵魏，已平河南，复失之。道济都督征讨诸军事，北略地，转战至济上，魏军盛，遂克滑台。道济时与魏军三十余战，多捷，军至历城，以资运竭，乃还。时人降魏者具说粮食已罄，于是士卒忧惧，莫有固志。道济夜唱筹量沙，以所余少米散其上。及旦，魏军谓资粮有余，故不复追，以降者妄，斩以徇。

时道济兵寡弱，军中大惧。道济乃命军士悉甲，身自服乘舆，徐出外围。魏军惧有伏，不敢逼，乃归。道济虽不克定河南，全军而反，雄名大振。魏甚惮之，图之以禳鬼。还，进位司空，镇寿阳。

道济立功前朝，威名甚重，左右腹心并经百战，诸子又有才气，朝廷疑畏之。时人或目之曰：“安知非司马仲达也。”文帝寝疾累年，屡经危殆，领军刘湛贪执朝政，虑道济为异说，又彭城王义康亦虑宫车晏驾，道济不复可制。十二年，上疾笃，会魏军南伐，召道济入朝。其妻向氏曰：“夫高世之勋，道家所忌，今无事相召，祸其至矣。”及至，上已间。十三年春，将遣还镇，下渚未发，有似鶪鸟集船悲鸣。会上疾动，义康矫诏召入祖道，收付廷尉，及其子给事黄门侍郎植、司徒从事中郎粲、太子舍人混、征北主簿承伯、秘书郎中尊等八人并诛。时人歌曰：“可怜《白浮鸠》，枉杀檀江州。”道济死日，建邺地震，白毛生。又诛司空参军薛肜、高进之，并道济心腹也。

道济见收，愤怒气盛，目光如炬，俄尔间引饮一斛，乃脱帻投地曰：“乃坏汝万里长城。”魏人闻之，皆曰“道济已死，吴子辈不足复惮。”自是频岁南伐，有饮马长江之志。文帝问殷景仁曰：“谁可继道济？”答曰：“道济以累有战功，故致威名，余但未任耳。”帝曰：“不然，昔李广在朝，匈奴不敢南望，后继者复有几人？”二十七年，魏军至瓜步，文帝登石头城望，甚有忧色，叹曰：“若道济在，岂至此！”

韶字令孙，以桓玄功封巴丘县侯。从征广固，率所领先登，位琅邪内史。从讨卢循，以功更封宜阳县，后拜江州刺史，以罪免。韶嗜酒贪横，所莅无政绩，上嘉其合门从义，道济又有大功，故特见宠授。卒。子臻，字系宗，位员外郎，臻子珪。

珪字伯玉，位沅南令。元徽中，王僧虔为吏部尚书，以珪为征北板行参军。珪诉僧虔求禄不得,与僧虔书曰:"仆一门虽谢文通,乃忝武达。群从姑叔,三媾帝姻,而令子侄饿死,遂不荷润。蝉腹龟肠,为日已久。饥彪能吓,人遽与肉,饿骥不噬,谁为落毛。虽复孤微,百世国士,姻媾位宦,亦不后物。尚书同堂姊为江夏王妃,檀珪同堂姑为南谯王妃;尚书伯为江州,檀珪祖亦为江州。仆于尚书人地本悬,至于婚宦皆不殊绝。今通塞虽异,犹忝气类,尚书何事为尔见苦?"僧虔报书曰:"吾与足下素无怨憾,何以相苦? 直是意有左右耳。"乃用为安成郡丞。

祗字恭叔,与兄韶、弟道济俱参义举,封西昌县侯,历位广陵相。义熙十年,亡命司马国璠兄弟自北徐州界潜得过淮,因天阴暗,夜率百许人缘广陵城入,叫唤直上听事。祗被射伤股,语左右曰:"贼乘暗得入,欲掩我不备,但打五鼓惧之,晓必走矣。"贼闻鼓鸣,直谓为晓,乃奔散,追杀百余人。

宋国初建,为领军。祗性矜豪,乐在外放恣,不愿内职,不得志,发疾不自疗,其年卒于广陵。谥曰威侯。传嗣至齐受禅,国除。

论曰:自晋网不纲,主威莫树,乱基王室,毒被江左。宋武一朝创业,事属横流,改易紊章,归于平道。以建武、永平之风,变太元、隆安之俗,此盖文宣公之为乎。其配飨清庙,岂徒然也! 若夫怙才骄物,公旦其犹病诸,而以刘祥居之,斯亡亦为幸焉。秀之行己有道,可谓位无虚授。当徐、傅二公跪承顾托,若使死而可再,固当赴蹈为期。及至处权定机,当震主之地,甫欲攘抑后祸,御蔽身灾,使桐宫有卒迫之痛,淮王非中雾之疾,若以社稷为存亡,则义异于此。湛之、孝嗣临机不决,既以败国,且以殒身,"反受其乱",斯其效也。道济始因录用,故得忘瑕,晚困大名,以至颠覆。韶、祗克传胤嗣,其木雁之间乎。

南史卷一六
列传第六

# 王镇恶　朱龄石 弟超石
# 毛脩之 孙惠素　傅弘之
# 朱脩之　王玄谟 子瞻
#### 从弟玄象　玄载　玄邈

　　王镇恶，北海剧人也。祖猛，仕苻坚，任兼将相。父休，为河东太守。镇恶以五月生，家人以俗忌，欲令出继疏宗。猛曰："此非常儿。昔孟尝君恶月生而相齐，是儿亦将兴吾门矣。"故名为镇恶。年十三而苻氏败，寓食黾池人李方家。方善遇之，谓方曰："若遭英雄主，要取万户侯，当厚相报。"方曰："君丞相孙，人材如此，何患不富贵。至时，愿见用为本县令，足矣。"

　　后随叔父曜归晋，客荆州，颇读诸子兵书，喜论军国大事，骑射非长，而从横善果断。宋武帝伐广固，镇恶时为天门郡临澧令。人或荐之武帝，召与语，异焉，因留宿。且谓诸佐曰："镇恶，王猛孙，所谓将门有将。"即以署前部贼曹。拒卢循有功，封博陆县五等子。

　　武帝谋讨刘毅，镇恶曰："公若有事西楚，请给百舸为前驱。"及西讨，转镇恶参军事，使率龙骧将军蒯恩百舸前发。镇恶受命，便昼夜兼行，扬声刘兖州上。毅谓为信，不知见袭。镇恶去江陵城二十里，舍船步上，蒯恩军在前，镇恶次之，舸留一二人，对舸岸上竖旗安鼓。语所留人曰："计我将至城，便长严，令后有大军状。"又分队在后,令烧江津船。镇恶径前袭城,津戍及百姓皆言刘藩实上,晏然不疑。将至城,逢毅要将朱显之驰前问藩所在,军人答云"在后"。及至军后不见藩,又望见江津船舰被烧,而鼓声甚盛,知非藩上,便跃马告毅,令闭城门。镇恶亦驰进得入城,便因风放火,烧大城南门及东门。又遣人以诏及赦并武帝手书凡三函示毅,毅皆烧不视。全城内亦未信帝自来。及短兵接战,镇恶军人与毅下将或是父兄子弟中表亲亲,且斗且语,知武帝在后,人情离懈。初,毅常所乘马在城外不得入,仓卒无马,使就子肃取马,肃不与。朱显之谓曰:"人取汝父而惜马,汝走欲何之?"夺马以授毅,从大城东门出奔牛牧佛寺自缢。镇恶身被五箭,手所执矟手中破折。江陵平后二十日,大军方至,以功封汉寿县子。

及武帝北伐,为镇西谘议,行龙骧将军,领前锋。将发,前将军刘穆之谓曰:"昔晋文王委蜀于邓艾,今亦委卿以关中,卿其勉之。"镇恶曰:"吾等因托风云,并蒙抽擢,今咸阳不克,誓不济江。三秦若定,而公九锡不至,亦卿之责矣。"镇恶入贼境,战无不捷,破虎牢及柏谷坞。进次黾池,造故人李方家,升堂见母,厚加酬赉,即授方黾池令。方轨径据潼关,将士乏食,乃亲到弘农督人租。百姓竞送义粟,军食复振。

初,武帝与镇恶等期,若克洛阳,须待大军,未可轻前。既而镇恶等至潼关,为伪大将军姚绍所拒不得进,驰告武帝求粮援。时帝军入河,魏军屯河岸,军不得进。帝呼所遣人开舫北户指河上军示之曰:"我语令勿进而深入,岸上如此,何由得遣军。"镇恶既得义租,绍又病死,伪抚军将军姚赞代绍守险,众力犹盛。武帝至湖城,赞引退。

大军次潼关,谋进取计,镇恶请率水军自河入渭,直至渭桥。镇恶所乘皆蒙冲小舰,行船者悉在舰内,溯渭而进,舰外不见有行船人。北土素无舟楫,莫不惊以为神。镇恶既至,令将士食毕,便弃船登岸。谓水流急,诸舰悉逐流去,镇恶抚士卒曰:"此是长安城北门外,去家万里,而舫乘衣粮并已逐流,唯宜死战,可立大功。"乃身先士卒,即陷长安城。城内六万余户,镇恶抚慰初附,号令严肃。于灞上奉迎,武帝劳之曰:"成吾霸业者,真卿也。"谢曰:"此明公之威,诸将之力。"帝笑曰:"卿欲学冯异邪。"

时关中丰全,镇恶性贪,收敛子女玉帛不可胜计,帝以其功大不问。时有白帝言镇恶藏姚泓伪辇,有异志,帝使觇之,知镇恶剔取饰辇金银,弃辇于垣侧,帝乃安。

帝留第二子桂阳公义真为安西将军、雍秦二州刺史,镇长安。镇恶以征虏将军领安西司马、冯翊太守,委以捍御之任。及大军东还,赫连勃勃逼北地,义真遣中兵参军沈田子拒之。虏甚盛,田子退屯刘回堡,遣使还报镇恶。镇恶对田子使谓安西长史王脩曰:"公以十岁儿付吾等,当共思竭力,今拥兵不进,贼何由得平?"使反言之,田子甚惧。

王猛之相苻坚也,北人以方诸葛亮。入关之功,又镇恶为首,时论者深惮之。田子峣柳之捷,威震三辅,而与镇恶争功。武帝将归,留田子与镇恶,私谓田子曰:"钟会不得遂其乱者,为有卫瓘等也。语曰:'猛兽不如群狐。'卿等十余人,何惧王镇恶。"故二人常有猜心。时镇恶师于泾上,与田子俱会傅弘之垒,田子求屏人,因斩之幕下,并兄基、弟鸿、遵、深、从弟昭、朗,凡七人。弘之奔告义真,义真率王智、王脩被甲登横门以察其变。俄而田子至,言镇恶反。脩执田子,以专戮斩焉。是岁,义熙十四年正月十五日也。追赠左将军、青州刺史。及帝受命,追封龙阳县侯,谥曰壮。传国至曾孙睿,齐受禅,国除。

朱龄石字伯儿,沛郡沛人也。世为将,伯父宪 及斌并为西中郎袁真将佐。桓温伐真于寿阳,真以宪兄弟潜通温,并杀之,龄石父绰逃归温。寿阳平,真已死,绰辄发棺戮尸。温怒,将斩之,温弟冲请,得免。绰受冲更生之恩,事冲如父。位西阳、广平太守。及冲薨,绰欧血而死。

龄石少好武,不事崖检。舅淮南蒋氏才劣,龄石使舅卧听事,剪纸方寸帖着舅枕,以刀子悬掷之,相去八九尺,百掷百中。舅畏龄石,终不敢动。舅头有大瘤,龄石伺眠密割之,即死。

武帝克京城,以为建武参军。从至江乘将战,龄石言世受桓氏恩,不容以兵刃相向,乞于军后。帝义而许之。以为镇军参军,迁武康令。县人姚系祖专为劫,郡县畏不能讨,龄石至县,伪与厚,召为参军。系祖恃强,乃出应召。龄石斩之,掩其家,悉杀其兄弟,由是一部得清。后领中兵。龄石有武干,又练吏职,帝甚亲委之。平卢循有功,为西阳太守。

义熙九年,徙益州刺史,为元帅伐蜀。初,帝与龄石密谋进取,曰:"刘敬宣往年出黄武,无功而退。贼谓我今应从外水往,而料我当出其不意犹从内水来也,必重兵守涪城,以备内道。若向黄武,正堕其计。今以大众自外水取成都,疑兵出内水,此制敌之奇也。"而虑此声先驰,贼审虚实,别有函封付龄石,署曰至白帝乃开。诸军虽进,未知处分,至白帝发书,曰:"众军悉从外水取成都,臧熹、朱林于中水取广汉,使羸弱乘高舰十余,由内水向黄武。"谯纵果备内水,使其大将谯道福戍涪城,遣其秦州刺史侯晖、仆射谯诜等屯彭模,夹水为城。十年六月,龄石至彭模。七月,龄石率刘钟、蒯恩等于北城斩侯晖、谯诜。朱林至广汉,复破谯道福别军。谯纵奔涪城,巴西人王志斩送之,并获道福,斩于军门。

帝之伐蜀,将谋元帅,乃举龄石。众咸谓龄石资名尚轻,虑不克办,论者甚众,帝不从。乃分大军之半,令猛将劲卒悉以配之。臧熹,敬皇后弟也,亦命受其节度。及战克捷,众咸服帝知人,又美龄石善于事。以平蜀功,封丰城侯。

十四年,桂阳公义真被征,以龄石雍州刺史,督关中诸军事。龄石至长安,义真乃发。义真败于青泥,龄石亦举城奔走见杀。传国至孙,齐受禅,国除。

龄石弟超石,亦果锐。虽出自将家,兄弟并闲尺牍。桓谦为卫将军,以补行参军。后为武帝徐州主簿,收迎桓谦身首,躬营殡葬。

义熙十二年北伐，超石前锋入河。时军人缘河南岸牵百丈。有漂度北岸者，辄为魏军所杀略。帝遣白直队主丁旿率七百人及车百乘于河北岸为却月阵，两头抱河，车置七仗士。事毕，使竖一长白毦。魏军不解其意，并未动。帝先命超石戒严，白毦既举，超石赴之，并赍大弩百张，一车益二十人，设彭排于辕上。魏军见营阵立，乃进围营。超石先以弱弓小箭射之，魏军四面俱至。魏明元皇帝又遣南平公长孙嵩三万骑内薄攻营，于是百弩俱发。魏军既多，弩不能制，超石初行，别赍大槌并千余张稍，乃断稍三四尺，以槌之，一稍辄洞贯三四人。魏军不能当，遂溃。大军进克蒲坂，以超石为河东太守。

后除中书侍郎，封兴平县五等侯。关中乱，帝遣超石慰劳河、洛，与龄石俱没赫连勃勃，见杀。

毛脩之字敬文，荥阳阳武人也。祖武生、伯父璩，并益州刺史。父瑾，梁、秦二州刺史。

脩之仕桓玄为屯骑校尉，随玄西奔。玄欲奔汉川，脩之诱令入蜀。冯迁斩玄于枚洄洲，脩之力也。宋武帝以为镇军谘议，迁右卫将军。既有斩玄之谋，又父、伯并在蜀，帝欲引为外助，故频加荣爵。

及父瑾为谯纵所杀，帝表脩之为龙骧将军，配兵遣奔赴。时益州刺史鲍陋不具肯进讨，脩之言状，帝乃令冠军刘敬宣伐蜀，无功而退。谯纵由此送脩之父、伯及中表丧柩口累并得还。后刘毅西镇江陵，以为卫军司马、南郡太守。脩之虽为毅将佐，而深结于帝，及毅败见宥。时遣朱龄石伐蜀，脩之固求行。帝虑脩之至蜀多所诛杀，且土人既与毛氏有嫌，亦当以死自固，不许。

脩之不信鬼神，所至必焚房庙。时蒋山庙中有好牛马，并夺取之。累迁相国右司马，行司州事。戍洛阳，修立城垒。武帝至，履行善之，赐衣服玩好，当时评直二千万。

王镇恶死，脩之代为安西司马。桂阳公义真败，为赫连勃勃所禽。及赫连昌灭，入魏。脩之在洛，敬事嵩高道士寇谦之。谦之为魏太武帝信敬，营护之，故不死。脩之尝为羊羹荐魏尚书，尚书以为绝味,献之太武,大悦,以为太官令,被宠,遂为尚书、光禄大夫,封南郡公,太官令常如故。

后,朱脩之俘于魏,亦见宠。脩之问朱脩之,南国当权者为谁,答云殷景仁。脩之笑曰:"吾昔在南,殷尚幼少,我归罪之日,便当巾韝到门。"经年不忍问家消息,久之乃访焉。脩之具答,并云:"贤子元矫甚能自处。"脩之悲不得言,直视良久,乃长叹曰:"呜呼!"自此一不复及。

初,北人去来言脩之劝魏侵边,并不以在南礼制,文帝甚疑责之。朱修之后得还,具相申理,上意乃释。修之在魏多妻妾,男女甚众,身遂死于魏。

孙惠素,仕齐为少府卿。性至孝,母服除后,更脩母所住处床帐屏帷,每月十五向帷悲泣,傍人为之感伤,终身如此。

惠素吏才强济,而临事清刻,敕市铜官碧青一千二百斤供御画,用钱六十五万。有谮惠素纳利,武帝怒,敕尚书评价,贵二十八万余。有司奏,伏诛。死后家徒四壁,武帝后知无罪,甚悔恨之。

傅弘之字仲度,北地泥阳人也。傅氏旧属灵州,汉末失土,寄冯翊,置泥阳、富平二县,废灵州,故傅氏悉属泥阳。晋武帝太康三年复立灵州县,傅氏还属灵州。弘之高祖祗,晋司徒,后封灵州公。不欲封本县,故祗一门还属泥阳。曾祖畅,秘书丞,没石勒,生子洪。晋穆帝永和中,石氏乱,度江。洪生梁州刺史歆,歆生弘之。

少倜傥有大志,历位太尉行参军。宋武帝北伐,弘之与扶风太守沈田子等七军自武关入。弘之素习骑乘,于姚泓驰道内戏马,甚有姿制,羌胡观者数千,并叹称善。留为桂阳公义真雍州中从事史。及义真东归,赫连勃勃倾国追蹑,于青泥大战,弘之躬贯甲胄,气冠三军,军败陷没,不为之屈。时天大寒,裸弘之,弘之叫骂见杀。

朱脩之字恭祖,义阳平氏人也。曾祖焘,晋平西将军。祖序,豫州刺史。父谌,益州刺史。

脩之初为州主簿,宋元嘉中,累迁司徒从事中郎。文帝谓曰:"卿曾祖昔为王导丞相中郎,卿今又为王弘中郎,可谓不忝尔祖矣。"后随右军到彦之北侵,彦之自河南回,脩之留戍滑台,被魏将安颉攻围。粮尽,将士熏鼠食之。脩之被围既久,母常悲忧,忽一旦乳汁惊出,母号恸告家人曰:"我年老非复有乳汁时,今如此,儿必没矣。"魏果以其日克滑台,囚之。太武嘉其固守之节,以为云中镇将,妻以宗室女。

脩之潜谋南归,妻疑之,每流涕谓曰:"观君无停意,何不告我以实,义不相负。"脩之深嘉其义而不告也。及太武伐冯弘,脩之及同没人邢怀明并从。又有徐卓者,亦没魏,复欲率南人窃发,事泄见诛。脩之、怀明惧祸,同奔冯弘,不见礼。停一年,会宋使至。脩之名位素显,传诏见便拜。彼国敬传诏,呼为天子边人。见传诏致敬,乃始礼之。

时魏屡伐黄龙,弘遣使求救,脩之乃使传诏说而遣之。泛海,未至东莱,舫舵折,风猛,海师虑向海北,垂长索,舫乃正。海师视上有鸟飞,知去岸不远,须臾至东莱。及至,以为黄门侍郎。

孝武初,累迁宁蛮校尉、雍州刺史,加都督。脩之政在宽简,士庶悦附。及荆州刺史南郡王义宣反,檄脩之举兵。雍土时饥,脩之伪与之同,既而遣使陈情于孝武。孝武嘉之,以为荆州刺史,加都督。义宣乃闻脩之不同,更以鲁秀为雍州刺史,击襄阳。脩之命断马鞍山道,秀不得前乃退。脩之率众向江陵,竺超已执义宣,脩之至,于狱杀之。以功封南昌县侯。

脩之立身清约,百城赆赠,一无所受。唯以蛮人宜存抚纳,有饷皆受,得辄与佐史赌之,未尝入己。去镇之日,秋毫无犯。计在州以来,然油及私牛马食官谷草,以私钱六十万赏之。而俭刻无润,薄于恩情,姊在乡里,饥寒不立,脩之贵为刺史,未曾供赡。往姊家,姊为设菜羹粗饭以激之,脩之曰:"此是贫家好食,进之致饱。"先是,新野庾彦达为益州刺史,携姊之镇,资给供奉,中分秩禄,西土称焉。

脩之后拜左户尚书、领军将军。至建邺,牛奔坠车折脚,辞尚书，徙崇宪太仆，仍加特进、金紫光禄大夫。脚疾不堪独行，见特给扶侍。卒，谥贞侯。

王玄谟字彦德，太原祁人也。六世祖宏，河东太守、绵竺侯。以从叔司徒允之难，弃官北居新兴，仍为新兴、雁门太守。其《自序》云尔。祖牢，仕慕容氏，为上谷太守，随慕容德居青州。父秀，早卒。

玄谟幼而不群，世父蕤有知人鉴，常笑曰："此儿气概高亮，有太尉彦云之风。"宋武帝临徐州，辟为从事史，与语异之。少帝末，谢晦为荆州，请为南蛮行参军、武宁太守。晦败，以非大帅见原。元嘉中，补长沙王义欣镇军中兵参军，领汝阴太守。每陈北侵之规，上谓殷景仁曰："闻王玄谟陈说，使人有封狼居胥意。"后为兴安侯义宾辅国司马、彭城太守。义宾薨，玄谟上表，以彭城要兼水陆，请以皇子抚临州政，乃以孝武出镇。

及大举北侵，以玄谟为宁朔将军，前锋入河，受辅国将军萧斌节度。军至碻磝，玄谟进向滑台，围城二百余日。魏太武自来救之，众号百万，鼓鞞动天地。玄谟之行也，众力不少，器械精严，而专恣所见，多行杀戮。初围城，城内多茅屋，众求以火箭烧之，玄谟曰："损亡军实。"不听。城中即撤坏之，空地为窟室。及魏救将至，众请发车为营，又不从。将士并怀离怨。又营货利，一匹布责人八百梨，以此倍失人心。及太武军至，乃夜遁，麾下散亡略尽。萧斌将斩之，沈庆之固谏曰："佛狸威震天下，控弦百万，岂玄谟所能当。杀战将以自弱，非良计也。"斌乃止。

初，玄谟始将见杀，梦人告曰："诵《观世音》千遍则免。"玄谟梦中曰"何可竟也。"仍见授，既觉诵之，且得千遍。明日将刑，诵之不辍。忽传唱停刑，遣代守碻磝。江夏王义恭为征讨都督，以碻磝沙城不可守，召令还。为魏军所追，大破之，流矢中臂。二十八年正月，还至历城。义恭与玄谟书曰："闻因败为成，臂上金创，将非金印之徵邪？"

元凶杀立，以玄谟为冀州刺史。孝武伐逆，玄谟遣济南太守垣护之等将兵赴义。事平,除徐州刺史,加都督。

及南郡王义宣与江州刺史臧质反,朝廷假玄谟辅国将军,为前锋南讨,拜豫州刺史。质寻至,大破之。加都督,封曲江县侯。中军司马刘冲之白孝武,言玄谟在梁山与义宣通谋。检虽无实,上意不能明,使有司奏玄谟没匿所得贼宝物,虚张战簿,与徐州刺史垣护之并免官。

寻为宁蛮校尉、雍州刺史,加都督。雍土多诸侨寓,玄谟上言所统侨郡无有境土,新旧错乱,租课不时,宜加并合。见许。乃省并郡县,自此便之。百姓当时不愿属籍。其年,玄谟又令九品以上租,使贫富相通,境内莫不嗟怨。人间讹言玄谟欲反,时柳元景当权,元景弟僧景为新城太守,以元景之势,制令雍土南阳、顺阳、上庸、新城诸郡并发兵,欲讨玄谟。玄谟令内外晏然,以解众惑,驰启孝武,具陈本末。帝知其虚,驰遣主书吴喜公慰抚之。又答曰:“玄谟启明白之日,七十老公反欲何求? 聊复为笑,想足以申卿眉头耳。”玄谟性严,未曾妄笑,时人言玄谟眉头未曾申,故以此见戏。

后为金紫光禄大夫,领太常。及建明堂,以本官领起部尚书,又领北选。孝武狎侮群臣,各有称目,多须者谓之羊,短长肥瘦皆有比拟。颜师伯缺齿,号之曰齴,刘秀之俭吝,常呼为老悭。黄门侍郎宗灵秀躯体肥壮,拜起艰难,每一集会,辄于坐赐灵秀器服饮食,前后相系,欲其占谢倾踣,以为欢笑。又刻木作灵秀父光禄勋叔献像,送其家听事。柳元景、垣护之虽并北人,而玄谟独受老伧之目。凡诸称谓,四方书疏亦如之。尝为玄谟作《四时诗》曰:“堇茹供春膳,粟浆充夏餐,䐾酱调秋菜,白醝解冬寒。”又宠一昆仑奴子名白主,常在左右,令以杖击群臣。自柳元景以下皆罹其毒。

玄谟寻迁徐州刺史,加都督。时北土灾馑,乃散私谷十万斛、牛千头以赈之。孝武崩,与群公俱被顾命。时朝政多门,玄谟以严直不容,徙青、冀二州刺史,加都督。少帝诛颜师伯、柳元景等,狂悖滋甚,以领军征玄谟。子侄咸劝称疾,玄谟曰:“避难苟免,既乖事君之节,且吾荷先朝厚恩,弥不得逡巡。”及至,屡表谏诤,又流涕请缓刑去杀,以安元元之意。少帝大怒。

明帝即位,礼遇益崇。时四方反叛,玄谟领水军,前锋南讨,以脚疾未差,听乘车舆出入。寻除车骑大将军、江州刺史,副司徒建安王休仁于赭圻,赐以诸葛亮筒袖铠。顷之,以为左光禄大夫、开府仪同三司,领护军将军,迁南豫州刺史,加都督。薨,年八十二,谥曰庄公。

子深,早卒。深子缋嗣。深弟宽,泰始初,为随郡太守。逢四方反,父玄谟在建邺,宽弃郡自归。以母在西,为贼所执,请西行,遂袭破随郡,收其母。事平,明帝嘉之,使图宽形以上。齐永明元年,为太常,坐于宅杀牛,免官。后卒于光禄大夫。

宽弟瞻字明远,一字叔鸾。负气傲俗,好贬裁人物。仕宋为王府参军。尝诣刘彦节,直登榻曰:“君侯是公孙,仆是公子,引满促膝,唯余二人。”彦节外迹虽酬之,意甚不悦。齐豫章王嶷少时,早与瞻友。瞻常候嶷高论,齐武帝时在大床寝,瞻谓嶷曰:“帐中人物亦复随人寝兴。”嶷言次忽问王景文兄楷贤愚何如殷道矜,瞻曰:“卿遂复言他人兄邪。”武帝笑称嶷小名多王,“汝兄愚,那得忽来王参军此句”。瞻曰:“直恐如卿来谈。”武帝衔之,未尝形色。后历黄门侍郎。

及齐建元初,瞻为永嘉太守,诣阙跪拜不如仪。武帝知之,召入东宫,仍送付廷尉杀之。命左右启高帝曰:“父辱子死,王瞻傲朝廷,臣辄已收之。”高帝曰:“此何足计。”及闻瞻已死,乃默无言。

玄谟从弟玄象,位下邳太守。好发冢,地无完椁。人间垣内有小冢,坟上殆平,每朝日初升,见一女子立冢上,近视则亡。或以告玄象,便命发之。有一棺尚全,有金蚕、铜人以百数。剖棺见一女子,年可二十,姿质若生,卧而言曰:“我东海王家女,应生,资财相奉,幸勿见害。”女臂有玉钏,破冢者斩臂取之,于是女复死。玄谟时为徐州刺史,以事上闻,玄象坐免郡。

玄载字彦休,玄谟从弟也。父藐,东莞太守。玄载仕宋,位益州刺史。沈攸之之难,玄载起义,送诚于齐高帝,封鄂县子。齐建元元年,为左户尚书。永明四年,位兖州刺史。卒官,谥烈子。

玄载弟玄邈,字彦远,仕宋,位青州刺史。齐高帝之镇淮阴,为宋明帝所疑,乃北劝魏,遣书结玄邈。玄邈长史房叔安进曰:"夫布衣韦带之士,衔一餐而不忘,义使之然也。今将军居方州之重,托君臣之义,无故举忠孝而弃之,三齐之士宁蹈东海死耳,不敢随将军也。"玄邈意乃定。仍使叔安使建邺,发高帝谋。高帝于路执之,并求玄邈表。叔安答曰:"寡君使表上天子,不上将军。且仆之所言,利国家而不利将军,无所应问。"荀伯玉劝杀之,高帝曰:"物各为主,无所责也。"玄邈罢州还,高帝涂中要之,玄邈严军直过。还都,启宋明帝,称高帝有异谋,高帝不恨也。升明中,高帝引为骠骑司马、泰山太守。玄邈甚惧,高帝待之如初。再迁西戎校尉、梁南秦二州刺史,封河阳县侯,兄弟同时为方伯。

齐建元初,亡命李乌奴作乱梁部,玄邈使人伪降乌奴,告之曰:"王使君兵弱,携爱妾二人已去矣。"乌奴喜,轻兵袭州城,玄邈奇兵破之。高帝闻之曰:"玄邈果不负吾。"

延兴元年,为中护军。明帝使玄邈往江州杀晋安王子懋,玄邈苦辞不行,及遣王广之往广陵取安陆王子敬,玄邈不得已奉旨。建武中,卒于护军,赠雍州刺史,谥壮侯。

叔安字子仁,清河人。高帝即位,怀其忠正,时为益州司马、宁蜀太守,就拜前将军。方用为梁州,会病卒。帝叹曰:"叔安节义,古人中求之耳。恨不至方伯而终。"子长瑜,亦有义行。永明中,为州中从事。

论曰:自晋室播迁,来宅扬、越,关边遥阻,沔、陇遐荒,区甸分其内外,山河判其表里。桓温一代英人,志移晋鼎,自非兵屈霸上,战衄枋头,则光宅之运,中年允集。宋武帝屈起布衣,非藉人誉,一旦驱率乌合,奄兴霸绪,功虽有余而德犹未洽。非树奇功于难立,震大威于四海,则不能成配天之业,一异同之心。故须外积武功,以收人望。及金墉请吏,元勋既立,心欲挂旆龙门,折冲冀、赵,跨功桓氏，取高昔人。方复观兵崤、渭，陈师天险。及灵威薄震，重关自辟，故知英算所包，先胜而后战也。王镇恶推锋直指，前无强阵，为宋方叔，其壮矣乎！朱龄石、超石、毛脩之、傅弘之等，以归众难固之情，逢英勇乘机之运，以至颠陷，为不幸矣。脩之滑台之守，有疏勒之难，苟诚节在焉，所在为重，其取荣大国，岂徒然哉！终假道自归，首丘之义也。玄谟封狼之心，虽简帝念，然天方相魏，人岂能支。宋氏以三吴之弱卒，当八州之劲勇，欲以邀胜，不亦难乎。蹙境亡师，固其宜也。观夫庆之言，可谓达于时变。瞻傲很不悔，卒至亡躯，然齐武追恨鱼服，匹夫惧矣。玄邈行己之度，有士君子之风乎。

# 南史卷一七
# 列传第七

## 刘敬宣　刘怀肃 弟怀敬　怀慎
## 刘粹 族弟损　孙处　蒯恩
## 向靖 子柳　刘钟　虞丘进
## 孟怀玉 弟龙符　胡藩　刘康祖
伯父简之　简之弟谦之　简之子道产　道产子延孙

刘敬宣字万寿,彭城人也。父牢之,晋镇北将军。敬宣八岁丧母,昼夜号泣,中表异之。辅国将军桓序镇芜湖,牢之参序军事。四月八日,敬宣见众人灌佛,乃下头上金镜为母灌像,因悲泣不自胜。序谓牢之曰:"卿此儿非唯家之孝子,必为国之忠臣。"

起家王恭前军参军,又参会稽世子元显征虏军事。隆安二年,王恭起兵京口,以诛司马尚之为名,牢之时为恭前军司马。恭以豪戚自居,甚相陵忽,牢之心不能平。及恭此举,使牢之为前锋,牢之遣敬宣袭恭,败之。元显以敬宣为后将军谘议参军。

三年,孙恩为乱,牢之自表东讨,敬宣请以骑傍南山趣其后。吴贼畏马,又惧首尾受敌,遂大败之,进平会稽。迁后军从事中郎。宋武帝既累破妖贼,功名日盛,敬宣深相凭结。

元显进号骠骑,敬宣仍随府转。元显骄肆,群下化之,敬宣每预宴会,调戏无所酬答,元显甚不悦。元兴元年,牢之南讨桓玄,元显为征讨大都督,日夜昏酣。牢之以道子昏暗,元显淫凶,虑平玄之日,乱政方始。会玄遣信说牢之,牢之欲假手于玄诛执政,然后乘玄之隙,可以得志天下。将许玄降,敬宣谏,恐玄威望既成,则难图。牢之怒曰:"吾岂不知今日取之如反覆手,但平后令我奈骠骑何?"遣敬宣为任。

玄既得志,害元显,废道子,以牢之为会稽太守。牢之与敬宣谋袭玄,期以明旦。尔日大雾,府门晚开,日旰,敬宣不至。牢之谓谋泄,欲奔广陵,而敬宣还京口迎家。牢之谓已为玄禽,乃缢而死。敬宣奔丧,哭毕,就司马休之、高雅之等,俱奔洛阳,往来长安,求救于姚兴。后奔慕容德。

敬宣素明天文,知必有兴复晋室者。寻梦丸土服之,觉而喜曰:"丸者,桓也,桓吞,吾当复本土乎。"乃结青州大姓诸省、封谋灭德,推休之为主。时德司空刘轨大被任,高雅之又要轨,谋泄,乃相与杀轨而去。会宋武帝平京口,手书召敬宣,即驰还,袭封武冈县男,后拜江州刺史。

刘毅之少,人或以雄桀许之。敬宣曰:"此人外宽内忌,自伐而尚人,若一理遭逢,当以陵上取祸。"毅闻深恨。及在江陵,知敬宣还,寻知为江州,大骇惋。敬宣愈不自安。安帝反正,自表求解。武帝恩款周洽,所赐莫与为比。敬宣女嫁,赐钱三百万,杂彩千匹。

帝方大相宠任,欲令立功。义熙三年,表遣敬宣伐蜀。博士周祗谏,以为"道远运漕难继,毛脩之家仇不雪,不应以得死为恨。刘敬宣蒙生存之恩,亦宜性命仰答。将军欲驱二死之甘心,忘国家之重计,愚情窃所未安"。不从。假敬宣节,监征蜀诸军事。敬宣至黄武,去成都五百里,食尽,遇疾疫而还。为有司奏免官。

五年,武帝伐慕容超,除中军谘议参军,与兖州刺史刘藩大破超军,进围广固,屡献规略。卢循逼建邺,敬宣分领鲜卑兽斑突骑,置阵甚整。循走,仍从南讨,为左卫将军。敬宣宽厚,善待士,多伎艺,弓马音律,无不善。尚书仆射谢混美才地,少所交纳,与敬宣遇,便尽礼。或问混:"卿未尝轻交,而倾盖刘寿,何也?"混曰:"孔文举礼太史子义，天下岂有非之邪。"

初，敬宣蜀还，刘毅欲以重法绳之。武帝既相任待，又何无忌谓不宜以私憾伤至公。毅虽止，犹谓武帝曰："平生之旧，岂可孤信？光武悔之于庞萌，曹公失之于孟卓。宜深慎之。"毅出为荆州，谓敬宣曰："欲屈卿为长史、南蛮，岂有见辅意乎？"敬宣惧祸，以告武帝。帝笑曰："但令老兄平安，必无过虑。"后领冀州刺史。

时帝西讨刘毅，豫州刺史诸葛长人监太尉军事，贻敬宣书曰："盘龙狼戾专恣，自取夷灭。异端将尽，世路方夷，富贵之事，相与共之。"敬宣报曰："下官常惧福过灾生，实思避盈居损。富贵之旨，非所敢当。"便以长人书呈，帝谓王诞曰："阿寿故为不负我。"

十一年，进号右军将军。时晋宗室司马道赐为敬宣参军。会武帝西征司马休之，而道赐乃阴结同府辟闾道秀、左右小将王猛子等谋反。道赐自号齐王，规据广固，举兵应休之。猛子取敬宣刀杀敬宣，文武佐吏即讨道赐、道秀、猛子斩之。先是，敬宣尝夜与僚佐宴，空中有投一只芒屦于坐，坠敬宣食盘上，长三尺五寸，已经人著，耳鼻间并欲坏，顷之而败。丧至，武帝临哭甚哀。子光祖嗣，宋受禅，国除。

刘怀肃，彭城人，宋武帝从母兄也。家世贫窭，而躬耕好学。仕晋为费令。及闻武帝起义，弃县来奔。

义熙元年，为辅国将军、淮南历阳二郡太守。二年，又领刘毅抚军司马，以建义功，封东兴县侯。其冬，桓石绥、司马国璠、陈袭于胡桃山聚众为寇，怀肃讨破之。江、淮间群蛮及桓氏余党为乱，怀肃自请讨之，及行失旨，毅上表免怀肃官。三年，卒，追赠左将军。无子，弟怀慎以子蔚祖嗣，位江夏内史。

蔚祖卒，子道存嗣，位太尉江夏王义恭谘议参军。孝武伐元凶，道存出奔义军，元凶乃杀其母以徇。景和中，为义恭太宰从事中郎。义恭败，以党与下狱死。

怀肃次弟怀敬，涩讷无才能。初，武帝产而皇妣殂，孝皇帝贫薄，无由得乳人，议欲不举，帝从母生怀敬，未期，乃断怀敬乳，而自养帝。帝以旧恩，怀敬累见宠授，至会稽太守。时以为速，武帝曰："亡姨于我恩重，此何可忘！"历尚书，金紫光禄大夫。

怀敬子真道为钱唐令。元嘉十三年，东土饥，帝遣扬州中从事史沈演之巡行在所。演之表真道及余杭令刘道锡有美政，上嘉之，各赐谷千斛，以真道为步兵校尉。十四年，出为梁、南秦二州刺史。十八年，氐帅杨难当侵寇汉中，真道讨破之，而难当寇盗犹不已，文帝遣龙骧将军裴方明率禁兵五千受真道节度。十九年，方明至武兴，率太子积弩将军刘康祖等进军，大致克捷，以真道为建威将军、雍州刺史，方明辅国将军、梁南秦二州刺史。又诏故晋寿太守姜道盛殒身锋镝，可赠给事中，赐钱十万。道盛注《古文尚书》行于世。真道、方明并坐破仇池断割金银诸杂宝货，又藏难当善马，下狱死。

怀敬弟怀慎，少谨慎质直。从宋武帝征讨，位徐州刺史。为政严猛，境内震肃。以平广固、卢循功，封南城县男。十二年，武帝北伐，以为中领军、征虏将军，宿卫辇毂。坐府府内相杀免官。虽名位转优，而恭恪愈至。每所之造位任不逾己者，皆束带门外下车，其谨退类如此。永初元年，以佐命功，进爵为侯，位五兵尚书，加散骑常侍、光禄大夫。景平元年，迁护军将军。禄赐班于宗族，家无余财，卒，谥肃侯。

子德愿嗣。大明初，为游击将军，领石头戍事。坐受贾客韩佛智货，下狱夺爵。后为秦郡太守。德愿性粗率，为孝武狎侮。上宠姬殷贵妃薨，葬毕，数与群臣至殷墓，谓德愿曰："卿哭贵妃若悲，当加厚赏。"德愿应声便号恸，抚膺擗踊，涕泗交流。上甚悦，以为豫州刺史。又令医术人羊志哭殷氏，志亦鸣咽。他日有问志："卿那得此副急泪？"志时新丧爱姬，答曰："我尔日自哭亡妾耳。"志滑稽，善为谐谑，上亦爱狎之。德愿善御车，尝立两柱，使其中劣通车轴，乃于百余步上振辔长驱，未至数尺，打牛奔从柱间直过，其精如此。孝武闻其能，为之乘画轮车，幸太宰江夏王义恭第。德愿岸著笼冠，短朱衣，执辔进止，甚有容状。永光中，为廷尉。与柳元景厚善，元景败，下狱诛。

怀慎庶长子荣祖，少好骑射，为武帝所知。及卢循攻逼，时贼乘小舰入淮拔栅，武帝宣令三军不得辄射贼。荣祖不胜愤怒，冒禁射之，所中应弦而倒，帝益奇焉。以战功，参太尉军事，从讨司马休之。彭城内史徐逵之败没，诸将意沮，荣祖请战愈厉，上乃解所著铠授之。荣祖陷阵，身被数创。及帝北伐，转镇西中兵参军，水军入河，与朱超石大破魏军于半城。帝大飨战士，谓荣祖曰：“卿以寡克众，攻无坚城，虽古名将，何以过此。”永初中，为辅国将军。追论半城功，赐爵都乡侯。荣祖为轻财贵义，善抚将士，然性褊，颇失士君子心。卒于官。

怀慎弟怀默，江夏内史。子孙登，武陵内史。孙登子亮，少工刀盾，以军功封顺阳县侯，历梁、益二州刺史。在任廉俭，所得公禄，悉以还官，宋明帝下诏褒美。亮在梁州忽服食，欲致长生，迎武当山道士孙怀道使合仙药，药成，服之而卒。及就敛，尸弱如生。谥曰刚侯。

孙登弟道隆，前废帝景和中，位右卫将军，封永昌县侯，委以腹心之任。泰始初，又为明帝尽力，迁左卫将军、中护军。赐死，事在《建安王休仁传》。

刘粹字道冲，沛郡萧人也。家在京口。初为州从事，从宋武帝平建邺，征广固，以功封西安县五等侯。累迁中军谘议参军。卢循之逼，京口任重，文帝时年四岁，武帝使粹奉文帝镇京口。后为江夏相。族兄毅贰于武帝，粹不与毅同，而尽心武帝。帝将谋毅，众并疑粹在夏口，帝愈信之。及大军至，竭其诚力。事平，封滠县男。永初元年，以佐命功，改封建安县侯。文帝即位，为雍州刺史，加都督。元嘉三年，讨谢晦。初，晦与粹善，以粹子旷之为参军。至是，帝甚疑之。王弘曰：“粹无私，必无忧也。”及受命南讨，一无所顾。文帝以此嘉之。晦亦不害旷之，遣还。粹寻卒，旷之嗣。

粹弟道济，位益州刺史，任长史费谦等聚敛，伤政害人。初，晋末有司马飞龙者，自称晋宗室，走仇池。元嘉九年，闻道济绥抚失和,遂自仇池入绵竹为乱,道济遣军讨斩之。先是,道济以五城人帛氏奴、梁显为参军督护,费谦固执不与,远方商人至者,谦又抑之。商旅呼嗟,百姓咸欲为乱,氏奴等因聚党为盗,及赵广等诈言司马殿下犹在阳泉山中。蜀土侨旧翕然并反,奉道人程道养,言是飞龙。道养,枹罕人也。赵广改名为龙兴,号为蜀王、车骑大将军、益梁二州牧,建号泰始元年,备置百官。以道养弟道助为骠骑将军、长沙王,镇涪城。广自号镇军将军,帛氏奴为征虏将军,梁显为镇北将军,奉道养围成都。道济遣中兵参军裴方明频破之。

十年正月,贼复大至,攻逼成都,道济卒。方明等共埋尸于后斋,使书与道济相似者为教,酬答签疏,不异常日,虽母妻不知也。二月,道养升坛郊天,方就柴燎,方明击,大败之。会平西将军临川王义庆使巴东太守周籍之帅众援成都,广等屯据广汉,分守郫川。籍之与方明攻郫,克之。方明禽伪骠骑将军司马龙伸,斩之。龙伸即道助也。涪、蜀皆平。俄而张寻攻破阴平,复与道养合,逃于郫山,其余群贼出为盗不绝。文帝遣宁朔将军萧汪之讨之。十四年,余党乃平,迁赵广、张寻等于建邺。十六年,广、寻复与国山令司马敬琳谋反,伏诛。

粹字子晕,卫将军毅从父弟也。父镇之,字仲德,以毅贵显,闲居京口,未尝应召。常谓毅,"汝必破我家。"毅甚畏惮,每还京口,未尝敢以羽仪入镇之门。左光禄大夫征,不就,卒于家。损元嘉中为吴郡太守,至昌门,便入太伯庙。时庙室颓毁,垣墙不修,损怆然曰:"清尘尚可仿佛,衡宇一何摧颓!"即令修葺。卒,赐太常。

损同郡宗人有刘伯龙者,少而贫薄,及长,历位尚书左丞、少府、武陵太守,贫窭尤甚。常在家慨然,召左右将营十一之方,忽见一鬼在傍抚掌大笑。伯龙叹曰:"贫穷固有命,乃复为鬼所笑也。"遂止。


孙处字季高,会稽永兴人也。籍注字,故以字行。少任气,武帝征孙恩,季高乐从。及平建邺,封新番县五等侯。卢循之难,武帝谓季高曰："此贼行破,非卿不能破其窟穴。"即遣季高泛海袭番禺,拔之。循父毗、长史孙建之、司马虞尩夫等轻舟奔始兴,即分遣振武将军沈田子等讨平岭表诸郡。循于左里走还袭广州,季高破走之。义熙七年,季高卒,追赠南海太守,封候官县侯。九年,武帝表赠交州刺史。

蒯恩字道恩,兰陵承人也。武帝征孙恩,县差恩伐马刍,常负大束,兼倍余人。每舍刍于地,叹曰："大丈夫弯弓三石,奈何充马士。"武帝闻之,即给器仗。自征妖贼,常为先登,胆力过人,甚见爱信。于娄县战,箭中右目。平京城,定建邺,以军功封都乡侯。从伐广固,破卢循,随刘藩追斩徐道覆,与王镇恶袭江陵,随朱龄石伐蜀,又从伐司马休之。自从征讨,凡百余战,身被重创。武帝录其前后功,封新宁县男。武帝北伐,留恩侍卫世子,命朝士与之交。恩益自谦损,与人语常呼位官,自称鄙人,抚士卒甚有恩纪。世子开府,再迁为司马。后入关迎桂阳公义真,没于赫连勃勃。传国至孙,无子,国除。

向靖字奉仁,小字靖,河内山阳人也。名与武帝祖讳同,故以小字行。靖与武帝有旧,从平京城,参建武军事,进平建邺,以功封山阳县五等侯。又从征广固,讨卢循,所在著绩,封安南县男。武帝西伐司马休之,征关中,并见任使。及帝受命,以佐命功,封曲江县侯,位太子左卫率,加散骑常侍。卒于官。弥立身俭约,不营室宇,无园田商货之业,时人称之。

子植嗣,多过失,不受母训,夺爵。更以植次弟祯绍封,又坐杀人,国除。

祯弟柳字玄季,有学义才能,立身方雅。太尉袁淑、司空徐湛之、东扬州刺史颜竣,皆与友善。及竣贵,柳犹以素情自许,不推先之。顺阳范璩诫柳曰："名位不同,礼有异数,卿何得作暴时意邪?"柳曰："我与士逊心期久矣,岂可一日以势利处之。"及柳为南康郡,涉义宣事败,系建康狱。屡密请竣,求相申救。孝武尝与竣言及柳事，竟不助之，柳遂伏法。璩字伯玉，平北将军汪曾孙也，位淮南太守。

刘钟字世之，彭城人也。少孤，依乡人中山太守刘回共居，常慷慨于贫贱。从宋武帝征伐，尽其心力。及义旗建，帝板钟为郡主簿，曰："豫是彭城乡人赴义者，并可依刘主簿。"于是立义队，连战皆捷。及桓谦屯于东陵，卞范之屯覆舟山西，武帝疑贼有伏兵，顾左右，政见钟，谓曰："此山下当有伏兵，卿可往探之。"钟驰进，果有伏兵，一时奔走。后除南齐国内史，封安丘县五等侯。求改葬父祖及亲属十丧，帝厚加资给。从征广固，孟龙符于阵陷没，钟直入取其尸而反。卢循逼建邺，钟拒栅，身被重创，贼不得入。循南走，钟又随刘藩追徐道覆，斩之。

后随朱龄石伐蜀，为前锋。去成都二百里，钟于时脚疾，龄石乃诣钟，谋且欲养锐息兵，以伺其隙。钟曰："不然，前扬言大众向内水，谯道福不敢舍涪城，今重军卒至，出其不意，蜀人已破胆矣。贼今阻兵守险，是其惧不敢战，非能持久也。因其凶惧攻之，其势必克。若缓兵，彼将知人虚实，当为蜀子虏耳。"龄石从之，明日，陷其二城，径平成都。以广固功，封永新县男。

十二年，武帝北伐，钟居守。累迁右卫将军。元熙元年，卒。传国至孙，齐受禅，国除。

虞丘进字豫之，东海郯人也。少时随谢玄，谢玄讨苻坚有功，封关内侯。后从宋武帝征孙恩，频战有功。从定建邺，陈燕国内史，封龙川县五等侯。

及卢循逼都，孟昶等议奉天子过江，进廷议不可，面折昶等，武帝甚嘉之。除鄱阳太守。后随刘藩斩徐道覆。义熙九年，以前后功，封望蔡县男。永初二年，累迁太子右卫率。卒，追论讨司马休之功，进爵为子。传国至曾孙，齐受禅，国除。

　　孟怀玉,平昌安丘人也,世居京口。宋武帝东伐孙恩,以为建武司马。豫义旗,从平京口,定建邺,以功封鄱阳县五等侯。卢循逼都,以战功为中书谘议参军。循平,封阳丰县男,位江州刺史、南中郎将。卒官,无子,国除。

　　怀玉弟龙符,骁果有胆气,早为武帝所知,以军功封平昌县五等子。从伐广固,以车骑参军加龙骧将军、广川太守。乘胜追奔,被围见害。追赠青州刺史,封临沅县男。

　　胡藩字道序,豫章南昌人也。少孤,居丧以毁闻。太守韩伯见之,谓藩叔尚书少广曰:“卿此侄当以义烈成名。”州府辟,不就,须二弟冠婚毕,乃参郗恢征房军事。

　　时殷仲堪为荆州刺史,藩外兄罗企生为仲堪参军。藩过江陵省企生,因说仲堪曰:“桓玄意趣不常,节下崇待太过,非将来计也。”仲堪不悦。藩退谓企生曰:“倒戈授人,必至大祸。不早去,后悔无及。”后玄自夏口袭仲堪,藩参玄后军军事。仲堪败,企生果以附从及祸。

　　藩转参太尉、大将军、相国军事。宋武帝起兵,玄战败,将出奔,藩扣马曰:“今羽林射手犹有八百,皆是义故西人,一旦舍此,欲归可复得乎?”玄直以鞭指天而已。于是奔散相失,追及玄于芜湖。玄见藩,喜谓张须无曰:“卿州故为多士,今复见王脩。”桑落之败,藩舰被烧,并铠入水,潜行三十许步,方得登岸。乃还家。

　　武帝素闻藩直言于殷氏,又为玄尽节,召参镇军军事,从征慕容超。超军屯聚临朐,藩言于武帝曰:“贼屯军城外,留守必寡,今往取其城而斩其旗帜,此韩信所以克赵也。”帝乃遣檀韶与藩潜往,即克其城。贼见城陷,一时奔走,还保广固。围之,将拔之夜,忽有鸟大如鹅,苍黑色,飞入帝帐里。众以为不祥,藩贺曰:“苍黑者,胡虏色。胡虏归我,大吉之祥。”明旦攻城,陷之。从讨卢循于左里,频战有功,封吴平县五等子。

　　寻除鄱阳太守,从伐刘毅。初,毅当之荆州,表求东道还建邺辞墓。去都数十里，不过拜阙。帝出倪塘会毅，藩请杀之，乃谓帝曰：
"公谓刘卫军为公下乎？"帝曰："卿谓何如？"对曰："夫豁达大度，功
高天下，连百万之众，允天人之望，毅固以此服公。至于涉猎记传，
一咏一点，自许以雄豪，加以夸伐，缙绅白面之士，辐凑而归，此毅
不肯为公下也。"帝曰："吾与毅俱有克复功，其过未彰，不可自相
图。"至是谓藩曰："昔从卿倪塘之谋，无今举也。"

又从征司马休之，复为参军。徐逵之败没，帝怒，即日于马头岸
度江。江津岸壁立数丈，休之临岸置阵，无由可登。帝呼藩令上，藩
有疑色。帝怒，命左右录来，欲斩之。藩不受命，顾曰："宁前死耳。"
以刀头穿岸，劣容脚指径上，随之者稍多。及登，殊死战，败之。

从伐关中，参太尉军事，统别军至河东。暴风漂辎重舰度北岸，
魏军牵得此舰。藩气愤，率左右十二人乘小船径往。魏骑五六百，
见藩来，并笑之。藩素善射，登岸射之，应弦而倒者十仇人。魏军皆
退，悉收所失而反。又遣藩及朱超石等追魏军于半城，魏骑数万合
围，藩及超石不盈五千，力战，大破之。武帝还彭城，参相国军事。论
平司马休之及广固功，封阳山县男。元嘉中，位太子左卫率。卒，谥
曰壮侯。子隆世嗣。

藩诸子多不遵法度。第十四子遵世同孔熙先逆谋，文帝以藩功
臣，不欲显其事，使江州以他事杀之。十六子诞世，十七子茂世，后
欲奉庶人义康，义州刺史檀和之至豫章讨平之。


刘康祖，彭城吕人也。世居京口。父虔之，轻财好施，位江夏相。
宋武帝西征司马休之及鲁宗之，宗之子轨袭杀虔之，追赠梁、秦二
州刺史，封新康县男。

康祖便弓马，膂力绝人，以浮荡蒲酒为事。每犯法为郡县所录，
辄越屋逾墙，莫之能禽。夜入人家，为有司所围，突围去，并莫敢追，
因夜还京口，半夕便至。明旦守门诣府州要职，俄而建康移书录之，
府州执事者并证康祖其夕在京口，遂得无恙。前后屡被纠劾，文帝
以勋臣子，每原贷。后袭封，拜员外郎，再坐蒲戏免官。孝武为豫

州刺史,镇历阳,以康祖为征虏中兵参军。既被委任,折节自修。历南平王铄安蛮府司马。

元嘉二十七年,魏太武帝亲率大众攻围汝南,文帝遣诸军救援。康祖总统为前驱,次新蔡,攻破魏军,去悬瓠四十里。太武烧营而还。转左军将军。文帝欲大举北侵,康祖以岁月已晚,请待明年,上不许。其年秋,萧斌、王玄谟、沈庆之等入河,康祖率豫州军出许、洛。玄谟等败归,南平王铄在寿阳,上虑为魏所围,召康祖速反。康祖回军,未至寿阳数十里,会魏永昌王以长安之众八万骑,与康祖相及于尉武。康祖有八千人,乃结车营而进。魏军四面来攻,众分为三,且休且战。康祖率厉将士,无不一当百,魏军死者太半,流血没踝。矢中头而死,于是大败,举营沦覆,免者裁数十人。魏人传康祖首示彭城,面如生。赠益州刺史,谥曰壮。

康祖伯父简之,有志干,为宋武帝所知。帝将谋兴复,收集才力之士,尝再造简之,会有客。简之悟其意,谓虔之曰:"刘下邳再来,必当有意。既不得语,汝可试往见之。"及虔之至,武帝已克京口,虔之即投义。简之闻之,杀耕牛,会众以赴之。位太尉谘议参军。

简之弟谦之,好学,撰《晋纪》二十卷,位广州刺史、太中大夫。

简之子道产,初为无锡令,袭爵晋安县五等侯。元嘉三年,累迁梁、南秦二州刺史,加都督。在州有惠化,后为雍州刺史、领宁蛮校尉,加都督,兼襄阳太守。善于临职,在雍部政绩尤著,蛮夷前后不受化者皆顺服,百姓乐业,由此有《襄阳乐歌》,自道产始也。卒于官,谥曰襄侯。道产泽被西土,及丧还,诸蛮皆备衰绖号哭,追送至于沔口。

长子延孙,孝武初,位侍中,封东昌县侯,累迁尚书右仆射。大明元年,除金紫光禄大夫,领太子詹事。又出为南徐州刺史。先是,武帝遗诏:"京口要地,去都密迩,自非宗室近戚,不得居之。"刘氏之居彭城者,分为三里:帝室居绥舆里,左将军刘怀肃居安上里,豫州刺史刘怀武居丛亭里。三里及延孙所居吕县凡四刘,虽同出楚元王,由来不序昭穆。延孙于帝室本非同宗,不应有此授。时司空竟

陵王诞为徐州,上深相畏忌,不欲使居京口,迁之广陵。广陵与京口
对岸,使腹心为徐州据京口以防诞,故以南徐州授延孙,而与之合
族,使诸王序亲。三年,南兖州刺史竟陵王诞有罪不受征,延孙驰遣
中兵参军杜幼文赴讨。及至,诞已闭城自守,乃还。诞遣刘公泰赍
书要之,延孙斩公泰,送首建邺,复遣幼文受沈庆之节度。五年,诏
延孙曰:"旧京树亲,由来常准。今此防久弭,当以还授小儿。"乃征
延孙为侍中、尚书左仆射,领护军。延孙病,不任拜赴。卒,赠司徒,
给班剑二十人。有司奏谥忠穆,诏改为文穆。子质嗣。

　　论曰:刘敬宣与宋武恩结龙潜,义分早合,虽兴复之始,事隔逢
迎,而深期久要,未之或爽。隆赫之任,遂止于人存,饰终之数,无闻
于身后。恩礼之有厚薄,将别有以乎?刘怀肃、刘怀慎、刘粹、孙处、
蒯恩、向靖、刘钟、虞丘进、孟怀玉、孟龙符、胡藩等,或阶缘恩旧,一
其心力,或攀附风云,奋其鳞羽,咸能振拔尘滓,自致封侯。《诗》云
"无德不报",其言信矣。康祖门奉兴王,早裂封壤,受委疆场,赴蹈
为期。道产树绩汉南,历年逾十,遗风余烈,有足称焉。览其行事,
可谓异迹均美。延孙隆名盛宠,择而后授,遂以腹心之托,自致宗臣
之重,亦其过也。

南史卷一八
列传第八

# 赵伦之　子伯符　　萧思话　子惠开　惠明
## 惠明子视素　惠明弟惠基　惠基子沿　惠基弟惠休
## 惠休弟子介　介子允　引　惠开从孙琛　臧焘
### 玄孙严　严族叔未甄　未甄子盾厥　焘弟熹　熹子质

　　赵伦之字幼成，下邳僮人，宋孝穆皇后之弟也。幼孤贫，事母以孝称。宋武帝起兵，以军功封阆中县五等侯，累迁雍州刺史。

　　武帝北伐，伦之遣顺阳太守傅弘之、扶风太守沈田子出峣柳，大破姚泓于蓝田。及武帝受命，以佐命功，封霄城县侯。少帝即位，征拜护军。元嘉三年，拜领军将军。伦之虽外戚贵宠，而居身俭素，性野拙涩，于人间世事多所不解。久居方伯，公私富贵。入为护军，资力不称，以为见贬。光禄大夫范泰好戏，笑谓曰："司徒公缺，必用汝老奴。我不言汝资地所任，要是外戚高秩次第所至耳。"伦之大喜，每载酒肴诣泰。五年，卒，谥元侯。子伯符嗣。

　　伯符字润远，少好弓马，为宁远将军，总领义徒，以居宫城北。每火起及有劫盗，辄身贯甲胄，助郡县赴讨，武帝甚嘉之。文帝即位，累迁徐、衮二州刺史。为政苛暴，吏人畏惧如与虎狼居，而劫盗远进，无敢入境。元嘉十八年，征为领军将军。先是，外监不隶领军，宜相统摄者，自有别诏。至此始统领焉。后为丹阳尹，在郡严酷，曹局不复堪命，或委叛被戮，透水而死。典笔吏取笔失旨，顿与五十鞭。子倩尚文帝第四女海盐公主，甚爱重。倩尝因言戏，以手击主，事上闻，文帝怒，离婚。伯符惭惧，发病卒，谥曰肃。传国至孙勖，齐受禅，国除。

萧思话，南兰陵人，宋孝懿皇后弟子也。父源之，字君流，历徐、兖二州刺史。永初元年，卒，赠前将军。

思话十许岁时，未知书，好骑屋栋，打细腰鼓，侵暴邻曲，莫不患毒之。自此折节，数年中遂有令誉。颇工隶书，善弹琴，能骑射。后袭爵封阳县侯。

元嘉中，为青州刺史。亡命司马朗之兄弟聚党谋为乱，思话遣北海太守萧汪之讨斩之。八年，魏军大至，乃弃镇奔平昌。魏军定不至，由是征系尚方。初在青州，常所用铜斗覆在药厨下，忽于斗下得二死雀。思话叹曰："斗覆而双雀殒，其不祥乎？"既而被系。及梁州刺史甄法护在任失和，氐帅杨难当因此寇汉中，乃自徒中起思话为梁、南秦二州刺史，平汉中，悉收侵地，置戍葭萌水。思话迁镇南郑。法护，中山无极人也。过江，寓居南郡。弟法崇，自少府为益州刺史。法护委镇之罪，为府所收，于狱赐死。文帝以法崇受任一方，命言法护病卒。文帝使思话上定汉中本末，下之史官。

十四年，迁临川王义庆平西长史、南蛮校尉。文帝赐以弓琴，手敕曰："前得此琴，言是旧物，今以相借，并往桑弓一张，理材乃快。良材美器，宜在尽用之地，丈人真无所与让也。"尝从文帝登钟山北岭，中道有盘石清泉，上使于石上弹琴，因赐以银钟酒，谓曰："相赏有松石间意。"历宁蛮校尉，雍州刺史，监四州军事，征为吏部尚书。思话以去州无复事力，倩府军身九人。文帝戏之曰："丈人终不为田父于闾里，何忧无人使邪？"未拜，迁护军将军。

是时，魏攻悬瓠，文帝将大举北侵，朝士佥同，思话固谏不从。魏军退，即代孝武为徐、兖二州刺史，监四州军事。后为围碻磝城不拔，退师历下，为江夏王义恭所奏，免官。

元凶杀立，认为徐、兖二州刺史，即起义以应孝武。孝武即位，征为尚书左仆射，固辞，改为中书令、丹阳尹、散骑常侍。时都下多劫掠，二旬中十七发，引咎陈逊，不许。后拜郢州刺史，加都督。卒，赠征西将军、开府仪同三司，谥曰穆侯。

思话外戚令望，早见任待，历十二州，杖节监督者九焉。所至虽无皎皎清节，亦无秽黩之累。爱才好士，人多归之。

长子惠开，少有风气，涉猎文史，家虽贵戚，而居服简素。初为秘书郎，意趣与人多不同，比肩或三年不共语。外祖光禄大夫沛郡刘成戒之曰："汝恩戚家子，无多异以取天下之疾。"转太子舍人，与汝南周朗同官友善，以偏奇相尚。

孝建元年，为黄门侍郎，与侍中何偃争推积射将军徐冲之事，偃任遇甚隆，怒使门下推弹惠开，乃上表解职，由此忤旨。别敕有司以属疾多，免之。思话素恭谨，与惠开不同，每加嫌责，及见惠开自解表，叹曰："儿不幸民周朗周旋，理应如此。"杖之二百。寻除中庶子，丁父艰，居丧有孝性。家素事佛，凡为父起四寺：南冈下名曰禅冈寺，曲阿旧乡宅名曰禅乡寺，京口墓亭名曰禅亭寺，所封封阳县名曰禅封寺。谓国僚曰："封秩鲜而兄弟甚多，若全关一人，则在我所让，若人人等分，又事可悲耻。寺众既立，自宜悉供僧众。"袭封封阳县侯，为新安王子鸾冠军长史。

惠开妹当适桂阳王休范，女又当适孝武子，发遣之资，应须二千万。乃以为豫章内史，听其肆意聚纳，由是在郡著贪暴之声。再迁御史中丞。孝武与刘秀之诏曰："今以萧惠开为宪司，冀当称职。但一往眼额，已自殊有所震。"及在职，百僚惮之。

后拜益州刺史，路经江陵。时吉翰子在荆州，共惠开有旧，为设女乐。乐人有美者，惠开就求不得，又欲以四女妓易之，不许。惠开怒，收吉斩之，即纳其妓。启云："吉为刘义宣所遇，交结不逞，向臣讪毁朝政，辄已戮之。"孝武称快。

惠开素有大志，至蜀欲广树经略。善于叙述，闻其言者皆以为大功可立。才疏意广，竟无成功。严用威刑，蜀人号曰"卧虎"。明识过人，尝三千沙门，一阅其名，退无所失。

明帝即位，晋安王子勋反，惠开乃集将佐谓曰："吾荷世祖之

眷，当投袂万里，推奉九江。"蜀人素怨惠开严，及是所遣兵皆不得
前。晋原郡及诸郡悉应，并来围城。城内东兵不过二千，凡蜀人，惠
开疑之，悉皆遣出。子勋寻败，蜀人并欲屠城，以望厚赏。明帝以蜀
土险远，赦其诛责，遣其弟惠基使蜀宣旨。而蜀人志在屠城，不使王
命速达，遏留惠基。惠基破其渠帅，然后得前。惠开奉旨归顺，城围
得解。明帝又遣惠开宗人宝首水路慰劳益州，宝首欲以平蜀为功，
更奖说蜀人，处处蜂起。惠开乃启陈情事，遣宋宁太守萧惠训、州别
驾费欣业分兵并进，大破之，禽宝首送之。惠开至都，明帝问其故，
侍卫左右莫不悚然侧目，惠开举动自若，从容答曰："臣唯知逆顺，
不识天命。"又云："非臣不乱，非臣不平。"

　　初，惠开府录事参军刘希微负蜀人责将百万，为责主所制，未
得俱还。惠开与希微共事不厚，而厩中凡有马六十匹，悉以乞希微
偿责。其意趣不常如是。惠开还资二千余万，悉散施道俗，一无所
留。

　　后除桂阳王休范征北长史、南东海太守。其年，会稽太守蔡兴
宗之郡，惠开自京口请假还都，相逢于曲阿。惠开先与兴宗名位略
同，又经情款，自以负衅摧屈，虑兴宗不能诣己，戒勒部下："蔡会稽
部伍若问，慎不得答。"惠开素严，部下莫敢违。兴宗见惠开舟力甚
盛，遣人访讯，事力二三百人皆低头直去，无一人答者。

　　寻除少府，加给事中。惠开素刚，至是益不得志，曰："大丈夫入
管喉舌，出莅方伯，乃复低头入中邪。"寺内所住斋前，向种花草甚
美，惠开悉铲除种白杨。每谓人曰："人生不得行胸怀，虽寿百岁犹
为夭也。"发病呕血，吐物如肝肺者。卒，子睿嗣，齐受禅，国除。

　　惠开与诸弟并不睦，惠基使至益州，遂不相见。与同产弟惠明
亦致嫌隙云。

　　惠明其次弟也，亦有时誉。泰始初，为吴兴太守。郡界有卞山，
山下有项羽庙。相承云羽多居郡听事，前后太守不敢上。惠明谓纲
纪曰："孔季恭尝为此郡，未闻有灾。"遂盛设筵榻接宾，数日，见一
人长丈余，张弓挟矢向惠明，既而不见。因发背，旬日而卒。

　　子视素,梁天监中,位丹阳尹丞。初拜日,武帝赐钱八万,视素一朝散之亲友。迁司徒左西属、南徐州中从事。性静退,少嗜欲,好学,能清言,荣利不关于中,喜怒不形于色。在人间及居职,并任情通率,不自矜尚,天然简素。及在京口,便有终焉之志。后为中书侍郎,在位少时,求为诸暨令。到县十余日,挂衣冠于县门而去。独居屏事,非亲戚不得至其篱门。妻即齐太尉王俭女,久与别居,遂无子。卒,亲故迹其事行,谥曰贞文先生。

　　惠明弟惠基,幼以外戚见宋江夏王义恭,叹其详审,以女结婚。历中书、黄门郎。惠基善隶书及弈棋,齐高帝与之情好相得。桂阳王休范妃,惠基姊也,高帝谓之曰:“卿家桂阳,遂复作贼。”高帝顿新亭垒,以惠基为军副。惠基弟惠朗亲为休范攻战,惠基在城内了不自疑。后为长兼侍中。

　　袁粲、刘彦节起兵之夕,高帝以彦节是惠基妹夫,惠基时直在省,遣王敬则观其指趣,见惠基安静,不与彦节相知,由是益加恩信。

　　仕齐为都官尚书,掌吏部。永明中,为侍中,领骁骑将军。尚书令王俭朝宗贵望,惠基同在礼阁,非公事不私觌焉。迁太常,加给事中。

　　自宋大明以来,声伎所尚多郑、卫,而雅乐正声鲜有好者。惠其解音律,尤好魏三祖曲及《相和歌》,每奏辄赏悦不能已。

　　当时能棋人,琅邪王抗第一品,吴郡褚思庄、会稽夏赤松第二品。赤松思速,善于大行,思庄戏迟,巧于斗棋。宋文帝时,羊玄保为会稽,帝遣思庄入东,与玄保戏,因置局图,还于帝前覆之。齐高帝使思庄与王抗交赌,自食时至日暮,一局始竟。上倦,遣还省,至五更方决。抗睡于局后寝,思庄达旦不寐。时或云,思庄所以品第致高,缘其用思深久,人不能对。抗、思庄并至给事中。永明中,敕使抗品棋,竟陵王子良使惠基掌其事。

　　初,思话先于曲阿起宅,有闲旷之致。惠基常谓所亲曰:“须婚嫁毕,当归老旧庐。”立身退素,朝廷称为善士。卒,赠金紫光禄大夫。

　　子洽字宏称。幼敏寤，年七岁，诵《楚辞》略上口。及长，好学博涉，善属文。仕梁，位南徐州中从事。近畿重镇，职史数千人，前后居者皆致巨富。洽清身率职，馈遗一无所受，妻子不免饥寒。累迁临海太守，为政清平，不尚威猛，人俗便之。还拜司徒左长史。敕撰《当涂堰碑》，辞甚赡丽。卒于官。文集二十卷，行于世。

　　惠基弟惠休。齐永明四年，为广州刺史。罢任，献奉倾资。上敕中书舍人茹法亮曰："可问萧惠休，故当不复私邪？吾欲分受之也。"后封建安县子。永元元年，从吴兴太守征为尚书右仆射。吴兴郡项羽神旧酷烈，人云惠休事神谨，故得美迁。于时朝士多见杀，二年，惠休还至平望，帝令服药而卒。赠金紫光禄大夫。

　　惠休弟惠朗，同桂阳贼，齐高帝赦之。后为西阳王征虏长史，行南兖州事，坐法免官。

　　惠朗弟惠蒨，仕齐左户尚书。子介。

　　介字茂镜，少颖悟，有器识。梁大同中，武陵王纪为扬州刺史，以介为府长史，在职以清白称。武帝谓何敬容曰："萧介甚贫，可处以一郡。"复曰："始兴郡频无良守，可以介为之。"由是出为始兴太守。及至，甚著威德。

　　征为少府卿，寻加散骑常侍。会侍中阙，选司举王筠等四人，并不称旨。帝曰："我门中久无此职，宜用萧介为之。"应对左右，多所匡正，帝甚重之。迁都官尚书，每军国大事，必先访介。帝谓朱异曰："端右材也。"中大同二年，辞疾致仕，帝优诏不许，终不肯起，乃遣谒者仆射魏祥就拜光禄大夫。

　　太清中，侯景于涡阳败走，入寿阳。帝敕助防韦黯纳之，介闻而上表致谏，极言不可。帝省表叹息，卒不能用。

　　介性高简，少交游，唯与族兄琛、从兄视素及洽从弟淑等文酒赏会，时人以比谢氏乌衣之游。初，武帝总延后进二十余人，置酒赋诗。臧盾以诗不成，罚酒一斗。盾饮尽，颜色不变，言笑自若。介染翰便成，文无加点。帝两美之曰："臧盾之饮，萧介之文，即席之美也。"年七十三,卒于家。

第三子允字叔佐,少知名。风神凝远,通达有识鉴,容止酝藉。

仕梁,位太子洗马。侯景攻陷台城,百僚奔散,允独整衣冠坐于宫坊,景军敬焉,弗之逼也。寻出居京口。时寇贼纵横,百姓波骇,允独不行。人问其故,允曰:"性命自有常分,岂可逃而免乎。方今百姓,争欲奋臂而论大功,何事于一书生哉。庄周所谓畏影避迹,吾弗为也。"乃闭门静处,并日而食,卒免于患。

陈永定中,侯安都为南徐州刺史,躬造其庐,以申长幼之敬。宣帝即位,为黄门侍郎。晋安王为南豫州,以为长史。时王尚少,未亲人务,故委允行府事。入为光禄卿。允性敦重,未尝以荣利干怀。及晋安出镇湘州,又苦携允。允少与蔡景历善,子徵修父党之敬,闻允将行,乃诣允曰:"公年德并高,国之元老,从容坐镇,旦夕自为列曹,何为方辛苦蕃外。"答曰:"已许晋安,岂可忘信。"其恬荣势如此。

至德中,鄱阳王出镇会稽,允又为长史,带会稽郡丞。行经延陵季子庙,设苹藻之荐,托异代之交,为诗以叙意,辞理清典。后主尝问蔡徵,允之为人,徵曰:"其清虚玄远,殆不可测,至于文章,可得而言。"因诵允诗以对,后主嗟赏久之。寻拜光禄大夫。

及隋师济江,允迁于关右。时南士至长安者,例皆授官,允与尚书仆射谢伷辞以老疾。隋文帝义之,并厚赐帛。寻卒,年八十四。

弟引字叔休,方正有器度,性聪敏,博学,善属文。

仕梁,位西昌侯仪同府主簿。侯景之乱,梁元帝为荆州刺史,朝士多归之。引曰:"诸王力争,祸患方始,今日逃难,未是择君之秋。吾家再世为始兴郡,遗爱在人,政可南行以存家门耳。"乃与弟彤及宗亲等百余人南奔岭表。时始兴人欧阳𫖮为衡州刺史,乃往依焉。

𫖮迁广州,病死,子纥领其众。引疑纥异图,因事规正,由是情礼渐疏。及纥反,时都下士人岑之敬、公孙挺等并惶骇,唯引怡然,谓之敬等曰:"管幼安、袁曜卿亦但安耳。君子正身以明道,直己以行义,亦何忧乎。"及章昭达平番禺,引始北还,拜尚书金部侍郎。

引善书,为当时所重,宣帝尝披奏事,指引署名曰:"此字笔趣翩翩,似鸟之欲飞。"引谢曰:"此乃陛下假其毛羽耳。"帝又谓引曰:"我每有所忿,见卿辄意解,何也?"引曰:"此自陛下不迁怒,臣何预此恩。"

引性抗直,不事权贵,宣帝每欲迁用,辄为用事者所裁。及吕梁覆师,戎储空匮,转引为库部侍郎,掌知营造。引在职一年,而器械充足。历中书、黄门、吏部侍郎。广州刺史马靖甚得岭表人心,而甲兵精练,每年深入俚洞,数有战功,朝野颇生异议。宣帝以引悉岭外物情,且遣引观靖,审其举措,讽令送质。及至,靖即悟旨,遣儿弟为质。

后主即位,为中庶子、建康令。时殿内队主吴璡及宦者李善度、蔡脱儿等多所请属,引一皆不许。引始族子密,时为黄门郎,谏引曰:"李、蔡之权,在位皆惮,亦宜少为身计。"引曰:"吾之立身,自有本末,亦安能为李、蔡致屈?就令不平,不过免职耳。"吴璡竟作飞书,李、蔡证之,坐免官。卒于家。

子德言,最知名。引弟肜,位太子中庶子、南康王长史。

琛字彦瑜,惠开从子也。祖僧珍,宋廷尉卿。父惠训,齐末为巴东相。梁武帝起兵,齐和帝于荆州即位,惠训与巴西太守鲁休烈并以郡相抗,惠训使子瑰据上明。建康城平,始归降。武帝宥之,以为太中大夫,卒官。

琛少明悟,有才辩。数岁时,从伯惠开见而奇之,抚其背曰:"必兴吾宗。"起家齐太学博士。时王俭当朝,琛年少,未为俭所识。负其才气,候俭宴于乐游,乃著虎皮靴,策桃枝杖,直造俭坐。俭与语大悦。俭时为丹阳尹,辟为主簿。

永明九年,魏始通好,琛再衔命北使,还为通直散骑侍郎。时魏遣李彪来使,齐武帝宴之。琛于御筵举酒观彪,彪不受,曰:"公庭无私礼,不容受劝。"琛答曰:"《诗》所谓'雨我公田,遂及我私'。"坐者皆悦服,彪乃受琛酒。

累迁尚书左丞。时齐明帝用法严峻,尚书郎坐杖罚者皆即科行,琛乃密启曰:"郎有杖起自后汉,尔时郎官位卑,亲主文案,与令史不异。故郎三十五人,令史二十人,是以古人多耻为此职。自魏、晋以来,郎官稍重。今方参用高华,吏部又近于通贵,不应官高昔品,而罚遵暴科。所以从来弹举,虽在空文,而许以推迁。或逢赦恩,或入春令,便得息停。宋元嘉、大明中,经有被罚者,别由犯忤主心,非关常准。自泰始、建元以来,未经施行,事废已久,人情未习。自奉敕之后,已行仓部郎江重欣杖督五十,皆无不人怀惭惧。兼有子弟成长,弥复难为仪适。其应行罚,可特赐输赎,使与令史有异,以彰优缓之泽。"帝纳之。自是应受罚者,依旧不行。

东昏初嗣立,时议无庙见文。琛议据《周颂·烈文》、《闵予》,皆为即位朝庙之典。于是从之。梁武在西邸,与琛有旧。梁台建,以为御史中丞。天监九年,累迁平西长史、江夏太守。

始琛为宣城太守,有北僧南度,唯赍一瓠芦,中有《汉书·序传》。僧云:"三辅旧书相传,以为班固真本。"琛固求得之,其书多有异今者,而纸墨亦古,文字多如龙举之例,非隶非篆。琛甚秘之,及是以书饷鄱阳王范,献于东宫。

后为吴兴太守。郡有项羽庙,土人名为"愤王",甚有灵验,遂于郡听事安床幕为神座,公私请祷。前后二千石皆于听拜祠,以轭下牛充祭,而避居他室。琛至,著履登听事,闻室中有叱声。琛厉色曰:"生不能与汉祖急中原,死据此听事,何也?"因迁之于庙。又禁杀牛解祀,以脯代肉。琛频莅大郡,不事产业,有阙则取,不以为嫌。

历左户、度支二尚书,侍中。帝每朝宴,接琛以旧恩。尝犯武帝偏讳,帝敛容。琛从容曰:"名不偏讳。陛下不应讳顺。"上曰:"各有家风。"琛曰:"其如《礼》何?"又经预御筵醉伏,上以枣投琛,琛仍取栗掷上,正中面。御史中丞在坐,帝动色曰:"此中有人,不得如此,岂有说邪?"琛即答曰:"陛下投臣以赤心,臣敢不报以战栗。"上笑悦。上每呼琛为宗老,琛亦奉陈昔恩,以"早簉中阳,凤忝同闱,虽迷兴运,犹荷洪慈。"上答曰:"虽云早契阔,乃自非同志。勿谈兴运初,且道狂奴异。”

琛常言：“少壮三好：音律、书、酒。年长以来，二事都废，唯书籍
不衰。”而琛性通脱，常自解灶，事毕余馂，必陶然致醉。位特进、金
紫光禄大夫。卒，遗令诸子：“与妻同坟异藏，祭以蔬菜。葬止车十
乘，事存率素。”乘舆临哭甚哀，谥曰平子。琛所撰《汉书文府》、《齐
梁拾遗》，并诸文集，数十万言。

子游，位少府卿。游子密，字士几，幼聪敏，博学有文词。位黄
门郎、太子中庶子、散骑常侍。

臧焘字德仁，东莞莒人，宋武敬皇后兄也。少好学，善三《礼》。
贫约自立，操行为乡里所称。

晋太元中，卫将军谢安始立国学，徐、兖二州刺史谢玄举焘为
助教。晋孝武帝追崇庶祖母宣太后，议者或谓宜配食中宗。焘议曰：
“《阳秋》之义，母以子贵，故仲子、成风咸称夫人。经言考仲子宫，若
配食惠庙，则宫无缘别筑。前汉孝文、孝昭太后，并系子为号，祭于
寝园，不配于高祖、孝武之庙。后汉和帝之母曰恭怀皇后，安帝祖母
曰敬隐皇后，顺帝之母曰恭愍皇后，虽不系子为号，亦祭于陵寝，不
配章、安二帝。此则二汉虽有太后、皇后之异，至于并不配食，义同
《阳秋》。唯光武追废吕后，故以薄后配高庙。又卫后既废，霍光追
尊李夫人为皇后，配孝武庙。此非母以子贵之例，直以高、武二庙无
配故耳。又汉世立寝于陵，自是晋制所异。谓宜远准《阳秋》考宫之
义，近慕二汉不配之典，尊号既正，则罔极之情申，别建寝庙，则严
祢之义显。系子为称，兼明母贵之所由。一举而允三义，固哲王之
高致也。”议者从之。顷之去官，以父母老家贫，与弟熹俱弃人事，躬
耕自业，约己养亲者十余年。父母丧亡，居丧六年，以毁瘠著称。

宋武帝义旗建，参右将军何无忌军事，随府转镇南参军。武帝
镇京口，参帝中军军事，入补尚书度支郎，改掌祠部，袭封高陵亭
侯。时太庙鸱尾灾，焘谓著作郎徐广曰：“昔孔子在齐，闻鲁庙灾，曰
必桓、僖也。今征西、京兆四府君宜在毁落，而犹列庙飨，此其征

乎。”乃上议曰：

　　臣闻“国之大事，在祀与戎”。将营宫室，宗庙为首。古先哲王，莫不致肃恭之诚心，尽崇严乎祖考，然后能流淳化于四海，通幽感于神明，固宜详废兴于古典，修情礼以求中者也。

　　《礼》，天子七庙，三昭三穆，与太祖而七。自考庙以至祖考五庙，皆月祭之。远庙为祧，有二祧，享尝乃止。去祧为坛，去坛为墠，有祷然后祭之，此宗庙之次、亲疏之序也。郑玄以为祧者文王、武王之庙，王肃以为五世、六世之祖。寻去祧之言，则祧非文、武之庙矣。文、武，周之祖宗。何云去祧为坛乎？明远庙为祧者，无服之祖也。又远庙则有享尝之降，去祢则有坛墠之殊，明世远者其义弥疏也。若祧是文、武之庙，宜同月祭于太祖，虽推后稷以配天，由功德之所始，非尊崇之义每有差降也。又《礼》有以多为贵者，故《传》称“德厚者流光，德薄者流卑”。又言“自上以下，降杀以两，礼也。”此则尊卑等级之典，上下殊异之文。而云天子、诸侯俱祭五庙，何哉？又王祭嫡殇，下及来孙。而上祀之礼，不过高祖。推隆恩于下流，替诚敬于尊庙，亦非圣人制礼之意也。是以泰始建庙，从王氏议，以礼父为士，子为天子、诸侯，祭以天子、诸侯，其尸服以士服。故上及征西，以备六世之数。宣皇虽为太祖，尚在子孙之位，至于殷祭之日，未申东向之礼，所谓子虽齐圣，不先父食者矣。今京兆以上既迁，太祖始得居正，议者以昭穆未足，欲屈太祖于卑坐，臣以为非礼典之旨也。所谓与太祖而七，自是昭穆既足，太庙在六世之外，非为须满七庙乃得居太祖也。

　　议者以又以四府君神主，宜永同于殷祫。臣又以为不然。《传》所谓“毁庙之主，陈乎太祖”，谓太祖以下先君之主也。故《白虎通》云：“禘祫祭迁庙者，以其继君之体，持其统而不绝也。”岂如四府君在太祖之前，非继统之主，无灵命之瑞，非王业之基。昔以世近而及，今则情礼已远，而当长飨殷祫，永虚太祖之位。求之礼籍，未见其可。昔永和之初，大议斯礼，于时虞喜、范宣并以洪儒硕学,咸谓四府君神主无缘永存于百世。或欲瘗之两阶,或欲藏之石室,或欲为之改筑,虽所执小异,而大归是同。若宣皇既居群庙之上,而四主禘祫不已,则大晋殷祭长无太祖之位矣。夫理贵有中,不必过厚,礼与世迁,岂可顺而不断。故臣子之情虽笃,而灵、厉之谥弥彰,追远之怀虽切,而迁毁之礼为用。岂不有心于加厚,顾礼制不可逾耳。石室则藏于庙北,改筑则未知所处。虞主所以依神,神移则有瘗埋之礼。四主若飨祀宜废,亦神之所不依也。准傍事例,宜同虞主之瘗埋。然经典难详,群言错缪,非臣浅识所能折中。

时学者多从焘议,竟未施行。

宋武帝受命,拜太常。虽外戚贵显,而弥自冲约。茅屋蔬飧,不改其旧。所得奉禄,与亲戚共之。永初三年,致事,拜光禄大夫,加金章紫绶。卒,少帝赠左光禄大夫。

长子邃,宜都太守。邃子凝之,学涉有当世才,与司徐湛之为异常交。年少时,与傅僧祐俱以通家子,始为文帝所引见。时上与何尚之论铸钱事,凝之便干其语次,上因回与语。僧祐引凝之衣令止,凝之大言曰:“明主难再遇,便应政尽所怀。”上与往复十余反,凝之辞韵诠序,上甚赏焉。后为尚书左丞,以徐湛之党,为元凶所杀。

凝之子寅,字士若,事在《沈攸之传》。寅弟棱,后军参军。棱子严。

严字彦威,幼有孝性,居父忧以毁闻。孤贫勤学,行止书卷不离手。从叔未甄为江夏郡,携严之官,于途作《屯游赋》,又作《七算》,辞并典丽。性孤介,未尝造请。梁仆射徐勉欲识之,严终不诣。累迁湘东王宣惠、轻车府参军,兼记室。严于学多所谙记,尤精《汉书》,讽诵略皆上口。王尝自执四部书目试之,严自甲至丁卷中各对一事,并作者姓名,遂无遗失。王迁荆州,随府转西中郎、安西录事参军,历义阳、武宁郡守。郡界蛮左,前郡守常选武人以兵镇之,严独以数门生单车入境,郡蛮悦服。后卒于镇南谘议参军。文集十卷。

严族叔未甄,焘曾孙也。父潭,左户尚书。未甄有才干,少为外兄汝南周颙所知,仕梁为太尉长史。丁所生母忧,三年庐于墓侧。历廷尉卿、江夏太守,卒。子盾。

盾字宣卿,幼从微士琅邪诸葛璩受五经。璩学徒常有数十百人,盾处其间,无所狎比。璩曰:"此生王佐才也。"

为尚书中兵郎。美风姿,善容止,每趋奏,梁武帝甚悦焉。入兼中书通事舍人。

盾有孝性,尝随父宿直廷尉府,母刘氏在宅夜暴亡,盾左手中指忽痛不得寝,及旦,宅信果报凶问,其感通如此。服未终,父卒,居丧五年,不出庐户,形骸枯悴,家人不识。武帝累敕抑譬。

后累迁御史中丞,性公强,甚称职。中大通五年,帝幸同泰寺开讲,设四部大会,众数万人。南越所献驯象忽于众中狂逸,众皆骇散,唯盾与散骑侍郎裴之礼嶷然自若,帝甚嘉焉。

大同二年,为中领军。领宫管天下兵要,监局事多,盾为人敏胆,有风力,长于拨繁,职事甚理。先是,吴平侯萧景居此职著声,至是盾复继之。后卒于领军将军,谥曰忠。

盾弟厥,字献卿,亦以干局称。为晋安太守,郡居山海,常结聚逋逃,前二千石讨捕不能止。厥下车宣化,凶党皆襁负而出,自是居人复业。然政严,百姓谓之臧彪。前后再兼中书通事舍人,卒于兼司农卿。

厥前后居职,所掌之局大事及兰台、廷尉所不能决者,敕并付厥。辩断精明,咸得其理。卒后,有挝登闻鼓诉求付清直舍人,帝曰:"臧厥既亡,此事便无所付。"其见知如此。子操,尚书三公郎。

熹字义和,焘之弟也。与焘并好经学。隆安初,兵起,熹乃习骑射,志立功名。尝与溧阳令阮崇猎,遇猛兽突围,猎徒并散,熹射之,应弦而倒。

从宋武入京城,进至建邺。桓玄走,武帝便使熹入宫收图书器物,封府库。有金饰乐器,武帝问熹:"卿欲此乎?"熹正色曰:"主上幽逼,播越非所,将军首建大义,勠劳王室,虽复不肖,实无情于乐。"帝笑曰:"聊以戏耳。"以建义功,封始兴县五等侯,参武帝车骑、中军军事。

武帝将征广固,议者多不同,熹赞成其行。武帝遣朱龄石统大众伐蜀,命熹奇兵出中水,领建平、巴东二郡太守。蜀主谯纵遣大将谯抚之屯牛脾,又遣谯小苟重兵塞打鼻。熹至牛脾,抚之败走,追斩之,成都平。熹遇疾,卒于蜀,追赠光禄勋。

子质字含文,少好鹰犬,善蒲博意钱之戏。长六尺七寸,出面露口,颓顶拳发。初为世子中军参军,尝诣护军赵伦之,伦之名位已重,不相接。质愤然起曰:"大丈夫各以老妪作门户,何至以此中相轻。"伦之惭谢,质拂衣而去。

后为江夏王义恭抚军参军,以轻薄无检,为文帝所嫌,徙给事中。会稽长公主每为之言,乃出为建平太守,甚得蛮楚心。历竟陵内史,巴东、建平二郡太守,吏人便之。质年始出三十,屡居名郡,涉猎文史,尺牍便敏,有气干,好言兵。文帝谓可大任,以为徐、兖二州刺史,加都督。在镇奢费,爵命无章,为有司所纠,遇赦。与范晔、徐湛之等厚善。晔谋反,量质必与之同。会事发,复为义兴太守。

二十七年,迁南谯王义宣司空司马、南平内史。未之职,会魏太武帝围汝南,戍主陈宪固守告急,文帝遣质轻往寿阳,与安蛮司马刘康祖等救宪。后太武率大众数十万向彭城,以质为辅国将军北救。始至盱台,太武已过淮。二十八年正月,太武自广陵北返,悉力攻盱台,就质求酒,质封溲便与之。太武怒甚,筑长围一夜便合。质报太武书云:"尔不闻童谣言邪?虏马饮江水,佛狸死卯年。冥期使然,非复人事。寡人受命相灭,期之白登,师行未远,尔自送死,岂容复令尔飨有桑乾哉!假令寡人不能杀尔,尔由我而死。尔若有幸,得为乱兵所杀;尔若不幸,则生相锁缚,载以一驴,负送都市。尔识智及众,岂能胜苻坚邪?顷年展尔陆梁者,是尔未饮江,太岁未卯故耳。"时魏地童谣曰:"轺车北来如穿雉,不意虏马饮江水。虏主北归石济死,虏欲度江天不徙。"故答书引之。太武大怒,乃作铁床,于上施铁镵,云"破城得质,当坐之此上"。质又与魏军书,写台格购斩太武封万户侯,赐布绢各万匹。魏以钩车钩垣楼,城内系絙,数百人叫呼引之，车不能退。质夜以木桶盛人，县出城外，截钩获之。明日又以冲车攻城，土坚密，每颓落下不过数斗。魏军乃自薄登城，坠而复升，莫有退者。杀伤万计，死者与城平。如此三旬，死者过半，太武乃解围而归。上嘉质功，以为宁蛮校尉、雍州刺史、监四州诸军事。

明年，文帝又北侵，使质率见力向潼关。质顿兵不肯时发，又顾恋嬖妾，弃军营垒，单马还城，散用台库见钱六七百万，为有司所纠，上不问。

元凶弑立，以质为丹阳尹。质家遣门生师颐报质，具言文帝崩问。质使告司空义宣及孝武帝，而自率众五千驰下讨逆，自阳口进江陵见义宣。时质诸子在都，闻质举义，并逃亡。义宣始得质报，即日举兵，驰信报孝武，板进质号征北将军。孝武即位，加质车骑将军、开府仪同三司，都督江州诸军事。使质自白下步上，薛安都、程天祚等亦自南掖门入，与质同会太极殿庭，生禽元凶，仍使质留守朝堂，封始兴郡公。之镇，舫千余乘，部伍前后百余里，六平乘并施龙子幡。

时孝武自揽威权，而质以少主遇之，刑政庆赏，不复谘禀朝廷，自谓人才足为一世英杰。始闻国祸，便有异图，以义宣凡暗易制，欲外相推奉，以成其志。及至江陵，便致拜称名。质于义宣虽为兄弟，而年近大十岁。义宣惊曰："君何意拜弟？"质曰："事中宜然。"时义宣已推崇孝武，故其计不行。每虑事泄，及至新亭，又拜江夏王义恭。义恭愕然，问质所以，质曰："天下屯危，礼异常日，前在荆州，亦拜司空。"

会义宣有憾于孝武，质因此密信说诱，陈朝廷得失，又谓"震主之威，不可持久。"质无复异同，纳其说。且义宣腹心将佐蔡超、竺超人等，咸有富贵情愿，又劝义宣。义宣时未受丞相，质子敦为黄门侍郎，奉诏敦劝，道经寻阳，质令敦具更譬说义宣。义宣意乃定，驰报豫州刺史鲁爽，期孝建元年秋同举。

爽失旨，即起兵，遣人至都报弟瑜，席卷奔叛。瑜弟弘为质府佐，孝武驰使报质诛弘，于是执台使，狼狈举兵，驰报义宣。孝武遣抚军将军柳元景统豫州刺史王玄谟等屯梁山洲,两岸筑偃月垒,水陆待之。元景檄书宣告,而义宣亦相次系至。江夏王义恭书曰:"昔垣玄借兵至仲堪,有似今日。"义宣由此与质相疑。质进计曰:"今以万人取南州,则梁山中绝,万人缀玄谟,必不敢轻动。质浮舟外江,直向石头,此上略也。"义宣将从之,义宣客颜乐之说义宣曰:"质若复拔东城,则大功尽归之矣。宜遣麾下自行。"义宣遣腹心刘谌之就质陈军城南。玄谟留羸弱守城,悉精兵出战。薛安都骑军前出,垣护之督诸将继之,乃大溃。质求义宣欲计事,密已走矣。质不知所为,亦走至寻阳,焚府舍,载妓妾入南湖,摘莲啖之。追兵至,以荷覆头,沉于水,出鼻。军主郑俱儿望见,射之中心,兵刃乱至,腹胃缠萦水草。队主裴应斩质,传首建邺。录尚书江夏王义恭等奏依汉王莽事,漆其头,藏于武库。诏可。

论曰:赵伦之、萧思话俱以外戚之亲,并接风云之会,言亲则在赵为密,论望则于萧为重。古人云"人能弘道",盖此之谓乎。惠开亲礼虽笃,弟隙尤著,方寸之内,孝友异情。险于山川,有验于此。臧氏文义之美,传于累代,含文以致诛灭,好乱之所致乎。

# 南史卷一九
# 列传第九

谢晦 兄瞻　弟嚼　从叔澹　　谢裕 子恂

玄孙微　裕弟纯　述　述孙朓　　谢方明

子惠连　　谢灵运 孙超宗　曾孙几卿


　　谢晦字宣明，陈郡阳夏人，晋太常裒之玄孙也。裒子弈、据、安、万、铁，并著名前史。据子朗字长度，位东阳太守。朗子重字景重，位会稽王道子骠骑长史。重生绚、瞻、晦、嚼、遁。绚位至宋文帝镇军长史，早卒。晦初为孟昶建威府中兵参军。昶死，帝问刘穆之昶府谁堪入府，穆之举晦，即命为太尉参军。

　　武帝当讯狱，其旦，刑狱参军有疾，以晦代之。晦车中一览讯牒，随问，酬对无失。帝奇之，即日署刑狱贼曹。累迁太尉主簿，从征司马休之。时徐逵之战死，帝将自登岸，诸将谏，不从。晦持帝，帝曰："我斩卿！"晦曰："天下可无晦，不可无公，晦死何有！"会胡藩登岸，贼退，乃止。

　　晦美风姿，善言笑，眉目分明，鬓发如墨。涉猎文义，博赡多通。时人以方杨德祖，微将不及，晦闻，犹以为恨。帝深加爱赏，从征关、洛，内外要任悉委之。帝于彭城大会，命纸笔赋诗，晦恐帝有失，起谏帝，即代作曰："先荡临淄秽，却清河洛尘，华阳有逸骥，桃林无伏轮。"于是群臣并作。时谢琨风华为江左第一，尝与晦俱在武帝前，帝目之曰："一时顿有两玉人耳。"

刘穆之遣使陈事,晦往往异同,穆之怒曰:"公复有还时不?"及帝欲以晦为从事中郎,穆之坚执不与,故终穆之世不迁。及穆之丧问至,帝哭之甚恸,曰:"丧我贤友。"晦时正直,喜甚,自入阁参审。其日教出,转晦从事中郎。宋台建,为右卫将军,加侍中。

武帝闻咸阳沦没,欲复北伐,晦谏以士马疲怠,乃止。于是登城北望,慨然不悦,乃命群僚诵诗。晦咏王粲诗曰:"南登霸陵岸,回首望长安,悟彼下泉人,喟然伤心肝。"帝流涕不自胜。及帝受命,于石头登坛,备法驾入宫,晦领游军为警。加中领军,封武昌县公。

永初二年,坐行玺封镇西司马南郡太守王华,而误封北海太守球,板免晦侍中。寻转领军将军,加散骑常侍,依晋中军羊祜故事,入直殿省,总统宿卫。及帝不豫,给班剑二十人,与徐羡之、傅亮、檀道济并侍医药。少帝即位,加中书令,与徐、傅辅政。及少帝废,徐羡之以晦领护南蛮校尉、荆州刺史,加都督,欲令居外为援。虑文帝至,或别用人,故遽有此授。精兵旧将,悉以配之。文帝即位,晦虑不得去,甚忧惶。及发新亭,顾石头城,喜曰:"今得脱矣。"进封建平郡公,固让。又给鼓吹一部。至江陵,深结侍中王华,冀以免祸。二女当配彭城王义康、新野侯义宾。元嘉二年,遣妻及长子世休送女还都。先是,景平中,魏师攻取河南,至是欲诛羡之等,并讨晦,声言北行,又言拜京陵,装舟舰。傅亮与晦书,言"薄伐河朔,事犹未已,朝野之虑,忧惧者多。"又言"当遣外监万幼宗往。"时朝廷处分异常,其谋颇泄。三年正月,晦弟黄门侍郎曕驰使告晦,晦犹谓不然,呼谘议参军何承天,示以亮书,曰:"计幼宗一二日必至,傅公虑我好事,故先遣此书。"承天曰:"外间所闻,咸谓西讨已定,幼宗岂有上理?"晦尚谓虚,使承天豫立答诏启草,北行宜须明年。江夏内史程道慧得寻阳人书,言其事已审,使执晦。晦问计于承天,对曰:"蒙将军殊顾,常思报德,事变至矣,何敢隐情。然明日戒严,动用军法,区区所怀,惧不得尽。"晦惧曰:"卿岂欲我自裁哉?"承天曰:"尚未至此,其在境外。"晦曰:"荆州用武之地,兵粮易给。聊且决战,走复何晚?吾不爱死,负先帝之顾,如何?"又谓承天曰:"幼宗尚未至,若后二三日无消息，便是不复来邪？"承天曰："程说其事已判，岂容复疑。"晦欲焚南蛮兵籍，率见力决战，土人多劝发兵。晦问诸将："战士三千，足守城乎？"南蛮司马周超曰："非徒守城，若有外寇，亦可立勋。"司马庾登之请解司马、南郡以授之，晦即命超为司马，转登之为长史。

文帝诛羡之等，及晦子世休，收曜子世平、兄子绍等。晦知讫，先举羡之、亮哀，次发子弟凶问。既而自出射堂，集得精兵三万人，乃奉表，言"臣等若志欲专权，不顾国典，便当辅翼幼主，孤背天日，岂得沿流二千，虚馆三月，奉迎銮驾，以遵下武。故庐陵王于荥阳之世，屡彼猜嫌，积怨犯上，自贻非命。不有所废，将何以兴？耿弇不以贼遗君父，臣亦何负于宋室邪？"又言"羡之、亮无罪见诛，王弘兄弟轻躁昧进，王华猜忌忍害。"帝时已戒严，尚书符荆州，暴其罪状。

晦率众二万发自江陵，舟舰列自江津至于破冢，旗旌相照。叹曰："恨不得以此为勤王之师。"移檄建邺，言王弘、昙首、王华等罪。又上表陈情。初，晦与徐、傅谋为自全计，晦据上流，檀镇广陵，各有强兵，足制朝廷，羡之、亮于中知权，可得持久。及帝将行，召檀道济委之以众。晦始谓道济不全，及闻其来，大众皆溃，晦得小船还江陵。

初，雍州刺史刘粹遣弟竟陵太守道济与台军主沈敞之袭江陵，至沙桥，周超大破之。俄而晦至江陵，无他，唯愧周超而已。超其夜诣到彦之降，晦乃携弟遁、兄子世基等七骑北走。遁肥不能骑马，晦每待，不得速。至安陆延头，晦故吏戍主光顺之槛送建邺。于路作《悲人道》以自哀。周超既降，到彦之以参府事。刘粹遣告彦之，沙桥之事，败由周超。彦之乃执与晦等并伏诛。

世基，绚之子也，有才气。临死为连句诗曰："伟哉横海鳞，壮矣垂天翼，一旦失风水，翻为蝼蚁食。"晦续之曰："功遂侔昔人，保退无智力。既涉太行险，斯路信难陟。"晦女为彭城王义康妃，聪明有才貌，被发徒跣与晦诀曰："阿父，大丈夫当横尸战场，奈何狼藉都市。"言讫叫绝，行人为之落泪。晦死时，年三十七。庾登之、殷道鸾、何承天自晦下并见原。

瞻字宣远，一曰名檐字通远，晦次兄也。六岁能属文，为《紫石英赞》、《果然诗》，为当时才士叹异。与从叔琨、族弟灵运俱有盛名。尝作《喜霁诗》，灵运写之，琨咏之。王弘在坐，以为三绝。

瞻幼孤，叔母刘抚养有恩，兄弟事之，同于至亲。刘弟柳为吴郡，将姊俱行，瞻不能违远，自楚台秘书郎解职随从，故为柳建威长史。后为宋武帝相国从事中郎。晦时为宋台右卫，权遇已重，于彭城还都迎家，宾客辐凑。时瞻在家，惊骇谓晦曰："吾家以素退为业，汝遂势倾朝野，此岂门户福邪？"乃篱隔门庭，曰："吾不忍见此。"后因宴集，灵运问晦："潘、陆与贾充优劣？"晦曰："安仁诣于权门，士衡邀竞无已，并不能保身，自求多福。公闾勋名佐世，不得为并。"灵运曰："安仁、士衡才为一时之冠，方之公闾，本自辽绝。"瞻敛容曰："若处贵而能遗权，斯则是非不得而生，倾危无因而至。君子以明哲保身，其在此乎。"常以裁止晦如此。

及还彭城，言于武帝曰："臣本素士，父祖位不过二千石。弟年始三十，志用凡近，位任显密，福过灾生，特乞降黜，经保衰门。"前后屡陈。帝欲以瞻为吴兴郡，又自陈请，乃为豫章太守。晦或以朝廷密事语瞻，瞻辄向亲旧说以为戏笑，以绝其言。晦遂建佐命功，瞻愈忧惧。永初二年，在郡遇疾不疗，幸于不永。晦闻疾奔波，瞻见之曰："汝为国大臣，又总戎重，万里远出，必生疑谤。"时果有诬告晦反者。瞻疾笃还都，帝以晦禁旅，不得出宿，使瞻居于晋南郡公主婿羊贲故第，在领军府东门。瞻曰："吾有先人弊庐，何为于此？"临终遗晦书曰："吾得归骨山足，亦何所多恨。弟思自勉，为国为家。"卒时年三十五。

瞻文章之美，与从叔琨、族弟灵运相抗。灵运父瑍无才能，为秘书郎，早卒。而灵运好臧否人物，琨患之，欲加裁折，未有其方。谓瞻曰："非汝莫能。"乃与晦、瞻、弘微等共游戏，使瞻与灵运共车。灵运登车便商较人物，瞻谓曰："秘书早亡，谈者亦互有同异。"灵运默然，言论自此衰止。

弟曎字宣镜，年数岁，所生母郭氏疾，曎晨昏温清，勤容戚颜，未尝暂改。恐仆役营疾懈倦，躬自执劳，母为疾畏惊，而微贱过甚，一家尊卑感曎至性，咸纳屦行，屏气语，如此者十余年。位黄门侍郎，从坐伏诛。

澹字景恒，晦从叔也。祖安，晋太傅。父瑶，琅邪王友。澹任达仗气，不营当世，与顺阳范泰为云霞之交。历位尚书。宋武帝将受禅，有司议使侍中刘睿进玺，帝曰："此选当须人望。"乃使澹摄。澹尝侍帝宴，酣饮大言，无所屈，郑鲜之欲按之，帝以为澹方外士，不宜规矩绳之，然意不说，不以任寄。后复侍饮，醉谓帝曰："陛下用群臣，但须委屈顺者乃见贵，汲黯之徒无用也。"帝大笑。景平中，累迁光禄大夫。从子晦为荆州，将之镇，诣澹别。晦色自矜，澹问晦年，答曰："三十五。"澹笑曰："昔荀中郎年二十九为北府都督，卿比之已为老矣。"晦色甚愧。元嘉中，位侍中、特进、金紫光禄大夫，卒。

初，澹从弟混与刘毅昵，澹常以为忧，渐疏混，每谓弟璞、从子瞻曰："益寿此性，终当破家。"琨寻见诛，朝廷以澹先言，故不及祸。璞字景山，幼孝友，祖安深赏爱之，位光禄勋。

谢裕字景仁，朗弟允之子，而晦从父也。名与宋武帝讳同，故以字行。允字令度，位宣城内史。景仁幼为从祖安所知，始为前军行参军。会稽王世子元显嬖人张法顺权倾一时，内外无不造门，唯景仁不至。年三十而方为著作佐郎。桓玄诛元显，见景仁，谓四坐曰："司马庶人父子云何不败，遂令谢景仁三十而方佐著作郎。"玄建楚台，以补黄门侍郎。及篡位，领骁骑将军。景仁博闻强识，善叙前言往行，玄每与言不倦。玄出行，殷仲文、卞范之之徒皆骑马散从，而使景仁陪辇。宋武帝为桓脩抚军中兵参军，尝诣景仁谘事，景仁与语说，因留帝食。食未办，而景仁为玄所召。玄性促，俄顷间骑诏续至，帝屡求去，景仁不许，曰："主上见待，要应有方，我欲与客食，岂不得待？"竟安坐饱食，然后应召。帝甚感之。及平建邺，景仁与百僚同见，武帝目之曰："此名公孙也。"历位武帝镇军司马，复为车骑司马。

义熙五年,帝将伐慕容超,朝议皆谓不可。刘毅时镇姑熟,固止帝,以为"苻坚侵境,谢太傅犹不自行。宰相远出,倾动根本。"景仁独曰:"公建桓、文之烈,应天人之心,虽业高振古,而德刑未树,宜推亡固存,广振威略。平定之后,养锐息徒,然后观兵洛汭,修复园寝,岂有纵敌贻患者哉。"帝从之。及北伐,大司马琅邪王天子母弟,属当储副,帝深以根本为忧,转景仁大司马左司马,专总府任。又迁吏部尚书。时从兄混为尚书左仆射,依制不得相监,帝启依仆射王彪之、尚书王劭前例,不解职。坐选吏部令史邢安泰为都令史、平原太守,二官共除,安泰以令史职拜谒陵庙,为御史中丞郑鲜之所纠,白衣领职。十一年,为左仆射。

景仁性矜严整洁,居宇净丽,每唾辄唾左右人衣,事毕,即听一日浣濯。每欲唾,左右争来受之。武帝雅相知重,申以昏姻,庐陵王义真妃,景仁女也。十二年,卒,赠金紫光禄大夫。葬日,武帝亲临,甚恸。

子恂字泰温,位鄱阳太守。恂子孺子,少与族兄庄齐名。多艺能,尤善声律。车骑将军王彧,孺子姑之子也,尝与孺子宴桐台,孺子吹笙,彧自起舞,既而叹曰:"今日真使人飘摇有伊、洛间意。"为新安王主簿,出为庐江郡。辞,宋孝武谓有司曰:"谢孺子不可屈为小郡。"乃以为司徒主簿。后以家贫,求西阳太守,卒官。

子璟,少与从叔朓俱知名。齐竟陵王子良开西邸,招文学,璟亦预焉。位中书郎。梁天监中,为左户尚书,再迁侍中,固辞年老,求金紫,帝不悦,未叙,会卒。

子微字玄度,美风采,好学,善属文,位兼中书舍人。与河东裴子野、沛国刘显同官友善。时魏中山王元略还北,梁武帝饯于武德殿,赋诗三十韵,限三刻成。微二刻便就,文甚美,帝再览焉。又为临汝侯猷制《放生文》,亦见赏于世。后除尚书左丞。及昭明太子薨,帝立晋安王纲为皇太子,将出诏,唯召尚书右仆射何敬容、宣惠将军孔休源及微三人与议。微时年位尚轻,而任遇已重。后卒于北中豫章王长史、南兰陵太守。文集二十卷。

纯字景懋，景仁弟也。刘毅镇江陵，以为卫军长史、南平相。及王镇恶袭毅，毅时病，佐史闻兵至，驰还入府，左右引车欲还外解，纯叱之曰："我人吏也，逃欲安之。"及入，毅兵败众散，纯为人所杀。纯弟虯字景虯，位司徒右长史。

虯弟述字景先，小字道儿。少有至行，随纯在江陵。纯遇害，述奉纯丧还都，至西塞，遇暴风，纯丧舫流漂不知所在，述乘小船寻求，经纯妻庾舫过，庾遣人谓曰："小郎去必无及，宁可存亡俱尽邪？"述号泣答曰："若安全至岸，尚须营理，如其已致意外，述亦无心独存。"因冒浪而进，见纯丧几没，述号叫呼天，幸而获免。咸以为精诚所致，武帝闻而嘉之。及临豫州，讽中正以为迎主簿，甚被器遇。

景仁爱虯而憎述，尝设馔请宋武帝，希命虯豫坐，而帝召述。述知非景仁凤意，又虑帝命之，请急不从。帝驰遣呼述，须至乃飧，其见重如此。及景仁疾，述尽心视汤药，饮食必尝而后进。衣不解带不盥栉者累旬，景仁深感愧焉，友爱遂笃。及景仁卒，哀号过礼。景仁肥壮，买材数具皆不合用，述哀惶，亲选乃获焉。

为太尉参军，从征司马休之，封吉阳县五等侯。元嘉二年，拜中书侍郎。后为彭城王义康骠骑长史，领南郡太守。义康入相，述又为司徒左长史，转左卫将军。莅官清约，私无宅舍，义康遇之甚厚。尚书仆射殷景仁、领军将军刘湛并与述为异常之交。述美风姿，善举止，湛每谓人曰："我见谢道儿未尝足。"雍州刺史张邵以黩货将致大辟，述表陈邵先朝旧勋，宜蒙优贷，文帝手诏酬纳焉。述语子综曰："主上矜邵凤诚，自将曲恕，吾所启谬会，故特见纳。若此迹宣布，则为侵夺主恩。"使综对前焚之。帝后谓邵曰："卿之获免，谢述力焉。"

述有心虚疾，性理时或乖谬，卒于吴兴太守。丧还未至都数十里，殷景仁、刘湛同乘迎赴，望船流涕。及刘湛诛，义康外镇，将行叹曰："谢述唯劝吾退，刘湛唯劝吾进，述亡而湛存，吾所以得罪也。"

文帝亦曰："谢述若存，义康必不至此。"

三子：综、约、纬。综有才艺，善隶书，为太子中舍人。与范晔谋反伏诛。约亦死。纬尚宋文帝第五女长城公主，素为综、约所憎，免死，徙广州，孝建中，还都。方雅有父风，位正员郎。子朓。

朓字玄晖，少好学，有美名，文章清丽，为齐随王子隆镇西功曹，转文学。子隆在荆州，好辞赋，朓尤被赏，不舍日夕。长史王秀之以朓年少相动，欲以启闻。朓知之，因事求还，道中为诗寄西府曰："常恐鹰隼击，时菊委严霜，寄言尉罗者，寥廓已高翔"是也。仍除新安王中军记室。朓笺辞子隆曰：

> 朓闻潢污之水，思朝宗而每竭，驽蹇之乘，希沃若而中疲。何则？皋壤摇落，对之惆怅，歧路东西，或以呜唈。况乃服义徒拥，归志莫从，邈若坠雨，飘似秋蒂。朓实庸流，行能无算，属天地休明，山川受纳，褒采一介，搜扬小善，故得舍末场圃，奉笔兔园。东泛三江，西浮七泽，契阔戎旃，从容宴语。长裾日曳，后乘载脂，荣立府廷，恩加颜色，沐发晞阳，未测涯涘，抚臆论报，早誓肌骨。不悟沧溟未运，波臣自荡，渤澥方春，旅翮先谢。清切蕃房，寂寥旧荜，轻舟反溯，吊影独留。白云在天，龙门不见，去德滋永，思德滋深。唯待青江可望，候归舻于春渚，朱邸方开，效蓬心于秋实。如其簪屦或存，衽席无改，虽复身填沟壑，犹望妻子知归。揽涕告辞，悲来横集。

时荆州信去倚待，朓执笔便成，文无点易。

以本官兼尚书殿中郎。隆昌初，敕朓接北使，朓自以口讷，启让，见许。明帝辅政，以为骠骑谘议，领记室，掌霸府文笔。又掌中书诏诰，转中书郎。出为晋安王镇北谘议、南东海太守，行南徐州事。启王敬则反谋，上甚赏之，迁尚书吏部郎。朓上表三让。中书疑朓官未及让，以问国子祭酒沈约。约曰："宋元嘉中，范晔让吏部，朱脩之让黄门，蔡兴宗让中书，并三表诏答。近代小官不让，遂成恒俗，恐有乖让意。王蓝田、刘安西并贵重，初自不让，今岂可慕此不让邪？孙兴公、孔颛并让记室，今岂可三署皆让邪？谢吏部今授超阶,让别有意,岂关官之大小。挹谦之美,本出人情,若大官必让,便与诣阙章表不异。例既如此,谓都非疑。"朓让,优答不许。

朓善草隶,长五言诗。沈约常云:"二百年来,无此诗也。"敬皇后迁祔山陵,朓撰哀策文,齐世莫有及者。

东昏失德,江祏欲立江夏王宝玄,末更回惑,与弟祀密谓朓曰:"江夏年少,脱不堪,不可复行废立。始安年长入纂,不乖物望。非以此要富贵,只求安国家尔。"遥光又遣亲人刘沨致意于朓。朓自以受恩明帝,不肯答。少日,遥光以朓兼知卫尉事,朓惧见引,即以祏等谋告左兴盛,又说刘暄曰:"始安一旦南面,则刘沨、刘晏居卿今地,但以卿为反复人尔。"暄阳惊,驰告始安王及江祏。始安欲出朓为东阳郡,祏固执不与。先是,朓常轻祏为人,祏常诣朓,朓因言有一诗,呼左右取,既而便停。祏问其故,云"定复不急。"祏以为轻己。后祏及弟祀、刘沨、刘晏俱候朓,朓谓祏曰:"可谓带二江之双流。"以嘲弄之。祏转不堪,至是构而害之。诏暴其过恶,收付廷尉。又使御史中丞范岫奏收朓,下狱死,时年三十六。临终谓门宾曰:"寄语沈公,君方为三代史,亦不得见没。"

初,朓告王敬则反,敬则女为朓妻,常怀刀欲报朓,朓不敢相见。及当拜吏部,谦挹尤甚,尚书郎范缜嘲之曰:"卿人才无惭小选,但恨不可刑于寡妻。"朓有愧色。及临诛,叹曰:"天道其不可昧乎!我虽不杀王公,王公因我而死。"

朓好奖人才,会稽孔颛粗有才笔,未为时知,孔圭尝令草让表以示朓,朓嗟吟良久,手自折简写之,谓圭曰:"士子声名未立,应共奖成,无惜齿牙余论。"其好善如此。

朓及殷睿素与梁武以文章相得,帝以大女永兴公主适睿子钧,第二女永世公主适朓子谟。及帝为雍州,二女并暂随母向州。及武帝即位,二主始随内还。武帝意薄谟,又以门单,欲更适张弘策子,策卒,又以与王志子諲。而谟不堪叹恨,为书状如诗赠主。主以呈帝,甚蒙矜叹,而妇终不得还。寻用谟为信安县,稍迁王府谘议。时以为沈约早与朓善,为制此书云。

谢方明,裕从祖弟也。祖铁,字铁石,位永嘉太守。父冲,字秀度,中书郎。家在会稽,病归,为孙恩所杀,赠散骑常侍。方明随伯父吴兴太守邈在郡。孙恩寇会稽,东土诸郡响应,吴兴人胡杰、郜骠破东迁县,方明劝邈避之,不从,贼至被害,方明逃免。

初,邈舅子长乐冯嗣之及北方学士冯翊仇玄达俱投邈,礼待甚简,二人并恨,遂与恩通谋。刘牢之、谢琰等讨恩,恩走临海,嗣之等不得同去,方更聚合。方明体素羸弱,而勇决过人,结邈门生讨嗣之等,悉禽手刃之。时乱后吉凶礼废,方明合门遇祸,资产无遗,而营举凶功尽力,数月葬送并毕,平世备礼,无以加也。顷之,孙恩重陷会稽,谢琰见害,因购方明甚急。方明于上虞载母妹奔东阳,由黄蘗峤出鄱阳,附载还都,寄居国子学。流离险厄,屯苦备经,而贞履之操,在约无改。桓玄克建邺,丹阳尹卞范之势倾朝野,欲以女嫁方明,方明终不回。桓玄闻而赏之,即除著作佐郎。后从兄景仁举为宋武中军主簿,方明知无不为,帝谓曰:"愧未有瓜衍之赏,且当与卿共豫章国禄。"屡加赏赐。

方明严恪,善自居遇,虽暗室未尝有惰容。从兄混有重名,唯岁节朝拜而已。丹阳尹刘穆之权重当时,朝野辐凑,其不至者,唯混、方明、郗僧施、蔡廓四人而已。穆之甚恨。及琨等诛后,方明、廓来往造穆之,穆之大悦,白武帝曰:"谢方明可谓名家驹,及蔡廓直置并台鼎人,无论复有才用。"顷之,转从事中郎,仍为右将军道怜长史。武帝令府中众事皆谘决之。府转为中军长史,寻加晋陵太守,复为骠骑长史,南郡相,委任如初。尝年终,江陵县狱囚事无轻重,悉放归家,使过正三日还到,罪重者二十余人,纲纪以下莫不疑惧。时晋陵郡送故主簿弘季咸、徐寿之并随在西,固谏,以为昔人虽有其事,或是记籍过言,且当今人情伪薄,不可以古义相许。方明不纳,一时遣之。囚及父兄并惊喜涕泣,以为就死无恨。至期,有重罪一人醉不能归,违二日乃反。余一囚十日不来,五官朱干期请见,欲自讨之。方明知为囚事,使左右谢五官不须入,囚自当反。囚逡巡墟里,不能自归,乡村责让,率领将送,竟无逃者。远近叹服焉。

宋武帝受命,位侍中、丹阳尹,有能名。转会稽太守。江东人户殷盛,风俗峻刻,强弱相陵,奸吏蜂起,符书一下,文摄相续。方明深达政体,不拘文法,阔略苛细,务在统领。贵族豪士,莫敢犯禁。除比伍之坐,判久系之狱。前后征伐,每兵运不充,悉倩士庶,事宁皆使还本。而守宰不明,与夺乖谬,人事不至,必被抑塞。方明简汰精当,各顺所宜,东土称咏之。性尤爱惜,未尝有所是非,承代前人,不易其政,必宜改者,则渐变使无迹可寻。卒官。

子惠连,年十岁,能属文,族兄灵运嘉赏之,云"每有篇章,对惠连辄得佳语"。尝于永嘉西堂思诗,竟日不就,忽梦见惠连,即得"池塘生春草",大以为工。常云"此语有神功,非吾语也。"本州辟主簿,不就。惠连先爱幸会稽郡吏杜德灵,及居父忧,赠以五言诗十余首,"乘流遵归路"诸篇是也。坐废不豫荣位。尚书仆射殷景仁爱其才,言次白文帝,言"臣小儿时便见此文,而论者云是惠连,其实非也。"文帝曰:"若此便应通之。"元嘉七年,方为司徒彭城王义康法曹行参军。义康修东府城,城堑中得古冢,为之改葬,使惠连为祭文,留信待成,其文甚美。又为《雪赋》,以高丽见奇。灵运见其新文,每曰"张华重生,不能易也"。文章并行于世。年三十七,卒。既早亡,轻薄多尤累,故官不显。无子。惠连弟惠宣,位临川太守。

谢灵运,安西将军弈之曾孙,而方明从子也。祖玄,晋车骑将军。父瑍,生而不慧,位秘书郎,早亡。灵运幼便颖悟,玄甚异之,谓亲知曰:"我乃生瑍,瑍儿何为不及我。"灵运少好学,博览群书,文章之美,与颜延之为江左第一,纵横俊发过于延之,深密则不如也。从叔琨特加爱之,袭封康乐公,以国公例除员外散骑侍郎,不就。为琅邪王大司马行参军。性豪侈,车服鲜丽,衣物多改旧形制,世共宗之,咸称谢康乐也。累迁秘书丞,坐事免。宋武帝在长安,灵运为世子中军谘议、黄门侍郎,奉使慰劳武帝于彭城,作《撰征赋》。后为相国从事中郎,世子左卫率,坐辄杀门生免官。宋受命,降公爵为侯,又为太子左卫率。

灵运多愆礼度，朝廷唯以文义处之，不以应实相许。自谓才能宜参权要，既不见知，常怀愤惋。庐陵王义真少好文籍，与灵运情款异常。少帝即位，权在大臣，灵运构扇异同，非毁执政，司徒徐羡之等患之，出为永嘉太守。郡有名山水，灵运素所爱好。出守既不得志，遂肆意游遨，遍历诸县，动逾旬朔。理人听讼，不复关怀，所至辄为诗咏，以致其意。在郡一周，称疾去职。从弟晦、曜、弘微等并与书止之，不从。

灵运父祖并葬始宁县，并有故宅及墅，遂移籍会稽，修营旧业。傍山带江，尽幽居之美。与隐士王弘之、孔淳之等放荡为娱，有终焉之志。每有一首诗至都下，贵贱莫不竞写，宿昔间士庶皆遍，名动都下。作《山居赋》，并自注以言其事。

文帝诛徐羡之等，征为秘书监，再召不起。使光禄大夫范泰与书敦奖，乃出。使整秘阁书遗阙，又令撰《晋书》，粗立条流，书竟不就。寻迁侍中，赏遇甚厚。灵运诗书皆兼独绝，每文竟，手自写之，文帝称为二宝。既自以名辈，应参时政，至是唯以文义见接，每侍上宴，谈赏而已。王昙首、王华、殷景仁等名位素不逾之，并见任遇，意既不平，多称疾不朝直。穿池植援，种竹树果，驱课公役，无复期度。出郭游行，或一百六七十里，经旬不归。既无表闻，又不请急。上不欲伤大臣，讽旨令自解。灵运表陈疾，赐假东归。将行，上书劝伐河北。而游娱宴集，以夜续昼。复为御史中丞傅隆奏免官。是岁，元嘉五年也。

灵运既东，与族弟惠连、东海何长瑜、颍川荀雍、泰山羊璇之以文章赏会，共为山泽之游，时人谓之“四友”。惠连幼有奇才，不为父方明所知。灵运去永嘉还始宁，时方明为会稽，灵运造方明，遇惠连，大相知赏。灵运性无所推，唯重惠连，与为刎颈交。时何长瑜教惠连读书，亦在郡内。灵运又以为绝伦。谓方明曰：“阿连才悟如此，而尊作常儿遇之，长瑜当今仲宣，而饴以下客之食。尊既不能礼贤，宜以长瑜还灵运。”载之而去。荀雍字道雍，官至员外散骑郎。璇之字曜璠,为临川内史,被司空竟陵王诞所遇,诞败坐诛。长瑜才亚惠连,雍、璇之不及也。临川王义庆招集文士,长瑜自国侍郎至平西记室参军。尝于江陵寄书与宗人何勖,以韵语序义庆州府僚佐云:"陆展染白发,欲以媚侧室,青青不解久,星星行复出。"如此者五六句。而轻薄少年遂演之,凡人士并为题目,皆加剧言苦句,其文流行。义庆大怒,白文帝,除广州所统曾城令。及义庆薨,朝士并谄第叙哀,何勖谓袁淑曰:"长瑜便可还也。"淑曰:"国新丧,未宜以流人为念。"庐陵王绍镇寻阳,以长瑜为南中郎行参军,掌书记之任。行至板桥,遇风溺死。

灵运因祖父之资,生业甚厚,奴僮既众,义故门生数百,凿山浚湖,功役无已。寻山陟岭,必造幽峻,岩嶂数十重,莫不备尽。登蹑常着木屐,上山则去其前齿,下山去其后齿。尝自始宁南山伐木开径,直至临海,从者数百。临海太守王琇惊骇,谓为山贼,末知灵运乃安。又要琇更进,琇不肯。灵运赠琇诗曰:"邦君难地险,旅客易山行。"在会稽亦多从众,惊动县邑。太守孟颛事佛精恳,而为灵运所轻,尝谓颛曰:"得道应须慧业,丈人生天当在灵运前,成佛必在灵运后。"颛深恨此言。又与王弘之诸人出千秋亭饮酒,倮身大呼,颛深不堪,遣信相闻。灵运大怒曰:"身自大呼,何关痴人事!"会稽东郭有回踵湖,灵运求溢以为田,文帝令州郡履行。此湖去郭近,水物所出,百姓惜之,颛坚执不与。灵运既不得回踵,又求始宁休崲湖为田,颛又固执。灵运谓颛非存利人,政虑溢湖多害生命,言论伤之。与颛遂隙。因灵运横恣,表其异志,发兵自防,露板上言。灵运驰诣阙上表,自陈本末。文帝知其见诬,不罪也。不欲复使东归,以为临川内史。在郡游放,不异永嘉,为有司所纠。司徒遣使随州从事郑望生收灵运。灵运兴兵叛逸,遂有逆志。为诗曰:"韩亡子房奋,秦帝鲁连耻,本自江海人,忠义感君子。"追讨禽之,送廷尉。廷尉论正斩刑。上爱其才,欲免官而已,彭城王义康坚执,谓不宜恕。诏以"谢玄勋参微管,宜宥及后嗣,降死徙广州。"

后秦郡府将宋齐受使至涂口,行达桃墟村,见有七人下路聚语，疑非常人，还告郡县，遣兵随齐掩讨禽之。其一人姓赵名钦，云"同村薛道双先与灵运共事，道双因同村成国报钦云：'灵运犯事徙广州，给钱令买弓箭刀盾等物，使道双要合乡里健儿，于三江口篡之。若得志如意后，功劳是同。'遂合部党，要谢不得，及还饥馑，缘路为劫。"有司奏收之，文帝诏于广州弃市。临死作诗曰："龚胜无余生，李业有终尽，嵇公理既迫，霍生命亦殒。"所称龚胜、李业，犹前诗子房、鲁连之意也。时元嘉十年，年四十九。所著文章传于世。

孟颉字彦重，平昌安丘人，卫将军昶弟也。昶、颉并美风姿，时人谓之"双珠"。昶贵盛，颉不就辟。昶死后，颉历侍中、仆射、太子詹事、散骑常侍、左光禄大夫。尝就徐羡之因叙关、洛中事，颉叹刘穆之终后便无继者。王弘亦在，甚不平，曰："昔魏朝酷重张郃，谓不可一日无。及郃死，何关兴废？"颉不悦，众宾笑而释之。后卒于会稽太守。

灵运子凤，坐灵运徙岭南，早卒。

凤子超宗。随父凤岭南，元嘉末得还。与慧休道人来往。好学，有文辞，盛得名誉。选补新安王子鸾国常侍。王母殷淑仪卒，超宗作诔奏之，帝大嗟赏，谓谢庄曰："超宗殊有凤毛，灵运复出。"时右卫将军刘道隆在御坐，出候超宗曰："闻君有异物，可见乎？"超宗曰："悬磬之室，复有异物邪？"道隆武人无识，正触其父名，曰："且侍宴，至尊说君有凤毛。"超宗徒跣还内。道隆谓检觅毛，至暗，待不得，乃去。泰始中，为尚书殿中郎。三年，都令史骆宰议策秀孝格，五问并得为上，四三为中，二为下，一不第。超宗议不同，诏从宰议。

齐高帝为领军，爱其才，卫将军袁粲闻之，谓高帝曰："超宗开亮，善可与语。"取为长史、临淮太守。粲诛，高帝以超宗为义兴太守。升明二年，坐公事免。诣东府门自通，其日风寒，高帝谓四座曰："此客至，使人不衣自暖矣。"超宗既坐，饮酒数杯，辞气横出，高帝对之甚欢。及齐受禅，为黄门郎。有司奏撰郊庙歌，上敕司徒褚彦回、侍中谢朏、散骑侍郎孔圭、太学博士王暅之、总明学士刘融、何法图、何昙秀作者凡十人，超宗辞独见用。为人恃才使酒，多所陵忽,在直省常醉。上召见,语及北方事,超宗曰:"虏动来二十年矣,佛出亦无如之何。"以失仪出为南郡王中军司马。人问曰:"承有朝命,定是何府?"超宗怨望,答曰:"不知是司马,为是司驴,既是驴府,政应为司驴。"为有司奏,以怨望免,禁锢十年。后司徒褚彦回因送湘州刺史王僧虔,阁道坏,坠水,仆射王俭惊跣下车,超宗拊掌笑曰:"落水三公,坠车仆射。"彦回出水,沾湿狼藉,超宗先在僧虔舫,抗声曰:"有天道焉,天所不容,地所不受,投畀河伯,河伯不受。"彦回大怒曰:"寒士不逊。"超宗曰:"不能卖袁、刘得富贵,焉免寒士。"前后言诮,稍布朝野。

武帝即位,使掌国史,除竟陵王征北谘议,领记室,愈不得志。超宗,为子娶张敬儿女为妇,帝甚疑之。及敬儿诛,超宗谓丹阳尹李安人曰:"往年杀韩信,今年杀彭越,君欲何计?"安人具启之。上积怀超宗轻慢,使兼中丞袁彖奏超宗,请付廷尉。武帝虽可其奏,以彖言辞依违,使左丞王逡之奏彖"轻文略奏,挠法容非,请免彖所居官。"诏"彖匿情欺国,爱朋罔主,免官禁锢十年。"超宗下廷尉,一宿发白皓首。诏徙越巂,行至豫章,上敕豫章内史虞玠惊赐尽,勿伤其形骸。

明年,超宗门生王永先又告超宗子才卿死罪二十余条,上疑其妄,以才卿付廷尉辩,以不实见原。永先于狱尽之。

才卿弟几卿,清辩,时号神童。超宗徙越巂,诏家人不得相随。几卿年八岁,别父于新亭,不胜其恸,遂投于江。超宗命估客数人入水救之,良久涌出,得就岸,沥耳目口鼻,出水数斗,十余日乃裁能言。居父忧,哀毁过礼。年十二,召补国子生。齐文惠太子自临策试,谓王俭曰:"几卿本长玄理,今可以经义访之。"俭承旨发问,几卿辩释无滞,文惠大称赏焉。俭谓人曰:"谢超宗为不死矣。"及长,博学有文采。仕齐为太尉晋安王主簿。

梁天监中,自尚书三公郎为书侍御史。旧郎官转为此职者,世谓之"南奔"。几卿颇失志,多陈疾,台事略不复理。累迁尚书左丞。几卿详悉故实,仆射徐勉每有凝滞,多询访之。然性通脱,会意便

行,不拘朝宪。尝预乐游苑宴,不得醉而还,因诣道边酒垆,停车褰
幔,与车前三驺对饮。时观者如堵,几卿处之自若。后以在省署夜
著犊鼻裈,与门生登阁道饮酒酣呼,为有司纠奏,坐免。普通六年,
诏西昌侯藻督众军北侵,几卿启求行,擢为藻军师长史。将行,与仆
射徐勉别,勉云:“淮、淝之役,前谢已著奇功。未知今谢何如?”几卿
应声曰:“已见今徐胜于前徐,后谢何必愧于前谢。”勉默然。军至涡
阳退败,几卿坐免官。居白杨石井宅,朝中交好者,载酒从之,客恒
满坐。时左丞庾仲容亦免归,二人意相得,并肆情诞纵,或乘露车历
游郊野,醉则执铎挽歌,不屑物议。湘东王绎在荆镇,与书慰勉之。
后为太子率更令,放达不事容仪。性不容非,与物多忤,有乖己者,
辄肆意骂之,退无所言。迁左丞。仆射省尝议集公卿,几卿外还,宿
醉未醒,取枕高卧,傍若无人。又尝于阁省裸袒酣饮,及醉小遗,下
沾令史,为南司所弹,几卿亦不介意。转左光禄长史,卒。文集行于
世。

　　几卿虽不持检操,然于家门笃睦。兄才卿早卒,子藻幼孤,几卿
抚养甚至。及藻成立,历清官,皆几卿奖训之力也。


　　论曰:谢晦以佐命之功,当顾托之重,殷忧在日,黜昏启圣,于
社稷之计,盖为大矣。但庐陵之殒,事非主命,昌门之覆,有乖臣道。
博陆所慎,理异于斯。加以身处上流,兵权总己,将欲以外制内,岂
人主所久堪乎?向令徐、傅不亡,道济居外,四权制命,力足相俦,刘
氏之危,则有逾累卵。以此论罚,岂曰妄诛。宣远所为寒心,可谓睹
其萌矣。然谢氏自晋以降,雅道相传,景恒、景仁以德素传美,景懋、
景先以节义流誉,方明行己之度,玄晖藻缋之奇,各擅一时,可谓德
门者矣。灵运才名,江左独振,而猖獗不已,自致覆亡。人各有能,
兹言乃信,惜乎!

# 南史卷二○
# 列传第一○

# 谢弘微 子庄　孙朏　曾孙谳　玄孙哲　朏弟颢
颢弟瀹　瀹子览　览弟举　举子嘏　举兄子侨

谢密字弘微,晋西中郎万之曾孙、尚书左仆射景仁从子也。祖
韶,车骑司马。父思,武昌太守。弘微年十岁,继从叔峻,名犯所继
内讳,故以字行。

童幼时精神端审,时然后言。所继叔父琨名知人,见而异之,谓
思曰:"此儿深中凤敏,方成佳器。有子如此,足矣!"峻,司空琰子
也,于弘微本服缌,亲戚中表,素不相识,率意承接,皆合礼衷。义熙
初,袭爵建昌县侯。弘微家素贫俭,而所继丰泰,唯受数千卷书,国
吏数人而已,遗财禄秩,一不关预。琨闻而惊叹,谓国郎中令漆凯之
曰:"建昌国禄本应与北舍共之,国侯既不厝意,今可依常分送。"弘
微重琨言,乃少有所受。北舍,弘微本家也。

琨风格高峻,少所交纳,唯与族子灵运、瞻、晦、曜以文义赏会,
常共宴处,居在乌衣巷,故谓之"乌衣之游"。琨诗所言"昔为乌衣
游,戚戚皆亲姓"者也。其外虽复高流时誉,莫敢造门。瞻等才辞辩
富,弘微每以约言服之,琨特所敬贵,号曰微子。"谓瞻等曰:"汝诸
人虽才义丰辩,未必皆惬众心,至于领会机赏,言约理要,故当与我
共推微子。"常言"阿远刚躁负气,阿客博而无检,曜伇才而持操不
笃,晦自知而纳善不周。设复功济三才,终亦以此为恨。至如微子,
吾无间然。"又言"微子异不伤物,同不害正,若年造六十,必至公

辅。”尝因酺宴之余，为韵语以奖劝灵运、瞻等曰：“康乐诞通度，实有名家韵，若加绳染功，剖莹乃琼瑾。宣明体远识，颖达且沉俊，若能去方执，穆穆三才顺。阿多标独解，弱冠篡华胤，质胜诚无文，其尚又能峻。通远怀清悟，采采摽兰讯，直辔鲜不踬，抑用解偏吝。微子基微尚，无倦由慕蔺，勿轻一篑少，进往必千仞。数子勉之哉！风流由尔振。如不犯所知，此外无所慎。”灵运、瞻等并有诫厉之言，唯弘微独尽褒美。曜，弘微兄，多，其小字。通远即瞻字。客儿，灵运小名也。

晋世名家身有国封者，起家多拜员外散骑侍郎。弘微亦拜员外散骑侍郎，琅邪王大司马参军。义熙八年，琨以刘毅党见诛，琨妻晋陵公主改适琅邪王练。公主虽执意不行，而诏与谢氏离绝。公主以琨家事委之弘微。琨仍世宰相，一门两封，田业十余处，僮役千人，唯有二女，年并数岁。弘微经纪生业，事若在公，一钱尺帛出入，皆有文簿。宋武受命，晋陵公主降封东乡君。以琨得罪前代，东乡君节义可嘉，听还谢氏。自琨亡至是九年，而室宇修整，仓廪充盈，门徒不异平日。田畴垦辟，有加于旧。东乡君叹曰：“仆射生平重此一子，可谓知人，仆射为不亡矣。”中外姻亲，道俗义旧见东乡之归者，入门莫不叹息，或为流涕，感弘微之义也。

性严正，举止必修礼度，事继亲之党，恭谨过常。伯叔二母，归宗两姑，晨夕瞻奉，尽其诚敬。内外或传语通讯，辄正其衣冠。婢仆之前，不妄言笑。由是尊卑大小，敬之若神。时有蔡湛之者，及见谢安兄弟，谓人曰：“弘微貌类中郎，而性似文靖。”

文帝初封宜都王，镇江陵，以琅邪王球为友，弘微为文学。母忧去职，居丧以孝称。服阕，蔬素逾时。文帝即位，为黄门侍郎，与王华、王昙首、殷景仁、刘湛等号曰五臣。迁尚书吏部郎，参机密。寻转右卫将军，诸故吏臣佐，并委弘微选拟。

居身清约，器服不华，而饮食滋味，尽其丰美。兄曜历御史中丞，彭城王义康骠骑长史，卒官。弘微哀戚过礼，服虽除，犹不啖鱼肉。沙门释慧琳尝与之食，见其犹蔬素，谓曰：“檀越素既多疾，即吉犹未复膳。若以无益伤生，岂所望于得理。"弘微曰："衣冠之变，礼不可逾，在心之哀，实未能已。"遂废食歔欷不自胜。弘微少孤，事兄如父。友睦之至，举世莫及。口不言人短，见兄曜好臧否人物，每闻之，常乱以他语。历位中庶子，加侍中。志在素宦，畏忌权宠，固让不拜，乃听解中庶子。每献替及陈事，必手书焚草，人莫之知。上以弘微能膳羞，每就求食，弘微与亲旧经营。及进之后，亲人问上所御，弘微不答，别以余语酬之，时人比之汉世孔光。及东乡君薨，遗财千万，园宅十余所，又会稽、吴兴、琅邪诸处太傅安、司空琰时事业，奴僮犹数百人，公私咸谓室内资财宜归二女，田宅僮仆应属弘微，弘微一不取。自以私禄营葬。琨女夫殷睿素好樗蒲，闻弘微不取财物，乃滥夺其妻妹及伯母两姑之分，以还戏责，内人皆化弘微之让，一无所争。弘微舅子领军将军刘湛谓弘微曰："天下事宜有裁衷，卿此不问，何以居官？"弘微笑而不答。或有讥以"谢氏累世财产，充殷君一朝戏责，譬弃物江海以为廉耳"。弘微曰："亲戚争财，为鄙之甚。今内人尚能无言，岂可导之使争。今分多共少，不至有乏，身死之后，岂复见关。"东乡君葬，琨墓开，弘微牵疾临赴，病遂甚。元嘉十年，卒，年四十二。文帝叹惜甚至，谓谢景仁曰："谢弘微、王昙首年逾四十，名位未尽其才，此朕之责也。"

弘微性宽博，无喜愠。末年尝与友人棋，友人西南棋有死势，复一客曰："西南风急，或有覆舟者。"友悟乃救之。弘微大怒，投局于地。识者知其暮年之事，果以此岁终。时有一长鬼寄司马文宣家，言被遣杀弘微。弘微疾每剧，辄豫告文宣。及弘微死，与文宣分别而去。弘微临终语左右曰："有二厨书，须刘领军至，可于前烧之，慎勿开也。"书是文帝手敕，上甚痛惜之。使二卫千人营毕葬事，追赠太常。

弘微与琅邪王惠、王球并以简淡称，人谓沈约曰："王惠何如？"约曰："令明简。"次问王球，约曰："倩玉淡。"又次问弘微，约曰："简而不失，淡而不流，古之所谓名臣，弘微当之。"其见美如此。子庄。

庄字希逸，七岁能属文。及长，韶令美容仪。宋文帝见而异之，谓尚书仆射殷景仁、领军将军刘湛曰：“蓝田生玉，岂虚也哉。”为随王诞后军谘议，领记室。分《左氏》经传，随国立篇。制大方丈，图山川土地，各有分理。离之则州郡殊别，合之则宇内为一。元嘉二十七年，魏攻彭城，遣尚书李孝伯与镇军长史张畅语，孝伯访问庄及王微，其名声远布如此。二十九年，除太子中庶子。时南平王铄献赤鹦鹉，普诏群臣为赋。太子左卫率袁淑文冠当时，作赋毕，示庄。及见庄赋，叹曰：“江东无我，卿当独秀，我若无卿，亦一时之杰。”遂隐其赋。

元凶弑立，转司徒左长史。孝武入讨，密送檄书与庄，令加改正宣布之。庄遣腹心门生具庆奉启事密诣孝武陈诚。及帝践祚，除侍中。时魏求通互市，上诏群臣博议。庄议以为拒而观衅，有足表强。骠骑竟陵王诞当为荆州，征丞相、荆州刺史、南郡王义宣入辅。义宣固辞不入，而诞便克日下船。庄以丞相既无入志，而骠骑发便有期，如似欲相逼切。帝乃申诞发日，义宣竟亦不下。孝建元年，迁左将军。庄有口辩，孝武尝问颜延之曰：“谢希逸《月赋》何如？”答曰：“美则美矣，但庄始知‘隔千里兮共明月’。”帝召庄以延之答语语之，庄应声曰：“延之作《秋胡诗》，始知‘生为久离别，没为长不归’。”帝抚掌竟日。又王玄谟问庄：“何者为双声？何者为叠韵？”答曰：“玄护为双声，碻磝为叠韵。”其捷速若此。初，孝武尝赐庄宝剑，庄以与豫州刺史鲁爽，后爽叛，帝因宴问剑所在，答曰：“昔以与鲁爽别，窃为陛下杜邮之赐。”上甚悦，当时以为知言。

于时搜才路狭，庄表陈求贤之义曰：

臣闻功倾魏后，非特照车之珍，德柔秦客，岂徒秘璧之贵。隆陂所渐，成败之由，何尝不兴资得才，替因失士。故《楚书》以善人为宝，《虞典》以则哲为难。而进选之举既隳中代，登造之律未闻当今。必欲丰本康务，庇人济俗，匪更怗滞，奚取九成。

夫才生于时，古今岂贰，士出于世，屯泰焉殊。升历中阳，英贤起于徐、沛，受箓白水，茂异出于荆、宛。宁二都智之所产，七墺愚之所育,实遇与不遇、用与不用耳。今大道光亨,万务俟德,而九服之旷,九流之艰,提钧悬衡,委之选部。一人之鉴易限,天下之才难源,以易限之鉴,镜难源之才,使国闷遗贤,野无滞器,其可得乎?昔公叔登臣,管仲升盗,赵文非私亲疏嗣,祁奚岂谄仇比子。茹茅以汇,作范前经,举尔所知,式昭往牒。且自古任荐,弘明赏罚,成子举三哲,而身致魏辅,应侯任二士,而已捐秦相,曰季称冀缺,而畴以田菜,张勃进陈汤,而坐之驰爵。此则先事之盛准,亦后王之彝鉴。臣谓宜普命大臣,各举所知,以付尚书,依分铨用。若任得其才,举主延赏,有不称职,宜及其坐,重者免黜,轻者左迁。被举之身,加以禁锢,年数多少,随愆议制。若犯大辟,则任者刑论。

又政平讼理,莫先亲人,亲人之要,实归守宰。故黄霸莅颍川累稔,杜畿居河东历载,或就加恩秩,或入崇晖宠。今莅人之职,宜遵六年之限,进得章明庸惰,退得人不勤劳。如此,则上靡弃能,下无浮谬,考绩之风载泰,薪樵之歌克昌。

初,文帝世,限年三十而仕郡县,六周乃选代,刺史或十年余。至是皆易之,仕者不拘长少,莅人以三周为满。宋之善政,于是乎衰。

是年,拜吏部尚书。庄素多疾,不愿居选部,与大司马江夏王义恭笺,自陈“两胁癖疢,殆与生俱,一月发动,不减两三。每痛来逼心,气余如缒,利患数年,遂成痼疾,岌岌惙惙,常如行尸,眼患五月来,便不复得夜坐,恒闭帷避风,昼夜悟懵,为此不复得朝修诸王,庆吊亲旧。今之所止,唯在小阁。下官微命,于天下至轻,在己不能不重。家世无年,亡高祖四十,曾祖三十三,亡祖四十七,下官新岁便四十五。加以疾患如此,当复几时?入年当申前请,以死自固。愿侍坐言次,赐垂接助。”三年,坐疾多免官。

大明元年,起为都官尚书。上时亲览朝政,虑权移臣下,以吏部尚书选举所由,欲轻其势力。二年,诏吏部尚书依部分置,并详省闲曹。又别诏太宰江夏王义恭曰:“吏部尚书由来与录共选,良以一人之识,不辨洽通,兼与夺威权不宜专一故也。”于是置吏部尚书二人,省五兵尚书。庄及度支尚书顾颛之并补选职。迁左卫将军,加给事中。时河南献舞马,诏群臣为赋,庄所上甚美。又使庄作《舞马歌》,令乐府歌之。五年,又为侍中,领前军将军。时孝武出行夜还,敕开门。庄居守,以荣信或虚,须墨诏乃开。上后因宴,从容曰:"卿欲效郢君章邪?"对曰:"臣闻搜巡有度,郊祀有节,盘于游田,著之前诫。陛下今蒙犯尘露,晨往宵还,容致不逞之徒,妄生矫诈,臣是以伏须神笔。"六年,又为吏部尚书,领国子博士。坐选公车令张奇免官。事在颜师伯传。后除吴郡太守。

　　前废帝即位,以为金紫光禄大夫。初,孝武宠姬殷贵妃薨,庄为诔,言"赞轨尧门",引汉昭帝母赵婕妤尧母门事,废帝在东宫衔之。至是遣人诘庄曰:"卿昔作《殷贵妃诔》,知有东宫不?"将诛之。孙奉伯说帝曰:"死是人之所同,政复一往之苦,不足为困。庄少长富贵,且系之尚方,使知天下苦剧,然后杀之未晚。"帝曰:"卿言有理。"系于左尚方。明帝定乱,得出,使为赦诏。庄夜出署门方坐,命酒酌之,已微醉,传诏停待诏成,其文甚工。后为寻阳王师,加中书令、散骑常侍。寻加金紫光禄大夫,给亲信二十人。卒,赠右光禄大夫,谥宪子。所著文章四百余首,行于世。

　　五子:飓、朏、颢、岊、瀹,世谓庄名子以风、月、景、山、水。

　　飓位晋平太守,女为顺帝皇后,追赠金紫光禄大夫。

　　朏字敬冲,幼聪慧,庄器之,常置左右。十岁能属文,庄游土山,使朏命篇,揽笔便就。琅邪王景文谓庄曰:"贤子足称神童,复为后来特达。"庄抚朏背曰:"真吾家千金。"宋孝武帝游姑熟,敕庄携朏从驾。诏为《洞井赞》,于坐奏之。帝曰:"虽小,重也。"

　　仕宋为卫将军袁粲长史。粲性简峻,时人方之李膺。朏谒退,粲曰:"谢令不死矣。"宋明帝尝敕朏与谢凤子超宗从凤庄门入。二人俱至,超宗曰:"君命不可以不往。"乃趋而入。朏曰:"君处臣以礼进。"退不入。时人两称之,以比王尊、王阳。后为临川内史,以贿见劾,袁粲寝其事。

　　齐高帝为骠骑将军辅政,选朏为长史。高帝方图禅代,欲以朏佐命,迁左长史。每夕置酒,独与朏论魏晋故事,言"石苞不早劝晋文,死方恸哭,方之冯异,非知机也。"朏曰:"昔魏臣有劝魏武即帝位,魏武曰:'有用我者,其周文王乎。'晋文世事魏氏,将必终身北面。假使魏早依唐、虞故事,亦当三让弥高。"帝不悦,更引王俭为左长史,以朏为侍中,领秘书监。及齐受禅,朏当日在直。百僚陪位。侍中当解玺,朏佯不知,曰:"有何公事?"传诏云"解玺授齐王"。朏曰:"齐自应有侍中。"乃引枕卧。传诏惧,乃使称疾,欲取兼人。朏曰:"我无疾,何所道。"遂朝服出东掖门,乃得车,仍还宅。是日,遂以王俭为侍中,解玺。既而武帝请诛朏,高帝曰:"杀之则成其名,正应容之度外。"又以家贫乞郡,辞旨抑扬,诏免官禁锢五年。永明中,为义兴太守,在郡不省杂事,悉付纲纪,曰:"吾不能作主者吏,但能作太守耳。"历都官尚书,中书令,侍中,领新安王师。求出,仍为吴兴太守。

明帝谋入嗣位,引朝廷旧臣,朏内图止足,且实避事。弟瀹时为吏部尚书,朏至郡,致瀹数斛酒,遗书曰:"可力饮此,勿豫人事。"朏居郡,每不理,常务聚敛,众颇讥之,亦不屑也。建武四年,征为侍中、中书令,不应。遣诸子还都,独与母留,筑室郡之西郭。明帝诏加优礼,旌其素概,赐床帐褥席,奉以卿禄。时国子祭酒卢江何胤亦抗表还会稽。永元中,诏征朏、胤,并不屈。时东昏皆命迫遣,会梁武帝起兵。

及建邺平,征朏、胤,并补军谘祭酒,皆不至。及即位,诏征朏为侍中、左光禄大夫、开府仪同三司,胤散骑常侍、特进、右光禄大夫,又并不屈。仍遣领军司马王果敦譬朏,朏谋于何胤,胤欲独高其节,绐曰:"兴王之世,安可久处?"明年六月,朏轻出诣阙自陈。帝笑曰:"子陵遂能屈志。"诏以为侍中、司徒、尚书令。朏辞脚疾,不堪拜谒,乃角巾肩舆诣云龙门谢。诏见于华林园,乘小车就席。明旦,乘舆出幸朏宅,宴语尽欢。朏固陈本志,不许。又固请自还迎母,许之。临发,舆驾临幸,赋诗饯别,王人送迎相望于道。到都,敕材官起府于旧宅。武帝临轩,遣谒者于府拜授。诏停诸公事及朔望朝谒。三年元会，诏朏乘小舆升殿。朏素惮烦，及居台铉，兼掌内台，职事多不览，以此颇失众望。其年母忧，寻有诏摄职如故。五年，改授中书监、司徒、卫将军，固让不受。遣谒者敦授，留府门及暮，至于经春夏。八月，乃拜受焉。是冬，薨。车驾出临哭，谥曰孝靖。建武初，朏为吴兴，以鸡卵赋人，收鸡数千。及遁节不全，为清谈所少。著书及文章行于世。

子谖，位司徒右长史，坐杀牛废黜。为东阳内史，及还，五官送钱一万，止留一百。答曰："数多刘宠，更以为愧。"

次子谦，不妄交接，门无杂宾。有时独醉，曰："入吾室者，但有清风，对吾饮者，唯当明月。"位右光禄大夫。

子哲字颖豫，美风仪，举止酝藉，襟情豁朗，为士君子所重。仕梁至广陵太守。侯景之乱，因寓居焉。仕陈历史部尚书，中书令，侍中，司徒左长史。卒，谥康子。

颢字仁悠，朏弟也。少简静。宋末为豫章太守，至石头，遂白服登烽火楼，坐免官。诣齐高帝自占谢，言辞清丽，容仪端雅，左右为之倾目，宥而不问。齐永明初，高选文学，以颢为竟陵王友。历史部郎，有简秀之目。卒于北中郎长史。

颢弟瀹字义洁。年七岁，王景文见而异之，言于宋孝武，召见于人众中。瀹举止闲详，应对合旨，帝悦，诏尚公主，景和败，事寝。仆射褚彦回以女妻之，厚为资送。性甚敏赡，尝与刘悛饮，推让久之，悛曰："谢庄儿不可云不能饮。"瀹曰："苟得其人，自可流湎千日。"悛甚惭，无言。

仕齐，累迁中书侍郎。卫军王俭引为长史，雅相礼遇。后拜吏部尚书。明帝废郁林，领兵入殿，左右惊走报瀹。瀹与客围棋，每下子，辄云"其当有意。"竟局，乃还斋卧，竟不问外事。明帝即位，瀹又属疾，不知公事。萧谌以兵临起之，瀹曰："天下事，公卿处之足矣。且死者命也，何足以此惧人。"后宴会，功臣上酒，尚书令王晏等兴席，瀹独不起，曰："陛下受命应天，王晏以为己力。"献觞遂不见报。上大笑解之。坐罢，晏呼瀹共载，欲相抚悦，瀹又正色曰："君巢窟在何处?"晏初得班剑,瀹谓曰:"身家太傅,裁得六人,若何事顿得二十?"晏甚惮之,谓江祏曰:"彼上人者,难为酬对。"加领右军将军。兄朏在吴兴,论启公事稽晚,瀹辄代朏为启,上知非朏手迹,被问,见原。永泰元年,卒于太子詹事。赠金紫光禄大夫,谥简子。

初,朏为吴兴,瀹于征虏渚送别,朏指瀹口曰:"此中唯宜饮酒。"瀹建武之朝,专以长酣为事,与刘瑱、沈昭略交,饮各至数斗。齐武帝问王俭:"当今谁能为五言?"俭曰:"朏得父膏腴,江淹有意。"上起禅灵寺,敕瀹撰碑文。瀹子览。

览字景涤,选尚齐钱唐公主,拜驸马都尉。梁武平建邺,朝士王亮、王莹等数人揖,自余皆拜,览时年二十余,为太子舍人,亦长揖而已。意气闲雅,视瞻聪明,武帝目送良久,谓徐勉曰:"览此生芳兰竟体,想谢庄政当如此。"自此仍被赏味。天监元年,为中书侍郎,掌吏部事。顷之,即真。尝侍坐,受敕与侍中王暕为诗答赠,其文甚工,乃使重作,复合旨。帝赐诗云:"双文既后进,二少实名家,岂伊尔栋隆,信乃俱国华。"为侍中,颇乐酒,因宴席与散骑常侍萧琛辞相诋毁,为有司所奏。武帝以览年少不直,出为中权长史。后拜吏部尚书,出为吴兴太守。中书舍人黄睦之家居乌程,子弟专横,前太守皆折节事之。览未到郡,睦之子弟迎览,览逐去其船,杖吏为通者,自是睦之家杜门不出。郡境多劫,为东道患,览下车肃然。初,齐明帝及览父瀹、东海徐孝嗣并为吴兴,号为名守,览皆过之。览昔在新安,颇聚敛,至是遂称廉洁,时人方之王述。卒于官,赠中书令。

览弟举字言扬,幼好学,与览齐名。年十四,尝赠沈约诗,为约所赏。弱冠丁父忧,几致毁灭。服阙,为太常博士,与兄览俱预元会。江淹一见,并相钦挹,曰:"所谓'驭二龙于长涂'者也。"

为太子家令,掌管记,深为昭明太子赏接。秘书监任昉出为新安郡,别举诗云:"讵念耋嗟人,方深老夫托。"其属意如此。梁武尝访举于览,览曰:"识艺过臣甚远,唯饮酒不及于臣。"帝大悦。寻除安成郡守,母往于郡丧,辞不赴。历位左户尚书,迁掌吏部尚书。举祖庄、父瀹、兄览并经此职,前代少比。举尤长玄理及释氏义,为晋陵郡时,常与义学僧递讲经论,征士何胤自虎丘山出赴之,其盛如此。先是,北度人卢广有儒术,为国子博士,于学发讲,仆射徐勉以下毕至。举造坐屡折广,辞理遒迈。广深叹服,仍以所执麈尾、斑竹杖、滑石书格荐之,以况重席焉。加侍中,迁尚书右仆射。大同三年,出为吴郡太守。先是,何敬容居郡有美绩,世称为"何吴郡"。及举为政,声迹略相比。曾要何微君讲《中论》,何难以巾褐入南门,乃从东閤进。致诗往复,为《虎丘山赋》题于寺。

入为侍中、太子詹事、翊左将军。举父瀹,齐时终此官,累表乞改,敕不许。后迁尚书仆射,侍中、将军如故。举虽屡居端揆,未尝肯预时政,保身固宠,不能有所发明。因疾陈解,敕辄赐假,并敕处方,加给上药,其恩遇如此。侯景来降,帝询访朝臣,举及朝士皆请拒之。帝从朱异言纳之,以为景能立功赵、魏。举等不敢复言。太清二年,迁尚书令,卒于内台。上曰:"举非止历官已多,亦人伦仪表,久著公望,怅恨未授之。可赠侍中、卫将军、开府仪同三司。"

举宅内山斋,舍以为寺,泉石之美,殆若自然。临川、始兴诸王,常所游践。邵陵王纶于娄湖立园,广宴,酒后好聚众宾冠,手自裂破,投之唾壶,皆莫敢言。举尝预宴,王欲取举帻,举正色曰:"裂冠毁冕,下官弗敢闻命。"拂衣而退。王屡召不返,甚有惭色。举托情玄胜,尤长佛理,注《净名经》,常自讲说。有文集二十卷。子瑕。

瑕字含茂,风神清雅,颇善属文。仕梁为太子中庶子、建安太守。侯景之乱,之广州依萧勃。勃败,在周迪门。后依陈宝应,宝应平,方诣阙。历侍中,中书令,都官尚书。卒,谥曰光子。有文集行于世。

子俨,位侍中、御史中丞、太常卿。伷,位尚书仆射。

举兄子侨字国美。父玄大,仕梁侍中。侨素贵,尝一朝无食,其子启欲以《班史》质钱,答曰:"宁饿死,岂可以此充食乎?"太清元年,卒。集十卷。长子袥。

侨弟札,字世高,亦博涉文史。位湘东王谘议,先侨卒。

　　论曰:《易》云:"积善之家,必有余庆"。弘微立履所蹈,人伦播美,其世济不陨,盖有冯焉。敬冲出入三代,骤经迁革,遁俗之志,无闻贞固之道,居官之方,未免货财之累。因伛成敬,偃仰当年。古人云:"处士全盗虚声",斯之谓矣。

# 南史卷二一
## 列传第一一

王弘　子锡　锡子僧达　曾孙融
弘弟子微　微兄远　远子僧祐　僧祐子籍
弘从孙瞻　弘玄孙冲　冲子玚
瑜

王弘字休元，琅邪临沂人也。曾祖导，晋丞相。祖洽，中领军。父珣，司徒。弘少好学，以清悟知名。弱冠为会稽王道子骠骑主簿。珣颇好积聚，财物布在人间。及薨，弘悉燔券书，一不收责，其余旧业，悉委诸弟。时内外多难，在丧者皆不得终其哀，唯弘征召一无所就。桓玄克建业，收道子付廷尉，臣吏莫敢瞻送，弘时尚居丧，独道侧拜辞，攀车涕泣，论者称焉。

宋武帝召补镇军谘议参军，以功封华容县五等侯，累迁太尉左长史。从北征，前锋已平洛阳而未遣九锡，弘衔使还都讽朝廷。时刘穆之掌留任，而旨乃从北来，穆之愧惧发病，遂卒。宋国建，为尚书仆射，掌选，领彭城太守。奏弹世子左卫率谢灵运，为军人桂兴淫其嬖妾，灵运杀兴弃尸洪流，御史中丞王准之曾不弹举。武帝答曰："端右肃正风轨，诚副所期，自今以为永制。"于是免灵运官。后迁江州刺史，省赋简役，百姓安之。永初元年，以佐命功，封华容县公。三年，入朝，进号卫将军、开府仪同三司。帝因宴集曰："我布衣，始望不至此。"傅亮之徒并撰辞，欲盛称功德。弘率尔对曰："此所谓天命,求之不可得,推之不可去。"时称其简举。

少帝景平二年,徐羡之等谋废立,召弘入朝。文帝即位,以定策安社稷,进位司空,封建安郡公。固辞,见许。进号车骑大将军,开府、刺史如故。徐羡之等以废弑罪将及诛,弘以非首谋,且弟昙首又为上所亲委。事将发,密使报弘。羡之既诛,迁侍中、司徒、扬州刺史、录尚书事,给班剑三十人。上西征谢晦,与彭城王义康居守,入住中书下省,引队仗出入,司徒府权置参军。元嘉五年春,大旱,弘引咎逊位。先是,彭城王义康为荆州刺史,镇江陵,平陆令河南成粲与弘书,诫以盈满,兼陈彭城王宜入知朝政,竟陵、衡阳宜出据列藩。弘由是固自陈请,乃迁为卫将军、开府仪同三司。六年,弘又上表陈彭城王宜入辅,并求解州。义康由是代弘为司徒,与之分录。弘又辞分录。

弘博练政体,留心庶事,斟酌时宜,每存优允。与八座丞郎疏曰:"同伍犯法,无人士不罪之科,然每至诘谪,辄有请诉。若常垂恩宥,则法废不行,依事纠责,则物以为苦。恐宜更为其制。"时议多不同,弘以为:"谓之人士,便无庶人之坐,署为庶人,辄受人士之罚,不其颇欤?谓人士可不受同伍之谪,取罪其奴客,庸何伤邪?无奴客,可令输赎。有修身间阎,与群小实隔,又或无奴僮,为众所明者,官长二千石便亲临列上,依事遣判。"又主守偷五匹,常偷四十匹,并加大辟。议者咸以为重。弘以为:"小吏无知,临财易昧。或由疏慢,事踬重科。宜进主守偷十匹,常偷五十匹,死;四十匹,降以补兵。至于官长以上,荷蒙荣禄,冒利五匹,乃已为弘,士人至此,何容复加哀矜。且此辈人士,可杀不可谪,谓宜奏闻,决之圣旨。"文帝从弘议。弘又上言:"旧制:人年十三半役,十六全役。今四方无事,应存消息。请以十五至十六为半丁,十七为全丁。"从之。

及弟昙首亡,文帝嗟悼不已,见弘流涕歔欷,弘敛容而已。既而彭城王义康言于帝曰:"昙首既为家宝,又为国器,弘情不称,何也?"帝曰:"贤者意不可度。"其见体亮如此。九年,进位太保,领中书监,余如故。其年薨,赠太保、中书监,给节,加羽葆、鼓吹,增班剑为六十人,谥曰文昭公,配食武帝庙庭。

弘既人望所宗,造次必存礼法,凡动止施为及书翰仪体,后人皆依放之,谓为王太保家法。虽历藩辅,而不营财利,薨亡之后,家无余业。而轻率少威仪,客有疑其讳者,弘曰:“家讳与苏子高同。”性褊隘,人有忤意,辄加詈辱。少尝樗蒲公城子野舍,及后当权,有人就弘求县。此人尝以蒲戏得罪,弘诘之曰:“君得钱会戏,何用禄为。”答曰:“不审公城子野何所在。”弘默然。自领选及当朝总录,将加荣爵于人者,每先呵责谴辱之,然后施行,若美相盼接语欣欢者,必无所谐。人问其故,答曰:“王爵既加于人,又相抚劳,便成与主分功,此所谓奸以事君者也。若求者绝官叙之分,既无以为惠,又不微借颜色,即大成怨府,变鄙薄所不任。”问者悦伏。子锡嗣。

锡字寡光,位太子左卫率、江夏内史。高自位遇。太尉江夏王义恭当朝,锡箕踞大坐,殆无推敬。卒,子僧亮嗣。齐受禅,降爵为侯。僧亮弟僧衍,位侍中。僧衍弟僧达。

僧达幼聪敏,弘为扬州时,僧达六七岁,遇有通讼者,窃览其辞,谓为有理。及大讼者亦进,弘意其小,留左右,僧达为申理,暗诵不失一句。兄锡质讷乏风采,文帝闻僧达早慧,召见德阳殿,应对闲敏,上甚知之,妻以临川王义庆女。

少好学,善属文。为太子舍人。坐属疾而于扬列桥观斗鸭,为有司所纠,原不问。性好鹰犬,与闾里少年相驰逐,又躬自屠牛。义庆闻之,令周旋沙门慧观造而观之,僧达陈书满席,与论文义,慧观酬答不暇,深相称美。诉家贫求郡,文帝欲以为秦郡。吏部郎庾仲文曰:“王弘子既不宜作秦郡,僧达亦不堪莅人。”乃止。迁太子洗马,母忧去职。与兄锡不协,锡罢临海郡还,送故及奉禄百万以上,僧达一夕令奴辇取无余。服阕,为宣城太守。性好游猎,而山郡无事,僧达肆意驰骋,或五日三日方归,受辞辩讼,多在猎所。人或逢,不识,问府君所在。僧达且曰:“在近。”其后徙义兴。及元凶弑立,孝武发寻阳,沈庆之谓人曰:“王僧达必来赴义。”人问其所以,庆之曰:“虏马饮江,王出赴难,见其在先帝前,议论开张,执意明决。以此言之,其必至也。"僧达寻至,孝武即以为长史。及即位,为尚书右仆射。

僧达自负才地,三年间,便望宰相。尝答诏曰:"亡父亡祖,司徒司空。"其自负若此。后为护军将军,不得志,乃求徐州,上不许。固陈,乃以为吴郡太守。时期岁五迁,弥不得意。吴郭西台寺多富沙门,僧达求须不称意,乃遣主簿顾旷率门义劫寺内沙门竺法瑶,得数百万。荆江夏反叛,加僧达置佐领兵,台符听置千人,而辄立三十队,队八十人。立宅于吴,多役功力,坐免官。后孝武独召见,傲然了不陈逊,唯张目而视。及出,帝叹曰:"王僧达非狂如何?乃戴面向天子。"后颜师伯诣之,僧达慨然曰:"大丈夫宁当玉碎,安可以没没求活。"师伯不答,逡巡便退。

初,僧达为太子洗马,在东宫,爱念军人朱灵宝。及出为宣城,灵宝已长,僧达诈列死亡,寄宣城左永籍之,注以为子,改名元序,启文帝以为武陵国典卫令,又以补竟陵国典书令,建平国中军将军。孝建元年,事发,又加禁锢。表谢,言不能因依左右,倾意权贵,上愈怒。僧达族子确少美姿容,僧达与之私款。确叔父休为永嘉太守,当将确之郡,僧达欲逼留之,确知其意,避不往。僧达潜于所住屋后作大坑,欲诱确来别,杀埋之。从弟僧虔知其谋,禁呵乃止。御史中丞刘瑀奏请收案,上不许。二年,除太常,意尤不悦。顷之,上表解职,文旨抑扬。侍中何偃,以其言不逊,启付南台,又坐免官。

先是,何尚之致仕,复膺朝命,于宅设八关斋,大集朝士,自行香。次至僧达,曰:"愿郎且放鹰犬,忽复游猎。"僧达答曰:"家养一老狗,放无处去,已复还。"尚之失色。大明中,以归顺功,封宁陵县五等侯,累迁中书令。黄门郎路琼之,太后兄庆之孙也,宅与僧达门并,尝盛车服诣僧达。僧达将猎,已改服,琼之就坐,僧达了不与语,谓曰:"身昔门下驺人路庆之者,是君何亲?"遂焚琼之所坐床。太后怒,泣涕于帝曰:"我尚在,而人陵之,我死后,乞食矣。"帝曰:"琼之年少,无事诣王僧达门,见辱乃其宜耳。僧达贵公子,岂可以此加罪乎?"太后又谓帝曰:"我终不与王僧达俱生。"先是,南彭城蕃县人高阇、沙门释昙标、道方等共相诳惑,自言有鬼神龙凤之瑞,常闻箫鼓音,与秫陵人蓝宕期等谋为乱,又结殿中将军苗乞食等起兵攻宫门。事发,凡党与死者数十人。僧达屡经犯忤,上以为终无悛心,因高阇事陷之,收付廷尉,于狱赐死。时年三十六。帝亦以为恨,谓江夏王义恭曰:"王僧达遂不免死,追思太保余烈,使人慨然。"于是诏太保华容文昭公门爵国姻,一不贬绝。

时有苏宝者名宝生,本寒门,有文义之美,官至南台侍御史、江宁令,坐知高阇谋反,不即闻启,亦伏诛。

僧达子道琰,徙新安。元徽中,为庐陵内史,未至郡,卒。子融。

融字元长,少而神明警慧。母,临川太守谢惠宣女,性敦敏,教融书学。博涉有文才,从叔俭谓人曰:"此儿至四十,名位自然及祖。"举秀才,累迁太子舍人。以父宦不通,弱年便欲绍兴家业,启齐武帝求自试,迁秘书丞。从叔俭初有仪同之授,赠俭诗及书,俭甚奇之,笑谓人曰:"穰侯印讵便可解。"历丹阳丞、中书郎。

永明末,武帝欲北侵,使毛惠秀画《汉武北伐图》,融因此上疏,开张北侵之议。图成,上置琅邪城射堂壁上,游幸辄观焉。九年,芳林园禊宴,使融为《曲水诗序》,当时称之。上以融才辩,使兼主客,接魏使房景高、宋弁。弁见融年少,问:"主客年几?"融曰:"五十之年,久逾其半。"景高又云:"在北闻主客《曲水诗序》胜延年,实愿一见。"融乃示之。后日,宋弁于瑶池堂谓融曰:"昔观相如《封禅》,以知汉武之德,今览王生《诗序》,用见齐主之盛。"融曰:"皇家盛明,岂直比踪汉武?更惭鄙制,无以远匹相如。"上以魏所送马不称,使融问之曰:"秦西冀北,实多骏骥,而魏之良马,乃驽不若,将旦旦信誓,有时而爽,駉駉之牧,遂不能嗣?"宋弁曰:"当是不习地土。"融曰:"周穆马迹遍于天下,若骐骥之性,因地而迁,则造父之策,有时而踬。"弁曰:"王主客何为勤勤于千里?"融曰:"卿国既异其优劣,聊复相访,若千里斯至,圣上当驾鼓车。"弁曰:"向意既须,必不能驾鼓车也。"融曰:"买死马之骨,亦以郭隗之故。"弁不能答。

融躁于名利,自恃人地,三十内望为公辅。初为司徒法曹,诣王僧祐,因遇沈昭略,未相识。昭略屡顾盼,谓主人曰:"是何年少?"融殊不平,谓曰:"仆出于扶桑,入于汤谷,照耀天下,谁云不知,而卿此问?"昭略云:"不知许事,且食蛤蜊。"融曰:"物以群分,方以类聚,君长东隅,居然应嗜此族。"其高自标置如此。及为中书郎,尝抚案叹曰:"为尔寂寂,邓禹笑人。"行遇朱雀桁开,路人填塞,乃捶车壁曰:"车中乃可无七尺,车前岂可乏八驺。"

及魏军动,竟陵王子良于东府募人,板融宁朔将军、军主。融文辞捷速,有所造作,援笔可待,子良特相友好。晚节大习骑马,招集江西伧楚数百人,并有干用,融特为谋主。武帝病笃暂绝,子良在殿内,太孙未入,融戎服绛衫,于中书省阁口断东宫仗不得进,欲矫诏立子良。诏草已立,上重苏,朝事委西昌侯鸾。梁武谓范云曰:"左手据天下图,右手刎其喉,愚夫不为。主上大渐,国家自有故事,道路籍籍,将有非常之举,卿闻之乎?"云不敢答。俄而帝崩,融乃处分以子良兵禁诸门。西昌侯闻,急驰到云龙门,不得进,乃曰:"有敕召我。"仍排而入,奉太孙登殿,命左右扶出子良,指麾音响如钟,殿内无不从命。融知不遂,乃释服还省,叹曰:"公误我。"

郁林深怨融,即位十余日,收下廷尉狱。使中丞孔圭倚为奏曰:"融姿性刚险,立身浮竞,动迹惊群,抗言异类。近塞外微尘,苦求将领,遂招纳不逞,扇诱荒伧。狡弄威声,专行权利,反覆唇齿之间,倾动颊舌之内。威福自己,无所忌惮,诽谤朝政,历毁王公。谓己才流,无所推下,事暴远近,使融依源据答。"融辞曰:"囚实顽蔽,触行多愆。但夙忝门素,得奉教君子。爰自总发,迄将立年,州闾乡党,见许愚慎。过蒙大行皇帝奖育之恩,又荷文皇帝识擢之重,司徒公赐预士林,安陆王曲垂盼接,前后陈伐虏之计,亦仰简先朝。今段犬羊乍扰,令囚草撰符诏。及司徒宣敕招募,同例非一,实以戎事不小,不敢承教。续蒙军号,赐使招集,衔敕而行,非敢虚扇。且'张弄威声',应有形迹,'专行权利',又无赃贿。'反覆唇齿之间',未审悉与谁言?'倾动颊舌之内',不容无主。自上《甘露颂》及《银瓮启》、《三日诗序》、《接虏使语辞》,竭思称扬,得非诽谤。囚才分本劣,谬被策

用,悚怍之情,夙宵兢惕,自循自省,并愧流言。伏惟明皇临守,普天
蒙泽,戊寅赦恩,轻重必宥,百日旷期,始蒙旬日,一介罪身,独婴宪
劾。”融被收,朋友部曲参问北寺,相继于道。请救于子良,子良不敢
救,西昌侯固争不得。诏于狱赐死,时年二十七。临死叹曰:“我若
不为百岁老母,当吐一言。”融意欲指斥帝在东宫时过失也。

先是,太学生会稽魏准以才学为融所赏,既欲奉子良,而准鼓
成其事。太学生虞羲、丘国宾窃相谓曰:“竟陵才弱,王中书无断,败
在眼中矣。”及融诛,召准入舍人省诘问,遂惧而死,举体皆青,时人
以准胆破。融文集行于时。


微字景玄,弘弟光禄大夫孺之子也。少好学,善属文,工书,兼
解音律及医方卜筮阴阳数术之事。宋文帝赐以名菶。初,为始兴王
友,父忧去职。微素无宦情,服阕,除南平王铄右军谘议参军,仍为
中书侍郎。时兄远免官历年,微叹曰:“我兄无事而屏废,我何得而
叨忝逾分?”文帝即以远为光禄勋。

微为文好古,言颇抑扬,袁淑见之,谓为诉屈。吏部尚书江湛举
微为吏部郎,微确乎不拔。时论者或云微之见举,庐江何偃亦参其
议。偃虑为微所咎,与之书自陈。微报书,深言尘外之适。其从弟
僧绰宣文帝旨,使就职,因留一宿。微妙解天文,知当有大故,独与
僧绰仰视,谓曰:“此上不欺人,非智者其孰能免之。”遂辞不就。寻
有元凶之变。

微常住门屋一间,寻书玩古,遂足不履地。终日端坐,床席皆生
尘埃,唯当坐处独净。弟僧谦亦有才誉,为太子舍人,遇疾,微躬自
处疗,而僧谦服药失度,遂卒。深自咎恨,发病不复自疗,哀痛僧谦
不能已,以书告灵。僧谦卒后四旬而微终,遗令薄葬,不设辒旐鼓挽
之属,施五尺床为灵,二宿便毁,以常所弹琴置床上,何长史偃来,
以琴与之。无子,家人遵之。所著文集传于世。赠秘书监。

微兄远字景舒,位光禄勋。时人谓远如屏风,屈曲从俗,能蔽风
露。言能不乖物理也。

远子僧祐字胤宗，幼聪悟，叔父微抚其首曰："儿神明意用，当不作率尔人。"雅为从兄俭所重，每鸣笳列驺到其门候之，僧祐辄称疾不前。俭曰："此吾之所望于若人也。"世皆推俭之爱名德，而重僧祐之不趋势也。未弱冠，频经忧，居丧至孝。服阕，发落略尽，殆不立冠帽。举秀才，为骠骑法曹，羸瘵不堪受命。

雅好博古，善《老》、《庄》，不尚繁华。工草隶，善鼓琴，亭然独立，不交当世。沛国刘瓛闻风而悦，上书荐之。为著作佐郎，迁司空祭酒，谢病不与公卿游。齐高帝谓王俭曰："卿从可谓朝隐。"答曰："臣从非敢妄同高人，直是爱闲多病耳。"经赠俭诗云："汝家在市门，我家在南郭，汝家饶宾侣，我家多鸟雀。"俭时声高一代，宾客填门，僧祐不为之屈，时人嘉之。稍迁晋安王文学，而陈郡袁利为友，时人以为妙选。齐武帝数阅武，僧祐献《讲武赋》，王俭借观不与。竟陵王子良闻其工琴，于座取琴进之，不从命。永明末，为太子中舍人，在直属疾，不待对人辄去。中丞沈约弹之云："肆情运气，不顾朝典，扬眉阔步，直耸高驱。"坐赎论。时何点、王思远之徒请交，并不降意。自天子至于侯伯，未尝与一人游。卒于黄门郎。子籍。

籍字文海，仕齐为余杭令，政化如神，善于搜伏，自下莫能欺也。性颇不俭，俄然为百姓所讼。又为钱唐县，下车布政，咸谓数十年来未之有也。籍好学，有才气，为诗慕谢灵运。至其合也，殆无愧色。时人咸谓康乐之有王籍，如仲尼之有丘明，老聃之有严周。梁天监中，为轻车湘东王谘议参军，随府会稽郡，至若邪溪赋诗云："蝉噪林愈静，鸟鸣山更幽。"刘孺见之，击节不能已已。以公事免。及为中散大夫，弥忽忽不乐，乃至徒行市道，不择交游。有时途中见相识，辄以笠伞覆面。后为作唐侯相，小邑寡事，弥不乐，不理县事。人有讼者，鞭而遣之。未几而卒。籍又甚工草书，笔势遒放，盖孔琳之流亚也。湘东王集其文为十卷云。

瞻字思范，弘从孙也。祖柳，字休季，位光禄大夫、东亭侯。父猷，字世伦，位侍中、光禄大夫。瞻年六岁从师，时有伎经门过，同业

皆出观,瞻独不视,习业如初。从父僧远闻而异之,谓其父猷曰:"大
宗不衰,寄之此子。"年十二,居父忧,以孝闻。服阕,袭封东亭侯。后
颇好逸游,为闾里患,以轻薄称。及长,折节修士操,涉猎书记,善棋
工射。历位骠骑将军王晏长史。晏诛,出为晋陵太守。洁己为政,
妻子不免饥寒,时号廉平。王敬则作乱,瞻赴都,敬则经晋陵郡,人
多附之。敬则败,台军讨贼党,瞻言愚人易动,不足穷法,齐明帝从
之,所全万数。迁御史中丞。梁台建,为侍中、吏部尚书。性率亮,
居选所举,其意多行。颇嗜酒,每饮或弥日,而精神朗赡,不废簿领。
梁武每称瞻有三术:射、棋、酒也。卒,谥康侯。子长玄,早卒。

　　弘四弟:虞、柳、孺、昙首。虞字休仲,位廷尉卿。虞子深,字景
度,有美名,位新安太守。柳、孺事列于前。昙首别卷。

　　冲字长深,弘玄孙也。祖僧衍,位侍中。父茂璋,字胤光,仕梁
位给事黄门侍郎。冲母,梁武帝妹新安公主,卒于齐世。武帝深钟
爱冲,赐爵东安亭侯。累迁侍中、南郡太守。习于法令,政号平理,
虽无赫赫之誉,久而见思。晓音乐,习歌舞,善与人交,贵游之中,声
名籍甚。侯景之乱,元帝承制,冲求解南郡让王僧辩,并献女伎十
人,以助军赏。侯景平,授丹阳尹。魏平江陵,敬帝为太宰承制,以
冲为左长史。绍泰中,累迁光禄大夫、尚书左仆射、开府仪同三司,
给扶。陈武帝受禅,领太子少傅,加特进、左光禄大夫,领丹阳尹,参
撰律令。帝以冲前代旧臣,特申长幼之敬。文帝即位,益加尊重,尝
从幸司空徐度宅,宴筵之上,赐以几。光大元年,薨,年七十六。赠
司空,谥曰元简。冲有子三十人,并致通官。第十二子玚。
　　玚字子瑛,沉静有器局,美风仪。梁元帝时,位太子中庶子。陈
武帝入辅,以为司徒左长史。文帝即位,累迁太子中庶子、散骑常
侍、侍中。父冲尝为玚辞领中庶子,文帝顾冲曰:"所以久留玚于承
华,正欲使太子微有玚风法耳。"宣帝即位,历中书令,吏部尚书。玚
性宽和,务清静,无所抑扬。迁尚书左仆射,加侍中,参选事。玚居

家笃睦，每岁时馈遗，遍及近亲。敦诱诸弟，禀其规训。卒，赠特进，谥曰光子。

场弟瑜字子圭，亦知名。美容仪。年三十，官至侍中。永定元年，使齐，以陈郡袁宪为副。齐以王琳故，囚之。齐文宣每行，载死囚以从，齐人呼曰"供御囚"，每他怒，则召杀之。瑜及宪并危殆者数矣。齐仆射杨遵彦每救护之。天嘉二年，还朝，复为侍中。卒，谥曰贞子。

论曰：语云"不有君子，其能国乎"。晋自中原沸腾，介居江左，以一隅之地，抗衡上国，年移三百，盖有凭焉。其初谚云："王与马，共天下。"盖王氏人伦之盛，实始是矣。及夫休元弟兄，并举栋梁之任，下逮世嗣，无亏文雅之风。其所以簪缨不替，岂徒然也。僧达猖狂成性，元长躁竞不止。阙

# 南史卷二二
# 列传第一二

## 王昙首 子僧绰 孙俭 曾孙骞 骞子规 骞弟暕 暕子承 训 僧绰弟僧虔 僧虔子慈 慈子泰 慈弟志 志弟子筠 志弟彬 寂

王昙首，太保弘之弟也。幼有素尚，兄弟分财，昙首唯取图书而已。辟琅邪王大司马属。从府公修复洛阳园陵，与从弟球俱诣宋武帝，帝曰："并膏粱世德，乃能屈志戎旅。"昙首答曰："既从神武，自使懦夫立志。"时谢晦在坐，曰："仁者果有勇。"帝悦。及至彭城，大会戏马台，赋诗，昙首文先成。帝问弘曰："卿弟何如卿？"答曰："若但如下官，门户何寄？"帝大笑。昙首有智局，喜愠不见于色，闺门内雍雍如也。手不执金玉，妇女亦不得以为饰玩。自非禄赐，一毫不受于人。

为文帝镇西长史。武帝谓文帝曰："昙首辅相才也，汝可每事谘之。"及文帝被迎入奉大统，议者皆致疑，昙首与到彦之、从兄华并劝上行，上犹未许。昙首固谏，并言天人符应，上乃下，率府州文武严兵自卫，台所遣百官众力不得近部伍。中兵参军朱容子抱刀在平乘户外，不解带者累旬。及即位，谓昙首曰："非宋昌独见，无以致此。"以昙首为侍中，领骁骑将军，容子为右军将军。诛徐羡之等及平谢晦，皆昙首及华力也。

元嘉四年，车驾出北堂，使三更竟，开广莫门。南台云："应须白兽幡、银字棨。"不肯开。尚书左丞羊系保奏免御史中丞传隆以下。

昙首曰："既无异敕，又阙幡棨，虽称上旨，不异单刺。元嘉元年、二年，虽有再开门例，此乃前事之违。今之守旧，未为非礼。其不请白兽幡、银字棨，致开门不时，由尚书相承之失，亦合纠正。"上特无问，更立科条。迁太子詹事，侍中如故。

自谢晦平后，上欲封昙首等，会宴集，举酒劝之，因拊御床曰："此坐非卿兄弟，无复今日。"出诏以示之。昙首曰："岂可因国之灾，以为身幸。陛下虽欲私臣，当如直史何？"封事遂寝。时弘录尚书事，又为扬州刺史。昙首为上所亲委，任兼两宫。彭城王义康与弘并录，意常怏怏，又欲得扬州。以昙首居中分其权任，愈不悦。昙首固乞吴郡，文帝曰："岂有欲建大厦而遗其栋梁？贤兄比屡称疾，固辞州任，将来若相申许，此处非卿而谁？"时弘久疾，屡逊位，不许。义康谓宾客曰："王公久疾不起，神州讵合卧临？"昙首劝弘减府兵力之半，以配义康，乃悦。

七年，卒，时年三十七。文帝临恸，叹曰："王詹事所疾不救，国之衰也。"中书舍人周赳侍侧，曰："王家欲衰，贤者先殒。"上曰："直是我家衰耳。"赠光禄大夫。九年，以预诛徐羡之等谋，追封豫宁县侯，谥曰文。孝武即位，配飨文帝庙庭。子僧绰嗣。

僧绰幼有大成之度，众便以国器许之。好学，练悉朝典。年十三，文帝引见，拜便流涕哽咽，上亦悲不自胜。袭封豫宁县侯，尚文帝长女东阳献公主。初为江夏王义恭司徒参军，累迁尚书吏部郎，参掌大选，究识流品，任举咸尽其分。僧绰深沉有局度，不以才能高人。父昙首与王华并被任遇，华子新建侯嗣，才劣，位遇亦轻。僧绰尝谓中书侍郎蔡兴宗曰："弟名位与新建齐，弟超至今日，盖姻戚所致也。"迁侍中，时年二十九。始兴王浚尝问其年，僧绰自嫌早达，逡巡良久乃答。其谦退若此。

元嘉末，文帝颇以后事为念，大相付托，朝政大小皆参焉。从兄微，清介士也，惧其太盛，劝令损抑。僧绰乃求吴郡及广州，并不许。会巫蛊事泄，上先召僧绰具言之。及将废立，使寻求前朝旧典。劢于东宫夜飨将士，僧绰密以启闻。上又令撰汉、魏以来废诸王故事，送与江湛。徐湛之欲立随王诞，江湛欲立南平王铄，文帝欲立建平王宏，议久不决。诞妃，即湛之女；铄妃，湛妹也。僧绰曰："建立之事，仰由圣怀。臣谓惟宜速断，几事难密，不可使难生虑表，取笑千载。"上曰："卿可谓能断大事，此事不可不殷勤。且庶人始亡，人将谓我无复慈爱之道。"僧绰曰："恐千载之后，言陛下惟能裁弟，不能裁儿。"上默然。江湛出阁谓僧绰曰："卿向言将不伤直邪？"僧绰曰："弟亦恨君不直。"及劭弑逆，江湛在尚书上省，闻变，曰："不用王僧绰言至此。"劭立，转僧绰吏部尚书，及检文帝巾箱及湛家书疏，得僧绰所启飨士并废诸王事，乃收害焉，因此陷北第诸侯王，以为与僧绰有异志。孝武即位，追赠金紫光禄大夫，谥曰愍侯。

初，太社西空地，本吴时丁奉宅，孙皓流徙其家。江左初，为周颛、苏峻宅，后为袁悦宅，又为章武王司马秀宅，皆以凶终，及给臧焘，亦频遇祸，故世称凶地。僧绰尝谓宅无吉凶，请以为第，始造，未及居而败。子俭。

俭字仲宝，生而僧绰遇害，为叔父僧虔所养。数岁，袭爵豫宁县侯，拜受茅土，流涕呜咽。幼笃学，手不释卷，宾客或相称美，僧虔曰："我不患此儿无名，政恐名太盛耳。"乃手书崔子玉《座右铭》以贻之。丹阳尹袁粲闻其名，及见之，曰："宰相之门也。栝柏豫章虽小，已有栋梁气矣。终当任人家国事。"言之宋明帝，选尚阳羡公主，拜驸马都尉。帝以俭嫡母武康主同太初巫蛊事，不可以为妇姑，欲开冢离葬。俭因人自陈，密以死请，故事不行。年十八，解褐秘书郎，太子舍人，超迁秘书丞。依《七略》撰《七志》四十卷，表献之。又撰定《元徽四部书目》。母忧，服阕，为司徒右长史。晋令，公府长史著朝服，宋大明以来著朱衣。俭上言宜复旧制，时议不许。及苍梧暴虐，俭告袁粲求外出，引晋新安主婿王献之任吴兴为例，补义兴太守。升明二年，为长兼侍中，以父终此职，固让。

先是，齐高帝为相，欲引时贤参赞大业，时谢朏为长史，帝夜召朏，却人与语久之，朏无言。唯有二小儿捉烛，帝虑朏难之，仍取烛遣儿，朏又无言，帝乃呼左右。俭素知帝雄异，后请间言于帝曰："功高不赏,古来非一,以公今日位地,欲北面居人臣,可乎?"帝正色裁之,而神采内和。俭因又曰:"俭蒙公殊眄,所以吐所难吐,何赐拒之深?宋以景和、元徽之淫虐,非公岂复宁济?但人情浇薄,不能持久,公若小复推迁,则人望去矣,岂唯大业永沦,七尺岂可得保?"帝笑曰:"卿言不无理。"俭又曰:"公今名位,故是经常宰相,宜礼绝群后,微示变革。当先令褚公知之,俭请衔命。"帝曰:"我当自往。"经少日,帝自造彦回,款言移晷,乃谓曰:"我梦应得官。"彦回曰:"今授始尔,恐一二年间未容便移。且吉梦未必便在旦夕。"帝还告俭,俭曰:"褚是未达理。"虞整时为中书舍人,甚闲辞翰,俭乃自报整,使作诏。及高帝为太尉,引俭为右长史,寻转左,专见任用。大典将行,礼仪诏策,皆出于俭,褚彦回唯为诏,又使俭参怀定之。

齐台建,迁尚书右仆射,领吏部,时年二十八。多所引进。时客有姓谭者,诣俭求官,俭谓曰:"齐桓灭谭,那得有君?"答曰:"谭子奔莒,所以有仆。"俭赏其善据,卒得职焉。高帝尝从容谓俭曰:"我今日当以青溪为鸿沟。"对曰:"天应人顺,庶无楚、汉之事。"时朝仪草创,衣服制则,未有定准,俭议曰:"汉景六年,梁王入朝,中郎谒者金貂出入殿门。左思《魏都赋》云:'蔼蔼列侍,金貂齐光',此藩国侍臣有貂之明文。晋《百官表》云:'太尉参军四人,朝服武冠',此又宰府之明文。"又疑百僚敬齐公之礼,俭又曰:"晋王受命,《劝进》云:'冲等眷眷',称名则应尽礼。"而世子礼秩未定,俭又曰:"《春秋》曹世子来朝,待以上公之礼,下其君一等。今齐公九命,礼冠列蕃,世子亦宜异数。"并从之。世子镇石头城,仍以为世子宫,俭又曰:"鲁有灵光殿,汉之前例也。听事为崇光殿,外斋为宣德殿,以散骑常侍张绪为世子詹事,车服悉依东宫制度。"

高帝践祚,与俭议佐命功臣,从容谓曰:"卿谋谟之功,莫与为二,卿止二千户,意以为少。赵充国犹能自举西零之任,况卿与我情期异常。"俭曰:"昔宋祖创业,佐命诸公,开国不过二千。以臣比之,唯觉超越。"上笑曰:"张良辞侯,何以过此。"

建元元年,改封南昌县公。时都下舛杂,且多奸盗,上欲立符伍，家家以相检括。俭谏曰："京师翼翼，四方是凑，必也持符，于事既烦，理成不旷，谢安所谓'不尔何以为京师'。"乃止。是岁，有司奏定郊殷之礼，俭以为"宜以今年十月殷祭宗庙，自此以后，五年再殷祭。二年正月上辛，有事南郊，即以其日还祭明堂，又用次辛飨祀北郊，而并无配。"从之。明年，转左仆射，领选如故。

初，宋明帝紫极殿珠帘绮柱，饰以金玉，江左所未有。高帝欲以其材起宣阳门，俭与褚彦回及叔父僧虔连名表谏，上手诏酬纳。宋世，宫门外六门城设竹篱。是年初，有发白虎樽言"白门三重门，竹篱穿不完"。上感其言，改立都墙。俭又谏，上答曰："吾欲后世无以加也。"朝廷初基，制度草创，俭问无不决。上每曰："《诗》云'惟岳降神，生甫及申'。今天为我生俭也。"其年，固请解选，见许。

帝幸乐游宴集，谓俭曰："卿好音乐，孰与朕同？"俭曰："沐浴唐风，事兼比屋，亦既在齐，不知肉味。"帝称善。后幸华林宴集，使各效伎艺。褚彦回弹琵琶，王僧虔、柳世隆弹琴，沈文季歌《子夜来》，张敬儿舞，俭曰："臣无所解，唯知诵书。"因跪上前，诵相如《封禅书》。上笑曰："此盛德之事，吾何以堪之。"后上使陆臣诵《孝经》，起自"仲尼居"，俭曰："臣所谓博而寡要。臣请诵之。"乃诵《君子之事上章》。上曰："善，张子布更觉非奇也。"于是王敬则脱朝服袒，以绛纠髻，奋臂拍张，叫动左右。上不悦，曰："岂闻三公如此？"答曰："臣以拍张，故得三公，不可忘拍张。"时以为名答。

俭寻以本官领太子詹事，加兵三百人。时皇太子妃薨，左卫将军沈文季经为宫臣，未详服不。俭议曰："汉、魏以来，宫僚先备臣隶之节，具体在三。存既尽敬，亡岂无服？昔庾翼丧妻，王允、滕含犹谓府吏宜有小君之服，况臣节之重？宜依礼为旧君之妻齐衰三月而除。"上崩，遗诏以俭为侍中、尚书令、镇军。每上朝，令史恒有三五十人随上，谘事辩析，未尝壅滞。褚彦回时为司徒、录尚书，笑谓俭曰："观令判断甚乐。"俭曰："所以得厝私怀，实由禀明公不言之化。"武帝即位，给班剑二十人，进号卫将军，掌选事。时有司以前代嗣位，或仍前郊年，或别为郊始，晋、宋以来，未有画一。俭议曰："晋明帝太宁三年南郊，其年九月崩。成帝即位，明年改元，亦郊。简文咸安二年南郊，其年七月崩，孝武即位，明年改元，亦郊。宋元嘉三十年正月南郊，二月崩，孝武嗣位，明年亦郊。此二代明例，差可依放。今圣明系业，幽显宅心，言化则频郊非嫌，语事则元号初改，禋燎登配，孝敬兼遂。谓明年正月，宜飨祀二郊，虔祭明堂。自兹以后，依旧间岁。"有司又以明年正月上辛应南郊，而立春在上辛后，郊在立春前为疑。俭曰："宋景平元年正月三日辛丑南郊，其月十一日立春。元嘉十六年正月六日辛未南郊，其月八日立春。此近世明例也。"并从之。

永明二年，领丹阳尹。三年，领国子祭酒，又领太子少傅。旧太子敬二傅同，至是朝议接少傅以宾友礼。宋时国学颓废，未暇修复，宋明帝泰始六年，置总明观以集学士，或谓之东观，置东观祭酒一人，总明访举郎二人，儒、玄、文、史四科，科置学士十人，其余令史以下各有差。是岁，以国学既立，省总明观，于俭宅开学士馆，以总明四部书充之。又诏俭以家为府。四年，以本官领吏部。先是，宋孝武好文章，天下□以文采相尚，莫以专经为业。俭弱年便留意三《礼》，尤善《春秋》，发言吐论，造次必于儒教，由是衣冠翕然，并尚经学，儒教于此大兴。何承天《礼论》三百卷，俭抄为八帙，又别抄条目为十三卷。朝仪旧典，晋、宋来施行故事，撰次谙忆，无遗漏者。所以当朝理事，断决如流。每博议，引证先儒，罕有其例，八坐丞郎，无能异者。令史谘事，宾客满席，俭应接铨序，傍无留滞。十日一还，监试诸生，巾卷在庭，剑卫令史，仪容甚盛。作解散帻，斜插簪，朝野慕之，相与放效。俭常谓人曰："江左风流宰相，惟有谢安。"盖自况也。武帝深委伏之，士流选用，奏无不可。

五年，俭即本号开府仪同三司，固让。六年，重申前命。先是，诏俭三日一还朝，尚书令史出咨事，上以往来烦数，诏俭还尚书下省，月听十日出外。俭启求解选，上不许。七年，乃上表固请，见许，改领中书监，参掌选事。其年疾，上亲临视。薨，年四十八。诏卫军文武及台所给兵仗，悉停侍葬。又诏追赠太尉，加羽葆、鼓吹，增班剑为六十人，葬礼依太宰文简公褚彦回故事。谥文宪公。

俭寡嗜欲，唯以经国为务，车服尘素，家无遗财。手笔典裁，为当时所重。少便有宰臣之志，赋诗云："稷契匡虞夏，伊吕翼商周。"及生子，字曰玄成，取仍世作相之义。撰《古今丧服集记》并文集，并行于世。梁武帝受禅，诏为俭立碑，降爵为侯。

俭弟逊，宋升明中，为丹阳丞，告刘彦节事，不蒙封赏。建元初，为晋陵太守，有怨言。俭虑为祸，因褚彦回启闻，中丞陆澄依事举奏，诏以俭竭诚佐命，特降刑书宥逊，远徙永嘉郡，于道伏诛。

长子骞嗣。

骞字思寂，本字玄成，与齐高帝偏讳同，故改焉。性凝简，慕乐广为人，未尝言人之短。诸女子侄，皆嫔王尚主，朔望来归，辎轩填咽，非所欲也，数岁中不过一再见。尝从容谓诸子曰："吾家本素族，自可依流平进，不须苟求也。"历黄门郎、司徒右长史。不事产业，有旧墅在钟山，八十余顷，与诸宅及故旧共佃之。常谓人曰："我不如郑公业，有田四百顷，而食常不周。"以此为愧。永元末，召为侍中，不拜。三年春，枉矢昼见西方，长十余丈，骞曰："此除旧布新之象也。"及梁武起兵，骞曰："天时人事，其在此乎。"梁武霸府建，引为大司马谘议参军，迁侍中。及帝受禅，降封为侯。历位度支尚书，中书令。武帝于钟山西造大爱敬寺，骞旧墅在寺侧者，即王导赐田也。帝遣主书宣旨，就骞市之，欲以施寺。答云："此田不卖，若敕取，所不敢言。"酬对又脱略。帝怒，遂付市评田价，以直逼还之。由是忤旨，出为吴兴太守。骞性侈于味，而俭于服，颇以多忌为累。又惰于接物，虽主书宣敕，或过时不见。才望不及弟暕，特以俭之嫡，故不弃于时。暕为尚书左丞、仆射，当朝用事。骞自中书令为郡，邑邑不乐，在郡卧不视事。征复为度支尚书，加给事中，领射声校尉。以母忧去职。普通三年，卒，年四十九。赠侍中、金紫光禄大夫，谥曰安。子规。

规字威明，八岁丁所生母忧，居丧有至性。齐太尉徐孝嗣每见必为流涕，称曰"孝童"。叔父暕亦深器重之，常曰："此儿吾家千里驹也。"年十二,略通五经大义。及长,遂博涉有口辩。

为本州迎主簿。起家秘书郎,累迁太子洗马。天监十二年,改造太极殿毕,规献《新殿赋》,其辞甚工。后为晋安王纲云麾谘议参军,久之,为新安太守。父忧去职,服阕,袭封南昌县侯。除中书黄门侍郎,敕与陈郡殷芸、琅邪王锡、范阳张缅同侍东宫,俱为昭明太子所礼。湘东王绎时为丹阳尹,与朝士宴集,属规为酒令。规从容曰:"江左以来,未有兹举。"特进萧琛、金紫光禄大夫傅昭在坐,并谓为知言。朱异尝因酒卿规,规责以无礼。普通初,陈庆之北侵,陷洛阳,百僚称庆。规退曰:"可吊也,又何贺焉。道家有云'非为功难,成功难也',昔桓温得而复失,宋武竟无成功。我孤军无援,深入寇境,将为乱阶。"俄见覆没。六年,武帝于文德殿饯广州刺史元景隆,诏群臣赋诗,同用五十韵。规援笔立奏,其文又美,武帝嘉焉,即日授侍中。后为晋安王长史。王立为太子,仍为散骑常侍、太子中庶子,侍东宫。太子赐以所服貂蝉,并降令书,悦是举也。寻为吴郡太守,主书芮珍宗家在吴,前守宰皆倾意附之。至是珍宗假还,规遇之甚薄,珍宗还都,密奏规不理郡事。俄征为左户尚书。郡境千余人诣阙请留,表三奏不许。求于郡树碑,许之。

规常以门宗贵盛,恒思减退。后为太子中庶子,领步兵校尉,辞疾不拜,遂于钟山宋熙寺筑室居焉。卒,赠光禄大夫,谥曰文。皇太子出临哭,与湘东王绎令曰:"王威明风韵遒上,神峰标映,千里绝迹,百尺无枝,实俊人也。一尔过隙,永归长夜,金刀掩芒,长淮绝涸。去岁冬中,已伤刘子,今兹寒孟,复悼王生。俱往之伤,信非虚说。"规集《后汉》众家异同,注《续汉书》二百卷。文集二十卷。子褒,魏克江陵,入长安。

暕字思晦,蕃弟也。年数岁而风神警拔,有成人之度。时父俭作宰相,宾客盈门,见暕曰:"公才公望,复在此矣。"弱冠选尚淮南长公主,拜驸马都尉,历秘书丞。齐明帝诏求异士,始安王遥光荐暕及东海王僧孺。除暕骑从事中郎。天监中,历位侍中,吏部尚书,领国子祭酒。门贵,与物隔,不能留心寒素,颇称刻薄。后为尚书左仆射,领国子祭酒。卒,谥曰靖。子承、幼、训,并通显。

承字安期,初为秘书郎,累迁中书、黄门侍郎,兼国子博士。时膏腴贵游,咸以文学相尚,罕以经术为业,唯承独好儒业。迁长兼侍中,俄转国子祭酒。承祖俭、父暕皆为此职,三世为国师,前代未之有。久之,出为东阳太守,政存宽惠,吏人悦之。卒郡,谥曰章。承性简贵,有风格。右卫朱异当朝用事,每休下,车马填门。有魏郡申英者,门寒才俊,好危言高论,以忤权右。尝指异门曰:“此中辐凑,皆为利往,能不至者,唯大小王东阳耳。”小东阳即承弟幼也。时唯承兄弟及褚翔不至异门,世并称之。

训字怀范,生而紫胞,师媪云“法当贵”。幼聪警,有识量,僧正惠超见而奇之,谓门人罗智国曰:“四郎眉目疏朗,举动和韵,此是兴门户者。”智国以白暕,暕亦曰:“不坠基业,其在文殊。”文殊,训小字也。年十三,暕亡,忧毁,家人莫识。十六,召见文德殿,应对爽彻,上目送之久,谓朱异曰:“可谓相门有相。”初补国子生,问说师袁昂。昂曰:“久籍高名,有劳虚想,及观容止,若披云雾。”俄而诸袁子弟来,昂谓诸助教曰:“我儿出十数,若有一子如此,实无所恨。”射策,除秘书郎,累迁秘书丞。尝诗云:“旦奭匡世功,萧曹佐町俗。”追祖俭之志也。后拜侍中,入见武帝。帝问何敬容曰:“褚彦回年几为宰相?”敬容曰:“少过三十。”上曰:“今之王训,无谢彦回。”训美容仪,善进止,文章为后进领袖。年二十六,卒,谥温子。

僧虔,金紫光禄大夫僧绰弟也。父昙首,与兄弟集会子孙,任其戏适。僧达跳下地作彪子。时僧虔累十二博棋,既不坠落,亦不重作。僧绰采蜡烛珠为凤皇,僧达夺取打坏,亦复不惜。伯父弘叹曰:“僧达俊爽,当不减人,然亡吾家者,终此子也。僧虔必至公,僧绰当以名义见美。”或云僧虔采烛珠为凤皇,弘称其长者云。僧虔弱冠,雅善隶书,宋文帝见其书素扇,叹曰:“非唯迹逾子敬,方当器雅过之。”为太子舍人,退默少交接。与袁淑、谢庄善,淑每叹之曰:“卿文情鸿丽,学解深拔,而韬光潜实,物莫之窥,虽魏阳元之射王汝南之骑,无以加焉。”迁司徒左西属。

兄僧绰为宋元凶所害，亲宾咸劝之逃，僧虔泣曰："吾兄奉国以忠贞，抚我以慈爱，今日之事，苦不见及耳。若同归九泉，犹羽化也。"孝武初，出为武陵太守，携诸子侄。兄子俭中途得病，僧虔为废寝食，同行客慰喻之。僧虔曰："昔马援子侄之间，一情不异，邓攸于弟子，更逾所生，吾实怀其心，诚未异古。亡兄之胤，不宜忽诸。若此儿不救，便当回舟谢职。"还为中书郎，再迁太子中庶子。

孝武欲擅书名，僧虔不敢显迹，大明世常用掘笔书，以此见容。后为御史中丞，领骁骑将军。甲族由来多不居宪台，王氏分枝居乌衣者，位宦微减。僧虔为此官，乃曰："此是乌衣诸郎坐处，我亦可试为耳。"泰始中，为吴兴太守。始王献之善书，为吴兴郡，及僧虔工书，又为郡，论者称之。

徙会稽太守。中书舍人阮佃夫家在东，请假归，客观僧虔以佃夫要幸，宜加礼接。僧虔曰："我立身有素，岂能曲意此辈？彼若见恶，当拂衣去耳。"佃夫言于宋明帝，使御史中丞孙复奏僧虔，坐免官。寻以白衣领侍中。

元徽中，为吏部尚书，寻加散骑常侍，转右仆射。升明二年，为尚书令。尝为飞白书题尚书省壁曰："圆行方止，物之定质，修之不已则溢，高之不已则栗，驰之不已则踬，引之不已则迭，是故去之宜疾。"当时嗟赏，以比《座右铭》。兄子俭每觐见，辄勖以前言往行、忠贞止足之道。

雅好文史，解音律，以朝廷礼乐，多违正典，人间竞造新声。时齐高帝辅政，僧虔上表，请正声乐，高帝乃使侍中萧惠基调正清商音律。

齐受命，转侍中、丹阳尹。郡县狱相承有上汤杀囚，僧虔上言："汤本救疾，而实行冤暴，若罪必入重，自有正刑，若去恶宜疾，则应先启，岂有死生大命，而潜制下邑。"上纳其言而止。

文惠太子镇雍州，有盗发古冢者，相传云是楚王冢，大获宝物：玉履、玉屏风、竹简书、青丝纶。简广数分，长二尺，皮节如新。有得十余简以示僧虔，云是科斗书《考工记》，《周官》所阙文也。

高帝素善书,笃好不已,与僧虔赌书毕,谓曰:"谁为第一?"对曰:"臣书第一,陛下亦第一。"帝笑曰:"卿可谓善自为谋。"或云帝问:"我书何如卿?"答曰:"臣正书第一,草书第二;陛下草书第二,而正书第三。臣无第三,陛下无第一。"帝大笑曰:"卿善为辞,然天下有道,丘不与易也。"帝示僧虔古迹十一卷,就求能书人名。僧虔得人间所有卷中所无者:吴大皇帝、景帝、归命侯书,桓玄书,及王丞相导、领军洽、中书令珉、张芝、索靖、卫伯儒、张翼十一卷,奏之。又上羊欣所撰《能书人名》一卷。迁湘州刺史,侍中如故。清简不营财产,百姓安之。

武帝即位,以风疾欲陈解,迁侍中、左光禄大夫、开府仪同三司。僧虔少时,群从并会,客有相之云:"僧虔年位最高,仕当至公,余人莫及。"及此授,僧虔谓兄子俭曰:"汝任重于朝,行当有八命之礼,我若复此授,一门有二台司,实所畏惧。"乃固辞,上优而许之。客问其故,僧虔曰:"吾荣位已过,无以报国,岂容更受高爵,方贻官谤邪?"俭既为朝宰,起长梁斋,制度小过,僧虔视之不悦,竟不入户,俭即日毁之。永明三年,薨,时年六十。追赠司空,侍中如故。谥简穆。

僧虔颇解星文,夜坐见豫章分野当有事故,时僧虔子慈为豫章内史,虑有公事。少时而僧虔薨,弃郡奔赴。时有前将军陈天福,坐讨唐宇之于钱唐掠夺百姓财物弃市。先是,天福将行,令家人豫作寿冢,未至东,又信催速就。冢成而得罪,因以葬焉。又宋世光禄大夫刘镇之年三十许,病笃,已办凶具,既而疾愈,因畜棺以为寿,九十余乃亡,此器方用。因此而言,天道未易知也。

僧虔论书云:

宋文帝书,自言可比王子敬。时议者云:"天然胜羊欣,功夫少于欣。"王平南廙,右军叔,过江,右军之前以为最。亡曾祖领军,右军云:"弟书遂不减吾。"变古制,今惟右军。领军不尔,至今犹法钟、张。亡从祖中书令书,子敬云:"弟书如骑骡,骎骎恒欲度骅骝前。"庾征西翼书,少时与右军齐名,右军后进,庾犹不分。在荆州与都下人书云："小儿辈贱家鸡,皆学逸少书,须吾下当比之。"张翼、王右军自书表,晋穆帝令翼写题后答,右军当时不别,久后方悟,云"小人几欲乱真。"张芝、索靖、韦诞、钟会、二卫,并得名前代,无以辨其优劣,唯见其笔力惊异耳。张澄当时亦呼有意。郗愔章草亚于右军。郗嘉宾草亚于二王,紧媚其父。桓玄自谓右军之流,论者以比孔琳之。谢安亦入能书录,亦自重,为子敬书嵇康诗。羊欣书见重一时,亲受子敬,行书尤善,正乃不称名。孔琳之书,天然纵放,极有笔力,规矩恐在羊欣后。丘道护与羊欣俱面受子敬,故当在欣后。范晔与萧思话同师羊欣,后小叛,既失故步,为复小有意耳。萧思话书,羊欣之影,风流趋好,殆当不减,笔力恨弱。谢综书,其舅云紧生起。是得赏也,恨少媚好。谢灵运书,乃不伦,遇其合时,亦得入流。贺道力书,亚丘道护。庾昕学右军,亦欲乱真矣。

僧虔尝自书让尚书令表,辞制既雅,笔迹又丽,时人以比子敬《崇贤》。吴郡顾宝先卓越多奇,自以伎能,僧虔乃作飞白以示之。宝先曰:"下官今为飞白屈矣。"僧虔著《书赋》,俭为注序甚工。

僧虔宋世尝有书诫子曰:

　　知汝恨吾未许汝学,欲自悔厉,或以阖棺自欺,或更择美业,且得有慨,亦慰穷生。但亟闻斯唱,未睹其实,吾未信汝,非徒然也。往年有意于史,取《三国志》聚置床头,百日许,复徙业就玄。汝曾未窥其题目,未辨其指归,而终日自欺人,人不受汝欺也。由吾不学,无以为训,然重华无严父,放勋无令子,亦各由己耳。汝辈窃议,亦当云"阿越不学,何忽自课?"汝见其一耳,不全尔也。设令吾学如马、郑,亦复甚胜,复倍不如,今亦必大减,致之有由,从身上来也。汝今壮年,自勤数倍,许胜劣及吾耳。吾在世虽乏德素,要复推排人间十许年,故是一旧物,人或以比数汝耳。即化之后,若自无调度,谁复知汝事者。舍中亦有少负令誉、弱冠越超清级者,于时王家门中,优者龙凤,劣犹虎豹。失荫之后,岂龙虎之议?况吾不能为汝荫,政应各自努力耳。或有身经三公,蔑尔无闻,布衣寒素,轻相屈体,父子贵贱殊,兄弟声名异,何也?体尽读数百卷书耳。吾今悔无所及,欲以前车诫尔后乘也。汝年入立境,方应从宦,兼有室累,何处复得下帷如王郎时邪?各尔身已切,岂复关吾邪?鬼唯知爱深松茂柏,宁知子弟毁其事?因汝有感,故略叙胸怀。

子慈。

慈字伯宝,年八岁,外祖宋太宰江夏王义恭迎之内斋,施宝物恣所取,慈取素琴、石砚及《孝子图》而已,义恭善之。袁淑见其幼时,抚其背曰:"叔慈内润也。"少与从弟俭共书学。谢凤子超宗尝候僧虔,仍往东斋诣慈。慈正学书,未即放笔,超宗曰:"卿书何如虔公?"慈曰:"慈书比大人,如鸡之比凤。"超宗狼狈而退。十岁时,与蔡兴宗子约入寺礼佛,正遇沙门忏,约戏慈曰:"众僧今日可谓虔虔。"慈应声曰:"卿如此,何以兴蔡氏之宗。"历位吴郡太守、大司马长史、侍中,领步兵校尉、司徒左长史。慈患脚,齐武帝敕王晏:"慈有微疾,不能骑,听乘车在仗后。"江左以来,少例也。慈妻刘彦节女,子观尚武帝长女吴县公主,修妇礼,姑未尝交答。江夏王锋为南徐州,王妃,慈女也,以慈为东海太守,行徐州府州事。还为冠军将军、庐陵王中军长史。未拜,永明九年,卒。赠太常,谥懿。子泰。

泰字仲通,幼敏悟。年数岁时,祖母集诸孙侄,散枣栗于床,群儿竞之,泰独不取。问其故,对曰:"不取自当得赐。"由是中表异之。少好学,手所抄写二千许卷。及长,通和温雅,家人不见喜愠之色。姊夫齐江夏王锋为齐明帝所害,外生萧子友并孤弱,泰资给抚训,逾于子侄。梁天监元年,为秘书丞。自齐永元之末,后宫火延烧秘书,书图散乱殆尽。泰表校定缮写,武帝从之。历中书侍郎,掌吏部,仍即真。自过江,吏部郎不复典大选,令史以下,小人求竞者辐凑,前后少能称职。泰为之,不为贵贱请属易意,天下称平。转黄门侍郎,每预朝宴,刻烛赋诗,文不加点,帝深赏叹。沈约常曰:"王有养、炬,谢有览、举。"养,泰小字;炬,筠小字也。始革大理,以泰为廷尉卿,再历侍中,后为都官尚书。泰能接人士,故每愿其居选官。顷之,为吏部尚书,衣冠属望,未及选举,仍疾,改除散骑常侍、左骁骑将军。未拜,卒。谥夷。子廓。

志字次道,慈之弟也。九岁居所生母忧,哀容毁瘠,为中表所异。弱冠选尚宋孝武女安固公主,拜驸马都尉。褚彦回为司徒,引志为主簿。谓其父僧虔曰:"朝廷之恩,本为殊特,所可光荣,在屈贤子。"

累迁宣城内史,清谨有恩惠。郡人张倪、吴庆争田,经年不决。志到官,父老相谓曰:"王府君有德政,吾乡里乃有如此争。"倪、庆因相携请罪,所讼地遂成闲田。后为东阳太守,郡狱有重囚十余,冬至日,悉遣还家,过节皆反,唯一人失期。志曰:"此自太守事,主者勿忧。"明旦,果至,以妇孕。吏人益叹服之。为吏部尚书,在选以和理称。崔慧景平,以例加右军将军,封临汝侯。固让,改领右卫将军。及梁武军至,城内杀东昏,百僚署名送首,志叹曰:"冠虽弊,可加足乎?"因取庭树叶捼服之,伪闷不署名。梁武览笺无志署,心嘉之,弗以让也。霸府开,为骠骑大将军长史。梁台建,位散骑常侍、中书令。天监初,为丹阳尹,为政清静。都下有寡妇,无子,姑亡举责以敛,葬既而无以还之。志愍其义,以俸钱赏焉。时年饥,每旦为粥,于郡门以赋百姓,众悉称惠。常怀止足,谓诸子侄曰:"谢庄在宋孝武时,位止中书令,吾自视岂可过之。"三年,为散骑常侍、中书令,因多谢病,简通宾客。九年,还为散骑常侍、金紫光禄大夫,卒。

志善藁隶,当时以为楷法。齐游击将军徐希秀亦号能书,常谓志为"书圣"。志家居建康禁中里马粪巷。父僧虔门风宽恕,志尤惇厚,所历不以罪咎劾人。门下客尝盗脱志车幰卖之,志知而不问,待之如初。宾客游其门者,专盖其过而称其善。兄弟子侄皆笃实谦和,时人号马粪诸王为长者。普通四年,志改葬,武帝厚赗赠之,谥曰安。有五子:缉、休、谭、操、素。志弟揖位太中大夫,揖子筠。

筠字元礼,一字德柔,幼而警悟,七岁能属文。年十六,为《芍药赋》,其辞甚美。及长,清静好学,与众兄泰齐名。沈约见筠,以为似外祖袁粲,谓仆射张稷曰:"王郎非唯额类袁公,风韵都欲相似。"稷曰:"袁公见人辄矜严,王郎见人必娱笑。唯此一条,不能酷似。"仕为尚书殿中郎,王氏过江以来,未有居郎署,或劝不就,筠曰:"陆平原东南之秀,王文度独步江东,吾得比踪昔人,何所多恨。"乃欣然就职。

沈约每见筠文咨嗟,尝谓曰:"昔蔡伯喈见王仲宣,称曰'王公之孙,吾家书籍悉当相与。'仆虽不敏,请附斯言。自谢朓诸贤零落,平生意好殆绝,不谓疲暮复逢于君。"约于郊居宅阁斋,请筠为草木十咏书之壁,皆直写文辞,不加篇题。约谓人曰:"此诗指物程形,无假题署。"约制《郊居赋》,构思积时,犹未都毕,示筠草,筠读至"雌霓五的反连蜷",约抚掌欣抃曰:"仆常恐人呼为霓五兮反。"次至"坠石碢星"及"冰悬坎而带坻",筠皆击节称赞。约曰:"知音者希,真奇殆绝。所以相要,政在此数句耳。"筠又尝为诗呈约,约即报书叹咏,以为后进擅美。筠又能用强韵,每公宴并作,辞必妍靡。约尝启上,言晚来名家无先筠者。又于御筵谓王志曰:"贤弟子文章之美,可谓后来独步。谢朓常见语云:'好诗圆美流转如弹丸'。近见其数首,方知此言为实。"

累迁太子洗马,中舍人,并掌东宫管记。昭明太子爱文学士,常与筠及刘孝绰、陆倕、到洽、殷钧等游宴玄圃,太子独执筠袖,抚孝绰肩曰:"所谓左把浮丘袖,右拍洪崖肩。"其见重如此。筠又与殷钧以方雅见礼。后为中书郎,奉敕制开善寺宝志法师碑文,辞甚丽逸。又敕撰《中书表奏》三十卷,及所上赋颂,都为一集。后为太子家令,复掌管记。普通元年,以母忧去职。筠有孝性,毁瘠过礼。大通二年,为司徒左长史。三年,昭明太子薨,敕制哀策文,复见嗟赏。寻出为临海太守,在郡侵刻,还资有芒屩两舫,他物称是。为有司奏,不调累年。后历秘书监、太府卿、度支尚书、司徒左长史。及简文即位,为太子詹事。筠家累千金,性俭啬,外服粗弊,所乘牛尝饲以青草。及遇乱,旧宅先为贼焚,乃寓居国子祭酒萧子云宅。夜忽有盗攻,惧坠井,卒,时年六十九。家人十三口同遇害,人弃尸积于空井中。

筠状貌寝小，长不满六尺。性弘厚，不以艺能高人。而少擅才名，与刘孝绰见重当时。其《自序》云："余少好抄书，老而弥笃，虽遇见瞥观，皆即疏记。后重省览，欢兴弥深。习与性成，不觉笔倦。自年十三四，建武二年乙亥，至梁大同六年，四十六载矣。幼年读五经皆七八十遍。爱《左氏春秋》，吟讽常为口实。广略去取，凡三过五抄，余经及《周官》、《仪礼》、《国语》、《尔雅》、《山海经》、《本草》并再抄，子史诸集皆一遍。未尝倩人假手，并躬自抄录，大小百余卷。不足传之好事，盖以备遗忘而已。"又与诸儿书论家门集云："史传称安平崔氏及汝南应氏并累叶有文才，所以范蔚宗云崔氏雕龙。然不过父子两三世耳，非有七叶之中，名德重光，爵位相继，人人有集，如吾门者也。沈少傅约常语人云：'吾少好百家之言，身为四代之史。自开辟以来，未有爵位蝉联、文才相继如王氏之盛也。'汝等仰观堂构，思各努力。"筠自撰其文章，以一官为一集，自《洗马》、《中书》、《中庶》、《吏部》、《左佐》、《临海》、《太府》各十卷，《尚书》三十卷，凡一百卷，行于世。

子祥，仕陈位黄门侍郎。揖弟彬。

彬字思文，好文章，习篆隶，与志齐名。时人为之语曰："三真六草，为天下宝。"齐武帝起旧宫，彬献赋，文辞典丽。尚齐高帝女临海长公主，拜驸马都尉。仕齐，历太子中庶子，徙永嘉太守。卜室于积谷山，有终焉之志。梁天监中，历吏部尚书、秘书监。卒，谥惠。彬立身清白，推贤接士，有士君子风。彬弟寂。

寂字子玄，性迅动，好文章，读范滂传，未尝不叹悒。王融败后，宾客多归之。齐建武初，欲献《中兴颂》，兄志谓曰："汝膏粱年少，何患不达。不镇之以静，将恐贻讥。"寂乃止。位秘书郎。卒，年二十一。

论曰：王昙首之才器，王僧绰之忠直，其世禄不替也，岂徒然哉。仲宝雅道自居，早怀伊吕之志，竟而逢时遇主，自致宰辅之隆，所谓衣冠礼乐尽在是矣。齐有人焉，于斯为盛。其余文雅儒素，各禀家风,箕裘不坠,亦云美矣。

南史卷二三
列传第一三

**王诞** 兄子偃　偃子藻　藻弟子莹　莹从弟亮

**王华** 从弟琨　　**王惠** 从弟球　　**王彧**

子绚　绚弟缋　缋孙克　彧兄子蕴奂　奂弟份

份孙铨　锡　金　通　劢　质　固

　　王诞字茂世,太保弘从祖兄也。祖恬,晋中军将军。父珉,太常卿。诞少有才藻,晋孝武帝崩,从叔尚书令珣为哀策,出本示诞,曰:"犹恨少序节物。"诞揽笔便益之,接其"秋冬代变"后云:"霜繁广除,风回高殿。"珣叹美,因而用之。

　　袭爵雉乡侯,为会稽王世子元显后军长史、琅邪内史。诞结事元显嬖人张法顺,故见宠。元显纳妾,诞为之亲迎。随府转骠骑长史,内史如故。元显讨桓玄,欲悉诛诸桓,诞求桓脩等,由此得免。脩,诞甥也。及玄得志,将见诛,脩为陈请,乃徙广州。

　　卢循据广州,以诞为其平南府长史,甚宾礼之。诞久客思归,乃说循曰:"下官与刘镇军情味不浅,若得北归,必蒙任寄。"时广州刺史吴隐之亦为循所拘留,诞又曰:"将军今留吴公,公私非计。孙伯符岂不欲留华子鱼,但以一境不容二君耳。"于是诞及隐之俱得还。

　　诞为宋武帝太尉长史,尽心归奉,帝甚仗之。卢循自蔡洲南走,刘毅固求追讨。诞密白帝曰:"公既平广固,复灭卢循,则功盖终古,勋无与二。如此大威,岂可使余人分之?毅与公同起布衣,一时相推耳。今既丧败,不宜复使立功。"帝纳其说。后为吴国内史,母忧去职。

武帝伐刘毅，起为辅国将军，诞固辞，以墨绖从行。时诸葛长人行太尉留府事，心不自安，武帝甚虑之。毅既平，诞求先下，帝曰："长人似有自疑心，卿讵宜便去？"诞曰："长人知下官蒙公垂盼，今轻身单下，必当以为无虞，可少安其意。"帝笑曰："卿勇过贲、育矣。"于是先还。后卒，追封作唐县五等侯。

子诩，早卒。诞兄暇，字伟世，侍中、左户尚书、始兴公。暇子偃。

偃字子游，母晋孝武帝女鄱阳公主。宋受禅，封永成君。偃尚宋武帝第二女吴兴长公主，讳荣男。常倮偃缚诸庭树，时天夜雪，噤冻久之。偃兄恢排閤诟主，乃免。偃谦虚恭谨，不以世事关怀。位右光禄大夫，赠开府仪同三司，谥恭公。

长子藻，位东阳太守，尚文帝第六女临川长公主，讳英媛。公主性妒，而藻别爱左右人吴崇祖。景和中，主谗之于废帝，藻下狱死，主与王氏离婚。宋世诸主莫不严妒，明帝每疾之。湖熟令袁慆妻以妒赐死，使近臣虞通之撰《妒妇记》。左光禄大夫江湛孙斆当尚孝武帝女，上乃使人为斆作表让婚曰：

伏承诏旨，当以临海公主降嫔，荣出望表，恩加典外。顾审辒蔽，伏用忧惶。臣寒门悴族，人凡质陋，闾阎有对，本隔天姻。如臣素流，家贫业寡，年近将冠，皆已有室。荆钗布裙，足得成礼。每不自解，无偶迄兹，媒访莫寻，素族弗问。自惟门庆，屡降公主，天恩所覃，庸及丑末。怀忧抱惕，虑不获免，征命所当，果膺兹举。虽门忝宗荣，于臣非幸，仰缘圣贷，冒陈愚实。

自晋氏以来，配尚王姬者，虽累经美胄，亟有名才。至如王敦慑气，桓温敛威，真长佯愚以求免，子敬灸足以违祸，王偃无仲都之质，而保雪于北阶，何瑀阙龙工之姿，而投躯于深井，谢庄殆自害于蒙叟，殷冲几不免于强锄。彼数人者，非无才意，而势屈于崇贵，事隔于闻览，吞悲茹气，无所逃诉。制勒甚于仆隶，防闲过于婢妾，行来出入，人理之常，当待宾客，朋从之义，而令扫辙息驾，无窥门之期，废筵抽席，绝接对之理。非唯交友离异,乃亦兄弟疏阔。第令受酒肉之赐,制以动静,监子待钱帛之私,节其言笑。姆妳争媚,相劝以严,尼媪竞前,相诣以急。第令必凡庸下才,监子皆葭萌愚竖。议举止则未闲是非,听言语则谬于虚实。姆妳敢恃耆旧,唯赞妒忌,尼媪自唱多知,务检口舌。其间又有应答问讯,卜筮师母,乃至残余饮食,诘辩与谁,衣被故弊,必责头领。又出入之宜,繁省难衷,或进不获前,或入不听出。不入则嫌于欲疏,求出则疑有别意。召必以三晡为期,遣必以日出为限。夕不见晚魄,朝不识曙星。至于夜步月而弄琴,昼拱袂而披卷,一生之内,与此长乖。又声影裁闻,则少婢奔进,裾袂向席,则丑老丛来。左右整刷,以疑宠见嫌,宾客未冠,以少容致斥。礼有列媵,象有贯鱼,本无嫚嫡之嫌,岂有轻妇之诮?今义绝傍私,虔恭正匹,而每事必言无仪适,设辞辄云轻易我。又窃闻诸主聚集,唯论夫族,缓不足为急者法,急则可为缓者师。更相扇诱,本其恒意,不可贷借,固实常辞。或云野败去,或云人笑我。虽曰家事,有甚王宪,发口所言,恒同科律。王藻虽复强很,颇经学涉,戏笑之事,遂为冤魂。褚暧忧愤,用致夭绝,伤理害义,难以具闻。夫《螽斯》之德,实致克昌,专妒之行,有妨繁衍。是以尚主之门,往往绝嗣,驸马之身,通离衅咎。以臣凡弱,何以克堪。必将毁族沦门,岂伊身责?前后婴此,其人虽众,然皆患彰遐迩,事隔天朝,故吞言咽理,无敢论诉。

　　臣幸属圣明,矜照由道,弘物以典,处亲以公,臣之鄙怀,可得自尽。如臣门分,世荷殊荣,足守前基,便预提拂。清官显位,或由才升,一叨婚戚,咸成恩假。是以仰冒非宜,披露丹实,非唯止陈一己,规全身愿,实乃广申诸门受患之切。伏愿天慈照察,特赐蠲停,使燕雀微群,得保丛蔚,蠢物怜生,自己弥笃。若恩诏难降,披请不申,便当刊肤剪发,投山窜海。

帝以此表遍示诸主,以讽切之,并为戏笑。元徽中,临川主表求还身王族,守养弱嗣,许之。

藻弟懋,字昌业,光禄大夫,封南乡侯。懋子莹。

莹字奉光,选尚宋临淮公主,拜驸马都尉。累迁义兴太守,代谢超宗。去郡,与莹交恶,还都就懋求书,属莹求一吏,曰:“丈人一旨,如汤浇雪耳。”及至,莹答旨以公吏不可。超宗往懋处,对诸宾谓懋曰:“汤定不可浇雪。”懋面洞赤,唯大耻愧。懋后往超宗处,设精白鲍、美鲊、獐肥。懋问那得佳味,超宗诡言义兴始见饷,阳惊曰:“丈人岂应不得邪?”懋大忿,言于朝廷,称莹供养不足,坐失郡,废弃久之。后历侍中、东阳太守。以居郡有惠政,迁吴兴太守。齐明帝勤忧庶政,莹频处二郡,皆有能名。还为中领军、随王长史。意不平,改为太子詹事、中领军。

永元初,政由群小,莹守职而已,不能有所是非。及尚书令徐孝嗣诛,莹颇综朝政,启取孝嗣所居宅,及取孝嗣封名枝江县侯以为己封。从弟亮谓曰:“此非盛德也。”莹怒曰:“我昔从东度为吴兴,束身登岸,徐时为宰相,不能见知,相用为领军、长史。今住其宅,差无多惭。”时人咸谓失德。亮既当朝,于莹素虽不善,时欲引与同事。迁尚书左仆射,未拜,会护军崔惠景自京口奉江夏王内向,莹拒惠景于湖头。众败,莹赴水,乘舫入乐游,因得还台城。惠景败,莹还居领军府。梁武兵至,复假节、都督宫城诸军事。建康平,莹乃以宅还徐氏。

初为武帝相国左长史,及践祚,封建城县公,累迁尚书令。莹性清慎,帝深善之。时有猛兽入郭,上意不悦,以问群臣,群臣莫对。莹在御筵,乃敛板答曰:“昔击石拊石,百兽率舞。陛下膺箓御图,虎象来格。”帝大悦,众咸服焉。十五年,位左光禄大夫、开府仪同三司、丹阳尹。既为公,须开黄阁。宅前促,欲买南邻朱侃半宅。侃惧见侵,货得钱百万,莹乃回阁向东。时人为之语曰:“欲向南,钱可贪;遂向东,为黄铜。”及将拜,印工铸印,六铸而龟六毁。及成,头空不实,补而用之。居职六日,暴疾薨,谥曰静恭。

少子实嗣。起家秘书郎,尚梁武帝女安吉公主,袭爵建城县公,为新安太守。实从兄来郡,就求告。实与铜钱五十万,不听于郡及道散用。从兄密于郡市货，还都求利。及去郡数十里，实乃知，命追之。呼从兄上岸盘头，令卒与杖，搏颊乞原，劣得免。后为南康嗣王湘州长史、长沙郡。王三日出禊，实衣冠倾崎，王性方严，见之意殊恶。实称主名谓王曰："萧玉志念实，殿下何见憎？"王惊赧即起。后密启之，因此废锢。

亮字奉叔，莹从父弟也。父攸，字昌达，仕宋位太宰中郎，赠给事黄门侍郎。亮以名家，宋末选尚公主，拜驸马都尉。历任秘书丞。齐竟陵王子良开西邸，延才俊，以为士林，使工图其像，亮亦预焉。累迁晋陵太守，在职清公，有美政。

时有晋陵令沈巑之性粗疏，好犯亮讳，亮不堪，遂启代之。巑之怏怏，乃造坐云："下官以犯讳被代，未知明府讳。若为攸字，当作无散尊傍犬？为犬傍无散尊？若是有心攸？无心攸？乞告示。"亮不履下床跣而走，巑之抚掌大笑而去。

建武末，累迁吏部尚书。时右仆射江祏管朝政，多所进拔，为士所归。亮自以身居选郎，每持异议。始亮未为吏部郎时，以祏帝之内弟，故深友祏。祏为之延誉，益为帝所器重。至是与祏情好携薄，祏昵之如初。及祏遇诛，群小放命，凡所除拜，悉由内宠，亮弗能止。外若详审，内无明鉴，所选用，拘资次而已，当时不谓为能。后为尚书左仆射。及东昏肆虐，亮取容以免。

梁武帝至新林，内外百僚皆道迎，其不能拔者亦间路送诚款，亮独不遣。及东昏遇杀，张稷仍集亮等于太极殿前西钟下坐，议欲立齐湘东嗣王宝晊。领军莹曰："城闭已久，人情离解，征东在近，何不谘问？"张稷又曰："桀有昏德，鼎迁于殷。今实微子去殷、项伯归汉之日。"亮默然。朝士相次下床，乃遣国子博士范云赍东昏首送石头，推亮为首。城平，朝士毕至，亮独后，裾履见武帝。帝谓曰："颠而不扶，安用彼相？"亮曰："若其可扶，明公岂有今日之举。"因泣而去。霸府开，以为大司马长史。梁台建，授侍中、尚书令，固让，乃为侍中、中书监，兼尚书令。及受禅，迁侍中、尚书令、中军将军，封豫宁县公。

天监二年，转左光禄大夫。元日朝会，亮辞疾不登殿，设馔别省，语笑自若。数日，诏公卿问讯，亮无病色。御史中丞乐蔼奏亮大不敬，论弃市。诏削爵，废为庶人。四年，帝宴华光殿，求谠言。尚书左丞范缜起曰：“司徒谢朏本有虚名，陛下擢之如此；前尚书令王亮颇有政体，陛下弃之如彼。愚臣所不知。”帝变色曰：“卿可更余言。”缜固执不已，帝不悦。御史中丞任昉因奏缜妄陈褒贬，请免缜官，诏可。亮因屏居闭扫，不通宾客。遭母忧，居丧尽礼。后为中书监，加散骑常侍。卒，谥炀子。

王华字子陵，诞从祖弟也。祖荟，卫将军、会稽内史。父廞，司徒右长史。晋安帝隆安初，王恭起兵讨王国宝，时廞丁母忧在家。恭檄令起兵，廞即聚众应之，以女为贞烈将军，以女人为官属。及国宝死，恭檄廞罢兵。廞起兵之际，多所诛戮，至是不复得已，因举兵以讨恭为名。恭遣刘牢之击廞，廞败走，不知所在。长子泰为恭所杀。华时年十三，在军中，与廞相失，随沙门释昙冰逃，使提衣襆从后，津逻咸疑焉。华行迟，昙冰骂曰：“奴子怠懈，行不及我。”以杖捶华数十，众乃不疑，由此得免。遇赦还吴，以父存没不测，布衣蔬食，不交游者十余年。

宋武帝欲收其才用，乃发廞丧，使华制服。服阕，武帝北伐长安，领镇西将军、北徐州刺史，辟华为州主簿。后为别驾，历职著称。文帝镇江陵，为西中郎主簿、谘议参军。文帝未亲政事，悉委司马张邵。华性尚物，不欲人在己前。邵性豪，每行来常引夹毂。华出入乘牵车，从者不过两三人以矫之。尝相逢，华阳若不知是邵，谓左右曰：“此卤簿甚盛，必是殿下。”乃下牵车立于道侧，及邵至乃惊。邵白服登城，为华所纠，邵坐被征，华代为司马。

文帝将入奉大统，以少帝见害，不敢下。华曰：“先帝有大功于天下，四海所服。虽嗣主不纲，人望未改。徐羡之中才寒士，傅亮布衣诸生，非有晋宣帝、王大将军之心明矣。畏庐陵严断，将来必不自容。殿下宽睿慈仁所知，已且越次奉迎，冀以见德，悠悠之论，殆必不然。羡之、亮、晦又要檀道济、王弘五人同功，孰肯相让，势必不行。今日就征，万无所虑。"帝从之，曰："卿复欲为吾之宋昌矣。"乃留华总后任。

上即位，以华为侍中、右卫将军。先是，会稽孔甯子为文帝镇西谘议参军，以文义见赏，至是为黄门侍郎，领步兵校尉。甯子先为何无忌安成国侍郎，还东修宅，令门可容高盖。邻里笑之，甯子曰："大丈夫何常之有。"甯子与华并有富贵之愿，自羡之等执权，日夜构之于文帝。甯子尝东归至金昌亭，左右欲泊船，甯子命去之，曰："此杀君亭，不可泊也。"华每闲居讽咏，常诵王粲《登楼赋》曰："冀王道之一平，假高衢而骋力。"出入逢羡之等，每切齿愤叱，叹曰："当见太平时否？"元嘉二年，甯子卒。三年，诛羡之等。华迁护军将军，侍中如故。宋世唯华与南阳刘湛不为饰让，得官即拜，以此为常。

华以情事异人，未尝预宴集。终身不饮酒，有宴不之诣。若有论事者，乘车造门，主人出车就之。及王弘辅政，而弘弟昙首为文帝所任，与华相埒。华常谓己力用不尽，每叹曰："宰相顿有数人，天下何由得安？"四年，卒，年四十三。九年，以诛羡之功，追封新建县侯，谥曰宣。孝武即位，配享文帝庙庭。

子定侯嗣，卒。子长嗣，坐骂母夺爵，以长弟佟绍封。齐受禅，国除。

琨，华从父弟也。父怿，不辨菽麦，时以为殷道矜之流，人无肯与婚，家以猎婢恭心侍之，遂生琨。初名昆仑，怿后娶南阳乐玄女，无子，故即以琨为名，立以为嗣。

琨少谨笃，为从伯司徒谧所爱。宋武帝初为桓脩参军，脩待帝厚。后帝以事计图脩，犹怀昔顾，使王华访素门，嫁其二女。华为琨娶大女，以小女适颍川庾敬度，亦是旧族。除琨郎中、驸马都尉、奉朝请。先是，琨伯父庾得罪晋世，诸子并从诛，唯华得免。华，宋世贵盛，以门衰，提携琨，恩若同生，为之延誉。历位宣城、义熙太守，皆以廉约称。华终，又托之宋文帝，故琨屡居清显。

孝建中，为吏部郎。吏曹选局，贵要多所属请。琨自公卿下至士大夫,例为用两门生。江夏王义恭尝属琨用二人,后复属琨,答不许。出为平越中郎将、广州刺史,加都督。南土沃实,在任者常致巨富。世云广州刺史但经城门一过,便得三千万。琨无所取纳,表献禄俸之半。镇旧有鼓吹,又启输还。及罢任,孝武知其清,问还资多少,琨曰:"臣买宅百三十万,余物称之。"帝悦其对。后为历阳内史,上以琨忠实,徙为宠子新安王北中郎长史。再历度支尚书,加光禄大夫。初,琨从兄华孙长袭华爵新建县侯,嗜酒多愆失,琨表以长将倾基绪,请以长小弟佟嗣焉。琨后出为吴郡太守,迁中领军,坐在郡用朝舍钱三十六万,营饷二宫诸王及作绛袄奉献军用,左迁光禄大夫。寻加太常及金紫,加散骑常侍。廷尉虞和议社稷各一神,琨案旧纠驳,不为屈。时和见宠,朝廷叹琨强正。明帝临崩,出为会稽太守,加都督,坐误竟囚,降为冠军。顺帝即位,进右光禄大夫。顺帝逊位,百僚陪列,琨攀画轮獭尾恸泣曰:"人以寿为欢,老臣以寿为戚。既不能先驱蝼蚁,频见此事。"呜咽不自胜,百官人人雨泪。齐高帝即位,领武陵王师,加侍中。时王俭为宰相,属琨用东海郡迎吏,琨使谓曰:"语郎,三台五省,皆是郎用人,外方小郡,当乞寒贱,省官何容复夺之。"遂不过其事。寻解王师。及高帝崩,琨闻国讳,牛不在宅,去台数里,遂步行入宫。朝士皆谓曰:"故宜待车,有损国望。"琨曰:"今日奔赴,皆自应尔。"遂得病,卒,赠左光禄大夫,年八十四。

琨谦恭谨慎,老而不渝,朝会必早起,简阅衣裳,料数冠帻,如此数四,或为轻薄所笑。大明中,尚书仆射颜师伯豪贵,下省设女乐,琨时为度支尚书,要琨同听,传酒行炙,皆悉内妓。琨以男女无亲授,传行每至,令置床上,回面避之然后取,毕又如此,坐上莫不抚手嗤笑,琨容色自若。师伯后为设乐邀琨,琨不往。中领军刘勔,晚节有栖退志,表求东阳郡。尚书令袁粲以下莫不赞美之,琨曰:"永初、景平,唯谢晦、殷景仁为中领军,元嘉有到彦之,为人望才誉,勔不及也。近闻加侍中,已为怏怏,便求东阳,臣恐子房赤松未易轻拟。"其鲠直如此。而俭于财用,设酒不过两杯,辄云"此酒难遇"。盐豉姜蒜之属，并挂屏风，酒浆悉置床下，内外有求，琨手自赋之。景和中，讨义阳王昶，六军戒严，应须紫标，左右欲营办，琨曰："元嘉初征谢晦，有紫标在匣中，不须更作。"检取果得焉。而避讳过甚，父名怿，母名恭心，并不得犯焉，时咸谓矫枉过正。

王惠字令明，诞从祖弟也。祖劭，车骑将军。父默，左光禄大夫。

惠幼而夷简，为叔父司徒谧所知。恬静不交游，未尝有杂事。陈郡谢瞻才辩有风气，尝与兄弟群从造惠，谈论锋起，文史间发，惠时相酬应，言清理远，瞻等惭而退。宋武帝闻其名，以问其从兄诞，诞曰："惠后来秀令，鄙宗之美也。"即以为行参军，累迁世子中军长史。时会稽内史刘怀敬之郡，送者倾都，惠亦造别。还过从弟球，球问："向何所见？"惠言："唯觉逢人耳。"素不与谢灵运相识，尝得交言，灵运辩博，辞义锋起，惠时然后言。时荀伯子在坐，退而告人曰："灵运固自萧散直上，王郎有如万顷陂焉。"尝临曲水，风雨暴至，坐者皆驰散，惠徐起不异常日，不以沾濡而改。

宋国初建，当置郎中令，武帝难其人，谓傅亮曰："今用郎中令，不可减袁曜卿。"既而曰："吾得其人矣，曜卿不得独擅其奇。"乃以惠居之。宋少帝即位，以蔡廓为吏部尚书，不肯拜，乃以惠代焉。惠被召即拜，未尝接客。人有与书求官，得辄聚阁上，及去职，印封如初。时以廓不拜，惠即拜，事异而意同也。兄鉴颇好聚敛，惠意不同，谓曰："何用田为？"鉴怒曰："无田何由得食。"惠又曰："何用食为？"其摽寄如此。卒，赠太常。无子。

球字茜玉，司徒谧之子，惠从父弟也。少与惠齐名。宋武帝受命，为太子中舍人，宜都王友，转谘议参军。文帝即位，王弘兄弟贵动朝廷，球终日端拱，未尝相往来，弘亦雅敬之。历位侍中，中书令，吏部尚书。时中书舍人徐爰有宠于上，上尝命球及殷景仁与之相知。球辞曰："士庶区别，国之章也。臣不敢奉诏。"上改容谢焉。球简贵势，不交游，筵席虚静，门无异客。昙首常云："茜玉亦是玉厄无当耳。"既而尚书仆射殷景仁、领军将军刘湛并执重权，倾动内外，

球虽通家姻戚,未尝往来。居选职,接客甚稀,不视求官书疏,而铨
衡有序。迁光禄大夫,领庐陵王师。

时大将军彭城王义康专以政事为本,刀笔干练者,多被意遇。
谓刘湛曰:"王敬弘、王球之属,竟何所堪施?为自富贵,复那可解。"
球兄子履深结刘湛,委诚义康与刘斌等。球每训厉,不纳。自大将
军从事中郎转太子中庶子,流涕诉义康,不愿违离,故复为从事中
郎。文帝甚衔之。及诛湛之夕,履徒跣告球。球命为取履,先温酒
与之,谓曰:"常日谓汝何?"履怖不得答。球徐曰:"阿父在,汝何
忧。"命左右扶郎还斋,亦以球故,履免死,废于家。

殷景仁卒,球除尚书仆射,王师如故。素有脚疾,多病还家,朝
直至少。录尚书江夏王义恭谓尚书何尚之曰:"当今乏才,群下宜加
戮力,而王球放恣如此,宜以法纠之。"尚之曰:"球有素尚,加又多
疾,公应以淡退求之,未可以文案责也。"义恭又面启文帝曰:"王球
诚有素誉,颇以物外自许。端任要切,或非所长。"帝曰:"诚知如此,
要是时望所归。昔周伯仁终日饮酒而居此任,盖所以崇素德也。"遂
见优容。后以白衣领职。十八年,卒,时年四十九。赠特进、金紫光
禄大夫。无子,从孙奂为后。

王奂字景文,球从子也。祖穆,字伯远,司徒谧之长兄,位临海
太守。父僧朗,仕宋位尚书右仆射,明帝初,以后父加特进,赠开府
仪同三司,谥元公。奂名与明帝讳同,故以字行。伯父智少简贵,有
高名,宋武帝甚重之,常言"见王智,使人思仲祖。"武帝与刘穆之讨
刘毅,而智在焉。他日,穆之白武帝曰:"伐国重事,公言何乃使王智
知?"武帝笑曰:"此人高简,岂闻此辈论议。"其见知如此。为宋国五
兵尚书,封建陵县五等子,追赠太常。智无子,故父僧朗以景文继
智。

幼为从叔球所知怜,美风姿,为一时摧谢。袁粲见之,叹曰:"景
文非但风流可悦,乃哺歠亦复可观。"有一客少时及见谢琨,答曰:
"景文方谢叔源,则为野父矣。"粲惆怅良久,曰:"恨眼中不见此

人。"

景文好言理,少与陈郡谢庄齐名。文帝尝与群臣临天泉池,帝垂纶良久不获,景文越席曰:"臣以为垂纶者清,故不获贪饵。"众皆称善。文帝甚相钦重,故为明帝娶景文妹,而以景文之名名明帝。武帝第五女新安公主先适太原王景深,离绝,当以适景文,景文固辞以疾,故不成婚。袭爵建陵子。元凶以为黄门侍郎,未及就,孝武入讨,景文遣间使归款。以父在都下,不获致身,事平,颇见嫌责。犹以旧恩,累迁司徒左长史。上以散骑常侍旧与侍中俱掌献替,欲高其选,以景文及会稽孔觊俱南北之望,以补之。寻复为司徒左长史。以姊丧开棺临赴免官。后拜侍中,领射声校尉、左卫将军,加给事中、太子中庶子。坐与奉朝请毛法因蒲戏,得钱百二十万,白衣领职。景和元年,为尚书右仆射。明帝即位,加领左卫将军,寻加丹阳尹。遭父忧,起为尚书左仆射、丹阳尹,固辞仆射。出为江州刺史,加都督。服阕,乃受诏。封江安县侯,固让,不许。后征为尚书左仆射,领吏部、扬州刺史,加太子詹事。不愿还朝,求为湘州,不许。时又谓景文在江州不能洁己,景文与上幸臣王道隆书,深自申理。

景文屡辞内授,上手诏譬之曰:"尚书左仆射,卿已经此任,东宫詹事用人虽美,职次政可比中书令耳。庶姓作扬州,徐干木、王休元、殷铁并处之不辞。卿清令才望,何愧休元?毗赞中兴,岂谢干木?绸缪相与,何后殷铁邪?司徒以宰相不应带神州,远遵先诣,京口乡基义重,密迩几内,又不得不同骠骑。陕西任要,由来用宗室,骠骑既去,巴陵理应居之。中流虽曰闲地,控带二江,通接荆、郢,经途之要,由来有重镇。如此,则扬州自成阙刺史。卿若有辞,便不知谁应处之。此选大备与公卿畴怀,非聊尔也。"固辞詹事、领选,徙为中书令,常侍、仆射、扬州如故。又进中书监,领太子太傅,常侍、扬州如故。景文固辞太傅,上遣新除尚书右仆射褚彦回宣旨,不得已乃受拜。

时太子及诸皇子并小,上稍为身后计,诸将帅吴喜、寿寂之徒,虑其不能奉幼主,并杀之。而景文外戚贵盛,张永累经军旅,又

疑其将来难信，乃自为谣言曰："一士不可亲，弓长射杀人。"一士，
王字，指景文；弓长，张字，指张永。景文弥惧，乃自陈求解扬州。诏
答曰：

> 人居贵要，但问心若为耳。大明之世，巢、徐二戴位不过执
> 戟，权亢人主；颜师伯白衣仆射，横行尚书中。袁粲作仆射领
> 选，而人往往不知有粲。粲迁为令，居之不疑。今既省录，令便
> 居昔之录至，置省事及干僮，并依录格。粲作令来亦不异为仆
> 射，人情向粲，淡然亦复不改常。以此居贵位要任，当有致忧兢
> 不？卿今虽作扬州、太子太傅，位虽贵而阙朝政，可安不惧，差
> 于粲也。卿虚心受荣，有而不为累。贵高有危殆之惧，卑贱有
> 沟壑之忧，张单双灾，木雁两失。有心于避祸，不如无心于任
> 运。夫千仞之木，既摧于斧斤，一寸之草，亦悴于践蹋。高崖之
> 修干，与深谷之浅条，存亡之要，巨细一揆耳。晋将毕万七战，
> 死于牖下，蜀相费祎从容坐谈，毙于刺客。故甘心于履危，未必
> 逢祸，纵意于处安，不必全福。但贵者自惜，故每忧其身，贱者
> 自轻，故易忘其己。然为教者每诫贵不诫贱，言其贵满好自恃
> 也。凡名位贵达，人以存怀，泰则触人改容，否则行路嗟愕。至
> 如贱者，否泰不足以动人，存亡不足以缀数，死于沟渎，困于途
> 路者，天地之间，亦复何限，人不系意耳。以此而推，贵何必难
> 处，贱何必易安。但人生自应卑慎为道，行己用心，务思谨惜。
> 若乃吉凶大期，正应委之理运。遭随参差，莫不由命也。既非
> 圣人，不能见吉凶之先见，正是依稀于理，言可行而为之耳。得
> 吉者是其命吉，遇不吉者是其命凶。以近事论之，景和之世，晋
> 平庶人从寿阳归乱朝，人皆为之战栗，而乃遇中兴之运。袁颛
> 图避祸于襄阳，当时皆羡之，谓为陵霄驾凤，遂与义嘉同灭。骆
> 宰见狂主，语人言"越王长颈鸟喙，可与共忧，不可共乐。范蠡
> 去而全身，文种留而遇祸，今主口颈颇有越王之状，我在尚书
> 中久，不去必危。"遂求江南县。诸都令史住京师者，皆遭中兴
> 之庆，人人蒙爵级，宰逢义嘉染罪，金木缠身，性命几绝。卿耳

目所闻见，安危在运，何可豫图邪？

上既有疾，而诸弟并已见杀，唯桂阳王休范人才本劣，不见疑，出为江州刺史。虑一旦晏驾，皇后临朝，则景文自然成宰相，门族强盛，藉元舅之重，岁暮不为纯臣。泰豫元年春，上疾笃，遣使送药赐景文死，使谓曰："朕不谓卿有罪，然吾不能独死，请子先之。"因手诏曰："与卿周旋，欲全卿门户，故有此处分。"敕至之夜，景文政与客棋，扣函看，复还封置局下，神色怡然不变。方与客棋思行争劫竟，敛子内奁毕，徐谓客曰："奉敕见赐以死。"方以敕示客。酒至未饮，门客焦度在侧，愤怒发酒覆地曰："大丈夫安能坐受死！州中文武可数百人，足以一奋。"景文曰："知卿至心。若见念者，为我百口计。"乃墨启答敕，并谢赠诏。酌谓客曰："此酒不可相劝。"自仰而饮之。时年六十。追赠开府仪同三司，谥曰懿。长子绚。

绚字长素，早惠。年五六岁，读《论语》至"周监于二代"，外祖何尚之戏之曰："可改耶耶乎文哉。"绚应声答曰："尊者之名，安可戏！宁可道草翁之风必舅？"及长，笃志好学。位秘书丞。先景文卒，谥曰恭世子。绚弟缋。

缋字叔素，弱冠秘书郎，太子舍人，转中书舍人。景文以此授超阶，令缋经年乃受。景文封曲安侯，缋袭其本爵为始平县五等男。元徽末，为黄门郎，东阳太守。齐武帝为抚军，吏部尚书张岱选缋为长史，呈选牒，高帝笑曰："此可谓素望。"再迁义兴太守，辄录郡吏陈伯喜付阳羡狱，欲杀之，县令孔逭不知何罪，不受缋教，为有司奏，坐白衣领职。后长兼侍中。武帝出射雉，缋信佛法，称疾不从。永元元年，卒于太常，谥靖子。

缋女适武帝宠子安陆王子敬，永明二年，纳妃，修外舅姑之敬。武帝遣文惠太子相随往缋家，置酒设乐，公卿皆冠冕而去，当世荣之。

缋弟约，齐明帝世，数年废锢。梁武帝时为太子中庶子，尝谓约曰："卿方当富贵，必不容久滞屈。"及帝作辅，谓曰："我尝相卿当富贵，不言卿今日富贵便当见由。"历侍中、左户尚书、廷尉。

缋长子俊，不慧，位止建安太守。俊子克。

克美容貌，善容止，仕梁历司徒右长史、尚书仆射。台城陷，仕侯景，位太宰、侍中、录尚书事。景败，克迎候王僧辩，问克曰："劳事夷狄之君？"克不能对。次问："玺绂何在？"克默然良久，曰："赵平原将去。"平原名思贤，景腹心也，景授平原太守，故克呼焉。僧辩乃诮克曰："王氏百世卿族，便是一朝而坠。"仕陈，位尚书右仆射。

蕴字彦深，或兄子也。父楷，太中大夫。楷人才凡劣，故蕴不为群从所礼，常怀耻慨。家贫，为广德令。明帝即位，四方叛逆，欲以将领自奋，每抚刀曰："龙泉太阿，汝知我者。"叔父景文常诫之曰："阿答，汝灭我门户。"蕴曰："答与童乌贵贱异。"童乌，绚小字；答，蕴小字也。及事宁，封吉阳男。历晋陵、义兴太守，所莅并贪纵。后为给事黄门侍郎。桂阳之逼，王道隆为乱兵所杀，蕴力战，重创御沟侧，或扶以免。事平，抚军长史褚澄为吴郡太守，司徒左长史萧惠开明言于朝曰："褚澄开城以纳贼，更为股肱大郡，王蕴被甲死战，弃而不收，赏罚如此，何忧不乱！"褚彦回惭，乃议用蕴为湘州刺史。及齐高帝辅政，蕴与沈攸之连谋，事败，斩于秣陵市。

奂字道明，或兄子也。父粹，字景深，位黄门侍郎。奂继从祖球，故小字彦孙。年数岁，常侍球许，甚见爱。奂诸兄出身诸王国常侍，而奂起家著作佐郎。琅邪颜延之同球情款稍异，常抚奂背曰："阿奴始免寒士。"

奂少而强济，叔父景文常以家事委之。仕宋，历侍中、祠部尚书，转掌吏部。升明初，迁丹阳尹。初，王晏父普曜为沈攸之长史，常惧攸之举事，不得还，奂为吏部，转普曜为内职，晏深德之。及晏仕齐，武帝以奂宋室外戚，而从弟蕴又同逆，疑有异意，晏叩头保奂无异志。时晏父母在都，请以为质，武帝乃止。永明中，累迁尚书右仆射。王俭卒，上欲用奂为尚书令，以问晏。晏位遇已重，意不推奂，答曰："柳世隆有勋望，恐不宜在奂后。"乃转左仆射，加给事中。

出为雍州刺史，加都督。与宁蛮长史刘兴祖不睦。十一年，奂遣军主朱公恩征蛮失利，兴祖欲以启闻，奂大怒，收付狱。兴祖于狱以针画漆合盘为书,报家称枉,令启闻,而彧亦驰信启上,诬兴祖扇动荒蛮。上知其枉,敕送兴祖还都,彧恐辞情翻背,辄杀之。上大怒,遣中书舍人吕文显、直阁将军曹道刚领兵收彧,又别诏梁州刺史曹武自江陵步出襄阳。彧子彪凶愚,颇干时政,士人咸切齿。时文显以漆匣匣签篾在船中,因相诳云"台使封刀斩王彪。"及道刚、曹武、文显俱至,众力既盛,又惧漆匣之言,于是议闭门拒命。长史殷睿,彧女婿也,谏曰:"今开城门,白服接台使,不过槛车征还,贬官免爵耳。"彪坚执不同,睿又曰:"宜遣典签间道遣启自申,亦不患不被宥。"乃令睿书启,遣典签陈道齐出城,便为文显所执。睿又曰:"忠不背国,勇不逃死,百世门户,宜思后计,孰与仰药自全,则身名俱泰,睿请先驱蝼蚁。"又不从。彧门生郑羽叩头启彧,乞出城迎台使,彧曰:"我不作贼,欲先遣启自申,政恐曹、吕辈小人相陵藉,故且闭门自守耳。"彪遂出战,败走归。士人起义,攻州西门,彪登门拒战,却之。司马黄瑶起、宁蛮长史裴叔业于城内起兵攻彧,彧闻兵入,礼佛,未及起,军入斩之。彪及弟爽、弼、殷睿皆伏诛。彧长子太子中庶子融,融弟司徒从事中郎琛,于都弃市,余孙皆原宥。琛弟肃、秉并奔魏,后得黄瑶起,脔食之。弟仙女为长沙王晃妃,以男女并长,又且出继,特不离绝。彧既诛,故旧无敢视者,汝南许明达先为彧参军,躬为殡敛,经理甚厚,当时高其节。彧弟份。

份字季文。仕宋位始安内史。袁粲之诛,亲故无敢视者,份独往致恸,由是显名。累迁大司农。彧诛后,其子肃奔魏,份自拘请罪,齐武帝宥之。肃屡引魏人至边,份尝侍坐,武帝谓曰:"比有北信不?"份改容对曰:"肃既近忘坟柏,宁远忆有臣。"帝亦以此亮焉。后位秘书监。仕梁位散骑常侍,领步兵校尉,兼起部尚书。武帝尝于宴席问群臣曰:"朕为有为无?"份曰:"陛下应万物为有,体至理为无。"帝称善。后累迁尚书左仆射。历侍中、特进、左光禄大夫,监丹阳尹。卒,谥曰胡子。

长子琳字孝璋,位司徒左长史。琳,齐代取梁武帝妹义兴长公主,有子九人,并知名。

　　长子铨字公衡，美风仪，善占吐。尚武帝女永嘉公主，拜驸马都尉。铨虽学业不及弟锡，而孝行齐焉，时人以为铨、锡二王，可谓玉昆金友。母长公主疾，铨形貌瘠贬，人不复识。及居丧，哭泣无常，因得气疾。位侍中、丹阳尹。卒于卫尉卿。

　　子湝字伯淮，尚简文帝女余姚公主。

　　铨弟锡字公䚓，幼而警悟，与兄弟受业，至应休散，辄独留不起，精力不倦，致损右目。十二，为国子生，十四，举清茂，除秘书郎，再迁太子洗马。时昭明太子尚幼，武帝敕锡与秘书郎张缵使入宫，不限日数，与太子游狎，情兼师友。又敕陆倕、张率、谢举、王规、王筠、刘孝绰、到洽、张缅为学士，十人尽一时之选。锡以戚属，封永安侯。

　　普通初，魏始连和，使刘善明来聘，敕中书舍人朱异接之。善明，彭城旧族，气调甚高，负其才气，酒酣谓异曰：“南国辩学如中书者几人？”异曰：“异所以得接宾宴，乃分职是司，若以才辩相尚，则不容见使。”善明乃曰：“王锡、张缵，北间所闻，云何可见？”异具启闻，敕即使南苑设宴，锡与张缵、朱异四人而已。善明造席，遍论经史，兼以嘲谑。锡、缵随方酬对，无所稽疑，善明甚相叹挹。他日谓异曰：“一日见二贤，实副所期，不有君子，安能为国。”引宴之日，敕使左右徐僧权于坐后，言则书之。

　　累迁吏部郎中，时年二十四。谓亲友曰：“吾以外戚谬被时知，兼比羸病，庶务难拥，安能舍其所好，而徇所不能？”乃称疾不拜。便谢遣胥徒，拒绝宾客，掩扉覃思，室宇萧然。诸子温清，隔帘趋倚，公主乃命穿壁，使子涉、湜观之。卒，年三十六。赠侍中，谥贞子。锡弟金。

　　金字公会，八岁丁父忧，哀毁过礼。初补国子生，祭酒袁昂称为通理。累迁始兴内史。丁所生母忧，固辞不拜。又除南康内史，在郡义兴主薨，诏起复郡。后为太子中庶子，掌东宫管记。卒，赠侍中。元帝下诏：“贤而不伐曰恭，追谥曰恭子。”金弟通。

　　通字公达，仕梁为黄门侍郎。敬帝承制，以为尚书右仆射。陈武帝受禅,迁右仆射。太建元年,为左光禄大夫。六年,加特进、侍中、将军,光禄、佐吏、扶并如故。未拜,卒。谥曰成。弟劢。

劢字公齐,美风仪,博涉书史,恬然清简,未尝以利欲干怀。仕梁为轻车河东王功曹史。王出镇京口,劢将随之蕃。范阳张缵时典选举,劢造缵言别,缵嘉其风采,乃曰:"王生才地,岂可游外府乎?"奏为太子洗马。后为南徐州别驾、从事史。大同末,梁武帝谒园陵,道出朱方,劢随例迎候。敕令从辇侧,所经山川,莫不顾问,劢随事应对,咸有故实。又从登北顾楼赋诗,辞义清典,帝甚嘉之。时河东王为广州刺史,乃以劢为冠军河东王长史、南海太守。王至岭南,多所侵掠,因惧罪称疾,委州还朝,劢行州府事。越中饶沃,前后守宰,例多贪纵,劢独以清白著闻。入为给事黄门侍郎。侯景之乱,奔江陵,历位晋陵太守。时兵饥之后,郡中雕弊,劢为政清简,吏人便安之。征为侍中,迁五兵尚书。会魏军至,元帝征湘州刺史宜丰侯萧循入援,以劢监湘州。及魏平江陵,敬帝承制,以为中书令,加侍中。历陈武帝司空、丞相长史,侍中、中书令并如故。及萧勃平,以劢为广州刺史。未行,改为衡州刺史。王琳据有上流,衡、广携贰,劢不得之镇,留于大庾岭。太建元年,累迁尚书右仆射。时东境大水,以劢为晋陵太守。在郡甚有威惠,郡人表请立碑,颂劢政德,诏许之。征为中书监,重授尚书右仆射,领右军将军。卒,谥曰温子。劢弟质。

质字子贞,少慷慨,涉猎书史。梁世以武帝甥封甲口亭侯。位太子中舍人、庶子。侯景济江,质领步骑顿于宣阳门外。景军至都,质不战而溃,为桑门,潜匿人间。城陷后,西奔荆州。元帝承制,历位侍中,吴州刺史,领鄱阳内史。魏平荆州。侯瑱镇盆城,与质不协,质率所部依于留异。陈永定二年,武帝命质率所部随都督周文育讨王琳。质与琳素善,或谮云于军中潜信交通,武帝命文育杀质,文育启救之,获免。文帝嗣位,以为五兵尚书。宣帝辅政,为司徒左长史,坐招聚博徒,免官。后为都官尚书。卒,谥曰安子。弟固。

固字子坚,少清正,颇涉文史。梁时以武帝甥封莫口亭侯。位丹阳尹丞。梁元帝承制,以为相国户曹属,掌管记。寻聘魏,魏人以其梁氏外戚，待之甚厚。承圣元年，为太子中庶子，迁寻阳太守。魏克荆州，固之鄱阳，随兄质度东岭，居信安县。陈永定中，移居吴郡。文帝以固清静，且欲申以婚姻。天嘉中，历位中书令、散骑常侍、国子祭酒。以其女为皇太子妃，礼遇甚重。废帝即位，授侍中、金紫光禄大夫。宣帝辅政，固以废帝外戚，奶媪恒往来禁中，颇宣密旨，事泄，比党皆诛。宣帝以固本无兵权，且居处清素，止免所居官，禁锢。太建中，卒于太常卿。谥恭子。

固清虚寡欲，居丧以孝闻。又信佛法。及丁所生母忧，遂终身蔬食，夜则坐禅，昼诵佛经。尝聘魏，因宴飨祭，请停杀一羊。羊于固前跪拜。又宴昆明池，魏人以南人嗜鱼，大设罟网，固以佛法咒之，遂一鳞不获。子宽，位侍中。

论曰：王诞夙有名辈，而间关夷险，卒获攀光日月，遭遇盖其时焉。奉光、奉叔，并得官成齐代，而亮自著寒松，固为优矣。莹印章六毁，岂鬼神之害盈乎？景文弱年立誉，芳声籍甚，荣贵之来，匪由势至。若使泰始之朝，身非外戚，与袁粲群公，方驾并路，倾覆之灾，庶几可免。庾元规之让中书令，义归此矣。奂有愚子，自致诛夷。份胤嗣克昌，特钟门庆，美矣！

南史卷二四
列传第一四

**王裕之**　孙秀之　延之　阮韬　延之子纶之

曾孙峻　峻子琮　**王镇之**　弟弘之　弘之孙晏

晏从弟思远　**王韶之**　**王悦之**

**王准之**　从弟逸之　珪之　族子素

　　王裕之字敬弘,晋骠骑将军广之曾孙,司州刺史胡之之孙也。名与宋武帝讳同,故以字行。父茂之,字兴元,晋陵太守。

　　敬弘少有清尚,起家本国左常侍,卫军参军。性恬静,乐山水。求为天门太守,及之郡,妻弟荆州刺史桓玄遣信要令过己,敬弘至巴陵,谓人曰:"灵宝正当欲见其姊,我不能为桓氏赘婿。"乃遣别船送妻往江陵,弥年不迎。山郡无事,恣其游适,意甚好之。后为南平太守,去官,居作唐县界。玄辅政及篡位,屡召不下。宋武帝以为车骑从事中郎、徐州中从事史、征西将军道规谘议参军。时府主簿宋协亦有高趋,道规并以事外相期。尝共酣饮,敬弘因醉失礼,为外司所白,道规即便引还,重申初宴。永初中,累迁吏部尚书。敬弘每被召,即便袛奉,既到宜退,旋复解官。武帝嘉其志,不苟违也。除庐陵王师,加散骑常侍。自陈无德,不可师范令王,固让不拜。元嘉三年,为尚书仆射,关署文案,初不省读。尝豫听讼,上问疑狱,敬弘不对。上变色问左右:"何故不以讯牒副仆射?"敬弘曰:"臣乃得讯牒读之，正自不解。"上甚不悦，虽加礼敬，亦不以时务及之。六年，迁尚书令，固让，表求还东。上不能夺，改授侍中、特进、左光禄大夫，给亲信三十人。及东归，车驾幸冶亭饯送。十二年，征为太子少傅，敬弘诣都上表，固辞不拜。东归，上时不豫，自力见焉。十六年，以为左光禄大夫、开府仪同三司，侍中如故。又诣都表辞，竟不拜，东归。二十三年，复申前命，复辞。明年，薨于余杭之舍亭山，年八十八。顺帝升明三年，追谥文贞公。

敬弘形状短而起坐端方，桓玄谓之"弹棋发八势"。所居舍亭山，林涧环周，备登临之美，故时人谓之王东山。文帝尝问为政得失，对曰："天下有道，庶人不议。"上高其言。左右尝使二老妇女，戴五条辫，著青纹裤袄，饰以朱粉。女适尚书仆射何尚之弟述之。敬弘尝往何氏看女，遇尚之不在，因寄斋中卧。俄顷尚之还，敬弘还使二妇女守阁，不听尚之入，云"正热不堪相见，君可且去。"尚之于是移于他室。上将为庐陵王纳其女，辞曰："臣女幼，既许孔淳之息。"子恢之被召为秘书郎，敬弘求为奉朝请，与恢之书曰："彼秘书有限，故有竞，朝请无限，故无竞。吾欲使汝处不竞之地。"文帝嘉之，并见许。敬弘见儿孙，岁中不过一再相见，见辄克日。未尝教子孙学问，各随所欲。人或问之，答曰："丹朱不应乏教，宁越不闻被捶。"恢之位新安太守，尝请假定省。敬弘克日见之，至日辄不果。假日将尽，恢之求辞，敬弘呼前至阁，复不见。恢之于阁外拜辞流涕而去。

恢之弟瓒之，位吏部尚书、金紫光禄大夫，谥贞子。瓒之弟升之，位都官尚书。瓒之子秀之。

秀之字伯奋，幼时，祖父敬弘爱其风采。仕宋为太子舍人。父卒，庐于墓侧，服阕，复职。吏部尚书褚彦回欲与结婚，秀之不肯，以此频为两府外兵参军。后为晋平太守，期年求还，或问其故，答曰："此郡沃壤，珍阜日至，人所昧者财，财生则祸逐，智者不昧财，亦不逐祸。吾山资已足，岂可久留，以妨贤路。"乃上表请代。时人以为王晋平恐富求归。仕齐为豫章王嶷骠骑长史。嶷于荆州立学，以秀之领儒林祭酒。武帝即位，累迁侍中祭酒，转都官尚书。

秀之祖父敬弘性贞正，徐羡之、传亮当朝，不与来往。及致仕，隐吴兴，与秀之父瓒之书，深勖以静退。瓒之为五兵尚书，未尝诣一朝贵。江湛谓何偃曰："王瓒之今便是朝隐。"及柳元景、颜师伯贵要，瓒之竟不候之。至秀之为尚书，又不与王俭款接。三世不事权贵，时人称之。转侍中，领射声校尉。

出为随王镇西长史、南郡内史。后为辅国将军、吴兴太守。秀之先为诸王长史、行事，便叹曰："仲祖之识，见于已多。"便无复仕进，止营理舍亭山宅，有终焉之志。及除吴兴郡，隐业所在，心愿为之。到郡修旧山，移置辎重。隆昌元年，卒。遗令"朱服不得入棺，祭则酒脯而已。世人以仆妾直灵助哭，当由丧主不能淳至，欲以多声相乱。魂而有灵，吾当笑之。"谥曰简子。

延之字希季，升之子也。少静默不交人事。仕宋为司徒左长史。清贫，居宇穿漏，褚彦回以启宋明帝，即敕材官为起三间斋屋。历史部尚书，尚书左仆射。

宋德既衰，齐高帝辅政，朝野之情，人怀彼此。延之与尚书令王僧虔中立，无所去就。时人语曰："二王居平，不送不迎。"高帝以此善之。升明三年，出为江州刺史，加都督。齐建元元年，进号镇南将军。延之与金紫光禄大夫阮韬俱宋领军将军刘湛外甥，并有早誉，湛甚爱之，曰："韬后当为第一，延之为次也。"延之甚不平。每致饷下都，韬与朝士同例，高武闻之，与延之书曰："韬云卿未尝有别意，当由刘家月旦故邪。"

韬字长明，陈留人，晋金紫光禄大夫裕玄孙也。为南兖州别驾，刺史江夏王义恭逆求资费钱，韬曰："此朝廷物。"执不与。宋孝武选侍中四人，并以风貌，王彧、谢庄为一双，韬与何偃为一双。常充兼假，至始兴王师，卒。

延之居身简素，清静寡欲，凡所经历，务存不扰。在江州，禄俸外一无所纳。独处斋内，未尝出户，吏人罕得见焉，虽子弟亦不妄前。时时见亲旧，未尝及世事，从容谈咏而已。后为尚书左仆射，寻领竟陵王师。卒，谥简子。

纶之字元章，为安成王记室参军，偃仰召会，退居僚末。司徒袁
粲闻而叹曰："格外之官，便今日为重。"贵游居此位者，遂以不掌文
记为高，自纶之始也。齐永明中，历位侍中，出为豫章太守。下车祭
徐孺子、许子将墓，图画陈蕃、华歆、谢鲲像于郡朝堂。为政宽简，称
良二千石。武帝幸琅邪城，纶之与光禄大夫全景文等二十一人坐不
参承，为有司奏免官。后位侍中、都官尚书。卒。自敬弘至纶之，并
方严，皆克日乃见子孙，盖家风也。纶之子昕，有业行，居父忧过礼。
谢瀹欲遣参之，孔圭曰："何假参，此岂有全理。"以忧卒。

峻字茂远，秀之子也。少美风姿，善容止。仕齐为桂阳内史。梁
天监初，为中书侍郎。武帝甚悦其风采，与陈郡谢览同见赏擢，累迁
侍中、吏部尚书。处选甚得名誉。峻性详雅，无趋竞心，尝与谢览约，
官至侍中，不复谋进仕。览自吏部尚书出为吴兴郡，平心不畏强御，
亦由处俗情薄故也。峻为侍中已后，虽不退身，亦淡然自守，无所营
务。迁金紫光禄大夫，未拜，卒。谥惠子。

子琮为国子生，尚始兴王女繁昌主。琮不慧，为学生所噱，遂离
婚。峻谢王，王曰："此自上意，仆极不愿如此。"峻曰："下官曾祖是
谢仁祖外孙，亦不藉殿下姻媾为门户耳。"

王镇之字伯重，晋司州刺史胡之之从孙，而裕之从祖弟也。祖
耆之，位中书郎。父随之，上虞令。镇之为剡、上虞令，并有能名。桓
玄辅晋，以为大将军录事参军。时三吴饥荒，遣镇之衔命赈恤，而会
稽内史王愉不奉符旨，镇之依事纠奏。愉子绥，玄之外甥，当时贵
盛，镇之为所排抑。以母老求补安成太守，以母忧去职。在官清洁，
妻子无以自反，乃弃官致丧还上虞旧墓。葬毕，为子摽之求安复令，
随子之官。服阕，为征西道规司马、南平太守。后为御史中丞，执正
不挠，百僚惮之。出为建威将军、平越中郎将、广州刺史，加都督。宋
武帝谓人曰："镇之少著清绩，必将继美吴隐，岭南弊俗，非此不康
也。"在镇不受俸禄，萧然无营。去官之日，不异初至。武帝初建相

国府，为谘议参军，领录事。善于吏职，严而不残。迁宋台祠部尚书。武帝践祚，卒于宣训卫尉。弟弘之。

弘之字方平，少孤贫，为外祖征士何准所抚育，从叔献之及太原王恭并贵重之。仕晋为司徒主簿。家贫，性好山水，求为乌伤令。桓玄辅晋，桓谦以为卫军参军。时殷仲文还姑熟，祖送倾朝，谦要弘之同行，答曰："凡祖离送别，必在有情，下官与殷风马不接，无缘扈从。"谦贵其言。母随兄镇之之安成郡，弘之解职同行。义熙中，何无忌及宋武帝辟召，一无所就。家在会稽上虞，从兄敬弘为吏部尚书，奏弘之为太子庶子，不就。文帝即位，敬弘为尚书左仆射，陈弘之高行，征为通直散骑常侍，又不就。敬弘尝解貂裘与之，即著以采药。性好钓，上虞江有一处名三石头，弘之常垂纶于此。经过者不识之，或问渔师得鱼卖不，弘之曰："亦自不得，得亦不卖。"日夕，载鱼入上虞郭，经亲故门，各以一两头置门内而去。始宁沃川有佳山水，弘之又依岩筑室。谢灵运、颜延之并相钦重。灵运与庐陵王义真笺曰："会境既丰山水，是以江左嘉遁，并多居之。至若王弘之拂衣归耕，逾历三纪；孔淳之隐约穷岫，自始迄今；阮万龄辞事就闲，纂戎先业。既远同义、唐，亦激贪厉竞。若遣一个有以相存，真可谓千载盛美也。"弘之元嘉四年卒，颜延之欲为作诔，书与其子昙生曰："君家高世之善，有识归重，豫染豪翰，所应载述，况仆托慕末风，窃以叙德为事，但恨短笔不足书美。"诔竟不就。

昙生好文义，以谦和见称。历吏部尚书、太常卿。孝武末，为吴兴太守。明帝初兴，与四方同逆，战败归降被宥，终于中散大夫。

阮万龄，陈留尉氏人。祖思旷，左光禄大夫。父宁，黄门侍郎。万龄少知名，为孟昶建威长史。时袁豹、江夷相系为昶司马，时人谓昶府有三素望。万龄家在会稽剡县，颇有素情。位左户尚书，太常。出为湘州刺史，无政绩。后为散骑常侍、金紫光禄大夫。卒。

昙生弟普曜，位秘书监。普曜子晏。

晏字休默，一字士彦。仕宋，初为建安国左常侍，稍至车骑，晋熙王燮安西板晏主簿。时齐武帝为长史，与晏相遇。府转镇西，板晏为记室。沈攸之事难,随武帝镇盆城。齐高帝时威权虽重,而众情犹有疑惑,晏便专心奉事,军旅书翰皆见委。性甚便僻,渐见亲待,常参议机密。

建元初,为太子中庶子。武帝在东宫,专断朝事,多不闻启,晏虑及罪,称疾自疏。武帝即位,为长史兼侍中,意任如旧。迁侍中祭酒。遭母丧,起为司徒左长史。晏父普曜藉晏势,多历通官。普曜卒,晏居丧有礼。永明六年,为丹阳尹。晏位任亲重,自豫章王嶷、尚书令王俭皆降意接之,而晏每以疏漏被责,连称疾。久之,转为江州刺史,泣不愿出,留为吏部尚书、太子右率。终以旧恩见宠。时尚书令王俭虽贵而疏,晏既领选,权行台阁,与俭颇不平。俭卒,礼官欲依王导谥为"文献",晏启上曰:"导乃得此谥,但宋来不加素族"。谓亲人曰:"平头宪事已行矣。"十一年,为右仆射,领太孙右卫率。

武帝崩,遗旨以尚书事付晏及徐孝嗣。郁林即位,转左仆射。及明帝谋废立,晏便响应接奉。转尚书令,封曲江县侯,给鼓吹一部,甲仗五十人入殿。时明帝形势已布,而莫敢先言。萧谌兄弟握兵权,迟疑未决。晏频三夜微步诣谌议,时人以此窥之。明帝与晏东府语及时事,晏抵掌曰:"公常言晏怯,今定如何?"建武元年,进号骠骑大将军,给班剑二十人,又加兵百人,领太子少傅,进爵为公。以魏军动,给兵千人。

晏笃于亲旧,为时所称,至是自谓佐命惟新,言论常非武帝故事,众始怪之。明帝虽以事际须晏,而心相疑斥,料简武帝中诏,得与晏手诏三百余纸,皆是论国家事。永明中,武帝欲以明帝代晏领选,晏启曰:"鸾清干有余,然不谙百氏,恐不可居此职。"乃止。及见此诏,愈猜薄之。帝初即位,始安王遥光便劝诛晏,帝曰:"晏于我有勋,且未有罪。"遥光曰:"晏尚不能为武帝,安能为陛下?"帝默然变色。时帝常遣心腹左右陈世范等,出涂巷采听异言,由是以晏为事。晏性浮动,志欲无厌。自谓旦夕开府,又望录尚书。每谓人曰:"徐公应为令"。又和徐诗云:"槐序候方调"。其名位在徐前,若三槐,则晏不言自显,人或讥之。

晏人望未重，又与上素疏，中兴初，虽以事计委任，而内相疑阻，晏无防意。既居朝端，事多专决，内外要职，并用周旋门义，每与上争用人。数呼相工自视，云当大贵。与客语，好屏人。上闻，疑晏欲反，遂有诛晏意。有鲜于文粲与晏子德元往来，密探朝旨，告晏有异志。又左右单景俊、陈世范等采巫觋言启上，云晏怀异图。是时南郊应亲奉，景俊等言晏因此与武帝故主帅于道中窃发。会兽犯郊坛，帝愈惧，未郊前一日，上乃停行。先报晏及徐孝嗣，孝嗣奉旨，而晏陈郊祀事大，必宜自力。景俊言位见信，元会毕，乃召晏于华林省诛之。下诏显其罪，称以河东王铉识用微弱，欲令守以虚器，并令收付廷尉。

晏之为员外郎也，父普曜斋前柏树忽变成梧桐，论者以为梧桐虽有栖凤之美，而失后凋之节。及晏败，果如之。又未败前，见屋楣子悉是大蛇，就视之，犹木也。晏恶之，乃以纸裹楣子，犹纸内摇动，簌簌有声。又于北山庙答赛夜还，晏醉，部伍人亦饮酒，羽仪错乱，前后十余里中，不复禁制。识者云"此不复久也。"未几而败。

晏子德元，有意尚，位车骑长史。德元初名湛，武帝曰："刘湛、江湛，并不善终，此非佳名也。"晏乃改之。至是及诛。

晏弟诩，位少府卿。敕未登黄门郎，不得畜女伎。诩与射声校尉阴玄智坐畜伎免官，禁锢十年。敕特原诩。亦笃旧，后拜广州刺史。晏诛，上遣杀之。

思远，晏从父弟也。父罗云，平西长史。思远八岁父卒，祖弘之及外祖新安太守羊敬元并栖退高尚，故思远少无仕心。"

宋建平王景素辟南徐州主簿，深见礼遇。景素被诛，左右离散，思远亲视殡葬，手种松柏，与庐江何昌寓、沛郡刘琏上表理之，事感朝廷。景素女废为庶人，思远分衣食以相资赡。年长，为备筭总，访求素对，倾家送遣。

齐建元初，历竟陵王司徒录事参军、太子中舍人。文惠太子与竟陵王子良素好士，并蒙赏接。思远求出为远郡，除建安内史。长兄思玄卒，思远友于甚至，表乞自解，不许。及祥日又固陈，武帝乃许之。仍除中书郎、大司马谘议。诏举士,竟陵王子良荐思远及吴郡顾皓之、陈郡殷睿。时邵陵王子贞为吴郡,除思远为吴郡丞,以本官行郡事,论者以为得人。后拜御史中丞。临海太守沈昭略赃私,思远依事劾奏,明帝及思远从兄晏、昭略叔父文季并请止之,思远不从,案事如故。

　　建武中,迁吏部郎。思远以晏为尚书令,不欲并居内台权要之职,上表固让,乃改授司徒左长史。初,明帝废立之际,思远谓晏曰:兄荷武帝厚恩,今一旦赞人如此事,彼或可以权计相须,未知兄将何以自立。及此引决,犹可保全门户,不失后名。晏曰:“方噉粥,未暇此事。”及拜骠骑,会子弟,谓思远兄思微曰:“隆昌之末,阿戎劝吾自裁,若用其语,岂有今日。”思远遽应曰:“如阿戎所见,犹未晚也。”晏既不能谦退,位处朝端,事多专断,内外要职,并用门生。帝外迹甚美,内相疑异。思远谓曰:“时事稍异,兄觉不?凡人多拙于自谋,而巧于谋人。”晏默然不答。思远退后,晏方叹曰:“天下人遂劝人自杀。”旬日,晏及祸。明帝后知思远有此言,谓江祏曰:“王晏早用思远语,当不至此。”

　　思远立身简洁,诸客有诣己者,觇知衣服垢秽,方便不前,形仪新楚,乃与促膝。虽然,及去之后,犹令二人交帚拂其坐处。明帝从祖弟季敞性甚豪纵,使诣思远,令见礼度。都水使者季圭之常曰:“见王思远终日匡坐,不妄言笑,簪帽衣领,无不整洁,便忆丘明士。见明士蓬头散带,终日酣醉,吐论从横,唐突卿宰,便复忆见思远。”言其两反也。

　　上既诛晏,思远迁为侍中,掌优荣及起居注。卒,年四十九。赠太常,谥曰贞子。

　　思远与顾皓之善,皓之卒后,家贫,思远迎其妻子,经恤甚至。皓之字士明,少孤,好学,有义信。位太子中舍人,兼尚书左丞。


　　王韶之字休泰,胡之从孙,而敬弘从祖弟也。祖羡之,镇军掾。父伟之,少有志尚,当世诏命表奏,辄手自书写。泰元、隆安时事,大小悉撰录。位本国郎中令。韶之家贫,好学,尝三日绝粮,而执卷不辍,家人诮之曰:"困穷如此,何不耕?"答曰:"我常自耕耳。"父伟之为乌程令,韶之因居县境。好史籍,博涉多闻。初为卫将军谢琰行参军,得父旧书,因私撰《晋安帝阳秋》。及成,时人谓宜居史职,即除著作佐郎,使续后事,讫义熙九年。善叙事,辞论可观。迁尚书祠部郎。

晋帝自孝武以来,常居内殿,武官主书于中通呈,以省官一人管诏诰,住西省,因谓之"西省郎"。传亮、羊徽相代在职。义熙十一年,宋武帝以韶之博学有文辞,补通直郎,领西省事,转中书侍郎。晋安帝之崩,武帝使韶之与帝左右密加鸩毒。恭帝即位,迁黄门侍郎,领著作,西省如故。凡诸诏黄,皆其辞也。武帝受命,加骁骑将军,黄门如故。西省职解,复掌宋书。坐玺制谬误,免黄门,事在谢晦传。

韶之为晋史,序王珣货殖,王庾作乱。珣子弘、庾子华并贵显,韶之惧为所陷,深附结徐羡之、傅亮等。少帝即位,迁侍中,出为吴郡太守。羡之被诛,王弘入相,领扬州刺史。弘虽与韶之不绝,诸弟未相识者皆不复往来。韶之在郡,常虑为弘所绳,夙夜勤励,政绩甚美。弘亦抑其私憾。文帝两嘉之。韶之称为良守,征为祠部尚书,加给事中。坐去郡长取送故,免官。后为吴兴太守,卒。撰《孝传》三卷,文集行于世。宋庙歌辞,韶之所制也。

子晔,位临贺太守。

王悦之字少明,晋右军将军羲之曾孙也。祖献之,中书令。父靖之,司徒左长史,为刘穆之所厚,就穆之求侍中,如此非一。穆之曰:"卿若不求,久自得之。"遂不果。悦之少厉清操,亮直有风检。为吏部郎,邻省有会同者,遗悦之饼一瓯。辞不受,曰:"此费诚小,然少来不愿当之。"宋明帝泰始中,为黄门郎、御史中丞。上以其廉介,赐良田五顷,以为侍中,在门下尽其心力,掌检校御府、太官、太医诸署。时承奢忕之后,奸窃者众。悦之按复无所避,得奸巧甚多,于是众署共咒诅。悦之病甚，恒见两乌衣人捶之。及卒，上乃收典掌者十许人，桎梏之送淮阴，密令度瓜步江，投之中流。

王准之字元鲁，晋尚书仆射彬玄孙也。曾祖彪之，位尚书令。祖临之，父纳之，并御史中丞。彪之博闻多识，练悉朝仪，自是家世相传，并谙江左旧事，缄之青箱，世谓之王氏青箱学。

准之兼明《礼传》，赡于文辞。桓玄篡位，以为尚书祠部郎。宋武帝起兵，为太尉主簿。出为山阴令，有能名。预讨卢循功，封都亭侯。宋台建，除御史中丞，为百僚所惮。自彪之至准之，四世居此职。准之尝作五言诗，范泰嘲之：“卿唯解弹事耳。”准之正色答：“犹差卿世载雄狐。”坐世子左卫率谢灵运杀人不举，免官。

武帝受命，拜黄门侍郎。永初中，奏曰：“郑玄注《礼》：三年之丧，二十七月而吉。古今学者多谓得礼之宜。晋初用王肃议，祥禫共月，故二十五月而除。遂以为制。江左以来，准晋朝施用，搢绅之士，多遵玄义。夫先王制礼，以大顺群心，‘丧也宁戚’，著自前经。今大宋开泰，品物遂理，愚谓宜同即物情，以玄义为制。朝野一礼，则家无殊俗。”从之。元嘉中，历位侍中，都官尚书，改领吏部，出为丹阳尹。准之究识旧仪，问无不对。时大将军彭城王义康录尚书事，每叹曰：“何须高论玄虚，正得如王准之两三人，天下便足。”然寡风素，情悁急，不为时流所重。撰仪注，咸见遵用。卒，赠太常。

子舆之，征虏主簿。舆之子进之，仕齐位给事黄门侍郎，扶风太守。梁武帝之举兵也，所在响应。邻郡多请进之同遣修谒，进之曰：“非吾志也。”竟不行。武帝嘉之。梁台建，历尚书左丞，广平、天门二郡太守，左卫将军，封建宁公。

进之子清，位散骑常侍，金紫光禄大夫，镇东府长史，新野、东阳二郡太守，安南将军，封中卢公。承圣末，陈武帝杀太尉王僧辩，遣文帝攻僧辩婿杜龛，龛告难于清，引兵援龛，大败陈文帝于吴兴，追奔至晋陵。时广州刺史欧阳颁亦同清援龛，中更改异，杀清而归陈武帝。子猛。

猛字世雄,本名勇。五岁而父清遇害,陈文帝军度浙江,访之,将加夷灭。母韦氏携之遁于会稽,遂免。及长,勤学不倦,博涉经史,兼习孙、吴兵法。以父遇酷,终文帝之世不听音乐,蔬食布衣,以丧礼自处。宣帝立,乃始求位。太建初,释褐鄱阳王府中兵参军,再迁永阳王府录事参军。

猛慷慨,常慕功名。先是,上疏陈安边拓境之策,甚见嘉纳。至是,诏随大都督吴明彻略地。以军功封应阳县子,累迁太子右卫率,徙晋陵太守。威惠兼举,奸盗屏迹,富商野次,云"以付王府君。"郡人歌之,以比汉之赵广汉。至德初,征为左骁骑将军,加散骑常侍,深见信重。时孔范、施文庆等并相与比周,害其梗直,议将出之而未有便。会广州刺史马靖不受征,乃除猛都督、东衡州刺史,领始兴内史,与广州刺史陈方庆共取靖。猛至,即禽靖送建邺,进爵为公,加先胜将军、平越中郎将、大都督,发广、桂等二十州兵,讨岭外荒梗,所至皆平。

祯明二年,诏授镇南大将军、都督二十四州诸军事,寻命徙镇广州。未之镇,而隋师济江,猛总督所部赴援。时广州刺史临汝侯方庆、西衡州刺史衡阳王伯信并隶猛督府,各观望不至。猛使高州刺史戴智烈、清远太守曾孝远各以轻兵就斩之而发其兵。及闻台城不守,乃举哀素服,藉槁不食,叹曰:"申包胥独何人哉!"因勒兵缘江拒守,以固诚节。及审后主不死,乃遣其部将辛昉驰驿赴京师归款。隋文帝大悦,谓昉曰:"猛怀其旧主,送故情深,即是我之诚臣。保守一方,不劳兵甲,又是我之功臣。"即日拜昉开府仪同三司,仍诏猛与行军总管韦洸便留岭表经略。猛母妻子先留建邺,因随后主入京,诏赐宅及什物甚厚,别赍物一千段,及遣玺书劳猛。仍讨平山越,驰驿奏闻。时文帝幸河东,会猛使至,大悦。杨素贺,因曰:"昔汉武此地闻喜,用改县名,王猛今者告捷,远符前事。"于是又降玺书褒赏,以其长子缮为开府仪同三司。猛寻卒于广州,文帝闻而痛之,遣使吊祭,赠上开府仪同三司,封归仁县公。命其子缮袭,仍授普州刺史。仁寿元年,缮弟续表陈猛志,求葬关中,诏许之。仍赠使持节、大将军、宋州刺史、三州诸军事,谥曰成。

纳之弟瓛之,字道茂,位司空谘议参军。瓛之子逡之。

逡之字宣约,少礼学博闻。仕宋位吴令。升明末,尚书右仆射王俭重儒术,逡之以著作郎兼尚书左丞,参定齐国仪礼。初,俭撰《古今丧服集记》,逡之难俭十一条,更撰《世行》五卷。国学久废,齐建元二年,逡之先上表立学。转国子博士,又兼著作《永明起居注》。后位南康相,光禄大夫,加给事中。逡之率素,衣裳不浣,几案尘黑,年老手不释卷。建武二年,卒。

从弟珪之,位长水校尉,撰《齐职仪》。永明九年,其子中军参军颛启上其书,凡五十卷。诏付秘阁。

素字休业,彬五世孙,而逡之族子也。高祖翘之,晋光禄大夫。曾祖望之,祖泰之,并不仕。父元弘,位平固令。素少有志行,家贫母老,隐居不仕。宋孝建、大明、泰始中、屡征不就,声誉甚高。山中有蚿清长,听之使人不厌,而其形甚丑,素乃为《蚿赋》以自况。卒,年五十四。

论曰:昔晋初度江,王导卜其家世,郭璞云:"淮流竭,王氏灭。"观夫晋氏以来,诸王冠冕不替,盖亦人伦所得,岂唯世禄之所传乎。及于陈亡之年,淮流实竭,曩时人物,扫地尽矣。斯乃兴亡之兆已有前定。天之所废,岂智识之所谋乎。

南史卷二五
列传第一五

# 王懿　到彦之 孙扬 扬子沆 沆从兄溉

## 洽 洽子仲举 垣护之 弟子崇祖

崇祖从兄荣祖　荣祖从父阆　阆弟子昙深

# 张兴世 子欣泰

王懿字仲德,太原祁人,自言汉司徒允弟幽州刺史懋七世孙也。祖宏,仕石季龙。父苗,仕苻坚。皆至二千石。仲德少沉审有意略,事母甚谨,学通阴阳,精解声律。

苻氏之败,仲德年十七。及兄睿同起义兵,与慕容垂战,败,仲德被重创走,与家属相失。路经大泽,困未能去,卧林中。有一小儿青衣,年可七八岁,骑牛行,见仲德,惊曰:“汉已食未?”仲德言饥。小儿去,须臾复来,得饭与之。食毕欲行,而暴雨,莫知津逗,有一白狼至前,仰天而号,号讫衔仲德衣,因度水,仲德随后得济,与睿相及。度河至滑台,复为翟辽所留,使为将帅。积年,仲德欲南归,乃弃辽奔太山。辽追骑急,夜行忽见前有猛炬导之,乘火行百许里以免。晋太元末,徙居彭城。兄弟名犯晋宣、元二帝讳,故皆以字行。睿字元德。

北土重同姓,并谓之骨肉,有远来相投者,莫不竭力营赡。若有一人不至者,以为不义,不为乡邑所容。仲德闻王愉在江南贵盛,是太原人，乃远来归愉。愉接遇甚薄，因至姑熟投桓玄。值玄篡，见辅国将军张畅，言及世事。仲德曰："自古革命诚非一族，然今之起者恐不足以济大事。"元德果劲有计略，宋武帝甚知之，告以义举，使于都下袭玄。仲德闻其谋，谓元德曰："天下事不可不密，且兵亦不贵迟巧。玄情无远虑，好冒夜出入，今取之正须一夫力耳。"事泄，元德为玄诛，仲德窜走。会义军克建邺，仲德抱元德子方回出候武帝，帝于马上抱方回，与仲德相对号恸。追赠元德给事中，封安复县侯，以仲德为镇军中兵参军。

武帝伐广固，仲德为前驱，战辄破之，大小二十余战。卢循寇逼，众议并欲迁都，仲德正色曰："今天子当阳南面，明公命世作辅，新建大功，威震六合。妖寇豕突，恃我远征，既闻凯入，将自奔散。今日投草莽则同匹夫，匹夫号令，何以威物？此谋若立，请从此辞。"帝悦。及武帝与循战于左里，仲德功冠诸将，封新淦县侯。义熙十二年，北伐，进仲德征虏将军，加冀州刺史，督前锋诸军事。冠军将军檀道济、龙骧将军王镇恶向洛阳，宁朔将军刘遵考、建武将军沈林子出石门，宁朔将军朱超石、胡藩向半城，咸受统于仲德。仲德率龙骧将军朱牧、宁远将军竺灵秀、严纲等开钜野入河，乃总众军进据潼关。长安平，以仲德为太尉谘议参军。武帝欲迁都洛阳，众议咸以为宜。仲德曰："非常之事人所骇，今暴师经载，士有归心，故当以建邺为王基。迁都宜候文轨大同。"帝深纳之。使卫送姚泓先还彭城。武帝受命，累迁徐州刺史，加都督。

元嘉中，到彦之北侵，仲德同行。魏弃河南，司、兖三州平定，三军咸喜，而仲德有忧色，曰："诸贤不谙北土情伪，必堕其计。"诸军进屯灵昌，魏军于委粟津度河，虎牢、洛阳并不守。彦之闻二城并没，欲焚舟步走。仲德曰："洛阳既败，虎牢无以自立，理数必然也。去我犹自千里，滑台尚有强兵，若便舍舟，士卒必散，且当入济至马耳谷口，更详所宜。"乃回军，沿济南历城步上，焚舟弃甲，还至彭城。仲德坐免官。寻与檀道济救滑台，粮尽乃归。自是复失河南。

九年，又为徐州刺史。仲德三临徐州，威德著于彭城。立佛寺，作白狼、童之子像于塔中，以在河北所遇也。进号镇北大将军。十五年，卒。谥曰桓侯。亦于庙立白狼、童子坛，每祭必祠之。子正循嗣，为家僮所杀。

仲德兄孙文和，景和中，为征北义阳王昶府佐。昶于彭城奔魏，部曲皆散，文和独送至界上。昶谓曰："诸人皆去，卿有老母，何独不去？"文和乃去。升明中，为巴陵内史。沈攸之事起，文和斩其使，驰白齐武帝。及齐永明年中，历青、冀、兖、益四州刺史。

到彦之字道豫，彭城武原人，楚大夫屈到后也。宋武帝讨孙恩，以乡里乐从，每有战功。

义旗将起，彦之家在广陵，临川武烈王道规克桓弘，彦之时近行，闻事捷驰归，而道规已南度江，仓卒晚方获济。及至京口，武帝已向建邺，孟昶居守，留之。及见武帝，被责，不自陈，昶又不申理，故不加官。义熙元年，补镇军行参军。六年，卢循逼都，彦之与檀道济掩循辎重，与循党苟林战，败，免官。后以军功封佷山县子，为太尉中兵参军。骠骑将军道怜镇江陵，以彦之为骠骑谘议参军，寻迁司马、南郡太守。又从文帝西镇，除使持节、南蛮校尉。武帝受命，进爵为侯。

彦之佐守荆楚垂二十载，威信为士庶所怀。及文帝入奉大统，以徐羡之等新有篡虐，惧，欲使彦之领兵前驱。彦之曰："了彼不贰，便应朝服顺流。若使有虞，此师既不足恃，更开嫌隙之端，非所以副远迩之望也。"会雍州刺史褚叔度卒，乃遣彦之权镇襄阳。羡之等欲即以彦之为雍州，上不许，征为中领军，委以戎政。彦之自襄阳下，谢晦已至镇，虑彦之不过己，彦之至杨口，步往江陵，深布诚款，晦亦厚自结纳。彦之留马及利剑名刀以与晦，晦由此大安。元嘉三年，讨晦，进彦之镇军，于彭城洲战不利，咸欲退还夏口，彦之不回。会檀道济至，晦乃败走。江陵平，因监荆州州府事，改封建昌县公。其秋，迁南豫州刺史，监六州诸军事，镇历阳。

上于彦之恩厚，将加开府，欲先令立功。七年，遣彦之制督王仲德、竺灵秀、尹冲、段宏、赵伯符、竺灵真、庾俊之、朱脩之等北侵,自淮入泗。泗水涩,日裁行十里。自四月至七月,始至东平须昌县。魏滑台、虎牢、洛阳守兵并走。彦之留朱脩之守滑台,尹冲守虎牢,杜骥守金墉。十年,魏军向金墉城,次至虎牢。杜骥奔走,尹冲众溃而死。魏军乃进滑台。时河冰将合,粮食又罄,彦之先有目疾,至是大动,将士疾疫,乃回军,焚舟步至彭城。初遣彦之,资实甚盛,及还,凡百荡尽,府藏为空。文帝遣檀道济北救滑台,收彦之下狱,免官。兖州刺史竺灵秀弃军伏诛。明年夏,起为护军。九年,复封邑,固辞。明年,卒。乃复先户邑,谥曰忠公。孝建三年,诏彦之与王华、王昙首配食文帝庙庭。

长子元度,位益州刺史。少子仲度嗣,位骠骑从事中郎。兄弟并有才用,皆早卒。仲度子扬。

扬字茂谦,袭爵建昌公。宋明帝立,欲收物情,以扬功臣之后,自长兼左户郎中擢为太子洗马。

扬资藉豪富,厚自奉养,供一身一月十万。宅宇山池,伎妾姿艺,皆穷上品。才调流赡,善纳交游。爱伎陈玉珠,明帝遣求不与,逼夺之,扬颇怨,帝令有司诬奏,将杀之。扬入狱,数宿须鬓皆白,免死,系尚方。夺封与弟贲,扬由是更以贬素自立。明帝崩,弟贲让封还扬,朝议许之。

弟遁,元徽中为南海太守,在广州。升明元年,沈攸之反,刺史陈显达起兵应朝廷,遁犹豫见杀。遁家人在都,从野夜归,见两三人持棰刷其家门,须臾而灭,明日而遁死问至。扬惧,诣齐高帝谢,即板扬武帝中军谘议参军。建元初,国除。

武帝即位,累迁司徒左长史。宋时,武帝与扬同从宋明帝射雉郊野,渴倦,近得早青瓜,与上对剖食之。上又数游扬家,怀其旧德,至是一岁三迁。永明元年,为御史中丞。车驾幸丹阳郡,宴饮,扬恃旧,酒后狎侮同列,谓庾杲之曰:“蠢尔蛮荆,其俗鄙。”复谓虞悰曰:“断发文身,其风陋。”王晏既贵,雅步从容,又问曰:“王散骑复何故尔?”晏先为国常侍,转员外散骑郎,此二职清华所不为,故以此嘲之。王敬则执梲查，以刀子削之，又曰："此非元徽头，何事自契之？"为左丞庾杲之所纠，以赎论。再迁左卫将军。随王子隆带彭城郡，执问讯不修部下敬，为有司举，免官。后为五兵尚书，庐陵王中军长史。卒，子沆嗣。

沆字茂瀻，幼聪敏，五岁时，父执于屏风抄古诗，沆请教读一遍，便能讽诵。及长，善属文，工篆隶，美风神，容止可悦。梁天监初，为征虏主簿。东宫建，以为太子洗马。时文德殿置学士省，召高才硕学待诏，沆通籍焉。武帝宴华光殿，命群臣赋诗，独诏沆为二百字，三刻便成。沆于坐立奏，其文甚美。俄以洗马管东宫书记及散骑省优策文。三年，诏尚书郎在职清能者为侍郎，以沆为殿中曹侍郎。此曹以文才选，沆从父兄溉、洽并有才名，时相代为之，见荣当世。迁太子中舍人。沆为人谦敬，口不论人短。任昉、范云皆与善。后卒于北中郎谘议参军。所著诗赋百余篇。

溉字茂灌，执弟子也。父坦，齐中书郎。溉少孤贫，与兄沼、弟洽俱知名，起家王国左常侍。乐安任昉大相赏好，坦提携溉、洽二人，广为声价。所生母魏本寒家，悉越中之资，为二儿推奉昉。

梁天监初，昉出守义兴，要溉、洽之郡，为山泽之游。昉还为御史中丞，后进皆宗之。时有彭城刘孝绰、刘苞、刘孺、吴郡陆倕、张率、陈郡殷芸、沛国刘显及溉、洽，车轨日至，号曰"兰台聚"。陆倕赠昉诗云："和风杂美气，下有真人游，壮矣荀文若，贤哉陈太丘。今则兰台聚，万古信为俦。任君本达识，张子复清修，既有绝尘到，复见黄中刘。"时谓昉为任君，比汉之三君，到则溉兄弟也。除尚书殿中郎，后为建安太守，昉以诗赠之，求二衫段云："铁钱两当一，百易代名实，为惠当及时，无待凉秋日。"溉答云："余衣本百结，闽中徒八蚕，假令金如粟，讵使廉夫贪。"还为太子中舍人。

溉长八尺，眉目如点，白皙善须髯，举动风华，善于应答。上用为通事舍人，中书郎，兼吏部，太子中庶子。湘东王绎为会稽太守，以溉为轻车长史，行府郡事。武帝敕绎曰："到溉非直为汝行事，足为汝师。"溉尝梦武帝遍见诸子，至湘东而脱帽与之，于是密敬事焉。遭母忧,居丧尽礼,所处庐开方四尺,毁瘠过人。服阕,犹蔬食布衣者累载。

历御史中丞,都官、左户二尚书,掌吏部尚书。时何敬容以令参选,事有不允,溉辄相执。敬容谓人曰:"到溉尚有余臭,遂学作贵人。"敬容日方贵宠,人皆下之,溉忤之如初。溉祖彦之初以担粪自给,故世以为讥云。后省门鸱尾被震,溉左迁光禄大夫。所莅以清白自修,性又率俭,不好声色,虚室单床,傍无姬侍。冠履十年一易,朝服或至穿补,传呼清路,示有朝章而已。后为散骑常侍、侍中、国子祭酒。表求列武帝所撰《正言》于学,请置《正言》助教二人,学生二十人。尚书左丞贺琛又请加置博士一人。

溉特被武帝赏接,每与对棋,从夕达旦,或复失寝,加以低睡,帝诗嘲之曰:"状若丧家狗,又似悬风槌。"当时以为笑乐。溉第居近淮水,斋前山池有奇礓石,长一丈六尺,帝戏与赌之,并《礼记》一部,溉并输焉。未进,帝谓朱异曰:"卿谓到溉所输可以送未?"敛板对曰:"臣既事君,安敢失礼。"帝大笑,其见亲爱如此。石即迎置华林园宴殿前,移石之日,都下倾城纵观,所谓到公石也。溉弈棋入第六品,常与朱异、韦黯于御坐校棋比势,复局不差一道。后因疾失明,诏以金紫光禄大夫、散骑常侍就养疾。溉少有美名,遂不为仆射,人为之恨,溉澹如也。

家门雍睦,兄弟特相友爱。初与弟洽恒共居一斋,洽卒后,便舍为寺。蒋山有延贤寺,溉家世所立。溉得禄俸,皆充二寺。因断腥膻,终身蔬食。别营小室,朝夕从僧徒礼诵。武帝每月三致净馔,恩礼甚笃。性不好交游,唯与朱异、刘之遴、张缵同志友密。及卧疾,门可罗雀,唯三人每岁时恒鸣驺枉道以相存问,置酒极欢而去。

以太清二年卒,临终托张、刘勒子孙薄葬之礼。曰:"气绝便敛,敛以法服,先有冢窆,敛竟便葬,不须择日。凶事必存约俭,孙侄不得违言。"便屏家人,请僧读经赞呗。及卒,颜色如恒,手屈二指,即佛道所云得果也。时朝廷多事,遂无赠谥。有集二十卷行于时。子镜。

　　镜字圆照，初在孕，其母梦怀镜，及生，因以名焉。镜五岁，便口授为诗，婉有辞况。位太子舍人，作《七悟》，文甚美。先溉卒。

　　镜子荩，早聪慧，位尚书殿中郎。尝从武帝幸京口，登北顾楼赋诗，荩受诏便就，上以示溉曰："荩定是才子，翻恐卿从来文章假手于荩。"因赐绢二十匹。后溉每和御诗，上辄手诏戏溉曰："得无贻厥之力乎？"又赐溉《连珠》曰："砚磨墨以腾文，笔飞毫以书信，如飞蛾之赴火，岂焚身之可吝。必耄年其已及，可假之于少荩。"其见知赏如此。后除丹阳尹丞。太清乱，赴江陵，卒。溉弟洽。

　　洽字茂沿，清警有才学。父坦，以洽无外家，乃求娶于羊玄保以为外氏。洽年十八，为徐州迎西曹行事。谢朓文章盛于一时，见洽深相赏好，每称其兼资文武。朓后为吏部，欲荐之，洽睹时方乱，深相拒绝，遂筑室岩阿，幽居积岁，时人号曰"居士"。任昉与洽兄沼、溉并善，尝访洽于田舍，叹曰："此子日下无双。"遂申拜亲之礼。

　　梁武帝尝问待诏丘迟曰："到洽何如沆、溉？"迟曰："正情过于沆，文章不减溉，加以清言，殆将难及。"即召为太子舍人。御幸华光殿，诏洽及沆、萧琛、任昉侍宴，赋二十韵诗，以洽辞为工，赐绢二十匹。上谓昉曰："诸到可谓才子。"昉曰："臣常窃议，宋得其武，梁得其文。"迁司徒主簿，直待诏省，敕使抄甲部书为十二卷。迁尚书殿中郎。后为太子中舍人，与庶子陆倕对掌东宫管记。俄为侍读，侍读省仍置学士二人，洽充其选。迁国子博士，奉敕撰《太学碑》。

　　累迁尚书吏部郎，请托不行。徙左丞，准绳不避贵戚。时帝欲亲戎，军国礼容多自洽出。寻迁御史中丞，号为劲直。少与刘孝绰善，下车便以名教隐秽，首弹之。孝绰托与诸弟书，实欲闻之湘东王。公事左降，犹居职。旧制中丞不得入尚书下舍，洽兄溉为左户尚书，洽引服亲不应有碍，刺省详决。左丞萧子云议许入溉省，亦以其兄弟素笃不相别也。出为寻阳太守，卒。赠侍中，谥理子。洽美容质，善言吐，弱年听伏曼容讲，未尝傍膝，伏深叹之。文集行于世。子仲举。

　　仲举字德言，无他艺业，而立身耿正。仕梁为长城令，政号廉平。陈文帝居乡里，尝诣仲举，时天阴雨，仲举独坐斋内，闻城外有箫鼓声，俄而文帝至，仲举异之，乃深自结。帝又尝因饮，夜宿仲举帐中，忽有神光五彩照于室内，由是祗事益恭。及候景平，文帝为吴兴太守，以仲举为郡丞，与颍川庾持俱为文帝宾客。文帝嗣位，授侍中，参掌选事。天嘉元年，守都官尚书，封宝安县侯。三年，迁尚书左仆射、丹阳尹，参掌如故。改封建昌县侯。

仲举既无学术，朝章非其所长，选举引用，皆出自袁枢。性疏简，不干时务，与朝士无所亲狎，但聚财酤饮而已。文帝积年寝疾，不亲万机，尚书中书事，皆使仲举断决。天康元年，迁侍中、尚书仆射。文帝疾甚，入侍医药。及帝崩，宣帝受遗诏为尚书令，入辅，仲举与左丞王暹、中书舍人刘师知、殷不佞以朝望有旧，乃遣不佞宣旨，遣宣帝还东府。事发，师知下狱赐死，暹、不佞并付推，乃以仲举为贞毅将军、金紫光禄大夫。

初，仲举子郁尚文帝妹信义长公主，官至中书侍郎，出为宣城太守，文帝配以士马。是年，迁南康内史，以国哀未之任。仲举既废居私宅，与郁皆不自安。时韩子高在都，人马素盛，郁每乘小舆蒙妇人衣与子高谋。子高军主告其事，宣帝收子高、仲举及郁，并于狱赐死。郁诸男女帝甥获免。

垣护之字彦宗，略阳垣道人也。族姓豪强，石季龙时，自略阳徙邺。祖敞，仕苻氏为长乐国郎中令。伯父遵，父苗，仕慕容超，并见委任。遵为尚书，苗为京兆太守。宋武帝围广固，遵、苗逾城归降，并以为太尉行参军。元嘉中，遵为员外散骑常侍，苗屯骑校尉，仍家下邳。

护之少倜傥，不拘小节，形状短陋，而气干强果。元嘉初，为殿中将军，随到彦之北侵魏。彦之将回师，护之书谏，彦之不纳，散败而归。文帝闻而善之。累迁钟离太守，随王玄谟入河。玄谟攻滑台，护之百舸为前锋，进据石济。及魏救将至，驰书劝玄谟急攻之，不见从。玄谟败退，不暇报护之，而魏军悉牵玄谟水军大艦，连以铁锁三重，断河以绝护之还路。河水迅急，护之中流而下，每至铁锁，以长柯斧断之，魏人不能禁。唯失一舸，余舸并全。留戍虋沟城。还为江夏王义恭骠骑户曹参军，戍淮阴，领济北太守。

三十年，文帝崩，还屯历下。孝武入讨，率所领驰赴，帝以为冀州刺史。及南郡王义宣反，兖州刺史徐遗宝，护之妻弟也，与护之书，劝使同逆。护之驰使以闻，率军随沈庆之等击鲁爽。义宣率大众至梁山，与王玄谟相持，柳元景率护之及护之弟询之、柳叔仁、郑琨等出镇新亭，玄谟求上遣元景等进据南州。护之水军先发，大破贼将庞法起，元景乃以精兵配护之追讨，会朱脩之已平江陵，至寻阳而还。迁徐州刺史，封益阳县侯。后拜青、冀二州刺史，镇历城。

大明二年，征为右卫将军，还，于道闻竟陵王诞据广陵反，护之即率部曲受车骑大将军沈庆之节度。事平，转临淮太守，徙豫州刺史。护之所莅，多聚敛贿货，七年，坐下狱，免官。明年，起为太中大夫。未拜，以愤卒。谥壮侯。

崇祖字敬远，一字僧宝，护之弟子也。父询之，骁敢有气力，元凶弑逆，副辅国将军张畅。时张超手行大逆，亦领军隶畅，询之规杀之，虑畅不同，畅宿有此志，又未测询之同否，互相观察。会超来论事，畅色动，询之觉之，即共定谋，遣召超。超疑之不至，改宿他所，询之不知，径往斫之，杀其仆于床，因与畅南奔。时孝武已即位，以为积射将军。梁山之役，力战中流矢，卒。赠冀州刺史。

崇祖年十四，有干略，伯父护之谓门宗曰："此儿必大吾门。"后随徐州刺史薛安都入魏。寻又率门宗据朐山归宋，求淮北立功，明帝以为北琅邪、兰陵二郡太守，封下邳子。及齐高帝镇淮阴，崇祖时戍朐山，既受都督，祗奉甚至。帝以其武勇，善待之。崇祖谓其妹夫皇甫肃曰："此真吾君也。"遂密布诚节。高帝威名已著，宋明帝尤所忌疾，征为黄门郎，规害高帝。崇祖建策以免，由是甚见亲，参豫密谋。元徽末，高帝惧祸，令崇祖入魏。崇祖即以家口托皇甫肃，勒数百人将入魏界，更听后旨，会苍梧废，召崇祖还都。

及齐高帝新践祚，恐魏致讨，以送刘昶为辞。以为军冲必在寿

春，非崇祖莫可为捍，徙为豫州刺史，监豫、司二州诸军事，封望蔡
侯。建元二年，魏遣刘昶攻寿春，崇祖乃于城西北立堰，塞肥水，堰
北起小城，使数千人守之。谓长史封延伯曰："虏必悉力攻小城，若
破此堰，放水一激，急逾三峡，自然沉溺，岂非小劳而大利邪？"及魏
军由西道集堰南，分军东路，内薄攻小城，崇祖著白纱帽，肩舆上
城，手自转式，日晡时，决小史埭，水势奔下，魏攻城之众，溺死千
数，大众退走。初，崇祖于淮阴见高帝，便自比韩、白，唯上独许之。
及破魏军启至，上谓朝臣曰："崇祖恒自拟韩、白，今真其人也。"进
为都督。崇祖闻陈显达、李安人皆增给军仪，乃启求鼓吹横吹。上
敕曰："韩、白何可不与众异。"给鼓吹一部。崇祖虑魏复攻淮北，启
徙下蔡戍于淮东。其冬，魏果欲攻下蔡，及闻内徙，乃扬声平除故
城。众疑魏当于故城立戍，崇祖曰："下蔡去镇咫尺，魏岂敢置戍，实
是欲除此城，正恐奔走，杀之不尽耳。"魏果夷掘下蔡城，崇祖大破
之。

　　武帝即位，为五兵尚书，领骁骑将军。初，豫章王有盛宠，武帝
在东宫，崇祖不自附。及破魏军，诏使还朝，与共密议，武帝疑之，曲
加礼待，酒后谓曰："世间流言，我已豁怀抱，自今以后，富贵见付
也。"崇祖拜谢。及去后，高帝复遣荀伯玉敕以边事，受旨夜发，不得
辞东宫。武帝以为不尽诚心，衔之。永明元年，诏称其与荀伯玉构
扇边荒，诛之。故人无敢至者，独有前豫州主簿夏侯恭叔出家财为
殡，时人以比栾布。

　　恭叔，谯国人。崇祖为豫州，闻其才义，辟为主簿，兼掌书翰。高
帝即位，方镇皆有贺表。王俭见崇祖启，咨嗟良久，曰："此恭叔辞
也。"时宋氏封爵，随军迁改，恭叔以柳元景中兴元勋，刘勔殒身王
事，不宜见废，上表论之，甚有义理。事虽不从，优诏见答。后为竟
陵令，惠化大行。木连理，上有光如烛，咸以善政所致。

　　荣祖字华先，崇祖从父兄也。父谅之，宋北中郎府参军。荣祖
少学骑射，或曰："何不学书？"荣祖曰："曹操、曹丕，上马横槊，下马
谈论，此可不负饮食矣。君辈无自全之伎，何异犬羊乎。"

　　宋孝建中,为后军参军。伯父豫州刺史护之子袭祖为淮阳太守,孝武以事徙之岭南,护之不食而死。帝疾笃,又使杀袭祖。临死与荣祖书曰:"弟尝劝我危行言逊,今果败矣。"明帝初即位,四方反,除荣祖冗从仆射,遣还徐州,说刺史薛安都曰:"天之所废,谁能兴之?使君今不同八百诸侯,如下官所见,非计中也。"安都曰:"今京都无百里地,莫论攻围取胜,自可相拍手笑杀,且我不欲负孝武。"荣祖曰:"孝武之行,足致余殃,今虽天下雷同,正是速死,无能为也。"安都曰:"不知诸人云何,我不畏此,大蹄马在近,急便作计。"荣祖被拘,不得还,因为安都将领。安都引魏军入彭城,荣祖携家属南奔朐山。齐高帝在淮阴,荣祖归附,高帝保持之。及宋明帝崩,高帝书送荣祖诣仆谢褚彦回,除东海太守。彦回谓曰:"萧公称卿干略,故以郡相处。"

　　荣祖善弹,登西楼,见翔鹄云中,谓左右当生取之。于是弹其两翅,毛脱尽,坠地无伤,养毛生后飞去,其妙如此。

　　元徽末,苍梧凶狂,恒欲危害高帝。帝欲奔广陵起事,荀伯玉等皆赞成之,荣祖谏曰:"领府去台百步,公走人岂不知?若单骑轻行,广陵人一旦闭门不相受,公欲何之?公今动足下床,恐便有叩台门者,公事去矣。"苍梧明夕自至领府扣门,欲害帝,帝尝以书案下安鼻为盾,以铁为书镇如意,甚壮大,以备不虞,欲以代仗。苍梧至府,而曰:"且申令夕,须至一处作适,还当取奴。"寻遇杀。齐高帝谓荣祖曰:"不用卿言,几无所成。"豫佐命勋,封将乐县子。

　　永明二年,为寻阳相、南新蔡太守。被告作大形棺材盛仗,使乡人载度江北,案验无实,见原。后拜兖州刺史。初,巴东王子响事,方镇皆启称子响为逆,荣祖曰:"此非所宜言,政应云刘寅等孤负恩奖,逼迫巴东,使至于此。"时诸启皆不得通,事平后,上乃省视,以荣祖为知言。九年,卒。

　　从弟历生,亦为骁将,位太子右率。性苛暴,与始安王遥光同反,伏诛。

　　**阂字叔通,荣祖从父也。父遵,位员外常侍。阂为宋孝武帝南**

中郎参军。孝武帝即位，以为交州刺史。时交土全实，阘罢州还，资财钜万。孝武末年贪欲，刺史、二千石罢任还都，必限使献奉，又以蒱戏取之，要令声罄乃止。阘还至南州，而孝武晏驾，拥南资为富人。明帝初，以为司州刺史。北破薛道摽，封乐乡县男。出为益州刺史，蜀还之货，亦数千金，先送献物，倾西资之半，明帝犹嫌其少。及阘至都，诣廷尉自簿，先诏狱官留阘，于是悉送资财，然后被遣。凡蛮夷不受鞭罚，输财赎罪，谓之"赎"，时人谓阘"被赎刺史"。历度支尚书、卫尉。

　　齐高帝辅政，使褚彦回为子晃求阘女，阘辞以"齐大非偶"，帝虽嘉其退让，而心不能欢，即以晃婚王俭女。谓豫章王嶷曰："前欲以白象与垣公婚者，重其夷澹，事虽不遂，心常依然。"白象，晃小字也。及高帝即位，以有诚心，封爵如故。卒于金紫光禄大夫，谥曰定。子喜伯袭爵。

　　喜伯少负气豪侠，妙解射雉，尤为武帝所重，以为直阁将军。与王文和俱任，颇以地势陵之。后出为巴西、梓潼二郡太守，时文和为益州刺史，曰："每忆昔日俱在阁下，卿时视我，如我今日见卿。"因诬其罪，驰信启之，又辄遣萧寅代喜伯为郡。喜伯亦别遣启台，闭门待报，寅以兵围之。齐明帝辅政，知其无罪，不欲乖文和，乃敕喜伯解郡。还为寅军所蹑，束手受害。

　　阘弟子昙深，以行义称。为临城县，罢归，得钱十万，以买宅奉兄，退无私蓄。先是，刘楷为交州，谓王俭曰："欲一人为南土所闻者同行。"俭良久曰："得之矣。昔垣阘为交州，阘弟阅又为九真郡，皆著信南中。羽林监昙深者，阅之子也，雅有学行，当令同行。"及随楷，未至交州而卒，楷惆怅良久。

　　昙深妻郑氏，字献英，荥阳人，时年二十，子文凝始生，仍随楷到镇。昼夜纺织，傍无亲援，年既盛美，甚有容德，自厉冰霜，无敢望其门者。居一年，私装了，乃告楷求还。楷大惊曰："去乡万里，固非孀妇所济。"遂不许。郑又曰："垣氏羁魂不反，而其孤藐幼，妾若一同灰壤，则何面目以见先姑。"因大悲泣。楷怆然，许之，厚为之送。

于是间关危险,遂得至乡。葬毕,乃曰:"可以下见先姑矣。"时文凝年甫四岁,亲教经礼,训以义方,州里称美。

又有吴兴丘景宾,字彦先,亦以节义闻。父康祖,无锡令,亡后,僮仆数十人及宅宇产畜,景宾悉让与兄镇之。镇之又推斋屋三间与之,亦不肯受。太守孔山士叹曰:"闻柳下惠之风,贪夫廉,懦夫有立志。复见之矣。"终于奉朝请。

张兴世字文德,竟陵人也,本单名世,宋明帝益为兴世。少家贫,白衣随王玄谟伐蛮。后随孝武镇寻阳,补南中郎参军督护,从入讨元凶。及南郡王义宣反,又随玄谟出梁山,有战功。

明帝即位,四方反叛,进兴世龙骧将军,领水军拒南贼。时台军据赭圻,朝廷遣吏部尚书褚彦回就赭圻行选。是役也,皆先战授位,檄板不供,由是有黄纸札。南贼屯在鹊尾。既相持久以决,兴世建议曰:"贼据上流,兵张地势,今以奇兵潜出其上,使其首尾周惶,进退疑阻,粮运艰碍,乃制胜之奇。"沈攸之、吴喜并赞其计,分战士七千配之。兴世乃令轻舸溯流而上,旋复回还,一二日中辄复如此,使贼不为之防。贼帅刘胡闻兴世欲上,笑之曰:"我尚不敢越彼下取扬州,兴世何人,欲据我上。"兴世谓攸之等曰:"上流唯有钱溪可据。"乃往据之。及刘胡来攻,将士欲迎击之,兴世曰:"贼来尚远,而气骤盛矣。夫骤既力尽,盛亦易衰,此曹翙所以破齐也。将士不得妄动。"贼来转近,兴世乃命寿寂之、任农夫率壮士击走之。袁颉愠曰:"贼据人肝藏里,云何得活。"是月朔,赭圻军士伐木为栅,于青山遇一童子曰:"贼下旬当平,无为自苦。"忽不见。至是果败。兴世又遏其粮道,贼众渐饥,刘胡弃军走,袁颉仍亦奔散,兴世遂与吴喜共平江陵。迁右军将军,封作唐县侯。历雍州刺史,左卫将军。以疾徙光禄大夫,寻卒。

兴世居临沔水。自襄阳以下至于江二千里,先无洲屿。兴世初生,当其门前水中,一旦忽生洲,年年渐大。及兴世为方伯,而洲上遂十余顷。

父仲子由兴世致位给事中，兴世欲将往襄阳，爱乡里不肯去。尝谓兴世曰："我虽田舍老公，乐闻鼓角，汝可送一部，行田时欲吹之。"兴世素恭谨畏法，譬之曰："此是天子鼓角，非田舍公所吹。"兴世欲拜墓，仲子谓曰："汝卫从太多，先人必当惊怖。"兴世减撤而行。子欣泰。

欣泰字义亨，不以武业自居，好隶书，读子史。年十余，诣吏部尚书褚彦回，彦回问："张郎弓马多少？"答曰："性怯畏马，无力牵弓。"彦回甚异之。历诸王府佐。

宋元徽中，兴世在家，拥雍州还资见钱三千万，苍梧王自领人劫之，一夜垂尽，兴世忧惧病卒。欣泰兄欣华时为安成郡，欣泰悉封余财以待之。齐建元初，为尚书都官郎。武帝与欣泰早款遇，及即位，以为直阁将军。后为武陵内史，坐赃私杀人被纠，见原。还复为直阁、步兵校尉，领羽林监。

欣泰通涉雅俗，交结多是名素，下直辄著鹿皮冠，衲衣锡杖，挟素琴。有以启武帝，帝曰："将家儿，何敢作此举止。"后从驾出新林，敕欣泰廉察，欣泰停仗，于松树下饮酒赋诗。制局监吕文度以启武帝，帝大怒，遣出。数日意释，召谓曰："卿不乐武职，当处卿清贵。"除正员郎。出为镇军南中兵参军、南平内史。

巴东王子响杀僚佐，上遣中庶子胡谐之西讨，使欣泰为副。欣泰谓谐之曰："今太岁在西南，逆岁行军，兵家深忌，若且顿军夏口，宣示祸福，可不战而禽也。"谐之不从，进江津，尹略等见杀。事平，欣泰徙为随王子隆镇西中兵，改领河东内史。子隆深相爱重，数与谈宴，意遇与谢朓相次。典签密启之，武帝怒，召还都。屏居家巷，置宅南冈下，面接松山，欣泰负弩射雉，恣情闲放，声伎杂艺，颇多开解。明帝即位，为领军长史，迁谘议参军。上书陈便宜二十条，其一条言宜毁废塔寺，帝并优诏报答。

建武二年，魏围钟离，欣泰为军主，随崔慧景救援。及魏军退，而邵阳洲上馀兵万人，求输马五百匹假道，慧景欲断路攻之。欣泰说慧景曰："归师勿遏，古人畏之，死地兵不可轻也。"慧景乃听过。

时领军萧坦之亦援鍾离,还启明帝曰:"邵阳洲有死贼万人,慧景、欣泰放而不取。"帝以此皆不加赏。

四年,出为永阳太守。永元初,还都。崔慧景围城,欣泰入城守备。事宁,除庐陵王安东司马。梁武帝起兵,东昏以欣泰为雍州刺史。欣泰与弟前始安内史欣时密谋,结太子右率胡松、前南谯太守王灵秀、直阁将军鸿选、含德主帅苟励、直后刘灵运等,并同契会。帝遣中书舍人冯元嗣监军救郢,茹法珍、梅虫儿及太子右率李居士、制局监杨明泰等十余人,相送中兴堂。欣泰等使人怀刀,于坐斫元嗣,头坠果盘中。又斫明泰,破其腹。虫儿伤数创,手指皆坠。居士逾墙得出,茹法珍亦散走还台,灵秀仍往石头迎建安王宝寅,率文武数百,唱警跸,至杜姥宅。欣泰初闻事发,驰马入宫,冀法珍等在外,城内处分,必尽见委,因行废立。既而法珍得返,处分关门上仗,不配欣泰兵,鸿选在殿内亦不敢发,城外众寻散。少日事觉,欣泰、胡松等皆伏诛。

欣泰少时,有人相其当得三公,而年裁三十。后瓦屋坠,伤额。又问相者,云:"无复公相,年寿更增,亦可得方伯耳。"死时,年三十六。

论曰:王仲德受任二世,能以功名始终。入关之役,檀、王咸出其下。元嘉北讨,则受督于人,有蔺生之志,而无关公之愤,长者哉!道豫虽地居丰、沛,荣非恩假,时历四代,人焉不绝,文武之道,不坠斯门,殆为优矣。垣氏宋、齐之际,世著武节,崇祖陈力疆场,以韩、白自许,竟而杜邮之酷,可为痛哉。兴世鹊浦之奇,远有深致,其垂组建旆,岂徒然也。

# 南史卷二六
## 列传第一六

### 袁湛　弟豹　豹子淑　淑兄子颙　颙从弟粲
象从弟昂　马仙珄　昂子君正　君正子枢
宪　君正弟敬　泌

　　袁湛字士深,陈郡阳夏人也。祖耽,晋历阳太守。父质,琅邪内史。并知名。湛少与弟豹并为从外祖谢安所知,安以其兄子玄女妻湛。

　　宋武帝起兵,以为镇军谘议参军。以从征功,封晋宁县五等男。义熙十二年,为尚书右仆射。武帝北伐,湛兼太尉,与兼司空尚书范泰奉九命礼拜授武帝,帝冲让。湛等随军至洛阳,住柏谷坞,泰议受使未毕,不拜晋帝诸陵,湛独至五陵展敬,时人美之。

　　初,陈郡谢重,王胡之外孙也,于诸舅敬礼多阙,重子绚,湛之甥也,尝于公坐慢湛,湛正色谓曰:"汝便是两世无渭阳情。"绚有愧色。十四年,卒。赠左光禄大夫。文帝即位,以后父赠侍中,以左光禄大大夫开府仪同三司,谥曰敬公。大明三年,孝武幸籍田,经湛墓,遣使致祭,增守墓五户。

　　子淳,淳子植,并早卒。

　　湛弟豹字士蔚,好学博闻,善谈雅俗。每商较古今,兼以诵咏,听者忘疲。为御史中丞,时鄱阳县侯孟怀玉上母檀拜国太夫人,有司奏许。豹以妇人从夫爵,怀玉父大司农绰见居列卿,妻不宜从子。奏免尚书右仆射刘柳等官,诏并赎论。后为丹阳尹,太尉长史。义熙九年,卒官。以参伐蜀谋,追封南昌县五等子。子淑。

淑字阳源,少有风气。年数岁,伯父湛谓人曰:"此非凡儿。"至十余岁,为姑夫王弘所赏,博涉多通,不为章句学。文采遒艳,从横有才辩。

彭城王义康命为司徒祭酒。义康不好文学,虽外相礼接,意好甚疏。从母兄刘湛欲其附己,而淑不为改意,由中大相乖失。淑乃赋诗曰:"种兰忌当门,怀璧莫向楚。楚少别玉人,门非植兰所。"寻以久疾免官。元嘉二十六年,累迁尚书吏部郎。其秋大举北侵,从容曰:"今当席卷赵、魏,检玉岱宗,愿上《封禅书》一篇。"文帝曰:"盛德之事,我何足以当之。"出为始兴王浚征北长史、南东海太守。淑始到府,浚引见谓曰:"不意舅遂垂屈佐?"淑答曰:"朝廷遣下官,本以光公府望也。"还为御史中丞。时魏军南伐至瓜步,文帝使百官议防御之术,淑上议,其言甚诞。淑喜夸,每为时人所嘲。始兴王浚尝送钱三万饷淑,一宿复遣追取,谓为使人谬误,欲以戏淑,淑与浚书曰:"闻之前志曰:'七年之中,一与一夺,义士犹或非之。'况密迩旬次,何其衰益之亟也?窃恐二三诸侯有以观大国之政。"迁太子左卫率。

元凶将为逆,其夜淑在直,呼淑及萧斌等,流涕告以"明旦当行大事,望相与戮力。"淑、斌并曰:"自古无此,愿加善思。"劭怒,斌惧曰:"谨奉令。"淑叱之曰:"卿便谓殿下真有是邪?殿下幼时尝患风,或是疾动耳。"劭愈怒,因问曰:"事当克不?"淑曰:"居不疑之地,何患不克,但既克之后,为天地所不容,大祸亦旋至耳。"劭左右引淑衣曰:"此是何事,而可言罢。"劭因起,赐淑等裤褶,又就主衣取锦,裁三尺为一段,又中裂之,分斌与淑及左右,使以缚裤褶。淑出还省,绕床至四更乃寝。劭将出,已与萧斌同载,呼淑甚急,淑眠终不起。劭停车奉化门,催之相续。徐起至车后,劭使登车,辞不上。劭命左右杀之于奉化门外槐树下。劭即位,追赠太常。孝武即位,赠侍中、太尉,谥曰忠宪公。又诏淑及徐湛之、江湛、王僧绰、卜天兴四家长给禀。淑文集传于世。诸子并早卒。

兄洵，吴郡太守，谥曰贞。洵子颛。

颛字国章，初为豫州主簿，累迁晋陵太守，袭南昌县五等子。大明末，拜侍中，领前军将军。时新安王子鸾以母嬖有盛宠，太子在东宫多过，上微有废太子立子鸾之意，从容言之。颛盛称太子好学，有日新之美。帝怒，振衣而入，颛亦厉色而出。左丞徐爰言于帝，请宥之，帝意解。后帝又以沈庆之才用不多，言论颇相嗤毁，颛又陈庆之忠勤有干略，堪当重任。由是前废帝深感颛，庆之亦怀其德。

景和元年，诛群公，欲引进颛，任以朝政，迁为吏部尚书，封新涂县子。俄而意趣乖异，宠待顿衰，始令颛与沈庆之、徐爰参知选事，寻复反以为罪，使有司纠奏，坐白衣领职。从幸湖熟，往反数日不被命，颛虑祸求出，乃除建安王休仁安西长史。休仁不行，即以颛为领宁蛮校尉、雍州刺史，加都督。颛舅蔡兴宗谓曰："襄阳至恶，岂可冒邪？"颛曰："白刃交前，不救流矢。今日之行，本愿生出虓口。且天道辽远，何必皆验？如其有征，当修德以禳之。"于是狼狈上路，恒虑见追。后至寻阳，曰："今知免矣。"与邓琬款狎过常，每清闲必尽日穷夜。颛与琬人地本殊，众知其有异志矣。

及至襄阳，使刘胡缮修兵械，会明帝定大事，进颛号右将军，遣荆州典签邵宰乘驿还江陵，道由襄阳。颛反意已定，而粮仗未足，欲且奉表于明帝。颛子秘书丞戬曰："一奉表疏，便为彼臣，以臣伐君，于义不可。"颛从之。颛诈云被太皇太后令，命其起兵。便建牙驰檄，奉劝晋安王子勋即大位，与琬书使勿解甲。子勋即位，进颛号安北将军，加尚书左仆射。颛本无将略，在军中未尝戎服，不及战阵，唯赋诗谈议而已，不能抚接诸将。刘胡每论事，酬对甚简，由此大失人情，胡常切齿恚恨。

胡以南军未至，军士匮乏，就颛换襄阳之资。颛答曰："都下两宅未成，方应经理，不可损彻。"又信往来之言，言都下米贵，斗至数百，以为不劳攻伐，行自离散，于是拥甲以得之。明帝使颛旧门生徐硕奉手诏譬颛曰："卿未经为臣，今追踪窦融，犹未晚之。"及刘胡叛走，不告颛，颛至夜方知，大怒，骂曰："今年为小子所误。"呼取飞燕,谓其众曰:"我当自出追之。"因又遁走。至鹊头,与戍主薛伯珍及其所领数千,步取青林,欲向寻阳。夜止山间宿,杀马劳将士。颛顾伯珍曰:"我举八州以谋王室,未一战而散,岂非天邪?非不能死,岂欲草间求活,望一至寻阳,谢罪主上,然后自刎耳。"因慷慨叱左右索节,无复应者。及旦,伯珍请求间言,乃斩颛首诣钱溪马军主襄阳俞湛之降。湛之因斩伯珍,并送首以为己功。明帝忿颛违叛,流尸于江,弟子彖收瘗于石头后冈。后废帝即位,方得改葬。

颛子戬、昂。戬为黄门侍郎,戍盆城。寻阳败,伏诛。

粲字景倩,洵弟子也。父濯,扬州秀才,早卒。粲幼孤,祖哀之,名之曰愍孙。伯叔并当世荣显,而愍孙饥寒不足。母琅邪王氏,太尉长史诞之女也。躬事绩纺,以供朝夕。

愍孙少好学,有清才,随伯父洵为吴郡,拥弊衣读书,足不逾户。其从兄颛出游,要愍孙,愍孙辄称疾不动。叔父淑雅重之,语子弟曰:"我门不乏贤,愍孙必当复三公。"或有欲与颛婚,颛父洵曰:"颛不堪,政可与愍孙婚耳。"愍孙在坐,流涕起出。早以操行见知。

宋孝武即位,稍迁尚书吏部郎,太子右卫率,侍中。孝建元年,文帝讳日,群臣并于中兴寺八关斋,中食竟,愍孙别与黄门郎张淹更进鱼肉食。尚书令何尚之奉法素谨,密以白孝武,孝武使御史中丞王谦之纠奏,并免官。大明元年,复为侍中,领射声校尉,封兴平县子。三年,坐纳山阴人丁承文货,举为会稽群孝廉,免官。五年,为左卫将军,加给事中。七年,转吏部尚书,左卫如故。其年,皇太子冠,上临宴东宫,与颜师伯、柳元景、沈庆之等并摴蒲。愍孙劝师伯酒,师伯不饮,愍孙因相裁辱曰:"不能与佞人周旋。"师伯见宠于上,上常嫌愍孙以寒素陵之,因此发怒曰:"袁濯儿不逢朕,员外郎未可得也,而敢寒士遇物!"将手刃之,命引下席。愍孙色不变,沈、柳并起谢,久之得释。出为海陵太守。废帝即位,愍孙在郡,梦日堕其胸上,因惊。寻被征管机密,历吏部尚书,侍中,骁卫将军。愍孙峻于仪范,废帝俣之迫使走,愍孙雅步如常,顾而言曰:"风雨如晦,鸡鸣不已。"明帝泰初元年,为司徒左长史、南东海太守。愍孙清整有风操，自遇甚高，尝著《妙德先生传》，以续嵇康《高士传》后，以自况曰："有妙德先生，陈国人也。气志深虚，姿神清映，性孝履顺，栖冲业简，有舜之遗风。先生幼夙多疾，性疏懒，无所营尚，然九流百氏之言，雕龙谈天之艺，皆泛识其大归，而不以成名。家贫尝仕，非其好也。混其声迹，晦其心用，席门常掩，三径裁通。虽扬子寂漠，严叟沉冥，不是过也。修道遂志，终无得而称焉。"又尝谓周旋人曰："昔有一国，国中一水，号曰狂泉，国人饮此水无不狂，唯国君穿井而汲，独得无恙。国人既并狂，反谓国主之不狂为狂，于是聚谋共执国主，疗其狂疾。火艾针药，莫不必具，国主不任其苦，于是到泉所酌水饮之，饮毕便狂。君臣大小，其狂若一，众乃欢然。我既不狂，难以独立，比亦欲试饮此水矣。"

　　幼慕荀奉倩为人，孝武时求改名粲，不许。至明帝立，乃请改为粲，字景倩。其外孙王筠又云："明帝多忌讳，反语袁愍为'殒门'，帝意恶之，乃令改焉。"二年，迁领军将军，仗士三十人入六门。其年，徙中书令，领太子詹事。三年，转尚书仆射，寻领吏部。五年，加中书令，又领丹阳尹。粲负才尚气，爱好虚远，虽位任隆重，不以事务经怀。独步园林，诗酒自适。家居负郭，每杖策逍遥，当其意得，悠然忘反。郡南一家，颇有竹石，粲率尔步往，亦不通主人，直造竹所，啸咏自得。主人出，语笑款然。俄而车骑羽仪并至门，方知是袁尹。又尝步履白杨郊野间，道遇一士大夫，便呼与酬饮。明日，此人谓被知顾，到门求进，粲曰："昨饮酒无偶，聊相要耳。"竟不与相见。尝作五言诗，言"访迹虽中宇，循寄乃沧洲。"盖其志也。

　　七年，为尚书令。初，粲忤于孝武，其母候乘舆出，负砖叩头流血，砖碎伤目。自此后，粲与人语，有误道眇目者，辄涕泣弥日。尝疾，母忧念，昼寝，梦见父容色如平生，与母语曰："愍孙无忧，将为国家器，不患沉没。但恐富贵，终当倾灭耳。"母未尝言。及粲贵重，恒惧倾灭，乃以告之，粲故自挹损。明帝临崩，粲与褚彦回、刘勔并受顾命，加班剑二十人，给鼓吹一部。后废帝即位，加兵五百人。元徽元年，丁母忧，葬竟，摄令亲职，加卫将军，不受。性至孝，居丧毁甚,祖日及祥,诏卫军断客。

二年,桂阳王休范为逆,粲扶曳入殿,诏加兵自随,府置佐史。时兵难危急,贼已至南掖门,诸将意沮,咸莫能奋。粲慷慨谓诸将帅曰:"寇贼已逼,而众情离阻,孤子受先帝顾托,本以死报,今日当与诸护军同死社稷。"因命左右被马,辞色哀壮。于是陈显达等感激出战,贼即平殄。事宁,授中书监,即本号开府仪同三司,领司徒。以扬州解为府,固不肯移。三年,徙尚书令,卫军、开府如故,并固辞。服终,乃受命。加侍中,进爵为侯,又不受。

时粲与齐高帝、褚彦回、刘彦节递日入直,平决万机。粲闲默寡言,不肯当事,主书每往谘决,或高咏对之。时立一意,则众莫能改。素寡往来,门无杂宾,闲居高卧,一无所接。谈客文士,所见不过一两人。顺帝即位,迁中书监,司徒、侍中如故。齐高帝既居东府,故使粲镇石头。粲素静退,每有朝命,逼切不得已,然后方就。及诏移石头,即便顺旨。有周旋人解望气,谓粲曰:"石头气甚凶,往必有祸。"粲不答。又给油给通幰车,仗士五十人入殿。

时齐高帝方革命,粲自以身受顾托,不欲事二姓,密有异图。刘彦节,宋氏宗室,前湘州刺史王蕴,太后兄子,素好武事,并虑不见容于齐高帝,皆与粲结。诸将帅黄回、任候伯、孙昙瓘、王宜兴、彭文之、卜伯兴等,并与粲合。升明元年,荆州刺史沈攸之举兵反,齐高帝自诣粲,粲称疾不见。粲宗人袁达以为不宜示异同,粲曰:"彼若劫我入台,便无辞以拒,一如此,不复得出矣。"时齐高帝入屯朝堂,彦节从父弟领军将军韫入直门下省,卜伯兴为直阁,黄回诸将皆率军出新亭。粲克日谋矫太后令,韫、伯兴率宿卫兵攻齐高帝于朝堂,回率军来应,彦节、候伯等并赴石头。事泄。先是,齐高帝遣将薛深、苏烈、王天生等领兵戍石头,云以助粲,实御之也。又令腹心王敬则为直阁,与伯兴共总禁兵。王蕴闻彦节已奔,叹曰:"今年事败矣。"乃狼狈率部曲向石头,薛深等据门射之。蕴谓粲已败,乃便散走。齐高帝以报敬则,敬则诛韫并伯兴,又遣军主戴僧静向石头助薛深,自仓门入。时粲与彦节等列兵登东门,僧静分兵攻府西门。彦节与儿逾城出，粲还坐，列烛自照，谓其子最曰：“本知一木不能止大厦之崩，但以名义至此耳。”僧静挺身暗往，奋刀直前欲斩之。子最觉有异，大叫抱父乞先死，兵士人人莫不陨涕。粲曰：“我不失忠臣，汝不失孝子。”仍求笔作启云：“臣义奉大宋，策名两毕，今便归魂填垄，永就山丘。”僧静乃并斩之。

初，粲大明中与萧惠开、周朗同车行，逢大舫开，驻车，惠开自照镜曰：“无年可仕。”朗执镜良久曰：“视死如归。”粲最后曰：“当至三公而不终。”至是如言。

最字文高，时年十七。既父子俱殒，左右分散，任候伯等其夜并自新亭赴石头，其后皆诛。

粲小儿数岁，乳母将投粲门生狄灵庆。灵庆曰：“吾闻出郎君者有厚赏，今袁氏已灭，汝匿之尚谁为乎？”遂抱以首。乳母号泣呼天曰：“公昔于汝有恩，故冒难归汝，奈何欲杀郎君以求小利。若天地鬼神有知，我见汝灭门。”此儿死后，灵庆常见儿骑大狣狗戏如平常。经年余，斗场忽见一狗走入其家，遇灵庆于庭，噬杀之。少时，妻子皆没。此狗即袁郎所常骑也。

齐永明元年，武帝诏曰：“袁粲、刘彦节并与先朝同奖宋室，沈攸之于景和之世，特有乃心，虽末节不终，而始诚可录。岁月弥往，宜沾优隆。”于是并命改葬。

粲省事莫嗣祖，粲常所委信，与刘彦节等宣密谋。至是齐高帝问曰：“汝知袁粲谋逆，何不启？”嗣祖曰：“小人无识，曲蒙袁公厚恩，实不仰负，今日就死分甘。官若赐性命，亦不忍背粲而独生也。”戴僧静劝杀之，帝曰：“彼各为其主。”遂赦焉，用为省事，历朝所赏。梁豫章王直新出阁，中旨用嗣祖为师。

彖字纬才，颛弟觊之子也。觊好学美才，早有清誉，仕宋位武陵内史。彖少有风气，善属文及谈玄。举秀才，历诸王府参军，不就。觊临终与兄颛书曰：“史公才识可喜，足慰先基矣。”史公，彖小字也。及颛见诛，宋明帝投尸江中，不许敛葬。彖与旧奴一人，微服求尸，四十余日乃得，密瘗石头后冈，身自负土。怀其文集，未尝离身。

明帝崩后，乃改葬颛。从叔司徒粲、祖舅征西将军蔡兴宗并器之。

仕宋为齐高帝太傅、相国主簿、秘书丞。仕齐为中书郎，兼太子中庶子。又以中书郎兼御史中丞，坐弹□超宗简奏依违，免官。后拜庐陵王谘议。时南郡江陵县人苟蒋之弟胡之妇为曾口寺沙门所淫，夜入苟家，蒋之杀沙门，为官司所检，蒋之列家门秽行，欲告则耻，欲忍则不可，实已所杀，胡之列又如此，兄弟争死。江陵令宗躬启州，荆州刺史庐江王求博议。象曰："夫迅寒急节，乃见松筠之操，危机迥构，方识贞孤之风。窃以蒋之、胡之杀人，原心非暴，辩谳之日，友于让生，事怜左右，义哀行路。昔文举引谤，获漏疏网，蒋之心迹，同符古人，若陷以深刑，实伤为善。"由是蒋之兄弟免死。

累迁太子中庶子，出为冠军将军，监吴兴郡事。象性刚固，以微言忤武帝，又薄王晏为人，晏请交不答。武帝在便殿用金柄刀子劗爪，晏在侧曰："外闻有金刀之言，恐不宜用此物。"帝穷问所以，晏曰："袁象为臣说之。"上衔怒良久。象到郡，坐过用禄钱，免官付东冶。象妹为竟陵王子良妃，子良世子昭胄时年八岁，见武帝而形容惨悴。帝问其故，昭胄流涕曰："臣舅负罪，今在尚方，臣母悲泣不食已积日，臣所以不宁。"帝曰："特为儿赦之。"既而帝游孙陵，望东冶曰："冶中有一好贵囚。"数日，与朝臣幸冶，履行库藏，因宴饮，赐囚徒酒肉，敕见象与语，明日释之。后为侍中。象充腴异众，每从射雉郊野，数人推扶，乃能徒步。幼而母卒，养于伯母王氏，事之如亲，闺门孝义。隆昌元年，卒。谥靖子。

象宗人廓之，字思度，宏之曾孙也。父景俊，宋世为淮南太守，以非罪见诛。廓之终身不听音乐，布衣蔬食，足不出门，示不臣于宋。时人以比晋之王裒。颜延之见其幼时，叹曰："有子如袁廓，足矣。"齐国建，方出仕，稍至殿中郎。王俭、柳世隆倾心待之。为太子洗马。于时何洞亦称才子，为文惠太子作《杨畔歌》，辞甚侧丽，太子甚悦。廓之谏曰："夫《杨畔》者，既非典雅，而声甚哀思，殿下当降意《箫韶》，奈何听亡国之响。"太子改容谢之。

昂字千里，雍州刺史颙之子也。颙败，藏于沙门。沙门将以出

关,关吏疑非常人,沙门杖而语之,遂免。或云:颙败时,昂年五岁,
乳媪携抱匿于庐山,州郡于野求之,于乳媪匿所见一彪,因去,遂
免。会赦得出,犹徙晋安。在南唯勤学,至元徽中听还,时年十五。
初,颙败,传首建邺,藏于武库,以添题颙名以为志,至是始还之。昂
号恸呕血,绝而复苏,以泪洗所题漆字皆灭,人以为孝感。葬讫,更
制服,庐于墓次。从兄象常抚视抑譬之。昂容质修伟,冠绝人伦,以
父亡不以理,终身不听音乐。后与象同见从叔司徒粲,粲谓象曰:
"昂幼孤而能至此,故知名器自有所在。"仕齐为王俭镇军府功曹
史。俭后为丹阳尹,于后堂独引见昂,指北堂谓曰:"卿必居此。"累
迁黄门郎。

　　昂本名千里,齐永明中,武帝谓曰:"昂昂千里之驹,在卿有之。
今改卿名为昂,即字千里。"后为卫军武陵王长史。丁母忧,哀毁过
礼,服未除而从兄象卒。昂幼孤,为象所养,乃制期服。人有怪而问
之,昂致书以喻之曰:

　　　　窃闻礼由恩断,服以情申,故小功他邦,加制一等,同爨有
　　缌,明之典籍。孤子夙以不天,幼倾乾荫,资敬未奉,过庭莫承,
　　藐藐冲年,未达朱紫。从兄提养训教,示以义方,每假其谈价,
　　虚其声誉,得及人次,实亦有由。兼开拓房宇,处以华旷,同财
　　共有,恣其取足。尔来三十余年,怜爱之至,言无异色,姊妹孤
　　侄,成就一时。笃念之深,在终弥固,此恩此爱,毕壤不追。既
　　情若同生,而复为诸从,言心即事,实未忍安。昔马棱与从弟毅
　　同居,毅亡,棱为心服三年。由也之不除丧,亦缘情而致制。虽
　　识不及古,诚怀感慕。常愿千秋之后,从服期齐,不图门衰祸
　　集,一旦草土,残息复罹今酷。寻惟恸绝,弥剧弥深。今以余喘,
　　欲遂素志,庶寄其罔慕之痛,少伸无已之情。虽礼无明据,乃事
　　有先例,率迷而至,必欲行之。临纸哽咽,言不识次。

后为御史中丞。时尚书令王晏弟诩为广州,多纳赇货,昂依事劾奏,
不惮权家,当时号为正直。

　　初,昂为洗马,明帝为领军,钦昂风素,频降驾焉。及践祚,奏事

多留与语,谓曰:"我昔以卿有美名,亲经相诣。"昂答曰:"陛下在田
之日,遂蒙三顾草庐。"帝甚悦。寻出为豫章内史,丁所生母忧,去
职。以丧还,江路风潮暴骇,昂乃缚衣著柩,誓同沉溺。及风止,余
船皆没,唯昂船获全,咸谓精诚所致。葬讫,起为吴兴太守。

永元末,梁武帝起兵,州郡望风皆降,昂独拒境。帝手书喻之
曰:

> 夫祸福无门,兴亡有数,天之所弃,人孰能匡。机来不再,
> 图之宜早。顷藉听道路,承欲狼顾一隅,既未喻雅怀,聊申往
> 意。独夫狂悖,振古未闻,穷凶极虐,岁月滋甚。天未绝齐,圣
> 明启运,亿兆有赖,百姓来苏。吾荷任前驱,埽除京邑,屠溃之
> 期,当不云远。兼荧惑出端门,太白入氐室,天文表于上,人事
> 符于下,不谋同契,实在兹辰。且范岫、申胄久荐诚款,各率所
> 守,仍为犄角。而足下欲以区区之郡,御堂堂之师,根本既倾,
> 枝叶安附? 今竭力昏主,未足为忠,家门屠灭,非所谓孝。忠孝
> 俱尽,将欲何依? 去就之宜,幸加详择。

昂答曰:

> 都史至辱诲,承藉以众论,谓仆有勤王之举,兼蒙诮责,独
> 无送款。循复严旨,若临万仞。三吴内地,非用兵之所,况以偏
> 隅一郡,何能为役? 近奉敕,以此境多虞,见使安慰。自承麾斾
> 届止,莫不膝袒军门,唯仆一人敢后至者,正以自揆庸素,文武
> 无施,直是陈国贱男子耳。虽欲献心,不增大军之勇,置其愚
> 默,宁沮众帅之威。幸藉将军含弘之大,可得从容以礼。窃以
> 一飧微施,尚复投殒,况食人之禄,而顿忘一旦,非唯物议不
> 可,亦恐明公鄙之。

建康城平,昂举哀恸哭。时帝使豫州刺史李元履巡抚东土,敕元履
曰:"袁昂道素之门,世有忠节,天下须共容之,勿以兵威陵辱。"元
履至宣旨,昂亦不请降,开门撤备而已。及至,帝亦不问其过。

天监二年,以为后军临川王参军事。昂启谢曰:

> 恩隆绝望之辰,庆集冥心之日,焰灰非喻,黄枯未拟。抠衣

聚足,颠狈不胜。臣遍历三坟,备详六典,巡校赏罚之科,洞检
生死之律,莫不严五辟于明君之朝,峻三章于圣主之日。是以
涂山始会,致防风之诛,酆邑方构,有崇侯之伐。未有缓宪于斫
戮之人,赊刑于耐罪之族,出万死入一生如臣者也。推恩及罪,
在臣实大,披心沥血,敢乞言之。臣东国贱人,学行何取,既殊
鸣雁直木,固无结绶弹冠,徒藉羽仪,易农就仕,往年滥职,守
秩东隅,仰属龚行,风驱电掩。当其时也,负鼎图者日至,执玉
帛者相望。独在愚臣,顿昏大义,徇鸿毛之轻,忘同德之重。但
三吴险薄,五湖交通,屡起田田儋之变,每惧殷通之祸,空慕君
鱼保境,遂失师涓抱器。后至者斩,臣甘斯戮,明刑徇众,谁曰
不然。幸因约法之弘,承解网之宥,犹当降等薪粲,遂乃顿释钳
赭。敛骨吹魂,还编黔庶,濯疵荡秽,入楚游陈,天波既洗,云油
遽沐。古人有言:非死之难,处死之难。臣之所荷,旷古不书,
臣之所死,未知何地。

武帝答曰:"朕遗射钩,卿无自外。"

　　寻为侍中,迁吏部尚书。帝谓曰:"齐明帝用卿为黑头尚书,我
用卿为白头尚书,良以多愧。"对曰:"臣生四十七年于兹矣,四十以
前,臣之自有,七年以后,陛下所养。七岁尚书,未为晚达。"帝曰:
"士固不妨有名。"十五年,为尚书左仆射,寻为尚书令。时仆射徐勉
势倾天下,在昂处宴,宾主甚欢。勉求昂出内人传杯,昂良久不出,
勉苦求之。昂不获已,命出五六人,始至斋阁,昂谓勉曰:"我无少
年,老妪并是儿母,非王妃母,便是主大家,今令问讯卿。"勉闻大
惊,求止,方知昂为贵。昂在朝謇谔,世号宗臣。昭明太子薨,立晋
安王纲为皇太子,昂独表言宜立昭明长息欢为皇太孙。虽不见用,
擅声朝野。自是告老乞骸骨,不干时务。

　　昂雅有人鉴,游处不杂,入其门者号"登龙门"。大通中,位司
空。大同六年,薨,时年八十。诏即日举哀。初,昂临终遗疏不受赠
谥,敕诸子不得言上行状及立铭志,凡有所须,悉皆停省。因复曰:
"吾释褐从仕,不期宝贵,但官序不失等伦,衣食粗知荣辱,以此阃

棺，无惭乡里。往忝吴兴，属在昏明之际，既暗于前觉，无诚于圣朝，不识天命，甘贻显戮，幸遇殊恩，得全门户。自念负罪私门，阶荣望绝，保存性命，以为幸甚。不谓叨窃宠灵，一至于此。常欲竭诚酬报，申吾乃心，所以朝廷每兴师北伐，吾辄启求行。誓之丹款，实非矫言。既庸懦无施，皆不蒙许，虽欲罄命，其议莫从。今日瞑目，毕恨泉壤，圣朝遵古，如吾名品，或有追远之恩，脱有赠官，慎勿祗奉。"诸子累表陈奏，诏不许，谥曰穆正公。有集二十卷。

初，昂之归梁，有马仙琕者，亦以义烈称。

仙琕字灵馥，扶风郿人。父伯鸾，宋冠军司马。仙琕少以果敢闻。父忧，毁瘠过礼，负土成坟，手植松柏。仕齐位豫州刺史。

梁武起兵，使其故人姚仲宾说之，仙琕先为设酒，乃斩于军门以徇。帝又遣其族叔怀远说之，仙琕曰："大义灭亲。"又命斩之。怀远号泣，军中为请乃免。武帝至新林，仙琕犹于江西口抄军。建康城平，仙琕举哀谓众曰："我受人任寄，义不容降，今众寡不侔，势必屠灭。公等虽无二心，其如亲老何。我为忠臣，君为孝子，各尽其道，不亦可乎。"于是悉遣城内兵出降，余壮士数十，闭门独守。俄而兵入，围之数十重。仙琕令士皆持满，兵不敢近。日晚乃投弓曰："诸君但来见取，我义不降。"乃槛送建康，至石头而脱之。帝使待袁昂至俱入，曰："使天下见二义士。"帝劳之曰："射钩斩祛，昔人弗忌，卿勿以戮使断运苟自嫌绝也。"谢曰："小人如失主犬，后主饲之，便复为用。"帝笑而美之。俄而母卒，帝知其贫，赗给甚厚。仙琕号泣谓弟仲艾曰："蒙大造之恩，未获上报，今复荷殊泽，当与尔以心力自效耳。"

天监四年，师侵魏，仙琕每战，恒冠三军，与诸将论议，口未尝言功。人问其故，仙琕曰："大丈夫为时所知，当进不求名，退不逃罪，乃平生愿也，何功可论？"为南义阳太守，累破山蛮，郡境清谧。以功封含洭县伯。迁司州刺史，进号贞威将军。魏豫州人白早生使以悬瓠来降，武帝使仙琕赴之，又遣直阁将军武会超、马广率众为援。仙琕进顿楚王城，遣副将齐苟儿助守悬瓠。魏中山王英攻悬瓠，执齐苟见,进禽马广,送洛阳,仙琕不能救。会超等亦相次退散,魏军进据三关,仙琕坐征还为云骑将军。十年,朐山人杀琅邪太守刘晣,以城降魏,诏假仙琕节讨之。魏徐州刺史卢昶以众十余万赴焉,仙琕累战破走之。进爵为侯,迁豫州刺史,加都督。

仙琕自为将及居州郡,能与士卒同劳逸,身衣不过布帛,所居无帏幕衾屏,行则饮食与厮养最下者同。其在边境,常单身潜入敌境,伺知壁垒村落险要处所,攻战多克捷,士卒亦甘心为用,帝雅爱仗之。卒于州,曾左卫将军,谥曰刚。初,仙琕幼名仙婢。及长,以"婢"名不典,乃以"玉"代"女"云。子岩夫嗣。

昂子君正,字世忠。少聪敏。年数岁,父疾,昼夜不眠,专侍左右。家人劝令暂卧,答曰:"官既未差,眠亦不安。"历位太子庶子。

君正美风仪,善自居处,以贵公子早得时誉。为豫章内史。性不信巫邪,有师万世荣称道术,为一郡巫长。君正在郡小疾,主簿熊岳荐之。师云:"须疾者衣为信命。"君正以所著襦与之,事竟取襦,云:"神将送与北斗君。"君正使检诸身,于衣里获之,以为乱政,即刑于市而焚神。一郡无敢行巫。

迁吴郡太守。侯景乱,率数百人随邵陵王纶赴援,及台城陷,还郡。君正当官莅事有名称,而蓄聚财产,服玩靡丽。贼遣张太墨攻之,新城戍主戴僧易劝令拒守,己以戍兵自外击之,君正不能决。吴人陆映公等惧不济,贼种族其家,劝之迎贼。君正性怯懦,乃送米及牛酒郊迎贼,贼掠夺其财物子女,因是感疾卒。子枢。

枢字践言,美容仪,性沉静,好学,手不释卷。家本显贵,赀产充积,而枢独处率素,傍无交往,非公事未尝出游,荣利之怀淡如也。

侯景之乱,枢往吴郡省父疾,丁父忧。时四方扰乱,人求苟免,枢居丧以至孝闻。王僧辩平侯景,镇建邺,衣冠争往造请,枢杜门静居,不求闻达。绍泰中,历吏部尚书,吴兴郡太守。陈永定中,征为侍中,掌选。迁都官尚书,掌选如故。

枢博学,明悉旧章。初,陈武帝长女永嗣公主先适陈留太守钱蕆,生子岊,主及岊并卒于梁时。武帝受命,唯主追封。至是将葬,

尚书请议加葳驸马都尉,并赠邑官。枢议曰:

> 昔王姬下嫁,必适诸侯。同姓为主,闻于《公羊》之说,车服
> 不系,显于诗人之篇。汉氏初兴,列侯尚主,自斯以后,降嫔素
> 族。驸马都尉,置由汉武,或以假诸功臣,或以加于戚属。是以
> 魏曹植表“驸马、奉车,取为一号”。《齐职仪》曰:“凡尚公主,必
> 拜驸马都尉。魏晋以来,因为瞻准。”盖以王姬之重,庶姓之轻,
> 若不加其等级,宁可合卺而酳。所以假驸马之位,乃崇于皇女
> 也。今公主早薨,伉俪已绝,既无礼数致疑,何须驸马之授?案
> 杜预尚晋宣帝第二女,晋武践祚而主已亡,泰始中追赠公主,
> 元凯无复驸马之号。梁文帝女新安穆公主早薨,天监初,王氏
> 无追拜之事。远近二例,足以校明,无劳此授。今宜追赠亭侯。

时议以为当。

天嘉三年,为吏部尚书,领丹阳尹。以葬父拜表自解,诏令葬讫
停宅视郡事,服阕还职。时仆射到仲举虽参掌选事,铨衡汲引,并出
于枢,举荐多会上旨。谨慎周密,清白自居,文武职司,鲜有游其门
者。废帝即位,迁尚书左仆射。卒,谥曰简懿。有集十卷,行于世。
弟宪。

宪字德章,幼聪敏好学,有雅量。梁武帝修建庠序,别开五馆,
其一馆在宪宅西。宪常招引诸生与之谈论,新义出人意表,同辈咸
嗟服焉。

大同八年,武帝撰《孔子正言章句》,诏下国学宣制旨义。宪时
年十四,被召为《正言》生,祭酒到溉目送之,爱其神采。国子博士周
弘正谓宪父君正曰:“贤子今兹欲策试不?”君正曰:“未敢令试。”居
数日,君正遣门客岑文豪与宪候弘正,会弘正将升请坐,弟子毕集,
乃延宪入室,授以麈尾,令宪竖义。时谢岐、何妥在坐,弘正谓曰:
“二贤虽穷奥赜,得无惮此后生邪?”何、谢乃递起义端,深极理致,
宪与往复数番,酬对闲敏。弘正谓妥曰:“恣卿所问,勿以童幼期
之。”时观者重沓,宪神色自若,辩论有余,弘正亦起数难,终不能
屈。因告文豪曰:“卿还谘袁吴郡,此郎已堪见代博士矣。”时生徒对

策,多行贿赂,文豪请具束修,君正曰:"我岂能用钱为儿买第邪?"学司衔之。及宪试,争起剧难,宪随问抗答,剖析如流。到溉顾宪曰:"袁君正其有后矣。"及君正将之吴郡,溉祖道于征虏亭,谓君正曰:"昨策生,萧敏孙、徐孝克非不解义,至于风神器局,去贤子远矣。"寻举高第,以贵公子选尚南沙公主,即梁简文帝女也。

大同元年,释褐秘书郎,迁太子舍人。侯景寇逆,宪东之吴郡。寻丁父忧,哀毁过礼。陈武帝作相,除司徒户曹。初谒,遂抗礼长揖。中书令王劢谓宪曰:"卿何矫众,不拜录公?"宪曰:"于理不应致拜。"卫尉赵知礼曰:"袁生举止详中,故有陈、汝之风。"陈受命,授中书侍郎,兼散骑常侍,与黄门郎王瑜使齐。数年不遣,天嘉初乃还。太建三年,累迁御史中丞、羽林监。时豫章王叔英不奉法度,逼取人马,宪依事劾奏,免叔英。自是朝野严惮。宪详练朝章,尤明听断,至有狱情未尽而有司具法者,即伺闲为帝言之,所申理甚众。尝陪宴承香阁,宾退后,宣帝留宪与卫尉樊俊徙席山亭,谈宴终日。帝谓俊曰:"袁家故为有人。"其见重如此。

自侍中迁吴郡太守,以父任固辞,改授南康内史。迁吏部尚书。宪以久居清显,累表自解任,帝曰:"诸人在职,屡有谤书,卿处事已多,可谓清白,别相甄录,用勿致辞。"迁右仆射,参掌选事。先是,宪长兄枢为左仆射,至是宪为右仆射,台省目枢为大仆射,宪为小仆射,朝廷荣之。

及宣帝不豫,宪与吏部尚书毛喜俱受顾命。始兴王叔陵之肆逆也,宪指麾部分,预有力焉。后主被创病笃,执宪手曰:"我儿尚幼,后事委卿。"宪曰:"群情喁喁,冀圣躬康复,后事之委,未敢奉诏。"以功封建安县伯,领太子中庶子。寻除侍中、太子詹事。及太子加元服,行释奠礼,宪表请解职,不许。寻给扶二人。皇太子颇不率典训,宪手表陈谏十条,皆援引古今,言辞切直。太子虽外示容纳,心无悛改。后主欲立宠姬张贵妃子始安王为嗣,尝从容言之,吏部尚书蔡徵顺旨称赞,宪厉色折之曰:"皇太子国家储副,亿兆宅心,卿是何人,轻言废立。"然是夏,竟废太子为吴兴王。后主知宪有规谏之事,答曰:"袁德章实骨鲠臣。"即日诏为尚书仆射。

祯明三年,隋军来伐。隋将贺若弼进烧宫城北掖门,兵卫皆散走,朝士各藏,唯宪侍左右。后主谓曰:"我从来待卿不先余人,今日见卿,可谓岁寒知松柏后凋也。非唯由我无德,亦是江东衣冠道尽。"后主将避匿,宪正色曰:"北兵之入,必无所犯,大事如此,陛下安之?臣愿陛下依梁武见侯景故事以待之。"不从,因下榻驰去。宪从出后堂景阳殿,后主投井中,宪拜哭而出。

及至长安,隋文帝嘉其雅操,下诏以为江表称首,授开府仪同三司、昌州刺史。开皇十四年,授晋王广府长史。十八年,卒。时年七十。赠大将军、安成郡公,谥曰简。

长子承家,仕隋至秘书丞,国子司业。君正弟敬。

敬字子恭,纯素有风格。幼便笃学,老而无倦。仕梁位太子中舍人。魏克江陵,流寓岭表。陈武帝受禅,敬在广州,依欧阳颁。颁卒,其子纥据州,将有异志,敬累谏不从。宣帝即位,遣章昭达讨纥,纥将败,恨不纳敬言。朝廷义之,征为太子中庶子。历左户、都官二尚书,太常卿,散骑常侍,金紫光禄大夫,加特进。至德三年,卒,谥靖德子。子元友嗣。敬弟泌。

泌字文洋,清正有干局,容体魁岸,志行修谨。仕梁历诸王府佐。侯景之乱,泌兄君正为吴郡太守,梁简文帝在东宫,板泌为东宫领直,令往吴中召募士卒。及景围台城,泌率所领赴援。城陷,依鄱阳嗣王范。范卒,泌降景。景平,王僧辩表泌为富春太守,兼丹阳尹。贞阳侯明僭位,以为侍中,使于齐。陈武帝受禅,泌自齐从梁永嘉王庄往王琳所。及庄称尊号,以泌为侍中、丞相长史。琳败,众皆散,唯泌轻舟送达于北境,属庄于御史中丞刘仲威,然后拜辞,归陈请罪,文帝深义之。累迁通直散骑常侍,兼侍中,聘周。及宣帝入辅,以泌为司徒左长史,卒于官。临终戒其子芳华曰:"吾于朝廷素无功绩,瞑目之后,敛手足旋葬,无得受赠谥。"其子述泌遗意,朝廷不许,赠金紫光禄大夫,谥曰质。

论曰：天长地久，四时代谢，灵化悠远，生不再来，所以据洪图而轻天下，吝寸阴而贱尺璧。夫义重于生，空传前诰，投躯徇主，罕遇其人。观夫宋、齐以还，袁门世蹈忠义，固知风霜之概，松筠其性乎。若无阳源之节，丹青夫何取贵。颙虽末路披猖，原心有本。彖之出处所蹈，实懋家风。粲执履之迹，近乎仁勇。古人所谓疾风劲草，岂此之谓乎？昔王经峻节，既被旌于晋世，粲之贞固，亦改葬于齐朝，其激厉之方，异代同符者矣。昂命属崩离，身逢危季，虽独夫丧德，臣节无改。拒梁武之命，义烈存焉，隆从兄之服，悌心高已。既而抗言储嗣，无忘直道，辞荣身后，有心黜殡。自初及末，无亏风范，从微至著，皆为称职，盖一代之名公也。枢风格峻整，宪仁义率由，韩子称"人臣委质，心无有二"，宪弗渝岁暮，良可称云。敬、泌立履之地，亦不为替矣。

南史卷二七
列传第一七

# 孔靖 孙琇之 琇之曾孙奂 孔琳之
## 孙觊 殷景仁 从祖弟淳

　　孔靖字季恭,会稽山阴人也,名与宋武帝祖讳同,故以字称。祖愉,晋车骑将军。父闾,散骑常侍。季恭始察孝廉,累迁司徒左西掾,未拜,遭母忧。隆安五年,被起为山阴令,不就。

　　宋武帝东征孙恩,屡至会稽,过季恭宅,季恭正昼卧,有神人衣服非常,谓曰:"起!天子在门。"既而失之,遽出,适见帝,延入结交,执手曰:"卿后当大贵,愿以身为托。"于是曲意礼接,赠给甚厚。帝后讨孙恩时,桓玄篡形已著,帝欲于山阴建义。季恭以山阴路远,且玄未居极位,不如待其篡后,于京口图之,帝亦以为然。时虞啸父为会稽内史,季恭求为府司马不得,乃出诣都。及帝定桓玄,以季恭为会稽内史,使赍封板拜授,正与季恭遇。季恭便回舟夜还,至即叩扉入郡。啸父本为桓玄所授,闻玄败,开门请罪。季恭慰勉,使且安所住,明日乃移。季恭到任,厘整浮华,翦罚游惰,由是境内肃清。

　　累迁吴兴太守,加冠军。先是,吴兴频丧太守,言项羽神为卞山王,居郡听事,二千石常避之。季恭居听事,竟无害也。迁尚书左仆射,固让。义熙八年,复为会稽内史,修饰学校,督课诵习。十年,复为右仆射,又让不拜。除领军,加散骑常侍。十二年,致仕,拜金紫光禄大夫。是岁,武帝北伐,季恭求从,以为太尉军谘祭酒,从平关、洛。

宋台初建,以为尚书令,又让,乃拜侍中、特进、光禄大夫。辞事东归,帝亲饯之戏马台,百僚咸赋诗,以述其美。及受命,加开府仪同三司,让累年不受。薨,以为赠。

子灵符,位丹阳尹,会稽太守,寻加豫章王子尚抚军长史。灵符家本丰富,产业甚广,又于永兴立墅,周回三十三里,水陆地二百六十五顷,含带二山,又有果园九处。为有司所纠,诏原之。而灵符答对不实,坐免。寻又复官。灵符悫实有堪干,不存华饰,每所莅官,政绩修理。废帝景和中,犯忤近臣,为所谮构,遣使鞭杀之。二子湛之、深之于都赐死。明帝即位,追赠灵符金紫光禄大夫。

深之,大明中为尚书比部郎。时安陆应城县人张江陵与妻吴共骂母黄令死,黄忿恨自经死,已值赦。案律,子贼杀伤殴父母枭首,骂詈弃市,谋杀夫之父母亦弃市。会赦,免刑补冶。江陵骂母,母以自裁,重于伤殴。若同杀科则疑重,用伤殴及詈科则疑轻。制唯有打母遇赦犹枭首,无詈母致死会赦之科。深之议曰:“夫题里逆心而仁者不入,名且恶之,况乃人事。故殴伤况诅,法所不原,詈之致尽,则理无可宥。罚有从轻,盖疑失善,求之文旨,非此之谓。江陵虽遇赦恩,故合枭首。妇本以义,爱非天属,黄之所恨,情不在吴,原死补冶,有允正法。”诏如深之议,吴免弃市。

灵符弟灵运,位著作郎。灵运子琇之。

琇之有吏能,仕齐为吴令。有小儿年十岁,偷刈邻家稻一束,琇之付狱案罪。或谏之,琇之曰:“十岁便能为盗,长大何所不为。”县中皆震肃。迁尚书左丞,又以职事知名。后兼左户尚书,廷尉卿。出为临海太守,在任清约。罢郡还,献乾姜二千斤,齐武帝嫌其少,及知琇之清,乃叹息。出监吴兴郡,寻拜太守,政称清严。明帝辅政,防备诸蕃,致密旨于上佐,使便宜从事。隆昌元年,迁琇之晋熙王冠军长史、江夏内史,行郢州事,欲令杀晋熙。琇之辞,不许,欲自引决,友人陆闲谏之,琇之不从,遂不食而死。子臻,至太子舍人,尚书三公郎。臻子幼孙,梁宁远枝江公主簿,无锡令。幼孙子昪。

昪字休文,数岁而孤,为叔父虔孙所养,好学善属文。沛国刘显以博学称，每深相叹美，执其手曰："昔伯喈坟素悉与仲宣，吾当希彼蔡君，足下无愧王氏。"所保书籍，寻以相付。

仕梁为尚书仪曹侍郎。时左户郎沈炯为飞书所谤，将陷重辟，连官台阁，人怀忧惧。奂廷议理之，竟得明白。

候景陷建邺，朝士并被拘縶，或荐奂于贼率侯子鉴，乃脱桎梏，厚遇之，令掌书记。时子鉴景之腹心，朝士莫不卑屈，奂独无所下。或谏奂曰："不宜高抗。"奂曰："吾性命有在，岂有取媚凶丑，以求全乎。"时贼徒剥掠子女，拘逼士庶，奂保持得全者甚众。寻遭母忧，时天下丧乱，皆不能终三年丧，唯奂及吴国张种，在寇乱中守法度，并以孝闻。

及景平，司徒王僧辩先下辟书，引为左西掾。梁元帝于荆州即位，征奂及沈炯，僧辩累表请留之，帝手敕报曰："孔、沈二士，今且借公。"其为朝廷所重如此。僧辩为扬州刺史，又补中从事史。时侯景新平，每事草创，宪章故事，无复存者。奂博物强识，甄明故实，问无不知，仪注体式，笺书表翰，皆出于奂。

陈武帝作相，除司徒左长史，迁给事黄门侍郎。齐遣东方老、萧轨来寇，四方壅隔，粮运不继，三军取给，唯在都下，乃除奂建康令。武帝克日商战，乃令奂多营麦饭，以荷叶裹之，一宿之间，得数万裹。军人旦食讫，尽弃其余，因而决战，大破贼。

武帝受禅，迁太子中庶子。永定三年，除晋陵太守。晋陵自宋、齐以来为大郡，虽经寇扰，犹为全实，前后二千石多行侵暴。奂清白自守，妻子并不之官，唯以单船临郡。所得秩俸，随即分赡孤寡，郡中号曰"神君"。曲阿富人殷绮见奂居处俭素，乃饷以衣毡一具，奂曰："太守身居美禄，何为不能办此？但百姓未周，不容独享温饱。劳卿厚意，幸勿为烦。"

陈文帝即位，征为御史中丞。奂性刚直，多所纠劾，朝廷甚敬惮之。又达于政体，每所奏，未尝不称善。百司滞事，皆付咨决。迁散骑常侍，领步兵校尉、中书舍人。重除御史中丞，寻为五兵尚书。时文帝不豫，台阁事事并令仆射到仲举共决。及帝疾笃，奂与宣帝及到仲举并吏部尚书袁枢、中书舍人刘师知等入侍医药。文帝尝谓奂等曰："今三方鼎峙,宜须长君,朕欲近则晋成,远隆殷法,卿等须遵此意。"奂乃流涕歔欷跪而对曰："陛下御膳违和,痊复非久,皇太子春秋鼎盛,圣德日跻,废立之事,臣不敢闻。"帝曰："古之遗直,复见之卿。"乃用奂为太子詹事。废帝即位,除散骑常侍、国子祭酒。出为南中郎康乐侯长史、寻阳太守,行江州事。

宣帝即位,为始兴王长史。奂在职清俭,多所规正,宣帝嘉之,赐米五百斛,并累降敕书,殷勤劳问。太建六年,为吏部尚书。八年,加侍中。时有事北边,克复淮、泗,封赏叙用,纷纭重叠,奂应接引进,门无停宾。加以识鉴人物,详练百氏,凡所甄拔,衣冠缙绅莫不悦服。性耿介,绝诸请托,虽储副之尊,公侯之重,溺情相及,终不为屈。始兴王叔陵之在湘州,累讽有司,固求台铉。奂曰："衮章本以德兴,未必皇枝。"因抗言于宣帝。帝曰："始兴那忽望公,且朕儿为公,须在鄱阳王后。"奂曰："臣之所见,亦如圣旨。"后主时在东宫,欲以江总为太子詹事,令管记陆瑜言之奂。奂曰："江有潘、陆之华,而无圆、绮之实。辅弼储贰,窃谓非材。"后主深以为恨,乃自言于宣帝。宣帝将许之,奂乃奏曰："江总文华之人,今皇太子文华不少,无藉于总。如臣愚见,愿选敦重之才,以居辅导。"帝曰："谁可?"奂曰:"都官尚书王廓,代有懿德,识性敦敏,可以居之。"后主时亦在侧,乃曰:"廓,王泰之子,不可居太子詹事。"奂又曰:"宋朝范晔即范泰之子,亦为太子詹事。"后主固争之,帝以总为詹事,由是忤旨。初,后主欲官其私宠,微讽于奂,奂不从。及左仆射陆缮迁职,宣帝欲用奂代缮。已草诏讫,后主抑,遂不行。

十四年,为散骑常侍、金紫光禄大夫,领前军将军。未行,改领弘范宫卫尉。至德元年,卒,年七十余。有集十五卷,弹文四卷。

子绍安,绍薪,绍忠。绍忠字孝扬,亦有才学,位太子洗马,鄱阳东曹掾。

孔琳之字彦琳,会稽山阴人也。曾祖群,晋御史中丞。祖沈,丞相㥥。父廞，光禄大夫。

琳之强正有志力，少好文义，解音律，能弹棋，妙善草隶。桓玄辅政，为太尉，以为西阁祭酒。玄时议欲废钱用谷帛，琳之议曰：

《洪范》八政，以货次食，岂不以交易之所资，为用之至要者乎。故圣王制无用之货，以通有用之财，既无毁败之费，又省难运之苦，此钱所以嗣功龟贝，历代不废者也。

谷帛为宝，本充衣食。令分以为货，则致损甚多，又劳烦于商贩之手，耗弃于割截之用，此之为弊，著自于曩。故锺繇曰："巧伪之人，竞湿谷以要利，制薄绢以弃资。"魏世制以严刑，弗能禁也。是以司马芝以为"用钱非徒丰国，亦所以省刑"。今既用而废之，则百姓顿亡其利，是有钱无粮之人，皆坐而饥困，此断之之弊也。魏明帝时，钱废谷用四十年矣，以不便于人，乃举朝大议，精才达政之士，莫不以为宜复用钱。彼尚舍谷帛而用钱，足以明谷帛之弊著于已试也。

玄又议复肉刑，琳之以为：

唐、虞象刑，夏禹立辟，盖淳薄既异，致化不同。《书》曰"世轻世重"，言随时也。夫三代风纯而事简，故罕蹈刑辟，季末俗巧而务殷，故动陷宪网。若三千行于叔世，必有踊贵之尤，此五帝不相循法，肉刑不可悉复者也。汉文发仁恻之意，伤自新之路莫由，革古创制，号称刑厝，然名轻而实重，反更伤人。故孝景嗣位，轻之以缓，缓而人慢，又不禁邪。期于刑罚之中，所以见美于昔，历代详论而未获厥中者也。兵荒已后，罹法更多。弃市之刑，本斩右趾，汉文一谬，承而弗革，所以前贤怅恨，议之而未辩。锺繇、陈群之意，虽小有不同，欲以右趾代弃市。若从其言，则所活者众矣。降死之生，诚为轻法，可以全其性命，蕃其产育，仁既济物，功亦益众。又今之所患，逋逃为先，屡叛不革，宜令逃身靡所，亦以肃戒未犯，永绝恶原。至于余条，宜且依旧。

玄好人附悦，而琳之不能顺旨，是以不见知。累适尚书左丞，扬州中从事史,所居著绩。

　　时责众官献便宜,议者以为宜修庠序,恤典刑,审官方,明黜陟,举逸拔才,务农简调。琳之于众议之外,别建言曰:

　　　　夫玺印者,所以辩章官爵,立契符信。官莫大于皇帝,爵莫尊于公侯,而传国之玺,历代递用,袭封之印,弈世相传。贵在仍旧,无取改作。今世唯尉一职独用一印,至于内外群官,每迁悉改,讨寻其义,私所未达。若谓官各异姓,与传袭不同,则未若异代之为殊也。若论其名器,虽有公卿之贵,未若帝王之重。若以或有诛夷之臣,忌其凶秽,则汉用秦玺,延祚四百,未闻以子婴身戮国亡而弃不佩。帝王公侯之尊,不疑于传玺。人臣众僚之卑,何嫌于即印?载籍未闻其说,推别自乖其准,而终年刻铸,丧功消实,金银铜炭之费,不可称言,非所以因循旧贯,易简之道。愚请众官即用一印,无烦改作,若新置官,又官多印少,文或零失,然后乃铸,则仰裨天府,非唯小益。

又曰:

　　　　凶门柏装,不出礼典,起自末代,积习生常,遂成旧俗,爰自天子,达于庶人。诚行之有由,卒革必骇,然苟无关于情,而有愆礼度,存之未有所明,去之未有所失,固当式遵先典,厘革后谬,况复兼以游费,实为人患者乎。凡人士丧仪,多出闾里,每有此须,动十数万,损人财力,而义无所取。至于寒庶,则人思自竭,虽复室如悬磬,莫不倾产单财,所谓“葬之以礼”,其若此乎?谓宜一罢凶门之式。

　　迁尚书吏部郎。义熙十一年,除宋武帝平北、征西长史,迁侍中。宋台初建,除宋国侍中。永初二年,为御史中丞,明宪直法,无所屈挠,奏劾尚书令徐羡之亏违宪典。时羡之领扬州刺史,琳之弟璩之为中从事。羡之使璩之解释琳之,使停寝其事,琳之不许,曰:“我触忤宰相,政当罪止一身。汝必不应从坐,何须勤勤邪?”自是百僚震肃,莫敢犯禁。武帝甚嘉之,行经兰台,亲加临幸。迁祠部尚书。不事产业,家尤贫素。景平元年,卒。追赠太常。

子邈有父风，官至扬州中从事。邈子觊。

觊字思远，少骨鲠有风力，以是非为己任。口吃，好读书，早知名。历位中书、黄门侍郎。

初，晋安帝时，散骑常侍选望甚重，与侍中不异，其后职任闲散，用人渐轻。孝建三年，孝武欲重其选，于是吏部尚书颜竣奏以觊及司徒左长史王景文应举。帝不欲威权在下，其后分吏部尚书置二人，以轻其任。侍中蔡兴宗谓人曰："选曹要重，常侍闲淡，改之以名，而不以实，虽主意欲为轻重，人心岂可变邪！"既而常侍之选复卑，选部之贵不异。

大明元年，徙太子中庶子，领翊军校尉。历秘书监、廷尉卿，为御史中丞。鞭令史，为有司所纠，原不问。六年，除安陆王子绥后军长史、江夏内史。性使酒仗气，每醉辄弥日不醒，僚类间多所陵忽，尤不能曲意权幸，莫不畏而疾之。居常贫罄，无有丰约，未尝关怀。为府长史，典签谘事，不呼前不敢前，不令去不敢去。虽醉日居多，而明晓政事，醒时判决，未尝有壅。众咸曰："孔公一月二十九日醉，胜世人二十九日醒也。"孝武每欲引见，先遣人觇其醉醒。

性真素，不尚矫饰，遇得宝玩，服用不疑，而他物粗败，终不改易。时吴郡顾觊之亦尚俭素，衣裘器服，皆择其陋者。宋世清俭，称此二人。觊弟道存、从弟徽，颇营产业，二弟请假东还，觊出渚迎之，辎重十余船，皆是绵绢纸席之属。觊见之伪喜，谓曰："我比乏，得此甚要。"因命置岸侧，既而正色谓曰："汝辈忝预士流，何至还东作贾客邪？"命烧尽乃去。先是，庾徽之为御史中丞，性豪丽，服玩甚华。觊代之，衣冠器用莫不粗率。兰台令史并三吴富人，咸有轻之之意。觊蓬首缓带，风貌清严，皆重迹屏气，莫敢欺犯。庾徽之字景猷，颍川鄢陵人也，后卒于南东海太守。觊后为司徒左长史、道存代觊为后军长史、江夏内史。时东土大旱，都邑米贵，一斗将百钱。道存虑觊甚乏，遣吏载五百斛米饷之。觊呼吏谓之曰："我在彼三载，去官之日，不办有路粮。郎至彼未几，那能得此米邪？可载米还彼。"吏曰："自古以来无有载米上水者，都下米贵，乞于此货之。"不听，吏乃载米而去。

永光元年，迁侍中。后为寻阳王右军长史，行会稽郡事。明帝即位，召为太子詹事，遣故佐平西司马庾业为右军司马，代觊行会稽郡事。时上流反叛，上遣都水使者孔璪入东慰劳。璪至，说觊以"废帝侈费，仓储耗尽，都下罄匮，资用已竭。今南北并起，远近离叛，若拥五郡之锐，招动三吴，事无不克。"觊然其言，遂发兵驰檄。觊子长公，璪二子淹、玄并在都，驰信密报。泰始二年正月，并逃叛东归。遣书要吴郡太守顾琛，琛以母年笃老，又密迩建邺，与长子宝素谋议未判。少子宝先时为山阴令，驰书报琛，以南师已近，朝廷孤弱，不时顺从，必有覆灭之祸。觊前锋军已度浙江，琛遂据郡同反。吴兴太守王昙生、义兴太守刘延熙、晋陵太守袁标一时响应。

庾业既东，明帝即以代延熙为义兴，以延熙为巴陵王休若镇东长史。业至长塘湖，即与延熙合。明帝遣建威将军沈怀明东讨，尚书张永系进。巴陵王休若董统东讨诸军。时觊所遣孙昙瓘等军顿晋陵九里，部阵甚盛。怀明至奔牛，所领寡弱，张永至曲阿，未知怀明安否，退还延陵就休若。诸将帅咸劝退破冈，休若宣令"敢有言退者斩"，众小定。军主刘亮又继至，兵力转集，人情乃安。

时齐高帝率军东讨，与张永等于晋陵九里曲结营，与东军相持。上遣积射将军江方兴、南台御史王道隆，至晋陵视贼形势，贼帅孙昙瓘，程捍宗、陈景远凡有五城，互相连带。捍宗城未固，道隆率所领急攻之，俄顷城陷，斩捍宗首。刘亮果劲，便刀盾，乃负盾而进，直入重栅，众军因之，即皆摧破。齐高帝与永等乘胜驰击之，又大破之。昙瓘因此败走，孔瓘与昙生焚仓库，奔钱唐。会稽闻西军稍近，将士多奔亡，觊不能复制。上虞令王晏起兵攻郡，觊忧遽不知所为。其夕，率千人声云东讨，实趋石㲼。遇潮涸不得去，众叛都尽，门生载以小船，窜于山崿村。村人缚以送晏，晏调曰："此事孔璪所为，无豫卿事，可作首辞，当相为申上。"觊曰："江东处分，莫不由身，委罪求活，便是君辈行意耳。"晏乃斩之东阁外。临死求酒，曰："此是平生所好。"顾琛、王昙生、袁标等并诣吴喜归罪，喜皆宥之。东军主凡七十六人,于阵斩十七人,余皆原宥。

觊之起兵也,梦行宣阳门道上,顾望皆丘陵。觊瘳,私告人曰:"丘陵者弗平,建康其殆难克。"

觊弟道存,位黄门、吏部郎,南郡太守。晋安王子勋建伪号,以为侍中,行雍州事。事败见杀。

殷景仁,陈郡长平人也。曾祖融,晋太常。祖茂之,特进、左光禄大夫。父道裕,早亡。景仁少有大成之量,司徒王谧见而以女妻之。为宋武帝太尉行参军,历位中书侍郎。景仁不为文而敏有思致,不谈义而深达理,至于国典朝章,旧章记注,莫不撰录,识者知其有当世之志也。

尝建议请百官举才,以所荐　能否黜陟,武帝甚知之。少帝即位,补侍中,累表辞让。优诏申其请,以为黄门侍郎,历左卫将军。文帝即位,委遇弥厚。俄迁侍中,左卫如故。时与王华、王昙首、刘湛四人并为侍中,以风力局干,冠冕一时,同升之美,近代莫及。元嘉三年,车驾征谢晦,司徒王弘入居中书下省,景仁长直,共掌留任。晦平,代到彦之为中领军,侍中如故。

文帝所生章太后早亡,上奉太后所生苏氏甚谨。六年,苏氏卒,车驾亲往临哭,诏欲遵二汉推恩之典。景仁议以为"汉氏推恩加爵,于时承秦之弊,儒术蔑如,惧非盛明所宜轨蹈。晋监二代,朝政之所因,君举必书,哲王之所慎。体至公者悬爵赏于无私,奉天统者每屈情以申制,所以作孚万国,贻则后昆。"上从之。

丁母忧,葬竟,起为领军将军,固辞。上使纲纪代拜,遣中书舍人周赳与载诣府。服阕,迁尚书仆射。太子詹事刘湛代为领军,湛与景仁素善,皆被遇于武帝,俱以宰相许之。湛常居外任,会王弘、王华、王昙首相系亡,景仁引湛还朝,共参朝政。湛既入,以景仁位遇本不逾己,一旦居前,意甚愤愤。知文帝信仗景仁,不可移夺,乃深结司徒彭城王义康,欲倚宰相之重以倾之。十二年,景仁迁中书令、护军将军,仆射如故,寻复加领吏部。湛愈怒,义康纳湛言,毁景仁于文帝，帝遇之益隆。景仁密陈相王权重，非社稷计，上以为然。景仁对亲旧叹曰："引之令入，便噬人。"乃称疾请解，不见许，使停家养病。湛议欲遣人若劫盗者于外杀之，以为文帝虽知，当不能伤至亲之爱。上微闻之，徙景仁于西掖门外晋鄱阳王第，以为护军府。密迩宫禁，故其计不行。

景仁卧疾者五年，虽不见上，而密函去来，日中以十数。朝政大小，必以问焉。影迹周密，莫有窥其际者。及将收湛之日，景仁便拂拭衣冠。寝疾既久，左右皆不悟其意。其夜，上出华林园延贤堂召之，景仁犹称脚疾，小床舆以就坐，诛讨处分，一皆委之。代义康为扬州刺史，仆射、吏部如故。遣使者授印绶，主簿代拜毕，便觉疾甚，情理乖错。性本宽厚，而忽更苛暴，问左右曰："今年男婚多，女嫁多？"是冬大雪，景仁乘舆出厅事观望，忽惊曰："当阁何得有大树？"既而曰："我误耳。"疾笃，文帝谓不利在州，使还住仆射下省。为州凡月余日卒，或云见刘湛为祟。追赠侍中、司空，谥曰文成公。大明五年，孝武行经景仁墓，遣致祭。

子道矜，幼而不慧，位太中大夫。道矜子恒，明帝时，位侍中、度支尚书。属父疾积久，为有司所奏。诏曰："道矜生便有病，更无横疾，恒因愚习惰，久妨清序，可除散骑常侍。"

淳字粹远，景仁从祖弟也。祖允，晋太常。父穆，以和谨致称，自五兵尚书为宋武帝相国左长史。元嘉中，位特进、右光禄大夫，领始兴王师。卒官，谥曰元子。

淳少好学，有美名，历中书、黄门侍郎。黄门清切，直下应留下省，以父老特听还家。高简寡言，早有清尚，爱好文义，未尝违舍。在秘书阁撰《四部书大目》，凡四十卷，行于世。元嘉十一年，卒。朝廷痛惜之。

子孚有父风。尝与侍中何勖共食，孚羹尽，勖云："益殷莼羹。"勖，司空无忌子也。孚徐辍箸曰："何无忌讳？"孚位吏部郎，为顺帝抚军长史。

子臻，字后同，幼有名行，袁粲、褚彦回并赏异之。每造二公之席,辄清言毕景。王俭为丹阳尹,引为郡丞。袁昂先拜秘书丞,求臻为到省表。臻答曰:"何不见倩拜,而倩见作表。"遂不为作。历位太子洗马。

淳弟冲,字希远,位御史中丞,有司直之称。再迁度支尚书。元凶妃即淳女,而冲在东宫,为劭所知遇。劭弑立,以为司隶校尉。冲有学义文辞,劭使为尚书符,罪状孝武,亦为劭尽力。建邺平,赐死。

冲弟淡,字夷远,亦历黄门、吏部郎,太子中庶子。大明中,又以文章见知。

论曰:季恭命偶兴王,恩深惟旧,及位致崇宠,而每存谦挹。观夫持满之戒,足以追踪古人。琇之贞素之风,不践无义之地。《易》曰:"王臣謇謇,其动也直。"休文行己之度,可谓近之。琳之二议,深达变通之道。觊持身之节,亦曰一时之良,而听言则悖,晚致覆没,痛矣哉!景仁远大之情,著于初筮,元嘉之盛,卒致宗臣,言听计从,于斯为重,美矣乎!

# 南史卷二八
# 列传第一八

## 褚裕之 弟淡之　玄孙球　裕之兄子湛之
湛之子彦回　彦回子贲　蓁　蓁子向　向子翔　彦回弟澄
从父弟昭　炫　炫子沄　沄子蒙　蒙子玠

　　褚裕之字叔度，河南阳翟人，晋太傅衰之曾孙也。祖歆，秘书监。父爽，金紫光禄大夫。

　　长兄秀之，字长倩，历大司马琅邪王从事中郎、黄门侍郎，宋武帝镇西长史。秀之妹，晋恭帝后也。秀之虽晋氏姻戚，而尽心于武帝。迁侍中，出补大司马右司马。晋恭帝即位，为祠部尚书。宋受命，徙太常。元嘉初，卒于官。

　　秀之弟淡之字仲原，亦历显官，为宋武帝车骑从事中郎，尚书吏部郎、廷尉卿、左卫将军。宋受命，为侍中。淡之兄弟并尽忠事武帝，恭帝每生男，辄令方便杀焉，或诱赂内人，或密加毒害，前后如此非一。及恭帝逊位居秣陵宫，常惧见祸，与褚后共止一室，虑有鸩毒，自煮食于前。武帝将杀之，不欲遣人入内，令淡之兄弟视后。褚后出别室相见，兵人乃逾垣而入，进药于恭帝。帝不肯饮，曰："佛教自杀者不得复人身。"乃以被掩杀之。后会稽郡缺，朝议欲用蔡廓，武帝曰："彼自是蔡家佳儿，何关人事？可用褚佛。"佛，淡之小字也。乃用淡之为会稽太守。

　　景平二年，富阳孙氏聚合门宗谋逆，其支党在永兴县潜相影响。永兴令羊恂觉其谋，以告淡之，淡之不信，乃以诬人之罪收县职局。于是孙法先自号冠军大将军,与孙道庆等攻没县邑,更相树置,遥以鄭令司马文宣为征西大将军,建旗鸣鼓,直攻山阴。淡之自假陵江将军,以山阴令陆邵领司马,加振武将军,前员外散骑常侍王茂之为长史,前国子博士孔欣、前员外散骑常侍谢苓之并参军事,召行参军七十余人。前镇西谘议参军孔宁子、左光禄大夫孔季恭子山士并在艰中,皆起为将军。遣队主陈愿、郡议曹掾虞道纳二军过浦阳江。愿等战败,贼遂推锋而前,去城二十余里。淡之遣陆邵水军御之,而身率所领出次近郊。邵与行参军漏恭期合力,大败贼于柯亭。淡之寻卒,谥曰质子。

裕之名与武帝同,故行字焉。初为太宰琅邪王行参军,武帝车骑参军,司徒左西属,中军谘议参军,署中兵,加建威将军。从征鲜卑,尽其诚力。卢循攻查浦,叔度力战有功。循南走,武帝板行广州刺史,加督、建威将军,领平越中郎将。在任四年,广营赀货,资财丰积,坐免官,禁锢终身。还至都,凡诸亲旧及一面之款,无不厚加赠遗。寻除太尉谘议参军、相国右司马。武帝受命,为右卫将军。武帝以其名家,而能竭尽心力,甚嘉之,封番禺县男,寻加散骑常侍。永初四年,出为雍州刺史,领宁蛮校尉。在任三年,以清简致称。景平二年,卒。

子恬之嗣。恬之弟寂之,著作佐郎,早卒。寂之子暖,尚宋文帝第六女琅邪真长公主,位太宰参军,亦早卒。暖子缵,位太子舍人,亦尚宋公主。

缵子球字仲宝,少孤贫,笃志好学,有才思。宋建平王景素,元徽中诛灭,唯有一女存,故吏何昌宇、王思远闻球清立,以此女妻之。仕齐为溧阳令,在县清白,资公奉而已。仕梁历都官尚书,通直散骑 常侍,秘书监,领著作,司徒 右长史,常侍、著作如故。自魏孙礼、晋荀组以后,台佐加貂,始自球也。后为散骑常侍、光禄大夫,加给事中。

湛之字休玄,秀之子也。尚宋武帝第七女始安哀公主,拜驸马都尉、著作佐郎。哀公主薨,复尚武帝第五女吴郡宣公主。诸尚主者,并因世胄,不必皆有才能。湛之谨实有意干,故为文帝所知。历显位,为太子中庶子,司徒左长史,侍中,左卫将军,左户尚书,丹阳尹。元凶弑逆,以为吏部尚书,复出为丹阳尹,统石头戍事。孝武入伐,劭自攻新亭垒,使湛之率水师俱进。湛之因携二息彦回、澄登轻舟南奔。彦回始生一男,为劭所杀。孝武即位,以为尚书右仆射。孝建元年,为中书令、丹阳尹。后拜尚书左仆射,以南奔赐爵都乡候。大明四年,卒。谥敬侯。子彦回。

彦回幼有清誉。宋元嘉末,魏军逼瓜步,百姓咸负檐而立。时父湛之为丹阳尹,使其子弟并著芒屩,于斋前习行。或讥之,湛之曰:“安不忘危也。”彦回时年十余,甚有惭色。湛之有一牛,至所爱,无故堕听事前井,湛之率左右躬自营救之,郡中喧扰,彦回下帷不视也。又有门生盗其衣,彦回遇见,谓曰:“可密藏之,勿使人见。”此门生惭而去,不敢复还,后责乃归罪,待之如初。

尚宋文帝女南郡献公主,拜驸马都尉,除著作佐郎,累迁秘书丞。湛之卒,彦回悉推财与弟澄,唯取书数千卷。湛之有两厨宝物,在彦回所生郭氏间,嫡母吴郡求之,郭欲不与,彦回曰:“但令彦回在,何患无物。”犹不许,彦回流涕固请,乃从之。袭爵都乡侯,历位尚书吏部郎。

景和中,山阴公主淫恣,窥见彦回悦之,以白帝。帝召彦回西上阁宿十日,公主夜就之,备见逼迫,彦回整身而立,从夕至晓,不为移志。公主谓曰:“君须鬓如戟,何无丈夫意?”彦回曰:“回虽不敏,何敢首为乱阶。”

宋明帝即位,累迁吏部尚书。有人求官,密袖中将一饼金,因求请间,出金示之,曰:“人无知者。”彦回曰:“卿自应得官,无假此物。若必见与,不得不相启。”此人大惧,收金而去。彦回叙其事,而不言其名,时人莫之知也。帝之在蕃,与彦回以风素相善,至是深相委仗,陈事皆见从。改封雩都伯,历侍中,领尚书,右卫将军。

彦回美仪貌,善容止,俯仰进退,咸有风则。每朝会,百僚远国使,莫不延首目送之。明帝尝叹曰:“褚彦回能迟行缓步,便得宰相矣。"时人以方何平叔。尝聚袁粲舍，初秋凉夕，风月甚美，彦回援琴奏《别鹄》之曲，宫商既调，风神谐畅。王彧、谢庄并在粲坐，抚节而叹曰："以无累之神，合有道之器，宫商暂离，不可得已。"

时伧人常珍奇与薛安都为逆，降叛非一。后又求降，明帝加以重位，彦回谓全其首领，于事已弘，不足大加宠异。帝不从，珍奇寻又叛。

彦回后为吴郡太守，帝寝疾危殆，驰使召之，欲托后事。及至，召入，帝坐帐中流涕曰："吾近危笃，故召卿，欲使著罗裠。"指床头大函曰："文书皆函内置，此函不得复开。"彦回亦悲不自胜。黄罗裠，乳母服也。帝虽小间，犹怀身后虑。建安王休仁，人才令美，物情宗向。帝与彦回谋诛之，彦回以为不可，帝怒曰："卿痴不足与议事。"彦回惧而奉旨。复为吏部尚书、卫尉卿、尚书右仆射。以母老疾，最昏须养，辞卫尉，不许。明帝崩，遗诏以为中书令、护军将军，与尚书令袁粲受顾命，辅幼主。粲等虽同见托，而意在彦回。彦回同心理事，务弘俭约，百姓赖之。既而王道隆、阮佃夫用事，奸赂公行，彦回不能禁也。遭所生丧，毁顿不复可识，期年不盥栉，唯泣泪处乃见其本质焉。诏断哭，禁吊客。葬毕，起为中军将军，本官如故。

元徽二年，桂阳王休范反，彦回与卫将军袁粲入卫宫省，镇集众心。彦回初为丹阳，与从弟昭同载，道逢齐高帝，彦回举手指高帝车谓昭曰："此非常人也。"出为吴兴，高帝饷物别，彦回又语人曰："此人才貌非常，将来不可测也。"及顾命之际，引高帝豫焉。高帝既平桂阳，迁中领军，南兖州，高帝固让，与彦回及卫军袁粲书陈情，彦回、粲答书不从，高帝乃受命。其年加彦回尚书令、侍中，给班剑二十人，固让令。三年，进爵为侯。服阕，改授中书监，侍中、护军如故，给鼓吹一部。

时淮北属，江南无复鳆鱼，或有间关得至者，一枚直数千钱。人有饷彦回鳆鱼三十枚，彦回时虽贵，而贫薄过甚，门生有献计卖之，云可得十万钱。彦回变色曰："我谓此是食物，非曰财货，且不知堪卖钱，聊尔受之。虽复俭乏，宁可卖饷取钱也。"悉与亲游啖之，少日便尽。明年，嫡母吴郡公主薨，毁瘠骨立。葬毕，诏摄职，固辞；又以期祭礼及，表解职，并不许。

苍梧暴虐稍甚，齐高帝与彦回及袁粲言世事，粲曰：“主上幼年，微过易改，伊、霍之事，非季世所行，纵使功成，亦终无全地。”彦回默然，归心高帝。及废苍梧，群公集议，袁粲、刘彦节既不受任，彦回曰：“非萧公无以了此。”手取事授高帝。高帝曰：“相与不肯，我安得辞。”事乃定。顺帝立，改号卫将军、开府仪同三司，侍中如故，甲仗五十人入殿。及袁粲怀贰，曰：“褚公眼睛多白，所谓白虹贯日，亡宋者终此人也。”他日，粲谓彦回曰：“国家所倚，唯公与刘丹阳及粲耳，原各自勉，无使竹帛所笑。”彦回曰：“原以鄙心寄公之腹则可矣。”然竟不能贞固。及高帝辅政，王俭议加黄钺，任遐曰：“此大事，应报褚公。”帝曰：“褚脱不与，卿将何计？”遐曰：“彦回保妻子，爱性命，非有奇才异节，遐能制之。”果无违异。及沈攸之事起，高帝召彦回谋议，彦回曰：“西夏衅难，事必无成，公当先备其内耳。”高帝密为其备。事平，进中书监、司空。

齐台建，彦回白高帝，引何曾自魏司徒为晋丞相，求为齐官，高帝谦而不许。建元元年，进位司徒，侍中、中书监如故，改封南康郡公。彦回让司徒，乃与仆射王俭书，欲依蔡谟事例。俭以非所宜言，劝彦回受命，终不就。寻加尚书令。二年，重申前命为司徒，又固让。魏军动，高帝欲发王公以下无官者从军，彦回谏，以为无益实用，空致扰动，上乃止。三年七月，帝亲尝酎，盛暑欲夜出，彦回与左仆射王俭谏，以为“自汉宣帝以来，不夜入庙，所以诚非常。人君之重，所宜克慎。”从之。时朝廷机事，彦回多与议谋，每见从纳，礼遇甚重。上大宴集，酒后谓朝臣曰：“卿等并宋时公卿，亦当不言我应得天子。”王俭等未及答，彦回敛板曰：“陛下不得言臣不早识龙颜。”上笑曰：“吾有愧文叔，知公为朱祐久矣。”

彦回善弹琵琶，齐武帝在东宫宴集，赐以金镂柄银柱琵琶。性和雅，有器度，不妄举动。宅尝失火，烟焰甚逼，左右惊扰，彦回神色怡然，索舆徐去。然世颇以名节讥之，于时百姓语曰：“可怜石头城，宁为袁粲死，不作彦回生。"

高帝崩，遗诏以为录尚书事。江左以来，无单拜录者，有司疑立优策。尚书令王俭议以为"见居本官，别拜录，应有策书，而旧事不载。中朝以来，三公王侯，则优策并设，官品第二，策而不优。优者褒美，策者兼明委寄。尚书职居天官，政化之本，故尚书令品虽第三，拜必有策。录尚书品秩不见，而总任弥重，前代多与本官同拜，故不别有策。即事缘情，不容均之凡僚，宜有策书，用申隆寄。既异王侯，不假优文。"从之。寻增彦回班剑为三十人，五日一朝。顷之寝疾。彦回少时尝笃病，梦人以卜著一具与之，遂差其一，至是年四十八矣，岁初便寝疾。而太白荧惑相系犯上将，彦回虑不起，表逊位。武帝不许，乃改授司空、骠骑将军，侍中、录尚书事如故。薨年四十八。家无余财，负责数十万。诏给东园秘器。

时司空掾属以彦回未拜，疑应为吏敬以不。王俭议："依《礼》，妇在途，闻夫家丧，改服而入。今掾属虽未服勤，而吏节禀于天朝，宜申礼敬。"司徒府史又以彦回既解职，而未恭后授，府应上服以不。俭又议："依中朝士孙德祖从乐陵迁为陈留，未入境，乐陵郡吏依见君之礼，陈留迎吏依'娶女有吉日，斋衰吊'。司徒府宜依居官制服。"又诏赠太宰，侍中、录尚书、公如故，增班剑为六十人，葬送礼悉依宋太保王弘故事，谥曰文简。先是，庶姓三公，辒车未有定格，王俭议："官品第一，皆加幢络。"自彦回始也。又诏彦回妻宋故巴西主埏瑶暂启，宜赠南康郡公夫人。

长子贲字蔚先，少耿介。父背袁粲等附高帝，贲深执不同，终身愧恨之，有栖退之志。位侍中。彦回薨，服阕，见武帝，贲流涕不自胜。上甚嘉之，以为侍中，领步兵校尉、左户尚书。常谢病在外，上以此望之，遂讽令辞爵，让与弟蓁，仍居墓下。及王俭薨，乃骑水牛出吊，以系门外柱，入哭尽哀而退，家人不知也。会疾笃，其子霁载以归。疾小间，知非故处，大怒，不肯复饮食，内外阁悉钉塞之，不与人相闻。数日，裁余气息。谢瀹闻其弊，往候之，排阁不可开，以杵捶破，进见贲曰："事之不可得者身也，身之不可全者名也，名与身俱灭者君也，岂不全之哉！"贲曰："吾少无人间心，岂身名之可慕。但愿启手归全，必在旧陇。儿辈不才，未达余趣，移尸徙殡，失吾素心，更以此为恨耳。"永明七年，卒。

蓁字茂绪，位义兴太守。八年，改封巴东郡侯。明年，表让封还贲子霁，诏许之。建武末，蓁位太子詹事、度支尚书，领前军将军。永元元年，卒太常，谥穆子。

蓁子向字景政，年数岁，父母相继亡没，毁若成人，亲表异之。及长，淹雅有器量，位长兼侍中。向风仪端丽，眉目如画，每公庭就列，为众所瞻望焉。仕梁，卒于此中郎庐陵王长史。子翔。

翔字世举，起家秘书郎，累迁宣城王主簿。中大通五年，梁武帝宴群臣乐游苑，别诏翔与王训为二十韵诗，限三刻成。翔于坐立奏，帝异焉，即日补宣城王文学，俄迁友。时宣城友文学加正王二等，翔超为之，时论美焉。出为义兴太守，在政洁己，省繁苛，去游费，百姓安之。郡西亭有古树，积年枯死，翔至郡，忽更生枝叶，咸以为善政所感。以秩满，吏人诣阙请之，敕许焉。寻征为吏部郎，去郡，百姓无老少追送出境，涕泣拜辞。翔居小选公清，不为请属易意，号为平允。迁侍中。太清二年，守吏部尚书。丁母忧，以毁卒。翔少有孝行，为侍中时，母病笃，请沙门祈福，中夜忽见户外有异光，又闻空中弹指。及旦，疾遂愈，咸以为精诚所致云。

澄字彦道，彦回弟也。初，湛之尚始安公主，薨，纳侧室郭氏，生彦回。后尚吴郡主，生澄。彦回事主孝谨，主爱之。湛之亡，主表彦回为嫡。澄尚宋文帝女庐江公主，拜驸马都尉。历官清显，善医术。

建元中，为吴郡太守，百姓李道念以公事到郡，澄见谓曰："汝有重疾。"答曰："旧有冷疾，至今五年，众医不差。"澄为诊脉，谓曰："汝病非冷非热，当是食白瀹鸡子过多所致。"令取苏一升煮服之，始一服，乃吐出一物，如升，涎裹之动，闻看是鸡雏，羽翅爪距具足，能行走。澄曰："此未尽。"更服所余药，又吐得如向者鸡十三头，而病都差，当时称妙。豫章王感病，高帝召澄为疗，立愈。寻迁左户尚书。

彦回薨，澄以钱一万一千就招提寺赎高帝所赐彦回白貂坐褥，坏作裘及缨，又赎彦回介帻犀导及彦回常所乘黄牛。永明元年，为御史中丞袁彖所奏，免官禁锢，见原。迁侍中，领右军将军，以勤谨见知。澄女为东昏皇后。永元元年，卒，追赠金紫光禄大夫。

昭字彦宣，彦回从父弟也。父法显，鄱阳太守。昭少有高节，王俭尝称才堪保傅。为安成郡，还，以一目眇，召为国子博士，不拜。常非彦回身事二代。彦回子贲往问讯昭，昭问曰："司空今日何在？"贲曰："奉玺绂，在齐大司马门。"昭正色曰："不知汝家司空将一家物与一家，亦复何谓？"彦回拜司徒，宾客满坐，昭叹曰："彦回少立名行，何意披猖至此！门户不幸，乃复有今日之拜。使彦回作中书郎而死，不当是一名士邪？名德不昌，遂有期颐之寿。"彦回性好戏，以辎车给之，昭大怒曰："著此辱门户，那可令人见。"索火烧之，驭人奔车乃免。昭弟炫。

炫字彦绪，少清简，为从舅王景文所知。从兄彦回谓人曰："从弟廉胜独立，乃十倍于我。"为正员郎。从宋明帝射雉，帝至日中无所得，甚猜羞，召问侍臣曰："吾旦来如皋，遂空行可笑。"坐者莫答，炫独曰："今节候虽适，而云雾尚凝，故斯翚之禽，骄心未警。但得神驾游豫，群情便可载欢。"帝意解，乃于雉场置酒。迁中书侍郎，司徒右长史。

升明初，炫以清尚，与彭城刘俣、陈郡谢朏济阳江斅入殿侍文义，号为四友。齐台建，为侍中，领步兵校尉。以家贫，建元初，出补东阳太守。前后三为侍中，与从兄彦回操行不同，故彦回之世，不至大官。永明元年，为吏部尚书。炫居身清立，非吊问不杂交游，论者以为美。及在选部，门庭萧索，宾客罕至。出行，左右常捧一黄纸帽箱，风吹纸剥殆尽。罢江夏郡还，得钱十七万，于石头并分与亲族。病无以市药，以冠剑为质。表自陈解，改授散骑常侍，领安成王师。国学建，以本官领博士。未拜，卒，无以殡敛，时年四十一。赠太常，谥贞子。子沄。

沄字士洋，仕梁为曲阿令。历晋安王中录事，正员郎，乌程令。

兄游亡，弃县还，为太尉属，延陵令，中书侍郎，太子率更令，御史中丞，湘东王府谘议参军。卒。沄之为县令，清慎可纪。好学，解音律，重宾客，雅为湘东王所亲爱。

沄子蒙，位太子舍人。蒙子玠。

玠字温理，九岁而孤，为叔父骠骑从事中郎随所养。早有令誉，先达多以才器许之。及长，美风仪，善占对，博学能属文，训义典实，不尚淫靡。

陈天嘉中，兼通直散骑常侍，聘齐。还，迁中书侍郎。太建中，山阴县多豪猾，前后令皆以赃污免，宣帝谓中书舍人蔡景历曰：“稽阴大邑，久无良宰，卿文士之内，试思其人。”景历进玠，帝曰：“甚善，卿言与朕意同。”乃除山阴令。县人张次的、王休达等与诸猾吏赇赂通奸，全丁大户，类多隐没。玠锁次的等，具状启台，宣帝手敕慰劳，并遣使助玠搜括，所出军人八百余户。时舍人曹义达为宣帝所宠，县人陈信家富，谄事义达，信父显文恃势横暴。玠乃遣使执显文，鞭之一百，于是吏人股栗。信后因义达谮玠，竟坐免官。玠在任岁余，守禄俸而已，去官之日，不堪自致，因留县境，种蔬菜以自给。或以玠非百里才，玠曰：“吾委输课最，不后列城，除残去暴，奸吏局蹐。若谓其不能自润脂膏，则如来命，以为不达从政，吾未服也。”时人以为信然。皇太子知玠无还装，手书赐粟米二百斛，于是还都。

后累迁御史中丞。玠刚毅有胆决，善骑射。尝从司空侯安都于徐州出猎，遇猛兽，玠射之，载发皆中口入腹，俄而兽毙。及为御史中丞，甚有直绳之称。卒于官，皇太子亲制志铭，以表惟旧。至德二年，赠秘书监。所制章奏杂文二百余篇，皆切事理，由是见重于世。

子亮，位尚书殿中侍郎。

论曰：褚氏自至江左，人焉不坠。彦回以此世资，时誉早集，及于逢迎兴运，谤议沸腾，既以人望见推，亦以人望而责也。昭贞劲之性，炫廉胜之风，求之古人，亦何以加此。玠公平谅直，文武兼资，可谓世业无陨者矣。

# 南史卷二九
# 列传第一九

# 蔡廓　子兴宗　孙约　约弟撙　曾孙凝

　　蔡廓字子度，济阳考城人，晋司徒谟之曾孙也。祖系，抚军长史。父绲，司徒左西属。廓博涉群书，言行以礼。起家著作佐郎，后为宋武帝太尉参军，中书、黄门郎。以方梗闲素，为武帝所知。载迁太尉从事中郎，未拜，遭母忧。性至孝，三年不栉沐，殆不胜丧。

　　宋台建，为侍中，建议以为"鞫狱不宜令子孙下辞，明言父祖之罪。亏教伤情，莫此为大。自今但令家人与囚相见，无乞鞫之诉，便足以明伏罪，不须责家人下辞。"朝议从之。世子左卫率谢灵运辄杀人，御史中丞王准之坐不纠免官。武帝以廓刚直，补御史中丞，多所纠奏，百僚震肃。时中书令傅亮任寄隆重，学冠当时，朝廷仪典，皆取定于亮。亮每事谘廓然后行，亮意若有不同，廓终不为屈。迁司徒左长史，出为豫章太守。

　　征为吏部尚书。廓因比地傅隆问亮："选事若悉以见付，不论；不然，不能拜也。"亮以语录尚书徐羡之，羡之曰："黄门郎以下悉以委蔡，吾徒不复厝怀。自此以上，故宜共参同异。"廓曰："我不能为徐干木署纸尾。"遂不拜。干木，羡之小字也。选案黄纸，录尚书与吏部尚书连名，故廓言署纸尾也。羡之亦以廓正直，不欲使居权要，徙为祠部尚书。

　　文帝入奉大统，尚书令傅亮率百官奉迎，廓亦俱行。至寻阳，遇疾不堪前，亮将进路，诣别，廓谓曰："营阳在吴，宜厚加供奉。一旦不幸,卿诸人有杀主之名,欲立于世,将可得邪?”时亮已与羡之议害少帝,乃驰信止之,信至,已不及。羡之大怒曰:“与人共计,云何裁转背便卖恶于人。”及文帝即位,谢晦将之荆州,与廓别,屏人问曰:“吾其免乎?”廓曰:“卿受先帝顾命,任以社稷,废昏立明,义无不可。但杀人二昆,而以之北面,挟震主之威,据上流之重,以古推今,自免为难也。”

廓年位并轻,而为时流所推重,每至时岁,皆束带诣门。奉兄轨如父,家事大小,皆谘而后行。公禄赏赐,一皆入轨,有所资须,悉就典者请焉。从武帝在彭城,妻郗氏书求夏服,廓答书曰:“知须夏服,计给事自应相供,无容别寄。”时轨为给事中。元嘉二年,廓卒。武帝常云:“羊徽、蔡廓,可平世三公。”少子兴宗。

兴宗字兴宗,幼为父廓所重,谓有己风,与亲故书曰:“小儿四岁,神气似可,不入非凝室,不与小人游。”故以兴宗为之名,以兴宗为之字。

年十岁,丧父,哀毁有异凡童。廓罢豫章郡还,起二宅,先成东宅以与兄轨。轨罢长沙郡还,送钱五十万以裨宅直。兴宗年十一,白母曰:“一家由来丰俭必共,今日宅直不宜受也。”母悦而从焉。轨深有愧色,谓其子淡曰:“我年六十,行事不及十岁小儿。”寻又丧母。

少好学,以业尚素立见称,为中书侍郎。中书令建平王宏、侍中王僧绰并与之厚善。元凶弑立,僧绰被诛,凶威方盛,亲故莫敢往,兴宗独临哭尽哀。孝武践祚,累迁尚书吏部侍郎。时尚书何偃疾患,上谓兴宗曰:“卿详练清浊,今以选事相付,便可开门当之,无所让也。”

年拜侍中,每正言得失,无所顾惮。孝武新年拜陵,兴宗负玺陪乘。及还,上欲因以射雉,兴宗正色曰:“今致虔园陵,情敬兼重,从禽犹有余日,请待他辰。”上大怒,遣令下车,由是失旨。竟陵王诞据广陵为逆,事平,孝武舆驾出宣阳门,敕左右文武叫称万岁。兴宗时陪辇,帝顾曰:“卿独不叫?”兴宗从容正色答曰:“陛下今日政应涕泣行诛,岂得军中皆称万岁。"帝不悦。兴宗奉旨慰劳广陵,州别驾范羲与兴宗素善,在城内同诛。兴宗至,躬自收殡,致丧还豫章旧墓。上闻谓曰:"卿何敢故尔触网?"兴宗抗言答曰:"陛下自杀贼,臣自葬周旋,既犯严制,政当甘于斧钺耳。"帝有惭色。又庐江内史周朗以正言得罪,锁付宁州,亲戚故人无敢瞻送。兴宗时在直,请急,诣朗别。上知尤怒,坐属疾多日,白衣领职。

后为廷尉卿,有解士先者,告申坦昔与丞相义宣同谋。时坦已死,子令孙作山阳郡,自系廷尉。兴宗议曰:"若坦昔为戎首,身今尚存,累经肆眚,犹应蒙宥。令孙天属,理相为隐。况人亡事远,追相诬讦,断以礼律,义有合关。"见从。

出为东阳太守,后为左户尚书,转掌吏部。时上方盛淫宴,虐侮群臣,自江夏王义恭以下,咸加秽辱。唯兴宗以方直见惮,不被侵媟。尚书仆射颜师伯谓仪曹郎王耽之曰:"蔡尚书常免昵戏,去人实远。"耽之曰:"蔡豫章昔在相府,亦以方严不狎,武帝宴私之日,未尝相召。每至官赌,常在胜明。蔡尚书今日可谓能荷矣。"

大明末,前废帝即位,兴宗告太宰江夏王义恭,应须策文。义恭曰:"建立储副,本为今日,复安用此?"兴宗曰:"累朝故事,莫不皆然。近永初之末,荥阳王即位,亦有文策。今在尚书,可检视也。"不从。

时义恭录尚书,受遗辅政,阿衡幼主,而引身避事,政归近习。越骑校尉戴法兴、中书舍人巢尚之专制朝权,威行近远。兴宗职管九流,铨衡所寄,每至上朝,辄与令、录以下陈欲登贤进士之意,又箴规得失,博论朝政。义恭素性恇挠,阿顺法兴、恒虑失旨,每闻兴宗言,辄战惧无计。

先是,大明世奢侈无度,多所造立,赋调烦严,征役过苦,至是发诏悉皆削除。由此紫极殿、南北驰道之属,皆被毁坏,自孝建以来,至大明末,凡诸制度,无或存者。兴宗于都坐慨然谓颜师伯曰:"先帝虽非盛德,要以道始终。三年无改,古典所贵。今殡宫始撤,山陵未远,而凡诸制度兴造,不论是非,一皆刊削,虽复禅代,亦不至尔,天下有识当以此窥人。"师伯不能用。

　　兴宗每奏选事,法兴、尚之等辄点定回换,仅有存者。兴宗于朝堂谓义恭及师伯曰:"主上谅暗,不亲万机,选举密事,多被删改,非复公笔迹,不知是何天子意?"王景文、谢庄等迁授失序,兴宗又欲改为美选。时薛安都为散骑常侍、征虏将军,太子率殷恒为中庶子。兴宗先选安都为左卫将军,常侍如故;殷恒为黄门,领校。太宰嫌安都为多,欲单为左卫。兴宗曰:"率、卫相去,几何之间。且已失征虏,非乃超越,复夺常侍,则顿为降贬。若谓安都晚过微人,本宜裁抑,今名器不轻,宜有选序,谨依选体,非私安都。"义恭曰:"若宫官宜加越授者,殷恒便应侍中,那得为黄门而已?"兴宗又曰:"中庶、侍中,相去实远。且安都作率十年,殷恒中庶百日,今又领校,不为少也。"使选令史颜祎之、薛庆先等往复论执,义恭然后署案。既而中旨以安都为右卫,加给事中。由是大忤义恭用法兴等。出兴宗为吴郡太守,固辞。又转南东海太守,又不拜。苦求益州。义恭于是大怒,上表言兴宗之失,诏付外详议。义恭因使尚书令柳元景奏兴宗及尚书袁愍孙私相许与,自相选署,乱群害政,混秽大猷。于是除兴宗永昌太守,郡属交州,朝廷喧然,莫不嗟骇。先是,兴宗纳何后寺尼智妃为妾,姿貌甚美。迎车已去,而师伯密遣人诱之,潜往载取,兴宗迎人不得。及兴宗被徙,论者并言由师伯,师伯甚病之。法兴等既不欲以徙大臣为名,师伯又欲止息物议,由此停行。

　　顷之,法兴见杀,尚之被系,义恭、师伯并诛,复起兴宗为临海王子顼前军长史、南郡太守,行荆州事,不行。时前废帝凶暴,兴宗外甥袁颛为雍州刺史,固劝兴宗行,曰:"朝廷形势,人情所见,在内大臣,朝夕难保。舅今出居陕西,为八州行事,颛在襄、沔,地胜兵强,去江陵咫尺,水陆通便。若一朝有事,可共立桓、文之功,岂与受制凶狂,祸难不测,同年而语乎?"兴宗曰:"吾素门平进,与主上甚疏,未容有患。宫省内外,既人不自保,比者会应有变。若内难得弭,外衅未必可量。汝欲在外求全,我欲居内免祸,各行所见,不亦善乎?"时士庶危惧,衣冠咸欲远徙,后皆流离外难,百一不存。

重除吏部尚书。太尉沈庆之深虑危祸，闭门不通宾客，尝遣左右范羡诣兴宗属事，兴宗谓羡曰："公关门绝客，以避悠悠之请谒耳，身非有求，何为见拒？"羡复命，庆之使要兴宗，兴宗因说之曰："主上比者所行，人伦道尽。今所忌惮，唯在于公。公威名素著，天下所服，今举朝惶惶，人怀危怖，指拟之日，谁不影从？如其不断，且暮祸及。仆昔佐贵府，蒙眷异常，故敢尽言，愿思其计。"庆之曰："仆比日前虑，不复自保，但尽忠奉国，始终以之，正当委天任命耳。加老罢私门，兵力顿阙，虽有其意，事亦无从。"兴宗曰："当今怀谋思奋者，非复要富贵，期功赏，各欲救死朝夕耳。殿内将帅，正听外间消息，若一人唱首，则俯仰可定。况公威风先著，统戎累朝，诸旧部曲，布在宫省，谁敢不从？仆在尚书中，自当唱率百僚，案前世故事，更简贤明，以奉社稷。又朝廷诸所行造，人间皆言公悉豫之，今若沉疑不决，当有先公起事者，公亦不免附恶之祸也。且车驾屡幸贵第，酣醉弥留。又闻斥屏左右，独入阁内。此万世一时，机不可失。仆荷眷深重，故吐眷梯之言，公宜详其祸福。"庆之曰："此事大，非仆所能行。事至，政当抱忠以没耳。"顷之，庆之果以见忌致祸。

时领军将军王玄谟，大将有威名，邑里讹言玄谟当建大事，或言已见诛。玄谟典签包法荣家在东阳，兴宗故郡人也，为玄谟所信，使至兴宗间。兴宗谓曰："领军比日殊当忧惧。"法荣曰："顷者殆不复食，夜亦不眠，恒言收已在门，不保俄顷。"兴宗因法荣劝玄谟举事。玄谟又使法荣报曰："此亦未易可行，其当不泄君语。"右卫将军刘道隆为帝所宠信，夺统禁兵，乘舆当夜幸作佐郎江敩宅，兴宗乘马车从。道隆从车后过，兴宗谓曰："刘公，比日思一闲。"道隆深达此旨，掐兴宗手曰："蔡公勿言。"时帝每因朝宴，棰殴群臣，自骠骑大将军建安王休仁以下，侍中袁愍孙等咸见陵曳，唯兴宗得免。顷之，明帝定大事，玄谟责所亲故吏郭季产、女婿韦希真等曰："当艰难时，周旋辈无一言相和发者。"季产曰："蔡尚书令包法荣所道，非不会机，但大事难行耳。季产言亦何益？"玄谟有惭色。

当明帝起事之夜，废帝横尸太医阁口。兴宗谓尚书左仆射王景文曰:"此虽凶悖,是天下之主,宜使丧礼粗足者。直如此,四海必将乘人。"时诸方并举兵反,朝廷所保丹阳、淮南数郡,其间诸县或已应贼。东兵已至永世,宫省危惧,上集群臣以谋成败。兴宗曰:"宜镇之以静,以至信待人。比者,逆徒亲戚布在宫省,若绳之以法,则土崩立至,宜明罪不相及之义。"上从之。迁尚书右仆射,寻领卫尉。明帝谓兴宗曰:"顷日人情言何?事当济不?"兴宗曰:"今米甚丰贱,而人情更安,以此算之,清荡可必。但臣之所忧,更在事后,犹羊公言既平之后,方当劳圣虑耳。"尚书褚彦回以手板筑兴宗,兴宗言之不已,上曰:"如卿言。"

赭圻平,函送袁颛首,敕从登南掖门楼以观之。兴宗潸然流涕,上不悦。事平,封兴宗始昌县伯,固让,不许,改封乐安县伯,国秩吏力,终以不受。

时殷琰据寿阳为逆,遣辅国将军刘勔攻围之。四方既平,琰婴城固守。上使中书为诏誓琰,兴宗曰:"天下既定,是琰思顺之日,陛下宜赐手诏数行。今直使中书为诏,彼必疑非真。"不从。琰得诏,谓刘勔诈造,果不敢降,久乃归顺。先是,徐州刺史薛安都据彭城反,后遣使归款,泰始二年冬,遣镇军将军张永率军迎之。兴宗曰:"安都遣使归顺,此诚不虚,今不过须单使一人,咫尺书耳。若以重兵迎之,势必疑惧,或能招引此虏,为患不测。"时张永已行,不见信。安都闻大军过淮,果引魏军。永战大败,遂失淮北四州。其先见如此。初,永败问至,上在乾明殿,先召司徒建安王休仁,又召兴宗。谓休仁曰:"吾惭蔡仆射。"以败书示兴宗,曰:"我愧卿。"

三年,出为郢州刺史。初,吴兴丘珍孙言论常侵兴宗。珍孙子景先,人才甚美,兴宗与之周旋。及景先为鄱阳郡,会晋安王子勋为逆,转在竟陵,为吴喜所杀。母老女幼,流离夏口。兴宗至郢州,亲自临哭,致其丧柩,家累皆得东还。

迁会稽太守,领兵置佐,加都督。会稽多诸豪右,不遵王宪,幸臣近习,参半宫省。封略山湖,妨人害政,兴宗皆以法绳之。又以王公妃主,多立邸舍,子息滋长,督责无穷,启罢省之,并陈原诸逋负,解遣杂役，并见从。三吴旧有乡射礼，元嘉中，羊玄保为吴郡行之，久不复修。兴宗行之，礼仪甚整。

明帝崩，兴宗与尚书令袁粲、右仆射褚彦回、中领军刘勔、镇军将军沈攸之同被顾命。以兴宗为征西将军、开府仪同三司、都督、荆州刺史，加班剑二十人，被征还都。时右军将军王道隆任参国政，权重一时，蹑履到兴宗前，不敢就席，良久方去，竟不呼坐。元嘉初，中书舍人秋当诣太子詹事王昙首，不敢坐。其后中书舍人弘兴宗为文帝所爱遇，上谓曰："卿欲作士人，得就王球坐，乃当判耳，殷、刘并杂，无所益也。若往诣球，可称旨就席。"及至，球举扇曰："君不得尔。"弘还，依事启闻。帝曰："我便无如此何。"至是，兴宗复尔。道隆等以兴宗强正，不欲使拥兵上流，改为中书监、左光禄大夫、开府仪同三司，固辞不拜。

兴宗行己恭恪，光禄大夫北地傅隆兴父廓善，兴宗常修父友之敬。又太原孙敬玉尝通兴宗侍儿，被禽反接，兴宗命与杖，敬玉了无作容。兴宗奇其言对，命释缚，试以伎能，高其笔札，因以侍儿赐之，为立室宇，位至尚书右丞。其遏恶扬善若此。敬玉子廉，仕梁，以清能位至御史中丞。兴宗家行尤谨，奉归宗姑，事寡嫂，养孤兄子，有闻于世。太子左率王锡妻范，聪明妇人也，有才学。书让锡弟僧达曰："昔谢太傅奉寡嫂王夫人如慈母，今蔡兴宗亦有恭和之称。"其为世所重如此。

妻刘氏早卒，一女甚幼，外甥袁觊始生子彖，而妻刘氏亦亡，兴宗姊即觊母也。一孙一侄，躬自抚养，年齿相比，欲为婚姻，每见兴宗，辄言此意。大明初，诏兴宗女与南平王敬猷婚。兴宗以姊生平之怀，屡经陈启，帝答曰："卿诸人欲各行己意，则国家何由得婚。且姊言岂是不可违之处邪？"旧意既乖，彖亦他娶。其后彖家好不终，觊又祸败，彖亦沦废当时，孤微理尽。敬猷遇害，兴宗女无子嫠居，名门高胄，多欲结姻。明帝亦敕适谢氏，兴宗并不许，以女适彖。

泰豫元年，卒，年五十八。遗命薄葬，奉还封爵。追赠后授，子顺固辞不受，又奉表疏十余上。诏特申其请，以旌克让之风。

初，兴宗为郢州，府参军彭城颜敬以式卜曰：“亥年当作公，官有大字者，不可受也。”及有开府之授，而太岁在亥，果薨于光禄大夫云。文集传于世。

子顺字景玄，方雅有父风。位太尉从事中郎。升明末，卒。弟约。

约字景挹，少尚宋孝武女安吉公主，拜驸马都尉。仕齐，累迁太子中庶子，领屯骑校尉。永明八年八月合朔，约既武冠解剑，于省眠至下鼓不起，为有司所奏，赎论。

出为宜都王冠军长史、淮南太守，行府州事。武帝谓曰：“今用卿为近蕃上佐，想副我所期。”约曰：“南豫密迩京师，不化自理，臣亦何人，爝火不息。”时诸王行事，多相裁割，约居右任，主佐之间穆如也。

迁司徒左长史。齐明帝为录尚书辅政，百僚脱屐到席，约蹑屐不改。帝谓江祏曰：“蔡氏是礼度之门，故自可悦。”祏曰：“大将军有揖客，复见于今。”

约好饮酒，夷淡不与世杂。永元二年，卒于太子詹事，年四十四。赠太常。弟撙。

撙字景节，少方雅退默，与第四兄寅俱知名。仕齐，位给事黄门侍郎。丁母忧，庐于墓侧。齐末多难，服阕，因居墓所。除太子中庶子、太尉长史，并不就。

梁台建，为侍中，迁临海太守。公事左迁太子中庶子，复为侍中、吴兴太守。初，撙在临海，百姓杨元孙以婢采兰贴与同里黄权，约生子，酬乳哺直。权死后，元孙就权妻吴赎婢母子五人，吴背约不还。元孙诉，撙判还本主。吴能为巫，出入撙内，以金钏赂撙妾，遂改判与吴。元孙挝登闻鼓讼之，为有司劾。时撙已去郡，虽不坐，而常以为耻。口不言钱，及在吴兴，不饮郡井，斋前自种白苋紫茄，以为常饵。诏褒其清，加信武将军。

时帝将为昭明太子纳妃，意在谢氏。袁昂曰：“当今贞素简胜，唯有蔡撙。”乃遣吏部尚书徐勉指之，停车三通不报。勉笑曰：“当须我召也。”遂投刺乃入。天监九年，宣城郡吏吴承伯挟妖道，聚众攻宣城，杀太守朱僧勇，转寇吴兴。吏人并请避之，撙坚守不动，命众出战，摧破斩承伯，余党悉平。累迁吏部尚书，在选弘简有名称。又为侍中，领秘书监。武帝尝谓曰：“卿门旧尚有堪事者多少？”撙曰：“臣门客沈约、范岫，各已被升擢，此外无人。”约时为太子少傅，岫为右卫将军。

撙风骨梗正，气调英嶷，当朝无所屈让。尝奏用琅邪王筠为殿中郎，武帝嫌不取参掌通署，乃推白牒于香橙地下，曰：“卿殊不了事。”撙正色俯身拾牒起，曰：“臣谓举尔所知，许允已有前事，既是所知而用，无烦参掌署名。臣撙少而仕宦，未尝有不了事之目。”因捧牒直出，便命驾而去，仍欲抗表自解。帝寻悔，取事为画。帝尝设大臣饼，撙在坐。帝频呼姓名，撙竟不答，食饼如故。帝觉其负气，乃改唤蔡尚书，撙始放箸执笏曰：“尔。”帝曰：“卿向何聋，今何聪？”对曰：“臣预为右戚，且职在纳言，陛下不应以名垂唤。”帝有惭色。性甚凝厉，善自居适。女为昭明太子妃，自詹事以下咸来造谒，往往称疾相闻，间遣之。及其引进，但暄寒而已，此外无复余言。后为中书令，卒于吴郡太守。谥曰康子。司空袁昂尝谓诸宾曰：“自蔡侯卒，不复更见此人。”其为名辈所知如此。

子彦深，宣城内史。彦深弟彦高，给事黄门侍郎。彦高子凝。

凝字子居，美容止。及长，博涉经传，有文词，尤工草隶。陈太建元年，累迁太子中舍人。以名公子选尚信义公主，拜驸马都尉，中书侍郎，迁晋陵太守。及将之郡，更令左右修中书廨宇，谓宾友曰：“庶来者无劳。”

寻授吏部侍郎。凝年位未高，而才地为时所重，常端坐西斋，自非素贵名流，罕所交接，趣时者多讥焉。宣帝尝谓凝曰：“我欲用义兴主婿钱肃为黄门侍郎，卿意如何？”凝正色曰：“帝乡旧戚，恩由圣旨，则无所复问。若格以金议，黄散之职，故须人门兼美。”帝默然而止。肃闻而不平，义兴公主日潜之，寻免官，迁交趾。顷之追还。

后主嗣位，为给事黄门侍郎。后主尝置酒，欢甚，将移宴弘范宫，众人咸从，唯凝与袁宪不行。后主曰："何为？"凝曰："长乐尊严，非酒后所过，臣不敢奉诏。"众人失色。后主曰："卿醉矣。"令引出。他日，后主谓吏部尚书蔡徵曰："蔡凝负地矜才，无所用也。"寻迁信威晋熙王府长史，郁郁不得志。乃喟然叹曰："天道有废兴，夫子云'乐天知命'，斯理庶几可达。"因著《小室赋》以见志。陈亡入隋，道病卒，年四十七。子君知，颇知名。

　　论曰：蔡廓体业弘正，风格峻举。兴宗出内所践，不陨家声。位在具臣，而情怀伊、霍，仁者有勇，验在斯乎。然自廓及凝，年移四代，高风素气，无乏于时，其所以取贵，不徒然矣。至于矜倨之失，盖其风俗所通，格以正道，故亦名教之深尤也。

南史卷三〇

列传第二〇

# 何尚之　子偃　孙戢　偃弟子求　求弟点　点弟胤
胤从弟炯　尚之弟子昌宇　昌宇子敬容

何尚之字彦德,庐江灊人也。曾祖准,高尚不应征辟。祖恢,南康太守。

父叔度,恭谨有行业。姨适沛郡刘璩,与叔度母情爱甚笃。叔度母早卒,奉姨若所生。姨亡,朔望必往致哀,并设祭奠,食并珍新,躬自临视。若朔望应有公事,则先遣送祭,皆手自料简,流涕对之。公事毕,即往致哀,以此为常。三年服竟。义熙五年,吴兴武康县人王延祖为劫,父睦以告官。新制:凡劫身斩刑,家人弃市。睦既自告,于法有疑。时叔度为尚书,议曰:"设法止奸,必本于情理,非谓一人为劫,阖门应刑。所以罪及同产,欲开其相告,以出造恶之身。睦父子之至,容可悉共逃亡,而割其天属,还相缚送,解腕求存,于情可愍。并合从原。"从之。后为金紫光禄大夫,吴郡太守。太保王弘每称其清身洁己。

尚之少颇轻薄,好樗蒲,及长,折节蹈道,以操立见称。为陈郡谢琨所知,与之游处。家贫,初为临津令。宋武帝领征西将军,补主簿。从征长安,以公事免,还都。因患劳病积年,饮妇人乳乃得差。以从征之劳,赐爵都乡侯。

少帝即位,为庐陵王义真车骑谘议参军。义真与司徒徐羡之、尚书令傅亮等不协,每有不平之言,尚之谏戒,不纳。义真被废,入为中书侍郎,迁吏部郎。告休定省,倾朝送别于冶渚。及至郡,叔度谓曰:"闻汝来此,倾朝相送,可有几客?"答曰:"殆数百人。"叔度笑曰:"此是送吏部郎耳,非关何彦德也。昔殷浩亦尝作豫章定省,送别者甚众,及废徙东阳,船泊征虏亭积日,乃至亲旧无复相窥者。"后拜左卫将军,领太子中庶子。

尚之雅好文义,从容赏会,甚为文帝所知。元嘉十三年,彭城王义康欲以司徒长史刘斌为丹阳尹,上不许,乃以尚之为之。立宅南郭外,立学聚生徒。东海徐秀、庐江何昙、黄、颍川荀子华、太原孙宗昌、王延秀、鲁郡孔惠宣,并慕道来游,谓之南学。王球常云:"尚之西河之风不坠。"尚之亦云:"球正始之风尚在。"尚之女适刘湛子黯,而湛与尚之意好不笃。湛欲领丹阳,乃徙尚之为祠部尚书,领国子祭酒。尚之甚不平。湛诛,迁吏部尚书。时左卫将军范晔任参机密,尚之察其意趣异常,白文帝:"宜出为广州,若在内衅成,不得不加以铁钺。屡诛大臣,有亏皇化。"上曰:"始诛刘湛等,方欲引升后进。晔事迹未彰,便豫相黜斥,万姓将谓卿等不能容才,以我为信受谗说。但使共知如此,不忧致大也。"晔后谋反伏诛,上嘉其先见。

二十三年,为尚书左仆射。是岁造玄武湖,上欲于湖中立方丈、蓬莱、瀛洲三神山,尚之固谏,乃止。时又造华林园,并盛暑役人。尚之又谏,上不许,曰:"小人常日曝背,此不足为劳。"时上行幸,还多侵夜,尚之又表谏,上优诏纳之。

先是,患货少,铸四铢钱,人间颇盗铸,多翦凿古钱以取铜,上患之。二十四年,录尚书江夏王义恭议以一大钱当两,以防翦凿,议者多同。尚之议曰:"凡创制改法,宜顺人情,未有违众矫物而可久也。泉布废兴骤议,前代赤仄白金,俄而罢息,六货惛乱,人泣于市。良由事不画一,难用遵行。自非急病权时,宜守长世之业。若今制遂行,富人之赏自倍,贫者弥增其困,惧非所以欲均之意。"中领军沈演之以为"若以大当两,则国传难朽之宝,家赢一倍之利,不俟加宪,巧源自绝。"上从演之议,遂以一钱当两。行之经时,公私非便,乃罢。

　　二十八年，为尚书令、太子詹事。二十九年，致仕，于方山著《退居赋》以明所守，而议者咸谓尚之不能固志。文帝与江夏王义恭诏曰："羊、孟尚不得告谢，尚之任遇有殊，便当未宜申许。"尚之还摄职。羊即羊玄保，孟即孟𫖮。尚之既任事，上待之愈隆，于是袁淑乃录古来隐士有迹无名者，为《真隐传》以嗤焉。时或遣军北侵，资给戎旅，悉以委之。

　　元凶弒立，进位司空、尚书令。时三方兴义，将佐家在都者，邵悉欲诛之。尚之诱说百端，并得全免。孝武即位，复为尚书令。丞相南郡王义宣、车骑将军臧质反，义宣司马竺超、质长史陆展兄弟，并应从诛，尚之上言于法为重，超从坐者由是得原。

　　时欲分荆州置郢州，议其所居。江夏王义恭、萧思话以为宜在巴陵。尚之议曰："夏口在荆、江之中，正对沔口，通接雍、梁，实为津要，于事为允。"上从其议。荆、扬二州户口居江南之半，江左以来，扬州为根本，委荆州以阃外，至是并分，欲以削臣下之权。而荆、扬并因此虚耗。尚之建言宜复合二州，上不许。

　　大明二年，以左光禄、开府仪同三司，侍中如故。尚之在家，常著鹿皮帽。及拜开府，天子临轩，百僚陪位，沈庆之于殿庭戏之曰："今日何不著鹿皮冠?"庆之累辞爵命，朝廷敦劝甚苦。尚之谓曰："主上虚怀侧席，讵宜固辞。"庆之曰："沈公不效何公去而复还也。尚之有愧色。

　　尚之爱尚文义，老而不休。与太常颜延之少相好狎，二人并短小，尚之常谓延之为猿，延之目尚之为猴。同游太子西池，延之问路人云："吾二人谁似猴?"路人指尚之为似。延之喜笑，路人曰："彼似猴耳，君乃真猴。"有人尝求为吏部郎，尚之叹曰："此败风俗也。官当图人，人安得图官。"延之大笑曰："我闻古者官人以才，今官人以势，彼势之所求，子何疑焉。"所与延之论议往反，并传于世。

　　尚之立身简约，车服率素，妻亡不娶，又无姬妾。执衡当朝，畏远权柄，亲故一无荐举。既以此致怨，亦以此见称。复以本官领中书令。薨，年七十九。赠司空，谥曰简穆公。子偃。

偃字仲弘，元嘉中，位太子中庶子。元凶弑立，以偃为侍中，掌诏诰。时尚之为司空、尚书令，偃居门下。父子交处权要，时为寒心，而尚之及偃善摄机宜，曲得时誉。会孝武即位，任遇无改，历位侍中，领太子中庶子。时求谠言，偃以为“宜重农恤本，并官省事，考课以知能否，增奉以除吏奸。责成良守，久于其职，都督刺史，宜别其任。”改领骁骑将军，亲遇隆密，有加旧臣。转吏部尚书。尚之去选未五载，偃复袭其迹，世以为荣。侍中颜竣至是始贵，与偃俱在门下，以文义赏会，相得甚欢。竣既任遇隆密，谓宜居重大，而位次与偃等未殊，意稍不悦。及偃代竣领选，竣逾愤懑，与偃遂隙。竣时权倾朝野，偃不自安，遂发悸病，意虑乖僻。上表解职，告灵不仕。孝武遇偃既深，备加医疗乃得差。

偃素好谈玄，注《庄子逍遥篇》传于时。卒官，孝武与颜竣诏，甚伤惜之。谥曰靖。子戬。

戬字慧景，选尚宋孝武长女山阴公主，拜驸马都尉，累迁中书郎。景和世，山阴主就帝求吏部郎褚彦回侍己，彦回虽拘逼，终不肯从。与戬同居止月余日，由是特申情好。元徽初，彦回参朝政，引戬为侍中，时年二十九。戬以年未三十，苦辞内侍，改授司徒左长史。

齐高帝为领军，与戬来往，数申欢宴。高帝好水引饼，戬每设上焉。久之，复为侍中。累迁高帝相国左长史。建元元年，迁散骑常侍、太子詹事，寻改侍中，詹事如故。上欲转戬领选，问尚书令褚彦回，以戬资重，欲加散骑常侍。彦回曰：“宋时王球从侍中、中书令单作吏部尚书，资与戬相似，领选职方昔小轻，不容顿加常侍。圣旨每以蝉冕不宜过多，臣与王俭既已左珥，若复加戬，则八座便有三蝉，若帖以骁、游，亦不为少。”乃以戬为吏部尚书，加骁骑将军。

戬美容仪，动止与褚彦回相慕，时人号为“小褚公”。家业富盛，性又华侈，衣被服饰，极为奢丽。出为吴兴太守。上颇好画扇，宋孝武赐戬蝉雀扇，善画者顾景秀所画。时吴郡陆探微、顾宝先皆能画，叹其巧绝。戬因王晏献之，上令晏厚酬其意。卒，年三十六。谥懿子。女为郁林王后，又追赠侍中、右光禄大夫。

求字子有,偃弟子也。父铄,仕宋位宜都太守。求,元嘉末为文帝挽郎,历位太子洗马,丹阳郡丞,清退无嗜欲。后为太子中舍人。泰始中,妻亡,还吴葬旧墓。除中书郎,不拜。仍住吴,隐居波若寺,足不逾户,人莫见其面。宋明帝崩,出奔国哀,除永嘉太守。求时寄住南涧寺,不肯诣台,乞于野外拜受,见许。一夜忽乘小船逃归吴,隐武丘山。齐永明四年,拜太中大夫,不就,卒。初,求父铄素有风疾,无故害求母王氏,坐法死,求兄弟以此无宦情。求弟点。

点字子晳,年十一,居父母忧,几至灭性。及长,感家祸,欲绝昏宦,尚之强为娶琅邪王氏。礼毕,将亲迎,点累涕泣,求执本志,遂得罢。点明目秀眉,容貌方雅,真素通美,不以门户自矜。博通群书,善谈论。家本素族,亲姻多贵仕。点虽不入城府,性率到,好狎人物。遨游人间,不簪不带,以人地并高,无所与屈,大言跱踞公卿,敬下。或乘柴车,蹑草屩,恣心所适,致醉而归。故世论以点为孝隐士,弟胤为小隐士,大夫多慕从之。时人称重其通,号曰"游侠处士"。兄求亦隐吴郡武丘山。求卒,点菜食不饮酒,讫于三年,腰带减半。

宋太始末,征为太子洗马。齐初,累征中书侍郎,太子中庶子,并不就。与陈郡谢瀹,吴国张融、会稽孔德璋为莫逆友。

点门世信佛,从弟遁以东篱门园居之,德璋为筑室焉。园有卞忠贞冢,点植花于冢侧,每饮必举酒酹之。招携胜侣,及名德桑门,清言赋咏,优游自得。

初,褚彦回、王俭为宰相,点谓人曰:"我作《齐书》已竟,赞云'回既世族,俭亦国华,不赖舅氏,遑恤国家'。"王俭闻之,欲候点,知不可见,乃止。豫章王嶷命驾造点,点从后门遁去。司徒竟陵王子良闻之,曰:"豫章王尚望尘不及,吾当岫息心。"后点在法轮寺,子良就见之,点角巾登席,子良欣悦无已,遗点嵇叔夜酒杯、徐景山酒枪。

点少时尝患渴利,积岁不愈。后在吴中石佛寺建讲,于讲所昼寝,梦一道人,形貌非常,授丸一掬,梦中服之,自此而差。时人以为淳德所感。

性通悦好施,远近致遗,一无所逆,随复散焉。尝行经朱雀门街,有自车后盗点衣者,见而不言,旁人禽盗与之,点乃以衣施盗。盗不敢受,点令告有司,盗惧乃受之。

点雅有人伦鉴,多所甄拔。知吴兴丘迟于幼童,称济阳江淹于寒素,悉如其言。哀乐过人,尝行逢葬者,叹曰:"此哭者之怀,岂可思邪。"于是悲恸不能禁。

老又娶鲁国孔嗣女,嗣亦隐者。点虽昏,亦不与妻相见,筑别室以处之,人莫谕其意。吴国张融少时免官,而为诗有高言,点答诗曰:"昔闻东都日,不在简书前。"虽戏而融及病之。及点后昏,融始为诗赠点曰:"惜哉何居士,薄暮遘荒淫。"点亦病之。

永元中,崔惠景围城,人间无薪,点悉伐园树以赡亲党。惠景性好佛义,先慕交点,点不顾之。至是乃逼召点,点裂裙为裤,往赴其军,终日谈说,不及军事。其语默之迹如此。惠景平后,东昏大怒,欲诛之。王莹为之惧,求计于萧畅。畅谓茹法珍曰:"点若不诱贼共讲,未必可量,以此言之,乃应得封。"东昏乃止。

梁武帝与点有旧,及践祚,手诏论旧,赐以鹿皮巾等,并召之。点以巾褐引入华林园,帝赠诗酒,恩礼如旧,仍下诏征为侍中。捋帝须曰:"乃欲臣老子。"辞疾不起。复下诏详加资给,并出在所,日费所须,太官别给。天监二年,卒。诏给第一品材具,丧事所须,内监经理。点弟胤。

胤字子季,出继叔父旷,故更字胤叔。年八岁,居忧,毁若成人。及长,轻薄不羁,晚乃折节好学,师事沛国刘瓛,受《易》及《礼记》、《毛诗》。又入钟山定林寺听内典,其业皆通。而纵情诞节,时人未之知也。唯瓛与汝南周颙深器异之。

仕齐,为建安太守,政有恩信,人不忍欺。每伏腊放囚还家,依期而反。历黄门侍郎,太子中庶子。尚书令王俭受诏撰新礼,未就而卒。又使特进张绪续成,绪又卒。属在司徒竟陵王子良。子良以让胤,乃置学士二十人佐胤撰录。后以国子祭酒与太子中庶子王莹并为侍中。时胤单作祭酒,疑所服。陆澄博古多该,亦不能据,遂以玄服临试。尔后详议，乃用朱服。祭酒朱服，自此始也。

及郁林嗣位，胤为后族，甚见亲待。为中书令，领临海、巴陵王师。胤虽贵显，常怀止足。建武初，已筑室郊外，恒与学徒游处其内。至是遂卖园宅欲入东。未及发，闻谢朏罢吴兴郡不还，胤恐后之，乃拜表解职，不待报辄去。明帝大怒，使御史中丞袁昂奏收胤，寻有诏许之。

胤以会稽山多灵异，往游焉，居若邪山云门寺。初，胤二兄求、点并栖遁，求先卒，至是胤又隐，世号点为“大山”，胤为“小山”，亦曰“东山”。兄弟发迹虽异，克终皆隐，世谓何氏三高。

永元中，征为太常，太子詹事，并不就。梁武帝霸朝建，引为军谋祭酒，并与书诏，不至。及帝践祚，诏为特进、光禄大夫，遣领军司马王呆之以手敕谕意，并征谢朏。呆之先至胤所，胤恐朏不出，先示以可起，乃单衣鹿皮巾执经卷，下床跪受。诏出，就席伏读。胤因谓呆之曰：“吾昔于齐朝欲陈三两条事：一者欲正郊丘，二者欲更铸九鼎，三者欲树双阙。世传晋室欲立阙，王丞相指牛头山云，‘此天阙也’。是则未明立阙之意。阙者谓之象魏，悬法于其上，浃日而收之。象者法也，魏者当涂而高大貌也。鼎者神器，有国所先。圆丘南郊，旧典不同。南郊祠五帝灵威仰之类，圆丘祠天皇大帝、北极大星是也。往代合之郊丘，先儒之巨失。今梁德告始，不宜遂因前谬。卿宜陈之。”呆之曰：“仆之鄙劣，岂敢轻议国典？此当敬俟叔孙生耳。”

及呆之从谢朏所还，问胤以出期。胤知朏已应召，答呆之曰：“吾年已五十七，月食四斗米不尽，何容复有宦情？”呆之失色，不能答。胤反谓曰：“卿何不遣传诏还朝拜表，留与我同游邪？”呆之愕然曰：“古今不闻此例。”胤曰：“《檀弓》两卷，皆言物始。自卿而始，何必有例？”胤、朏俱前代高士，胤处名誉尤迈矣。

呆之还，以胤意奏闻，有敕给白衣尚书录。胤固辞。又敕山阴库钱月给五万，又不受。乃敕何子朗、孔寿等六人于东山受学。太守衡阳王元简深加礼敬，月中常命驾式闾，谈论终日。

胤以若邪处势迫隘，不容学徒，乃迁秦望山。山有飞泉，乃起学舍，即林成援，因严为堵，别为小阁室，寝处其中，躬自启闭，僮仆无得至者。山侧营田二顷，讲隙从生徒游之。胤初迁将筑室，忽见二人著玄冠，容貌甚伟，问胤曰：“君欲居此邪？”乃指一处云：“此中殊吉。”忽不复见。胤依言而卜焉。寻而山发洪水，树石皆倒拔，唯胤所居室 岿然独存。元简乃命记室参军钟嵘作《瑞室颂》，刻石以旌之。及元简去郡，入山与胤别，胤送至都赐墟，去郡三里，因曰：“仆自弃人事，交游路断，自非降贵山薮，岂容复望城邑。此墟之游，于今绝矣。”执手涕零。

何氏过江，自晋司空充，并葬吴西山。胤家世年皆不永，唯祖尚之至七十二。胤年登祖寿，乃移去吴，作《别山诗》一首，言甚凄怆。至吴，居武丘山西寺讲经论，学僧复随之。东境守宰经途者，莫不毕至。胤常禁杀，有虞人逐鹿，鹿径来趋胤，伏而不动。又有异鸟如鹤红色，集讲堂，驯狎如家禽。初，开善寺藏法师与胤遇于秦望山，后还都，卒于钟山。死日，胤在波若寺见一名僧，授胤香炉奁并函书，云：“贫道发自扬都，呈何居士。”言讫失所在。胤开函，乃是《大庄严论》，世中未有。访之香炉，乃藏公所常用。又于寺内立明珠柱，柱乃七日七夜放光。太守何远以状启昭明太子，太子钦其德，遣舍人何思澄致手令以褒美之。中大通三年，卒，年八十六。

先是，胤疾，妻江氏梦神告曰：“汝夫寿尽，既有至德，应获延期，尔当代之。”妻觉说焉，俄得患而卒，胤疾乃瘳。至是，胤梦见一神女并八十许人，并衣帢，行列在前，俱拜床下，觉又见之，便命营凶具。既而疾困不复瘳。

初，胤侈于味，食必方丈，后稍欲去其甚者，犹食白鱼、鳝脯、糖蟹，以为非见生物。疑食蚶蛎，使门人议之。学生钟岏曰：“鳝之就脯，骤于屈申，蟹之将糖，躁扰弥甚。仁人用意，深怀如怛。至于车螯蚶蛎，眉目内阙，惭浑沌之奇，犷壳外缄，非金人之慎。不悴不荣，曾草木之不若，无馨无臭，与瓦砾其何算。故宜长充庖厨，永为口实。”竟陵王子良见岏议大怒。汝南周颙与胤书，劝令食菜，曰：“变之大者，莫过死生，生之所重，无逾性命。性命之于彼极切，滋味之在我可赊。若云三世理诬，则幸矣良快，如使此道果然，而受形未息，一往一来，生死常事，则伤心之惨，行亦自及。丈人于血气之类，虽不身践，至于晨凫夜鲤，不能不取备屠门。财贝之经盗手，犹为廉士所弃，生性之一启銮刀，宁复慈心所忍。驺虞虽饥，非自死之草不食，闻其风者，岂不使人多愧。丈人得此有素，聊复片言发起耳。"故胤末年，遂绝血味。

胤注《百论》、《十二门论》各一卷，注《周易》十卷，《毛诗总集》六卷，《毛诗隐义》十卷，《礼记隐义》二十卷，《礼答问》五十五卷。子撰亦不仕，有高风。

何炯字士光，胤从弟也。父㧑，太中大夫。炯年十五，从胤受业，一期并通五经章句。白皙美容貌，从兄求、点每曰："叔宝神清，杜乂肤清，今观此子，复见卫、杜在目。"从兄戢谓人曰："此子非止吾门之宝，亦为一代伟人。"炯常慕恬退，不乐进仕。从叔昌宇谓曰："求、点皆已高蹈，汝无宜复尔。且君子出处，亦各一途。"

年十九，解褐扬州主簿。举秀才，累迁梁仁威南康王限内记室，书侍御史。以父疾陈解。炯侍疾逾旬，衣不解带，头不栉沐，信宿之间，形貌顿改。及父卒，号恸不绝声，藉地腰脚虚肿。医云："须服猪蹄汤。"炯以有肉味，不肯服，亲友请譬，终于不回，遂以毁卒。

先是谓家人曰："王孙、玄晏所尚不同，长鱼、庆绪于事为得。必须俭而中礼，无取苟异。月朝十五日，可置一瓯粗粥，如常日所进。"又伤两兄并淡仕进，故禄所不及，恐而今而后，温饱无资。乃潸然下泣，自外无所言。

何昌宇字俨望，尚之弟子也。父佟之，位侍中。昌宇少而清靖，独立不群，所交者必当世清名，是以风流籍甚。仕宋为尚书仪曹郎，建平王景素征北、南徐州府主簿，以风素见重。母老求禄，出为湘东太守。还为齐高帝骠骑功曹。昌宇在郡，景素被诛，昌宇痛之，至是启高帝理其冤，又与司空褚彦回书极言之。高帝嘉其义。历位中书郎，王俭卫军长史。俭谓昌宇曰："后任朝事者，非卿而谁？"

临海王昭秀为荆州，以昌宇为西中郎长史、南郡太守，行荆州事。明帝将践祚,先使裴叔业赍旨诏昌宇,令以便宜从事。昌宇拒之曰:"国家委身以上流之重,付身以万里之事,临海王未有失,宁得从君单诏邪?即时自有启闻,须反更议。"叔业曰:"若尔便是拒诏,拒诏,军法行事耳。"答曰:"能见杀者君也,能拒诏者仆也。君不能见杀,政有沿流之计耳。"昌宇素有名德,叔业不敢逼而退。上闻而嘉之,昭秀由此得还都。

昌宇后为吏部尚书,尝有一客姓闵求官。昌宇谓曰:"君是谁后?"答曰:"子骞后。"昌宇团扇掩口而笑,谓坐客曰:"遥遥华胄。"昌守不杂交游,通和泛爱,历郡皆以清白称。后卒于侍中,领骁骑将军。赠太常,谥曰简子。子敬容。

敬容字国礼,弱冠尚齐武帝女长城公主,拜驸马都尉。梁天监中,为建安内史,清公有美绩,吏人称之。累迁守吏部尚书,铨序明审,号为称职。出为吴郡太守,为政勤恤人隐,辩讼如神。视事四年,政为天下第一,吏人诣阙请树碑,诏许之。复为吏部尚书、侍中,领太子中庶子。

敬容身长八尺,白皙美须眉,性矜庄,衣冠鲜丽。武帝虽衣浣衣,而左右衣必须洁。尝有侍臣衣带卷摺,帝怒曰:"卿衣带如绳,欲何所缚?"敬容希旨,故益鲜明。常以胶清刷须,衣裳不整,伏床熨之,或暑月背为之焦。每公庭就列,容止出人。为尚书右仆射,参掌选事。迁左仆射、丹阳尹,并参掌大选如故。

敬容接对宾朋,言词若讷,酬答二宫,则音韵调畅。大同中,朱雀门灾,武帝谓群臣曰:"此门制狭,我始欲改构,遂遭天火。"相顾未答,敬容独曰:"此所谓先天而天不违。"时以为名对。五年,改为尚书令,参选事如故。

敬容久处台阁,详悉晋魏以来旧事,且聪明识达,勤于簿领,诘朝理事,日旰不休。职隆任重,专预机密,而拙于草隶,浅于学术,通包苴饷馈,无贿则略不交语。自晋宋以来,宰相皆文义自逸,敬容独勤庶务,贪吝为时所嗤鄙。其署名"敬"字,则大作"苟",小为"文","容"字大为"父",小为"口"。陆倕戏之曰:"公家'苟'既奇大,'父'

亦不小。"敬容遂不能答。又多漏禁中语,故嘲诮日至。尝有客姓吉,敬容问:"卿与郗吉远近?"答曰:"如明公之与萧何。"时萧琛子巡颇有轻薄才,因制卦名、离合等诗嘲之,亦不屑也。

帝尝梦具朝服入太庙,拜伏悲感。且于延务殿说所梦,敬容对曰:"臣闻孝悌之至,通于神明。陛下性与天通,故应感斯梦。"上极然之,便有拜陵之议。

后坐妾弟费惠明为导仓丞夜盗官米,为禁司所执,送领军府。时河东王誉为领军,敬容以书解惠明。誉前经属事不行,因此即封书以奏。帝大怒,付南司推劾。御史中丞张绾奏敬容协私罔上,合弃市。诏特免职。到溉谓朱异曰:"天时便觉开霁。"其见嫉如此。初,沙门释宝志尝谓敬容曰:"君后必贵,终是'何'败耳。"及敬容为宰相,谓何姓当为其祸,故抑没宗族,无仕进者。至是竟为河东所败。

中大同元年三月,武帝幸同泰寺讲《金字三惠经》,敬容启预听,敕许之。又起为金紫光禄大夫,未拜,又加侍中。敬容旧时宾客门生喧哗如昔,冀其复用。会稽谢郁致书戒之曰:

草莱之人,闻诸道路,君侯已得瞻望朝夕,出入禁门。醉尉将不敢呵,灰然不无其渐,甚休!敢贺于前,又将吊也。

昔流言裁至,公旦东奔,燕书始来,子孟不入。夫圣贤被虚过以自斥,未有婴时衅而求亲者也。且暴鳃之鱼,不念杯酌之水,云霄之翼,岂顾笼樊之粮?何者?所托已盛也。昔君侯纳言加首,鸣玉在腰,回丰貂以步文昌,耸高蝉而趋武帐,可谓盛矣。不以此时荐才拔士,少报圣主之恩,今卒如爱丝之说,受责见过,方复欲更窥朝廷,觖望万分,窃不为左右取也。昔窦婴、杨恽亦得罪时,不能谢绝宾客,犹交党援,卒无后福,终益前祸。仆之所吊,实在于斯。

人人所以颇犹有踵君侯之门者,未必皆感惠怀仁,有灌夫、任安之义,乃戒翟公之大署,冀君侯之复用用也。夫在思过之日,而挟复用之意,未可为智者说矣。夫君侯宜杜门念失,无有所通,筑茅茨于钟阜,聊优游以卒岁,见可怜之意,著待终之情,复仲尼能改之言,惟子贡更也之譬,少戢言于众口,微自救于竹帛,所谓"失之东隅,收之桑榆"。如此,令明主闻知,尚有冀也。

仆东皋鄙人,入穴幸无衔窭,耻天下之士,不为执事道之,故披肝胆,示情素,君侯岂能鉴焉。

太清元年,迁太子詹事,侍中如故。二年,侯景袭建邺,敬容自府移家台内。初,景涡阳退败,未得审实,传者乃云其将暴显反,景身与众并没。朝廷以为忧。敬容寻见东宫,简文谓曰:"淮北始更有信,侯景定得身免。"敬容曰:"得景遂死,深是朝廷之福。"简文失色,问其故,对曰:"景翻覆叛臣,终当乱国。"是年,简文频于玄圃自讲《老》、《庄》二书,学士吴孜时寄詹事府,每日入听。敬容谓孜曰:"昔晋氏丧乱,颇由祖尚虚玄,胡贼遂覆中夏。今东宫复袭此,殆非人事,其将为戎乎。"俄而侯景难作,其言有征也。三年,卒于围内。

何氏自晋司空充、宋司空尚之奉佛法,并建立塔寺,至敬容又舍宅东为伽兰,趋权者因助财造构,敬容并不拒,故寺堂宇颇为宏丽。时轻薄者因呼为"众造寺"。及敬容免职出宅,止有常用器物及囊衣而已,竟无余财货,时亦以此称之。

敬容特为从兄胤所亲爱,胤在若邪山尝疾笃,有书云:"田畴馆宇,悉奉众僧,书经并归从弟敬容。"其见知如此。敬容唯有一子,年始八岁,在吴。临还与胤别,胤问名,敬容曰:"仍欲就兄求名。"胤即命纸笔,名曰珏。曰:"书云两玉曰珏,吾与弟二家共此一子,所谓珏也。"位秘书丞,早卒。

论曰:尚之以雅道自居,用致公辅,行已之迹,动不逾闲。及乎洗阁取讥,皮冠获诮,贞粹之地,高人未之全许。然父子一时并处权要,虽经屯诐,咸以功名自卒,古之所谓巧宦,此之谓乎。点、胤弟兄,俱云遁逸,求其蹈履,则非曰山林,察其持身,则未舍名誉。观夫子晢之赴惠景,子秀之矫敬冲,以迹以心,居然可测。而高自标致,一代归宗,以之入用,未知所取。斯殆虚胜之风,江东所尚,不然何以至于此也？昌宇雅仗名节，殆曰人望。敬容材实干蛊，贿而败业，惜乎！

# 南史卷三一
# 列传第二一

## 张裕 子永 岱 岱兄子绪 绪子完 充 永子瓖 瓖子率 率弟盾 瓖弟稷 稷子嵊 稷从子种

张裕字茂度，吴郡吴人也。名与宋武帝讳同，故以字称。曾祖澄，晋光禄大夫。祖彭祖，广州刺史。父敞，侍御史、度支尚书、吴国内史。

茂度仕为宋武帝太尉主簿、扬州中从事，累迁别驾。武帝西伐刘毅，北伐关洛，皆居守留任州事。出为都督、广州刺史、平越中郎将，绥静百越，岭外安之。元嘉元年，为侍中、都督、益州刺史。帝讨荆州刺史谢晦，诏益州遣军袭江陵。晦平，西军始至白帝。茂度与晦素善，议者疑其出军迟留。弟邵时为湘州刺史，起兵应大驾。上以邵诚节，故不加罪。累迁太常，以脚疾出为义兴太守。上从容谓曰：“勿以西蜀介怀。”对曰：“臣不遭陛下之明，墓木拱矣。”

后为都官尚书，以疾就拜光禄大夫，加金章紫绶。茂度内足于财，自绝人事，经始本县之华山为居止。优游野泽，如此者七年。十八年，除会稽太守。素有吏能，职事甚理。卒于官，谥曰恭子。

子演，位太子中舍人。演四弟：镜、永、辩、岱，俱知名，时谓之张氏五龙。镜少与光禄大夫颜延之邻居，颜谈义饮酒，喧呼不绝，而镜静默无言声。后镜与客谈，延之从篱边闻之，取胡床坐听，辞义清玄。延之心服，谓客曰：“彼有人焉。”由是不复酣叫。仕至新安太守。演、镜兄弟中名最高，余并不及。初，裕曾祖澄当葬父，郭璞为占墓地,曰:"葬某处,年过百岁,位至三司,而子孙不蕃。某处,年几减半,位裁卿校,而累世贵显。"澄乃葬其劣处。位光禄,年六十四而亡,其子孙遂昌云。

永字景云,初为郡主簿,累迁尚书中兵郎。先是,尚书中条制繁杂,元嘉十八年,欲加修撰,徙永为删定郎,掌其任。二十二年,除建康令,所居皆有称绩。又除广陵王诞北中郎录事参军。

永涉猎书史,能为文章,善隶书,骑射杂艺,触类兼善。又有巧思,益为文帝所知。纸墨皆自营造,上每得永表启,辄执玩咨嗟,自叹供御者了不及也。二十三年,造华林园、玄武湖,并使永监统。凡所制置,皆受则于永。永既有才能,每尽心力,文帝谓堪为将。二十九年,以永为扬威将军、冀州刺史,加都督。王玄谟、申坦等诸将经略河南,进攻碻磝,累旬不拔,为魏军所杀甚众。永即夜统围退军,不报告诸将,众军惊扰,为魏所乘,死败涂地。永及申坦并为统府抚军将军萧思话所收,系于历城狱。文帝以屡征无功,诸将不可任,诏责永等与思话。又与江夏王义恭书曰:"早知诸将辈如此,恨不以白刃驱之,今者悔何所及。"

三十年,元凶弑立,起永为青州刺史。及司空南谯王义宣起义,又改永为冀州刺史,加都督。永遣司马崔勋之、中兵参军刘宣则二军驰赴国难。时萧思话在彭城,义宣虑二人不相谐缉,与思话书,劝与永坦怀。又使永从兄长史张畅与永书勖之,使远慕廉、蔺在公之德,近郊平、勃亡私之美。事平,召为江夏王义恭大司马从事中郎,领中兵。

孝武孝建元年,臧质反,遣永辅武昌王浑镇京口。大明三年,累迁廷尉。上谓曰:"卿既与释之同姓,欲使天下复无冤人。"永晓音律。太极殿前钟声嘶,孝武尝以问永,永答钟有铜滓,乃扣钟求其处,凿而去之,声遂清越。

明帝即位,为青、冀二州刺史,监四州诸军事,统诸将讨徐州刺史薛安都,累战克捷。破薛索儿。又迁镇军将军,寻为南兖州刺史,加都督。时薛安都据彭城请降,而诚心不款。明帝遣永与沈攸之重兵迎之,加都督前锋诸军事,进军彭城。安都招引魏兵既至,永狼狈引军还,为魏军追大败,复遇寒雪,士卒离散。永脚指断落,仅以身免,失其第四子。

三年,徙会稽太守,加都督,将军如故。以北行失律,固求自贬,降号左将军。永痛悼所失之子,有兼常哀,服制虽除,犹立灵坐,饮食衣服,待之如生。每出行,常别具名车好马,号曰侍从。有军事,辄语左右报郎君知也。以破薛索儿功,封孝昌县侯。在会稽,宾客有谢方童、阮须、何达之等窃其权,赃货盈积。方童等坐下狱死,永又降号冠军将军。

废帝即位,为右光禄大夫、侍中,领安成王师。出为吴郡太守。元徽二年,为征北将军、南兖州刺史,加都督。永少便驱驰,志在宣力,其为将帅,能与士卒同甘苦。朝廷所给赐脯饩,必棋坐齐割,手自颁赐。年虽已老,志气未衰,优游闲任,意甚不乐。及有此授,喜悦非常,即日命驾还都。未之镇,遇桂阳王休范作乱,永率所领屯白下。休范至新亭,前锋攻南掖门,永遣人觇贼,既反,唱言台城陷,永众溃,弃军还。以旧臣不加罪,止免官削爵。以愧发病卒。

岱字景山,州辟从事,累迁东迁令。时殷冲为吴兴太守,谓人曰:“张东迁亲贫须养,所以栖迟下邑。然名器方显,终当大至。”后为司徒左西曹掾。母年八十,籍注未满,岱便去官,从实还养。有司以岱违制,将欲纠举,宋孝武曰:“观过可以知仁,不须案也。”

累迁山阴令,职事闲理。巴陵王休若为北徐州,未亲政事,以岱为冠军谘议参军,领彭城太守,行府州国事。后临海王为征虏将军、广州,豫章王为车骑、扬州,晋安王为征虏、南兖州,岱历为三府谘议、三王行事,与典签主帅共事,事举而情得。或谓岱曰:“主王既幼,执事多门,而每能缉和公私,云何致此?”岱曰:“古人言,一心可以事百君。我为政端平,待物以礼,悔吝之事,无由而及,明暗短长,更是才用多少耳。”

入为黄门郎。新安王子鸾以盛宠为南徐州,割吴郡属焉,高选佐史。孝武召岱谓曰:“卿美效夙著,兼资宦已多,今欲用卿为子鸾别驾,总刺史之任,无谓小屈,终当大申也。"帝崩,累迁吏部郎。泰始末,为吴兴太守。元徽中,为益州刺史,加都督。数年,益土安其政。累迁吏部尚书。王俭为吏部郎,时专断曹事,岱每相违执。及俭为宰相,以此颇不相善。

兄子瓌、弟恕诛吴郡太守刘遐。齐高帝欲以恕为晋陵郡,岱曰:"恕未闲从政,美锦不宜滥裁。"高帝曰:"恕为人我所悉,其又与瓌同勋,自应有赏。"岱曰:"若以家贫赐禄,此所不论,语功推事,臣门之耻。"加散骑常侍。

建元元年,中诏序朝臣,欲以右仆射拟岱。褚彦回谓"得此过优,若别有忠诚,特宜升引者,别是一理。"诏更量。出为吴郡太守。高帝知岱历任清直,至郡未几,手敕曰:"大郡任重,乃未欲回换,但总戎务殷,宜须望实。今用卿为护军,加给事中。"岱拜竟,诏以家为府。武帝即位,复为吴兴太守。岱晚节在吴兴,更以宽恕著名。迁南兖州刺史,未拜,卒。

岱初作遗命,分张家财,封置箱中,家业张减,随复改易,如此十数年。谥曰贞子。

绪字思曼,岱兄子也。父演,守太子中舍人。绪少知名,清简寡欲,从伯敷及叔父镜、从叔畅并贵异之。镜比之乐广,敷云"是我辈人",畅言于孝武帝,用为尚书仓部郎。都令史谘详郡县米事,绪萧然直视,不以经怀。宋明帝每见绪,辄叹其清淡。

转太子中庶子、本州大中正,迁司徒左长史。吏部尚书袁粲言于帝曰:"臣观张绪有正始遗风,宜为官职。"复转中庶子。后为侍中,迁吏部郎,参掌大选。元徽初,东宫官罢,选曹拟舍人王俭为格外记室。绪以俭人地兼美,宜转秘书丞。从之。绪又迁侍中,尝私谓客曰:"一生不解作诺。"有以告袁粲、褚彦回者,由是出为吴郡太守,绪初不知也。升明二年,自祠部尚书为齐高帝太傅长史。建元元年,为中书令。

绪善谈玄,深见敬异。仆射王俭尝云:"绪过江所未有,北士可求之耳。不知陈仲弓、黄叔度能过之不。"驾幸庄严寺听僧达道人讲

《维摩》，坐远不闻绪言，上难移绪，乃迁僧达以近之。时帝欲用绪为右仆射，以问王俭，俭曰："绪少有清望，诚美选也。南士由来少居此职。"褚彦回曰："俭少年或未忆耳，江左用陆玩、顾和，皆南人也。"俭曰："晋氏衰政，不可为则。"先是，绪诸子皆轻侠，中子充少时又不护细行，俭又以为言，乃止。及立国学，以绪为太常卿，领国子祭酒，以王延之代绪为中书令。何点叹曰："晋以子敬、季琰为此职，今以王延之、张绪为之，可谓清官。后接之者，实为未易。"绪长于《周易》，言精理奥，见宗一时，常云"何平叔不解《易》中七事。"

武帝即位，转吏部尚书，祭酒如故。永明二年，领南郡王师，加给事中。三年，转太子詹事，师、给事如故。绪每朝见，武帝目送之，谓王俭曰："绪以位尊我，我以德贵绪。"迁散骑常侍、金紫光禄大夫，师如故，给亲信二十人。复领中正。长沙王晃属选用吴郡闻人邕为州议曹，绪以资籍不当，执不许。晃遗书于绪固请之，绪正色谓晃信曰："此是身家州乡，殿下何得见逼。"乃止。

绪吐纳风流，听者皆忘饥疲，见者肃然如在宗庙。虽终日与居，莫能测焉。刘悛之为益州，献弱柳数株，枝条甚长，状若丝缕。时旧宫芳林苑始成，武帝以植于太昌灵和殿前，常赏玩咨嗟，曰："此杨柳风流可爱，似张绪当年时。"其见赏爱如此。王俭为尚书令，丹阳尹，时诸令史来问讯，有一令史善俯仰，进止可观。俭赏异之，问曰："经与谁共事？"答云："十余岁在张令门下。"俭目送之。时尹丞殷存至在坐，曰："是康成门人也。"七年，竟陵王子良领国子祭酒，武帝敕王晏曰："吾欲令司徒辞祭酒，以授张绪，物议以为如何？"子良竟不拜，以绪领国子祭酒。

绪口不言利，有财辄散之。清谈端坐，或竟日无食，门生见绪饥，为之办飧，然未尝求也。死之日，无宅以殡，遗命"凶事不设柳翣，上以芦葭。辒车引柩，灵上置杯水香火，不设祭。"从弟融敬绪，事之如亲兄，赍酒于绪灵前酌饮恸哭曰："阿兄风流顿尽！"追赠散骑常侍、特进、光禄大夫，谥简子。

子完，宋后废帝时为正员郎，险行见宠，坐废锢。完弟允，永明中,安西功曹,淫通杀人,伏法。允兄充,知名。

充字延符,少好逸游。绪尝告归至吴,始入西郭,逢充猎,右臂鹰,左牵狗,遇绪船至,便放绁韝拜于水次。绪曰:"一身两役,无乃劳乎?"充跪曰:"充闻三十而立,今充二十九矣,请至来岁。"绪曰:"过而能改,颜氏子有焉。"及明年便修改,多所该通,尤明《老》、《易》,能清言。与从叔稷俱有令誉。

历尚书殿中郎,武陵王友。时尚书令王俭当朝用事,齐武帝皆取决焉。俭方聚亲宾,充谷巾葛帔,至便求酒,言论放逸,一坐尽倾。及闻武帝欲以绪为尚书仆射,俭执不可。充以为恨,与俭书曰:

顷日路长,霖霞韬晦,凉暑未平,想无亏摄。充幸以渔钓之闲,镰采之暇,时复引轴以自娱,逍遥乎前史。从横万古,动默之路多端,纷纶百年,升降之涂不一。故金刚水柔,性之别也;圆行方止,器之异也。善御性者,不违金水之质;善为器者,不易方圆之用。充生平少长偶,不以利欲干怀,三十六年,差得以栖贫自澹。介然之志,峭耸霜崖,确乎之情,峰横海岸。至如影缨天阁,既谢廊庙之华,缀组云台,终愧衣冠之秀。实由气岸疏凝,情涂狷隔。独师怀抱,不见许于俗人,孤秀神崖,每遭回于在世。长群鱼鸟,毕景松阿。虽复玉没于访圭之辰,桂掩于搜芳之日,泛滥于渔父之游,偃息于卜居之会。如此而已,充何识哉。

若夫惊岩罩日,吐海逢天,竦石崩寻,分危落仞。桂兰绮靡,丛杂于山幽,松柏阴森,相缭于涧侧。元卿于是乎不归,伯休亦以兹长往。至于飞钓渚,濯足沧洲,独浪烟霞,高卧风月,悠悠琴酒,岫远谁来,灼灼文言,空拟方寸。不觉郁然千里,路隔江川,每至西风,何尝不叹。丈人岁路未强,学优而仕,道佐苍生,功横海望,可谓德盛当时,孤松独秀者也。而茂陵之彦,望冠盖而长怀,渭川之甿,伫簪裾而竦叹,得无惜乎。

充昆西百姓,岱表一人,蚕而衣,耕而食,不能事王侯,觅知己,造时人,骋游说,容与于屠博之间,其欢甚矣。然举世皆谓充为狂,充亦何能与诸君道之哉。是以披闻见,扫心胸,述平生,论语默。所可通梦交魂,推襟送抱者,唯丈人而已。阙廷复阻,书罢莫因,俛遇樵夫,妄尘执事。

俭以为脱略,弗之重,仍以书示绪,绪杖之一百。又为御史中丞到㧑所奏,免官禁锢。沈约见其书,叹曰:"充始为之败,终为之成。"久之,为司徒谘议参军,与琅邪王思远、同郡陆惠晓等并为司徒竟陵王宾客。累迁义兴太守,为政清静,吏人便之。后为侍中。

梁武帝兵至建邺,东昏逢杀,百官集西钟下。召充,充不至。武帝霸府建,以充为大司马谘议参军。天监初,历太常卿,吏部尚书,居选以平允称。再迁散骑常侍、国子祭酒。登堂讲说,皇太子以下皆至。时王侯多在学,执经以拜,充朝服而立,不敢当。再迁尚书仆射。顷之,出为吴郡太守。下车恤贫老,故旧莫不忻悦。卒于吴郡,谥曰穆子。子最嗣。

瓛字祖逸,宋征北将军、南兖州刺史永之子也。仕宋,累迁桂阳内史。不欲前兄玮处禄,自免不拜。后为司徒右长史、通直散骑常侍、骁骑将军。

初,瓛父永拒桂阳王休范于白下,败绩,阮佃夫等欲加罪,齐高帝固申明之,瓛由此感恩自结。后遭父母丧,还吴持服。升明元年,刘彦节有异图,弟遐为吴郡,潜相影响。高帝密遣殿中将军卞白龙令瓛取遐。诸张世有豪气,瓛宅中常有父时旧部曲数百。遐召瓛委以军事,瓛伪受命,与叔恕领兵十八人入郡斩之,郡内莫敢动。事捷,高帝以告左军张冲,冲曰:"瓛以百口一掷,出手得卢矣。"即授吴郡太守,锡以嘉名,封义城县侯。从弟融闻之,与瓛书曰:"吴郡何晚,何须王反,闻之嗟惊,乃是阿兄。"郡人顾皓、陆闲并少年未知名,瓛并引为纲纪,后并立名,世以为知人。

齐建元元年,改封平都侯,迁侍中,与侍中沈文季俱在门下。高帝常谓曰:"卿虽我臣,我亲卿不异颐、颙等。"文季每还直,器物若迁,瓛止朝服而已。时集书每兼门下,东省实多清贫,有不识瓛者,常呼为散骑。

出为吴兴太守。瓌以既有国秩,不取郡奉。高帝敕上库别藏其奉,以表其清。武帝即位,为宁蛮校尉、雍州刺史,加都督。征拜左户尚书,加右军将军。还后,安陆王缅临雍州,行部登蔓山,有野老来乞。缅问:"何不事产而行乞邪?"答曰:"张使君临州理物,百姓家得相保,后人政严,故至行乞。"缅由是深加嗟赏。后拜太常,自谓闲职,辄归家。武帝曰:"卿辈未富贵,谓人不与;既富贵,那复欲委去。"瓌曰:"陛下御臣等若养马,无事就闲厩,有事复牵来。"帝犹怒,遂以为散骑常侍、光禄大夫。

郁林之废,朝臣到宫门参承明帝。瓌托脚疾不至。海陵立,明帝疑外藩起兵,以瓌镇石头,督众军事。瓌见朝廷多难,遂恒卧疾。建武末,屡启求还吴,见许。居室 豪富,伎妾盈房。或者讥其衰暮畜伎,瓌曰:"我少好音律,老而方解,平生嗜欲,无复一存,唯未能遣此耳。"

明帝疾甚,防疑大司马王敬则,授瓌平东将军、吴郡太守,以为之备。及敬则反,瓌遣兵迎拒于松江,闻敬则军鼓声,一时散走。瓌弃郡逃人间,事平,乃还郡,为有司奏,免官削爵。永元初,为光禄大夫。三年,梁武帝起兵,东昏假瓌节,戍石头,寻弃城还宫。梁天监元年,拜给事中、右光禄大夫,以脚疾拜于家。四年,卒。

瓌有子十二人,常云"中应有好者。"子率,知名。

率字士简,性宽雅。十二能属文,常日限为诗一篇,或数日不作,则追补之,稍进作赋颂,至年十六,向作二千余首。有虞讷者见而诋之,率乃一旦焚毁,更为诗示焉,托云沈约。讷便句句嗟称,无字不善,率曰:"此吾作也。"讷惭而退。时陆少玄家有父澄书万余卷,率与少玄善,遂通书籍,尽读其书。建武三年,举秀才,除太子舍人。与同郡陆倕、陆厥幼相友狎,尝同载诣左卫将军沈约,遇任昉在焉。约谓昉曰:"此二子后进才秀,皆南金也,卿可识之。"由此与昉友。

梁天监中,为司徒谢朏掾,直文德待诏省,敕使抄乙部书,又使撰古妇人事。使工书人琅邪王琛、吴郡范怀约等写给后宫。率取假东归,论者谓为傲世。率惧,乃为《待诏赋》奏之,甚见称赏。手敕称曰:"相如工而不敏,枚皋速而不工,卿可谓兼二子于金马矣。"又侍宴赋诗,武帝别赐率诗曰:"东南有才子,故能服官政,余虽惭古昔,得人今为盛。"率奏诗往反六首。后引见于玉衡殿,谓曰:"卿东南物望,朕宿昔所闻。卿言宰相是何人,不从天下,不由地出。卿名家奇才,若复以礼律为意,便是其人。秘书丞天下清官,东南望胄未有为之者,今以相处,为卿定名誉。"寻以为秘书丞,掌集书诏策。凶年,禊饮华光殿,其日河南国献赤龙驹,能拜伏,善舞。诏率与到溉、周兴嗣为赋,武帝以率及兴嗣为工。

其年,父忧去职。有父时伎数十人,其善讴者有色貌,邑子仪曹郎顾玭之求聘,讴者不愿,遂出家为尼。尝因斋会率宅,玭之乃飞书言与率奸。南司以事奏闻,武帝惜其才,寝其奏,然犹致时论。服阕,久之不仕。

七年,除中权建安王中记室参军,俄直寿光省,修丙丁部书抄。累迁晋安王宣惠谘议参军。率在府十年,恩礼甚笃。后为扬州别驾。率虽历居职务,未尝留心簿领。及为别驾奏事,武帝览牒问之,并无对,但答云:"事在牒中。"帝不悦。后历黄门侍郎。出为新安太守,丁所生母忧,卒。

率嗜酒不事,于家务尤忘怀。在新安遣家僮载米三千石还宅,及至,遂耗太半。率问其故,答曰:"雀鼠耗。"率笑而言曰:"壮哉雀鼠。"竟不研问。自少属文,《七略》及《艺文志》所载诗赋,今亡其文者,并补作之。所著《文衡》十五卷,文集四十卷,行于世。子长公。率弟盾。

盾字士宣,以谨重称。为无锡令,遇劫,问劫何须,劫以刀斫其颊眉,"咄,咄,不易。"余无所言。于是生资皆尽,不以介怀。为湘东王记室,出监富阳令。廓然独处,无所用心。身死之日,家无遗财,唯有文集并书千余卷,酒米数瓮而已。

稷字公乔,璀弟也。幼有孝性,所生母刘无宠,遘疾。时稷年十一,侍养衣不解带,每剧则累夜不寝。及终,毁瘠过人,杖而后起。见年辈幼童,辄哽咽泣泪,州里谓之淳孝。长兄玮善弹筝,稷以刘氏先执此伎,闻玮为《清调》,便悲感顿绝,遂终身不听之。

性疏率,朗悟有才略。起家著作佐郎,不拜。父永及嫡母丘相继殂,六年庐于墓侧。齐永明中,为豫章王嶷主簿,与彭城刘绘俱见礼接,未尝被呼名,每呼为刘四、张五。以贫求为剡令,略不视事,多为小山游。会山贼唐宇之作乱,稷率厉部人,保全县境。

所生母刘,先假葬琅邪黄山,建武中,改申葬礼,赙助委积。于时虽不拒绝,事毕随以还之。自幼及长,数十年中,常设刘氏神坐,出告反面,如事生焉。

历给事中,黄门侍郎,新兴、永宁二郡太守。郡犯私讳,改永宁为长宁。永元末,为侍中,宿卫宫城。梁武师至,兼卫尉江淹出奔,稷兼卫尉卿,副王莹都督城内诸军事。时东昏淫虐,北徐州刺史王珍国就稷谋,乃使直阁张齐行弑于含德殿。稷乃召右仆射王亮等列坐殿前西钟下,议遣国子博士范云、中书舍人裴长穆等使石头城诣武帝。以稷为侍中、左卫将军,迁大司马左司马。

梁朝建,为散骑常侍、中书令。及上即位,封江安县子,位领军将军。武帝尝于乐寿殿内宴,稷醉后,言多怨辞形于色。帝时亦酣,谓曰:"卿兄杀郡守,弟杀其君,袖提帝首,衣染天血,如卿兄弟,有何名称。"稷曰:"臣乃无名称,至于陛下,不得言无勋。东昏暴虐,义师亦来伐之,岂在臣而已。"帝捋其须曰:"张公可畏人。"中丞陆杲弹稷云:"领军张稷,门无忠贞,官必险达,杀君害主,业以为常。"武帝留中,竟不问。

累迁尚书左仆射。帝将幸稷宅,以盛暑留幸仆射省。旧临幸供具,皆酬太官馔直。帝以稷清贫,手诏不受。宋时武帝经造张永,至稷三世,并降万乘,论者荣之。稷虽居朝右,每惭口实,乃名其子伊字怀尹、霍字希光、畯字农人。同字不见,见字不同,以旌其志。既惧且恨,乃求出,许之。出为青、冀二州刺史,不得志,常闭阁读佛经。禁防宽弛,僚吏颇致侵扰。州人徐道角等夜袭州城,乃害之。有司奏削爵土。

稷性明烈，善与人交，历官无畜聚，奉禄皆颁之亲故，家无余财。为吴兴太守，下车存问遗老，引其子孙置之右职，政称宽恕。初去郡，就仆射征，道由吴，乡人候稷者满水陆。稷单装径还都下，人莫之识。其率素如此。

稷长女楚媛适会稽孔氏，无子，归宗。至逢稷见害，女以身蔽刃，先父卒。稷与族兄充、融、卷，俱知名，时见云充、融、卷、稷为四张。卷字令远，少以和理著称，能清言，位都官尚书。天监初，卒。稷子嵘。

嵘字四山，稷初为剡令，至嵘亭生之，因名嵘，字四山。少敦孝行，年三十余，犹班衣受稷杖，动至数百，收泪欢然。方雅有志操，能清言。感家祸，终身蔬食布衣，手不执刀刃，不听音乐。弟淮言气不伦，嵘垂泣训诱。

起家秘书郎，累迁镇南湘东王长史、寻阳太守。王暇日玄言，因为之筮，得《节卦》，谓嵘曰：“卿后当东入为郡，恐不得终其天年。”嵘曰：“贵得其所耳。”时伏挺在坐，曰：“君王可畏人也。”还为太府卿，吴兴太守。侯景围建邺，遣弟伊率郡兵赴援。城陷，御史中丞沈浚违难东归，嵘往见之，谓曰：”贼臣凭陵，人臣效命之日，今欲收集兵刃，保据贵乡，虽复万死，诚亦无恨。”浚固劝嵘举义。时邵陵王伦东奔至钱唐，闻之，遣前舍人陆丘公板授嵘征东将军。嵘曰：“天子蒙尘，今日何情复受荣号。”留板而已。贼行台刘神茂攻破义兴，遣使说嵘，嵘斩其使，仍遣军破神茂。侯景乃遣其中军侯子鉴助神茂击嵘。嵘军败，乃释戎服坐于听事，贼临以刃，终不屈，执以送景。景将舍之，嵘曰：“速死为幸。”乃杀之。子弟遇害者十余人。景欲存其一子，嵘曰：“吾一门已在鬼录，不就尔处求恩。”于是皆死。贼平，元帝追赠侍中、中卫将军、开府仪同三司，谥忠贞子。嵘弟羊，知名。

种字士苗，永从孙也。祖辩，宋大司农、广州刺史。父略，太子中庶子、临海太守。种少恬静，居处雅正，傍无造请。时人语曰：“宋称敷、演，梁则卷、充，清虚学尚，种有其风。”

仕梁为中军宣城王府主簿，时已四十余。家贫，求为始丰令。及武陵王纪为益州刺史,重选府僚,以种为左西曹掾。种辞以母老,为有司奏,坐黜免。

侯景之乱,奉母东奔乡里。母卒,种时年五十,而毁瘠过甚。又迫以凶荒未葬,服虽毕,居家饮食,恒若在丧。景平,初司徒王僧辩以状奏,起为中从事,并为具葬礼,葬讫,种方即吉。僧辩又以种年老无子,赐以妾及居处之具。陈武帝受禅,为太常卿。历位左户尚书、侍中、中书令、金紫光禄大夫。种沉深虚静,识量宏博,时以为宰相之器。仆射徐陵尝抗表让位于种,以为宜居左执,其为所推如此。卒,赠特进,谥元子。

种仁恕寡欲,虽历显位,家产屡空,终日晏然,不以为病。太建初,女为始兴王妃,以居处僻陋,特赐宅一区。又累赐无锡、嘉兴县秩,尝于无锡见重囚在狱,天寒,呼囚暴日,遂失之。帝大笑而不深责。有集十四卷。

种弟棱亦清静有识度,位司徒左长史,赠光禄大夫。


论曰:张裕有宋之初,早参霸政,出内所历,莫非清显,诸子并荷崇构,克举家声,其美誉所归,岂徒然也。思曼立身简素,殆人望乎。夫濯缨从事,理存无二,取信一主,义绝百心。以永元之末,人忧涂炭,公乔重围之内,首创大谋,而旋见猜嫌,又况异于斯也。然则士之行己,可无深议。四山赴蹈之方,可谓矫其违矣。

# 南史卷三二
## 列传第二二

# 张邵　子敷　孙冲　兄子畅　畅子融　宝积
## 徐文伯　嗣伯

　　张邵字茂宗，会稽太守裕之弟也。初为晋琅邪内史王诞龙骧府功曹，桓玄徙诞于广州，亲故皆离弃之，唯邵情礼弥谨，流涕追送。时寇乱年饥，邵又资馈其妻子。

　　桓玄篡位，父敞先为尚书，以答事微谬，降为廷尉卿。及宋武帝讨桓玄，邵白敞表献忠款，帝大悦，命署寺门曰："有犯张廷尉家者，军法论。"事平，以敞为吴郡太守。及王谧为扬州，召邵补主簿。

　　刘毅位居亚相，好士爱才，当世莫不辐凑，唯邵不往。亲故怪而问之，邵曰："主公命世人杰，何烦多问。"刘穆之言于帝，帝益亲之，转太尉参军，署长流贼曹。

　　卢循至蔡洲，武帝至石头，使邵守南城。时百姓水际望贼，帝不解其意，以问邵，邵曰："节钺未反，奔散之不暇，亦何暇观望，今当无复恐耳。"帝以邵勤练忧公，重补州主簿。邵悉心政事，精力绝人。及诛刘藩，邵时在西州直庐，即夜诚众曹曰："大军当大讨，可各各条仓库及舟船人领，至晓取办。"旦日，帝求诸簿最，应时即至。怪问其速，诸曹答曰："宿受张主簿处分。"帝曰："张邵可谓同人忧虑矣。"

　　九年，世子始开征卢府，以邵补录事参军，转号中军，迁谘议参军，领记室。十一年，武帝北伐，邵请见曰："人生危脆，宜有远虑。若刘穆之邂逅不幸,谁可代之?尊业如此,若有不讳,则处分云何?"帝曰:"此自委穆之与卿耳。"

青州刺史檀祗镇广陵,辄率众至滁中掩讨亡命,刘穆之虑其为变,议欲遣军。邵曰:"檀韶据中流,道济为军首,若有相疑之迹,则大府立危。不如逆遣慰劳,必无患也。"祗果不动。及穆之暴卒,朝廷恇惧,便发诏以司马徐羡之代。邵独曰:"今诚急病,任终在徐,然世子无专行之义,宜须谘。"信反,方使世子出命曰:"朝廷及大府事悉谘徐司马,其余启还。"武帝善其临事不挠,得大臣节。十四年,世子改授荆州,邵谏曰:"储贰之重,四海所系,不宜外出,敢以死请。"世子竟不行。

文帝为中郎将、荆州刺史,以邵为司马,领南郡相,众事悉决于邵。武帝受命,以佐命功封临沮伯。分荆州立湘州,以邵为刺史,将署府,邵以长沙内地,非用武之国,置府妨人,乖为政要。从之。荆州刺史谢晦反,遗书要邵,邵不发函,使呈文帝。

元嘉五年,转征虏将军,领宁蛮校尉、雍州刺史,加都督。初,王华与邵不和,及华参要,亲旧为之危心。邵曰:"子陵方弘至公,岂以私隙害正义。"是任也,华实举之。及至襄阳,筑长围,修立堤堰,创田数千顷,公私充给。丹、淅二州蛮属为寇,邵诱其师并出,因大会诛之,遣军掩其村落,悉禽。既失信群蛮,所在并起,水陆路断。七年,子敷至襄阳定省,当还都,群蛮欲断取之,会蠕蠕国献使下,蛮以为是敷,因掠之。邵坐降号扬烈将军。

江夏王义恭镇江陵,以邵为抚军长史、持节、南蛮校尉。九年,坐在雍州营私畜取赃货二百四十五万,下廷尉,免官削爵土。后为吴兴太守,卒。追复爵邑,谥曰简伯。邵临终遗命"祭以菜果,苇席为辒车",诸子从焉。长子敷。

敷字景胤,生而母亡,年数岁问知之,虽童蒙便有感慕之色。至十岁许,求母遗物,而散施已尽,唯得一扇,乃缄录之。每至感思,辄开笥流涕。见从母,悲感哽咽。性整贵,风韵甚高,好读玄言,兼属文论。初,父邵使与高士南阳宗少文谈《系》、《象》,往复数番。少文每欲屈，握麈尾叹曰："吾道东矣。"于是名价日重。

宋武帝闻其美，召见奇之，曰："真千里驹也。"以为世子中军参军，数见接引。累迁江夏王义恭抚军记室参军。义恭就文帝求一学义沙门，会敷赴假还江陵，入辞，文帝令以后车载沙门往，谓曰："道中可得言晤。"敷不奉诏，曰："臣性不耐杂。"上甚不悦。迁正员、中书郎。敷小名楂，父邵小名梨。文帝戏之曰："楂何如梨？"答曰："梨是百果之宗，楂何敢比也。"中书舍人狄当、周赳并管要务，与敷同省名家，欲诣之。赳曰："彼若不相容接，便不如勿往，讵可轻行。"当曰："吾等并已员外郎矣，何忧不得共坐。"敷先旁设二床，去壁三四尺。二客就席，敷呼左右曰："移我远客。"赳等失色而去，其自标遇如此。

善持音仪，尽详缓之致，与人别，执手曰："念相闻。"余响久之不绝。张氏后进皆慕之，其源起自敷也。迁黄门侍郎，始兴王浚后将军司徒左长史，未拜，父在吴兴亡。成服凡十余日，始进水浆。葬毕，不进盐菜，遂毁瘠成疾。伯父茂度每止譬之，辄更感恸，绝而复续。茂度曰："我冀譬汝有益，但更甚耳。"自是不复往。未期而卒。孝武即位，诏旌其孝道，追赠侍中，改其所居称孝张里。

敷弟柬，袭父封，位通直郎。柬勇力，手格猛兽，元凶以为辅国将军。孝武至新亭，柬出奔，堕淮死。子式嗣。弟冲。

冲字思约，出继伯父敷。冲母戴颙女，有仪范，张氏内取则焉。

冲少有至性，随从叔永为将帅，除盱台太守。永征彭城遇寒，军人足胫冻断者十七八，冲足指皆堕。齐永明八年，为假节、监青冀二州行刺史事。冲父初卒，遗命"祭我必以乡土所产，无用牲物。"冲在镇，四时还吴国取果菜，每至烝尝，辄流涕荐焉。仍转刺史。永元二年，为南兖州刺史，迁司州。裴叔业以寿春降魏，又迁冲南兖州刺史，并未拜。崔慧景事平，征建安王宝寅还都，以冲为舒州刺史，一岁之中，频授四州刺史，至是乃受任，封定襄侯。

梁武帝起兵，手书喻意，又遣辩士说之，冲确然不回。东昏遣骁骑将军薛元嗣、制局监暨荣伯领兵及粮运送冲，使拒西师。元嗣等惩刘山阳之败,疑冲不敢进,停住夏首浦。闻梁武师将至,元嗣、荣伯相率入郢城。时竟陵太守房僧寄被代还至郢,东昏敕僧寄留守鲁山,除骁骑将军。僧寄谓冲曰:"下官虽未荷朝廷深恩,实蒙先帝厚泽。荫其树者不折其枝,实欲微立尘效。"冲深相许诺,共结盟誓,分部拒守。遣军主孙乐祖数千人,助僧寄援鲁山岸立城垒。

明年二月,梁武围鲁山城,遣军主曹景宗等过江攻郢城。冲中兵参军陈光静等间出击之,光静战死,冲固守不出。病将死,厉府僚以诚节,言终而卒。元嗣、荣伯与冲子孜及长史江夏程茂固守。东昏诏赠冲散骑常侍、护军将军。

元嗣等处围城之中,无他经略,唯迎蒋子文及苏侯神,日禺中于州听上祀以求福,铃铎声昼夜不止。又使子文导从登陴巡行,旦日辄复如之。识者知其将亡。僧寄病死,孙乐祖窘,以城降。郢被围二百余日,士庶病死者七八百家。鲁山陷后二日,程茂及元嗣等议降,使孜为书与梁武帝。冲故吏青州中从事房长瑜谓孜曰:"前使君忠贯昊天,操逾松竹,郎君但当端坐画一,以荷析薪。若天运不与,幅巾待命,以下从使君。今若随诸人之计,非唯郢州士女失高山之望,亦恐彼所不取也。"不从,卒以郢城降。时以冲及房僧寄比臧洪之被围也。赠僧寄益州刺史。

畅字少微,邵兄祎子也。祎少有操行,为晋琅邪王国郎中令,从王至洛。还京都,宋武帝封药洒一罂付祎,使密加鸩毒。受命,于道自饮而卒。

畅少与从兄敷、演、镜齐名,为后进之秀。起家为太守徐佩之主簿,佩之被诛,畅驰出奔赴,制服尽哀,为论者所美。弟牧尝为猘犬所伤,医云宜食虾蟆,牧甚难之。畅含笑先尝,牧因此乃食,创亦即愈。

累迁太子中庶子。孝武镇彭城,畅为安北长史、沛郡太守。元嘉二十七年,魏太武南征,太尉江夏王义恭统诸军出镇彭城。太武亲率大众,去彭城数十里。彭城众力虽多,军食不足,义恭欲弃彭城南归,计议弥日不定。时历城众少食多,安北中兵参军沈庆之议欲

以车营为函箱阵,精兵为外翼,奉二王及妃媛直历城,分城兵配护
军将军萧思话留守。太尉长史何勖不同,欲席卷奔郁洲,自海道还
都。二议未决,更集群僚谋之。畅曰:"若历城、郁洲有可至之理,下
官敢不高赞。今城内乏食,进姓咸有走情,但以关扃严固,欲去莫从
耳。若一旦动脚,则各自散走,欲至所在,何由可得?今军食虽寡,
朝夕犹未罄罄,岂有舍万安之术,而就危亡之道?若此计必用,下官
请以颈血污君马迹。"孝武闻畅议,谓义恭曰:"张长史言不可异
也。"义恭乃止。

　　魏太武得至,仍登城南亚父冢,于戏马台立毡屋。先是,队主蒯
应见执,其日晡时,太武遣送应至小市门致意,求甘蔗及酒。孝武遣
人送酒二器,甘蔗百挺,求骆驼。明日,太武又自上戏马台,复遣使
至小市门求兴孝武相见,遣送骆驼并致杂物,使于南门受之。畅于
城上与魏尚书李孝伯语。孝伯问:"君何姓?"答云:"姓张。"孝伯曰:
"张长史。"畅曰:"君何得见识?孝伯曰:"君声名远闻,足使我知。"
因言说久之。城内有具思者尝在魏,义恭遣视,知是孝伯,乃开门进
饷物。

　　太武又求酒及甘桔,畅宣孝武旨,又致螺杯杂粽,南土所珍。太
武复令孝伯传语曰:"魏主有诏借博具。"畅曰:"博具当为申致,有
诏之言,政可施于彼国,何得称之于此。"孝伯曰:"邻国之君,何为
不称诏于邻国之臣?"畅曰:"君之此称,尚不可闻于中华,况在诸王
之贵,而独曰邻国之君邪。"孝伯曰:"魏主言太尉、镇军久阙南信,
殊当忧邑,若欲遣信,当为护送。"畅曰:"此方间路甚多,不复以此
劳魏主。"孝伯曰:"亦知有水路,似为白贼所断。"畅曰:"君著白衣,
故称白贼邪?"孝伯大笑曰:"今之白贼亦不异黄巾、赤眉。"畅曰:
"黄巾、赤眉似不在江南。"孝伯曰:"亦不离、青徐。"畅曰:"今者青、
徐,实为有贼,但非白贼耳。"又求博具,俄送与。

　　太武又遣送毡及九种盐并胡豉,云"此诸盐各在所宜:白盐是
魏主所食;黑者疗腹胀气满,细刮取六铢,以酒服之;胡盐疗目痛;
柔盐不用食,疗马脊创;赤盐、驳盐、臭盐、马齿盐四种,并不中食。

胡豉亦中啖。"人求黄甘，并云"魏主致意太尉、安北，何不遣人来至
我间？彼此之情虽不可尽，要须见我小大，知我老少，观我为人。若
诸佐不可遣，亦可使僮来。"畅又宣旨答曰："魏主形状才力，久为来
往所具，李尚书亲自衔命，不患彼此不尽，故不复遣信。"又云："魏
主恨向所送马殊不称意，安北若须大马，当更送之。脱须蜀马，亦有
佳者。"畅曰："安北不乏良驷，送自彼意，非此所求。"义恭又饷炬烛
十挺，孝武亦致锦一匹。又曰："知更须黄甘，诚非所吝，但会不足周
彼一军。向给魏主，未应便乏，故不复重付。"

　　太武复求甘蔗安石榴，畅曰："石榴出自邺下，亦当非彼所乏。"
孝伯曰："君南土膏粱，何为著屩？君而著此，使将士云何？"畅曰：
"膏粱之言，诚为多愧，但以不武，受命统军，戎阵之间，不容缓服。"
太武又遣就二王借箜篌、琵琶、筝、笛等器及棋子。孝伯辞辩亦北土
之美，畅随宜应答，吐属如流，音韵详雅，风仪华润。孝伯及左右人，
并相视叹息。时魏声云当出襄阳，故以畅为南谯王义宣司空长史、
南郡太守。

　　三十年，元凶弑逆，义宣发哀之日，即便举兵。畅为元佐，位居
僚首，哀容俯仰，荫映当时。举哀毕，改服著黄裤褶，出射堂简人。音
姿容止，莫不瞩目，见者皆愿为尽命。事平，征为吏部尚书，封夷道
县侯。

　　义宣既有异图，蔡超等以畅人望，劝义宣留之。乃解南蛮校尉
以授畅，加冠军将军，领丞相长史。畅遣门生荀僧宝下都，因颜竣
陈义宣衅状。僧宝有私货，停巴陵不时下，会义宣起兵，津路断绝，
僧宝遂不得去。义宣将为逆，遣嬖人翟灵宝告畅，畅陈必无此理，请
以死保之。灵宝知畅不回，劝义宣杀以徇众，赖丞相司马竺超人得
免。进号抚军，别立军部，以收人望。畅虽署文檄，而饮酒常醉，不
省文书。随义宣东下，梁山战败，于乱兵自归，为军人所掠，衣服都
尽。遇右将军王玄谟乘舆出营，畅已得败衣，因排玄谟上舆。玄谟
意甚不悦，诸将请杀之，队主张世营救得免。执送都，下廷尉，寻见
原。

起为都官尚书,转侍中,代子淹领太子右卫率。孝武宴朝贤,畅亦在坐。何偃因醉曰:"张畅故是奇才,同义宣作贼,亦能无咎,非才何以致此?"畅乃厉声曰:"太初之时,谁黄其阁?"帝曰:"何事相苦。"初,元凶时,偃父尚之为元凶司空,义师至新林,门生皆逃,尚之父子与婢妾共洗黄阁,故畅讥之。孝建二年,出为会稽太守。卒,谥曰宣。畅爱弟子辑,临终遗命,与辑合坟,论者非之。

畅弟悦,亦有美称,历侍中、临海王子顼前军长史、南郡太守。晋安王子勋建伪号,召拜为吏部尚书,与邓琬共辅伪政。事败,悦杀琬归降,复为太子中庶子,后拜雍州刺史。泰始六年,明帝于巴郡置三巴校尉,以悦补之,加持节、辅师将军,领巴郡太守。未拜,卒。

畅子浩,官至义阳王昶征北谘议参军。浩弟淹,黄门郎,封广晋县子,太子右卫率,东阳太守。逼郡吏烧臂照佛。百姓有罪,使礼佛赎愆,动至数千拜。坐免官禁锢。起为光禄勋,临川内史。后与晋安王子勋同逆,军败见杀。淹弟融。

融字思光,弱冠有名。道士同郡陆修静以白鹭羽麈尾扇遗之,曰:"此既异物,以奉异人。"

解褐为宋新安王子鸾行参军。王母殷淑仪薨,后四月八日建斋灌佛,僚佐侔者多至一万,少不减五千,融独注侔百钱。帝不悦,曰:"融殊贫,当序以佳禄。"出为封溪令。从叔永出后渚送之,曰:"似闻朝旨,汝寻当还。"融曰:"不患不还,政恐还而复去。"

及行,路经嶂岭,獠贼执融,将杀食之。融神色不动,方作洛生咏,贼异之而不害也。浮海至交州,于海中遇风,终无惧色,方咏曰:"乾鱼自可还其本乡,肉脯复何为者哉。"又作《海赋》,文辞诡激,独与众异。后以示镇军将军顾觊之,觊之曰:"卿此赋实超玄虚,但恨不道盐耳。"融即求笔注曰:"漉沙构白,熬波出素,积雪中春,飞霜暑路。"此四句后所足也。觊与融兄有恩好,觊卒,融身负坟土。在南与交趾太守卞展善,展于岭南为人所杀,融挺身奔赴。

举秀才,对策中第,为尚书殿中郎,不就,改为仪曹郎。寻请假奔叔父丧,道中罚干钱敬道鞭杖五十,寄系延陵狱。大明五年制:二品清官行僮干杖,不得出十。为左丞孙缅所奏,免官。复位,摄祠部、仓部二曹。时领军刘勔战死,融以祠部议,上应哭勔,见从。又俗人忌以正月开太仓,融议不宜拘束小忌。寻兼掌正厨,见宰杀,回车径去,自表解职。

再迁南阳王友。融父畅为丞相长史,义宣事难,畅将为王玄谟所杀。时玄谟子瞻为南阳王长史,融启求去官,不许。

融家贫欲禄,乃与从叔征北将军永书曰:"融昔幼学,早训家风,虽则不敏,率以成性。布衣韦带,弱年所安,箪食瓢饮,不觉不乐。但世业清贫,人生多待,榛栗枣修,女赘既长,束帛禽鸟,男礼已大。勉身就官,十年七仕,不欲代耕,何至此事。昔求三吴一丞,虽属舛错,今闻南康缺守,愿得之。融不知阶级,阶级亦不可知融,政以求丞不得,所以求郡,求郡不得,亦可复求丞。"又与吏部尚书王僧虔书曰:"融天地之逸人也,进不辩贵,退不知贱,实以家贫累积,孤寡伤心,八侄俱孤,二弟顿弱,岂能山海陋禄,申融情累。阮籍爱东平土风,融亦欣晋平闲外。"时议以融非御人才,竟不果。

辟齐太傅掾,稍迁中书郎,非其所好。乞为中散大夫,不许。张氏自敷以来,并以理音辞、修仪范为事。至融风止诡越,坐常危膝,行则曳步,翘身仰首,意制甚多。见者惊异,聚观成市,而融了无惭色。随例同行,常稽迟不进。高帝素爱融,为太尉时,与融款接。见融常笑曰:"此人不可无一,不可有二。"即位后,手诏赐融衣曰:"见卿衣服粗故,诚乃素怀有本。交尔蓝缕,亦亏朝望。今送一通故衣,意谓虽故乃胜新也。是吾所著,已令裁减,称卿之体,并履一量。"高帝出太极殿西室,融入问讯,弥时方登阶。及就席,上曰:"何乃迟为?"对曰:"自地升天,理不得速。"时魏主至淮而退,帝问:"何意忽来忽去。"未有答者,融时下坐,抗声曰:"以无道而来,见有道而去。"公卿咸以为捷。

融善草书,常自美其能。帝曰:"卿书殊有骨力,但恨无二王法。"答曰:"非恨臣无二王法,亦恨二王无臣法。"

融假还乡,诣王俭别。俭立此地,举袂不前,融亦举手呼俭曰:

"歊曰'王前'。"俭不得已趋就之。融曰:"使融不为慕势,而今君为趋士,岂不善乎。"常叹云:"不恨我不见古人,所恨古人又不见我。"

融与吏部尚书何戢善,往诣戢,误通尚书刘澄。下车入门,乃曰:"非是。"至户望澄,又曰:"非是。"既造席视澄,曰:"都自非是。"乃去。其为异如此。

又为长沙王镇军、竟陵王征北谘议,并领记室,司徒从事中郎。永明二年,总明观讲,敕朝臣集听。融扶入就榻,私索酒饮之。事毕,乃长叹曰:"呜呼! 仲尼独何人哉。"为御史中丞到挢所奏,免官,寻复职。

融形貌短丑,精神清彻,王敬则见融革带宽,殆将至髀,谓曰:"革带太急。"融曰:"既非步吏,急带何为?"

融假东出,武帝问融住在何处,答曰:"臣陆处无屋,舟居无水。"后上问其从兄绪,绪曰:"融近东出,未有居止,权牵小船于岸上住。"上大笑。

后使融接对北使李道固,就席,道固顾而言曰:"张融是宋彭城长史张畅子不?"融犟蹙久之,曰:"先君不幸,名达六夷。"

豫章王大会宾僚,融食炙,始行毕,行炙人便去。融欲求盐蒜,口终不言,方摇食指,半日乃息。出入朝廷,皆拭目惊观之。

八年,朝臣贺众瑞公事,融扶入拜起,复为有司所奏,见原。迁司徒兼右长史。竟陵张欣时为诸暨令,坐罪当死,欣时父兴世讨宋南谯王义宣,官军欲杀融父畅,兴世以袍覆畅而坐之,以此得免。兴世卒,融著高履为负土成坟。至是,融启竟陵王子良,乞代欣时死。子良答曰:"此乃是长史美事,恐朝有常典,不得如长史所怀。"迁黄门郎,太子中庶子,司徒左长史。

融有孝义,忌月三旬不听乐,事嫂甚谨。父畅临终谓诸子曰:"昔丞相事难,吾以不同将见杀,缘司马竺超人得活,尔等必报其子。"后超人孙微冬月遭母丧,居贫,融吊之,悉脱衣以为赗,披牛被而反。常以兄事微。豫章王嶷、竟陵王子良薨,自以身经佐吏,哭辄尽恸。

建武四年,病卒。遗令建白旗无旒,不设祭,令人捉麈尾登屋复魂。曰:"吾生平所善,自当陵云一笑。三千买棺,无制新衾。左手执《孝经》、《老子》,右手执小品《法华经》。妾二人,事哀毕,各遣还家。"曰:"吾生平之风调,何至使妇人行哭失声,不须暂停闺阁。"

融玄义无师法,而神解过人,高谈鲜能抗拒。永明中遇疾,为《问律》,《自序》云:"吾文章之体,多为世人所惊,汝可师耳以心,不可使耳为心师也。夫文岂有常体,但以有体为常,政当有其体。丈夫当删《诗》《书》,制礼乐,何至因循寄人篱下。"临卒,又戒其子曰:"手泽存焉,父书不读,况父音情,婉在其韵。吾意不然,别遗尔旨。吾文体英变,变而屡奇,岂吾天挺,盖不隤家声。汝可号哭而看之。"融文集数十卷,行于世,自名其集为《玉海》。司徒褚彦回问其故,融云:"盖玉以比德,海崇上善耳。"张氏前有敷、演、镜、畅,后有充、融、卷、稷。

第六弟宝积,建武中,出为庐陵太守。时名流谢瀹、何点、陆惠晓、孔惠晓、孔圭至融弟铁之舍,点造坐便曰:"今日可谓盛集,二五我兄弟之流,阿六张氏保家之子。"顾见王思远曰:"卿诈作善,非实得也。"二五谓孔圭及融并第五。宝积,永元中为湘州行事萧颖胄于江陵,乘腰舆诣颖胄,举动自若。颖胄问:"何至之晚?"答曰:"本朝危乱,四海横流,既不能为比干之死,实未忍为微子之去,是以至晚。"颖胄深以为善,即用为相府谘议。后位御史中丞。

融与东海徐文伯兄弟厚。文伯字德秀,濮阳太守熙曾孙也。熙好黄、老,隐于秦望山,有道士过求饮,留一瓠瓤与之,曰:"君子孙宜以道术救世,当得二千石。"熙开之,乃《扁鹊镜经》一卷,因精心学之,遂名震海内。生子秋夫,弥工其术,仕至射阳令。尝夜有鬼呻吟,声甚凄怆,秋夫问:"何须?"答言:"姓某,家在东阳,患腰痛死。虽为鬼,痛犹难忍,请疗之。"秋夫曰:"云何厝法?"鬼请为刍人,案孔穴针之。秋夫如言,为灸四处,又针肩井三处,设祭埋之。明日见一人谢恩,忽然不见。当世伏其通灵。

秋夫生道度、叔向,皆能精其业。道度有脚疾不能行,宋文帝令乘小舆入殿，为诸皇子疗疾，无不绝验。位兰陵太守。宋文帝云：
"天下有五绝，而皆出钱唐。"谓杜道鞠弹棋，范悦诗，褚欣远楷书，
褚胤围棋，徐道度疗疾也。道度生文伯，叔向生嗣伯。

　　文伯亦精其业，兼有学行，倜傥不屈意于公卿，不以医自业。融
谓文伯、嗣伯曰："昔王微、嵇叔夜并学而不能，殷仲堪之徒故所不
论。得之者由神明洞彻，然后可至，故非吾徒所及。且褚侍中澄当
贵亦能救人疾，卿此更成不达。"答曰："唯达者千此可崇，不达者多
以为深累，既鄙之何能不耻之。"文伯为效与嗣伯相埒。宋孝武路太
后病，众医不识。文伯诊之曰："此石博小肠耳。"乃为水剂消石汤，
病即愈。除鄱阳王常侍，遗以千金，旬日恩意隆重。宋明帝宫人患
腰痛牵心，每至辄气欲绝。众医以为肉症。文伯曰："此发症。"以油
投之，即吐得物如发。稍引之，长三尺，头已成蛇能动，挂门上适尽
一发而已，病都差。宋后废帝出乐游苑门，逢一妇人有娠，帝亦善诊
之，曰："此腹是女也。"问文伯，曰："腹有两子，一男一女，男左边，
青黑，形小于女。"帝性急，便欲使剖。文伯恻然，曰："若刀斧，恐其
变异，请针之立落。"便写足太阴，补手阳明，胎便应针而落。两儿相
续出，如其言。

　　子雄亦传家业，尤工诊察。位奉朝请。能清言，多为贵游所善。
事母孝谨，母终，毁瘠几至自灭。俄而兄亡，扶杖临丧，抚膺一恸，遂
以哀卒。

　　嗣伯字叔绍，亦有孝行，善清言。位正员郎，诸府佐，弥为临川
王映所重。时直阁将军房伯玉服五石散十许剂，无益，更患冷，夏日
常复衣。嗣伯为诊之，曰："卿伏热，应须以水发之，非冬月不可。"至
十一月，冰雪大盛，令二人夹提伯玉，解衣坐石，取冷水从头浇之，
尽二十斛。伯平口噤气绝，家人啼哭请止，嗣伯遣人执杖防阁，敢有
谏者挝之。又尽水百斛，伯玉始能动，而见背上彭彭有气，俄而起
坐，曰："热不可忍，乞冷饮。"嗣伯以水与之，一饮一升，病都差。自
尔恒发热，冬月犹单裈衫，体更肥壮。常有妪人患滞冷，积年不差。
嗣伯为诊之曰："此尸注也，当取死人枕煮服之乃愈。"于是往古冢

中取枕，枕已一边腐缺，服之即差。后秣陵人张景，年十五，腹胀面黄，众医不能疗，以问嗣伯，嗣伯曰："此石蛔耳，极难疗。当取死人枕煮之。"依语煮枕，以汤投之，得大利，并蛔虫头坚如石，五升，病即差。后沈僧翼患眼痛，又多见鬼物，以问嗣伯。嗣伯曰："邪气入肝，可觅死人枕煮服之。竟，可埋枕于故处。"如其言，又愈。王晏问之曰："三病不同，而皆用死人枕而俱差，何也？"答曰："尸注者，鬼气伏而未起，故令人沉滞。得死人枕投之，魂气飞越，不得复附体，故尸注可差。石蛔者，久蛔也，医疗既僻，蛔虫转坚，世间药不能遣，所以须鬼物驱之，然后可散，故令煮死人枕也。夫邪气入肝，故使眼痛，而见魍魉，应须邪物以钩之，故用死人枕也。气因枕去，故令埋于冢间也。"又春月出南篱门戏，闻笪屋中有呻吟声。嗣伯曰："此病甚重，更二日不疗必死。"乃往视，见一老姥称体痛，而处处有黯黑无数。嗣伯还煮斗余汤，送令服之，服讫痛势愈甚，跳投床者无数。须臾，所黯处皆拔出钉，长寸许，以膏涂诸疮口，三日而复，云"此名钉疽也。"

时又有薛伯宗，善徙痈疽。公孙泰患背，伯宗为气封之，徙置斋前柳树上。明旦痈消，树边便起一瘤如拳大。稍稍长二十余日，瘤大脓烂，出黄赤汁斗余，树为之痿损。

论曰：有晋自宅淮海，张氏无乏贤良。及宋、齐之间，雅道弥盛。其前则云敷、演、镜、畅，盖其尤著者也。然景胤敬爱之道，少微立履所由，其殆优矣。思光行己卓越，非常俗所遵，齐高帝所云"不可有二，不可无一"，斯言其几得矣。徐氏妙理通灵，盖非常所至，虽古之和、鹊，何以加兹。融与文伯款好，故附之云尔。

# 南史卷三三
# 列传第二三

## 范泰 子晔　荀伯子 族子万秋
## 徐广 郗绍 广兄子豁　郑鲜之
## 裴松之 孙昭明 曾孙子野　何承天
**曾孙逊**

范泰字伯伦,顺阳人也。祖汪,晋安北将军、徐兖二州刺史。父宁,豫章太守。并有名前代。

泰初为太学博士,外弟荆州刺史王忱请为天门太守。忱嗜酒,醉辄累旬,及醒则俨然端肃。泰陈酒既伤生,所宜深诫,其言甚切。忱嗟叹久之,曰:"见规者众,夫有若此者也。"或问忱:"范泰何如谢邈?"忱曰:"茂度漫。"又问:"何如殷觊?"忱曰:"伯道易。"忱常有意立功,谓泰曰:"今城池既立,军甲亦充,将欲扫除中原,以申宿昔之志。伯道意锐,当令拥戈前驱;以君持重,欲相委留事,何如?"泰曰:"百年逋寇,前贤挫屈者多矣,功名虽贵,鄙生所不敢谋。"会忱病卒,召泰为骠骑谘议参军,迁中书郎。

时会稽世子元显专权,内外百官请假,不复表闻,唯签元显而已。泰言以为非宜,元显不纳。以父忧去职,袭爵遂乡侯。桓玄辅晋,使御史中丞祖台之奏泰及前司徒左长史王准之、辅国将军司马珣之并居丧无礼,泰坐废,徙丹徒。宋武帝义旗建,累迁黄门侍郎、御史中丞。坐议殷祠事谬,白衣领职。出为东阳太守,历侍中,度支尚书。时仆射陈郡谢琨,后进知名,武帝尝从容问琨:"泰名辈谁比?"对曰:"王元一流人也。"徙为太常。

初,司徒道规无子,养文帝。及道规薨,以兄道怜第二子义庆为嗣。武帝以道规素爱文帝,又令居重。及道规追封南郡公,应以先华容县公赐文帝。泰议以为"礼无二主",由是文帝还本属。

后加散骑常侍,为尚书,兼司空,与右仆射袁湛授宋公九锡,随军到洛阳。武帝还彭城,与泰登城。泰有足疾,特命乘舆。泰好酒,不拘小节,通率任心。虽公坐,笑言不异私室,武帝甚赏爱之。然短于为政,故不得在政事官。武帝受命,议建国学,以泰领国子祭酒,泰上表陈奖进之道。时学竟不立。又言事者多以钱货减少,国用不足,欲更造五铢。泰又谏曰:

> 臣闻为国拯弊,莫若务本。"百姓不足,君孰与足"。未有人贫而国富,本不足而末有余者也。故囊漏贮中,识者不吝,反裘负薪,存毛实难。王者不言有无,诸侯不说多少,食禄之家,不与百姓争利。故拔葵所以明政,织蒲谓之不仁。是以贵贱有章,职分无爽。今之所忧,在农人尚寡,仓廪未充,转运无已,资食者众,家无私积,难以御荒耳。夫货存贸易,不在少多,昔日之贵,今者之贱,彼此共之,其揆一也。但令官人均通,则无患不足。若使必资货广以收国用者,则龟贝之属,自古所行。寻铜之为器,在用也博矣,钟律所通者远,机衡所揆者大,夏鼎负图,实冠众瑞,晋铎呈象,亦启休徵。器有要用,则贵贱同资,物有适宜,则家国共急。今毁必资之器,而为无施之钱,于货则功不补劳,在用则君人俱困,校之以实,损多益少。伏愿思可久之道,探欲速之情,弘山海之纳,择刍牧之说。

景平初,加位特进。明年,致仕,解国子祭酒。少帝在位,多诸愆失,泰上封事极谏。少帝虽不能纳,亦不加谴。徐羡之、傅亮等与泰素不平,及卢陵王义真、少帝见害,泰谓所亲曰:"吾观古今多矣,未有受遗顾托,而嗣君见杀、贤王婴戮者也。"

元嘉二年,泰表贺元正,并陈旱灾,多所奖劝。拜表遂轻舟游东阳，任心行止，不关朝廷。有司劾奏之，文帝不问。时文帝虽当阳亲览，而羡之等犹执重权，泰复上表论得失，言及执事。诸子禁之，表竟不奏。

三年，羡之伏诛。进位侍中、左光禄大夫、国子祭酒，领江夏王师，特进如故。上以泰先朝旧臣，恩礼甚重。以有脚疾，宴见之日，特听乘舆到坐。所陈时事，上每优游之。其年秋，旱蝗。又上表言："有蝗之处，县官多课人捕之，无益于枯苗，有伤于杀害。又女人被宥，由来尚矣，谢晦妇女犹在尚方，匹妇一至，亦能有所感激。"书奏，上乃原谢晦妇女。时司徒王弘辅政，泰谓弘曰："彭城王，帝之次弟，宜征还入朝，共参朝政。"弘纳其言。时旱灾未已，加以疾疫，泰又上表，有所劝诫。

泰博览篇籍，好为文章，爱奖后生，孜孜无倦。撰《古今善言》二十四篇及文集传于世。暮年事佛甚精，于宅西立祇洹精舍。五年，卒。初议赠开府，殷景仁曰："泰素望不重，不可拟议台司。"竟不果。及葬，王弘抚棺哭曰："君生平重殷铁，今以此为报。"追赠车骑将军，谥曰宣侯。第四子晔，最知名。

晔字蔚宗，母如厕产之，额为砖所伤，故以砖为小字。出继从伯弘之，后袭封武兴县五等侯。少好学，善为文章，能隶书，晓音律。为秘书丞，父忧去职。服阕，为征南大将军檀道济司马，领新蔡太守。后为尚书吏部郎。

元嘉九年，彭城太妃薨，将葬，祖夕，僚故并集东府，晔与司徒左西属王深及弟司徒祭酒广，夜中酣饮，开北牖听挽歌为乐。彭城王义康大怒，左迁宣城太守。不得志，乃删众家《后汉书》为一家之作，至于屈伸荣辱之际，未尝不致意焉。

迁长沙王义欣镇军长史。兄皓为宜都太守，嫡母随皓在官亡，报之以疾，晔不时奔赴。及行，又携伎妾自随，为御史中丞刘损所奏。文帝爱其才，不罪也。服阕，累迁左卫将军，太子詹事。

晔长不满七尺，肥黑，秃眉鬓，善弹琵琶，能为新声。上欲闻之，屡讽以微旨，晔伪若不晓，终不肯为。上尝宴饮欢适，谓晔曰："我欲歌,卿可弹。"晔乃奉旨。上歌既毕,晔亦止弦。

初,鲁国孔熙先博学有从横才志,文史星算,无不兼善。为员外散骑侍郎,不为时知,久不得调。初,熙先父默之为广州刺史,以赃货下廷尉,大将军彭城王义康保持之,故免。及义康被黜,熙先密怀报效,以晔意志不满,欲引之,无因进说。晔甥谢综雅为晔所知,熙先藉岭南遗财,家甚富足,乃倾身事综。始与综诸弟共博,故为拙行,以物输之,情意稍款。综乃引熙先与晔戏,熙先故为不敌,前后输晔物甚多。晔既利其财宝,又爱其文艺,遂与申莫逆之好。熙先始以微言动晔,晔不回。晔素有闺庭论议,朝野所知,故门胄虽华,而国家不与姻,以此激之曰:"丈人若谓朝廷相待厚者,何故不与丈人婚,为是门户不得邪?人作犬豕相遇,而丈人欲为之死,不亦惑乎。"晔默然不答,其意乃定。

时晔与沈演之并为上所知待,每被见多同,晔若先至,必待演之,演之先至,常独被引,晔又以此为怨。晔累经义康府佐,见侍素厚,及宣城之授,意好乖离。综为义康大将军记室参军,随镇豫章。综还,申义康意于晔,求解晚隙,复敦往好。

晔既有逆谋,欲探时旨,乃言于上曰:"臣历观前史二汉故事,诸蕃王政以妖诅幸灾,便正大逆之罚。况义康奸心衅迹,彰著遐迩,而至今无恙,臣窃惑焉。且大梗常存,将成乱阶。"上不纳。

熙先素善天文,云:"文帝必以非道晏驾,当由骨肉相残。江州应出天子。"以为义康当之。综父述亦为义康所遇,综弟约又是义康女夫,故文帝使综随从南上,既为熙先奖说,亦有酬报之心。广州人周灵甫有家兵部曲,熙先以六十万钱与之,使于广州合兵。灵甫一去不反,大将军府史仲承祖,义康旧所信念,屡衔命下都,亦潜结腹心,规有异志。闻熙先有诚,密相结纳。丹阳尹徐湛之素为义康所爱,虽为舅甥,恩过子弟。承祖因此结事湛之,告以密计。承祖南下,申义康意于萧思话及晔,云:"本欲与萧结婚,恨始意不果。与范本情不薄,中间相失,傍人为之耳。"

有法略道人先为义康所养,粗被知待。又有王国寺法静尼出入义康家内,皆感激旧恩,规相拯拔,并与熙先往来。使法略罢道。法略本姓孙,改名景玄,以为臧质宁远参军。熙先善疗病,兼能诊脉,法静尼妹夫许耀领队在台,宿卫殿省,尝有疾,因法静尼就熙先乞疗得损,因成周旋。熙先以耀胆干,因告逆谋,耀许为内应。豫章胡藩子遵世与法静甚款,亦密相酬和。法静尼南上,熙先遣婢采藻随之,付以笺书,陈说图谶。法静还,义康饷熙先铜匕铜镊袍段棋奁等物。熙先虑事泄,鸩采藻杀之。

湛之又谓晔等:"臧质见与异常,质与萧思话款密,二人并受大将军眷遇,必无异同,不忧兵力不足,但当勿失机耳。"乃备相署置:湛之为抚军将军、扬州刺史,晔中军将军、南徐州刺史,熙先左卫将军。其余皆有选拟。凡素所不善及不附义康者,又有别簿,并入死目。熙先使弟休先豫为檄文,言贼臣赵伯符肆兵犯跸,祸流诸宰,乃奉戴义康。又以既为大事,宜须义康意旨,乃作义康兴湛之书,宣示同党。

二十二年九月,征北将军衡阳王义季、右将军南平王铄出镇,上于武帐冈祖道。晔等期以其日为乱,许耀侍上,扣刀以目晔,晔不敢视,俄而坐散,差互不得发。十一月,徐湛之上表告状,于是悉出檄书、选事及同恶人名手迹。诏收综等,并皆款服,唯晔不首。上频使穷诘,乃曰:"熙先苟诬引臣。"熙先闻晔不服,笑谓殿中将军沈邵之曰:"凡诸处分、符檄、书疏,皆晔所造及改定,云何方作此抵。"上示以晔墨迹,晔乃引罪。明日送晔付廷尉,入狱,然后知为湛之所发。

熙先望风吐款,辞气不挠,上奇其才,使谓曰:"以卿之才而滞于集书省,理应有异志,此乃我负卿也。"熙先于狱中上书陈谢,并陈天文占候,诫上有骨肉相残之祸,其言深切。晔后与谢综等得隔壁,遥问综曰:"疑谁所告。"综曰:"不知。"晔乃称徐湛之小名曰:"乃是徐僮也。"在狱为诗曰:"祸福本无兆,性命归有极,必至定前期,谁能延一息。在生已可知,来缘尽无识,好丑共一丘,何足异枉直。岂论东陵上,宁辨首山侧,虽无稽生琴,庶同夏侯色。寄言生存子,此路行复即。"上有白围扇甚佳,送晔令书出诗赋美句。晔受旨援笔而书曰:"去白日之昭昭,袭长夜之悠悠。"上循览凄然。

晔本谓入狱便死,而上穷其狱,遂经二旬,晔更有生望。狱吏因戏之曰:"外传詹事或当长系。"晔闻之惊喜。综、熙先笑之曰:"詹事尝共论事,无不攘袂瞋目,及在西池射堂上,跃马顾眄,自以为一世之雄,而今扰攘纷纭,畏死乃尔。设令今时赐以性命,人臣图主,何颜可以生存。"晔谓卫狱将曰:"惜哉!埋如此人。"将曰:"不忠之人,亦何足惜。"晔曰:"大将言是也。"

及将诣市,晔最在前,于狱门顾谓综曰:"次第当以位邪?"综曰:"贼帅当为先。"在道语笑,初无惭耻。至市问综曰:"时欲至未?"综曰:"势不复久。"晔既食,又苦劝综,综曰:"此异疾笃,何事强饭。"晔家人悉至市,监刑职司问曰:"须相见不?"晔问综曰:"家人已来,幸得相见,将不暂别?"综曰:"别与不别,亦何所在,来必当号泣,正足乱人意。"晔曰:"号泣何关人,向见道边亲故相瞻望,吾意故欲相见。"于是呼前。晔妻先抚其子,回骂晔曰:"君不为百岁阿家,不感天子恩遇,身死固不足塞罪,奈何枉杀子孙。"晔干笑云:"罪至而已。"晔所生母对泣曰:"主上念汝无极,汝曾不能感恩,又不念我老,今日奈何。"仍以手击晔颈及颊。晔妻云:"罪人,阿家莫忆莫念。"妹及妓妾来别,晔乃悲泣流涟。综曰:"舅殊不及夏侯色。"晔收泪而已。综母以子弟自陷逆乱,独不出视。晔语综曰:"姊今不来,胜人多也。"晔转醉,子蔼亦醉,取地土及果皮以掷晔,呼为别驾数十声。晔问曰:"汝瞋我邪?"蔼曰:"今日何缘复瞋?但父子同死,不能不悲耳。"

晔常谓死为灭,欲著《无鬼论》,至是与徐湛之书"当相讼地下"。其缪乱如此。又语人:"寄语何仆射,天下决无佛鬼,若有灵,自当相报。"收晔家,乐器服玩并皆珍丽,妓妾亦盛饰。母住止单陋,唯有二厨盛樵薪。弟子冬无被,叔父单布衣。

晔及党与并伏诛,晔时年四十八。谢综弟纬徙广州。蔼子鲁连,吴兴昭公主外孙,请全生命,亦得远徙。孝武即位,乃还。

　　晔性精微，有思致，触类多善，衣裳器服，莫不增损制度，世人皆法学之。撰《和香方》，其序之曰："麝本多忌，过分必害。沉实易和，盈斤无伤。零藿虚燥，詹唐黏湿。甘松、苏合、安息、郁金、奈多、和罗之属，并被珍于外国，无取于土中。又枣膏昏钝，甲煎浅俗，非唯无助于馨烈，乃当弥增于尤疾也。"所言悉以比类朝士：麝本多忌，比庾仲文；零藿虚燥，比何尚之；詹唐黏湿，比沈演之；枣膏昏钝，比羊玄保；甲煎浅俗，比徐湛之；甘松、苏合，比慧琳道人；沉实易和，以自比也。

　　晔狱中与诸生侄书以自序，其略曰：

　　　　吾少懒学问，年三十许，始有尚耳。自尔以来，转为心化，至于所通处，皆自得之胸怀。常谓情志所托，故当以意为主，以文传意。以意为主，则其旨必见；以文传意，则其辞不流。然后袖其芬芳，振其金石耳。观古今文人，多不全了此处，年少谢庄最有其分，手笔差易，于文不拘韵故也。吾思乃无定方，但多公家之言，少于事外远致，以此为恨，亦由无意于文名故也。

　　　　本末开史书，政恒觉其不可解耳。既造《后汉》，转得统绪。详观古今著述及评论，殆少可意者。班氏最有高名，既任情无例，唯志可推耳。博赡不可及之，整理未必愧也。吾杂传论，皆有精意深旨，至于《循吏》以下及《六夷》诸《序论》，笔势纵放，实天下之奇作。其中合者，往往不减《过秦篇》。尝共比方所班氏作，非但不愧之而已。欲遍作诸志，《前汉》可有者悉令备，虽事不必多，且使见文得尽。又欲因事就卷内发论，以正一代得失，意复不果。《赞》自是吾文杰思，殆无一字空设，奇变不穷，同合异体，乃自不知所以称之。此书行，故应有赏音者。《纪》《传》例为举其大略耳，诸细意甚多。自古体大而思精，未有此也。恐世人不能尽之，多贵古贱今，所以称情狂言耳。

　　　　吾于音乐，听功不及自挥，担所精非雅声为可恨，然至于一绝处，亦复何异邪。其中体趣，言之不可尽。弦外之意，虚响之音，不知所从来。亦尝以授人，士庶中未有一毫似者，此永不传矣。

　　吾书虽小小有意，笔势不快，余竟不成就，每愧此名。晔自序并实，故存之。

　　蔼幼而整洁，衣服竟岁未尝有尘点，死时年二十。晔少时，兄晏常云："此儿进利，终破门户。"果如其言。

　　初，何尚之处铨衡，自谓天下无滞才。及熙先就拘，帝诘尚之曰："使孔熙先年三十犹作散骑侍郎，那不作贼！"熙先死后，又谓尚之曰："孔熙先有美才，地胄犹可论，而翳迹仕流，岂非时匠失乎？"尚之曰："臣昔谬得待罪选曹，诚无以濯污扬清，然君子之有智能，犹鸑凤之有文采，俟时而振羽翼，何患不出云霞之上。若熙先必蕴文采，自弃于污泥，终无论矣。"上曰："昔有良才而不遇知己者，何尝不遗恨于后哉！"

　　荀伯子，颍川颍阴人，晋骠骑将军羡之孙也。父猗，秘书郎。伯子少好学，博览经传，而通率好为杂语，遨游闾里，故以此失清途。解褐驸马都尉，奉朝请，员外散骑侍郎。著作郎徐广重其才举，举伯子及王韶之并为佐郎，同撰晋史及著桓玄等传。

　　迁尚书祠部郎。义熙元年，上表称："故太傅钜平侯羊祜，勋参佐命，功盛平吴，而享嗣阙然，蒸尝莫寄。汉以萧何元功，故绝世辄绍，愚谓钜平之封，宜同酇国。故太尉广陵公陈淮，党翼孙秀，祸加淮南，窃飨大国，因罪为利。会西朝政刑失裁，中兴复因而不夺，今王道惟新，岂可不大判臧否？谓广陵之国，宜在削除。故太保卫瓘本爵菑阳县公，既被横祸，乃进第秩，加赠兰陵，又转江夏。中朝公辅，多非理终，瓘功德不殊，亦无缘独受偏赏。宜复本封，以正国章。"诏付门下。前散骑常侍江夏公卫玠及颍川陈茂先，各自陈先代勋，不伏贬降。诏皆付门下，并不施行。

　　伯子为妻弟谢晦荐达，为尚书左丞，出补临川内史。车骑将军王弘称伯子"沉重不华，有平阳侯之风。"伯子常自矜荫之美，谓弘曰："天下膏粱，唯使君与下官耳，宣明之徒不足数也。"迁散骑常侍。又上表曰："百官位次,陈留王在零陵王上,臣愚窃以为疑。昔武王克殷,封神农后于焦,黄帝后于祝,帝舜后于蓟,帝舜后于陈,夏后后于杞,殷后于宋。杞、陈并为列国,而蓟、祝、焦无闻。斯则褒崇所承,优于远代之显验也。是以《春秋》次序诸侯,宋居杞、陈之上。考之近代,事亦有征。晋泰始元年,诏赐山阳公刘康子弟一人爵关内侯,卫公姬署、宋侯孔绍子弟一人驸马都尉。又泰始三年,太常上言博士刘嘉等议,称卫公署于大晋在三恪之数,应降称侯。臣以为零陵王位宜在陈留之上。"从之。

为御史中丞,莅职勤恪,有匪躬之称。立朝正色,众咸惮之。凡所奏劾,莫不深相诃毁,或延及祖祢,示其切直,又颇杂嘲戏,故世人以此非之。补司徒左长史,卒于东阳太守。文集传于世。

子赤松,为尚书右丞,以徐湛之党,为元凶所杀。

伯子族弟昶,字茂祖,与伯子绝服。元嘉初,以文义至中书郎。昶子万秋。

万秋字元宝,亦用才学自显。昶见释慧琳,谓曰："昨万秋对策,欲以相示。"答曰："此不须看。若非先见而答,贫道不能为;若先见而答,贫道奴皆能为。"昶曰："此将不伤道德耶?"答曰："大德所以不德。"乃相对笑,竟不看焉。万秋孝武初为晋陵太守,坐于郡立华林阁,置主衣、主书,下狱免。前废帝末,为御史中丞,卒官。

徐广字野人,东莞姑幕人也。父藻,都水使者。兄邈,太子前卫率。家世好学,至广尤精。百家数术,无不研览。家贫,未尝以产业为意,妻中山刘谧之女忿之,数以相让,广终不改。如此十数年,家道日弊,遂与广离。后,晋孝武帝以广博学,除为秘书郎,校书秘阁,增置职僚。

隆安中,尚书令王珣举为祠部郎。李太后崩,广议服曰："太皇太后名位既正,体同皇极,理制备尽,情礼弥申。《阳秋》之义,母以子贵。既称夫人,礼服从正。故成风显夫人之号,昭公服三年之丧,子于父之所生,体尊义重。且礼祖不厌孙,固宜遂服无屈。而缘情立制，若嫌明文不存，则疑斯从重。谓应同于为祖母后，齐衰三年。"时从其议。及会稽王世子元显录尚书，欲使百僚致敬。台内使广立议，由是内外并执下官礼，广常为愧恨。

义熙初，宋武帝使撰《车服仪注》，仍除镇军谘议参军，领记室，封乐成县五等侯。转员外散骑常侍，领著作郎。二年，尚书奏广撰成晋史。六年，迁骁骑将军。时有风雹为灾，广献言武帝，多所劝勉。又转大司农，领著作郎，迁秘书监。

初，桓玄篡位，安帝出宫，广陪列悲恸，哀动左右。及武帝受禅，恭帝逊位，广又哀感，涕泗交流。谢晦见之，谓曰："徐公将无小过？"广收泪答曰："身与君不同，君佐命兴王，逢千载嘉运。身世荷晋德，眷恋故主。"因更歔欷。

永初元年，诏除中散大夫。广言坟墓在晋陵丹徒，又生长京口，息道玄忝宰此邑，乞随之官，归终桑梓。许之，赠赐甚厚。性好读书，年过八十，犹岁读五经一遍。元嘉二年，卒。

广所撰《晋纪》四十二卷，义熙十二年成，表上之。又有《答礼问》百余条，行于世。

时有高平郗绍，亦作《晋中兴书》，数以示何法盛。法盛有意图之，谓绍曰："卿名位贵达，不复俟此延誉。我寒士，无闻于时，如袁宏、于宝之徒，赖有著述，流声于后。宜以为惠。"绍不与。至书成，在斋风厨中，法盛诣绍，绍不在，直入窃书。绍还失之，无复兼本，于是遂行何书。

徐豁字万同，广兄子也。父邈，晋太子前卫率。豁宋永嘉初，为尚书左丞，山阴令，精练法理，为时所推。元嘉初，为始兴太守，表陈三事，文帝嘉之，赐绢二百匹，谷一千斛。徙广州刺史，未拜，卒。


郑鲜之字道子，荥阳开封人，魏将作大匠浑之玄孙也。祖袭，大司农，经为江乘令，因居县境。父遵，尚书郎。

鲜之下帷读书，绝交游之务。初为桓伟辅国主簿。先是，兖州刺史滕恬为丁零翟所没，尸丧不反。恬子羡仕宦不废，论者嫌之。桓玄在荆州，使群僚博议。鲜之议曰："名教大极，忠孝而已。至乎变通仰引，每事辄殊。本而寻之，皆求心而遗迹。迹之所乘，遭遇或异。故圣人或就迹以助教，或因迹以成罪，屈申与夺，难可等齐，举其阡陌，皆可终言矣。天可逃乎？而伊尹废君；君可胁乎？而鬻拳见善；忠可愚乎？而箕子同仁。自此以还，殊实而齐声，异誉而等美者，不可胜言。今如滕羡情事者，或终身隐处，不关人事，或升朝理务，无讥前哲。通滕者则以无讥为证，塞胜者则以隐处为美。折其两中，则异同之情可见矣。夫圣人立教，犹言'有礼无时，君子不行'。有礼无时，政以事有变通，不可宗一故耳。"

宋武帝起义兵，累迁御史中丞。性刚直，甚得司直之体。外甥刘毅权重当时，朝野莫不归附，鲜之尽心武帝，独不屈意于毅，毅甚恨焉。以与毅舅甥，制不相纠，使书侍御史丘洹奏弹毅辄宥传诏罗道盛，诏无所问。时新制：长吏以父母疾去官，禁锢三年。山阴令沈叔任父　疾去职，鲜之因此上议曰："父母之疾而加以罪名，悖义疾理，莫此为大。谓宜从旧，于义为允。"从之。于是自二品以上，父母及为祖父母后者，坟墓崩毁及疾病，族属辄去，并不禁锢。

刘毅当镇江陵，武帝会于江宁，朝士毕集。毅素好樗蒲，于是会戏。帝与毅敛局，各得其半，积钱隐人，毅呼帝并　之。先掷得雉，帝甚不悦，良久乃答之，四坐倾属。既掷得卢，毅意大恶，谓帝曰："知公不以大坐席与人。"鲜之大喜，徒跣绕床大叫，声声相继，毅甚不平，谓之曰："此郑君何为者？"无复甥舅之敬。

帝少事戎旅，不经涉学，及为宰相，颇慕风流。时或谈论，人皆依违不敢难。鲜之难必切至，未尝宽假。与帝言，要须帝理屈，然后置之。帝有时惭恶变色，感其输情，时人谓为"格佞"。

十二年，武帝北伐，以为右长史。鲜之曾祖晋江州长史哲，墓在开封，求拜省，帝以骑送之。及入咸阳，帝遍视阿房、未央故地，凄怆动容，问鲜之秦、汉所以得丧。鲜之具以贾谊《过秦》对。帝曰："及子婴而亡，已为晚矣。然观始皇为人，智足见是非，所任不得人，何也？"答曰："夫佞言似忠，奸言似信，中人以上，乃可语上。始皇未及中人,所以暗于训士。"前至渭滨,帝复叹曰:"此地宁复有吕望邪?"鲜之曰:"昔叶公好龙,而真龙见。燕昭市骨,而骏足至。明公以盱食待士,岂患海内无人。"帝称善者久之。

宋国初建,转奉常。赫连勃勃陷关中,武帝复欲北讨,鲜之表谏。及践祚,迁太常、都官尚书。时傅亮、谢晦位遇日隆,范泰尝众中让诮鲜之曰:"卿与傅、谢俱从圣主,有功关、洛,卿乃居僚首,今日答讽,去人辽远,何不肖之甚?"鲜之熟视不对。鲜之为人通率,在武帝坐,言无所隐晦,亦甚惮焉。而隐厚笃实,赡恤亲故,游行命驾,或不知所适,随御者所之。尤为武帝所狎。上曾内殿宴饮,朝贵毕至,唯不召鲜之。坐定,谓群臣曰:"郑鲜之必当自来。"俄而外启:"尚书郑鲜之诣神兽门求启事。"帝大笑引入。其被遇如此。以从征功,封龙阳县五等子。

景平中,徐、傅当权,出为豫章太守。时王弘为江州刺史,窃谓人曰:"郑公德素,先朝所礼,方于前代,钟元常、王景兴之流。今徐、傅出以为郡,抑当有以。"寻有废立事。元嘉三年,弘入为相,举鲜之为尚书右仆射。四年,卒。文集行于世。子愔,始安太守。

裴松之字世期,河东闻喜人也。祖昧,光禄大夫。父圭,正员外郎。

松之博览坟籍,立身简素。年二十,拜殿中将军。此官直卫左右,晋孝武太元中,革选名家以参顾问,始用琅邪王茂之、会稽谢辅,皆南北之望。

义熙初,为吴兴故彰令,在县有绩。入为尚书祠部郎。松之以世立私碑,有乖事实,上表陈之,以为"诸欲立碑者,宜悉令言上,为朝议所许,然后听之,庶可以防遏无征,显彰茂实。"由是普断。

武帝北伐,领司州刺史,以松之为州主簿,转中从事。既克洛阳,松之居州行事。宋国初建,毛德祖使洛阳,武帝敕之曰:"裴松之廊庙之才,不宜久居边务,今召为太子洗马,与殷景仁同,可令知之。"

时议立五庙乐,松之以妃臧氏庙用乐亦宜与四庙同。除零陵内史,征为国子博士。

元嘉三年,诛司徒徐羡之等,分遣大使巡行天下,并兼散骑常侍,班宣二十四条诏书。松之使湘州,甚得奉使之义,论者美之。

转中书侍郎。上使注陈寿《三国志》,松之鸠集传记,广增异闻。既成奏之,上览之曰:“裴世期为不朽矣。”

出为永嘉太守,勤恤百姓,吏人便之。后为南琅邪太守,致仕,拜中散大夫。寻为国子博士,进太中大夫。使续成何承天国史,未及撰述,卒。

子骃,南中郎参军。松之所著文论及《晋记》,骃注司马迁《史记》,并行于世。骃子昭明。

昭明少传儒史之业,宋泰始中,为太学博士。有司奏太子婚,纳征用玉璧虎皮,未详何所准拟。昭明议:“《礼》‘纳征俪皮’。郑云:‘皮为庭实,鹿皮也’,晋太子纳妃注:‘以虎皮二’。太元中,公主纳征,虎、豹皮各一。此岂谓婚礼不详?王公之差,故取虎豹文蔚以尊其事。虎豹虽文,而征礼所不言;熊罴虽古,而婚礼所不及;圭璋虽美,或为用各异。今宜准经诰,凡诸僻谬,一皆详正。”于是有司参议,加圭璋豹熊罴皮各二。

元徽中,出为长沙郡丞。罢任,刺史王蕴之谓曰:“卿清贫必无还资,湘中人士有须一礼之命者,我不爱也。”昭明曰:“下官忝为郡佐,不能光益上府,岂以鸿都之事,仰累清风。”历祠部通直郎。

齐永明三年,使魏,武帝谓曰:“以卿有将命之才,使还,当以一郡相赏。”还为始安内史。郡人龚玄宣云:“神人与其玉印玉板书,不须笔,吹纸便成字。”自称龚圣人,以此惑众,前后郡太守敬事之,昭明付狱案罪。及还,甚贫罄,武帝曰:“裴昭明当罢郡,还遂无宅,我不读书,不知古人中谁可比之。”迁射声校尉。九年,复北使。建武初,为王玄邈安北长史、广陵太守。明帝以其在事无启奏,代还责之,昭明曰:“臣不欲竟执关键故耳。”

昭明历郡皆清勤,常谓人曰:“人生何事须聚畜,一身之外亦复何须。子孙若不才,我聚彼散。若能自立,则不如一经。"故终身不事产业。中兴二年,卒。子子野。

子野字几原,生而母魏氏亡,为祖母殷氏所养。殷柔明有文义,以章句授之。年九岁,殷氏亡,泣血哀恸,家人异之。少好学,善属文。仕齐为江夏王行参军。遭父忧去职。初,父寝疾弥年,子野祷请备至,涕泗沾濡。父夜梦见其容,旦召视如梦,俄而疾间,以为至孝所感。命著《孝感传》,固辞乃止。及居丧,每之墓所,草为之枯。有白兔白鸠驯扰其侧。

梁天监初,尚书仆射范云嘉其至行,将表奏之,会云卒不果。乐安任昉有盛名,为后进所慕,游其门者,昉必推荐。子野于昉为从中表,独不至,昉亦恨焉,故不之善。久之,兼廷尉正。时三官通署狱,子野尝不在,同僚辄署其名。奏有不允,子野从坐免职。或劝言请有司,可无咎,子野笑曰:"虽惭柳季之道,岂因讼以受服。"自此免黜久之,终无恨意。中书郎范缜与子野未遇,闻其行业而善焉。会迁国子博士,乃上表让之,有司以资历非次,不为通。后为诸暨令,在县不行鞭罚,人有争者,示之以理,百姓称悦,合境无讼。

初,子野曾祖松之,宋元嘉中受诏续修何承天宋史,未成而卒,子野常欲继成先业。及齐永明末,沈约所撰《宋书》称"松之已后无闻焉。"子野更撰为《宋略》二十卷,其叙事评论多善,而云"戮淮南太守沈璞,以其不从义师故也。"约惧,徒跣谢之,请两释焉。叹其述作曰:"吾弗逮也。"兰陵萧琛言其评论可与《过秦》、《王命》分路扬镳。于是吏部尚书徐勉言之于武帝,以为著作郎,掌修国史及起居注。顷之,兼中书通事舍人,寻除通直、员外,著作、舍人如故。敕又掌中书诏诰。

时西北远边有白题及滑国遣使由岷道入贡,此二国历代弗宾,莫知所出。子野曰:"汉颍阴侯斩胡白题将一人。服虔注云:'白题,胡名也。'又汉定远侯击虏,入滑。此其后乎。"时人服其博识。敕仍使撰《方国使图》,广述怀来之盛,自要服至于海表,凡二十国。子野与沛国刘显、南阳刘之遴、陈郡殷芸、陈留阮孝绪、吴郡顾协、京兆韦棱皆博学，深相赏好，显尤推重之。时长平侯萧劢、范阳张缵每讨论坟籍，咸折衷于子野。

继母曹氏亡，居丧过礼。服阕，再迁员外郎。普通七年，大举北侵，敕子野为魏文，受诏立成。武帝以其事体大，召尚书仆射徐勉、太子詹事周舍、鸿胪卿刘之遴、中书侍郎朱异，集寿光殿以观之，时并叹服。武帝目子野曰："其形虽弱，其文甚壮。"俄又敕为书喻魏相元乂。其夜受旨，子野谓可待旦方奏，未之为也。及五鼓，敕催令速上。子野徐起操笔，昧爽便就。及奏，武帝深嘉焉。自是诸符檄皆令具草。子野为文典而速，不尚靡丽，制多法古，与今文体异。当时或有诋诃者，及其末，翕然重之。或问其为文速者，子野答云："人皆成于手，我独成于心。"

迁中书侍郎、鸿胪卿，领步兵校尉。子野在禁省十余年，默静自守，未尝有所请谒。外家及中表贫乏，所得奉悉给之。无宅，借官地二亩，起茅屋数间，妻子恒苦饥寒，唯以教诲为本，子侄祗畏，若奉严君。刘显常以师道推高之。末年深信释教，终身饭麦食蔬。中大通二年，卒。先是，子野自占死期不过庚戌岁，是年自省移疾，谓同官刘之亨曰："吾其逝矣。"遗命务存俭约。武帝悼惜，为之流涕。赠散骑常侍，即日举哀。先是，五等君及侍中以上乃有谥，及子野特以令望见嘉，赐谥贞子。

子野少时集注《丧服》，续《裴氏家传》各二卷，抄合后汉事四十余卷。又敕撰《众僧传》二十卷，《百官九品》二卷，《附益谥法》一卷，《方国使图》一卷，文集二十卷，并行于世。又欲撰《齐梁春秋》，始草创，未就而卒。及葬，湘东王为之墓志铭，陈于藏内。邵陵王又立墓志，堙于羡道。羡道列志，自此始焉。子謇，官至通直郎。

何承天，东海郯人也，五岁丧父。母徐广姊也，聪明博学，故承天幼渐训义。宋武起义初，抚军将军刘毅镇姑熟，板为行参军。毅尝出行，而鄢陵县吏陈满射鸟，箭误中直帅，虽不伤人，处法弃市。承天议曰："狱贵情断，疑则从轻。昔有惊汉文帝乘舆马者，张释之劾以犯跸，罪止罚金。何者？明其无心于惊马也。故不以乘舆之重加于异制。今满意在射鸟，非不心于中人。案律过误伤人三岁刑，况不伤乎？征罚可也。"

宋台建，为尚书祠部郎，与傅亮共撰朝仪。谢晦镇江陵，请为南蛮长史。晦进号卫将军，转谘议参军，领记室。元嘉三年，晦将见讨，问计于承天，曰："大小既殊，逆顺又异，境外求全，上计也。以腹心领兵戍义阳，将军率众于夏口一战，若败，即趋义阳，以出北境，此其次也。"晦良久曰："荆楚用武之国，且当决战，走不晚也。"及晦下，承天留府不从。到彦之至马头，承天自诣归罪，见宥。

后兼尚书左丞。吴兴余杭人薄道举为劫，制同籍期亲补兵。道举从弟代公、道生等并为劫大功亲，非应在补谪之例。法以代公等母存为期亲，则子宜随母补兵。承天议曰："寻劫制，同籍期亲补兵，大功则不在例。妇人三从，既嫁从夫，夫死从子。今道举为劫，若其叔父尚存，制应补谪，妻子营居，固其宜也。但为劫之时，叔父已殁，代公、道生并是从弟，大功之亲，不合补谪。今若以叔母为期亲，令代公随母补兵，既乖大功不谪之制，又失妇人三从之道。由于主者守期亲之文，不辨男女之异。谓代公等母子，并宜见原。"

承天为性刚愎，不能屈意朝右，颇以所长侮同列，不为仆射殷景仁所平。出为衡阳内史。昔在西方与士人多不协，在郡又不公清，为州司所纠，被收系狱，会赦免。十六年，除著作佐郎，撰国史。承天年已老，而诸佐郎并名家年少。颍川荀伯子嘲之，常呼为"奶母"。承天曰："卿当云凤凰将九子，"奶母何言邪？"寻转太子率更令，著作如故。

时丹阳溧阳丁况等久丧不葬，承天议曰："《礼》云'还葬'，当谓荒俭一时，故许其称财而不求备。丁况三家，数十年中，葬辄无棺椁，实由浅情薄恩同于禽兽者耳。窃以丁宝等同伍积年，未尝劝之以义，绳之以法。十六年冬，既无新科，又未申明旧制，有何严切，欻然相纠。或由邻曲分争，以兴此言。如闻在东诸处，比例既多，江西、淮北，尤为不少。若但谪此三人，殆无所肃，开其一端，则互相恐动。

臣愚谓况等三家,且可勿问,因此附定制旨:若人葬不如法,同伍当即纠言。三年除服之后,不得追相告引。"

十九年,立国子学,以本官领国子博士。皇太子讲《孝经》,承天与中庶子颜延之同为执经。顷之,迁御史中丞。时魏军南伐,文帝访群臣捍御之略。承天上《安边论》,凡陈四事:其一,移远就近,以实内地;其二,浚复城隍,以增阻防;其三,纂偶车牛,以饰戎械;其四,计丁课仗,勿使有阙。文多不载。

承天素好弈棋,颇用废事,又善弹筝。文帝赐以局子及银装筝,承天奉表陈谢,上答曰:"局子之赐,何必非张武之金邪。"承天博见古今,为一时所重。张永尝开玄武湖,过古冢,冢上得一铜斗,有柄。文帝以访朝士,承天曰:"此亡新威斗。王莽三公亡,皆赐之。一在冢外,一在冢内。时三台居江左者,唯甄邯为大司徒,必邯之墓。"俄而永又启冢内更得一斗,复有一石铭"大司徒甄邯之墓"。时帝每有疑议,必先访之,信命相望于道。承天性褊促,尝对主者厉声曰:"天何言哉!四时行焉,百物生焉。"文帝知之,应遣先戒曰:"善侯何颜色,如其不悦,无须多陈。"

二十四年,承天迁廷尉,未拜,上欲以为吏部郎,已受密旨,承天宣漏之,坐免官。卒于家,年七十八。

先是《礼论》有八百卷,承天删减并合,以类相从,凡为三百卷,并《前传》、《杂语》,所纂文及文集,并传于世。又改定《元嘉历》,改漏刻用二十五箭,皆从之。曾孙逊。

逊字仲言,八岁能赋诗,弱冠,州举秀才。南乡范云见其对策,大相称赏,因结忘年交。谓所亲曰:"顷观文人,质则过儒,丽则伤俗,其能含清浊,中今古,见之何生矣。"沈约尝谓逊曰:"吾每读卿诗,一日三复,犹不能已。"其为名流所称如此。

梁天监中,兼尚书水部郎,南平王引为宾客,掌记室事。后荐之武帝,与吴均俱进幸。后稍失意,帝曰:"吴均不均,何逊不逊。未若吾有朱异,信则异矣。"自是疏隔,希复得见。卒于仁威庐陵王记室。

初,逊为南平王所知,深被恩礼,及闻逊卒,命迎其枢而殡藏焉,并饩其妻子。东海王僧孺集其文为八卷。初,逊文章与刘孝绰并见重,时谓之何、刘。梁元帝著论论之云:"诗多而能者沈约,少而能者谢朓、何逊。"

逊从叔恸,字彦夷,亦以才著闻,宦游不达,作《拍张赋》以喻意。末云:"东方曼倩发愤于侏儒,遂与火头食子稟赐不殊。"位至台郎。时有会稽虞骞,工为五言,名与逊埒,宫至王国侍郎。后又有会稽孔翁归、济阳江避,并为南平王大司马府记室。翁归工为诗,避博学有思理,注《论语》、《孝经》。二人并有文集。

论曰:夫令问令望,诗人所以作咏,有礼有法,前哲由斯播美。观夫范、荀二公,并以学业自著,而干时之誉,本期俱不为弘。虽才则有余,而望乃不足。蔚宗艺用有过人之美,迹其行事,何利害之相倾。徐广动不违仁,义兼儒行。鲜之时称"格佞",斯不佞矣。松之雅道为贵,实光载德。承天素训所资,无惭舅氏,美矣乎。

# 南史卷三四
# 列传第二四

## 颜延之　子竣　从子师伯　　沈怀文　子冲
### 从兄昙庆　　周朗　族孙颙　颙子舍
### 舍弟子弘正　弘让　弘直　弘直子确

颜延之字延年，琅邪临沂人也。曾祖含，晋左光禄大夫。祖约，零陵太守。父颙，护军司马。

延之少孤贫，居负郭，好读书，无所不览，文章冠绝当时。好饮酒，不护细行。年三十，犹未昏。妹适东莞刘穆之子宪之。穆之闻其美才，将仕之，先欲相见，延之不往也。后为宋武帝豫章公世子中军行参军。及武帝北伐，有宋公之授，府遣延之庆殊命。行至洛阳，周视故宫室，尽为禾黍，凄然咏《黍离篇》。道中作诗二首，为谢晦，傅亮所赏。

武帝受命，补太子舍人。雁门周续之隐庐山，儒学著称。永初中，征诣都下，开馆以居之。武帝亲幸，朝彦毕至、延之宫官列卑，引升上席。上使问续之三义，续之雅仗辞辩，延之每以简要连挫续之。上又使还自敷释，言约理畅，莫不称善。再迁太子中舍人。时尚书令傅亮自以文义一时莫及，延之负其才，不为之下，亮甚疾焉。庐陵王义真待之甚厚，徐羡之等疑延之为同异，意甚不悦。

少帝即位，累迁始安太守。领军将军谢晦谓延之曰："昔荀勖忌阮咸，斥为始平郡，今卿又为始安，可谓'二始'。"黄门郎殷景仁亦谓之曰："所谓人恶俊异，世疵文雅。"延之之郡，道经汨潭，为湘州刺史张邵《祭屈原文》以致其意。元嘉三年，羡之等诛，征为中书侍郎，转太子中庶子，领步兵校尉，赏遇甚厚。延之既以才学见遇，当时多相推服，唯袁淑年倍小延之，不相推重。延之忿于众中折之曰："昔陈元方与孔元骏齐年文学，元骏拜元方于床下，今君何得不见拜？"淑无以对。

延之疏诞，不能取容当世，见刘湛、殷景仁专当要任，意有不平。常言："天下事岂一人之智所能独了。"辞意激扬，每犯权要。又少经为湛父柳后将军主簿，至是谓湛曰："吾名器不升，当由作卿家吏耳。"湛恨焉，言于彭城王义康，出为永嘉太守。延之甚怨愤，乃作《五君咏》，以述竹林七贤，山涛、王戎以贵显被黜。咏嵇康云："鸾翮有时铩，龙性谁能驯。"咏阮籍云："物故不可论，途穷能无恸。"咏阮咸云："屡荐不入官，一麾乃出守。"咏刘伶云："韬精日沉饮，谁知非荒宴。"此四句盖自序也。湛及义康以其辞旨不逊，大怒，欲黜为远郡。文帝与义康诏曰："宜令思愆里闾，犹复不悛，当驱往东土。乃至难恕者，自可随事录之。"于是，延之屏居不豫人间者七载。

中书令王球以名公子遗务事外，与延之雅相爱好，每振其罄匮。晋恭思皇后葬，应须百官，皆取义熙元年除身。以延之兼持，邑吏送札，延之醉，投札于地曰："颜延之未能事生，焉能事死。"文帝尝召延之，传诏频不见，常日但酒店裸袒挽歌，了不应对，他日醉，醒乃见。帝尝问以诸子才能，延之曰："竣得臣笔，测得臣文，𫘤得臣义，跃得臣酒。"何尚之嘲曰："谁得卿狂？"答曰："其狂不可及。"尚之为侍中在直，延之以醉诣焉。尚之望见便阳眠，延之发帘熟视曰："朽木难雕。"尚之谓左右曰："此人醉，甚可畏。"闲居无事，为《庭诰》之文以训子弟。

刘湛诛后，起延之为始兴王浚后军谘议参军、御史中丞。在任从容，无所举奏。迁国子祭酒、司徒左长史。何尚之素与延之狎，书与王球曰："延之有后命，教府无复光晖。"坐启买人田不肯还直，尚书左丞荀赤松奏之曰："求田问舍，前贤所鄙。延之唯利是视，轻冒陈闻，依傍诏恩，抵捍余直，垂及周年，犹不毕了。昧利苟得，无所顾忌。延之昔坐事屏斥,复蒙抽进,而曾不悛革,怨诽无已。交游阘茸,沉迷曲糵,横兴讥谤,诋毁朝士。仰窃过荣,增愤薄之性,私恃顾眄,成强梁之心。外示寡求,内怀奔竞,干禄祈迁,不知极已。预宴班筵,肆詈上席。山海容含,每存遵养。爱兼雕虫,未忍遐弃。而骄放不节,日月弥甚。臣闻声问过情,孟轲所耻,况声非外来,问由己出。虽心智薄劣,而高自比拟,客气虚张,曾无愧畏。岂可复弼亮五教,增耀台阶。请以延之讼田不实,妄干天听,以强陵弱,免所居官。”诏可。后为秘书监、光禄勋、太常。

时沙门释慧琳以才学为文帝所赏,朝廷政事,多与之谋,遂士庶归仰。上每引见,常升独榻,延之甚疾焉。因醉,白上曰:“昔同子参乘,袁丝正色,此三台之坐,岂可使刑余居之。”上变色。延之性既褊激,兼有酒过,肆意直言,曾无回隐,故论者多不与之,谓之颜彪。居身俭约,不营财利,布衣蔬食,独酌郊野。当其为适,傍若无人。三十年,致仕。

元凶弑立,以为光禄大夫。长子竣,为孝武南中郎谘议参军,及义师入讨,竣定密谋,兼造书檄。劭召延之示以檄文,问曰:“此笔谁造?”延之曰:“竣之笔也。”又问:“何以知之?”曰:“竣笔体,臣不容不识。”劭又曰:“言辞 何至乃尔?”延之曰:“竣尚不顾老臣,何能为陛下。”劭意乃释,由是得免。

孝武登祚,以为金紫光禄大夫,领湘东王师。尝与何偃同从上南郊,偃于路中遥呼延之曰:“颜公!”延之以其轻脱,怪之,答曰:“身非三公之公,又非田舍之公,又非君家阿公,何以见呼为公?”偃羞而退。

竣既贵重,权倾一朝,凡所资供,延之一无所受。器服不改,宅宇如旧,常乘羸牛车,逢竣卤簿,即屏住道侧。又好骑马遨游里巷,遇知旧,辄据鞍索酒,得必倾尽,欣然自得。尝语竣曰:“平生不喜见要人,今不幸见汝。”见竣起宅,谓曰:“善为之,无令后人笑汝拙也。”表解师职,加给亲信二十人。尝早侯竣,遇宾客盈门,竣方卧不起,延之怒曰:“恭敬撙节,福之基也。骄恨傲慢,祸之始也。况出粪土之中,而升云霞之上,傲不可长,其能久乎!"

延之有爱姬,非姬食不饱,寝不安。姬凭宠,尝荡延之坠床致损,竣杀之。延之痛惜甚至,常坐灵上哭曰:"贵人杀汝,非我杀汝。"以冬日临哭,忽见妾排屏风以压延之,延之惧坠地,因病。孝建三年,卒,年七十三。赠特进,谥曰宪子。

延之与陈郡谢灵运俱以辞采齐名,而迟速悬绝。文帝尝各敕拟《乐府》《北上篇》,延之受诏便成,灵运久之乃就。延之尝问鲍照己与灵运优劣,照曰:"谢五言如初发芙蓉,自然可爱。君诗若镇锦列绣,亦雕缋满眼。"延之每薄汤惠休诗,谓人曰:"惠休制作,委巷中歌谣耳,方当误后事。"是时,议者以延之、灵运自潘岳、陆机之后,文士莫及,江右称潘、陆,江左称颜、谢焉。

竣字士逊,延之长子也。早有文义,为宋孝武帝抚军主簿,甚被嘉遇,竣亦尽心补益。元嘉中,上不欲诸王各立朋党,将召竣补尚书郎。江湛以为在府有称,不宜回改,乃止。随府转安北、领军、北中郎府主簿。初,沙门释僧含精有学义,谓竣曰:"贫道常见训记,当有真人应符,名称次第,属在殿下。"后竣在彭城,尝于亲人叙之,言遂宣布,闻于文帝。时元凶巫蛊事已发,故上不加推案。

孝武镇寻阳,迁南中郎记室。三十年春,以父延之致仕,固求解职,赐假未发,而文帝崩问至,孝武举兵入讨,转谘议参军,领军录事,任总内外,并造檄书。孝武发寻阳,便有疾,自沈庆之以下并不堪相见,唯竣出入卧内,断决军机。时孝武屡经危笃,不任谘禀,凡厥众务,竣皆专断施行。

孝武践祚,历侍中、左卫将军,封建成县侯。孝建元年,转吏部尚书,领骁骑卫将军。留心选举,自强不息,任遇既隆,奏无不可。后谢庄代竣领选,意多不行。竣容貌严毅,庄风姿甚美,宾客喧诉,常欢笑答之。人言颜竣瞋而与人官,谢庄笑而不与人官。

南郡王义宣、臧质等反,以竣兼领右将军。义宣、质诸子藏匿建康、秣陵、湖熟、江宁县界,孝武大怒,免丹阳尹褚湛之官,收四县官长,以竣为丹阳尹,加散骑常侍。

先是,竣未有子,而大司马江夏王义恭诸子为元凶所杀,至是各产男,上自为制名,名义恭子为伯禽,以比鲁公伯禽,周公之子。名竣子为辟强,以比汉侍中辟强,张良之子也。

先是,元嘉中,铸四铢钱,轮郭形制与五铢同,用费无利,故百姓不盗铸。及孝武即位,又铸孝建四铢,所铸钱形式薄小,轮郭不成,于是人间盗铸者杂以铅锡,并不牢固。又翦凿古钱,以取其铜,钱转薄小,稍违官式。虽重制严刑,人吏官长坐死免者相系,而盗铸弥甚,百物踊贵,人患苦之。乃立品格,薄小无轮郭者,悉加禁断。始兴公沈庆之议:“宜听人铸钱,置署,乐铸之家,皆居署内。去春所禁新品,一时施用,今铸悉依此格。万税三千,严检盗铸,并禁翦凿。数年之间,公私丰赡,铜尽事息,奸伪自止。禁铸则铜转成器,开铸则器公为财。”上下其事于公卿,竣议曰:“今云开署放铸,诚所欲同,但虑采山事绝,器用日耗。铜既转少,器变弥贵。设器直一千,则铸之减半,为之无利,虽令不行。”时议者又以铜难得,欲铸二铢钱。竣又议曰:“今铸二铢,恣行新细,于官无解于乏,而人大兴,天下之货将糜碎至尽。空曰严禁,而利深难绝,不过一二年间,其弊不可复救。此其甚不可一也。使奸人意骋,而贻厥怨谋。此又甚不可二也。富商得志,贫人困窘。此又甚不可三也。若使交益深重,尚不可行,况又未见利,而众弊如此,失算当时,取笑百代乎。”前废帝即位,铸二铢,形式转细,官钱每出,人间即模效之,而大小厚薄皆不及也。无轮郭,不磨鑢,如今之翦凿者,谓之耒子钱。景和元年,沈庆之启通私铸,由是钱货乱败,一千钱长不盈三寸,大小称此,谓之“鹅眼钱”,劣于此者谓之“綖环钱”。贯之以缕,入水不沉,随手破碎,市井不复料数,十万钱不盈一掬。斗米一万,商货不行。明帝初,唯禁鹅眼、綖环,其余皆通用。复禁人铸,官署亦废,寻复普断,唯用古钱。

竣自散骑常侍、丹阳尹加中书令,表让中书令,见许。时岁旱人饥,竣上言禁饧一月,息米近万斛。复代谢庄为吏部尚书,领太子右卫率,未拜,丁父忧。裁逾月,起为右将军,丹阳尹如故。竣固辞,表十上,不许。遣中书舍人戴明宝抱竣登车,载之郡舍,赐以布衣一袭,絮以彩纶,遣主衣就衣诸体。

竣藉蕃朝之旧臣,每极陈得失。上自即吉之后,宫内颇有丑论,又多所兴造。竣谏争恳切,并无所回避。上意甚不悦,多不见从。竣自谓才足干时,恩旧莫比,当务居中,永执朝政。而所陈多不被纳,疑上欲疏之,乃求出以卜时旨。大明元年,以为东扬州刺史。所求既许,便忧惧无计。至州又丁母艰,不许去职,听送丧还都,恩待犹厚,竣弥不自安。每对亲故,颇怀怨愤。又言朝廷违谬,人主得失。及王僧达被诛,谓为所谗构,临死陈竣前后忿怼,恨言不见从。

僧达所言,颇相符会,上乃使御史中丞庾徽之奏竣:"窥觎国柄,潜图久执。受任选曹,驱扇滋甚,出尹京辇,形势弥放。传诏犯宪,旧须启闻,而竣以通诉忤己,辄加鞭辱,罔顾威灵,莫此为甚。怀挟奸数,包藏隐慝,豫闻中旨,罔不宣露。罚则委上,善必归己,胁惧上宰,激动间阎。未虑上闻,内怀猜惧,伪请东牧,以卜天旨。既获出藩,怨詈肆布,反唇腹诽,方之已轻。前冬母亡,诏赐还葬,事毕不去,盘桓经时。方构间勋贵,造立同异,遂以己被斥外,国道将颠。兼行阙于家,早负世议,天伦怨毒,亲交震骇。街谈道说,非复风声,宜加显戮,以昭盛化。请以见事免竣所居官,下太常削爵土。"上未欲便加大戮,且止免官。竣频启谢罪,并乞性命。上愈怒,诏答曰:"宪司所奏,非宿昔所以相期。卿受荣遇,政当极此。讪讦怨愤,已孤本望,乃复过烦思虑,惧不全立,岂为下事上庆节之至邪。"

及竟陵王诞为逆,因此陷之,言通于诞。召御史中丞庾徽之于前立奏,奏成,诏先打折足,然后于狱赐死,妻息宥之以远。子辟强徙交州,又于宫亭湖沉杀之。竣文集行于世。

竣弟测,亦以文章见知,官至江夏王义恭大司马录事参军。以兄贵为忧,先竣卒。

明帝即位,诏曰:"延之昔师训朕躬,情契兼重。前记室参军、济阳太守龟,伏事蕃朝,绸缪恩旧,可擢为中书侍郎。"龟,延之第三子也。

颜师伯字长深,竣族兄也。父邵,刚正有局力,为谢晦领军司马。晦镇江陵,请为谘议参军,领录事,军府之务,悉委焉。邵虑晦有祸,求为竟陵太守。未及之郡,会晦见讨,邵饮药死。

师伯少孤贫,涉猎书传,颇解声乐。弟师仲妻,臧质女也。质为徐州,辟师伯为主簿。孝武为徐州,师伯仍为辅国、安北参军。王景文时为谘议参军,爱其谐敏,进之孝武,以为徐州主簿。善于附会,大被知遇。及去镇,师伯以主簿送故。孝武镇寻阳,启文帝请为南中郎府主簿,文帝不许,谓典签曰:"中郎府主簿,那得用颜师伯。"孝武启为长流正佐,帝又曰:"朝廷不能除之,卿可自板,然亦不宜署长流。"乃板为参军刑狱。及讨元凶,转主簿。

孝武践祚,以为黄门侍郎,累迁侍中。大明元年,封平都县子。亲幸隆密,群臣莫二。多纳货贿,家累千金。孝武尝与师伯樗蒲,帝掷得雉,大悦,谓必胜。师伯后得卢,帝失色。师伯遽敛子曰:"几作虑。"尔日,师伯一输百万。仍迁吏部尚书、右军将军。上不欲威权在下,前后领选者唯奉行文书,师伯专情独断,奏无不可。七年,为尚书右仆射。时分置二选,陈郡谢庄、琅邪王昙生,并为吏部尚书。师伯子举周旋寒人张奇为公车令,上以奇资品不当,使兼市买丞,以蔡道惠代之。令史潘道栖、褚道惠、颜祎之、元从夫、任澹之、石道儿、黄难、周公选等,抑道惠敕,使奇先到公车,不施行奇兼市买丞事。师伯坐以子预职,庄、昙生免官,道栖、道惠弃市,祎之等六人鞭杖一百。师伯寻领太子中庶子,虽被黜挫,受任如初。

孝武临崩,师伯受遗诏辅幼主,尚书侍中事,专以委之。废帝即位,复还即真,加领卫尉。师伯居权日久,天下辐凑,游其门者,爵位莫不逾分。多纳货贿,家产丰积,妓妾声乐,尽天下之选,园池第宅,冠绝当时,骄奢淫恣,为衣冠所疾。又迁尚书仆射,领丹阳尹。废帝欲亲朝政,转师伯为左仆射,以吏部尚书王景文为右仆射。夺其京尹,又分台任。师伯至是始惧,与柳元景谋废立。

初,师伯专断朝事,不与沈庆之参怀,谓令史曰:"沈公爪牙者耳,安得预政事。"庆之闻而切齿,乃泄其谋。寻与太宰江夏王义恭同诛,六子皆见杀。明帝即位,谥曰荒。

沈怀文字思明，吴兴武康人也。祖寂，晋光禄勋。父宣，新安太守。怀文少好玄理，善为文章，为《楚昭王二妃》诗，见称于世。

为江夏王义恭东阁祭酒。丁父忧，新安郡送故丰厚，奉终礼毕，余悉班之亲戚，一无所留。文帝闻而嘉之，赐奴婢六人。服阕，除尚书殿中郎。隐士雷次宗被征居钟山，后南还庐江。何尚之设祖道，文义之士必集。为连句诗，怀文所作尤美，辞高一坐。随王诞镇襄阳，出为后军主簿，与谘议参军谢庄共掌辞令，领义成太守。元嘉二十八年，诞当为广州，欲以怀文为安南府记室，先除通直郎。怀文固辞南行，上不悦。弟怀远纳东阳公主养女王鹦鹉为妾，元凶行巫蛊，鹦鹉豫之，事泄，怀文因此失调，为治书侍御史。

元凶弑立，以为中书侍郎。孝武入讨，呼之使作符檄，固辞。劭大怒，会殷冲救得免。托疾落马，间行奔新亭，以为竟陵王诞骠骑录事参军、淮陵太守。时国哀未释，诞欲起内斋，怀文以为不可，乃止。寻转扬州中从事史。时议省录尚书，怀文以为非宜，上议不从。迁别驾从事史。

及江夏王义恭迁西阳王子尚为扬州，居职如故。时荧惑守南斗，上乃废西州旧馆，使子尚移居东城以厌之。怀文曰："天道示变，宜应之以德，今虽空西州，恐无益也。"不从，而西州竟废。

大明二年，迁尚书吏部郎，时朝议欲依古制置立王畿，扬州移居会稽，犹以星变故也。怀文曰："周制封畿，汉置司隶，各因时宜，非存相反。安人定国，其揆一也。苟人心所安，天亦从之。未必改今追古，乃致平一。神州旧壤，历代相承，异于边州，或置或罢。既物情不悦，容亏化本。"又不从。

三年，子尚移镇会稽，迁抚军长史，行府州事。时囚系甚多，动经年月，怀文到任，讯五郡九百三十六狱，众咸称平。

入为侍中，宠待隆密。竟陵王诞据广陵反，及城陷，士庶皆裸身鞭面然后加刑，聚所杀人首于石头南岸，谓之髑髅山。怀文陈其不可，上不纳。

孝武尝有事圆丘，未至期而雨晦竟夜。明旦风霁，云色甚美，帝升坛悦。怀文称庆曰："昔汉后郊祀太一，白日重轮，神光四烛。今陛下有事兹礼，而膏雨迎夜，清景丽朝，斯实圣明幽感所致，臣愿与侍臣赋之。"上笑称善。

扬州移会稽，忿浙江东人情不和，欲贬其劳禄，唯西州旧人不改。怀文曰："扬州徙居，既乖人情，一州两格，尤失大体。"上不从。

怀文与颜竣、周朗素善，竣以失旨见诛，朗亦以忤意得罪。上谓怀文曰："竣若知我杀之，亦当不敢如此。"怀文默然。又尝以岁夕与谢庄、王景文、颜师伯被敕入省，未及进，景文因谈言次称竣、朗人才之美，怀文与相酬和。师伯后因语次白上，叙景文等此言。怀文屡经犯忤，至此上倍不悦。

上又坏诸郡士族，以充将吏，并不服役，至悉逃亡。加以严制不能禁，乃改用军法，得便斩之。莫不奔窜山湖，聚为盗贼。怀文又以为言。

齐库上绢年调钜万匹，绵亦称此，期限严峻。人间买绢一匹至三二千，绵一两三四百，贫者卖妻子，甚者或自缢死。怀文具陈人困，由是绵绢薄有所减，俄复旧。

子尚等诸皇子皆置邸舍，逐什一之利，为患遍天下。怀文又曰："列肆贩卖，古人所非。卜式明不雨之由，弘羊受致旱之责。若以用度不充，故宜量加减省。"不听。

孝建以来，抑黜诸弟，广陵平后，复欲更峻其科。怀文曰："汉明不使其子比光武之子，前史以为美谈。陛下既明管、蔡之诛，愿崇唐、卫之寄。"及海陵王休茂诛，欲遂前议。太宰江夏王义恭探得密旨，先发议端，怀文固请不可，由是得息。

时游幸无度，太后六宫常乘副车在后。怀文与王景文每谏不宜亟出，后因从坐松树下，风雨甚骤。景文曰："卿可以言矣。"怀文曰："独言无继，宜相与陈之。"江智深卧草侧，亦谓之善。俄而被召，俱入雉声，怀文曰："风雨如此，非圣躬所宜。"景文又曰："怀文所启宜从。"智深未及有言，上方注弩，作色曰："卿欲效颜竣邪？何以恒知人事。"又曰："颜竣小子,恨不得鞭其面。"

上每宴集,在坐者咸令沉醉。怀文素不饮酒,又不好戏,上谓故欲异己。谢庄尝诫怀文曰："卿每与人异,亦何可久。"怀文曰："吾少来如此,岂可一朝而变。非欲异物,性之所不能耳。"

五年,出为晋安王子勋征虏长史、广陵太守。明年,坐朝正事毕,被遣还北,以女病求申,临辞又乞停三日,讫犹不去,为有司所纠,免官,禁锢十年。既被免,卖宅还东。上大怒,收付廷尉赐死。

弟怀远,为始兴王浚征北长流参军,深见亲待。坐纳王鹦鹉为妾,孝武徙之广州。刺史宗悫欲杀之,会南郡王义宣反,怀远颇闲文笔,悫起义,使造檄书,并衔命至始兴,与始兴相沈法系论起事。事平,悫具为陈请,由此贝原。终孝武世不得还。前废帝世,归,位武康令。撰《南越志》,及怀文文集并传于世。

怀文三子:淡、深、冲。

冲字景绰,涉猎文义。仕宋历位抚军正佐,兼记室。及怀文得罪被系,冲兄弟行谢,情哀貌苦,见者伤之。柳元景欲救怀文,言于孝武曰："沈怀文三子涂炭不可见,愿陛下速正其罪。"帝曰："宜急杀之,使其意分。"竟杀之。元景为之叹息,冲兄弟以此知名。累迁司徒录事。

齐武帝为江州,冲为征虏长史、寻阳太守。齐建元中,累迁太子中庶子。武帝在东宫,待以恩旧。及即位,转御史中丞、侍中。永明四年,为五兵尚书。冲与兄淡、深名誉有优劣,世号为"腰鼓兄弟"。淡、深并历御史中丞。兄弟三人皆为司直,晋、宋所未有也。中丞案裁之职,被恶者多结怨。永明中,深弹吴兴太守袁彖。建武中,彖从弟昂为中丞,到官数日,奏弹深子缋父在僦白幰车,免官禁锢。冲母孔氏在东,邻家失火,疑为人所焚爇,大呼曰："我三儿皆作御史中丞,与人岂有善者。方恐肌分骨散,何但焚如。"兄弟后并历侍中。武帝方欲任冲,寻卒。追赠太常,谥曰恭子。

昙庆,怀文从父兄也。父发,员外散骑侍郎。昙庆仕宋位尚书左丞。时岁有水旱,昙庆议立常平仓,以救人急,文帝纳其言,而事不行。大明元年,为徐州刺史。时殿中员外将军裴景仁助戍彭城,景仁本北人,多悉关中事。昙庆使撰《秦记》十卷,叙苻氏事,其书传于世。昙庆谨实清正,所莅有称绩。常谓子弟曰:"吾处世无才能,图作大老子耳。"世以长者称之。卒于祠部尚书。

周朗字义利,汝南安成人也。父淳,宋初历位侍中、太常。兄峤,尚武帝第四女宣城德公主。二女适建平王宏、庐江王祎。以贵戚显官。朗少而爱奇,雅有风气,与峤志趣不同,峤甚疾之。

为江夏王义恭太尉参军。元嘉二十七年春,朝议北侵魏,当遣义恭出镇彭城,为诸军大统。朗闻之,解职。及义恭出镇,府主簿羊希从行,与朗书戏之,劝令献奇进策。朗报书援引古义,辞意偶傥。

孝武即位,除建平王宏中军录事参军。时普责百官谠言,朗上书陈述得失,多自矜夸。书奏,忤旨,自解去职。后为庐陵内史,郡界荒芜,颇有野兽。母薛氏欲见猎,朗乃合围纵火,令母观之。火逸烧郡解,朗悉以秩米起屋,偿所烧之限。称疾去官,为州司所纠,还都谢孝武曰:"州司举臣愆失多不允,臣在郡,猛兽三食人,虫鼠犯稼,以此二事上负陛下。"上变色曰:"州司不允,或可有之。虫兽之灾,宁并卿小物。"

朗寻丁母忧,每哭必恸,其余颇不依居丧常节。大明四年,上使有司奏其居丧无礼。诏曰:"朗悖礼利口,宜合翦戮,微物不足乱典刑,特锁付边郡。"于是传送宁州,于道杀之。朗族孙颙。

颙字彦伦,晋左光禄大夫顗七世孙也。祖虎头,员外常侍。父恂,归乡相。

颙少为族祖朗所知,解褐海陵国侍郎。益州刺史萧惠开赏异颙,携入蜀,为厉锋将军,带肥乡、成都二县令,仍为府主簿。常谓惠开性太险,每致谏,惠开不悦,答颙曰:"天险地险,王侯设险,但问用险何如耳。"随惠开还都。

宋明帝颇好玄理,以颙有辞义,引入殿内,亲近宿直。帝所为惨毒之事,颙不敢显谏,辄诵经中因缘罪福事,帝亦为之小止。元徽中,诏为剡令,有思惠,百姓思之。齐高帝辅政,为齐殿中郎。建元初,为长沙王后军参军、山阴令。还为文惠太子中军录事参军。文惠在东宫,颙迁正员郎、始兴王前军谘议,直侍殿省,深见赏遇。颙音辞辩丽,长于佛理,著《三宗论》,言空假义。西凉州智林道人遗颙书,深相赞美,言:"捉麈尾来四十余载,颇见宗录,唯此涂白黑无一人得者,为之发病,非意此音猥来入耳。"其论见重如此。颙于钟山西立隐舍,休沐则归之。

转太子仆,兼著作,撰起居注。迁中书郎,兼著作如故。常游侍东宫。少从外氏车骑将军臧质家得卫恒散隶书法,学之甚工。文惠太子使颙书玄圃茅斋壁。国子祭酒何胤怪倒薤书求就颙换之。颙笑答曰:"天下有道,丘不与易也。"

每宾友会同,颙虚席晤语,辞韵如流,听者忘倦。兼善《老》、《易》,与张融相遇,辄以玄言相滞,弥日不解。清贫寡欲,终日长蔬,虽有妻子,独处山舍。甚机辩,卫将军王俭谓颙曰:"卿山中何所食?"颙曰:"赤米白盐,绿葵紫蓼。"文惠太子问颙:"菜食何味最胜?"颙曰:"春初韭,秋末晚菘。"何胤亦精信佛法,无妻。太子又问颙:"卿精进何如何胤?"颙曰:"三涂八难,共所未免,然各有累。"太子曰:"累伊何?"对曰:"周妻何肉。"其言辞应变如此。转国子博士,兼著作如故。太学诸生慕其风,争事华辩。始著《四声切韵》行于时。后卒于官。子舍。

舍字升逸,幼聪颖,颙异之。临终谓曰:'汝不患不富贵,但当将之以道德。"及长,博学,尤精义理,善诵《诗》、《书》,音韵清辩。弱冠举秀才,除太学博士。从兄绵为剡县,赃污不少,籍没资财,舍乃推宅助焉。建武中,魏人吴苞南归,有儒学。尚书仆射江祏招苞讲,舍造坐折苞,辞理遒逸,由是名为口辩。王亮为丹阳尹,闻而悦之,辟为主簿,政事多委焉。迁太常丞。

梁武帝即位,吏部尚书范云与颙素善,重舍才器,言之武帝,召拜尚书祠部郎。礼仪损益,多自舍出。先是,帝与诸王及吴平侯书,皆云"弟",舍立议,引武王、周公故事,皆曰"汝",从之。

累迁鸿胪卿。时王亮得罪归家，故人莫至，舍独敦恩旧。及亮卒，身营殡葬，时人称之。迁尚书吏部郎，太子右卫率、右卫将军。虽居职屡徙，而常留省内，罕得休下。国史诏诰，仪体法律，军旅谋谟，皆兼掌之。日夜侍上，豫机密二十余年，未尝离左右。帝以为有公辅器。初，范云卒，金以沈约允当枢管，帝以约轻易不如徐勉，于是勉、舍同参国政。勉小嫌中废，舍专掌权辖，雅量不及勉，而清简过之，两人俱称贤相。

时议国史，疑文帝纪传之名。舍以为“帝纪之笼百事，如《乾象》之包六爻，今若追而为纪，则事无所包，若直书功德，则传而非纪。应于上纪之前，略有仰述。”从之。舍占对辩捷，尝居直庐，语及嗜好，裴子野言：“从来不尝食姜。”舍应声曰：“孔称‘不彻’，裴乃不尝。”一坐皆悦。与人论谑，终日不绝，而竟不言漏泄机事，众尤服之。性俭素，衣服器用，居处床席，如布衣之贫者。每入官府，虽广厦华堂，闺阁重邃，舍居之则尘埃满积。以获为障，坏亦不修。历侍中、太子詹事。普通五年，南津校尉郭祖深获始兴相白涡书，饷舍衣履及婢，以闻，坐免官。以右骁卫将军知詹事卒。上临哭，哀动左右。追赠侍中、护军将军，谥曰简子。

初，帝锐意中原，群臣咸言不可，唯舍赞成之。大通中，累献捷，帝思其功，下诏述其德美。以为“往者南司白涡之劾，恐外议谓朕有私，致此黜免。追愧若人一介之善，外可量加褒异，以旌善人”。舍集二十卷。二子：弘义、弘信，弟子弘正。

弘正字思行。父宝始，梁司徒祭酒。弘正幼孤，及弟弘让、弘直，俱为伯父舍所养。年十岁，通《老子》、《周易》。舍每与谈论，辄异之，曰：“观汝清理警发，后世知名，当出吾右。”河东裴子野深相赏纳，请以女妻之。十五，召补国子生，仍于国学讲《易》，诸生传习其义。以季春入学，孟冬应举，学司以日浅不许。博士到洽曰：“周郎弱冠讲经，岂俟策试？”普通中，初置司文义郎，直寿光省，以弘正为司义侍郎。弘正丑而不陋，吃而能谈，诽谐似优，刚肠似直，善玄理，为当世所宗。藏法师于开善寺讲说，门徒数百，弘正年少，未知名，著红裈,锦绞髻,踞门而听,众人蔑之,弗谴也。既而乘间进难,举坐尽倾,法师疑非世人,觇知,大相赏狎。刘显将之寻阳,朝贤毕祖道,显县帛十匹,约曰:"险衣来者以赏之。"众人竞改常服,不过长短之间。显曰:"将有甚于此矣。"既而弘正绿丝布裤,绣假种,轩昂而至,折标取帛。大通三年,昭明太子薨,其嗣华容公不得立,乃以晋安王纲为皇太子。弘正奏记,请"抗目夷上仁之义,执子臧之节"。其抗直守正如此。

常自称有才无相,仆射徐勉掌选,以其陋不堪为尚书郎,乃献书于勉,其言甚切。稍迁国子博士。学中有宋元凶讲《孝经》碑,历代不改,弘正始到官,即表刊除。时于城西立士林馆,弘正居以讲授,听者倾朝野焉。弘正启《周易》疑义凡五十条,又请释《乾》、《坤》、二系,复诏答之。后为平西邵陵王府谘议参军,有罪应流徙,敕以赐干陁利国。未去,寄系尚方。于狱上武帝《讲武诗》,降敕原罪,仍复本位。

弘正博物,知玄象,善占侯。大同末,尝谓弟弘让曰:"国家厄在数年,当有兵起,吾与汝不知何所逃之。"及武帝纳侯景,弘正谓弘让曰:"乱阶此矣。"台城陷,弘正谄附王伟,又与周石珍合族,避景讳,改姓姬氏,拜太常。景将篡之际,使掌礼仪。及王僧辩东讨,元帝谓僧辩曰:"王师近次,朝士孰当先来?"王僧辩曰:"其周弘正乎。弘正智不后机,体能济胜,无妻子之顾,有独决之明,其余碌碌不逮也。"俄而前部传云弘正至,僧辩飞骑迎之。及见,欢甚,曰:"吾固知王僧达非后机者,公可坐吾膝上。"对曰:"可谓进而若将加诸膝,老夫何足以当。"僧辩即日启元帝,元帝手书与弘正,仍遣使迎之,谓朝士曰:"晋氏平吴,喜获二陆,今我讨贼,亦得两周。"及至,礼数甚优,朝臣无比。授黄门侍郎,直侍中省。俄迁左户尚书,加散骑常侍。夏月著犊鼻裈,衣朱衣,为有司所弹。其作达如此。

元帝尝著《金楼子》,曰:"余于诸僧重招提琰法师,隐士重华阳陶贞白,士大夫重汝南周弘正,其于义理情转无穷,亦一时之名士也。"弘正善清谈,梁末为玄宗之冠。及侯景平,僧辩启送秘府图籍,敕正雠校。

时朝议迁都,但元帝再临荆陕,前后二十余年,情所安恋,不欲归建邺。兼故府臣僚皆楚人,并欲即都江陵,云:"建康盖是旧都,凋荒已极。且王气已尽,兼与北止隔一江,若有不虞,悔无所及。且臣等又闻荆南有天子气,今其应矣。"元帝无去意。时尚书左仆射王褒及弘正咸侍,帝顾曰:'卿意何如?'褒等以帝猜忌,弗敢众中公言,唯唯而已。褒后因清闲,密谏还丹阳甚切,帝虽纳之,色不悦。及明日,众中谓褒曰:"卿昨劝还建邺,不为无理,吾昨夜思之,犹怀疑惑。"褒知不引纳,乃止。他日,弘正乃正色谏,至于再三,曰:"若如士大夫,唯圣王所都,本无定处。至如黔首,未见入建邺城,便谓未是天子,犹列国诸王。今日赴百姓之心,不可不归建邺。"当时颇相酬许。弘正退后,黄罗汉、宗懔乃言:"弘正、王褒并东人,仰劝东下,非为国计。"弘正窃知其言,他日乃复上前面折二人,曰:"若东人劝下东,谓之私计,西人劝往西,亦是私计不?"众人默然,而人情并劝迁都。上又曾以后堂大集文武,其预会者四五百人,帝欲遍试人情,曰:"劝吾去者左袒。"于是左袒者过半。武昌太守朱买臣,上旧左右,而阉人也,颇有干用,故上擢之。及是劝上迁,曰:"买臣家在荆州,岂不愿官长住,但恐是买臣富贵,非官富贵邪!"上深感其言,卒不能用。

及魏平江陵,弘正遁归建邺。太平元年,授侍中,领国子祭酒,迁太常卿、都官尚书。陈武帝授太子詹事。天嘉元年,迁侍中、国子祭酒,往长安迎宣帝。二年,自周还。废帝嗣位,领都官尚书,总知五礼事。宣帝即位,迁特进,领国子祭酒,加扶。太建五年,授尚书右仆射。寻敕侍东宫讲《论语》、《孝经》。太子以弘正德望素重,有师资之敬焉。

弘正特善玄言,兼明释典,虽硕德名僧,莫不请质疑滞。六年,卒官,年七十九,赠侍中、中书监,谥曰简子。所著《周易讲疏》十六卷,《论语疏》十一卷,《庄子疏》八卷,《老子疏》五卷,《孝经疏》二卷,集二十卷,行于代。

子豫玄,年十四,与俱载入东,乘小船度岸,见藤花,弘正挽之,船覆俱溺,弘正仅免,豫玄遂得心惊疾。次子坟,尚书吏部郎。

弘让性简素,博学多通。始仕不得志,隐于句容之茅山,频征不出。晚仕侯景,为中书侍郎。人问其故,对曰:"昔王道正直,得以礼进退,今乾坤易位,不至将害于人,吾畏死耳。"始彭城刘孝先亦辞辟命,随兄孝胜在蜀。武陵建号,仕为世子府谘议参军。二隐并获讥于代。弘让承圣初为国子祭酒。二年,为仁威将军,城句容以居之,命曰"仁城"垒。陈天嘉初,以白衣领太常卿,光禄大夫,加金章紫绶。

弘让弟弘直,字思方,幼而聪敏。仕梁为西中郎湘东王外兵记室参军,与东海鲍泉、南阳宗懔、平原刘缓、沛国刘毅同掌书记。王出镇江、荆二州,累除谘议参军。及承制,封湘滨县侯。累迁昌州刺史。王琳之举兵,弘直在湘州。琳败,乃入陈,位太常卿,光禄大夫,加金章紫绶。弘直方雅敦厚,气调高于次昆。或问三周孰贤,人曰:"若蜂腰矣。"太建七年,卒。遗疏:"气绝之后,便买市中见材小形者。敛以时服,古人通制,但下见先人,必须备礼,可著单衣裙衫故履。既应侍养,宜备纷悦,或逢善友,又须香烟,棺内唯安白布手巾、粗香炉而已,此外无所用。"卒于家,年七十六。有集二十卷。

子确,字士潜,美容仪,宽大有行检,博涉经史,笃好玄言。位都官尚书。祯明初,卒。

论曰:文人不护细行,古今之所同焉。由夫声裁所知,故取忤于人者也。观夫颜、谢之于宋朝,非不名高一代,灵运既以取毙,延之亦踬当年,向之所谓贵身,翻成害己者矣。士逊援笔数罪,陵雕犯难,饵彼慈亲,再之兽吻,以此为忠,无闻前诰。夫自忍其亲,必将忍人之亲,士逊自忘其孝,期以申人之孝,自非严父之辞允而义惬,则难乎免矣。师伯行己踪欲,好进忘退,既以此始,亦以此终,宜乎!怀文蹈履之地,足以追踪古烈,孔母致惧中丞,其诚深矣。周朗始终之节,亦倜傥为尤。颙、舍父子,文雅不坠。弘正兄弟义业,几乎德门者焉。

南史卷三五
列传第二五

# 刘湛 庾悦 族弟登之 仲文 仲文子弘远

### 仲文族孙仲容 顾琛 顾觊之
### 孙宪之

　　刘湛字弘仁,南阳涅阳人也。祖耽,父柳,并晋左光禄大夫、开府仪同三司。湛出继伯父淡,袭封安众县五等男。少有局力,不尚浮华,博涉史传,谙前代旧典。弱年便有宰物情,常自比管、葛。不为文章,不喜谈议。

　　除宋武帝太尉行参军,赏遇甚厚。父柳亡于江州,府州送故甚丰,一无所受,时论称之。服阕,为相国参军。谢晦、王弘并称其器干。武帝入受晋命,以第四子义康为冠军将军、豫州刺史,留镇寿阳。以湛为长史、梁郡太守。义康弱年未亲政,府州事悉委湛。进号右将军,仍随府转。义康以本号徙南豫州,湛改领历阳太守。为人刚严用法,奸吏犯赃百钱以上,皆杀之,自下莫不震肃。

　　庐陵王义真出为车骑将军、南豫州刺史,湛又为长史,太守如故。义真时居武帝忧,使帐下备膳,湛禁之,义真乃使左右人买鱼肉珍羞,于斋内别立厨帐。会湛入,因命臑酒炙车螯。湛正色曰:“公当今不宜有此设。”义真曰:“且甚寒,杯酒亦何伤,长史事同一家,望不为异。”酒至,湛起曰:“既不能以礼自处,又不能以礼处人。”

　　后为广州刺史,嫡母忧,去职。服阕,为侍中。时王华、王昙首、殷景仁亦为侍中,文帝于合殿与四人宴饮甚悦。华等出,帝目送良久,叹曰:"此四贤一时之秀,同管喉唇,恐后世难继。"

及抚军将军江夏王义恭镇江陵,以湛为使持节、南蛮校尉,领抚军长史,行府事。王弘辅政,而王华、王昙首任事居中,湛自谓才能不后之,不愿外出。是行也,谓为弘等所斥,意甚不平,常曰:"二王若非代邸之旧,无以至此。可谓遭遇风云。"

湛负其才气,常慕汲黯、崔琰为人,故名长子曰黯,字长孺,第二子曰琰,字季圭 。母于江陵病卒,湛求自送丧还都,义恭亦为之陈请。文帝答义恭曰:"吾亦得湛启事,为之酸怀,乃不欲苟违所请。但汝弱年,新涉军务,八州殷旷,专断事重,畴谘委杖,不可不得其人。量算二三,未获便相顺许。今答湛启,权停彼葬。顷朝臣零落相系,寄怀转寡,湛实国器,吾乃欲引其令还,直以西夏任重,要且停此事耳。汝庆赏黜罚预得失者,必宜悉相委寄。"

义恭性甚猖隘,年又渐大,欲专政事,每为湛所裁。主佐之间,嫌隙遂构 。文帝闻之,密遣诘让义恭。义恭陈湛无居下之礼,又自以年长,未得行意,虽奉诏旨,每出怨言。上友于素笃,欲加酬顺,乃诏之曰:"当今之才,委受已尔,宜尽相弥缝,取其可取,弃其可弃。"

先是,王华既亡,昙首又卒,领军将军殷景仁以时 贤零落,白文帝征湛。八年,召为太子詹事,加给事中,与景仁并被任遇。湛云:"今代宰相何难,此正可当我南阳郡汉代功曹耳。"明年,景仁转尚书仆射,领选,护军将军,湛代为领军。十二年,又领詹事。湛与景仁素款,又以其建议征之,甚相感悦。及俱被时遇,猜隙渐生。以景仁专内任,谓为间己。时彭城王义康专执朝权,而湛昔为上佐,遂以旧情委心自结,欲因宰相之力回主心,倾黜景仁,独当时务。义康屡言之于文帝,其事不行。义康僚属及湛诸附隶潜相约勒,无敢历殷氏门者。湛党刘敬文父成未悟其机,诣景仁求郡,敬文遽谢湛曰:"老父悖耄,遂就殷铁干禄。由敬文暗浅,上负生成,合门惭惧,无地自处。"敬文之奸谄如此。

义康擅权专朝,威倾内外,湛愈推崇之,无复人臣之礼,上稍不能平。湛初入朝,委任共事,善论政道,并谙前代故事,听者忘疲。每入云龙门，御者便解驾，左右及羽仪随意分散，不夕不出，以此为常。及晚节驱煽义康，陵轹朝廷，上意虽内离，而接遇不改。上谓所亲曰："刘斑初自西还，吾与语常看日早晚，虑其当去；比入亦看日早晚，虑其不去。"湛小字斑兽，故去斑也。迁丹阳尹，詹事如故。

十七年，所生母亡。上与义康形迹既乖，衅难将结，湛亦知无复全地。及至丁艰，谓所亲曰："今年必败，常日赖口舌争之，故得推迁耳。今既穷毒，无复此望，祸至其能久乎。"伏甲于室，以待上临吊。谋又泄，竟弗之幸。十日，诏收付廷尉，于狱伏诛，时年四十九。黯等从诛。弟素，黄门郎，徙广州。湛初被收，叹曰："便是乱邪。"又曰："不言无戎应乱，杀我日自是乱法耳。"入狱见素，曰："乃复及汝邪？相劝为恶，恶不可为，相劝为善，正见今日，如何！"湛生女辄杀之，为时流所怪。

庾悦字仲豫，颍川鄢陵人也，晋太尉亮之曾孙也。祖义，吴兴内史。父淮，西中郎将、豫州刺史。悦仕晋为司徒右长史。桓玄篡位，为中书侍郎。宋武平建邺，累迁建威将军、江州刺史，加都督。初，刘毅家在京口，酷贫，尝与乡曲士大夫往东堂共射，时悦厨为司徒右长史，要府州僚佐出东堂，毅已先至，遣与悦相闻曰："身并贫踬，营一游甚难。君如意人，无处不可为适，岂不能以此堂见让。"悦素豪，径前不答。毅语众人并避，唯毅留射如故。悦厨馔甚盛，不以及毅，毅既不去，悦甚不欢。毅又相闻曰："身今年未得子鹅，岂能以残炙见惠。"悦又不答。至是，毅表解悦都督、将军官，以刺史移镇豫章。以亲将赵恢领千兵守寻阳，建威府文武三千人，悉入毅将府，深相挫辱。悦不得志，疽发背，到豫章少日卒。

登之字元龙，悦族弟也。曾祖冰，晋司空。祖蕴，广州刺史。父廓，东阳太守。

登之少以强济自立，初为宋武帝镇军参军，预讨桓玄功，封曲江县五等男。累迁新安太守。谢晦为荆州刺史，请为长史、南郡太守，仍为卫军长史。登之与晦俱曹氏婿，名位本同，一旦为之佐，意甚不惬,到厅笺 唯言"即日恭到",初无感谢之言。每入觐见,备持箱囊几席之属,一物不具,则不肯坐。尝于晦坐诵《西征赋》云:"生有修短之命,位有通塞之遇。"晦虽恨而常优容之。晦拒王师,欲登之留守,登之不许。晦败,登之以无任免官禁锢还家。何承天戏之曰:"因祸为福,未必皆知。"登之曰:"我亦几与三竖 同戮。"承天为晦作表云:"当浮舟东下,戮此三竖。"故登之为嘲。

后为司徒长史、南东海太守。府公彭城王义康专览政事,不欲自下厝意。而登之性刚,每陈己志,义康不悦,出为吴郡太守,以赃货免官。后拜豫章太守,征为中护军。未拜,卒。

子仲远,初为宋明帝府佐。废帝景和中,明帝疑防,宾客故人无到门者,唯仲远朝谒不替。明帝即位,谓曰:"卿所谓疾风知劲草。"自军录事参军擢拜太子中庶子。卒于豫章太守。赠侍中。登之弟仲文。

仲文位广平太守,兄登之为谢晦长史,仲文往省之。时晦权重,朝士并加敬,仲文独与抗礼。

后为彭城王义康骠骑主簿,未就,徙为丹阳丞。既未到府,疑于府公礼敬,下礼官博议。中书侍郎 裴松之议曰:"案《春秋》桓公八年,祭公逆王后于纪。《公羊传》曰:'女在国称女,此其称王后何?王者无外,其辞成矣。'推此而言,则仲文为吏之道,定于受敕之日矣。名器既正,则礼亦从之,安可未到废其节乎?宜执吏礼。"从之。

后始兴王浚当镇湘州,以仲文为司马。浚 不之任,仍除南梁太守,司马如故。于时领军刘湛协附大将军彭城王义康,而与仆射殷景仁隙。凡朝士游殷氏者,不得入刘氏之门,独仲文游二人间,密尽忠于朝廷。景仁称疾不朝见者历年,文帝常令仲文衔命去来,湛不疑也。

义康出蕃,湛伏诛,以仲文为尚书吏部郎,与右卫将军沈演之俱参机密。历侍中,吏部尚书,领义阳王师。内外归附,势倾朝野。仲文为人强急不耐烦,宾客诉非理者,仇骂形于辞色。素无术学,不为众望所推。性好洁,士大夫造之者,未出户,辄令人拭席洗床。时陈郡殷冲亦好净，小史非净浴新衣，不得近左右，士大夫小不整洁，每容接之。仲文好洁反是，每以此见讥。

　　领选既不缉众论，又颇通货贿，用少府卿刘道锡为广州刺史，道锡至镇，饷白檀牵车，常自乘马。或以白文帝，帝见问曰："道锡饷卿小车，装饰甚丽，有之乎？"仲文惧起谢。又仲文请急还家，吏部令史钱泰、主客令史周伯齐出仲文宅谘事。泰能弹琵琶，伯齐善歌，仲文因留停宿。尚书制：令史谘事，不得宿停外，虽八座命亦不许。为有司所奏。上于仲文素厚，将恕之，召问尚书右仆射何尚之，具陈仲文得失，奏言：

> 仲文事如丘山，若纵而不纠，复何以为政？晋武不为明主，断割令事，遂能奋发，华廙见待不轻，废锢累年，后起改作城门校尉耳。若言仲文有诚于国，未知的是何事，政当云与殷景仁不失其旧，与刘湛亦复不疏。且景仁当时意事，岂复可蔑？纵有微诚，复何足掩其恶。今贾充勋烈，晋之重臣，虽事业不称，不闻有大罪，诸臣进说，便即远出。陛下圣睿，反更迟迟于此。仲文身上之衅，既自过于范晔，所少贼一事耳。伏愿深加三思，试以诸声传普访诸可顾问者，群下见陛下顾遇既重，恐不敢苦侵伤，顾问之日，宜布嫌责之旨。若不如此，亦当不辨有所得失。

时仲文自理不谙台制，令史并言停外非嫌，帝以小事不足伤大臣。尚之又陈：

> 令史具向仲文说不得停之意，仲文了不听纳，非为不解，直是苟相留耳。虽是令史出，乃远亏朝典，又不得谓之小事。谢晦望实非今者之畴，一事错误，免侍中官。王珣时贤少失，桓胤春搜之谬，皆白衣领职，况公犯宪制邪？孔万祀居左局，言"仲文贵要，异他尚书"。令又云"不痴不聋，不成姑公"。敢作此言，亦为异也。

文帝犹忧游，使尚之更陈其意。尚之备言仲文愆曰：

> 臣畏张辽之言，关羽虽兄弟，曹公父子岂得不言。观今人

臣忧国甚寡,臣复结舌,日月之明或有所蔽。然不知臣者,岂不谓臣有争竞之心,亦迫以怅怅。臣与仲文周旋,俱被恩接,不宜复生厚薄。太尉昨与臣言,说仲文有诸不可,非唯一条,远近相崇畏,震动四海。仲文先与刘德愿殊恶,德愿自持琵琶甚精丽遗之,便复款然。市令盛馥进数百口材助营宅,恐人知,作虚买券。刘道锡骤有所输,倾南奉之半。刘雍自谓得其力助,事之如父,夏中送甘蔗,若新发于州。国史运载樵苏,无辍于道。诸见人有物,鲜或不求,闻刘遵考有材便乞材,见好烛槃便复乞之。选用不平,不可一二。太尉又言,仲文都无共事之体,凡所选举,悉是其意,政令太尉知耳。论虞秀黄门,太尉不正答和,故得停。太尉近与仲文疏,欲用德愿儿作州西曹,仲文乃启用为主簿,即语德愿以谢太尉。前后漏泄卖恩,亦复何极。纵不罪,故宜出之。自从裴、刘刑罚已来,诸将陈力百倍,今日事实好恶可问,若赫然发愤,显明法宪,陛下便可闲卧紫闼无复一事也。

帝欲出仲文为丹阳,又以问尚之,答言:

仲文蹈罪负恩,陛下迟迟旧恩,未忍穷法,方复有尹京赫赫之授。恐悉心奉国之人,于此而息,贪狼恣意,岁月滋甚。如臣所闻天下议论,仲文恒尘累日月,未见一毫增辉,乃更成形势,是老王雅也。古人言,无赏罚,虽尧舜不能为政。陛下岂可坐损皇家之重,迷一凡人。令买谊、刘向重生,岂不慷慨流涕于圣世邪!臣昔启范晔,当时亦惧犯触之尤,苟是愚怀所抱,政自不能不舒达,所谓“虽九死而不悔”也。臣谓仲文且外出,若能修改,在职著称,还亦不难,而得少明国典,粗酬四海之诮。今愆衅如山,荣任不损,仲文若复有彰大之罪,谁敢以闻。亦知陛下不能采臣之言,故是臣不能以己之意耳。

又曰:

臣见刘伯龙大慷慨仲文所行,言有人送张幼绪,语人“吾虽得一县,负钱三十万。庾仲远仍尝送至新林,见缚束犹未得解手。"荀万秋尝诣仲文，逢一客姓夏侯，主人问："有好牛不？"言："无"。问："有好马不？"又言："无，政有佳驴耳。"仲文便答："甚是所欲。"客出门，遂相闻索之。刘道锡言是仲文所举，就道锡索嫁女具及祠器，乃当百万数，犹谓不然。选令史章龙向臣说，亦叹其受纳之过。言实得嫁女铜炉，四人举乃胜，细葛斗帐等物不可称数。在尚书中令奴酤鄏酒，利其百十，亦是立台阁所无，不审少简圣听不？

帝乃可有司之奏，免仲文官，卒于家。帝录其宿诚，追赠本官。子弘远。

弘远字士操，清实有士誉。仕齐为江州长史。刺史降显达举兵败，斩于朱雀航。将刑，索帽著之，曰："子路结缨，吾不可以不冠而死。"谓看者曰："吾非贼，乃是义兵，为诸君请命耳。陈公太轻事，若用吾言，天下将免涂炭。"弘远子子曜，年十四，抱持父乞代命，遂并杀之。

仲文从弟徽之，位御史中丞。徽之子漪，齐邵陵王记室。漪子仲容。

仲容字子仲，幼孤，为叔父泳所养。及长，杜绝人事，专精笃学，昼夜手不辍卷。

初为安西法曹行参军，泳时贵显，吏部尚书徐勉拟泳子晏婴为官僚。泳泣曰："兄子幼孤，人才粗可，愿以晏婴所忝回用之。"勉许焉。转仲容为太子舍人，迁安成王主簿。时平原刘峻亦为府佐，并以强学为王所礼接。后为永康、钱唐、武康令，并无绩，多被推劾。久之，除安成王中记室。当出随府，皇太子以旧恩降饯，赐诗曰："孙生陟阳道，吴子朝歌县，未若樊林举，置酒临华殿。"时辈荣之。后为尚书左丞，坐推纠不直免官。

仲容博学，少有盛名，颇任气使酒，好危言高论，士友以此少之。唯与王籍、谢几卿情好相得，二人时亦不调，遂相追随，诞纵酣饮，不持检操。遇太清乱，游会稽，卒。

仲容抄子书三十卷，诸集三十卷，众家地理书二十卷，《列女传》三卷，文集二十卷，并行于代。

顾琛字弘玮，吴郡吴人，晋司空和之曾孙也。祖履之，父悆，并为司徒左西曹掾。

琛谨确不尚浮华，起家州从事、驸马都尉，累迁尚书库部郎。元嘉七年，文帝遣到彦之经略河南，大败，悉委弃兵甲，武库为之空虚。文帝宴会，有归化人在座，上问琛："库中仗犹有几许？"琛诡辞答："有十万人仗。"旧库仗秘，不言多少。上既发问，追悔失言，及琛诡对，上甚善之。尚书等门有制：八坐以下门生随入者各有差，不得杂以人士。琛以宗人顾硕寄尚书张茂度门名，而与顾硕同席坐。明年，坐谴出，免中正。凡尚书官大罪则免，小罪遣出，遣者百日无代人，听还本职。琛仍为彭城王义康所请，再补司徒录事参军。

十五年，出为义兴太守。初，义康请琛入府，欲委以腹心，琛不能承事刘湛，故寻见斥外。十九年，徙东阳太守，欲使琛防守彭城王义康，固辞忤旨，废黜还家积年。及元凶弑立，分会稽五郡置州，以随王诞为刺史，即以琛为会稽太守。诞起义，加冠军将军。事平，迁吴兴太守。孝建元年，为吴郡太守，以起义功，封永新县五等侯。大明元年，吴县令张闿坐居母丧无礼，下廷尉，钱唐令沈文秀判劾违谬，应坐被弹。琛宣言于众："闿被劾之始，屡相申明。"又云："当启文秀留县。"孝武闻之，大怒，谓琛卖恶归上，免官。琛母老，仍停家。

琛及前西阳太守张牧，并事司空竟陵王诞。诞反，遣客陆延稔赍书板琛及子弟官。时孝武以琛素结事诞，或有异志，遣信就吴郡太守王昙生诛琛父子。会延稔先至，琛等即执斩之，遣二子送延稔首启闻。孝武所遣诛琛使其日亦至，而获免。

琛母孔氏时年百余岁，晋安帝隆安初，琅邪王廞于吴中作乱，以为贞烈将军，悉以女人为官属，以孔氏为司马。及孙恩乱后，东土饥荒，人相食。孔氏散家粮以振邑里，得活者甚众，生子皆以孔为名焉。

琛仍为吴兴太守。明年，坐郡人多翦钱及盗铸免官。历位都官尚书。废帝即位,为吴郡太守。初,琛景平中为朝请,假还东,日晚至方山。于时商旅数十船,悉泊岸侧,有一人玄衣介帻,执鞭屏诸船云:"顾吴郡部伍寻至,应泊此岸。"于是诸船各东西。俄有一假装至,事力甚寡,仍泊向处,人问:"顾吴郡早晚至?"船人答:"无顾吴郡。"又问:"何船?"曰:"顾朝请耳。"莫不惊怪。琛意窃知为善征,因誓之曰:"若得郡,当于此立庙。"至是果为吴郡,乃立庙方山,号"白马庙"云。

明帝泰始初,与四方同反,兵败,奉母奔会稽。台军既至,归降,后为员外常侍、中散大夫,卒。

次子宝先,大明中,为尚书水部郎。先是,琛为左丞荀万秋所劾,及宝先为郎,万秋犹在职,自陈不拜。孝武诏曰:"救违纠慢,宪司之职,若有不公,自当更有厘改。而自顷劾无轻重,辄致私绝,此风难长,主者严为其科。"

先是,宋世江东贵达者,会稽孔季恭子灵符、吴兴丘深之及琛,吴音不变。深之字思玄,吴兴乌程人,位侍中、都官尚书,卒于太常。

顾觊之字伟仁,吴郡吴人也。高祖谦,字公让,晋平原内史陆机姊夫。祖崇,大司农。父黄老,司徒左西曹掾。

觊之为谢晦卫军参军,晦爱其雅素,深相知待。历位尚书都官郎。殷、刘隙著,觊之不欲与殷景仁久接,乃辞脚疾免归。每夜常于床上行脚,家人窃异之,而莫晓其意。及义康徙废,朝廷多受祸,觊之竟免。

后为山阴令。山阴剧邑三万户,前后官长昼夜不得休,事犹不举。觊之御繁以约,县用无事。昼日垂帘,门阶闲寂,自宋世为山阴,务简而事理,莫能尚也。

后为尚书吏部郎。尝于文帝坐论江东人物,言及顾荣,袁淑谓觊之曰:"卿南人怯懦,岂办作贼。"觊之正色曰:"卿乃复以忠义笑人。"淑有愧色。孝建中,为湘州刺史,以政绩称。

大明元年,征守度支尚书,转吏部尚书。时沛郡相县唐赐往比村彭家饮酒还,因得病,吐虫 二十余物。赐妻张从赐临终言,死后亲刳腹,五藏悉糜碎。郡县以张忍行刳剖,赐子副又不禁止,论妻伤夫,五岁刑,子不孝父母,子弃市。并非科例。三公郎 刘勰议:"赐妻痛往遵言,儿识谢及理,考事原心,非在忍害,谓宜哀矜。"觊之议:"以妻子而行忍酷,不宜曲通小情,谓副为不孝,张同不道。"诏如觊之议。

后为吴郡太守,幸臣戴法兴权倾人主,而觊之未尝低意。左光禄大夫蔡兴宗与觊之善,嫌其风节过峻。觊之曰:"辛毗有云:孙、刘不过使吾不为三公耳。"后卒于湘州刺史。谥曰简子。

觊之家门雍穆,为州郡所重。子绰私财甚丰,乡里士庶多负责,觊之禁不能止。及后为吴郡,诱出文券一大厨,悉令焚之。宣语远近,皆不须还。绰懊叹弥日。

觊之常执命有定分,非智力所移,唯应恭己守道,信天任运。而暗者不达,妄意侥幸,徒亏雅道,无关得丧。乃以其意,命弟子愿作《定命论》。

愿字子恭,父深之,散骑侍郎。愿好学,有才辞,卒于太子舍人。觊之孙宪之。

宪之字士思,性尤清直。宋元徽中,为建康令。时有盗牛者,与本主争牛,各称己物,二家辞证等,前后令莫能决。宪之至,复其状,乃令解牛任其所去,牛径还本宅,盗者始伏其罪,时人号曰神明。至于权要请托,长吏贪残,据法直绳,无所阿纵。性又清俭,强力为马,甚得人和,故都下饮酒者醇旨辄号为"顾建康",谓其清且美焉。

仕齐为衡阳内史。先是,郡境连岁疾疫,死者太半,棺榇尤贵,悉裹以筌席,弃之路傍。宪之下车,分告属县,求其亲党,悉令殡葬。其家人绝灭者,宪之出公禄使纪纲营护之。又土俗,山人有病,辄云先亡为祸,皆开冢剖棺,水洗枯骨,名为除祟。宪之晓喻,为陈生死之别,事不相由,风俗遂改。时刺史王奂初至,唯衡阳独无讼者,乃叹曰:"顾衡阳之化至矣,若九郡率然,吾将何事。"

后为东中郎长史,行会稽郡事。山阴人吕文度有宠于齐武帝,于余姚立邸,颇纵横。宪之至郡,即日除之。文度后还葬,郡县争赴吊,宪之不与相闻,文度甚衔之,亦卒不能伤也。时西陵戍主杜元懿以吴兴岁俭,会稽年登,商旅往来倍岁。西陵牛埭税,官格日三千五百,求加至一倍,计年长百万。浦阳南北津及柳浦四埭,乞为官领摄,一年格外长四百许万。武帝以示会稽,使陈得失。宪之议曰:

寻始立牛埭,非苟通僦以纳税也,当以风涛迅险,人力不捷,济急以利物耳。既公私是乐,故输直无怨。京师航渡,即其例也。而后之监领,各务己功,或禁遏别道,人生理外,凡如此类,不经埭烦牛者上详。被报蒙停格外十条,从来喧诉,始得暂弭。案吴兴频岁失稔,今兹尤馑,去乏从丰,良由饥棘,旧格新减,尚未讥登,格外加倍,将以何术?皇慈恤隐,振廪蠲调,而元懿幸灾榷利,重增困瘵,人而不仁,古今共疾。且比见加格置市者,前后相属,非唯新加无赢,并皆旧格有阙。愚恐元懿今启,亦当不殊。若事不副言,惧贻谴诘,便百方侵苦,为公贾怨,其所欲举腹心,亦当兽 而冠耳。书云:"与其有聚敛之臣,宁有盗臣。"言盗公为损盖微,敛人所害乃大也。然掌斯任者,应简廉平,则无害于人。愚又以便宜者,盖谓便于公、宜于人也。窃见顷之言便宜者,非能于人力之外,用天分地者也,率皆即日不宜于人,方来未便于公,名与实反,有乖政体。凡如此等,诚宜深察。

山阴一县,课户二万,其人赀不满三千者,殆将居半,刻又刻之,犹且三分余一。凡有赀者,多是士人复除,其贫极者,悉皆露户役人,三五属官,并惟正,百端输调,又则常然。皆众局检校,首尾寻续,横相质累者亦复不少。一人被摄,十人相追,一绪裁萌,千蘖互起。蚕事弛而农业废,贱取庸而贵举责,应公赡私,日不暇给,欲无为非,其可得乎。死且不惮,矧伊刑罚,身且不爱,何况妻子。是以前检未穷,后巧复滋,网辟徒峻,犹不能悛。窃寻人之多伪,实由宋季军旅繁兴,役赋殷重,不堪勤剧,奇巧所优,积习生常,遂迷忘反。四海之大,庶黎之众,心用参差，难卒澄之。化宜以渐，不可疾责。诚存不扰，藏疾纳污。务详宽简，则稍自归淳。又被简符，前后累千，符旨既严，不敢暗信。县简送郡，郡简呈使，殊形诡状，千变万源。间者忽不经怀，见殊刑者实足伤骇。兼亲属里伍，流离道路，时转穷涸，事方未已，其士人妇女，弥雅厝衷。不简则疑其有巧，欲简复未知所安。愚谓此条宜委县保，举其纲领，略其毛目，乃当有漏，不出贮中，庶婴疾沉痼者，重荷生造之恩也。

又永兴、诸暨离唐宇寇扰，公私残烬，弥复特甚，倘逢水旱，实不易思。俗谚云：“会稽打鼓送恤，吴兴步担令史。”会稽旧称沃壤，今犹若此，吴兴本是瘠土，事在可知。因循余弊，诚宜改张。

武帝并从之，由是深以方直见知。

迁南中郎巴陵王长史、南兖南豫二州事。典签谘事，未尝接以颜色，动遵法制。时司徒竟陵王于宣城、临成、定陵三县界立屯，封山泽数百里，禁人樵采。宪之固陈不可，言甚切直。王曰：“非君无以闻此德音。”即命罢屯禁。迁给事黄门，兼尚书吏部郎中。宋时，其祖觊之尝为吏部，于庭列植嘉树，谓人曰：“吾为宪之植耳。”至是，宪之果为此职。永明中，为豫章内史，在任清简，务存宽惠。有贞妇万晞者，少孀居，无子，事舅姑尤孝，父母欲夺而嫁之，誓死不许。宪之赐以束帛，表其节义。梁武帝平建邺，为扬州牧，征宪之为别驾从事史，比至而已受禅。宪之风疾渐笃，因求还吴，就加太中大夫。宪之虽累经宰郡，资无儋石，及归，环堵不免饥寒。天监八年，卒于家。

临终为制敕其子曰：

夫出生入死，理均昼夜。生既不知所从，死亦安识所往。延陵云：“精气上归于天，骨肉下归于地，魂气则无所不之。”良有以也。虽复茫昧难征，要若非妄。百年之期，迅若驰隙，吾今预为终制，瞑目之后，念并遵行，勿违吾志也。庄周、澹台，达生者也。王孙、士安，矫俗者也。吾进不及达，退无所矫，常谓中都之制,允理惬情。衣周于身,示不违礼,棺周于衣,足以蔽臭。入棺之物,一无所须,载以辒车,覆以粗布,为使人勿恶也。汉明帝天子之尊,犹祭以杅水脯糗,范史云列士之高,亦奠以寒水乾饭。况吾卑庸之人,其可不节衷也。丧易宁戚,自是亲亲之情,礼奢宁俭,差可得由吾意。不须常施灵筵,可止设香灯,使致哀者有凭耳。朔望祥忌,可权安小床,暂施几席,唯下素馔,勿用牲牢。蒸尝之祠,贵贱罔替,备物难办,多致疏怠。祠先自有旧典,不可有阙,自吾已下,止用蔬食时果,勿同于上世,示令子孙,四时不忘其亲耳。孔子云“虽菜羹瓜祭必斋如”者,本贵诚敬,岂求备物哉。

所著诗、赋、铭、赞并《衡阳郡记》数十篇。

论曰:古人云“利令智昏”,甚矣利害之相倾也。刘湛识用才能,实包经国之略,岂知移弟为臣,则君臣之道用,变兄成主,则兄弟之义殊。而执数怀奸,苟相崇悦,与夫推长戟而犯顺,何以异哉。昔华元败,则以羊羹而取祸,观夫庾悦,亦鹅炙以速尤。乾糇以愆,斯相类矣。登之因祸而福,倚伏无常。仲文贿而为灾,乃徇财之过也。顾琛吴郡,征兆于初筮,觊之清白之迹,见于暮年。宪之苍政,所在称美,时移三代,一德无亏。求之古人,未为易遇。观其遗命,可谓有始有卒者矣。

# 南史卷三六
## 列传第二六

羊欣　羊玄保　子戎　兄子希

沈演之　子勃　兄孙颙　演之从子宪　宪孙浚

江夷　子湛　曾孙教　玄孙茜　禄　五世孙纻

六世孙总　夷弟子智深　江秉之　子谧

　　羊欣字敬元,泰山南城人也。曾祖忱,晋徐州刺史。祖权,黄门郎。父不疑,桂阳太守。欣少靖默,无竞于人,美言笑,善容止。泛览经籍,尤长隶书。父不疑为乌程令,欣年十二,时王献之为吴兴太守,甚知爱之。欣尝夏月著新绢裙昼寝,献之入县见之,书裙数幅而去。欣书本工,因此弥善。

　　起家辅国参军,府解还家。隆安中,朝廷渐乱,欣优游私门,不复进仕。会稽王世子元显每使书扇,常不奉命。元显怒,乃以为其后军府舍人。此职本用寒人,欣意貌恬然,不以高卑见色,论者称焉。尝诣领军谢琨,琨拂席改服然后兄之。时琨族子灵运在坐,退疏告族兄瞻曰:"望蔡见羊欣,遂改席易衣。"欣由此益知名。

　　桓玄辅政,以欣为平西主簿,参豫机要。欣欲自疏,时漏密事。玄觉其此意,愈更重之,以为楚台殿中郎。谓曰:"尚书政事之本,殿中礼乐所出。卿昔处股肱,方此为轻。"欣就职少日,称病自免,屏居里巷十余年。

义熙中，弟徽被知于武帝，帝谓谘议参军郑鲜之曰："羊徽一时美器，世论犹在兄后。"即板欣补右军刘蕃司马。后为新安太守，在郡四年，简惠著称。除临川王义庆辅国长史，庐陵王义真车骑谘议参军，并不就。文帝重以为新安太守，在郡十三年，乐其山水，尝谓子弟曰："人生仕宦至二千石，斯可矣。"及是便怀止足。转义兴太守，非其好也。顷之，称病笃免归。除中散大夫。

素好黄、老，常手自书章。有病不服药，饮符水而已。兼善医术，撰《药方》数十卷。欣以不堪拜伏，辞不朝觐，自非寻省近亲，不妄行诣。行必由城外，未尝入六门。武帝、文帝并恨不识之。元嘉十九年，卒。

弟徽，字敬猷，时誉多欣，位河东太守，卒。

羊玄保，泰山南城人也。祖楷，晋尚书都官郎。父绥，中书侍郎。玄保初为宋武帝镇军参军。少帝景平中，累迁司徒右长史。府公王弘甚知重之，谓左长史庾登之、吏部尚书王淮之曰："卿二贤明美朗诣，会悟多通，然弘懿之望，故当共推羊也。"顷之，入为黄门侍郎。

善弈棋，品第三。文帝亦好弈，与赌郡，玄保戏胜，以补宣城太守。先是，刘式之为宣城立吏人亡叛制：一人不禽，符伍里吏送州作部，能禽者赏位二阶。玄保以为非宜，陈之曰："臣伏寻亡叛之由，皆出于穷逼。今立殊制，于事为苦。又寻此制施一邦而已，若其是邪，则应与天下为一；若其非邪，亦不宜独行一郡。"由此制停。

历丹阳尹，会稽太守，太常，吴郡太守。文帝以玄保廉素寡欲，故频授名郡。为政虽无殊绩，而去后常必见思。不营财利，产业俭薄。文帝尝曰："人仕宦非唯须才，亦须运命。每有好官缺，我未尝不先忆羊玄保。"元凶弑立，以为吏部尚书，领国子祭酒。及孝武入伐，朝士多南奔，劭集群僚，横刀怒曰："卿等便可去矣。"众并惧，莫敢言。玄保容色不异，徐曰："臣其以死奉朝。"劭为解。孝武即位，为金紫光禄大夫，以谨敬见知。大明五年，加散骑常侍、特进。玄保自少至老，谨于祭奠，四时珍新未得祠荐者，口不妄尝。卒，谥曰定子。

子戎，少有才气，而轻薄少行检，语好为双声。江夏王义恭尝设斋，使戎布床，须臾王出，以床狭，乃自开床。戎曰："官家恨狭，更广八分。"王笑曰："卿岂唯善双声，乃辩士也。"文帝好与玄保棋，尝中使至，玄保曰："今日上何召我邪?"戎曰："金沟清泚，铜池摇飏，既佳光景，当得剧棋。"玄保常嫌其轻脱，云："此儿必亡我家。"位通直郎，坐与王僧达谤时政赐死。死后，孝武帝引见玄保，玄保谢曰："臣无日磾之明，以此上负。"上美其言。戎二弟，文帝并赐名曰咸、曰粲，谓玄保曰："欲令卿二子有林下正始余风。"

玄保既善棋，而何尚之亦雅好其事。吴郡褚胤年七岁，便入高品，及长，冠绝当时。胤父宋期与臧质同逆，胤应从诛。何尚之固请曰："胤弈棋之妙，超古冠今。魏犨犯令，以材获免，父戮子宥，其例甚多。特气与其微命，使异术不绝。"不许，时人痛惜之。

玄保兄子希，字泰闻，少有才气，为尚书左丞。时扬州刺史西阳王子尚上言："山湖之禁，虽有旧科，人俗相因，替而不奉，炽山封水，保为家利。自顷以来，颓弛日甚，富强者兼岭而占，贫弱者薪苏无托，至渔采之地，亦又如兹。斯实害人之深弊，为政所宜去绝。损益旧条，更申恒制。"有司检壬辰诏书："占山护宅，强盗律论。赃一丈以上，皆弃市。"希以"壬辰之制，其禁严刻，事既难遵，理与时弛。而占山封水，渐染复滋，更相因仍，便成先业。一朝顿去，易致嗟怨。今更刊革，立制五条：凡是山泽先恒炽爆，养种竹木杂果为林芿，及陂湖江海鱼梁鳅鲝场，恒加功修作者，听不追夺。官品第一、第二，听占山三顷；第三、第四品，二顷五十亩；第五、第六品，二顷；第七、第八品，一顷五十亩；第九品及百姓一顷。皆依定格，条上赀簿。若先已占山，不得更占。先占阙少，依限占足。若非前条旧业，一不得禁。有犯者，水土一尺以上，并计赃依常盗律论。停除咸康二年壬辰之科。"从之。

时益州刺史刘瑀先为右卫将军，与府司马何季穆共事不平，季穆为尚书令建平王宏所亲待，屡毁瑀于宏。会瑀出为益州，夺士人妻为妾,宏使希举察之,瑀坐免官。瑀恨希切齿,有门生谢元伯往来希间,瑀密令访讯被免之由,希曰:"此奏非我意。"瑀即日到宏门奉笺陈谢,云:"闻之羊希。"希坐漏泄免官。

泰始三年,为宁朔将军、广州刺史。四年,希,以沛郡刘思道行晋康太守,领军伐俚。思道违节失利,希遣收之。思道不受命,率所领袭州,希逾城走,思道获而杀之。

希子崇,字伯远,尚书主客郎,丁母忧,哀毁过礼。及闻广州乱,即日便徒跣出新亭,不能步涉,顿伏江渚。门义以小船致之,父葬毕,乃不胜哀而卒。

沈演之字台真,吴兴武康人也。高祖充,晋车骑将军、吴国内史。曾祖劲,冠军陈祐长史,戍金墉,为燕将慕容恪所陷,不屈见杀,赠东阳太守。祖赤黔,廷尉卿。父叔任,少有干质,朱龄石伐蜀,为龄石建威府司马。平蜀之功,亚于元帅,以功封宁新县男。后拜益州刺史,卒。演之年十一,尚书仆射刘柳见而知之,曰:"此童终为令器。"沈氏家世为将,而演之折节好字,读《老子》百遍,以义理业尚知名。

袭父别爵吉阳县五等侯。举秀才,为嘉兴令,有能名。元嘉中,累迁尚书吏部郎。先是,刘湛、刘斌等结党,欲排废尚书仆射殷景仁。演之雅仗正义,与景仁素善,尽心朝廷。文帝甚嘉之。及彭城王义康出蕃,诛刘湛等,以演之为右卫将军。景仁寻卒,乃以后军长史范晔为左卫将军,与演之对掌禁旅,同参机密。寻加侍中,文帝谓之曰:"侍中领卫,望实优显,此盖宰相便坐,卿其勉之。"

上欲伐林邑,朝臣多不同,唯广州刺史陆徽与演之赞成上意。及林邑平,赐群臣黄金、生口、铜器等物,演之所得备多。上谓曰:"庙堂之谋,卿参其力,平此远夷,未足多建茅土。廓清旧都,鸣鸾东岱,不忧河山之不开也。"

二十一年,诏以演之为中领军。太子詹事范晔怀逆谋,演之觉其有异,言之文帝,晔寻伏诛。历位吏部尚书,领太子右卫率。素有心气，寝病历年，上使卧疾理事。性好举才，申济屈滞，而谦约自持，上赐女伎，不受。暴卒。文帝痛惜，赠金紫光禄大夫，谥曰贞。

子睦，位黄门侍郎，与弟西阳王文学勃忿阋，坐徙始兴郡。

勃轻薄好利，位太子右卫率，加给事中，坐赃贿徙梁州。后还，给事阮佃夫、王道隆等，位司徒左长史，为后废帝所诛。

演之兄子坦之，仕齐位都官郎。坦之子颙。

颙字处默，幼清静有至行，慕黄叔度、徐孺子之为人，读书不为章句，著述不尚浮华。常独处一室，人罕见其面。从叔勃贵显，每还吴兴，宾客填咽，颙不至其门。勃就之，颙送迎不越阈。勃叹曰："吾乃今知贵不如贱也。"

颙内行甚修，事母兄孝友。兄昂，一名颙，亦退素，以家贫仕为始安令。兄弟不能分离，相随之任。

齐永明年中，征拜著作郎，太子舍人，通直郎，并不起。文惠太子尝拟古诗云："磊磊落落玉山崩"。颙闻之曰："此谶言也。"既而太子薨，至秋，武帝崩，郁林、海陵相次黜辱。

颙素不事家产，及昂卒，逢齐末兵荒，与家人并日而食。或有馈其粱肉者，闭门不受，唯采莼荇根供食，以樵采自资，怡怡然恒不改其乐。梁天监四年，大举北侵，南阳乐藏为武康令，以颙从役到建邺，扬州别驾陆任以书与吴兴太守柳恽，责之不能甄善别贤。恽大惭，即表停之。卒家，所著文章数十篇。

宪字彦璋，演之从祖弟子也。祖说道，巴西、梓潼二郡太守。父璞之，北中郎行参军。

宪少有干局，为驾部郎。宋明帝与宪棋，谓曰："卿广州刺史材也。"补乌程令，甚著政绩，太守褚彦回叹美，以为方圆可施。少府管掌烦冗，材干者并更其职，宪以吏能，累迁少府卿。

武陵王晔为会稽，以宪为左军司马。齐高帝以山阴户众，欲分为两县。武帝启曰："县岂不可御，但用不得人耳。"乃以宪带山阴令，政声大著。孔圭请假东归，谓人曰："沈令料事特有天才。"

后为晋安王后军长史、广陵太守。西阳王子明代为南兖州，宪仍留为冠军长史，太守如故。永明八年，子明典签刘道济赃私百万，为有司所奏，赐死。宪坐不纠免官。后除散骑常侍，未拜，卒。当时称为良吏。

宪同郡丘仲起，先是为晋平郡，清廉自立。褚彦回叹曰："目见可欲，心能不乱，此杨公所以遗子孙也。"仲起字子震，位至廷尉，卒。

宪孙浚字叔源，少涉学，有才干。仕梁历山阴、吴、建康三县，并有能名。太清二年，累迁御史中丞。时台城为侯景所围，外援并至，景表请和，求解围还江北。诏许之。遣右卫将军柳津对景盟歃。景知城内疾疫，稍无守备，因缓去期。城内知其背盟，复举烽鼓噪。后数日，景复进表请和，简文使浚往景所。景曰："即日向热，非复行时，政欲立效求停，君可见为申闻。"浚曰："大将军此意，意在得城。下风所闻，久已乏食，城内虽困，尚有兵粮。朝廷恐和好乖贰，已密敕外军：若台城倾覆，勿以二宫为念，当以死雪耻。若不能决战，当深壁自守。大将军十万之众，将欲何资？"景横刀于膝，瞋目叱之。浚乃正色责景曰："河南王人臣，而举兵向阙。今朝廷已赦王罪结盟，口血未乾，而复翻背。沈浚六十之年，且天子使也，奉命而行，何用见胁。"径去不顾。景叹曰："是真司直也。"然密衔之。又劝张嵊立义，后得杀之。

夷字茂远，济阳考城人也。祖，晋护军将军。父敳，骠骑谘议参军。

夷少自藻厉，为后进之美。宋武帝板为镇军行参军。豫讨桓玄功，封南郡州陵县五等侯。累迁大司马，武帝命大司马府、琅邪国事，一以委焉。武帝受命，历位吏部尚书，吴郡太守。荥阳王于吴县见害，夷临哭尽礼。以兄疾去宫，后为右仆射。

夷美风仪，善举止，历任以和简著称。出为湘州刺史，加散骑常侍，未之职，卒。遗令薄敛蔬奠，务存俭约。子湛。

湛字徽深，居丧以孝闻。爱文义，善弹棋鼓琴，兼明算术。为彭城王义康司徒主簿、太子中舍人。司空檀道济为子求娶湛妹,不许,义康有命,又不从。时人重其立志。义康之盛,人竞求自昵,唯湛自疏,固求外出,乃以为武陵内史。随王诞为北中郎将、南徐州刺史,以湛为长史、南东海太守,委以政事。元嘉二十五年,征为侍中,任以机密。迁左卫将军。时改选学职,以太尉江夏王义恭领国子祭酒,湛领博士。

转吏部尚书。家甚贫,不营财利,饷馈盈门,一无所受。无兼衣馀食,尝为上所召,遇浣衣,称疾经日,衣成然后起。年饿,御人求草,湛良久曰:“可与饮。”在选职,颇有刻核之讥,而公平无私,不受请谒,论者以此称焉。

初,上大举北侵,举朝谓为不可,唯湛赞成之。及魏太武至瓜步,以湛兼领军,军事处分,一以委焉。魏遣使求昏,上召太子劭以下集议。众并谓宜许,湛谓许之无益,劭怒谓湛曰:“今三王在厄,讵宜苟执异议!”声色甚厉。坐散俱出,劭使班剑及左右推排之,殆于倾倒。劭后宴集,未尝命湛,上乃为劭长子伟之娉湛第三女,欲以和之。上将废劭,使湛具诏草。劭之入弑,湛直上省,闻叫乃匿傍小屋。劭遣求之,舍吏绐云“不在此。”兵即杀舍吏,乃得见湛。湛据窗受害,意色不挠。五子恹、恕、憨、愁、法寿,皆见杀。初,湛家数见怪异,未败少日,所眠床忽有数斗血。孝武即位,追赠左光禄大夫、开府仪同三司,谥曰忠简公。恹位著作佐郎。恹子敳。

敳字叔文,母宋文帝女淮阳长公主。幼以戚属召见,孝武谓谢庄曰:“此小儿方当为名器。”少有美誉,尚孝武女临汝公主,拜驸马都尉,为丹阳丞。时袁粲为尹,见敳叹曰:“风流不坠,政在江郎。”数与宴赏,留连日夜。

迁中书郎。敳庶祖母王氏老疾,敳视膳尝药,七十余日不解衣。及累居内官,每以侍养陈请,朝廷优其朝直。初,湛娶褚秀之女,大义不终。褚彦回为卫军,重敳为人,先通意,引为长史。随府转司空长史,领临淮太守。转齐高帝太尉从事中郎。齐台建,为吏部郎。高帝即位,敳以祖母久疾,启求自解。

初，宋明帝敕敩出继其叔愻，为从祖淳后，于是仆射王俭启："礼无后小宗之文，近代缘情，皆由父祖之命，未有既孤之后，出继宗族也。虽复臣子一揆，而义非天属。江忠简胤嗣所寄，唯敩一人，傍无期属，敩宜还本。若不欲江愻绝后，可以敩小儿继愻为孙。"尚书参议，谓："间世立后，礼无其文。荀颢无子立孙，坠礼之始。何琦又立此论，义无所据。"于是敩还本家，诏使自量立后者。

出为豫章内史，还除太子中庶子，未拜，门客通赃利，武帝遣信检覆，敩藏此客而躬自引咎。上甚有怪色，王俭从容启上曰："江敩若能临郡，此便是具美耳。"上意乃释。永明中，为竟陵王司马。敩好文辞，围棋第五品，为朝贵中最。迁侍中，历五兵尚书，东阳、吴二郡太守，复为侍中，转都官尚书，领骁骑将军。王晏启武帝曰："江敩今重登礼阁，兼掌六军，慈渥所覃，实有优忝。但语其事任，殆同闲辈。天旨既欲升其名位，愚谓以侍中领骁骑，望实清显，有殊纳言。"上曰："敩常启吾，为其鼻中恶。今既以何胤、王莹还门下，故有此回换耳。"

先是，中书舍人纪僧真幸于武帝，稍历军校，容表有士风。谓帝曰："臣小人，出自本县武吏，邀逢圣时，阶荣至此。为儿昏，得荀昭光女，即时无复所须，唯就陛下乞作士大夫。"帝曰："由江敩，谢瀹，我不得措此意，可自诣之。"僧真承旨诣敩，登榻坐定，敩便命左右曰："移吾床让客。"僧真丧气而退，告武帝曰："士大夫故非天子所命。"时人重敩风格，不为权幸降意。

隆昌元年，为侍中，领国子祭酒。郁林废，朝臣皆被召入宫。敩至云龙门，方知废立，托散动，醉吐车中而去。

明帝即位，改领秘书监，又改领晋安王师，卒。遗令不受赙赠。诏赙钱三万，布百匹。子蒨启遵敩命不受，诏嘉美之，从其所请。赠散骑常侍、太常卿，谥曰敬子。子蒨。

蒨字彦标，幼聪警，读书过口便诵。选为国子生，举高第，起家秘书郎。累迁庐陵王主簿。居父忧，以孝闻，庐于墓侧，明帝敕遣斋仗二十人防之墓所。服阕，累迁建安内史。梁武帝起兵，遣宁朔将军刘诋之为郡,蒨拒之。及建邺平,蒨坐禁锢,俄被原。

历太尉临川王长史,尚书吏部郎,领右军。方雅有风格,仆射徐勉权重,唯蒨及王规与抗礼,不为之屈。勉因蒨门客翟景为子繇求昏于蒨女,不答。景再言之,乃杖景四十,由此与勉忤。勉又为子求蒨弟葺及王泰女,二人并拒之。葺为吏部郎,坐杖曹中干免官,泰以疾假出宅,乃迁散骑常侍,皆勉意也。初,天监六年,诏以侍中、常侍并侍帷幄,分门下二局入集书,其官品视侍中,而非华胄所悦,故勉斥泰为之。

蒨寻迁司徒左长史。初王泰出阁,武帝谓勉云:“江蒨资历,应居选部。”勉曰:“蒨有眼患,又不悉人物。”乃止。迁光禄大夫。卒,谥肃。

蒨好学,尤悉朝仪故事,撰《江左遗典》三十卷,未就,卒。文集十五卷。

蒨弟昙,字彦德,少学涉有器度,位侍中、太子詹事,承圣初,卒。昙弟禄。

禄字彦遐,幼笃学,有文章,工书善琴。形貌短小,神明俊发。位太子洗马,湘东王录事参军,以气陵府王,王深憾焉。庐陵威王续代为荆州,留为骠骑谘议参军。献书告别,王答书乃致恨。禄先为武宁郡,颇有资产,积钱于壁,壁为之倒,迮铜物皆鸣。人戏之曰:“所谓‘铜山西倾,洛钟东应’者也。”湘东王恨之既深,以其名禄,改字曰荣财,以志其忿。后为唐侯相,卒。撰《列仙传》十卷,行于世,及《井絜皋木人赋》、《败船咏》,并以自喻。

子徽,亦有文采,而清狂不慧,常以父为戏。蒨子纻。

纻字含絜,幼有孝性。年十三,父蒨患眼,纻侍疾将期月,衣不解带。夜梦一僧云:“患眼者饮慧眼水必差。”及觉说之,莫能解者。纻第三叔禄与草堂寺智者法师善,往访之。智者曰:“《无量寿经》云:慧眼见真,能度彼岸。”蒨乃因智者启舍同夏县界牛屯里舍为寺,乞赐嘉名。敕答云:“纯臣孝子,往往感应。晋时彦含遂见冥中送药,又近见智者以卿第二息梦云‘饮慧眼水’。慧眼则五眼之一号，可以慧眼为名。"及就创造，泄故井，井水清洌，异于恒泉。依梦取水洗眼及煮药，稍觉有瘳，因此遂差。时人谓之孝感。

南康王为徐州，召为迎主簿。纤性沉静，好《庄》、《老》玄言，尤善佛义，不乐进仕。及父卒，纤庐于墓，终日号恸不绝声，月余乃卒。子总。

总字总持，七岁而孤，依于外氏。幼聪敏，有至性。元舅吴平侯萧劢名重当世，特所锺爱，谓曰："尔神采英拔，后之知名，当出吾右。"及长，笃学有文辞。

仕梁为尚书殿中郎。武帝撰《正言》始毕，制《述怀诗》，总预同此作。帝览总诗，深见嗟赏。转侍郎。尚书仆射范阳张缵、度支尚书琅邪王筠、都官尚书南阳刘之遴，并高才硕学，总时年少有名，缵等雅相推重，为忘年友会。之遴尝酬总诗，深相钦挹。

累迁太子中舍人。侯景寇建邺，诏以总权兼太常卿，守小庙。台城陷，避难会稽郡，憩于龙华寺，乃制《修心赋》。总第九舅萧勃先据广州，又自会稽往依焉。及元帝平侯景，征为始兴内史。会魏克江陵，不行。自此流寓岭南积岁。

陈天嘉四年，以中书侍郎征还，累迁左户尚书，转太子詹事。总性宽和温裕，尤工五言七言，溺于浮靡。及为宫端，与太子为长夜之饮，养良娣陈氏为女，太子亟微行游总家，宣帝怒免之。后又历侍中、左户尚书。

后主即位，历史部尚书，仆射，尚书令，加扶。既当权任宰，不持政务，但日与后主游宴后庭，多为艳诗，好事者相传讽玩，于今不绝。唯与陈暄、孔范、王瑳等十余人，当时谓之狎客。由是国政日颓，纲纪不立，有言之者，辄以罪斥之，君臣昏乱，以至于灭。

祯明三年，陈亡入隋，拜上开府。开皇十四年，卒于江都，年七十六。其为《自序》云："太建之时，权移群小，谄嫉作威，屡被摧黜，奈何命也。"识者讥其言迹之乖。有文集三十卷。

长子溢，颇有文辞，性傲诞骄物，虽近属故友，不免诋欺。历中书、黄门侍郎，太子中庶子。入隋，为秦王文学，卒。

江智深，夷之弟子也。父僧安，宋太子中庶子。夷有盛名，夷子湛又有清誉，父子并贵达。智深父少无名问，湛礼敬甚简，智深常以为恨，自非节岁不入湛门。及为随王诞后军参军，在襄阳，诞待之甚厚。时谘议参军谢庄、主簿沈怀文与智深友善，怀文每称曰："人所应有尽有、所应无尽无者，其江智深乎。"

元嘉末，除尚书库部郎。时高流官序不为台郎，智深门孤援寡，独有此选，意甚不悦，固辞不拜。后为竟陵王诞司空主簿、记室参军，领南濮阳太守，迁从事中郎。诞将为逆，智深悟其机，请假先反。诞事发，即除中书侍郎。

智深爱好文雅，辞采清赡，孝武深相知待，恩礼冠朝。上宴私甚数，多命群臣五三人游集，智深常为其首。同侣未及前，辄独蒙引进，每以越众为惭，未尝有喜色。每从游幸，与群僚相随，见传诏驰来，知常呼己，耸动愧恶，形于容貌，论者以此多之。

迁骁骑将军、尚书吏部郎。上每酣宴，辄诋群臣，并使自相嘲诋，以为欢笑。智深素方退，渐不会旨。上尝使王僧朗戏其子景文，智深正色曰："恐不宜有此戏。"上怒曰："江僧安痴人，痴人自相惜。"智深伏席流涕，由此恩宠大衰。出为新安王子鸾北中郎长史、南东海太守，行南徐州事。初，上宠姬宣贵妃殷氏卒，使群臣议谥，智深上议曰"怀"。上以不尽嘉号，甚衔之。后车驾幸南山，乘马至殷氏墓，群臣皆骑从，上以马鞭指墓石柱谓智深曰："此柱上不容有'怀'字。"智深益惶惧，以忧卒。

子筠，太子洗马，早卒。后废帝皇后，筠之女也。废帝即位，以后父追赠金紫光禄大夫，筠妻王平望乡君。

智深兄子概，早孤，智深养之如子。概历黄门、吏部郎、侍中，武陵王赞北中郎长史。

江秉之字玄叔，济阳考城人也。祖逌，晋太常。父纂，给事中。秉之少孤，弟妹七人并幼，抚育姻娶，尽其心力。宋少帝时，为永世、乌程令，以善政著名东土。征为建康令，为政严察，部下肃然。

后为山阴令，人户三万，政事繁扰，讼诉殷积，阶诞常数百人。秉之御繁以简，常得无事。宋世唯顾觊之亦以省务著绩，其余虽复刑政修理，而未能简事。以在县有能，出补新安太守。元嘉十二年，转在临海，并以简约见称。卒于官。所得秩悉散之亲故，妻子常饥寒。人有劝其营田，秉之正色答曰："食禄之家，岂可与农人竞利。"在郡作书案一枚，去官留以付库。

秉之宗人邃之，字玄远，颇有文义，撰《文释》传于世，位司徒记室参军。

秉之子徽，尚书都官郎，吴令。元凶杀徐湛之，子徽以党与见诛。子谧。

谧字令和，父徽遇祸，谧系尚方。样孝武平建邺，乃得出。为于湖令，强济称职。宋明帝为兖州，谧倾身奉事，为帝所待。即位，以为骠骑参军。弟蒙貌丑，帝常召见狎侮之。

谧再迁右丞，兼比部郎。泰始四年，江夏王义恭第十五女卒，年十九，未笄，礼官议从成人服，诸王服大功。左丞孙夐重奏："《礼记》女子十五而笄。郑玄云：'应年许嫁者也。其未许嫁者，则二十而笄。'射慈云：'十九犹为殇'。礼官违越经典，于理无据。"太常以下结免赎论，谧坐杖督五十，夺劳百日。谧又奏："夐先不研辩，混同谬议，准以事例，亦宜及咎。夐又结免赎论。"诏可。

出为建平王景素冠军长史、长沙内史，行湘州事。政教苛刻，僧遵道又与谧情款，随谧莅郡，犯小事，俄系郡狱。僧遵道裂三衣食之尽而死，为有司奏，征还。明帝崩，遇赦免。齐高帝领南兖州，谧为镇军长史、广陵太守。入为游击将军。性疏俗，善趋时利。元徽末，朝野咸属意建平王景素，谧深自委结。景素事败，仅得免祸。苍梧王废后，物情尚怀疑贰，谧独竭诚归事齐高帝。升明元年，为黄门侍郎，领尚书左丞。沈攸之事起，议加高帝黄钺，谧所建也。事宁，迁吏部郎。齐建元元年，位侍中。既而骠骑豫章王嶷领湘州，以谧为长史，封永新县伯。三年，为左户尚书。诸皇子出阁，用文武王帅，悉以委谧。寻敕选曰："江谧寒士，诚当不得竞等华侪，然甚有才干，可迁掌吏部。”

谳才长刀笔，所在干职。高帝崩，谳称疾不入，众颇疑其怨不预顾命。武帝即位，谳又不迁官，以此怨望。时武帝不豫，谳诣豫章王嶷，请闻曰：“至尊非起疾，东宫又非才，公今欲何计？”武帝知之，出谳为镇北长史、南东海太守。未发，忧甚，乃以弈棋占卦云：“有客南来，金碗玉杯。”上使御史中丞沈冲奏谳前后罪恶，请收送廷尉。诏赐死，果以金罍盛药鸩之。

子介，建武中为吴令，政亦深苛。人门榜死人髑髅为谳首，介弃官而去。

论曰：敬元夷简归誉，玄保弘懿见推，其取重于世，岂虚名也。然玄保时隆帝念，虽命禀于玄天，迹其恩宠，盖亦“犹贤”之助。沈氏世传武节，而演之以业尚见知，绸缪帷幄，遂参机务。处默保闲笃素，叔源节见临危，懿德高风，所谓世有人矣。茂远自晋及陈，雅道相系，弈世载德，斯之谓焉。而总溺于宠狎，反以文雅为败，然则士之成名，所贵彬彬而已。玄叔清介著美，足以追踪古烈。令和窥觎成性，终取踬于险涂，宜矣。

# 南史卷三七
# 列传第二七

## 沈庆之　孙昭略　子文季　弟子文秀　从子攸之
## 攸之从孙僧昭　宗悫　从子央

　　沈庆之字弘先，吴兴武康人也。少有志力，晋末孙恩作乱，使其众寇武康，庆之未冠，随乡族击之，屡捷，由是以勇闻。荒扰之后，乡邑流散，庆之躬耕垄亩，勤苦自立。年四十，未知名。兄敞之为赵伦之征虏参军，监南阳郡，击蛮有功，遂即真。庆之往襄阳省兄，伦之见而赏之，命子竟陵太守伯符板为宁远中兵参军。竟陵蛮屡为寇，庆之为设规略，每击破之，伯符由此致将帅之称。

　　永初二年，庆之除殿中员外将军，又随伯符隶到彦之北侵。伯符病归，仍隶檀道济。道济白文帝，称庆之忠谨晓兵，上使领队，防东掖门，稍得引接，出入禁省。领军刘湛知之，欲相引接，谓曰："卿在省年月久远，比当相论。"庆之正色曰："下官在省十年，自应得转，不复以此仰累。"寻转正员将军。及湛被收之夕，上开门召庆之，庆之戎服履袜缚裤入，上见而惊曰："卿何意乃尔急装？"庆之曰："夜半唤队主，不容缓服。"遣收吴郡太守刘斌杀之。

　　元嘉十九年，雍州刺史刘道产卒，群蛮大动，征西司马朱脩之讨蛮失利，以庆之为建威将军，率众助脩之。失律下狱，庆之专军进讨，大破缘沔诸蛮。后为孝武抚军中兵参军。孝武以本号为雍州，随府西上，征蛮寇屡有功。还都，复为广陵王诞北中郎中兵参军，加建威将军、南济阴太守。雍州蛮又为寇，庆之以将军、太守复随王诞入沔。及致襄阳,率后军中兵参军柳元景、随郡太守宗悫等伐沔北诸山蛮,大破之。威震诸山,众蛮皆稽颡。庆之患头风,好著狐皮帽,众蛮恶之,好曰苍头公。每见庆之军,辄畏惧曰:“苍头公已复来矣。”庆之引军出,前后破降甚众,又讨犬羊诸山蛮,缘险筑重城,施门橹甚峻。庆之连营山下,营中开门相通。又令诸军各穿池于营内,朝夕不外汲,兼以防蛮之火。顷之风甚,蛮夜下山,人提一炬烧营。火至,辄以池水灌灭之。蛮被围守日久,并饥乏,自后稍出归降。庆之前后所获蛮,并移都下,以为营户。

二十七年,迁太子步兵校尉。其年,文帝将北侵,庆之谏曰:“道济再行无功,彦之失利而反,令料王玄谟等未逾两将,恐重辱王师。”上曰:“王师再屈,别有所由。道济养寇自资,彦之中涂疾动。虏所恃唯马,夏水浩大,泛舟济河,碻磝必走,滑台小戍,易可覆拔。克此二戍,馆谷吊人,虎牢、洛阳,自然不固。”庆之固陈不可,时丹阳尹徐湛之、吏部尚书江湛并在坐,上使湛之等难庆之。庆之曰:“为国譬如家,耕当问奴,织当访婢。陛下今欲伐国,而与白面书生辈谋之,事何由济?”上大笑。

及军行,庆之副玄谟。玄谟进围滑台,庆之与萧斌留守碻磝,仍领斌辅国司马。玄谟攻滑台,积旬不拔,魏太武大军南向,斌遣庆之将五千人救玄谟。庆之曰:“少军轻往,必无益也。”会玄谟退还,斌将斩之,庆之谏,乃止。

萧斌以前驱败绩,欲绝死固碻磝,庆之以为不可。会制使至,不许退,诸将并宜留。斌复问计于庆之,庆之曰:“阃外之事,将所得专,制从远来,事势已异。节下有一范曾而不能用,空议何施?”斌及坐者并笑曰:“沈公乃更学问。”庆之厉声曰:“众人虽见古今,不如下官耳学也。”玄谟自以退败,求戍碻磝。斌乃还历城。申坦、垣护之共据清口,庆之奔驿驰归。

二十九年,师复行,庆之固谏不从。以立议不同,不使北出。是时亡命司马黑石、庐江叛吏夏侯方进在西阳五水喧动群蛮,自淮、汝间至江、沔,咸离其患,乃遣庆之督诸将讨之,制江、豫、荆、雍并遣军受庆之节度。

三十年，孝武出次五洲，总统群帅。庆之从巴水出至五洲，谘受军略。会孝武典签董元嗣自建邺还，陈元凶弑逆，孝武遣庆之引诸军。庆之谓腹心曰："萧斌妇人不足数，其余将帅并易与耳。今辅顺讨逆，不忧不济也。"时元凶密与庆之书，令杀孝武。庆之入求见，孝武称疾不敢见。庆之突前，以元凶手书呈简，孝武泣求入内与母辞。庆之曰："下官受先帝厚恩，常愿报德，今日之事，唯力是视，殿下何是疑之深？"帝起再拜曰："家国安危，在于将军。"庆之即勒内外处分。

府主簿颜竣闻庆之至，驰入见帝曰："今四方尚未知义师之举，而劭据有天府，首尾不相应赴，此危道也。宜待诸镇唇齿，然后举事。"庆之厉声曰："今方兴大事，而黄头小儿皆参预，此祸至矣，宜斩以徇众。"帝曰："竣何不拜谢！"竣起再拜。庆之曰："君但当知笔札之事。"于是处分，旬日内外整办，时皆谓神兵，百姓欣悦。

众军既集，假庆之为武昌内史，领府司马。孝武至寻阳，庆之及柳元景等并劝即大位，不许。贼劭遣庆之门生钱无忌赍书说庆之解甲，庆之执无忌白之。孝武践祚，以庆之为领军将军，寻出为南兖州刺史，加督都，镇盱眙，封南昌县公。

孝建元年，鲁爽反，遣庆之与薛安都等往讨之。安都临阵斩爽，进庆之号镇北大将军。寻与柳元景俱开府仪同三司，固辞，改封始兴郡公。庆之以年满七十，固请辞事，以为侍中、左光禄大夫、开府仪同三司。固让，乃至稽颡自陈，言辄泣涕。上不能夺，听以郡公罢就第，月给钱十万，米百斛，二卫史五十人。

大明三年，司空竟陵王诞据广陵反，复以庆之为车骑大将军、开府同三司，固让，南兖州刺史，加都督，率众讨之。诞遣客沈道愍赍书说庆之，饷以玉环刀。庆之遣道愍反，数以罪恶。庆之至城下，诞登楼谓曰："沈公，君白首之年，何为来此？"庆之曰："朝廷以君狂愚，不足劳少壮，故使仆来耳。"庆之塞堑，造攻道，立行楼、土山并诸攻具。时夏雨不得攻城，上使御史中丞庾徽之奏免庆之官以激

之,制无所问。诞饷庆之食,提挈者百余人,庆之不开,悉焚之。诞
于城上投函表,令庆之为送。庆之曰:"我奉制讨贼,不得为当送
表。"每攻城,庆之辄身先士卒。上戒之曰:"卿为统任,当令处分有
方,何须身受矢石邪?"自四月至七月,乃屠城斩诞。进庆之司空,又
固让爵。于是与柳元景并依晋密陵侯郑袤故事,朝会庆之位次司
空,元景在从公之上,给恤吏五十人,门施行马。初,庆之尝梦引卤
簿入厕中,庆之甚恶入厕之鄙。时有善占梦者为解之,曰:"君必大
富贵,然未在旦夕。"问其故,答云:"卤簿固是富贵容,厕中所谓后
帝也。知君富贵不在今主。"及中兴之功,自五校至是而登三事。

四年,西阳五水蛮复为寇,庆之以郡公统诸军讨平之。

庆之居清明门外,有宅四所,室宇甚丽。又有园舍在娄湖,庆之
一夜携子孙徙居之,以宅还官,悉移亲戚中表于娄湖,列门同闬焉。
广开田园之业,每指地语人曰:"钱尽在此。"中兴身享大国,家素富
厚,产业累万金,奴童千计。再献钱千万,谷万斛,以使兴封优近,求
改封南海郡,不许。妓妾十数人,并美容工艺。庆之优游无事,尽意
欢愉,自非朝贺不出门。每从游幸及校猎,据鞍陵励,不异少壮。太
子妃上孝武镂匕箸及杅勺,上以赐庆之,曰:"觞酌之赐,宜以大夫
为先也。"

上尝欢饮,普令君臣赋诗。庆之粗有口辩,手不知书,每将署
事,辄恨眼不识字。上逼令作诗,庆之曰:"臣不知书,请口受师伯。"
上即令颜师伯执笔。庆之口授之曰:"微生遇多幸,得逢时运昌。朽
老筋力尽,徒步还南冈。辞荣此圣世,何愧张子房。"上甚悦,众坐并
称其辞意之美。

孝武晏驾,庆之与柳元景等并受顾命。遗制:"若有大军旅及征
讨,悉委庆之。"前废帝即位,加庆之几仗,给三望车一乘。庆之每朝
贺,常乘猪鼻无幰车,左右从者不过三五骑。履行园田,每农桑剧
月,无人从行,遇之者不知三公也。及加三望车,谓人曰:"我每游履
田园,有人时与马成三,无人则与马成二。今乘此车,安所之乎?"及
赐几杖,并固让。柳元景、颜师伯尝诣庆之,会其游田,元景等鸣笳

列卒满道,庆之独与左右一人在田,见之悄然改容曰:"夫贫贱不可居,富贵亦难守。吾与诸公并出贫贱,因时际会,荣贵至此,唯当共思损挹之事。老子八十之年,目见成败者已多,诸君炫此车服,欲何为乎?"于是插杖而耘,不为之顾。元景等彻侍寒裳从之,庆之乃与相对为欢。

庆之既通贵,乡里老旧素轻庆之者,后见皆膝行而前。庆之叹曰:"故是昔时沈公。"视诸沈为劫首者数十人,士悉患之,庆之诡为置酒大会,一时杀之。于是合境肃静,人皆喜悦。

废帝狂悖无道,众劝之废立,及柳元景等连谋,以告庆之,庆之与江夏王义恭不厚,发其事。帝诛义恭、元景等,以之为侍中、太尉。及义阳王昶反,庆之从帝度江,总统众军。帝凶暴日甚,庆之犹尽言谏争,帝意稍不悦。及诛何迈,虑庆之不同,量其必至,乃开清溪诸桥以绝之。庆之果往,不得度而还。帝又忌之,乃遣其从子攸之赍药赐死,时年八十。是岁旦,庆之梦有人以两匹绢与之,谓曰:"此绢足度。"寤而谓人曰:"老子今年不免矣。两匹,八十尺也,足度,无盈余矣。"及死,赠赙甚厚,追赠侍中、太尉如故,给銮辂辒辌车,前后羽葆、鼓吹,谥曰忠武公。未及葬,帝败。明帝即位,追赠侍中、司空,谥曰襄公。泰始七年,改封苍梧郡公。庆之群从姻戚,由庆之在列位者数十人。

长子文叔,位侍中。庆之之死也,不肯饮药,攸之以被掩杀之,文叔密取药藏录。或劝文叔逃避,文叔见帝断截江夏王义恭支体,虑奔亡之日,帝怒,容致义恭之变,乃饮药自杀。文叔子昭明,位秘书郎,闻父死,曰:"何忍独生。"亦自缢死。元徽元年,还复先封。时改始兴为广兴,昭明子县亮袭广兴郡公。齐受禅,国除。昭明弟昭略。

昭略字茂隆,性狂俊,不事公卿,使酒仗气,无所推下。尝醉,晚日负杖携家宾子弟至娄湖苑,逢王景文子约,张目视之曰:"汝是王约耶?何乃肥而痴。"约曰:"汝沈昭略耶?何乃瘦而狂。"昭略抚掌大笑曰:"瘦已胜肥,狂又胜痴,奈何王约,奈汝痴何!"

升明末,为相国西曹掾。齐高帝赏之。及即位,谓王俭曰:"南士中有沈昭略,何职处之?"俭以拟前军将军,上不欲违,乃可其奏。寻为中书郎,累迁侍中。王晏尝戏昭略曰:"贤叔可谓吴兴仆射。"昭略曰:"家叔晚登仆射,犹贤于尊君以卿为初荫。"

永元中,与叔父文季俱被召入华林省,茹法珍等进药酒,昭略怒骂徐孝嗣曰:"废昏立明,古今令典,宰相无才,致有今日。"以瓯投其面,曰:"使为破面鬼。"死时言笑自若,了无惧容。徐孝嗣谓曰:"见卿使人想夏侯泰初。"答曰:"明府犹忆夏侯,便是方寸不能都豁。下官见龙逢、比干,欣然相对;霍光脱问明府今日之事,何辞答之邪?"

昭略弟昭光闻收兵至,家人劝逃去,昭光不忍舍母,入执母手悲泣,遂见杀。时昭明子昙亮已得逃去,闻昭光死,乃曰:"家门屠灭,独用生何为。"又绝吭而死。时人叹其累世孝义。中兴元年,赠昭略太常,昭光廷尉。

文季字仲达,文叔弟也。以宽雅正直见知,尤善塞及弹棋,在宋封山阳县五等伯,位中书郎。父庆之遇害,诸子见收,文叔谓之曰:"我能死,尔能报。"遂自杀。文季挥刀驰马去,收者不敢迫,遂免。

明帝立,为黄门郎,领长水校尉。明帝宴会朝臣,以南台御史贺咸为柱下史,纠不醉者,文季不肯饮,被驱下殿。晋平王休祐为南徐州,帝就褚彦回求干事人为上佐,彦回举文季,转骠骑长史、南东海太守。休祐被杀,虽用麻礼,僚佐多不敢至,文季独往墓展哀。元徽初,自秘书监出为吴兴太守。文季饮酒至五斗,妻王氏饮亦至三斗,尝对饮竟日,而视事不废。

升明元年,沈攸之反。齐高帝加文季冠军将军、督吴兴钱唐军事。初,庆之之死也,攸之求行,至是文季收攸之弟新安太守登之,诛其宗族,以复旧怨,亲党无吹火焉。君子以文季能报先耻。齐国建,为侍中,领秘书监。建元元年,转太子右卫率,侍中如故。改封西丰县侯。

文季风采棱岸,善于进止。司徒褚彦回当时贵望,颇以门户裁之,文季不为之屈。武帝在东宫,于玄圃宴朝臣,文季数举酒劝彦回,彦回甚不平,启武帝曰:"沈文季谓彦回经为其郡,依然犹有故情。"文季曰:"惟桑与梓,必恭敬止。岂如明府亡国失土,不识枌榆。"遂言及魏军动事。彦回曰:"陈显达、沈文季当今将略,足委以边事。"文季讳称将门,因是发怒,启武帝曰:"褚彦回遂品藻人流,臣未知其身死之日,何面目见宋明帝。"武帝笑曰:"沈率醉也。"中丞刘休举其事,见原。后豫章王北宅后堂集会,文季与彦回并善琵琶,酒阑,彦回取乐器为《明君曲》。文季便下席大唱曰:"沈文季不能作伎儿。"豫章王嶷又解之曰:"此故当不损仲容之德。"彦回颜色无异,终曲而止。永明中,累迁领军将军。文季虽不学,发言必有辞采。武帝谓文季曰:"南士无仆射,多历年所。"文季对曰:"南风不竞,非复一日。"当世善其对。

明帝辅政,欲以文季为江州,遣左右单景俊宣旨。文季陈让,称老不愿外出,因问右执法有人未,景俊还,具言之。延兴元年,以为尚书右仆射。明帝即位,加领太子詹事。尚书令王晏尝戏文季为吴兴仆射,文季答曰:"琅邪执法,似不出卿门。"建武二年,魏军南伐,明帝以为忧,制文季镇寿春。文季入,城门严加备守。魏军寻退,百姓无所损。永元元年,转侍中、左仆射。始安王遥光反,其夜遣于宅掩取文季,欲以为都督,而文季已还台。明日,与尚书令徐孝嗣共坐南掖门上。时东昏已行杀戮,孝嗣深怀忧虑,欲与文季论时事,文季辄引以他辞,终不得及。事宁,加镇军将军,置府史。

文季以时方昏乱,托疾不豫朝机。兄子昭略谓文季曰:"阿父年六十为员外仆射,欲求免乎?"文季笑而不答。未几见害。先被召,便知败,举动如常。登车顾曰:"此行恐往而不反。"于华林省死,年五十八,朝野冤之。中兴元年,赠司空,谥曰忠宪公。

文秀字仲远,庆之弟子也。父邵之,南中郎行参军。文季宋前废帝时,累迁青州刺史,将之镇,部曲出次白下。文秀说庆之以帝狂悖,祸在难测,欲因此众力图之,庆之不从。及行,庆之果见杀。又遣直阁江方兴领兵诛文秀，未至，而明帝已定乱。时晋安王子勋据寻阳，文秀与徐州刺史薛安都并同子勋反。寻阳平定，明帝遣其弟召之，便归命请罪。即安本任。四年，封新城县侯。

先是，冀州刺史崔道固亦据历城同反，文秀遣信引魏，魏遣慕容白曜援之。及至，而文秀已受朝命。文秀善于抚御，被魏围三载无叛者。五年，为魏所克，终于北。

攸之字仲达，庆之从父兄子也。父叔仁，为宋衡阳王义季征西长史，兼行参军、领队。

攸之少孤贫，元嘉二十七年，魏军南攻，朝廷发三吴之众，攸之亦行。及至建邺，诣领军将军刘遵考，求补白丁队主。遵考以为形陋不堪，攸之叹曰："昔孟尝君身长六尺为齐相，今求士取肥大者哉？"因随庆之征讨。二十九年，征西阳蛮，始补队主。巴口建义，授南中郎府板长兼行参军。新亭之战，身被重创，事宁，为太尉行参军，封平洛县五等侯。随府转大司马行参军。

晋时，都下二岸扬州旧置都部从事，分掌二县非违，永初以后罢省。孝建三年，复置其职，攸之掌北岸，会稽孔璪掌南岸，后又罢。攸之迁员外散骑侍郎，又随庆之征广陵，屡有功，被箭破骨。孝武以其善战，配以仇池步槊。事平，当加厚赏，为庆之所抑。迁太子旅贲中郎，攸之甚恨之。

前废帝景和元年，除豫章王子尚四骑中兵参军、直阁，与宋越、谭金等并为废帝所宠。诛戮群公，攸之等皆为之用命，封东兴县侯。

明帝即位，以例削封。寻告宋越、谭金等谋反，复召直阁。会四方反叛，南贼已次近道，以攸之为宁朔将军、寻阳太守，率军据虎槛。时王玄谟为大统，未发，前锋有五军在虎槛，五军后为骆驿继至，每夜各立姓号，不相禀受。攸之谓军吏曰："今众军同举，而姓号不同，若有耕夫渔父夜相呵叱，便致骇乱，此败道也。请就一军取号。"众咸从之。殷孝祖为前锋都督，失夫人情，攸之内抚将士，外谐群帅，众并安之。时殷孝祖中流矢死，军主范潜率五百人投贼，人情震骇，并谓攸之宜代孝祖为统。时建安王休仁屯虎槛，总统众军，闻孝祖死,遣宁朔将军江方兴、龙骧将军刘灵遗各率三千人赴赭圻。攸之以为孝祖既死,贼有乘胜之心,明日若不更攻,则示之以弱。方兴名位相亚,必不为己下,军政不一,致败之由。乃率诸军主诣方兴推重,并慰勉之,方兴甚悦。攸之既出,诸军主并尤之,攸之曰:"卿忘廉蔺、寇贾事邪?吾本以济国活家,岂计此之升降。"明旦进战,自寅讫午,大破贼于赭圻。

寻进号辅国将军,代孝祖督前锋诸军事。薛常保等在赭圻食尽,南贼大师刘胡屯浓湖,以囊盛米系流查及船腹,阳覆船,顺风流下,以饷赭圻。攸之疑其有异,遣人取船及流查,大得囊米,寻克赭圻。迁宁蛮校尉、雍州刺史,加都督。袁顗复率大众来入鹊尾,相持既久,军主张兴世越鹊尾上据钱溪,刘胡自攻之。攸之率诸将攻浓湖。钱溪信至大破贼,攸之悉以钱溪所送胡军耳鼻示之。顗骇惧,急追胡还。攸之诸军悉力进攻,多所斩获,胡于是弃众而奔,顗亦奔走。

赭圻、浓湖之平也,贼军委弃资财珍货山积,诸军各竞收敛,唯攸之、张兴世约勒所部,不犯毫芥,诸将以此多之。攸之进平寻阳,迁中领军,封贞阳县公。时刘遵考为光禄大夫,攸之在御坐谓遵考曰:"形陋之人今何如?"帝问之,攸之依实对,帝大笑。

累迁郢州刺史,为政刻暴,或鞭士大夫。上佐以下有忤意,辄面加詈辱。而晓达吏事,自强不息,士庶畏惮,人莫敢欺。闻有猛兽,辄自围捕,往无不得,一日或得两三。若逼暮不禽,则宿昔围守。赋敛严苦,征发无度,缮修船舸,营造器甲。自至夏口,便有异图。进监豫、司之二郡军事,进号镇军将军。

泰豫元年,明帝崩。攸之与蔡兴宗并在外蕃,同预顾命。会巴西人李承明反,蜀土搔扰。时荆州刺史建平王景素被征,新除荆州刺史蔡兴宗未之镇,乃遣攸之权行荆州事。会承明已平,乃以攸之为镇西将军、荆州刺史,加都督。聚敛兵力,养马至二千余匹,皆分赋逻将士,使耕田而食,廪财悉充仓储。荆州作部,岁送数千人仗,攸之割留之,簿上云"供讨四山蛮"。装战舰数百千艘,沉之灵溪里,钱帛器械巨积。渐怀不臣之心，朝廷制度无所遵奉。富贵拟于王者，夜中诸厢廊然烛达旦，后房服珠玉者数百人，皆一时绝貌。

江州刺史桂阳王休范密有异志，欲以微旨动攸之，使道士陈公昭作天公书一函，题言沈丞相，送攸之门者。攸之不开书，推捡得公昭，送之朝廷。后废帝元徽二年，休范举兵袭都，攸之谓僚佐曰："桂阳今逼朝廷，必声言吾与之同，若不颠沛勤王，必增朝野之惑。"于是遣使受郢州刺史晋熙王燮节度。会休范平，使乃还。进号征西大将军、开府仪同三司，固让开府。攸之自擅阃外，朝廷疑惮之，累欲征入，虑不受命，乃止。

四年，建平王景素据京城反，攸之复应朝廷，景素寻平。时有台直阁高道庆家在江陵，攸之初至州，道庆在家，牒其亲戚十余人，求州从事、西曹，攸之为用三人。道庆大怒，自入州取教毁之而去。道庆素便马，攸之与宴饮于听事前，合马槊，道庆槊中攸之马鞍，攸之怒索刃槊，道庆驰马而出。还都说攸之反状，请三千人袭之。朝议虑其事难济，高帝又保持不许。杨运长等常相疑畏，乃与道庆密遣刺客赍废帝手诏，以金饼赐攸之，州府佐吏进其阶级。时有象三头，至江陵城北数里，攸之自出格杀之，忽有流矢集攸之马鄣泥，其后刺客事发。废帝既殒，顺帝即位，加攸之车骑大将军、开府仪同三司。齐高帝遣攸之子司徒左长史元琰，赍废帝刳斫之具以示之，攸之曰："吾宁为王凌死，不作贾充生。"尚未得即起兵，乃上表称庆，并与齐高帝书推功。

攸之有素书十数行，常韬在两裆角，云是宋明帝与己约誓。又皇太后使至，赐攸之烛十挺，割之得太后手令曰："国家之事，一以委公。"明日，遂举兵。其妾崔氏、许氏谏曰："官年已老，那不为百口作计。"攸之指两裆角示之。

攸之素畜士马，资用丰积，至是战士十万，铁马三千。将发江陵，使沙门释僧粲筮之，云："不至都，当自郢州回还。"意甚不悦。初发江津，有气状如尘雾从西北来，正盖军上。齐高帝遣众军西讨，攸之尽锐攻郢州，行事柳世隆屡破之。升明二年，还向江陵，未至，城已为雍州刺史张敬儿所据,无所归,乃与第三子中书侍郎文和至华容之鳝头林,投州吏家。此吏尝为攸之所鞭,待攸之甚厚,不以往罚为怨,杀豚荐食。既而村人欲取之,攸之于栎林与文和俱自经死,村人斩首送之都。或割其腹,心有五窍。征西主簿苟昭先以家财葬攸之。

攸之晚好读书,手不释卷,《史》、《汉》事多所记忆。常叹曰:"早知穷达有命,恨不十年读书。"及攻郢城,夜尝风浪,米船沉没。仓曹参军崔灵凤女先适柳世隆子,攸之正色谓曰:"当今军粮要急,而卿不以在意,由与城内婚姻邪?"灵凤答曰:"乐广有言,下官岂以五男易一女。"攸之欢然意解。

攸之招集才力之干,随郡人双泰真有干力,召不肯来。攸之遣二十人被甲追之,泰真射杀数人,欲过家将母去,事迫不获,单身走入蛮。追者既失之,录其母去。泰真既失母,乃自归,攸之不罪,曰:"此孝子也。"赐钱一万,转补队主,其抑情待士如此。

初,攸之贱时,与吴郡孙超之、全景文共乘一小船出都,三人共上引埭,有一人止而相之,曰:"君三人皆当至方伯。"攸之曰:"岂有是事。"相者曰:"不验,便是相书误耳。"后攸之为郢、荆二州,超之广州刺史,景文南豫州刺史。景文字弘达,齐永明中,卒于光禄大夫。

攸之初至郢州,有顺流之志,府主簿宗俨之劝攻郢城,功曹臧寅以为攻守势异,非旬日所拔,若不时举,挫锐损威。攸之不从。既败,诸将帅皆奔散,或呼寅俱亡,寅曰:"我委质事人,岂可幸其成而责其败。"乃投水死。又仓曹参军金城边荣为府录事所辱,攸之为荣鞭杀录事。攸之自江陵下,以荣为留府司马守城。张敬儿将至,人或说之使诣敬儿降,荣曰:"受沈公厚恩,一朝缓急,便改易本心,不能也。"城败,见敬儿。敬儿问曰:"边公何为同人作贼,不早来?"荣曰:"沈荆州举义兵,匡社稷,身虽可灭,要是宋世忠臣。天下尚有直言之士,不可谓之为贼。身本不蕲生,何须见问。"敬儿曰:"死何难。"命斩之,荣欢笑而去,容无异色。泰山程邕之者,素依随荣,至是抱持荣谓敬儿曰：“君入人国，不闻仁惠之声，而先戮义士，三楚之人，宁蹈江、汉而死，岂肯与将军同日以生。”敬儿曰：“求死甚易，何为不许。”先杀邕之，然后及荣，三军莫不垂泣曰：“奈何一日杀二义士。”比之臧洪及陈容。

废帝之殂，攸之欲起兵，问知星人葛珂之。珂之曰：“起兵皆侯太白，太白见则成，伏则败。昔桂阳以太白伏时举兵，一战授首，此近世明验。今萧公废昏立明，正逢太白伏时，此与天合也。且太白寻出东方利用兵，西方不利。”故攸之止不下。及后举兵，珂之又曰：“今岁星守南斗，其国不可伐。”攸之不从，果败。攸之表檄文疏，皆其记室南阳宗俨之辞也。事败责之，答曰：“士为知己，岂为君辈所识！”遂伏诛。

攸之景和中与齐高帝同直殿省，申以欢好，帝以长女义兴宪公主妻攸之第三子文和，生二女，并养之宫中，恩礼甚厚。及嫁，皆得素旧，公家营遣焉。齐武帝制以攸之弟雍之孙僧昭，为义兴公主后。

僧昭，别名法朗，少事天师道士，常以甲子及甲午日，夜著黄巾衣褐醮于私室。时记人吉凶，颇有应验。自云为泰山录事，幽司中有所收录，必僧昭署名。中年为山阴县。梁武陵王纪为会稽太守，宴坐池亭，蛙鸣聒耳，王曰：“殊废丝竹之听。”僧昭咒厌十许口便息。及日晚，王又曰：“欲其复鸣。”僧昭曰：“王欢已阑，今恣汝鸣。”即便喧聒。又尝校猎，中道而还，左右问其故，答曰：“国家有边事，须还处分。”问何以知之，曰：“向闻南山虎啸知耳。”俄而使至。复谓人曰：“吾昔为幽司所使，实为烦碎，今已自解。”乃开匣出黄纸书，上有一大字，字不可识，曰：“教分判如此。”及太清初，谓亲知曰：“明年海内丧乱，生灵十不一存。”乃苦求东归。既不获许，及乱，百口皆歼。僧昭位廷尉卿，太清三年卒。

宗悫字元干，南阳涅阳人也。叔父少文，高尚不仕，悫年少，问其所志，悫答曰：“愿乘长风破万里浪。”少文曰：“汝若不富贵，必破我门户。”兄泌娶妻，始入门，夜被劫，悫年十四，挺身与劫相拒，十余人皆披散，不得入室。时天下无事，士人并以文义为业，少文既高尚，诸子群从皆爱好坟典，而悫任气好武，故不为乡曲所知。

江夏王义恭为征北将军、南兖州刺史，悫随镇广陵。时从兄绮为征北府主簿，与悫同住，绮妾与给吏牛泰私通，绮入直，而泰潜来就绮妾。悫知之，入杀牛泰，然后白绮。义恭壮其意，不罪也。后以补国上军将军。

元嘉二十二年，伐林邑，悫自奋愿行，义恭举悫有胆勇，乃除振武将军，为安西参军萧景宪军副，随交州刺史檀和之围区粟城。林邑遣将范毗沙达来救区粟，和之遣偏军拒之，为贼所败。又遣悫，悫乃分军为数道，偃旗潜进，讨破之，仍攻拔区粟，入象浦。林邑王范阳迈倾国来逆，以具装被象，前后无际。悫以为外国有师子威服百兽，乃制其形与象相御，象果惊奔，众因此溃乱，遂克林邑。收其珍异，皆是未名之宝，其余杂物不可称计。悫一毫无犯，唯有被梳枕刷，此外萧然。文帝甚嘉之。

三十年，孝武伐逆，以悫为南中郎谘议参军，领中兵。及事平，功次柳元景。孝武即位，以为左卫将军，封洮阳侯。孝建中，累迁豫州刺史，监五州诸军事。先是，乡人庾业家富豪侈，侯服玉食，与宾客相对，膳必方丈，而为悫设粟饭菜殖，谓客曰："宗军人，串啖粗食。"悫致饱而退，初无异辞。至是，业为悫长史，带梁郡，悫待之甚厚，不以昔事为嫌。

大明三年，竟陵王诞据广陵反，悫表求赴讨，乘驿诣者，面受节度。上停舆慰勉，悫耸跃数十，左右顾眄，上壮之。及行，隶车骑大将军沈庆之。初，诞诳其众云："宗悫助我。"及悫至，跃马绕城呼曰："我宗悫也。"事平，入为左卫将军。

五年，从猎堕马脚折，不堪朝直，以为光禄大夫，加金章紫绶。有佳牛堪进御，官买不肯卖，坐免官。明年，复先职。废帝即位，为宁蛮校尉、雍州刺史，加都督。卒，赠征西将军，谥曰肃侯，配食孝武庙庭。子罗云，卒。子元宝嗣。

悫从子夬，字明扬，祖少文，名列《隐逸传》。父繁，西中郎谘议参军。

　　夬少勤学,有局干,仕齐为骠骑行参军。时竟陵王子良集学士于西邸,并见图画,夬亦预焉。齐郁林之为南郡王,居西州,使夬管书记,以笔札贞正见许,故任焉。时与魏和通,敕夬与尚书殿中郎任昉同接魏使,皆时选也。及文惠太子薨,王为皇太孙,夬仍管书记。太孙即位,多失德,夬颇自疏,得为秣陵令,迁尚书都官郎。少帝见诛,旧宠多被其灾,唯夬与傅昭以清正免。齐明帝以为郢州中从事,以父老去官。南康王为荆州刺史,引为别驾。梁武帝起兵,迁西中郎谘议。时西土位望,唯夬与同郡乐蔼、刘坦为州人所推服,故领军萧颍胄深相委仗。武帝受禅,历太子右卫率,五兵尚书,参掌大选。天监三年,卒。子曜卿。

　　论曰:沈庆之以武毅之姿,属殷忧之日,驱驰戎旅,所在见推。其戡难定功,盖亦宋之方、召。及勤王之业克举,台鼎之位已隆,年致悬车,宦成名立,而卒至颠覆,倚伏岂易知也。诸子才气,并有高风,将门有将,斯言得矣。攸之地处上流,声称义举,专威擅命,年且逾十。终从诸葛之薨,伐德其有数乎。宗悫气概风云,竟成其志;夬蹈履清正,用升显级,亦各志能之士也。